Documents manquants (pages, cahiers...)
NF Z 43-120-13

LA
MÉTAPHYSIQUE DES CAUSES

TYPOGRAPHIE FIRMIN-DIDOT ET Cie. — MESNIL (EURE)

THÉODORE DE RÉGNON S. J.

LA
MÉTAPHYSIQUE DES CAUSES

D'APRÈS

SAINT THOMAS ET ALBERT LE GRAND

DEUXIÈME ÉDITION AVEC UNE PRÉFACE

DE

M. Gaston SORTAIS

PARIS (VIe)
VICTOR RETAUX, LIBRAIRE-ÉDITEUR
82, RUE BONAPARTE, 82

1906

PRÉFACE

LE PÈRE THÉODORE DE RÉGNON (1)

De divers côtés l'on réclamait la réimpression de l'ouvrage du Père Théodore de Régnon sur la *Métaphysique des causes* depuis longtemps épuisé. Une édition posthume, reproduction fidèle (2) de la première, vient d'être entreprise par les soins de la maison V. Retaux, qui a tenu à répondre au légitime *desideratum* du public philosophique. On a placé en tête du présent volume une belle héliogravure Dujardin. Il ne sera peut-être pas hors de propos, pour en préciser la signification, d'esquisser en quelques traits rapides la physionomie intellectuelle et morale du regretté métaphysicien.

La plus grande partie de la vie active du Père de Régnon fut employée à enseigner les sciences physiques, notamment aux candidats à l'École polytechnique qui suivaient les cours du collège Sainte-Geneviève. Mais ces travaux professionnels ne l'absorbaient pas tout entier.

---

(1) Né à Saint-Herblain (Loire-Inférieure), le 11 octobre 1831, il fut admis dans la Compagnie de Jésus le 7 septembre 1852, enseigna les mathématiques, la physique et la chimie au collège de l'Immaculée-Conception (Paris-Vaugirard), la physique à l'école Sainte-Geneviève (Paris, ancienne rue des Postes) et mourut subitement à Vaugirard, rue Desnouettes, le 26 décembre 1893.

(2) La seule différence consiste dans l'addition d'une référence, qu'on a trouvée écrite de la main même du Père de Régnon sur l'exemplaire dont il faisait usage.

Au milieu des fatigues et des préoccupations du professorat, il sut se ménager du temps et du calme pour vaquer à ses études favorites de philosophie et de théologie, qui avaient définitivement conquis son intelligence et son cœur pendant sa préparation au sacerdoce. Ce goût marqué pour les spéculations philosophiques et théologiques était un héritage paternel. Jusque dans sa vieillesse le marquis de Régnon, passionné pour les controverses religieuses, se donna le plaisir de discuter avec les professeurs du Grand Séminaire de Nantes.

Pendant cette période où il fut appliqué à l'enseignement, le Père de Régnon avait lu, médité, annoté les principaux Pères de l'Église et les grands Docteurs de la Scolastique. Il ne lui manquait que des loisirs pour mettre en œuvre cet amas de matériaux. Les décrets de 1880, en l'arrachant brutalement à ses fonctions de professeur, les lui fournirent. Habitué à voir en toutes choses la main délicate de la Providence, industrieuse à tirer le bien du mal, le Père de Régnon, qui ne dédaignait pas les souvenirs classiques, se prit plus d'une fois à répéter, dans le calme champêtre de son « potager », le vers bucolique : *Deus nobis hæc otia fecit*. A quelque chose malheur fut bon. Il passa en effet, comme il l'écrit lui-même avec une pointe d'*humour*, les treize dernières années de sa vie, « là-bas, auprès du collège de Vaugirard, dans un potager » entourant la vieille maison où mourut en odeur de sainteté le vénérable M. Olier. C'est là que notre philosophe, presque à la campagne, mena « la vie du capitaine en retraite ». Mais ce fut une retraite studieuse et l'époque de sa plus grande activité intellectuelle. Car, sans négliger le soin de ses plates-bandes, il se livra en liberté à la culture intensive des concepts. Si l'on faisait abstraction de la préparation laborieuse, temps des semailles, dont nous avons parlé, on s'expliquerait mal que le Père de Régnon ait pu produire, en si court intervalle, une aussi abondante moisson d'œuvres approfondies sur les matières les plus relevées de la métaphysique et du dogme. Qu'il suffise de mentionnner ici, à côté de *Bañes et Molina,* ouvrage de moyenne étendue (366 pages), la *Métaphysique des causes* qui forme un in-octavo de près de 700 pages, et les quatre gros volumes d'*Études de théologie positive sur la Sainte Trinité,* qui donne un total respectable de 2296 pages (1).

Une personne, qui l'a bien connu, disait du Père de Régnon : « Il aimait à marcher sur le bord des précipices, à suivre les sentiers escarpés, dans l'ordre physique et dans l'ordre intellectuel ». Le fait est qu'il a traité de préférence les questions philosophiques les plus abstruses et les plus hautes, comme la nature de la liberté humaine (2), la façon de la concilier avec la puissance et la science divine (3); le jeu compliqué des causes (4); le fait est qu'il s'est adonné avec passion à l'étude des mystères les plus ardus de la foi, osant scruter, selon le mot de saint Paul, « les profondeurs de Dieu », un (5), dans sa nature et trine (6) en ses personnes. Sans doute

---

(1) On trouvera, à la fin de cette notice, la *Bibliographie* complète des œuvres du Père de Régnon.
(2) Cf. *Bañes et Molina,* l. III, IV; — *Métaphysique des causes,* l. IX, c. IV, V; — dans la revue les *Études,* 1888, t. XLIII, p. 371-392.
(3) Cf. *Bannésianisme et Molinisme* — *Bañes et Molina,* l. II.
(4) Cf. tout le traité de la *Métaphysique des causes.*
(5) Le Père de Régnon a laissé un ouvrage sur l'*Être divin,* auquel il n'a pu malheureusement mettre la dernière main.
(6) Cf. ses *XXVII Études sur la Sainte Trinité.*

on lui a reproché d'avoir fait quelques faux pas en côtoyant ces précipices; il a suivi parfois des chemins hasardeux en gravissant ces rudes sentiers : je veux dire qu'on a pu relever, dans ses ouvrages, certaines opinions discutables, et noter çà et là une tendance fâcheuse à outrer telle ou telle divergence entre les Pères grecs et les Pères latins (1). Mais, personne ne le contestera, le Père de Régnon se meut à l'aise sur ces hauteurs périlleuses. On a l'impression rassurante qu'il est dans son élément naturel. En se penchant sur les abîmes de la vie divine pour en sonder, selon son pouvoir, les attirantes profondeurs, il n'éprouve aucun vertige : l'intelligence reste ferme et le style lumineux.

Mais la lucidité limpide du Père de Régnon n'est pas, comme il arrive trop souvent, la facile récompense d'une étude, à fleur des choses, qui produit sans effort une clarté de surface; non, elle est le fruit d'une patiente méditation qui creuse, pénètre, approfondit une matière obscure et finit par faire jaillir, de l'analyse et du choc des idées, l'éclair qui en illumine les replis ténébreux.

Le style du Père de Régnon n'est pas seulement clair et précis (2); il est coloré. Les écrivains, qui s'occupent de sujets abstraits, échappent malaisément à la sécheresse et à la raideur. Notre philosophe a su éviter ce double écueil. Sa phrase alerte et souple marche au but dégagée des faux ornements qui pourraient l'alour-

---

(1) Cf. X. Le Bachelet, S. J., dans la Revue *les Études*, 1900, t. LXXXII, p. 534 sqq.

(2) On reconnaît l'ancien professeur, ami de la méthode, à l'emploi trop répété de certaines formules : *Distinguons, développons*, etc. Si la clarté y gagne, l'élégance y perd quelquefois.

dir. Tout d'ailleurs lui sert à concréter sa pensée : évocation d'images vives et justes, emploi de comparaisons familières bien appropriées (1), emprunts faits à propos aux sciences (2), exposé historique des controverses et des systèmes (3), voire même un recours opportun aux ressources de la philologie (4), ou d'instructifs rapprochements entre le xii° et le xix° siècles (5), tous deux en proie à la plus poignante inquiétude intellectuelle. De là naît spontanément une variété de ton qui jette un grand charme sur ces problèmes d'une nature si aride. Le Père de Régnon se compare quelque part (6) à un « coureur des bois » en quête de beaux points de vue. Il y a dans ce métaphysicien un vrai tempérament d'artiste qui se maîtrise et se contient sous l'austère discipline de la raison. Par bonheur, il lâche par moment la bride; alors on y gagne d'admirer quelques expressions de haut relief ou quelques traits de brillant coloris, ou même des miniatures légèrement esquissées. Mais ces éclairs d'imagination n'ont rien de troublant, car, au lieu de précéder les explications strictement rationnelles, ils viennent s'y ajouter comme une lumière complémentaire qui parachève l'enseignement. C'est ainsi qu'après avoir montré, d'après Aristote et les Scolastiques, que la science est un « avoir » ($\xi\xi\iota\varsigma$, habitus), un avoir acquis par l'é-

---

(1) Cf. *Études de théologie positive sur la Sainte Trinité*, t. III, p. 446-447. — *Métaphysique des causes*, p. 479; 501-502; 537 sqq., etc.

(2) Cf. *Études de théologie positive sur la Sainte Trinité*, t. I, p. 14-15; *Métaphysique des causes*, p. 537 sqq., etc.

(3) Cf. *Études sur la Trinité*, t. I.; *Études II, III*; t. III, *Études XIII, XIV*; — *Bañes et Molina*, l. I; — *Métaphysique des causes*, p. 325-339, etc.

(4) Cf. *Études sur la Trinité*, t. I, *Étude VII*; t. III, *Étude XVI*.

(5) Cf. *Études sur la Trinité*, t. II, p. 9; 109, etc.

(6) *Études sur la Trinité*, t. II, *Avertissement*, p. x.

tude, une « disposition vitale », il se résume en trois lignes qui font tableau : « C'est une vie, mais endormie; lorsque le savant touche sa science par un acte de réflexion, elle s'éveille, s'agite et se montre au dehors (1). »

Le sentiment lui-même trouve le moyen de percer çà et là à travers ces belles élévations où le Père de Régnon épanche magnifiquement son amour (2) envers Dieu ou son admiration pour ses infinies perfections. Aussi je ne m'étonne pas qu'un grand chrétien, M. Alfred Dutilleul, d'Armentières, capable de s'assimiler une forte nourriture intellectuelle (3), ait pu dire en parlant des *Études sur la Trinité* : « Jamais aucune lecture ne m'a davantage élevé l'esprit et réchauffé le cœur. »

Ce bel ensemble de qualités se ramène à une qualité maîtresse : le style du Père de Régnon est original, naturel, vivant, comme il l'était lui-même. Ceux qui eurent le plaisir de l'approcher se rappellent encore avec délices la vivacité primesautière de son intelligence qui semait la conversation de joyeusetés aimables ou spirituelles, la verve endiablée qu'il mettait parfois à soutenir certaines propositions frisant le paradoxe, la façon pittoresque et animée dont il contait les vieilles histoires de la Vendée militaire, l'entrain communicatif avec lequel il chantait les refrains du passé ou les chansonnettes pétillantes d'es-

---

(1) *Études sur la Trinité*, t. I, p. 15.
(2) Cf. *Études sur la Trinité*, t. III, p. 180-182; 445-447; — t. II, p. 228-232. — *Métaphysique des causes*, p. 323-324; 442-444; 502-504.
(3) « Pendant plusieurs années, M. Dutilleul, en compagnie de son confesseur, M. l'abbé Coulomb et de M. le docteur Vincent, employait deux ou trois soirées de chaque semaine à une lecture réfléchie et commentée de la *Somme contre les gentils*..... Plus tard il lut aussi le beau livre du Père de Régnon sur la *Métaphysique des causes*. » (V. Delaporte, *Un patron chrétien et apôtre, M. Alfred Dutilleul*, dans la Revue *les Études*, t. LXIV, p. 379-380).

prit, composées pour égayer les fêtes de famille, enfin cet air finement railleur, mais tempéré de bonhomie, que trahissait un léger plissement au coin de l'œil. On retrouve, en lisant son œuvre écrite, quelque chose de cette vie débordante, dans certaines hardiesses de pensée et d'expression, dans cette vive allure qui fait défiler en bon ordre des bataillons de concepts subtils, et qui porte sans languir le poids d'une vaste érudition, dans l'humeur belliqueuse, quasi épique, avec laquelle il retrace les passes d'armes brillantes des tournois scolastiques, comme la querelle acharnée des Universaux (1) ou les démêlés ardents entre Thomistes et Molinistes (2), dans les heureuses saillies d'un tempérament de lutteur, dans le tour moderne dont il excelle à revêtir des pensers antiques. C'est ainsi que ce philosophe, qui est devenu par la réflexion le contemporain des docteurs du XIIe, XIIIe et XVIe siècles, reste l'homme de son temps, très actuel et très vivant.

Ce qui achève de gagner complètement la sympathie du lecteur, c'est qu'à mesure qu'il avance dans l'étude des ouvrages du Père de Régnon, sa parfaite droiture intellectuelle transparaît de plus en plus. Sous ce rapport ses œuvres sont encore un fidèle miroir de son âme. Ce fut un esprit éminemment sincère envers lui-même et vis-à-vis des autres. Il ne cherche pas à faire parade de

---

(1) Cf. *Études sur la Trinité*, t. II, 54-59.
(2) Cf. *Bañes et Molina*, l. I, II. Le premier Livre de *Bañes et Molina* est un chef-d'œuvre de narration rapide et animée, dont Mgr d'Hulst, que nous citerons plus bas, a souligné le passionnant intérêt. C'est l'intérêt d'un drame d'idées, qui fut traversé par les péripéties des débats *De auxiliis divinæ gratiæ*, et dont le dénouement n'a été connu qu'en 1881 par la publication d'un document inédit, que le Père Schneemann avait découvert dans la bibliothèque du prince Borghèse, à Rome (*Bañes et Molina*, p. 57 sqq.).

son érudition théologique, dont il indique ingénument la source, au risque de s'amoindrir dans l'estime des gens superficiels (1). Il fait un accueil encourageant aux remarques : « Merci de votre bonne lettre », écrit-il à l'un de ses censeurs, « Je la dis bonne, moins pour les aimables compliments de la première page que pour les franches critiques qui suivent... Merci encore de votre franchise qui m'est si utile. » Des paroles il passait aux actes, changeant ou éclaircissant certains passages critiqués. L'amour pur de la vérité lui inspirait le courage des loyales rétractations : « Dans l'*Introduction* de cet ouvrage... j'ai exagéré l'opposition entre saint Thomas et saint Bonaventure (2). » Il fait effort pour entrer dans l'idée des autres : « Comprendre... c'est concevoir la vérité comme l'auteur l'a conçue. D'où il suit que, pour profiter de la lecture d'un livre, il faut s'efforcer de le penser comme il a été pensé. Chose difficile (3)... » Un ancien élève, attaché militaire à l'ambassade des États-Unis, avait été frappé de cette faculté de « compréhension », très développée chez son cher maître : « Il comprenait les divers aspects des choses, même ceux qui étaient le plus étrangers à son caractère de prêtre. » Aussi savait-il rendre justice au talent des adversaires qu'il combattait, et, comme parle le même témoin, « découvrir un grain de vérité dans un tissu d'erreurs ».

A ceux qui, s'effrayant des tendances matérialistes d'une science toute récente, la *Psycho-physiologie*, étaient

---

(1) Cf. *Études sur la Trinité*, t. I, *Avertissement*, p. VI-VII.
(2) Cf. *Études sur la Trinité*, t. I, p. 285, n. 1.
(3) Cf. *Études sur la Trinité*, t. I, p. 44. L'auteur revient sur ce point et y insiste. Cf. *Ibidem*, p. XI; 2.

tentés de la proscrire, il opposait ces judicieuses observations : « Faut-il, à cause de cela, anathématiser en bloc la nouvelle science? Cet anathème n'en détruira pas la vogue; et, d'ailleurs, pourquoi la repousser si elle apporte des vérités nouvelles? Bien au contraire, on devra l'encourager, en profiter, tant qu'elle reste fidèle à sa méthode expérimentale et se maintient dans son domaine propre; mais en même temps on lui rappellera qu'elle est à peine sortie du maillot et qu'elle doit se défier de cet âge où l'enfant se croit le droit de toucher à tout (1). »

Qui pourrait s'étonner maintenant qu'un esprit si vigoureux et si compréhensif ait conquis d'emblée l'admiration de philosophes et de théologiens compétents? Voici quelques noms. Arrivé, dans son *Cours de philosophie*, au chapitre des causes, M. Georges Fonsegrive s'exprime ainsi : « Je tiens à dire combien, pour toute cette leçon, je suis redevable au savant et profond ouvrage du Père Théodore de Régnon, *Métaphysique des causes* (2). » Le très regretté Ollé-Laprune, pendant qu'il enseignait à l'École normale supérieure, se plaisait à renvoyer ses élèves à la *Métaphysique des causes* comme à un chef-d'œuvre. Mgr d'Hulst, dont on connaît la maîtrise en ces matières, n'a pas craint de renchérir encore sur les éloges précédents : « Un religieux de la Compagnie de Jésus, le Père Théodore de Régnon, a publié, sous ce titre, *Bañes et Molina*, un ouvrage de vulgarisation où se révèle avec le talent du narrateur, habile à faire revivre les luttes du passé et à en rajeunir l'histoire au contact des sources, la

---

(1) Th. de Régnon, dans la Revue *les Études*, 1891, t. LIII, p. 676.
(2) G. Fonsegrive, *Éléments de philosophie*, t. II. — *Métaphysique*, XIIe leçon, p. 247, note 1. Première édition, Paris, 1891.

vigueur d'esprit d'un métaphysicien de premier ordre. L'auteur du savant traité de la *Métaphysique des causes* a montré, dans l'écrit dont nous parlons ici, qu'il savait rendre accessibles au vulgaire les plus hauts problèmes (1). »

*
* *

Le Père de Régnon était un intellectuel, si l'on prend ce mot dans sa signification large et humaine de tendance d'esprit dominante, mais non au sens perverti et injurieux de faculté exclusive, développée jusqu'à l'hypertrophie. Car il fut de ceux qui vont au vrai « avec toute leur âme (2) ». Il s'efforça constamment, pour maintenir l'équilibre ou le rétablir, de donner à son intellectualisme fougueux un nécessaire contrepoids. Plus que personne il eût souscrit à cet anathème lancé par Bossuet : « Malheur à la connaissance stérile qui ne se tourne point à aimer et se trahit elle-même (3) ! » Le Père de Régnon ne fut pas seulement une belle intelligence; ce fut encore un grand cœur.

On a pu dire, sans exagération, que la charité, guidée par des motifs surnaturels, avait été l'âme de toutes ses actions et comme la source sans cesse jaillissante où il allait puiser les plus délicates inspirations. Il se montra toujours prêt à rendre service, de la meilleure grâce du monde, en dépit de ses travaux absorbants qui le réclamaient tout entier. Il avait un don exquis pour encourager les essais des débutants : une lettre, écrite quelques

---

(1) Mgr d'Hulst, *Conférences de Notre-Dame,* 1891, p. 370. Paris, Poussielgue.
(2) Platon, *République,* l. VII. Édition Didot, t. II, p. 126.
(3) Bossuet, *De la connaissance de Dieu et de soi-même,* ch. IV, § 10.

heures avant sa mort, portait encore au loin quelques paroles de réconfort. Il était doué d'un entrain merveilleux, et il en usait largement pour répandre autour de lui, dans la communauté dont il faisait partie, l'émulation de la saine gaieté et l'éclat de la belle humeur. Contraste curieux, qui pourtant n'est pas rare, ce grand semeur de joie était sujet à des accès de mélancolie qui le poussèrent parfois à se figurer les choses sous des couleurs trop sombres. Il s'imposa courageusement de réagir contre ces tendances déprimantes, comme il le conseillait à ses dirigés : « Voyez toujours l'avenir en beau plutôt qu'en noir. Je vous parle par expérience : A brebis tondue Dieu ménage le vent. » Il avait acquis dans ces luttes douloureuses contre lui-même l'art difficile de consoler les autres. Voyait-il quelque nuage assombrir le front de l'un de ses compagnons de route, il trouvait dans son cœur, passé maître dans la science de l'épreuve, le mot de circonstance, capable de chasser la tristesse qui s'envolait au souffle de sa prévenante charité. Avait-il à adresser des condoléances à quelque ami cruellement frappé, il mettait dans ses paroles ou dans ses lettres un accent d'émotion si sincère et une telle délicatesse de touche que l'on était parfois remué jusqu'aux larmes. Quoi de plus révélateur en ce genre que cette simple réflexion, toute trempée de larmes, qui lui échappe dans l'une de ses lettres : « J'ai voulu vous consoler, et je ne fais que pleurer avec vous. »

La charité expansive du Père de Régnon n'était pas limitée à ses frères en religion, à ses proches et à ses intimes ; elle rayonna au dehors (1) et s'étendit à tous les

---

(1) Le Père de Régnon demanda au T. R. P. Beckx la faveur d'aller en

malheureux que la Providence plaça sur son chemin. Quand il était en présence de la misère, réelle ou feinte, son cœur compatissant ne savait pas refuser. Instruit par l'expérience, il ne fut pas longtemps dupe des supercheries traditionnelles ; il connaissait le coup « du chemin de fer » et les autres. N'importe ; il cédait presque toujours aux vives instances et aux belles promesses de ses solliciteurs, préférant suivre l'exemple de Montalembert qui disait : « J'aime mieux donner neuf fois sur dix à faux, que de repousser un vrai nécessiteux. » Quelqu'un, au courant de son inlassable générosité, lui demanda un jour catégoriquement : « Avez-vous jamais été remboursé ? » — « Une fois, répondit-il, un brave ouvrier, deux ou trois ans après, me rapporta cinq francs. » Ce fut son « grand succès ».

Le Père de Régnon savait aussi payer de sa personne et donner de son temps : sacrifice parfois héroïque pour un homme si ardent à l'étude et si économe de ses minutes ! Et pourtant il écoutait, ayant l'air d'y prendre un intérêt soutenu, les interminables récits et les redites fastidieuses des quémandeurs. Durant sept ou huit ans, il secourut une pauvre femme et son fils, leur envoyant chaque jour un panier de provisions qu'il arrangeait souvent lui-même, et leur portant, en de fréquentes visites, le cordial de paroles réconfortantes. On le chargea quelque temps d'exercer les fonctions d'aumônier à l'établissement de la rue Lecourbe, où les admirables Frères de Saint-Jean-de-Dieu recueillent, instruisent et soignent

---

Chine comme missionnaire. Le Père général le remercia de son offre généreuse, mais ne crut pas devoir l'accepter.

des centaines d'enfants infirmes. Il se dépensa généreusement dans ce ministère apostolique des déshérités et ne parla jamais, qu'avec une toute particulière affection, de ses chers petits paroissiens qui s'étaient montrés si confiants et si dociles. Déjà souffrant, mais faisant effort sur sa douleur, il sortit vers la fin de décembre 1893, par un froid vif, pour administrer son ancien concierge du 98 de la rue de Vaugirard, où il habita quelques années, à la suite des décrets de 1880 qui l'avaient chassé de l'école Sainte-Geneviève.

Trois jours après cette course charitable, le 26 décembre au soir, on frappa en vain à la porte de sa chambre. Tout ému, le visiteur entra et il aperçut le Père de Régnon, assis au coin de sa table de travail, doucement endormi dans la mort. La nouvelle s'en répandit vite dans le quartier, et plus de deux cents lettres arrivèrent à sa modeste résidence, attestant la reconnaissance et les regrets touchants des malheureux qu'il avait assistés. Ce fut toute son oraison funèbre : en est-il de plus éloquente dans sa simplicité sincère et spontanée?

Le bréviaire du défunt était encore ouvert à l'office de saint Jean : l'Église avait déjà célébré les premières vêpres de l'Évangéliste du Verbe et de l'Apôtre de la charité. Le laborieux écrivain s'était lui aussi efforcé, à l'exemple de l'aigle de Patmos, de prendre son essor vers les sommets divins (1), et de donner au prochain, après Dieu, le meilleur de son amour.

Cette mort subite ne fut pas une surprise pour le Père de Régnon, car, chaque jour, il se tenait prêt à répondre

---

(1) Cf. *Études sur la Trinité*, t. III, p. 446-447. — *Métaphysique des causes*, p. 323-324, etc.

à l'appel divin avec sa rondeur toute militaire : Présent. Mais elle est venue brusquement briser le grand projet qu'il avait caressé pendant toute sa vie d'études. L'ensemble, déjà si imposant de ses travaux, n'était à ses yeux qu'une introduction et comme le vestibule du monument théologique, qu'il rêvait d'élever à la gloire de Marie, mère de la divine grâce : retracer son rôle dans l'économie du plan rédempteur. Il n'a laissé que des matériaux plus ou moins dégrossis et des esquisses à peine ébauchées : *Pendent opera interrupta*. Les œuvres inachevées font sur l'âme l'impression mélancolique des ruines : ne sont-elles pas des ruines anticipées? Perte sensible, mais regret stérile. Dieu, qui n'a besoin de rien ni de personne, content des bons désirs de l'infatigable ouvrier, l'avait jugé mûr pour la récompense.

Depuis longtemps déjà, nous l'espérons, le Père Théodore de Régnon voit face à face, sans ombre et sans voile, cette adorable Trinité dont il essaya d'explorer, à la lueur de la foi, les mystérieuses profondeurs; il contemple, dans une clarté sans nuage, le Principe des principes et la Cause des causes, source indéfectible des causes secondes et des principes rationnels dont il a si bien disserté; il entend, sans fatigue ni satiété, retentir la Parole éternelle du Père et son Écho fidèle, dont il a dit magnifiquement « qu'ils suffisent à remplir l'éternité et l'immensité. » (1).

Gaston SORTAIS.

Paris, 6 février 1906, en la fête de saint Waast.

---

(1) Th. de Régnon, *Études sur la Trinité*, t. III, p. 447.

BIBLIOGRAPHIE

1. — DE LA RÉFRACTION A TRAVERS LES LENTILLES SPHÉRIQUES ÉPAISSES, au t. III, p. 181-206, des *Annales de la Société scientifique de Bruxelles*, 1879.
2. — BAÑES ET MOLINA. *Histoire, Doctrines, Critique métaphysique*. Paris, H. Oudin et Cie, 1883, 18° jésus, pp. xv-306. — Actuellement chez V. Retaux, Paris, 82, rue Bonaparte.
3. — NATURE DE LA SCIENCE MÉTAPHYSIQUE, dans les *Annales de Philosophie chrétienne*, Paris, juillet 1885, t. CX, p. 321-333.
4. — MÉTAPHYSIQUE DES CAUSES D'APRÈS SAINT THOMAS ET ALBERT LE GRAND. Paris, Retaux-Bray, 1886, 8°, pp. 770. — Deuxième édition, 1906, 8° pp. xviii-663.
5. — TRAVAUX CONTEMPORAINS SUR LA QUESTION DU LIBRE ARBITRE, dans les *Études religieuses, philosophiques, scientifiques, historiques et littéraires*. Paris, 1888, t. XLIII, p. 371-392.
  — LE PROBLÈME DU MAL, par le P. DE BONNIOT, S. J., *Ibidem*, 1888, t. XLIV, p. 422-440.
  — ARTICLE BIBLIOGRAPHIQUE sur les *Éléments de philosophie* de G. Fonsegrive, *Ibidem*, 1891, t. LII, p. 675-680.
  — A PROPOS D'UN COURS DE PHILOSOPHIE, *Ibidem*, 1892, t. LVII, p. 155-162.
6. — BANNÉSIANISME ET MOLINISME, dans la *Science catholique*, Lyon, 1889, p. 537-549; 622-638. C'est une réponse à une attaque du Père Hip. Gayraud, des Frères Prêcheurs, qui répliqua dans la même Revue, p. 732-736.
7. — BANNÉSIANISME ET MOLINISME. *Première partie. Établissement de la question et défense du Molinisme*. Paris, V. Retaux-Bray, 1890, 18°, pp. vi-149.
8. — ÉTUDES DE THÉOLOGIE POSITIVE SUR LA SAINTE TRINITÉ. PREMIÈRE SÉRIE : *Exposé du Dogme*. Paris, V. Retaux-Bray, 1891, 8°, pp. xi-514. — DEUXIÈME SÉRIE : *Théories scolastiques*. Paris, V. Retaux et fils, 1892, 8°, pp. xi-584. — TROISIÈME SÉRIE : *Théories grecques des Processions divines*. Paris, V. Retaux, 1898, 8°, pp. v-584; 592.

DES CAUSES

INTRODUCTION

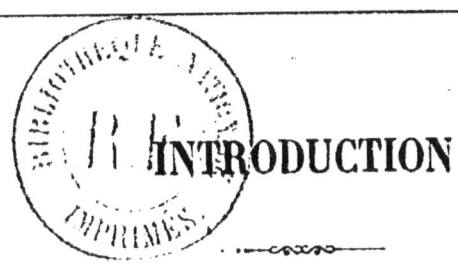

1. — Du retour à la philosophie de saint Thomas.

Par sa célèbre encyclique *Æterni Patris,* notre très saint Père le pape Léon XIII a rappelé la philosophie aux méthodes scolastiques et aux doctrines des grands docteurs. Après ce document d'autorité souveraine, il y aurait pour moi impertinence à m'étendre sur l'éloge de la Scolastique, ou sur les mérites de saint Thomas.

Recourir aux sources de la Scolastique, revenir à saint Thomas : telle est la loi qui nous est imposée par le pape, tel est le mot d'ordre donné aux théologiens et aux philosophes catholiques.

Oui, il faut remonter aux sources. Mais pour cela il y a deux méthodes différentes : ou bien, on remontera le cours du fleuve en parcourant tous ses tours et tous ses détours, et l'on ne parviendra aux eaux pures qu'après avoir traversé les mélanges de tous les affluents ; ou bien, on ira tout droit se plonger dans la source elle-même.

Oui, il faut revenir à saint Thomas; il faut connaître et comprendre ce prince de la Scolastique. Mais, encore une fois, pour obtenir ce résultat, il y a deux procédés : les uns, feuilletant les nombreux commentaires de la *Somme*, chercheront de côté et d'autre l'interprétation des textes, et souvent ils ne trouveront qu'explications contradictoires, opinions contraires et disputes interminables; pour d'autres, le véritable retour à saint Thomas consistera à l'étudier en lui-même et à l'expliquer par lui-même.

2. — De l'étude de saint Thomas.

A vrai dire, beaucoup répètent : Il faut étudier saint Thomas dans saint Thomas. Mais ici encore, il y a deux méthodes entre lesquelles il faut choisir.

La première consiste à ouvrir la *Somme*, à la lire, à la méditer. On étudie les divers articles l'un après l'autre, on cherche à les éclairer l'un par l'autre, et ce travail est facilité par les renvois si utiles qui relient ensemble les diverses parties de ce gigantesque ouvrage.

Eh bien, je crois que ceux qui ont pratiqué cette méthode ne me démentiront pas, si j'affirme que le fruit ne répond pas au labeur. A parler franchement, on avouera même qu'après cette étude, il reste dans l'esprit je ne sais quelle vague hésitation, incompatible avec le calme de la certitude.

D'où cela provient-il? Si je ne me trompe, c'est de la méthode même de saint Thomas qui procède toujours par des principes d'une extrême généralité. Nous admirons la majestueuse ampleur d'un tel enseignement; mais les grands principes sur lesquels il s'appuie ne sont pas assez évidents à notre intelligence pour déterminer une ferme adhésion.

Qu'arrive-t-il alors? Nous descendons le cours du fleuve, nous allons chercher l'explication et la démonstration de ces grands axiomes dans les commentateurs; et trop souvent nous finissons par nous égarer dans un dédale d'arguties où nous perdons notre reste de confiance en ces principes.

Heureux sont les étudiants qui n'ont pas connu ces déboires ! Mais pour combien d'entre nous, à la tristesse de ne pouvoir comprendre la *Somme* théologique, est venu se joindre l'étonnement, lorsque, lisant le prologue de ce chef-d'œuvre, nous apprenons que saint Thomas a prétendu composer un livre de commençants (1) !

Et, cependant, une simple réflexion aurait dû suffire pour nous expliquer cette situation.

A la vérité, saint Thomas s'adresse à des étudiants, mais à des étudiants préparés par de longues études philosophiques. Les grands principes sur lesquels il s'appuie sans cesse dans sa théologie ont déjà été enseignés et prouvés. Déjà familières à ceux qui ont fréquenté l'École, déjà hors de conteste, ces vérités sont autant de majeures reçues et comprises de tous, autant de vives lumières qui éclairent toute la doctrine.

Mais pour nous ces mêmes propositions ne sont que des aphorismes discutables, ou pour le moins obscurs, et des sentences qui, loin d'éclairer, réclament la lumière.

Quelle conclusion tirer de là ? La suivante s'impose d'elle-même :

Oui, étudions saint Thomas dans saint Thomas ; oui, venons aux pieds de cette chaire magistrale. Mais, auparavant, mettons-nous en état de comprendre le docteur qui parle, et pour cela acquérons les connaissances philosophiques qu'il suppose à ses auditeurs.

3. — De la philosophie scolastique.

Pour connaître le programme à remplir, il suffit de jeter les yeux sur la liste des ouvrages de saint Thomas ou

---

(1) Quia catholicæ veritatis doctor, *non solum provectos debet instruere, sed ad eum etiam pertinet incipientes erudire*, secundum illud Apostoli I ad Cor. 3 : « Tanquam parvulis in Christo, lac vobis potum dedi non escam », propositum nostræ intentionis in hoc opere est, ea quæ ad christianam religionem pertinent, eo modo tradere, *secundum quod congruit ad eruditionem incipientium.*

de son maître Albert le Grand, la route qu'à leur époque parcourait l'étudiant étant toujours la même.

Or une simple inspection des titres nous montre que le cours de philosophie consistait dans l'explication d'Aristote.

Je n'ai point ici à rechercher d'où vient cette grande fortune d'Aristote au moyen âge. Le Stagirite dut-il alors sa prépondérance à son propre mérite, ou à l'influence des Arabes dans l'enseignement scientifique? L'Église a-t-elle patronné Aristote pour la valeur de ses doctrines et favorisé le mouvement péripatéticien comme le meilleur possible; ou bien a-t-elle simplement suivi ses enfants dans ce courant, afin de les guider entre les écueils? Je n'ai pas à traiter ces intéressantes questions. La seule chose que je constate, c'est que les étudiants auxquels s'adressait saint Thomas étaient déjà formés par une étude longue et approfondie du Stagirite: et j'en conclus que, pour être à même de comprendre la *Somme* de saint Thomas, il faut connaître les doctrines d'Aristote et en particulier sa *Métaphysique*.

En un mot, l'étude de la théologie scolastique suppose la connaissance de la philosophie scolastique, et la philosophie scolastique groupe ses doctrines autour du texte d'Aristote.

4. — Aristote et ses interprètes scolastiques.

Mais on se tromperait si l'on pensait que l'École scolastique a suivi servilement la doctrine du Stagirite. Prétendre que nos docteurs des douzième et treizième siècles ne connaissent pas d'autre argument que le : *Magister dixit*, c'est faire preuve d'ignorance autant qu'insulter l'époque du plus bel épanouissement philosophique. Ces grands hommes, tout en expliquant un païen, savaient qu'ils avaien été délivrés par la Foi de toute captivité, et que Dieu leur avait donné en bien propre les dépouilles d'Égypte.

Voulez-vous entendre quelques témoignages de cette

antique indépendance? C'est, au fond de l'Orient, saint Jean Damascène, si versé dans la philosophie grecque. « Introduisez-vous, dit-il, parmi vous saint Aristote comme un treizième apôtre, et préférez-vous un idolâtre aux auteurs inspirés (1)? » C'est, à l'Occident, Albert le Grand, répondant à des sectateurs serviles du Philosophe : « Celui qui croit qu'Aristote est un dieu, doit croire qu'il ne s'est jamais trompé. Mais si l'on pense qu'il est un homme, on doit tenir qu'il a pu se tromper comme nous (2). »

5. — De l'influence platonicienne sur la Scolastique.

Il existe contre la Scolastique un autre préjugé aussi peu fondé que le précédent. De nos jours, Platon est en honneur auprès des philosophes spiritualistes, et par suite Aristote en défaveur, comme si ces deux génies étaient placés sur une balance dont un plateau ne peut monter que l'autre ne s'abaisse. Or la Scolastique était péripatéticienne. Donc, aux yeux de nos modernes, elle ne pouvait que se traîner terre à terre dans les sentiers d'un formalisme étroit, ignorante des hautes pensées et des vastes horizons.

Ici, comme bien souvent ailleurs, les maîtres ont été brouillés par les querelles de leurs gens. Platon et Aristote sont moins opposés entre eux que ne le sont leurs disciples, et le second a puisé à l'école du premier des principes puissants. Esprit froid et calme, il a reconnu et signalé les écarts d'un génie qui n'a pas su maîtriser ses élans; mais on pourrait montrer que c'est la force de Platon qui donne le mouvement à l'œuvre d'Aristote.

Qu'à une époque de déchéance on ait quelquefois méconnu cette force cachée dans la machine péripatéticienne, et qu'on l'ait remplacée par des ressorts artificiels, je ne le conteste pas. Mais il faut s'en prendre de cet abais-

---

(1) S. J. Damasc., cont. Jacobit., n° 10.
(2) Alb. Mag., *Physic.*, lib. VIII, tract. I, cap. xiv.

sement philosophique au malheur des temps et non aux maîtres de la grande Scolastique. Jamais l'enseignement ne serait tombé des hauteurs où ils l'avaient placé, si l'on s'était toujours rappelé la leçon d'Albert le Grand : « Sachez que l'homme ne peut devenir un philosophe parfait, s'il n'étudie les deux philosophies d'Aristote et de Platon (1). »

D'ailleurs il existait une voie par où les doctrines platoniciennes pénétraient largement dans l'enseignement scolastique. En même temps qu'Aristote était l'auteur classique en philosophie, saint Augustin, Boèce, saint Denys l'Aréopagite (2) étaient les grands auteurs en théologie ; et tous tiennent de Platon. Or, à une époque où la philosophie s'inclinait vers la théologie comme vers la reine de droit divin, l'influence de la maîtresse sur sa servante devait se ressentir des enseignements patristiques.

Voilà pourquoi, soit en l'une soit en l'autre de ces sciences, la Scolastique cite saint Denys avec Aristote, et Boèce avec Averroès.

Mais aussi de là une nouvelle occasion de ces disputes sans fin qui durent encore de nos jours entre les amateurs de systèmes. Saint Thomas est-il purement aristotélicien ? N'emprunte-t-il rien à Platon ? On a de part et d'autre d'excellents textes à citer. Et pourquoi donc séparer ce que Dieu même a uni ? La Providence, qui prépare tout pour son Église, a mêlé ensemble les flots des deux écoles, pour en composer un breuvage parfait. Saint Thomas est-il aristotélicien ? est-il platonicien ? Répondons : Il est scolastique.

6. — Comment étudier la Scolastique.

Nous aussi, nous nous efforcerons d'être scolastique ; c'est-à-dire que nous prendrons pour nos maîtres, non

---

(1) Alb. Mag., *Metaphys.*, lib. I, tract. V, cap. xv.
(2) On ne doutait pas alors de l'authenticité des ouvrages qui portent son nom.

Aristote ou Platon, mais les grands docteurs du haut moyen âge, et nous nous efforcerons de comprendre leurs principes, leur langage, leur méthode.

Mais puisque leur enseignement avait pour thème les ouvrages d'Aristote, nous devons en même temps étudier ce philosophe, ou du moins l'avoir présent sous les yeux, comme un élève tient devant lui le texte dont il écoute l'explication.

Que l'on comprenne donc bien le but que je me propose. Je laisse à d'autres le soin de comparer les commentaires de la Scolastique au texte et à la pensée d'Aristote. Peut-être les traductions latines du Philosophe, qui servaient de thèmes aux leçons, n'étaient-elles pas fidèles sur tous les points. Peut-être une érudition incomplète a-t-elle induit en erreur sur quelques anciennes opinions citées ou réfutées par Aristote. Peut-être même a-t-on fait dire à celui-ci, dans quelques passages, autre chose qu'il n'a prétendu.

Que m'importe ce Grec? Ce que je veux uniquement connaître, c'est la philosophie scolastique, et surtout celle de saint Thomas. C'est donc saint Thomas lui-même que je dois écouter, et Aristote n'a de valeur pour moi que parce qu'il fournit le thème développé par le Docteur angélique.

7. — Le bienheureux Albert le Grand et saint Thomas.

Mais, afin de bien comprendre saint Thomas, il sert beaucoup d'étudier et de comprendre son véritable maître. C'est qu'en effet pour être grand théologien scolastique, il faut être grand métaphysicien ; et Dieu, voulant le grand théologien Thomas d'Aquin, l'a formé par les leçons du grand métaphysicien Albert.

Nous avons encore ces leçons, splendide paraphrase d'Aristote. Albert nous indique lui-même son intention et sa méthode, en plusieurs passages de ses œuvres, et en particulier au commencement de ses *Physicorum*.

« Notre intention, dit-il, est de satisfaire, suivant notre pouvoir, aux Frères de notre Ordre qui nous demandent depuis plusieurs années un livre, leur faisant connaître la science naturelle la plus complète, et tout à la fois les mettant à même de comprendre les livres d'Aristote... Notre méthode dans cet ouvrage sera de suivre l'ordre et la pensée d'Aristote, et de dire comme explication et preuve tout ce qui sera nécessaire, sans cependant faire aucune mention explicite de son texte. En outre, nous ferons des digressions pour répondre aux doutes qui peuvent survenir, et pour suppléer au manque de netteté qui dans certains passages rendent obscure pour plusieurs la pensée du Philosophe (1). »

C'est dans ces digressions que le génie d'Albert se montre dans tout son éclat. Alors il expose et discute, non seulement la pensée d'Aristote et de Platon, mais encore les doctrines de tous les grands philosophes juifs et arabes; alors il dit librement son sentiment personnel; alors vraiment il enseigne à son aise.

D'ailleurs, ce procédé de paraphrase donne aux commentaires d'Albert une liberté d'allures qui rend ses leçons vivantes. Ses œuvres ne sont pas des précis didactiques. C'est une parole que l'on entend; c'est le professeur qui converse avec ses élèves, qui passe rapidement sur les vérités simples, et qui, dans les points difficiles, se répète pour mieux se faire comprendre; c'est le maître dans toute l'excellence du mot, s'élevant comme l'aigle quand le souffle le saisit, et tout à coup se laissant tomber pour communiquer à son disciple quelque observation pratique.

On a reproché à la Scolastique sa méthode lourde et sèche, son style enserré dans les formes de la dialectique comme dans une armure de chevalier, ses syllogismes qui fatiguent comme une série de coups de marteau. Il y aurait à décider, si cette raide cuirasse ne valait pas mieux pour la guerre que les manteaux de cour dont on affuble aujour-

---

(1) Alb. Mag., *Phys.*, lib. I, tract. I, cap. I.

d'hui Minerve ; et plusieurs esprits sérieux expriment hautement le vœu qu'on en finisse avec une littérature enrubannée, qui est aussi messéante en métaphysique qu'elle le serait en géométrie.

Mais il est digne de remarque que le plus ancien et le plus grand des métaphysiciens du moyen âge ait su éviter les lourdeurs et les ennuis d'une dialectique trop formaliste.

« Que personne ne s'étonne, dit Albert le Grand, si nous n'avons pas procédé par syllogismes ; car nous travaillons pour des religieux pauvres, auxquels nous cherchons à expliquer à la fois et le texte d'Aristote et la science elle-même, afin que par le même travail ils comprennent et la science et le texte d'Aristote. Nous pensons qu'il n'est pas difficile de mettre en syllogisme une proposition quelconque. Il n'y a là qu'une difficulté ou nulle ou petite. Par exemple, si quelqu'un vend un vêtement pour cinq pièces d'argent et qu'il dise : Tout ce qui dans la laine et la main-d'œuvre vaut cinq, doit se vendre pour cinq ; or ce vêtement en laine et en main-d'œuvre vaut cinq ; donc il doit se vendre pour cinq : ne pouvait-il pas se contenter de la conclusion, et taire la majeure et la mineure qui sont manifestes (1) ? »

Les commentaires d'Albert le Grand forment donc une sorte d'enseignement oral, dans lequel on entend le plus vaste génie du moyen âge prodiguer familièrement à ses auditeurs toute sa science et toute son érudition, passant en revue toutes les écoles, discutant toutes les opinions, rejetant partout ce qui lui semble faux, approuvant partout ce qui lui semble vrai, ami des raisons (2), mais ennemi déclaré des mauvaises (3), enfin présentant son opinion avec cette modestie et combattant celle des autres

---

(1) Alb. Mag., *Posterior.*, lib. II, tract. V, cap. II.
(2) Fœdum et turpe est in philosophia aliquid opinari sine ratione. (Alb. Mag., VIII, *Phys.*, tract. I, cap. XIII.)
(3) Abhorremus rationes aliquorum qui se jactant probasse quod nullo modo probaverunt. (*Ibid.*)

avec cette bienveillance qui n'appartiennent qu'aux intelligences de premier ordre.

Je m'arrête, car mes efforts pour peindre ce génie incomparable n'aboutissent qu'à me convaincre de mon impuissance. J'en serai consolé, si j'ai pu faire entrevoir quels trésors de science un tel enseignement devait déposer dans l'intelligence assez vigoureuse pour en porter tout le poids.

Or, pour ce fardeau, la Providence avait préparé le Bœuf de Sicile.

Devenu maître à son tour, saint Thomas donna, lui aussi, des commentaires sur Aristote sous une forme plus précise et plus pédagogique. Son cours est divisé en leçons : dans chacune, il commence par citer le texte, puis il le divise, le subdivise, montrant le lien logique du raisonnement, et enfin il expose et développe chacune des propositions contenues dans ce texte. Mais il est aisé de constater que saint Thomas est l'héritier du bienheureux Albert, et que dans ses commentaires si précis, si sobres, si didactiques, le disciple a su renfermer toute la science et toute la pensée de son maître. Certes, par lui-même, saint Thomas avait reçu de la nature un puissant génie, mais sa force a été décuplée, parce que jeune encore il s'est nourri de la moelle du lion.

8. — De l'autorité en philosophie.

Nous allons donc nous mettre à l'école de saint Thomas et d'Albert le Grand, mais j'ai besoin auparavant de soumettre au lecteur une observation. En philosophie il y a deux écueils à éviter, la pensée trop libre et la pensée trop servile.

La pensée trop libre est le dissolvant fatal de toute philosophie, et la raison en est manifeste. Lorsque chaque intelligence individuelle prétend tirer de son propre fonds la science tout entière, elle gaspille ses forces, elle s'épuise.

D'ailleurs, autant de penseurs, autant de principes différents, autant de directions divergentes. Que peut-il résulter de là, sinon la destruction même et le déshonneur de la philosophie ?

Sans doute, la philosophie est une science rationnelle ; par conséquent, elle s'adresse à la raison de chaque individu. Mais il ne faut pas oublier que l'homme est un être enseigné, et que tel peut être disciple qui ne pourrait être maître. Si l'orgueil démocratique n'était pas la maladie endémique de notre siècle, on comprendrait que, malgré toutes nos politiques, la nature maintient l'aristocratie du génie, et que nous sommes plus sûrs d'arriver à la vérité en marchant sur la trace des grands esprits qu'en cherchant notre voie à l'aventure. Et vraiment j'admire qu'on fasse moins de cas de l'autorité en philosophie, science la plus difficile de toutes, qu'en physique et en chimie.

Ce qui fait la force incomparable de la philosophie scolastique, c'est son respect traditionnel pour l'autorité. Avant tout, respect d'adoration et de foi pour la Parole Divine ; car on n'est véritablement ami de la sagesse que si l'on adhère inébranlablement aux paroles de la Sagesse incréée. Puis, respect religieux pour tous les saints Docteurs, brillants flambeaux allumés par Dieu lui-même, afin d'éclairer son Église. Enfin, respect et confiance à l'égard de l'École qui a eu cette Église pour mère.

Écoutons Léon XIII (1) :

« Toutes les fois que nos regards se portent sur la bonté, la force et l'indéniable utilité de cette discipline philosophique, tant aimée de nos pères, nous jugeons qu'il a été bien téméraire de ne pas lui rendre toujours et partout l'honneur qu'elle mérite : d'autant plus que la philosophie scolastique a joui d'une longue faveur, près d'hommes éminents, et, ce qui est capital, du suffrage de l'Église. A la place de la doctrine ancienne, une sorte de nouvelle philosophie s'est introduite çà

---

(1) Encyclique : *Æterni Patris*.

et là, laquelle n'a point porté les fruits désirables et salutaires auxquels l'Église et la Société civile avaient droit. Sous l'impulsion des novateurs du seizième siècle, on se prit à philosopher sans aucun égard pour la foi, avec pleine licence pour chacun de laisser aller sa pensée suivant son caprice et son génie. Il en résulta naturellement que les systèmes de philosophie se multiplièrent outre mesure, et que les opinions diverses et contradictoires se firent jour, même sur les objets les plus importants des connaissances humaines. De la multitude des opinions, facilement on passa aux hésitations et au doute; or, du doute à l'erreur, il n'est personne qui ne voit combien la chute est facile.

« Les hommes se laissant aisément entraîner par l'exemple, cet amour de la nouveauté parut avoir envahi, en certains pays, l'esprit des philosophes catholiques eux-mêmes, qui, dédaignant le patrimoine de la sagesse antique, aimèrent mieux construire à neuf qu'accroître et perfectionner l'ancien édifice : projet vraiment peu prudent qui tourna au détriment de la science. En effet, cette méthode sans unité, qui s'appuie uniquement sur l'autorité arbitraire de chaque maître particulier, n'a qu'une base mobile, et par conséquent, au lieu de cette science ferme, stable et forte, comme était l'ancienne, elle ne peut donner qu'une philosophie chancelante et sans consistance. »

9. — De la liberté en philosophie.

Mais si la licence et l'indiscipline sont funestes, l'écueil contraire est également à craindre pour la grande philosophie. Il est plus facile de s'attacher servilement à un maître que de le comprendre, et le signe d'une époque de moindre intelligence est la dispute vétilleuse sur les textes.

N'oublions pas d'ailleurs que la philosophie, science profane par opposition aux sciences théologiques, s'appuie sur la raison, et que le critérium de la métaphysique est l'évidence. Si l'autorité divine, dit saint Thomas, est la plus efficace de toutes les démonstrations, l'autorité humaine est la plus débile des preuves (1). Même en théologie, le

---

(1) Licet locus ab auctoritate quæ fundatur super ratione humana sit in-

principe d'autorité n'étouffe pas la légitime liberté, suivant cette parole de saint Augustin citée par saint Thomas au même endroit :

« Aux seuls livres canoniques, j'ai appris à rendre cet honneur, de croire fermement qu'aucun de leurs auteurs n'a commis aucune erreur. Quant aux autres, je les lis dans cette disposition, quelle que soit l'excellence de sainteté et de doctrine de leurs auteurs, de ne pas juger une chose vraie, uniquement parce qu'ils l'ont pensée (1). »

Que le disciple écoute donc le maître avec respect, que le maître enseigne le disciple ; mais que tous deux se le rappellent, la philosophie ne consiste pas à croire mais à voir la vérité. Le maître, dit saint Thomas, ne nous enseigne qu'extérieurement, en nous apprenant à résoudre les conclusions dans leurs principes ; mais Dieu nous parle intérieurement par cette raison qu'il nous a donnée, et qui nous fournit la certitude des principes (2).

L'autorité d'un grand maître est, certes, une puissante garantie. Son enseignement guide notre raison et dirige notre pensée, et cela suffit pour qu'on puisse dire que le maître cause la science dans le disciple. Mais, ajoute saint Thomas, chacun tient de Dieu seul la certitude de la science, puisque c'est lui qui nous a infusé cette lumière de la raison, par laquelle nous connaissons les principes d'où procède la certitude de la science (3).

---

firmissimus, locus tamen ex auctoritate quæ fundatur super revelatione divina, est efficacissimus (S. Thom., *Summ. theol.*, I, q. 1, art. 8.)

(1) S. Thom., *Summ. theol.*, I, q. 1, art. 8.

(2) Quod aliquid per certitudinem sciatur, est ex lumine rationis divinitus indito quo in nobis loquitur Deus, non autem ab homine exterius docente, nisi quatenus conclusiones in principia resolvit nos docens, ex quo tamen nos certitudinem scientiæ non acciperemus, nisi inesset nobis certitudo principiorum, in quæ conclusiones resolvuntur. (S. Thom., *de Magistro*, art. 1, ad 13.)

(3) Dicendum, quod certitudinem scientiæ, ut dictum est, habet aliquis a solo Deo, qui nobis lumen rationis indidit, per quod principia cognoscimus ex quibus oritur scientiæ certitudo, et tamen scientia ab homine quodammodo causatur in nobis, ut dictum est. (S. Thom., *de Magistro*, art. 1, ad 17.)

Qui osera maintenant prétendre que la Scolastique est une école de servilité? Quelle raison est plus libre que la raison relevant de Dieu seul? Sans doute, les grands philosophes du moyen âge sont des phares qui doivent guider notre pensée sur l'océan des opinions agitées ; mais on ne jette pas l'ancre aux pieds des phares. Profiter de leur présence et avancer dans leur lumière, telle est la loi du progrès véritable auquel Léon XIII convie les philosophes catholiques : *Vetera novis augere et perficere* (1).

Les belles époques philosophiques ont toujours été caractérisées par l'alliance d'une grande autorité et d'une grande liberté, et, pour entendre encore une fois l'autorité consacrer la liberté, on n'a qu'à écouter Albert le Grand :

« Si quelqu'un est attaché à une fausse opinion par l'autorité ou l'amour de ceux qui l'ont formulée, pour le guérir, il faut lui faire remarquer que ces hommes d'antique autorité n'étaient pas des dieux mais des hommes, et qu'ils ont pu se tromper. Il ne faut pas tellement aimer quelqu'un, que pour lui on abandonne la vérité. Aimons et la vérité et nos amis, mais à tous nos amis préférons l'honneur de la vérité. Telle est la manière de guérir cette maladie. Quant à ceux qui prennent la parole d'un homme pour un oracle, comme l'ont fait plusieurs dans les écoles de Pythagore et de Platon, ils ressemblent à ces Hésiodistes qui se nourrissaient de révélations, et ils n'ont aucun commerce avec les philosophes. Leur erreur ne peut donc être traitée par des arguments, et par suite elle reste incurable (2). »

10. — Dessein de cet ouvrage.

Après ces longues considérations sur la Scolastique, il est temps d'exposer le but de cet ouvrage.

Rendre claire la notion de cause en la dégageant des notions adjacentes, montrer comment l'influence de la cause s'épanouit en causalités distinctes, expliquer la nature de

---

(1) Encycliq. *Æterni Patris.*
(2) Alb. Magn. *Métaphys.*, lib. IV, tract. II, cap. III. — Voir Melchior Cano sur saint Thomas : *De locis theologicis*, lib. XII, cap. I.

ces diverses causalités et leur corrélation, enfin dans le jeu des causes simultanées faire voir l'unité et l'harmonie : tel est mon dessein. C'est un cadre rationnel pour contenir les grandes maximes relatives aux causes, qui viennent sans cesse dans les traités de nos docteurs. C'est donc une étude préparatoire que je crois utile à ceux qui veulent comprendre saint Thomas dans saint Thomas lui-même.

Pour instituer un traité rationnel des causes, la méthode est toute tracée. Dans une première partie, il faut établir les principes premiers relatifs à la causalité : dans une seconde, il faut montrer l'application exacte de ces principes à toutes les causes de la nature. La première étude est, sans contredit, la plus délicate et la plus laborieuse : elle est délicate, puisqu'il s'agit d'obtenir la notion purement métaphysique de chaque causalité ; laborieuse, car, dans cette ascension vers les cimes de la science, on rencontre à chaque pas des obstacles.

Lorsqu'on formule une proposition générale, les objections tirées de cas particuliers viennent aussitôt la taxer de paradoxe. En toute rigueur, j'aurais pu me contenter d'exposer d'abord les principes sans m'occuper des objections, renvoyant à plus tard l'explication des apparentes contradictions. C'est la marche qu'on suit d'ordinaire dans l'enseignement rationnel des sciences, car la solution d'une objection exige souvent un ensemble de connaissances qu'on n'acquiert que successivement. Mais j'ai craint que ce procédé dilatoire n'affaiblît la confiance qu'on doit avoir dans les grands axiomes de la métaphysique. Prenant un moyen terme, j'admets dès le commencement l'objection à se produire ; mais je montre qu'elle n'infirme pas la thèse d'une manière évidente, et je passe outre, promettant pour plus tard la solution complète.

11. — Forme de cet ouvrage.

Cette méthode enlève à mon travail la rapidité d'allure qui fait l'élégance d'un traité didactique, mais j'ai sacrifié cet avantage à l'utilité des jeunes philosophes auxquels je m'adresse. La formation philosophique consiste à habituer l'esprit à penser par soi-même. J'offre donc mon livre à ceux qui débutent, moins pour qu'ils y puisent un enseignement tout fait, que pour qu'ils y cherchent des matières à méditation. Ce n'est pas un traité complet, mais un recueil à consulter et à feuilleter, et comme une série d'exercices de pensée.

Dans le même intérêt, j'ai multiplié les citations d'Aristote, d'Albert le Grand et de saint Thomas, pour apprendre aux jeunes gens à lire ces maîtres, et à y recourir. Puissé-je leur inspirer l'amour de ces sources !

Enfin, je me suis efforcé de procéder à la manière des scolastiques, c'est-à-dire, en donnant tous les développements qui peuvent aider le travail de la pensée. On s'étonne parfois en jetant les yeux sur les énormes in-folio, œuvres des grands théologiens, et l'ignorant est bien près de condamner à simple vue tant de prolixité. Mais celui qui ouvre ces beaux traités admire bientôt cette méthode tranquille, sûre, vraiment magistrale, suivant laquelle le maître, modérant l'élan de sa pensée pour que le disciple puisse aisément le suivre, s'avance lentement, montre à chaque pas où il faut poser le pied, écarte les moindres obstacles, et ne dédaigne pas de parcourir plusieurs fois le même chemin pour le rendre facile. Aussi, la lecture de ces auteurs produit l'effet d'un enseignement oral, presque d'une conversation intime. J'ose l'affirmer, il faut moins d'effort pour lire ces larges traités que pour étudier quelqu'un des résumés concis qu'on a multipliés sans profit pour la science.

Un ouvrage qui a pour but de faire connaître la Scolastique devrait être rédigé en latin. J'ai écrit en français pour ne pas rebuter d'avance ; mais j'ai placé de longues citations textuelles de saint Thomas et d'Albert le Grand, pour familiariser le lecteur avec la langue de ces maîtres, et pour l'inviter par là même à lire leurs ouvrages.

LIVRE PREMIER

PRINCIPES DE LOGIQUE

OBJET DE CE LIVRE

J'ai dit que saint Thomas, dans sa théologie, s'adressait à des disciples longtemps exercés par les études philosophiques. Il faut ajouter que ces études elles-mêmes se déroulaient dans un ordre déterminé, et que le cours de métaphysique était précédé par un enseignement très approfondi de la logique. Or ces leçons sur l'art de raisonner n'avaient pas seulement pour but, comme on se l'imagine quelquefois, d'assouplir l'esprit aux formes syllogistiques qu'un siècle futile a tournées en ridicule, et dont l'estime renaît maintenant chez tous les philosophes sérieux. L'enseignement de la logique avait pour principal objet de rendre familier le commerce du vrai, afin que l'intelligence sût le reconnaître partout de quelque manière qu'il se présentât.

Je ne puis entreprendre ici tout un cours de logique péripatéticienne. Mais, si nous voulons suivre d'un pas ferme les scolastiques dans leurs études de métaphysique, il est nécessaire de connaître les principes sur lesquels s'appuyait leur méthode. Je puiserai ces notions fondamentales dans l'ouvrage où Aristote semble avoir recueilli tout son génie et résumé toute sa pensée : je veux parler des *Derniers analytiques.*

Mais, je le répète, Aristote ne m'intéresse que parce qu'il a fourni le texte aux leçons de nos docteurs, et je ne prétends exposer ses doctrines qu'en tant qu'elles sont admises et comme elles sont comprises par la Scolastique.

CHAPITRE PREMIER

NATURE DE LA SCIENCE MÉTAPHYSIQUE

1. — Du savoir scientifique

Aristote nous apprend, dans le passage suivant, en quoi consiste le véritable savoir :

« Nous croyons savoir une chose vraiment, et non à la manière des sophistes qu'égarent les apparences, lorsque nous croyons en savoir la cause, savoir en outre que c'en est bien la cause, savoir enfin qu'il ne peut se faire qu'il en soit autrement. C'est ainsi que comprennent la science, et ceux qui savent et ceux qui ne savent pas : les premiers ayant conscience qu'ils savent de cette manière, les seconds qu'en cela consiste le savoir. Par conséquent, là où il y a science, il est impossible que les choses soient autrement qu'elles ne sont (1). »

Ce texte est riche en enseignements, et le chapitre présent va être employé à l'interpréter. Mais déjà nous pouvons en tirer deux conclusions par rapport à la nature de la science.

D'abord, nous apprenons que la science, dans le sens formel du mot, n'est pas une simple affirmation de faits ou de vérités juxtaposées, mais qu'elle consiste essentiellement dans un enchaînement logique reliant chaque chose à

---

(1) *Derniers analytiq.*, liv. I, chap. II. J'avertis que je citerai Aristote d'après les divisions en livres et en chapitres reçues par les anciens scolastiques, afin de faciliter la concordance du texte et des commentaires.

sa raison et à sa cause. Tant qu'on n'a pas trouvé ce lien, on n'a encore qu'un catalogue, qu'une énumération, qu'une histoire. La science commence seulement lorsqu'on tient la cause du fait, la raison de la vérité.

Mais il ne suffit pas de savoir la cause; il faut, ajoute Aristote, savoir que c'est bien la cause. Cette remarque n'est pas, comme on pourrait le croire, une répétition inutile. Par là, le Philosophe veut exprimer l'acte réflexe qui constitue la certitude, et enseigner qu'il est de l'essence de la science d'être certaine. Qu'un ignorant, servi par le hasard, assigne à quelque effet sa cause véritable, c'est possible à la rigueur; mais son affirmation, toute vraie qu'elle est, manque du caractère réflexe essentiel à la science. Il affirme, mais sans avoir la certitude qu'il affirme juste. Il affirme, mais il reste ignorant; car pour posséder une connaissance vraiment scientifique, non seulement il faut savoir, mais il faut encore savoir que l'on sait.

2. — L'objet de la science est nécessaire.

Dans le même texte d'Aristote, il est dit que, pour savoir vraiment, il faut savoir que les choses ne peuvent être autrement. La science est donc pénétrée d'une certaine nécessité. Il ne s'agit pas ici de la nécessité inhérente à toute existence, à tout fait, et qui s'exprime par l'adage : *Enti necesse est esse, quando est.* Car cette formule, qui n'est autre chose que le principe de contradiction, s'applique à tout, et par conséquent ne peut pas servir à définir la science. Aussi bien, la nécessité dont parle Aristote n'est pas une nécessité *conséquente* à l'existence, mais une nécessité *antécédente*, c'est-à-dire une *loi*.

La science ne consiste pas dans la connaissance des faits particuliers, même lorsqu'on y réunit la cause et l'effet; une généalogie est une histoire et n'est pas une science. La science s'occupe des lois. Qu'il s'agisse de mathématiques pures, de physique, de physiologie, de géologie, le savant cherche toujours et partout la loi. L'objet propre de la science est la loi. Or qui dit loi, dit nécessité qui s'impose, nécessité antécédente. L'objet de la science est donc nécessaire, comme l'enseigne Aristote.

Mais il convient de faire ici une distinction qui a échappé à ce païen, parce qu'il n'avait pas des notions exactes sur la liberté divine.

Il peut exister des lois et des nécessités d'ordres différents. Les lois des essences sont absolues; les sciences, telles que la métaphysique ou les mathématiques pures, ont des conclusions absolument nécessaires. Mais il y a des lois posées par des volontés libres, et qui n'ont par conséquent qu'une nécessité hypothétique. Un État bien ordonné est régi par des lois positives, lois qui s'imposent aux citoyens et qui les nécessitent à certains actes; mais cette nécessité dépend toujours d'une hypothèse cachée dans la volonté du législateur toujours libre dans ses décrets.

Telles sont les lois physiques. Certes, le monde est régi par des nécessités permanentes, stables, efficaces. Mais ces lois, établies par la Cause créatrice, restent toujours sous la dépendance du législateur suprême.

Je sais que certains rationalistes s'efforcent de soumettre Dieu à la loi que lui-même impose à ses œuvres. On connaît la préoccupation qui pousse ces philosophes à soutenir que les lois de la matière sont absolues; mais on attend vainement les raisons péremptoires par lesquelles ils prouveront que cette nécessité tient à l'essence de la matière qu'ils avouent d'ailleurs si peu connue.

La vérité est que le Dieu Sage est le *Dieu des sciences*. Il a établi et il conserve les lois de ce monde, et c'est pour cela qu'il peut y avoir science physique. Mais, libre dans ses créations, il reste au-dessus des lois qu'il impose, et il peut les suspendre ou les modifier dans un dessein digne de sa Sagesse, et par conséquent digne du Dieu des sciences.

Il était utile de présenter ces observations pour qu'on n'abusât pas de la doctrine d'Aristote. Mais, cette réserve faite, nous devons répéter que, lorsqu'il s'agit des essences, les lois sont sans exception, les nécessités sont absolues; et puisque la métaphysique a pour objet l'essence même de l'être, son objet est absolument nécessaire.

3. — L'objet de la science est l'universel.

De la nécessité inhérente à l'objet de la science, Aristote conclut que cet objet est *l'universel*. « La science consiste à connaître l'universel (1). »

Voilà un mot qu'il faut bien comprendre, et qu'Aristote s'étudie à expliquer.

Pour définir « l'universel », τὸ καθόλου, le Philosophe commence par définir deux autres termes, savoir : « ce qui est de tout », τὸ κατὰ παντὸς, et « ce qui est de soi », τὸ καθ' αὐτὸ (2).

« Ce qui est de tout » — *de omni*, comme traduisent les scolastiques, — est ce qui se dit du sujet partout où se trouve ce sujet. Ainsi : *animal* se dit *de tout* homme, car, de tout homme, on peut affirmer qu'il a une organisation animale.

Le terme « de soi » s'applique à tout ce qui est essentiel au sujet. Par suite, ce qui est « de soi » dans une chose y est nécessairement.

Quant au mot « universel », il se définit, en réunissant les deux termes précédents :

« J'appelle *universel*, dit Aristote, ce qui est *de tout* et *de soi* et *en tant que soi*. Il est donc clair que tout ce qui est universel dans les choses y est nécessairement. Être *de soi* et être *en tant que soi* expriment la même idée. *De soi*, la droite contient le point et est rectiligne, et cela *en tant* qu'elle est une

---

(1) Ἡ δ'ἐπιστήμη τῷ τὸ καθόλου γνωρίζειν ἐστίν. *Derniers analytiq.*, liv. I, chap. XXXI.
(2) *Derniers analytiques*, liv. I, chap. IV.

droite. Le triangle, *en tant* qu'il est triangle, contient deux droits, et le triangle est *de soi* égal à deux droits. »

Ainsi, « l'universel », de même que l'attribut qui se dit « de tout », se trouve toujours et partout dans le sujet qui le comporte. Mais, en outre, il y est « de soi-même », par soi-même et nécessairement. C'est là ce qui achève de le caractériser.

Supposons, en effet, que tous les hommes de la terre soient actuellement blancs. La blancheur serait une propriété qui pourrait être affirmée *de tout* homme existant. Et cependant, le concept de la blancheur n'entrerait pas *de soi* dans le concept de l'homme : car on pourrait concevoir des hommes qui ne fussent pas blancs, tandis qu'on ne peut concevoir un homme dépourvu d'une organisation animale.

Ce n'est donc pas uniquement de fait que le véritable universel est dans tout sujet qui le comporte. Il y est de droit, il y est nécessairement. Aussi Aristote lui donne-t-il ailleurs pour définition : « ce qui est partout et toujours », τὸ γὰρ ἀεὶ καὶ πανταχοῦ καθόλου φαμὲν εἶναι, l'opposant par là au singulier qu'il définit : « cette chose qui est ici et maintenant », τόδε τι καὶ ποῦ καὶ νῦν (1).

L'universel a donc le caractère abstrait d'espèce ou de genre, et par le fait même de cette abstraction, il est « en dehors du temps et du lieu » (2); voilà pourquoi il est l'objet de la science. Le chimiste ne se propose pas uniquement de connaître les réactions de *ce morceau* de

---

(1) *Derniers analytiq.*, liv. I, chap. xxxi.
Voici comment Albert le Grand explique ce caractère de l'universel :
De hoc quod omni subjecto et semper insit, exemplum est, sicut animal dicitur de omni homine; non de aliquo dicitur, et de aliquo non; et non, aliquando dicitur et aliquando non : et ideo sive homo sit actu in natura, sive non, semper hæc est vera « homo est animal »,... sicut enim diximus, necessaria sunt supra tempus et semper vera et nunc et semper. (Alb. Magn., I, *Poster. Analyt.*, tract. II, cap. vii.)
(2) Universale dicitur esse « ubique et semper », in quantum universalia abstrahuntur ab « hic et nunc », sed ex hoc non sequitur ea esse æterna nisi in intellectu, si quis est æternus. (S. Thomas, I, q. 16, art. 7, ad 2ᵘᵐ.)

soufre sur lequel il opère ; ce qu'il cherche à connaître, à décrire, c'est *le soufre* même, c'est-à-dire, l'espèce, l'universel, qui « partout et toujours » possède les mêmes propriétés.

Il en est de même dans toutes les sciences; aussi Aristote affirme-t-il qu'une conclusion vraiment scientifique est éternelle, parce qu'elle a trait à l'universel (1). Cette proposition doit, à la vérité, subir les mêmes corrections que celles qui ont trait à la nécessité. Mais, lorsqu'il s'agit des sciences qui regardent les essences, elle est rigoureuse. Les vérités métaphysiques sont éternellement vraies (2).

4. — La véritable science est déductive.

Aristote distingue deux sortes de sciences par cette phrase : « Il y a différence entre savoir qu'une chose est et savoir pourquoi elle est », τὸ δ'ὅτι διαφέρει καὶ τὸ διότι ἐπίστασθαι (3).

La première science affirme le fait, la seconde en fournit la cause et la raison. Les scolastiques, traduisant assez mal les mots ὅτι par *quia* et διότι par *propter quid*, ont appelé le premier savoir « scientia quia » et le second « scientia propter quid ».

Voici comment saint Thomas les distingue :

Dicendum quod duplex est demonstratio : una, quæ est per causam et dicitur *propter quid*, et hæc est per priora simpliciter. Alia per effectum et dicitur demonstratio *quia*, et hæc est per ea quæ sunt priora secundum nos. Cum enim effectus aliquis nobis est manifestior quam sua causa, per effectum procedimus ad cognitionem causæ (4).

---

(1) *Derniers analytiq.*, livr. I, chap. VIII.
(2) Vera et necessaria sunt æterna, quia sunt in intellectu divino. (S. Thom., I, q. 10, art. 3, ad 3um.)
(3) *Derniers analytiq.*, liv. I, chap. XIII.
(4) *Summ. Theol.*, I, q. 2, art. 2.

Or notre esprit est fait non seulement pour connaître la réalité des choses, mais la raison des choses. Le savoir *propter quid* est le seul qui apaise notre soif de connaître. C'est la science parfaite, et, dans un certain sens, c'est la seule science digne de ce nom. Elle descend de la cause à l'effet, elle sait chaque chose précisément par ce qui en est la cause et la raison. En d'autres termes, elle déduit l'effet comme une conséquence de sa cause.

Pourquoi considère-t-on l'astronomie et l'optique comme des sciences complètes? C'est parce que tous les faits qui s'y rapportent se démontrent par voie de déduction, et s'expliquent par quelques forces dont le calcul poursuit l'action jusque dans ses moindres détails. Pourquoi les sciences dites *rationnelles* sont-elles estimées les premières en dignité scientifique ? C'est parce qu'elles ont pour instrument unique la raison si élégamment définie : « cette force de l'âme qui fait courir la cause sur l'effet (1) ». C'est parce qu'elles déduisent par une série de syllogismes au moins implicites, suivant ce précepte d'Aristote : « Nous disons que la science s'obtient par la démonstration. J'appelle démonstration le syllogisme scientifique; et je dis qu'il est scientifique, parce que, par là même que nous le possédons, nous savons (2). »

5. — La science déductive part de principes.

Laissons encore parler Aristote (3).

Si donc nous avons bien établi ce que c'est que savoir, il s'ensuit nécessairement que la science démonstrative part de propositions vraies, premières, immédiates, et relativement à la conclusion plus notoires, antérieures, causes. Tels sont les principes propres des démonstrations; car, sans eux, il n'y a

---

(1) Dicit Isaac (Benimiran in libro de diffinitionibus quod ratio est vis animæ faciens currere causam in causatum. (Alb. Mag., VI, *Ethic.*, tr. I, cap. IV.)
(2) *Derniers analytiq.*, liv. I, chap. II.
(3) *Ibid.*

pas de syllogisme, d'où pas de démonstration, d'où pas de science.

« La science part de propositions *vraies;* car on ne connaît pas le non-être, par exemple, la commensurabilité du diamètre et de la circonférence.

« De propositions *premières* et *non démontrables,* ἐκ πρώτων ἀναποδείκτων; car, si elles étaient démontrables, on n'aurait pas acquis la science avant d'être remonté jusqu'à leur démonstration, la science consistant à démontrer tout ce qui est démontrable.

« Il faut en outre que ces principes soient *causes, plus notoires* et *antérieurs.* — *Causes,* car nous savons lorsque nous connaissons la cause, — *antérieurs,* puisqu'ils sont causes, — *plus notoires,* non seulement en ce sens que l'on comprenne la signification des termes, mais en ce sens que l'on connaisse la réalité de ce qu'ils expriment...

« ... La démonstration doit partir de propositions *premières,* c'est-à-dire de principes, car *premier* et *principe* sont pour moi des termes identiques. Le principe de la démonstration est une proposition *immédiate,* c'est-à-dire une proposition qui n'en a pas une autre avant elle. »

Tels sont les caractères des principes qui servent de fondements à la science démonstrative, et dans la fermeté de cette exposition on reconnaît le génie d'Aristote.

Sans doute, il y a des sciences *subalternes,* c'est-à-dire des sciences qui partent de vérités démontrées par des sciences supérieures. Mais cette démonstration n'est ni de leur ressort ni de leur compétence; elles acceptent ces vérités comme des principes sur lesquels elles raisonnent.

Toute cette doctrine est si claire qu'elle se passe de commentaire. Cependant, il y a, dans le texte d'Aristote, deux mots sur lesquels il ne faut point passer à la légère, et dont la Scolastique a compris toute l'importance. Les principes, dit le Philosophe, sont *causes* et sont *plus notoires.* Étudions, l'une après l'autre, ces deux affirmations.

6. — Comment les principes sont causes.

L'interprétation qui se présente d'abord à l'esprit est la suivante. Lorsque nous concluons en partant de prémisses reçues, la connaissance de la conclusion découle, pour ainsi parler, de la connaissance des principes. Celle-ci est cause de celle-là, et, par conséquent, on peut dire que les principes sont causes de la science. Cette sorte de causalité est appelée par la Scolastique : *causalitas in cognoscendo*, par opposition à la causalité réelle appelée : *causalitas in essendo*.

Mais cette interprétation n'est pas suffisante; elle introduirait un jeu de mots dans la proposition d'Aristote : « Les principes sont causes, car nous savons quand nous connaissons la cause. »

Sans doute, la fumée fait connaître le feu, l'empreinte du pied trahit le passage de l'homme, la créature révèle l'existence du Créateur. Mais tous ces effets, qui sont causes *in cognoscendo*, ne peuvent produire que la science imparfaite appelée « science *quia* ». Or nous savons que, d'après Aristote, la véritable science est une science *propter quid*, qui descend de la cause à l'effet et qui explique l'effet par la cause.

Voici donc ce qu'il faut entendre par cette phrase si courte : « les principes sont causes ». Elle signifie que la science doit partir des causes réelles; que c'est dans les causes qu'elle doit chercher la raison des effets, et dans les vérités générales la raison des vérités particulières.

Que tel soit le rôle de la science, la preuve en est courte et péremptoire. La science, n'est-il pas vrai, recherche la vérité. Or Aristote prononce : « chaque chose possède de vérité ce qu'elle possède d'être », Ἕκαστον, ὡς ἔχει τοῦ εἶναι, οὕτω καὶ τῆς ἀληθείας (1). Donc, pour connaître la vérité, l'esprit doit s'unir aussi parfaitement que possible aux choses elles-mêmes; la même causalité doit présider à l'être et à la connaissance de l'être. C'est ce qu'exprime cette sentence de la Scolastique : *Ad perfectam scientiam requiritur causa simul in essendo et cognoscendo*. Grande et belle

---

(1) *Métaphys.*, liv. II, chap. I, à la fin.

sentence qui découvre tout entière la légitime ambition de l'esprit humain, et qui proclame la haute dignité de la véritable science.

7. — Comment les principes sont plus notoires.

« Puisque, dit Aristote, il faut croire et savoir une chose en vertu d'une démonstration syllogistique, il est nécessaire non seulement de savoir d'avance les choses dont part la démonstration, mais encore de les savoir mieux. *Car, toujours, le par quoi un être est « quelque chose », est « ce quelque chose » à un plus haut degré*, Ἀεὶ γὰρ δι' ὑπάρχει ἕκαστον, ἐκεῖνο μᾶλλον ὑπάρχει. Par exemple, le pourquoi nous aimons un objet est encore plus aimé. Puis donc que nous connaissons et que nous croyons en vertu des principes, nous devons les connaître et les croire plus que les conclusions subséquentes (1). »

Telle est la raison pour laquelle Aristote veut que les principes soient *antérieurs et plus notoires*, πρότερα καὶ γνωριμώτερα. Mais, de peur de confusion, il ajoute :

« *Antérieur et plus notoire* peut s'entendre de deux manières ; car il n'y a pas identité entre l'*antérieur par nature*, πρότερον τῇ φύσει, — et l'*antérieur pour nous*, πρὸς ἡμᾶς πρότερον; ni entre *le plus notoire*, — γνωριμώτερον, et le plus notoire pour nous, ἡμῖν γνωριμώτερον. J'appelle « antérieur et plus notoire pour nous » ce qui est plus proche de la sensation, et j'appelle « antérieur et plus notoire simplement », ἁπλῶς, ce qui est plus éloigné de la sensation. Or ce qui en est le plus loin est l'universel ; ce qui en est le plus proche est le particulier ; et ces deux choses sont à l'opposite l'une de l'autre (2).

Mais cette distinction fait naître aussitôt une question : De quelle manière les principes de la science doivent-ils être antérieurs et plus notoires ? Il appert du texte même qu'il s'agit ici du plus notoire par nature, du plus notoire simplement, la science ayant pour objet l'universel.

---

(1) *Derniers analytiq.*, liv. I, chap. II.
(2) *Ibid.*

La pensée d'Aristote est évidente et a toujours été comprise sans équivoque par ses commentateurs. Citons seulement saint Thomas :

> Quia *prius et notius* dicitur dupliciter, scilicet quoad nos et secundum naturam, dicit consequenter, quod ea ex quibus procedit demonstratio sunt priora et notiora simpliciter et secundum naturam, et non quoad nos (1).

Et dans un autre livre, le saint docteur en donne une belle explication :

> Notandum autem est quod non eadem dicit Philosophus nota esse nobis et nota simpliciter. Simpliciter autem notiora sunt, quæ secundum se sunt notiora. Sunt autem secundum se notiora, quæ plus habent de entitate : quia unumquodque cognoscibile est in quantum est ens (2).

N'admirez-vous pas notre philosophie traditionnelle mesurant la vérité à la réalité et cherchant les sources de la science dans les sources mêmes de l'être ?

8. — Application de cette doctrine à la métaphysique.

Le savoir, auquel Aristote réserve le nom de science strictement dite, jouit donc des caractères suivants : il est vrai, certain, évident, obtenu par démonstration, partant de propositions nécessaires, universelles, relatives aux causes. C'est, à peu près, ce qu'on appelle actuellement une science *rationnelle*, et de fait, actuellement comme autrefois, on considère les sciences rationnelles comme les plus parfaites.

Parmi ces sciences, la première de toutes est la *Métaphysique*, définie « la science de l'être en tant qu'être ». Je n'ai pas ici à prouver cette prééminence ; on peut en voir les titres noblement exposés par Aristote lui-même (3).

---

(1) S. Thom., *Poster. Analyt.*, lib. I, lect. 4.
(2) S. Thom., *Physic.*, lib. I, lect. 1.
(3) *Métaphysique*, liv. I, chap. II.

CHAPITRE I. — NATURE DE LA SCIENCE MÉTAPHYSIQUE.

D'ailleurs, mes seuls lecteurs seront de ceux qui dans la métaphysique admirent sa beauté même, suivant cette pensée du Philosophe que la première des sciences est celle qu'on aime pour elle-même.

Mais, pour tirer du fruit des développements dans lesquels nous sommes entrés au sujet de la science en général, il faut en conclure quels sont les caractères de la métaphysique et comment on doit l'étudier.

D'abord, l'objet de la métaphysique étant l'être en tant qu'être, cet objet est le plus universel qu'on puisse concevoir, puisque tout ce qui est quelque chose est « être ». Ce n'est pas que la métaphysique absorbe les autres sciences; chacune est science, car elle a un objet universel, savoir, une espèce ou un genre d'être; mais chacune est spécialisée par le caractère spécifique de son objet. L'arithmétique a pour objet l'être en tant qu'il est nombré; la géométrie est particularisée par la notion abstraite de l'espace. Quant à la métaphysique, de nature transcendantale, elle monte chercher son objet au degré le plus haut de l'abstraction. Elle s'occupe des êtres en général pour les classer dans les diverses catégories de l'être, et pour déterminer les lois et les causes qui régissent universellement les réalités.

La métaphysique n'absorbe donc pas les autres sciences, mais elle les domine. On pourrait dire que si les autres sciences s'occupent des essences, pour elle, elle s'occupe de l'essence des essences Reine, elle dicte à ses servantes des lois salutaires; mais, reine libérale, elle respecte l'initiative de leur activité.

L'objet de la métaphysique étant absolument universel, il en résulte que ses principes, eux aussi, sont absolument universels et nécessaires. Au sommet de chaque science, dit Aristote (1), il y a une *position*, θέσις, qui est une *définition* ou une *hypothèse*. Ainsi, la géométrie part de défini-

---

(1) *Derniers analytiq.*, liv. I, chap. II.

tions, la mécanique moderne de certains « postulata ». Ce sont là autant de principes, car on ne les démontre pas, et l'on en part pour démontrer. Mais qui dit hypothèse dit, par là même, particularisation; qui dit définition, dit, par là même, délimitation. Quant à la métaphysique, son objet est au-dessus de toute définition : comment définir l'être?

Ses principes sont au-dessus de toute hypothèse : peut-on faire une hypothèse absolument universelle?

Par là nous parvenons à une grave leçon. Les conséquences n'étant que l'épanouissement des principes, on doit y voir briller les mêmes caractères d'universalité et de nécessité. Une proposition, vraie ici et fausse là, affirmée pour ce cas et niée pour cet autre, n'est pas une proposition véritablement métaphysique; car une proposition relative à l'être « en tant qu'être », s'applique à tout ce qui n'est pas le pur néant.

Sans doute, l'art de la dialectique a pour but d'éviter les fausses applications des principes; de là ce précieux arsenal de distinctions et de termes scolastiques, dont on ne se raille que comme le lourdeau peut se railler des termes d'escrime. Sans doute, le plus grand labeur du philosophe est de discerner les véritables principes métaphysiques de ceux qui n'en ont que l'apparence. Mais une fois un principe dûment constaté, il n'est plus permis ensuite de le mettre en doute, sous prétexte qu'il fait difficulté dans quelque rencontre particulière. Rien n'alanguit la science, comme l'affublement des principes par les expressions « en quelque sorte » ou « d'une certaine manière », ou « généralement » par opposition à « toujours ». Un cours de métaphysique est ferme, vigoureux, scientifique, à proportion de la foi qu'il professe dans des principes précis et absolus.

CHAPITRE II

FORMATION DE LA MÉTAPHYSIQUE

Position de la question.

De nos jours, on distingue deux sortes de sciences, les sciences rationnelles et les sciences expérimentales. Celles-ci remontent des effets particuliers aux lois générales et des phénomènes à leurs causes; celles-là consistent à tirer de quelques principes généraux ou de certains axiomes toutes les conséquences, soit par le raisonnement syllogistique, soit par le calcul qui n'est au fond qu'une forme de syllogisme. Ces deux espèces de sciences sont poursuivies actuellement avec un zèle et un succès merveilleux. Dans l'antiquité, la méthode expérimentale était peu connue; aussi la connaissance du monde physique était-elle bien incomplète et entachée de beaucoup d'erreurs. Au contraire, les sciences de déduction étaient cultivées; de là ces beaux travaux de mathématiques pures qu'on admire encore, et ces traités philosophiques qui suffiraient à la gloire d'une époque. Aussi, dans le langage aristotélicien, la science proprement dite est la science procédant par la démonstration syllogistique.

L'instrument d'une telle science est le raisonnement; mais l'instrument ne suffit pas, il faut lui fournir sur quoi s'appliquer. En d'autres termes : la science a pour objet les choses universelles et pour principes des vérités universelles, et c'est en dehors de la voie démonstrative qu'il faut aller chercher la connaissance des unes et des autres. Il est vrai que certaines sciences subalternes peuvent recevoir de sciences supérieures les prémisses nécessaires; mais la question n'en devient que plus pressante, au sujet de la première de toutes les sciences. Où la métaphysique ira-t-elle puiser son objet? où ses principes?

Ce sont là deux questions à résoudre; heureusement elles sont solidaires. La première est relative à l'acquisition des notions universelles considérées en elles-mêmes, ou, comme dit Aristote, considérées comme *incomplexes*. La seconde regarde l'acquisition des principes premiers, propositions qui relient ensemble deux notions distinctes, et que pour cela Aristote appelle *complexes* (1).

Je n'ai pas, on en conviendra, à entreprendre ici la discussion de tous les systèmes anciens ou modernes sur l'origine des idées; la Scolastique suit Aristote. Je n'ai pas même, pour le but que je me propose dans ces prolégomènes, à exposer dans tous ses détails le système du Philosophe; il me suffira d'en faire connaître les lignes principales.

ARTICLE PREMIER

CONNAISSANCE DE L'UNIVERSEL

1. — L'universel n'est pas l'objet de la sensation.

On a reproché à Aristote des tendances sensualistes. Je ne prétends défendre ni toutes les expressions ni toutes les explications incriminées. Mais, on doit l'affirmer, rien

---

(1) « Des choses dont on parle, les unes sont complexes, les autres incomplexes. Exemples de complexes : l'homme court, l'homme triomphe. Exemples d'incomplexes : homme, bœuf, court, triomphe. » (Aristote, *Des prédicaments*, chap. II.)

n'est plus opposé au sensualisme que la doctrine péripatéticienne, telle qu'elle a été comprise par la Scolastique. Car cette doctrine est fondée sur l'opposition entre l'universel et le particulier, l'un plus notoire par nature, l'autre plus notoire pour nous, l'un aussi loin que possible des sens, l'autre aussi près que possible des sens.

« Ce n'est pas, dit Aristote, par la sensation que l'on sait, οὐδὲ δι' αἰσθήσεως ἔστιν ἐπίστασθαι. Car bien que la sensation ait pour objet l'individu en tant qu'il est *ceci* ou *cela* et non en tant qu'il est *celui-ci*, cependant, ce que l'on sent est nécessairement un individu particulier qui est ici et maintenant — *hic et nunc* — ποῦ καὶ νῦν. — Il est donc impossible de sentir l'universel et le général. Car l'universel n'est pas l'être caractérisé par *hic et nunc*, ce caractère répugnant à la notion de l'universel, puisque nous appelons universel ce qui est toujours et partout, — *ubique et semper* — τὸ ἀεὶ καὶ πανταχοῦ. — Si donc les démonstrations portent sur l'universel, et si l'on ne peut sentir l'universel, il est évident qu'on ne peut savoir par la sensation. Cela est si vrai que, si par la sensation nous pouvions constater que la somme des trois angles d'un triangle est égale à deux droits, nous en chercherions encore la démonstration, sans prétendre par là, comme plusieurs le soutiennent, mettre en soupçon notre connaissance sensible. Car sentir a nécessairement pour objet le particulier, et la science consiste à connaître l'universel : Αἰσθάνεσθαι μὲν γὰρ ἀνάγκη καθ' ἕκαστον, ἡ δ'ἐπιστήμη τῷ τὸ καθόλου γνωρίζειν ἐστίν (1). »

Il est impossible d'affirmer d'une manière plus nette l'abîme qui sépare la connaissance scientifique et la connaissance sensible, et de mieux démontrer que ces deux connaissances procèdent de facultés essentiellement différentes. C'est ce que la Scolastique a compris, en traduisant mot à mot le texte d'Aristote pour en former l'adage suivant : *Sensus quidem est singularium, intellectus vero universalium.*

---

(1) *Derniers analytiq.*, liv. I, chap. XXXI.

2. — Nécessité de la sensation pour acquérir l'universel.

Cependant l'école péripatéticienne tient que la sensation est nécessaire pour que l'on parvienne à la connaissance de l'universel. De là cette maxime dirigée contre les Platoniciens : *Nihil est in intellectu, quin prius fuerit in sensu*

« Il est évident, dit Aristote, que si quelque sens fait défaut, nécessairement la science correspondante fait aussi défaut sans qu'on puisse l'acquérir. En effet, nous n'apprenons que par l'induction ou la démonstration, celle-ci partant des universels, celle-là des particuliers. Or, d'un côté, il est impossible de parvenir aux notions universelles, si ce n'est par l'induction ; car même les choses abstraites ne sont connues que par l'induction qui permet de déterminer ce qui, tout en restant inséparable de l'être singulier, appartient au genre. D'un autre côté, celui qui n'a pas la sensation ne peut opérer l'induction ; car les objets singuliers sont l'objet de la sensation et non de la science.

« Ainsi, on ne peut savoir ni par les universels si l'induction n'y a conduit, ni par l'induction si la sensation n'a précédé (1). »

Cet enseignement est très important. Toute la doctrine péripatéticienne repose sur la distinction entre « ce qui est plus notoire par nature » et « ce qui est plus notoire pour nous ». Le plus notoire par nature est le plus loin de la sensation, à savoir l'universel ; le plus notoire pour nous est ce qui est le plus voisin de la sensation, à savoir l'individu matériel. Or c'est un axiome incontesté que nous devons d'abord procéder du plus connu pour nous au moins connu pour nous. D'où résulte cette conséquence inévitable, que la sensation est le point de départ de toute science (2). Mais prenez garde à ne pas vous laisser en-

---

(1) *Derniers analytiq.*, liv. I, chap. xviii.
(2) La sensation est prise ici dans un sens tout à fait général, qui comprend les phénomènes de conscience en tant qu'ils affectent le sens interne.

traîner à une funeste confusion. Si la sensation est à l'origine de toute connaissance, elle n'est pas le principe de la science. Aristote est, à cet égard, d'une grande précision. Il dit bien, en quelque endroit, que les connaissances universelles « proviennent de la sensation », γίνονται ἀπὸ αἰσθήσεως (1), mais nous l'avons entendu prononcer : « On ne sait point par sensation », οὐδὲ δι' αἰσθήσεως ἔστιν ἐπίστασθαι (2). Ces deux phrases se complètent et s'expliquent par le choix des prépositions : ἀπὸ dénote le point de départ, διὰ indique la faculté produisant l'acte.

3. — De l'induction.

Il faut donc une opération qui soit comme l'intermédiaire entre la sensation et la connaissance universelle. Aristote enseigne que cette opération est l'*induction* qu'il définit précisément : « le chemin qui conduit des singuliers aux universels, » ἐπαγωγὴ δὲ ἡ ἀπὸ τῶν καθ' ἕκαστον ἐπὶ τὰ καθόλου ἔφοδος (3).

Mais, avant d'aller plus loin, il faut expliquer avec soin ce qu'Aristote entend ici par l'induction, car ce mot est pris dans des sens différents.

Ainsi, Aristote lui-même range quelque part l' « induction » parmi les syllogismes (4). Le raisonnement par induction consiste à énumérer tous les objets particuliers pour les réunir en une synthèse. Par exemple : l'observation directe et successive a montré que le bœuf, la chèvre, le mouton et autres ruminants ont tous, sans exception, le pied bifide. On peut donc formuler cette proposition générale : Le ruminant a le pied bifide; et cependant on ne perçoit aucun lien intrinsèque entre ces deux propriétés.

---

(1) *Derniers analytiq.*, liv. II, chap. dernier.
(2) *Derniers analytiq.*, liv. I, chap. xxxi.
(3) *Topiq.*, liv. I, chap. x.
(4) *Premiers analytiq.*, liv. II, chap. xxiii.

Mais, précisément parce que cette conclusion ne s'appuie que sur une énumération, il faut que celle-ci soit complète, Ἡ γὰρ ἐπαγωγὴ διὰ πάντων. Aussi a-t-on remarqué justement que cette induction est stérile, en ce sens qu'on ne sait après rien qu'on ne sût avant ; car elle ne fait que réunir en un faisceau des connaissances dispersées. On doit ajouter que cette opération ne conduit pas à un véritable universel ; car si elle fournit une conclusion où le prédicat est dit *de tout* sujet, elle ne permet pas d'affirmer que *de soi* il convient au sujet, et cependant le véritable universel est *nécessaire*. Nous n'avons pas à nous occuper davantage de cette signification du mot « induction », qui pour Aristote lui-même n'est qu'une signification secondaire.

Dans le langage de la philosophie moderne, le mot « induction » est pris dans un autre sens ; il signifie le procédé qui consiste à généraliser les données particulières, à étendre à une classe tout entière d'objets les propriétés observées dans quelques-uns. C'est bien là un passage du particulier à l'universel, et les succès obtenus par ce procédé montrent combien il est puissant, lorsqu'on l'emploie prudemment. Mais, à vrai dire, c'est encore là une sorte de raisonnement fondé sur cette foi implicite qu'il existe une loi régissant toute la classe qu'on étudie. On peut même réduire le raisonnement par induction, à un raisonnement par déduction, sous la forme du syllogisme suivant : Telle propriété ne peut se trouver dans quelques sujets, sans se trouver dans tous les sujets de la même classe, — or elle se rencontre dans quelques sujets, — donc elle se trouve dans tous ceux de la classe. Comme on le voit, toute la certitude ou la probabilité de la conclusion dépend de la certitude ou de la probabilité de la majeure, et l'on éviterait bien des aventures, si l'on ne concluait par l'induction qu'après lui avoir donné cette forme de déduction. Mais de tout ceci résulte que « l'induction », dans le sens moderne, n'est pas cette voie que nous cherchons pour passer du particulier à l'universel. Car elle est un raisonnement au moins virtuel, et par conséquent elle fait déjà partie de la science.

Qu'est-ce donc enfin que l'induction qui fournit l'universel? Encore un coup, ce n'est pas une sensation, puisqu'elle suit la sensation; ce n'est pas un raisonnement, puisqu'elle fournit au raisonnement sa matière. Qu'est-ce donc?

C'est une opération qu'on ne peut pas mieux expliquer qu'on n'explique la sensation et la pensée, mais qu'on peut caractériser par ses effets et ses propriétés, et c'est ainsi que nous revenons à la définition d'Aristote : « L'induction est le chemin du particulier à l'universel. »

4. — Comment on obtient l'universel par l'induction. Premier texte d'Aristote.

Dans les *Derniers Analytiques*, consacrés à l'étude de la science déductive, Aristote commence par définir l'universel et les principes premiers, et ce n'est qu'à la fin de son ouvrage qu'il parle de la manière dont on parvient à leur connaissance. Il y a dans cette marche un ordre dans lequel on reconnaît la rigueur de logique qui caractérise le génie du Stagirite.

Que nous possédions des notions universelles, c'est un fait incontestable, et l'ignorance de la voie par laquelle nous arrivent ces notions ne saurait nuire ni à leur clarté ni à leur certitude. La nature de la science, les caractères de la démonstration, les procédés légitimes du raisonnement, tout cela peut donc être décrit et étudié en soi-même, sans qu'on ait à se préoccuper de l'origine des idées. Il convient même de ne pas mêler l'incertain au certain, d'étudier d'abord les théorèmes inséparablement liés ensemble, et de rejeter à plus tard l'examen d'un problème difficile.

Ce problème, voici comme Aristote s'efforce de le résoudre enfin au dernier chapitre de son ouvrage (1).

---

(1) *Derniers analytiq.*, liv. II, chap. dernier.

La sensation se trouve dans tous les animaux. Chez les plus parfaits, lorsque la sensation cesse, il y a persistance de son terme, μονή τοῦ αἰσθήματος, c'est-à-dire que, l'acte de sentir n'existant plus, ces animaux sont susceptibles de conserver encore quelque chose dans l'âme, ἔχειν ἔτι ἐν τῇ ψυχῇ; c'est en cela que consiste la mémoire qu'on observe dans un grand nombre d'animaux.

« Mais, beaucoup de souvenirs une fois réunis, il y a cette différence, que, chez certaines espèces, de ces souvenirs il sort une raison — λόγος, — et chez les autres rien de tel ne se produit.

« Donc de la sensation naît la mémoire, comme on l'a dit; de la mémoire d'un même fait répété naît l'expérience, car les souvenirs numériquement multiples sont une seule expérience. Enfin, de l'expérience, c'est-à-dire, de tout ce qui repose dans l'âme à l'état d'universalité, à l'état d'unité malgré la multiplicité, naît la notion de ce qui dans tous est un et le même, τοῦ ἑνὸς παρὰ τὰ πολλά (γίνεται) ὃ ἂν ἐν ἅπασιν ἓν ἐνῇ ἐκείνοις τὸ αὐτό, (véritable universel) qui est le principe de l'art et de la science : de l'art s'il s'agit de produire, de la science s'il s'agit de connaître.

« Ainsi, la connaissance des principes n'existe pas en nous naturellement; elle ne provient pas en nous d'autres connaissances plus notoires, mais elle part de la sensation. »

Cette doctrine, au premier abord, pourrait sembler sensualiste. Mais n'oublions pas ce dont Aristote nous a prévenus : « on ne sait point par sensation ». Ici encore, il a soin de nous dire que la mémoire sensible ne suffit pas pour produire l'universel, mais qu'il faut une *raison* — λόγος.

Saint Thomas, dans son commentaire, ne manque pas d'insister sur ce point capital; il traduit même le mot λόγος par l'expression *ratiocinatio*, pour mieux affirmer l'existence d'un abîme infranchissable entre les natures raisonnables et les natures dépourvues de raison.

Dicit (Aristoteles) quod cum multa sint talia animalia habentia memoriam, inter ea ulterius est quædam differentia. Nam in quibusdam eorum fit *ratiocinatio* de his quæ remanent in memoria, sicut in hominibus; in quibusdam autem non, sicut in brutis.

Ex sensu fit memoria, in illis scilicet animalibus in quibus scilicet remanet impressio sensibilis sicut supra dictum est. Ex memoria autem multoties facta circa eamdem rem in diversis tamen singularibus fit experimentum, quia experimentum nihil aliud videtur quam accipere aliquid ex multis in memoria retentis. Sed tamen experimentum *indiget aliqua ratiocinatione* circa particularia, per quam confertur unum ad aliud, *quod est proprium rationis*.

Et plus loin, par excès de précaution :

Posset aliquis credere quod solus sensus vel memoria singularium sufficiat ad causandum intelligibilem cognitionem principiorum, sicut posuerunt quidam antiqui non discernentes inter sensum et intellectum; et ideo, ad hoc excludendum, Philosophus subdit, quod *cum sensu oportet præsupponere talem naturam animæ quæ posset pati hoc* (1).

Comprenons-le donc bien : en exposant la suite des diverses connaissances sensibles ou intellectuelles, l'École ne prétend pas les réduire à une seule opération, ou les faire procéder les unes des autres, comme si chacune trouvait dans la précédente sa raison entière. Lorsque le physicien suit l'impression lumineuse à travers les couches de l'œil et la poursuit jusque dans les profondeurs de la rétine, il ne prétend pas réduire à une action purement mécanique l'opération même de la vision. De même, le philosophe sait bien que la pensée est une opération vitale irréductible qu'on ne peut expliquer par la sensation; mais il constate que cet acte est précédé et préparé par des actes d'ordre inférieur dont on peut suivre la succession.

5. — Cette première solution est incomplète.

La théorie précédente fait tout à la fois honneur à l'esprit d'observation et à la sagacité du Stagirite : à son es-

---

(1) S. Thom., II. *Posterior. analytic.*, lect. 20.

prit d'observation, car il y a là une fine analyse de psychologie expérimentale; à sa sagacité, car le problème est difficile. Il s'agit, en effet, de passer de l'individu « senti » à l'universel « pensé ». Or, si l'individu est « un », si l'universel est « un », les caractères d'unité sont opposés dans tous les deux. L'individu est « un » par sa complète réalité, et cette unité le sépare de la multitude : *unum est ens individuum a se et divisum ab aliis*. L'universel est « un » par sa possibilité d'être réalisé dans tous les individus d'une même classe, et cette unité se répand sur la multitude. *Universum est unum versum in omnia* (1), dit Albert le Grand, exprimant dans un jeu des mots une pensée profonde. Partir de l' « un » individuel pour parvenir à l' « un » universel, tel est pourtant le problème.

Pour le résoudre, Aristote passe par la multitude que regardent ces deux unités en des sens opposés.

Pour passer de « l'un » individuel à la multitude, il suffit de supposer plusieurs sensations successives. Mais le retour de la multitude à « l'un » universel est plus laborieux. La mémoire, maintenant en présence plusieurs souvenirs, fournit une première unité de juxtaposition. Si dans ces souvenirs multiples quelque chose est semblable, la juxtaposition devient une répétition qui possède déjà plus d'unité. Alors, la faculté raisonnable s'attachant exclusivement à considérer cet élément commun, le caractère de multitude s'oblitère, la multiplicité se fond dans l'unité et il reste finalement cet « un qui est le même dans tous ».

Encore une fois, cette explication est ingénieuse, et l'on aurait tort de lui reprocher d'être un peu vague, puisque les opérations psychologiques sont nécessairement enveloppées de mystères. Mais son grand défaut est d'être incomplète; car elle soulève, sans la résoudre, une question de métaphysique qui exige une réponse.

---

(1) Alb. Mag., *Métaphys.*, lib. V, tract. VI, cap. IV.

La multiplicité peut bien sortir de l'unité, car « l'un » est le principe du nombre ; mais la multiplicité est incapable d'engendrer par elle-même l'unité. Quel est donc le principe d'unité dans l'universel ? — Est-ce uniquement un fruit de votre faculté qui raisonne sur la multitude ? Alors il faut convenir que votre universel n'est qu'un terme artificiel, et que votre science n'est que de nom. — Croyez-vous que vous avez la science des choses, que l'universel répond à une réalité objective ? Alors il faut admettre que cet universel vous arrive du dehors et, par conséquent, quelque engagé qu'il soit dans le particulier, il doit déjà se trouver réellement dans toutes les étapes de votre induction.

Tel est le dilemme auquel on ne peut se dispenser de répondre.

6. — Explication plus complète. — Second texte d'Aristote.

Aristote a bien compris cette difficulté ; aussi, immédiatement après le texte que nous venons de commenter, il ajoute :

« Ce qui a été exposé plus haut ne l'a pas été d'une manière claire ; reprenons donc cette explication. Il suffit de la présence d'un seul individu pour que déjà l'universel soit dans l'âme. Car, bien qu'on ne sente que le particulier, il y a cependant sensation de l'universel ; par exemple, le terme de la sensation est l'homme, et non pas l'homme Callias (1). Une fois les premiers universels acquis de la sorte, par exemple telle espèce animale, l'âme en tire l'animal générique, et ainsi de suite. Il est donc manifeste qu'il est nécessaire que les principes s'acquièrent par l'induction ; et c'est ainsi que le sens procure l'universel.

---

(1) Καὶ γὰρ αἰσθάνεται μὲν τὸ καθ'ἕκαστον, ἡ δ'αἴσθησις τοῦ καθόλου ἐστίν, οἷον ἀνθρώπου, ἀλλ' οὐ Καλλίου ἀνθρώπου. (*Derniers analytiq.*, liv. II, chap. dernier.)

Voilà une déclaration franchement réaliste : l'induction peut fournir l'universel, parce que à son point de départ elle le trouve déjà constaté par la sensation. Mais un texte aussi concis réclame le commentaire de saint Thomas :

Si accipiantur multa singularia, quæ sunt indifferentia quantum ad aliquid unum eis existens, illud unum secundum quod non differunt, in anima receptum, est primum universale, quicquid sit illud, sive scilicet pertineat ad essentiam singulorum, sive non. Quia enim invenimus Socratem et Platonem et alios esse indifferentes quantum ad albedinem, accipimus hoc unum, scilicet album, quasi universale quod est accidens. Et similiter, quia invenimus Socratem et Platonem et alios esse indifferentes quantum ad rationabilitatem, hoc unum in quo non differunt, scilicet rationabile, accipimus quasi universale quod est differentia.

Qualiter autem hoc unum accipi possit, manifestat consequenter (Aristoteles). Manifestum est enim quod singulare sentitur proprie et per se; sed tamen sensus est *quodammodo* et ipsius universalis. Cognoscit enim Calliam, non solum in quantum est Callias, sed etiam in quantum est *hic homo*, et similiter Socratem in quantum est *hic homo*. Et inde est, quod tali acceptione sensu præexistente, *anima intellectiva* potest considerare hominem in utroque. Si autem ita esset, quod sensus apprehenderet solum id quod est particularitatis, et nullo modo cum hoc apprehenderet universale in particulari, non esset possibile quod ex apprehensione sensus causaretur in nobis cognitio universalis.

Et hoc idem manifestat consequenter in processu qui est a speciebus ad genus, et subdit quod iterum in his, scilicet in homine et equo, anima stat per considerationem,... quousque perveniatur ad commune animal quod est genus superius (1).

Ce commentaire, résumé précieux de toute la doctrine péripatéticienne sur l'induction, explique à la fois, et comment la pluralité des sensations, en donnant lieu à la comparaison, permet de tirer « l'un » de ce qui est « commun » à plusieurs, et comment cette induction a

---

(1) S. Thom., in II. *Posterior.*, lect. 20.

pour fondement la réalité de l'universel dans l'objet de la sensation.

Il y a cependant entre le texte d'Aristote et le texte de son commentateur quelques nuances d'expression sur lesquelles il est bon d'insister.

Aristote dit : On sent le singulier, mais il y a sensation de l'universel; on voit l'homme en regardant Callias. Cette manière de parler pourrait prêter à une interprétation inexacte. Mais saint Thomas est d'une précision qui prévient toute erreur sensualiste.

Le sens, dit-il, bien qu'il ait pour objet le singulier, atteint cependant, *en quelque sorte*, l'universel lui-même. On voit Callias, non seulement en tant qu'il est Callias, mais encore en tant qu'il est *cet homme*, ce qui est encore un objet singulier. De même le sens atteint Socrate, en tant qu'il est *cet homme*. Grâce à cette connaissance sensible de *ces deux hommes*, l'âme intellectuelle, car c'est son privilège, peut considérer d'une manière abstraite l'*homme* dans chacun d'eux. Le sens n'atteint donc pas l'universel, à parler rigoureusement; mais il fournit à l'intelligence un objet singulier tel que celle-ci puisse y découvrir l'universel.

7. — Résumé.

Telle est la doctrine péripatéticienne sur le passage du singulier à l'universel par le moyen de l'induction. Considérée dans cette généralité, elle est inattaquable, puisqu'elle n'est que l'expression d'un fait expérimental.

La sensation, bien qu'elle ait pour objet l'être individuel, atteint cependant dans cet objet l'universel d'une certaine manière : *Singulare sentitur proprie et per se, sed tamen sensus est quodammodo et ipsius universalis*. Car, lorsque nous voyons deux hommes individuellement différents, il y a quelque chose de commun et d'identique dans les deux sensations que nous éprouvons. A la vérité, ce n'est pas proprement le sens qui discerne et recueille cet universel dispersé dans les existences individuelles. L'intelligence seule jouit de cette puissance; mais elle se sert pour cela de l'induction, sorte de comparaison entre plusieurs sensations; et je ne fais là que traduire cette élégante phrase d'Albert le Grand : « Hoc est per inductionem et experimentum, per quæ universale quod est sparsum in singularibus colligitur (1). » Tantôt un seul exemple suffira, tantôt plusieurs seront nécessaires. Mais il importe de bien le comprendre : le nombre d'observations et de souvenirs n'est pas un *facteur* (comme on dit aujourd'hui) de la notion universelle. S'il est vrai que l'intelligence humaine, pour connaître l'universel, doive employer l'induction, il est également vrai que la notion d'universalité et la notion de nécessité ne procèdent pas de l'induction, mais d'une puissance native, glorieux privilège de l'intelligence.

Albert le Grand cite à ce sujet et approuve une belle formule : « Et hoc est quod dicit Michael Ephesius, quod inductio *ministrando et offerendo*, universale manifestat, potius quam *docendo* et *arguendo* (2). »

L'induction n'est donc pas une maîtresse dictant des leçons, mais une servante préparant et offrant à l'intelligence un objet que celle-ci reconnaît et saisit par elle-même. L'induction recueille quelques individus, et l'intelligence perçoit l'espèce commune; l'induction groupe quelques espèces, et l'intelligence perçoit tout le genre. En un mot, l'universel s'offre aux sens, noyé dans mille accidents et propriétés individuelles (3); par l'induction l'âme le dégage, et par elle-même elle le perçoit.

Si j'osais donc à mon tour proposer une comparaison, je dirais : « l'induction est le chemin du particulier à l'uni-

---

(1) Alb. Magn., *Ethic.*, lib. VI, tr. II, cap. III.
(2) *Ibid.*
(3) Universale quod mixtum et confusum est in singularibus. (Alb. Mag., *Poster. Analytiq.*, lib. II, tract. V, cap. I.)

versel »; — sans aucun doute. Mais il ne faut pas se figurer ce chemin comme un pont qui relie les deux bords d'un torrent; tout se réduit à quelques pierres qu'un voyageur confiant dans sa vigueur jette dans les flots, pour s'aider à bondir d'une rive à l'autre.

ARTICLE II

CONNAISSANCE DES PRINCIPES PREMIERS

1. — Ces principes ne s'acquièrent pas par démonstration.

En acquérant par l'induction la notion de l'universel, nous avons obtenu le sujet sur lequel s'exerce la science; car la science véritable ne s'occupe que des choses universelles et en même temps nécessaires, dans le sens expliqué plus haut. Mais ce n'est encore là que l'universel *incomplexe*, et il nous faut comme principes de la science démonstrative des universels *complexes*, c'est-à-dire des propositions universelles servant de prémisses au premier syllogisme.

Comment parvenons-nous à la connaissance de ces premières données? C'est la seconde question dont je dois exposer la solution péripatéticienne. Question capitale, puisque l'existence même de la science y est engagée; question difficile qui a exercé les philosophes de tous les siècles.

Déjà, du temps du Stagirite, bien des sophistes en avaient abusé.

« Les uns, dit Aristote, admettant qu'il faut des principes pour raisonner, en concluent que la science n'existe pas réellement; les autres, admettant que la science existe, en concluent qu'on peut tout démontrer. Ni l'une ni l'autre de ces conclusions n'est vraie ni nécessaire.

« Les premiers, pour soutenir qu'il n'y a pas de science, prétendent que la démonstration devrait remonter de principe en principe jusqu'à l'infini, et ils ont raison de dire qu'on ne peut franchir l'infini. Si l'on s'arrête à quelque proposition non démontrée, on s'arrête, d'après eux, à l'inconnu, car on ne sait, disent-ils, que ce qui est démontré. Or, si le point de départ n'est pas su, ce qu'on en déduit ne peut être qualifié de science véritable et certaine. D'où ils concluent qu'on ne peut parvenir qu'à des systèmes hypothétiques.

« Les seconds professent, comme les précédents, qu'on ne sait rien que par démonstration. Mais ils prétendent que rien ne s'oppose à ce qu'on démontre tout ; car on peut faire sortir les vérités les unes des autres par une démonstration circulaire.

« Pour nous, nous ne disons pas que tout savoir provienne d'une démonstration ; nous soutenons au contraire que la connaissance des principes premiers est sans démonstration. Qu'il en soit ainsi, c'est manifeste. Car, puisqu'il est nécessaire de connaître d'abord les propositions d'où procède la démonstration et que les propositions premières sont un point de départ, il faut, de toute nécessité, qu'elles ne soient pas démontrées.

« Telle est donc notre doctrine : Non seulement la science existe, mais il existe un certain principe de la science, en tant que nous connaissons les termes : Ταῦτά τ' οὖν οὕτω λέγομεν, καὶ οὐ μόνον ἐπιστήμην, ἀλλὰ καὶ ἀρχὴν ἐπιστήμης εἶναί τινά φαμεν, ᾗ τοὺς ὅρους γνωρίζομεν (1). »

2. — Les principes se connaissent dans leurs propres termes.

Ces derniers mots contiennent toute la solution du problème. On demande comment nous connaissons les principes. — Par la connaissance des termes, répond Aristote, et voici la paraphrase de saint Thomas :

Ipsa principia immediata non per aliquod medium extrinsecum cognoscuntur, sed per cognitionem propriam termi-

---

(1) *Derniers analytiq.*, liv. I, chap. III.

norum. Scito enim quid totum et quid pars, cognoscitur quod omne totum est majus sua parte, quia in talibus propositionibus, ut supra dictum est, prædicatum est in ratione subjecti (1).

Aristote, dans ses *Topiques,* enseigne la même chose :

« Toutes les conclusions, dit-il, sont démontrées par les principes. Quant à ceux-ci, ils ne se démontrent pas; mais il est nécessaire que chacun d'eux soit connu par la définition même : Ταῦτα δ'οὐκ ἐνδέχεται δι' ἑτέρων, ἀλλ' ἀναγκαῖον ὁρισμῷ τῶν τοιούτων ἕκαστον γνωρίζειν (2). C'est pour cela, ajoute-t-il, qu'il est si difficile de presser ceux qui ne se prêtent pas à définir. »

Telle est la différence *logique* qu'Aristote établit entre les principes et les conclusions d'une science quelconque : avant toute démonstration, il faut des propositions que l'on comprenne par leurs énoncés mêmes.

Or Aristote (3) en distingue deux espèces (toujours au point de vue logique), savoir : la *Position,* Θέσις, et l'*Axiome,* Ἀξίωμα.

L'*Axiome* est une proposition qu'il faut connaître avant même de s'engager dans la science. C'est une vérité dont la connaissance est présupposée par le maître dans l'esprit du disciple.

Quant à la *Position,* c'est une proposition qui sert de point de départ à la science, et chaque science a son point de départ spécial. Tantôt c'est une affirmation qu'on ne démontre pas; Aristote l'appelle *Hypothèse,* Ὑπόθεσις, expression qui revient au mot plus moderne *Postulatum.* Tantôt, comme dans les sciences abstraites, c'est une simple *Définition,* Ὁρισμός.

Tout le travail du maître consiste donc à bien expliquer la signification exacte des termes, afin que le disciple comprenne par lui-même le sens de la proposition.

---

(1) S. Thom., *Posterior.,* lib. I, lect. 7.
(2) Aristote, *Topiques,* liv. VIII, chap. III.
(3) *Derniers analytiq.,* liv. I, chap. II.

3. — Des axiomes : de leur vérité ; — comment on les connaît.

J'ai fait remarquer que la distinction précédente entre la « Position » et l'« Axiome » était une distinction logique ; car dans ses *Derniers analytiques* Aristote se place uniquement au point de vue de la logique. Dans cet ordre d'idées, la position, ou thèse relative à une science, est un principe propre et intrinsèque à cette science, et l'axiome est un principe présupposé et qui n'est spécial à aucune science subalterne.

Mais il y a, entre ces deux sortes de principes, une différence *réelle* et bien autrement importante que la première.

Il peut bien se faire que la « position » soit objectivement vraie, mais qu'elle ne soit considérée scientifiquement que comme un *postulatum*, parce qu'on ne la démontre pas. Ainsi en est-il du *postulatum* d'Euclide. Mais il peut se faire aussi que la « position » ne soit qu'une simple hypothèse, dont on comprenne le sens sans en percevoir la vérité objective. Ainsi en est-il des principes de la mécanique rationnelle ; cependant ils suffisent pour fonder une science démonstrative, où tout s'enchaîne et se tient par un raisonnement rigoureux.

Il en est autrement des axiomes.

D'une part, ce sont des propositions dont la notion précède toute notion scientifique ; ils sont donc antérieurs à toute *position*, à toute thèse, à toute hypothèse, à tout postulatum, c'est-à-dire qu'ils sont d'un caractère absolu. D'autre part, ils pénètrent tout raisonnement et tout syllogisme, tantôt sous une forme explicite, tantôt d'une manière latente, et c'est dans leur lumière que tout s'éclaire et devient certain, que l'argument lui-même acquiert sa nécessité ; ce sont donc des notions absolument certaines, et s'imposant à l'esprit comme objectivement vraies.

Voilà pourquoi ces principes s'appellent Ἀξιώματα, mot que la Scolastique a traduit par le mot *Dignitates*, ces deux expressions rappelant, d'une façon très heureuse, la prépondérance hiérarchique des axiomes. C'est ce que fait remarquer saint Thomas : « Et in talibus utimur nomine prædicto, scilicet *Dignitatis* vel *maximæ propositionis*, propter hujusmodi principiorum certitudinem ad manifestandum alia (1). »

Et de même Albert le Grand : « Hæc *Dignitas* vocatur, quia omnibus dignior est, eo quod omnibus influit cognitionem et veritatem (2). »

Il ne suffit donc pas de comprendre le sens d'un axiome ; il faut comprendre qu'il est vrai, universellement vrai, nécessairement vrai.

Or comment connaissons-nous la vérité des axiomes? Par la connaissance des termes, répond toujours Aristote et après lui la Scolastique.

Écoutons à cet égard Albert le Grand s'exprimant avec cette largeur de langage qui n'appartient qu'à lui :

Dicamus igitur primo, quod *Dignitas* est, ut dicit Boetius, propositio quam propter sui evidentiam quisque probat auditam. Et hoc dicit etiam Themistius. Dicit enim, quod Dignitas est, quam discens non habet a doctore, sed scit eam per habitum intellectus naturalem, quam habet apud seipsum, nec oportet quod habeat aliquid ad notitiam ejus nisi notitiam terminorum. Propter quod etiam communis animi conceptio vocatur; quia communiter ab omni habente rationem concipitur, et ei propter seipsam, et non propter aliquid aliud demonstrans ipsam, consentitur.

De hac igitur tali Dignitate dicit Aristoteles, quod non est suppositio, neque est petitio, quia ipsa est tale aliquid in propositionibus, quod necesse est esse verum non propter aliud sed propter seipsum, cum sit primum et non habeat aliquid ante se primum; et quod necesse est videri propter seipsum, cum ipsa notissima sit, et nihil habeat ante se notius ea, per

---

(1) S. Thom., I, *Posterior.*, lect. 5.
(2) Alb. Mag., I, *Posterior.*, tract. II, cap. IV.

quod possit notificari. Hujus autem causa est, quia Dignitas non est vera vel nota ad rationem vel ratiocinationem quæ exterius afferri possit ad probandum ipsam, sed est necessaria et nota ad rationem quæ est in anima, hoc est, ad habitum naturalem intellectus qui est in anima. Quia, sicut extra, quædam visibilia sunt non ad lucem alienam super se cadentem, sed sua propria luce manifesta sunt, sicut Sol, sub cujus luce omnia alia videntur : sic est in intelligibilibus, quod quædam propria luce videntur ab intellectu, quorum luce omnia alia manifestantur : et hæc apud se habet intellectus, et sunt in ipso sicut prima instrumenta, per quæ accipit omnia aliarum scientiarum. In omnibus scibilibus nihil accipit quod est contra illa, et per singularem intellectum accipit illa, nullo alio indigens, nisi quod extendat intellectum ad illa, sicut visus accipit per se visibilia, nullo indigens nisi quod convertat visum ad ea (1).

4. — Principes de la métaphysique. — Comment on les connaît.

Puisque nous ne traitons de la logique que pour l'appliquer à la métaphysique, les deux questions qui nous intéressent spécialement sont les suivantes : Quels sont les principes propres de la métaphysique? Comment en acquérons-nous la connaissance?

Disons d'abord que tous les axiomes sont des principes de métaphysique. Aristote met un soin spécial à le prouver, et voici quelle est sa raison fondamentale.

Il appartient, dit-il, à la science de l'*être* de s'occuper des axiomes.

« En effet, les axiomes concernent tous les êtres, et non pas simplement quelque genre à l'exclusion des autres. Aussi, toutes les sciences en font usage, parce qu'ils sont relatifs à l'être en tant qu'être, et que chaque genre est « être ». Καὶ χρῶνται μὲν πάντες, ὅτι τοῦ ὄντος ἐστὶν ᾗ ὄν, ἕκαστον δὲ τὸ γένος ὄν. Mais elles ne les emploient qu'autant il suffit à chacune, c'est-

---

(1) Alb. Magn., 1 *Posterior.*, tract. III, cap. II.

à-dire, suivant que le comporte le genre d'être sur lequel roulent ses démonstrations. Il est donc manifeste, puisque les axiomes s'appliquent à tous les êtres en tant qu'êtres (l'être étant ce qui est commun à tous), qu'il appartient de connaître de ces principes, à celui qui connaît de l'être en tant qu'être : "Ὥστ' ἐπεὶ δῆλον ὅτι ᾗ ὄντα ὑπάρχει πᾶσι (τοῦτο γὰρ αὐτοῖς τὸ κοινόν), τοῦ περὶ τὸ ὂν ᾗ ὂν γνωρίζοντος καὶ περὶ τούτων ἐστὶν ἡ θεωρία (1). »

L'éclat de cette démonstration est tel qu'il s'étend plus loin que la conclusion, et qu'il fait la lumière sur la question qui nous occupe. Vous demandez quels sont les principes propres de la métaphysique. Pour répondre, il me suffit de retourner la proposition d'Aristote : Puisque la métaphysique est la science de l'être en tant qu'être, il s'ensuit que les principes propres de cette science sont les principes relatifs à l'être en tant qu'être. Et voilà pourquoi les principes de cette science, première entre toutes les sciences, retiennent en propre le nom de *Principes Premiers,* par un redoublement qui atteste leur primauté.

Tous les axiomes sont donc des principes premiers, et nous pourrions dire que tous les principes premiers sont des axiomes, s'il n'était d'usage de réserver cette dernière dénomination pour les principes connus de l'ignorant aussi bien que du savant. Mais tous les principes de la métaphysique participent aux caractères vraiment essentiels des axiomes. Ils se présentent comme absolument vrais, universellement vrais, nécessairement vrais. Ils sont *premiers,* parce qu'ils se rapportent à l'être en tant qu'être; ils sont *premiers,* parce que toutes les sciences doivent les admettre, et que nul ne peut se dispenser d'y faire appel.

Et par là nous avons la réponse à une autre question capitale. Vous demandez dans quelle lumière nous connaissons les principes de la métaphysique. — Je vous donne cette unique réponse : Dans la connaissance des

---

(1) Arist., *Métaphys.,* liv. IV, chap. III.

termes, et rien que par la connaisssance des termes. C'est la réponse scolastique.

5. — Leçon pratique.

Arrêtons-nous, pour tirer de ce qui précède une leçon pratique de la plus haute importance ; disons mieux, pour recueillir le fruit de toutes ces études de logique, car je ne m'y suis engagé que pour initier à la méthode scolastique le lecteur désireux d'approfondir la métaphysique de nos docteurs. Ne faut-il pas que le disciple connaisse, avant tout, le mode d'enseignement employé par le maître ?

Or, je l'ai fait remarquer dans l'Introduction de cet ouvrage, ce qui étonne et embarrasse dans la lecture de saint Thomas, c'est sa façon de procéder en partant des principes premiers et universels. Ces principes paraissent grands, sans doute ; mais ils n'entraînent pas toujours la conviction, et alors on compulse laborieusement toutes les œuvres du saint Docteur, pour trouver la démonstration de ces belles propositions.

Peine inutile, et qu'on se fût épargnée si l'on eût connu d'avance la logique péripatéticienne. Nulle part on ne trouvera dans saint Thomas la démonstration des premiers principes, puisqu'il enseigne partout que ces principes ne se démontrent pas, suivant la sentence d'Aristote : « Sont vraies et premières les propositions qui déterminent l'assentiment par elles-mêmes et non par d'autres (1). »

Bien plus, il faut étendre à tous les premiers principes ce que le Philosophe dit à propos des axiomes. « Chercher une voie pour les démontrer, c'est prouver qu'on n'a pas appris la logique, car il faut les connaître avant de venir

---

(1) Ἔστι δὲ ἀληθῆ μὲν καὶ πρῶτα τὰ μὴ δι' ἑτέρων ἀλλὰ δι' αὑτῶν ἔχοντα τὴν πίστιν. (*Topiq.*, liv. I, chap. I.)

écouter, et non pas venir écouter pour les apprendre (1). »
Et saint Thomas expliquant ce passage d'Aristote :

Oportet scientes de his pervenire : id est, omnis scientia per demonstrationem acquisita ex his principiis causatur; *sed non oportet audiens :* id est discipulos instruendos in aliqua scientia, *quærere de his,* sicut de aliquibus demonstrandis... Hæc principia sunt de consideratione philosophi. Determinat autem ea non demonstrando, sed rationes terminorum tradendo, ut quid totum et quid pars, et sic de aliis. Hoc autem cognito, veritas prædictorum principiorum manifesta relinquitur (2).

Soit que l'on enseigne, soit que l'on écoute, il faut rester fidèle à cette doctrine. Le maître ne doit pas se proposer de démontrer les premiers principes de la métaphysique. Tout son travail consiste à bien en expliquer les termes, afin que, purifiés de toute scorie, ils s'unissent d'eux-mêmes, comme deux gouttes d'eau débarrassées de poussière se fondent aussitôt ensemble.

A son tour, le disciple ne doit pas considérer ces expositions du maître comme des arguments dialectiques. C'est dans sa propre intelligence qu'il doit se recueillir, pour y chercher l'évidence des propositions dont on lui a expliqué les termes.

Ainsi demeurent définies et ma tâche et celle du lecteur qui me suivra dans l'étude des causes : à moi, l'office de faire connaître quels sont les principes premiers, d'en expliquer les termes, de dissiper les obscurités; au lecteur, d'exercer sur ces données sa vigueur de pensée; à lui, de chercher en lui-même l'affirmation de ces principes. Car, si je puis les proposer, je ne puis les imposer, et c'est surtout quand il s'agit des principes premiers qu'il faut tenir la belle sentence de saint Augustin : « Noli putare quemquam discere ab homine. Admonere possumus per stre-

---

(1) Arist., *Métaphys.*, liv. IV, chap. III.
(2) S. Thom., *Métaphys.*, lib. IV, lect. 5.

pitum vocis nostræ; si non sit intus qui doceat, inanis fit strepitus noster (1). »

6. — Rôle de l'induction.

Les principes premiers, évidents par eux-mêmes, fondements de toutes les sciences, forment le plus précieux trésor de nos intelligences.

Mais comment se fait-il que nous possédions ce trésor? Cette dernière question est d'un grand intérêt théorique, puisqu'elle n'est autre que la question même de l'origine des idées. Je l'aurais pourtant passée sous silence, si la manière dont on la traite n'intéressait pas au plus haut degré la Méthode en métaphysique, comme on le verra par la suite.

Cette question sur l'origine des connaissances universelles a été résolue différemment par les deux princes de la philosophie grecque, Platon faisant tomber les idées dans l'âme directement des types éternels, Aristote restant fidèle à sa maxime que la sensation est à l'origine de toute connaissance. Cette dernière solution est celle qui nous intéresse, puisque nous suivons la Scolastique qui l'a admise, et qui l'a formulée dans l'adage : *Nihil est in intellectu quin prius fuerit in sensu.*

Voici donc comment Aristote pose et résout cette grande question :

« Ces trésors de principes sont-ils innés (2) en nous, tout en restant cachés, ou bien, n'étant pas innés, sont-il acquis? Πότερον οὐκ ἐνοῦσαι αἱ ἕξεις ἐγγίνονται, ἢ ἐνοῦσαι λελήθασιν.

« Supposer ces trésors innés, est chose absurde; car il en résulterait que, possédant des connaissances plus exactes que la démonstration, nous n'en aurions pas conscience. D'un autre

---

(1) S. Augustin, *de Magistro*, § 11.
(2) Le mot « inné » n'est pas une traduction exacte. Une ancienne version dit : « Utrum habitus eorum non *insint* sed fiant ac acquirantur, an *insint* quidem sed lateant. »

côté, si nous devions les acquérir sans rien avoir auparavant, comment pourrions-nous tirer cette connaissance d'une connaissance non préexistante? C'est impossible, comme nous l'avons dit à propos de la démonstration.

« Il est donc clair : d'une part, que ce trésor n'est pas inné en nous; d'autre part, qu'il ne peut se produire en nous en partant d'une ignorance complète et sans que nous ayons aucune connaissance. D'où la nécessité de conclure que nous avons une certaine puissance pour les acquérir, sans qu'il soit nécessaire que cette puissance l'emporte en exactitude sur la connaissance des principes eux-mêmes (1). »

Que signifie cette dernière phrase passablement obscure? La suite l'explique; car aussitôt le Philosophe expose comment c'est en partant de la sensation, et en passant par l'induction, que nous parvenons à la connaissance des principes universels. J'ai cité plus haut tout ce passage (2), et peut-être le lecteur s'est-il étonné d'y voir le Philosophe y parler comme indistinctement des universels incomplexes et des principes premiers. Cette confusion règne jusque dans la phrase par laquelle Aristote conclut : « Il est dès lors manifeste que c'est par l'induction qu'il nous faut acquérir les principes premiers; car la sensation fait naître en nous l'universel ainsi qu'il a été dit, Δῆλον δὴ ὅτι ἡμῖν τὰ πρῶτα ἐπαγωγῇ γνωρίζειν ἀναγκαῖον· καὶ γὰρ καὶ αἴσθησις οὕτω τὸ καθόλου ἐμποιεῖ (3). » Mais notre étonnement doit cesser, maintenant que nous savons que les principes se connaissent dans leurs termes. Car il en résulte que la connaissance des principes premiers doit s'acquérir de la même manière que les universels qui en sont les termes.

Il y a même comme deux modes d'induction qui s'entr'aident mutuellement : tantôt on purifie d'abord la notion des termes incomplexes avant de les mettre en regard pour formuler une proposition universelle; tantôt on réunit

---

(1) *Derniers analytiq.*, liv. II, cap. dernier.
(2) Voir art. 1, § 4.
(3) *Ibid.*

des exemples particuliers qui satisfont à une même proposition, et par ce rapprochement on s'élève jusqu'à un universel complexe, qui fait mieux connaître les universels incomplexes.

Mais ici encore, souvenons-nous de ne pas confondre avec le raisonnement d'induction qui donne la certitude, l'induction proprement dite qui ne fait que disposer et conduire à la connaissance universelle. La sensation et l'induction n'attestent ni ne certifient aucun universel complexe ou incomplexe; ce ne sont que des servantes fournissant les objets sensibles d'où l'intelligence recueille les notions universelles par sa propre vertu intellectuelle (1).

7. — Des exemples en métaphysique.

Il y a, dans ce qui précède, une leçon pour tous ceux qui étudient les sources de la métaphysique scolastique. Qui de nous n'a été déconcerté en entendant Aristote ou saint Thomas affirmer quelque grand principe, et pour toute preuve apporter un ou deux exemples tirés de phénomènes matériels et grossiers? — Eh quoi avons-nous pensé, si peu de faits et des faits si petits suffisent-ils donc pour qu'un si grand principe soit admis sans conteste? — Non, répondent saint Thomas et Aristote, si vous considérez ces faits comme formant un raisonnement par induction; oui, si par l'induction votre esprit sait dégager l'universel « mêlé confusément et comme noyé dans les propriétés particulières (2) ». Ne comptez donc pas les exemples, car le nombre ne vous conduira jamais jusqu'à l'universel; mais servez-vous de tous pour mieux méditer sur chacun.

---

(1) (Inductio et sensus)... non operantur nisi ut ministri, ministrando scilicet sensibilia a quibus accipiuntur intellecta. (Alb. Mag., *Ethicor.*, lib. VI, tr. II, cap. XIX.) Lisez tout ce chapitre.
(2) Universale mixtum et confusum est in singularibus. (Alb. Mag., *Posterior.*, lib. II. tract. V, cap. I.)

CHAPITRE II. — FORMATION DE LA MÉTAPHYSIQUE.

Aristote propose à ce sujet, une élégante comparaison. Après avoir exposé comment l'induction permet de tirer l'universel du particulier, il ajoute :

« Ainsi dans une déroute, un fuyard s'arrêtant, un autre s'arrête lui aussi, puis un autre, jusqu'à ce que le front de bataille se reforme. L'âme est de telle nature, qu'il peut se passer en elle quelque chose de semblable (1). »

Saint Thomas interprète ainsi ce passage :

Ponit exemplum in pugnis quæ fiunt per reversionem exercitus devicti fugati. Cum enim unus eorum perfecerit statum, id est, immobiliter cœperit stare et non fugere, alter stat adjungens se ei, et postea alter, quousque tot congregentur, quot faciunt principium pugnæ. Sic etiam ex sensu et memoria unius particularis, et iterum alterius, et alterius, quandoque pervenitur ad id quod est principium artis et scientiæ, ut dictum est (2).

Et son maître, dans une paraphrase brillante :

Cum, uno primum stante, alter accedens ad illum et adjuvans similiter armis et pugnat, sistit et tertius cum duobus et quartus, et sic de aliis, donec hostis expugnatur, et quousque tot sint quod confortati ad invicem veniant ad principium pugnæ. Similiter est in anima, quod, stante una acceptione sensibilis, stat altera, et tertia; et cum anima his acceptionibus confortata talis fit, quod post ex acceptis incipit ponere universale, quod est principium artis et scientiæ (3).

N'est-ce pas là, en effet, le procédé de l'investigation intellectuelle, qu'il s'agisse de méditations philosophiques ou de recherches physiques? Un premier fait ou premier phénomène nous apparaît d'abord comme un mélange confus d'influences diverses. Mais, si nous en rapprochons un autre fait ou phénomène de même ordre, ces deux exem-

---

(1) Aristote, *Derniers analytiq.*, liv. II, chap. dernier.
(2) S. Thom., *Posterior.*, lib. II, lect. 20.
(3) Alb. Mag., *Posterior.*, lib. II, tract. V, cap. 1.

ples s'éclairent mutuellement; dans chacun d'eux, nous entrevoyons ce qu'il y a de commun et ce qu'il y a d'individuel, ce qui est essentiel et ce qui est accidentel. La lumière commençant donc à se faire, un troisième exemple vient la rendre plus vive et plus pénétrante. C'est ainsi qu'un moment arrive, où ces exemples divers fournissant une lumière commune, toute obscurité fuit, le jour triomphe dans notre esprit, et notre pensée distingue clairement dans chaque fait la réalité universelle et dans chaque phénomène la loi générale.

Encore une fois, n'est-ce pas ainsi que notre propre conscience nous révèle la marche et le progrès de notre pensée? Je sais que ces observations psychologiques soulèvent un grave problème. D'où vient une telle vigueur à notre intelligence? Où est la cause et la raison d'une activité si puissante? Mais ces questions ne sont plus du domaine de l'observation psychologique; elles relèvent de la métaphysique, et je n'ai pas ici à les traiter. Je me contente de constater ce que j'observe en moi, et j'en conclus qu'il faut bien que l'âme soit capable d'agir comme j'ai conscience qu'elle agit. « L'âme est de telle nature qu'il peut se passer cela en elle : Ἡ δὲ ψυχὴ ὑπάρχει τοιαύτη οὖσα οἵα δύνασθαι πάσχειν τοῦτο. »

CHAPITRE III

RÉALITÉ DE LA MÉTAPHYSIQUE

1. — Réalisme et nominalisme.

Après avoir reconnu en quoi consiste la science, après avoir montré en particulier la nature de la métaphysique et la voie par laquelle on en acquiert les principes, il nous reste à l'envisager au point de vue de la certitude et de la réalité. Jamais moins qu'à notre époque, cette étude ne fut oiseuse. Car tandis que, d'une part, abusant des prodigieux succès qu'obtiennent les sciences expérimentales par la fermeté de leur méthode et l'accord de leurs recherches, une secte prétend réserver à la connaissance des phénomènes le nom de sciences *positives*, comme s'il n'y avait rien de réel que ce qui passe; d'autre part, l'anarchie dans les systèmes spiritualistes, et l'influence délétère de certaines rêveries allemandes, ont amoindri dans les intelligences ce que je puis appeler le sens des choses métaphysiques.

La métaphysique est-elle une science de réalités? ses affirmations sont-elles objectivement vraies? Doit-on soutenir que les choses sont réellement ce que les juge l'évidence métaphysique? C'est la même question présentée sous diverses formes. Mais cette question s'élargit encore, si on la considère comme l'a fait Aristote.

Toute sa doctrine repose sur la distinction entre le singulier, τὸ καθ' ἕκαστον, et l'universel, τὸ καθόλου. Le singulier est *ce qui est ceci, ici et maintenant,* τόδε τι καὶ ποῦ καὶ νῦν. L'universel est ce qui est toujours et partout, τὸ ἀεὶ καὶ πανταχοῦ καθόλου φαμὲν εἶναι. Or la sensation atteint le singulier, et la science connaît l'universel : Αἰσθάνεσθαι μὲν γὰρ ἀνάγκη καθ' ἕκαστον, ἡ δ'ἐπιστήμη τῷ τὸ καθόλου γνωρίζειν ἐστίν (1).

Il résulte de là que, pour Aristote et pour la Scolastique, toute science démonstrative a trait aux universels, et que la réalité de la science est liée à la réalité des universels. Doit-on s'étonner que la question des *universaux*, comme on a coutume de dire, soit le champ de bataille où toutes les écoles se rencontrent nécessairement, sceptiques et nominalistes d'une part, réalistes et formalistes de l'autre?

A la vérité, personne ne conteste l'existence réelle du singulier, de ce qui est « ici et maintenant ». Mais l'universel, qui est « toujours et partout », est-il objectivement vrai? son concept a-t-il son fondement dans la réalité? ou bien, n'est-ce au contraire qu'un fantôme hantant l'intelligence?

Telle est la question réduite à sa plus simple expression et dégagée de toutes les disputes secondaires. Ainsi posée, elle exige une réponse, et suivant la réponse qu'on donnera, on se déclarera *nominaliste* ou *réaliste.*

Si l'on ne voit, avec Kant, dans l'universel, qu'un jeu de l'esprit humain, alors on ne peut rien déduire des concepts universels, sinon l'aptitude de notre faculté pensante à créer ces chimères. Mais alors il faut renoncer à toute connaissance scientifique; car tout raisonnement contient quelque principe universel, toute affirmation d'une science quelconque a trait à quelque universel.

Aussi, malgré les clameurs des sophistes, toutes les sciences, qu'on les appelle rationnelles ou expérimentales, de déduction ou d'observation, toutes en s'affirmant affirment le principe de la philosophie réaliste.

---

(1) *Derniers analytiq.*, liv. I, chap. XXXI.

Pourquoi, dites-moi, la physique et la chimie font-elles de si rapides progrès? N'est-ce pas parce qu'une expérience bien faite leur suffit pour une conclusion générale? N'est-ce pas parce que, dans ce phénomène singulier, qui s'est produit *hic et nunc*, ποῦ καὶ νῦν, elles voient le même phénomène, dans les mêmes circonstances, se produisant *ubique et semper*, ἀεὶ καὶ πανταχοῦ? Que le physicien se dise admirateur de Kant, que le chimiste se prétende positiviste, peu m'importe. Ce que je constate, et cela me suffit, c'est que, si le savant ne portait en soi la conviction qu'il existe *réellement* une loi, c'est-à-dire, un principe réel de l'universel, il n'oserait pas, après mille expériences concordantes, affirmer d'avance le résultat de l'expérience suivante.

Oui, la science actuelle est féconde, elle marche hardiment en avant, parce qu'elle a conscience que dans le singulier elle atteint l'universel, dans le fait individuel la loi générale, et parce qu'elle croit que l'universel et la loi répondent à des réalités objectives. La science est essentiellement fondée sur le réalisme.

2. — Texte d'Aristote.

Je pourrais me contenter des considérations précédentes pour affirmer la réalité de la métaphysique, puisque toute science présuppose la métaphysique, qu'on l'avoue ou qu'on se défende d'en convenir. Mais, pour compléter ce résumé de logique péripatéticienne, il est nécessaire d'étudier dans Aristote et la Scolastique la question actuelle. Nous n'avons, pour cela, qu'à consulter encore ce chapitre qui termine les *Derniers analytiques*, et qui nous a déjà fourni tant d'enseignements.

Après avoir exposé comment nous parvenons par l'induction à la connaissance des premiers principes, Aristote se demande où nous conservons cette connaissance. *Avoir* la connaissance des principes et *avoir* la science, est-ce la même chose? ces deux *avoirs*, ἕξεις, sont-ils identiques? Voici sa réponse ?

« Parmi les *avoirs* (ἕξις) de l'intelligence, en vertu desquels nous atteignons la vérité, il en est qui sont toujours vrais, et d'autres qui peuvent donner dans l'erreur. L'opinion et le raisonnement sont dans ce dernier cas; mais la science et l'*intellect*, ἐπιστήμη καὶ νοῦς, sont toujours conformes à la vérité, et rien n'est plus exact que la science sinon l'*intellect*. Or les principes étant plus notoires que la démonstration, et toute science étant accompagnée de raisonnement, la connaissance des principes n'est pas une science. D'ailleurs l'*intellect* est seul plus vrai que la science. Donc les principes relèvent de l'*intellect*.

« On parvient à la même conclusion, en remarquant que le principe de la démonstration ne peut être la démonstration, ni le principe de la science, la science. Donc puisqu'en dehors de la science il n'y a d'essentiellement vrai que l'*intellect*, celui-ci est le principe de la science, Νοῦς ἂν εἴη ἐπιστήμης ἀρχή (1). »

Pour bien saisir cette explication, il faut, avant tout, connaître la signification précise de deux mots qui jouent, dans le texte précédent, un rôle important. C'est d'abord le mot ἕξις, que les Latins ont traduit par le mot *habitus*; c'est ensuite le mot νοῦς, qu'ils ont traduit par le mot *intellectus*.

3. — Interprétation du mot : Ἕξις — *Habitus*.

Au premier abord, il semble qu'en s'inspirant du mot latin *Habitus*, on puisse traduire ἕξις par *habitude*.

En effet, dans ses *Catégories*, Aristote enseigne que le mot ἕξις signifie une disposition stable et qui se perd difficilement. De là cette définition scolastique : *Habitus est dispositio difficile mobilis*, et cette définition convient bien à l'habitude.

---

(1) *Derniers analytiq.*, liv. II, chap. dernier.

CHAPITRE III. — RÉALITÉ DE LA MÉTAPHYSIQUE.

De plus, cette disposition tend vers un acte qui lui correspond, et permet à la faculté de produire cet acte avec plus de facilité et de perfection. *Habitus dat facilius et perfectius posse.* Ceci s'applique encore à l'habitude; on fait bien et on fait aisément ce qu'on fait par habitude.

Enfin, cette disposition s'acquiert par la répétition des actes, et il en est ainsi de l'habitude.

Il semble donc que le mot : *habitude* réponde aux mots : *habitus* — ἕξις. Mais cette conclusion n'est pas exacte. Car, si toute habitude est un *habitus*, la réciproque n'est pas vraie. Pour le prouver, il suffit de remarquer que, d'après Aristote, la science est ἕξις; or on ne dit pas en français que la science est une habitude.

Quelle est donc la vraie signification du mot grec? Aristote nous la donne par la définition suivante :

« Ἕξις signifie une disposition, suivant laquelle le sujet est dans un bon ou mauvais état, soit par rapport à soi-même, soit par rapport à autre chose (1). » Ainsi dans le corps, la santé, la maladie; ainsi dans l'âme, la science, le vice, la vertu.

La science est donc un *habitus*, c'est-à-dire une disposition permanente de l'âme qui lui permet de produire, quand il lui plaît, facilement et parfaitement, des actes de connaissance explicite. On dit le *trésor* de la science, et ce mot est heureusement choisi. La science, en effet, n'est pas une faculté de l'âme; elle n'est pas un épanouissement purement spontané de l'intelligence. C'est un bien acquis. « Avoir » la science, *habere scientiam*, ἔχειν ἐπιστήμην : trois expressions identiques. La science est un « avoir » — *habitus* — ἕξις.

Mais que peut être « l'avoir » d'une faculté essentiellement active, sinon un trésor d'activité? Il faut donc se représenter ce trésor comme une sorte d'activité latente. Si j'osais me servir d'un terme emprunté à la science mo-

---

(1) Arist., *Métaphys.*, liv. V, chap. xx.

derne, je dirais que ce qu'on nomme ἕξις est une *énergie emmagasinée* dans la faculté, pour qu'elle l'emploie, quand elle veut, dans ses actes particuliers et explicites; et ce n'est que par la conscience de ces actes, qu'elle a conscience de l'énergie dont elle est riche. De là, enfin, cet adage : *Habitus est quo quis aliquid agit, cum voluerit.*

4. — Interprétation du mot : Νοῦς — *Intellectus.*

Cette interprétation est plus délicate que la première, parce que le mot à expliquer prête à l'amphibologie. Le mot grec νοῦς signifie ou bien la pensée, ou bien la faculté de penser, ou bien la substance pensante. Le mot latin *Intellectus* peut être pris dans les mêmes acceptions. Quant au mot français *Intellect*, il n'exprime d'ordinaire que la faculté de penser (1). Or, dans le passage qui nous occupe, Aristote donne au mot Νοῦς une quatrième signification différente des précédentes. Par cela même qu'il oppose *l'intellect* à la science, il considère ces deux choses comme deux dispositions, *habitus*, ἕξις, c'est-à-dire, comme deux états *habituels* et permanents. L'*intellect*, pris dans ce sens, n'est donc pas une faculté, une puissance; c'est un trésor, un *avoir* acquis, dont la faculté peut disposer, comme elle dispose de la science.

Saint Thomas explique parfaitement cette signification du mot Νοῦς à propos d'un autre passage d'Aristote :

Accipitur hic *Intellectus*, non pro ipsa intellectiva potentia, sed pro *habitu* quodam, quo homo, ex virtute luminis intellectus agentis, naturaliter cognoscit principia indemonstrabilia; et satis congruit nomen. Hujusmodi enim principia statim cognoscuntur cognitis terminis; cognito enim quid est totum et quid pars, statim scitur quod omne totum est majus sua parte. Dicitur autem *Intellectus,* ex eo quod intus legit, intuendo essen-

---

(1) *Intellect :* Faculté de l'âme qu'on nomme aussi *entendement.* (*Dictionn. de l'Académie.*)

CHAPITRE III. — RÉALITÉ DE LA MÉTAPHYSIQUE.

tiam rei, unde et in tertio *de anima* dicitur, quod objectum proprium intellectus est *quod quid est*. Et sic convenienter cognitio principiorum, quæ statim innotescunt cognito *quod quid est*, intellectus nominatur (1).

Je pense que le lecteur comprend bien maintenant la signification péripatéticienne du mot « intellect » — *intellectus* — Νοῦς. L' « intellect » est un trésor actif comme la science — une connaissance *habituelle* des premiers principes, comme la science est une connaissance *habituelle* des conclusions (2). Ces deux connaissances persistent dans l'âme et sont deux « vertus » intellectuelles, qui la disposent et l'aident aux actes de connaissance explicite.

5. — La vérité de la science procède de la vérité de l'intellect.

Après ces explications, le texte d'Aristote devient parfaitement clair, et peut se formuler ainsi :

La science, de l'aveu général auquel contredisent à peine quelques sceptiques, est une connaissance vraie et certaine. Or la science s'appuie sur la connaissance des premiers principes. Donc l' « intellect », *habitus principiorum*, est plus certain et plus vrai que la science elle-même.

Il faut donc, avant tout, admettre la véracité de l'intellect, puisqu'il est le principe de la science. Sans cette première et principale certitude, la raison n'est qu'une arme inutile. Car la raison considérée comme instrument de raisonnement, la raison « qui fait courir la cause sur l'effet », la raison ne fait la science qu'en puisant la vérité dans le trésor des principes (3). Avoir pleine confiance dans

---

(1) S. Thom.. *Ethic.*, lib. VI, lect. 5.
(2) Intellectus, qui est habitus principiorum... scientia, quæ est habitus conclusionum. (Alb. Mag., *Summ. Theol.*, II, tract. 4, q. 17.
(3) Un mathématicien, qu'on ne traitera pas d'esprit arriéré, M. J^h Bertrand, a rappelé aux géomètres, envahis par le scepticisme allemand, cette

l'intelligence qui raisonne, et se défier de l'intelligence qui voit avec évidence, est une contradiction qui prouve un état morbide.

Aristote, énumérant, dans son *Éthique,* les vertus naturelles qui font la gloire et la force de l'intelligence humaine, range « l'intellect », νοῦν, à côté de la science, de la sagesse et de la prudence, et il prouve que l'intellect est une vertu spéciale par cet argument que nous connaissons : Pour acquérir la science il faut démontrer; pour démontrer il faut raisonner; pour raisonner il faut partir de principes. Or ces principes ne relèvent ni de la science, ni de la sagesse, ni de la prudence. Donc, ils relèvent d'une vertu propre qui est « l'intellect », Λείπεται νοῦν εἶναι τῶν ἀρχῶν (1).

Et voilà pourquoi j'ai eu le droit de dire que nier la certitude des premiers principes est le fait d'un esprit malade.

6. — Comment Aristote répond aux Pyrrhoniens.

Toujours il y a eu de ces malades, soit par folie, soit par une volonté coupable; mais toujours il conviendra de les traiter avec la même hauteur qu'Aristote. L'objection du sceptique n'a pas changé; nous avons vu plus haut comment Aristote la formule (2) : — Ou l'on démontre les principes, et alors ce ne sont plus des principes ; ou on les suppose, et alors toute la certitude objective repose sur une hypothèse. — Tel est ce fameux dilemme placé

---

doctrine aussi vieille que le bon sens. « La prétention, dit-il, de faire reposer la science sur le raisonnement seul, sans y laisser intervenir le sentiment intime relatif aux idées d'espace, semble absolument chimérique. L'évidence, quoi qu'on fasse, doit être invoquée. C'est sur elle seulement que peuvent reposer les idées premières de droite et de plan. » (*Comptes rendus de l'Académie des sciences,* t. LXIX, p. 1265.)
(1) *Éthiq. à Nicomaque,* liv. VI, chap. VI.
(2) *Derniers analytiq.,* liv. I, chap. III.

comme une barrière infranchissable à l'entrée de la science. Mais ce n'est en réalité qu'un fil qui se brise dès qu'on passe. — Vous avez raison, dit Aristote, on ne démontre pas les principes; mais on en perçoit immédiatement la vérité, ἵσταται δέ ποτε τὰ ἄμεσα.

Le kantiste veut insister : Cette perception immédiate n'est que l'adhésion instinctive de l'intelligence à ces principes : c'est un fait de conscience; mais qui nous prouve que ce témoignage intérieur est recevable pour ce qui se passe au dehors? — Et Aristote, comme dernière réponse, se contente d'affirmer : « La science existe... Le principe de la science est l'intellect... L'intellect est plus vrai que la science (1). »

Réponse fière et digne d'un si grand philosophe! Réponse dédaigneuse de l'objection, mais qui prévaudra toujours contre le sophisme.

— Pourquoi l'adhésion subjective de l'esprit est-elle un témoignage de la vérité objective? — Parce que l'intelligence atteint le vrai. — Et pourquoi suis-je certain qu'elle atteint le vrai? — Parce que j'admets que l'intelligence atteint le vrai quand elle a conscience de connaître, et que connaître le faux, c'est ne pas connaître (2). Mais quelle phrase vient de m'échapper : « *J'admets* que mon intelligence atteint le vrai. » Me laisserais-je entraîner à mon tour à l'absurde dédoublement que le sceptique a imaginé entre la certitude subjective et la certitude objective? Qui donc, en moi, *admet* que mon intelligence atteint le vrai, sinon mon intelligence elle-même? Pourrait-elle douter en même temps qu'elle affirme?

Donc : ou bien recevoir le témoignage de l'évidence, c'est-à-dire, laisser l'intelligence produire l'acte qui découle de sa nature; ou bien forcer la raison à se contre-

---

(1) *Derniers analytiq.*, passim.
(2) Omnis qui fallitur, id in quo fallitur, non intelligit. (S. Augustin., in *lib.* 83 *quæstion.*, qu. 32.)

dire, c'est-à-dire, la forcer d'étouffer son fruit dans son propre sein.

7. — Première réponse de saint Thomas.

Le sceptique en appelle à l'expérience de nos erreurs journalières : si l'homme peut se tromper quelquefois, qui l'assure qu'il ne se trompe pas toujours?

Saint Thomas lui répond : Sans doute l'erreur peut s'introduire dans notre esprit, mais c'est uniquement par le jugement et jamais par la perception immédiate. Lorsque nous unissons ou séparons par un jugement des concepts essentiellement étrangers l'un à l'autre, il peut se faire qu'il y ait erreur dans ce jugement. Mais c'est là une opération subséquente à la perception, et d'ailleurs nous pouvons toujours la contrôler en la comparant à la perception. Quant à la perception elle-même, c'est-à-dire à la connaissance des essences, elle peut bien être imparfaite, incomplète, elle n'est jamais fausse. Car la perception est l'opération propre et première de l'intelligence; l'objet propre de l'intelligence est la *quiddité* des choses; et jamais une faculté ne peut errer, lorsqu'elle est appliquée à son objet propre (1).

Mais, par là même, on reconnaît que l'infaillibilité de l'intelligence s'étend nécessairement jusqu'aux jugements qu'elle porte sur les premiers principes. En effet, le caractère de ces principes est que le « sujet » soit la raison même du « prédicat ». Le jugement qui suit la connaissance des termes est donc immédiat et nécessaire, puisqu'il se réduit à une perception. « Quælibet propositio, cujus prædicatum est in ratione subjecti, est immediata et per se nota, quantum est de se (2). »

Telle est la solution de saint Thomas, solution à la fois

---

(1) Vid. *Summ. Theol.*, I, q. 85, a. 6.
(2) S. Thom., *Poster. analytic.*, lib. I, lect. 5.

large, simple et profonde. Elle repose tout entière sur cette propositon qu'il y a une connexion essentielle entre la faculté et son objet propre ; cette proposition résulte du concept même de l'ordre essentiel des choses, et ce dernier concept s'impose à l'intelligence par lui-même (1).

Verra-t-on, dans ce qui précède, un cercle vicieux? Oui, si l'on veut y voir une démonstration; car ce serait démontrer la véracité de notre esprit par un argument qui n'a de valeur que si l'on admet la véracité de notre esprit.

Non, si l'on ne voit dans l'exposition précédente qu'une explication destinée à jeter la lumière là où le sceptique amasse les ténèbres, à ramener la tranquillité de l'ordre là où il entretient les dissensions du désordre.

Et que fait donc le Pyrrhonien, quel que soit l'autre nom qu'il se donne? Il divise l'univers en deux parts : le moi d'un côté et tout le reste de l'autre, et entre deux il prétend creuser un abîme. Après s'être ainsi placé en dehors de tout, il se demande comment il pourra jeter un

---

(1) Voici l'article de la *Somme* dont j'ai tiré la doctrine précédente. Saint Thomas se demande si l'intellect peut être faux ; il répond avec Aristote que l'intellect est toujours vrai, et il le démontre comme il suit :

«... Et hujus ratio est in evidenti : quia ad proprium objectum unaquæque potentia ordinatur secundum quod ipsa. Quæ autem sunt hujusmodi, semper eodem modo se habent. Unde, manente potentia, non deficit ejus judicium circa proprium objectum. Objectum autem proprium intellectus est quidditas rei; unde circa quidditatem rei, per se loquendo, intellectus non fallitur. Sed circa ea quæ circumstant rei essentiam vel quidditatem, intellectus potest falli, dum unum ordinat ad aliud, vel componendo, vel dividendo, vel etiam ratiocinando. Et propter hoc etiam, circa illas propositiones errare non potest quæ statim cognoscuntur cognita terminorum quidditate : sicut accidit circa prima principia, ex quibus etiam accidit infallibilitas veritatis secundum certitudinem scientiæ circa conclusiones.

« Per accidens tamen contingit intellectum decipi circa *quod quid est* in rebus compositis, non ex parte organi (quia intellectus non est virtus utens organo), sed ex parte compositionis intervenientis circa diffinitionem; dum vel diffinitio unius rei est falsa de alio, sicut diffinitio circuli de triangulo; vel dum aliqua diffinitio est in se falsa, implicans compositionem impossibilium, ut si accipiatur hoc ut diffinitio alicujus rei « animal rationale alatum ». Unde in rebus simplicibus, in quarum diffinitionibus compositio intervenire non potest, non possumus decipi; sed deficimus in totaliter non attingendo, sicut dicitur in nono Metaphysicorum. » (*Summ. theolog.*, I, q. 85, art. 6.)

pont pour repasser du moi aux réalités extérieures. Je comprends qu'il en désespère; mais à qui la faute? Et quel moyen de le sauver?

Le seul est de lui dire : Cet abîme, il ne vous est pas donné de le creuser, et s'il n'existe pas d'abîme à franchir, il n'y a pas de pont à jeter.

Vous faites partie du monde des réalités, et vous êtes relié aux choses par ce merveilleux réseau qu'on nomme l'ordre. Oubliez un instant votre petite et misérable individualité pour contempler l'ordre qui balance les mondes par la loi de leur mutuelle attraction, l'ordre qui perpétue et disperse la vie par la mutuelle sympathie des êtres, l'ordre qui fait reconnaître à l'agneau sa mère que personne ne lui a montrée, l'ordre qui ne trompe pas l'insecte en lui donnant des instincts vers sa pâture, l'ordre qui adapte l'œil à la lumière et l'oreille aux vibrations de l'air, l'ordre, en un mot, qui se montre partout, pour tous plus sage qu'un père, plus prévoyant qu'une mère. Contemplez l'ordre, jetez-vous dans l'ordre, confiez-vous à l'ordre, laissez-vous bercer par l'ordre, et puisque l'ordre vous a donné une intelligence qui aspire au vrai et ne veut que le vrai, laissez cette intelligence courir où l'ordre la pousse. *Votre père vous a-t-il donné une pierre lorsque vous lui demandiez du pain* (1)? S'il l'a fait, il n'était pas dans l'ordre, car l'ordre ne vous trompera jamais.

Voilà ce que signifie le passage de saint Thomas. Est-ce là faire un cercle vicieux? N'est-ce pas simplement exprimer une heureuse nécessité de nature?

8. — Seconde réponse de saint Thomas.

L'intelligence humaine est capable de savoir que le faux n'est pas le vrai. Le sceptique doit en convenir; sans quoi, ses craintes affectées de confondre l'un avec l'autre

---

(1) Luc., xi, 11.

n'auraient plus même de sens. Or savoir que le faux n'est pas le vrai, n'est-ce pas déjà savoir, d'une manière générale, ce qu'est le vrai? La place de l'intelligence dans l'ordre des choses est donc là où elle peut avoir l'idée du vrai.

Saint Augustin pousse plus loin ses questions : Comment se fait-il que pour tous la notion du vrai soit la même, avec ses caractères d'éternité et de nécessité? D'où vient qu'une même affirmation soit reçue comme vraie par tous ceux qui l'entendent? Il faut, répond-il, que la vérité domine, et il faut que nous soyons en relation immédiate avec elle.

Si ambo videmus verum esse quod dicis, et ambo videmus verum esse quod dico, ubi, quæso, id videmus? Nec ego utique in te, nec tu in me : sed ambo in ipsa, quæ supra mentes nostras est, incommutabili veritate (1).

Et saint Thomas, s'emparant de ce beau texte, poursuit :

Veritas autem incommutabilis in æternis rationibus continetur. Ergo anima intellectiva omnia vera cognoscit in rationibus æternis.

Mais, prévoyant l'abus qu'on ferait de cette expression, il en donne l'explication suivante :

Cum quæritur utrum anima humana in rationibus æternis omnia cognoscat, dicendum est quod aliquid in aliquo dicitur cognosci dupliciter.
Uno modo, sicut in objecto cognito, sicut aliquis videt in speculo ea quorum imagines in speculo resultant; et hoc modo, anima, in statu præsentis vitæ, non potest videre omnia in rationibus æternis. Sed sic in rationibus æternis cognoscunt omnia beati qui Deum vident et omnia in ipso.
Alio modo dicitur aliquid cognosci in aliquo, sicut in cognitionis principio, sicut si dicamus quod in Sole videntur ea quæ videntur per Solem : et sic necesse est dicere, quod anima humana omnia cognoscat in rationibus æternis, per quarum

---

(1) S. August., *Confession.*, lib. XII, cap. xxv.

participationem cognoscimus. Ipsum enim lumen intellectuale quod est in nobis nihil est aliud, quam quædam participata similitudo luminis increati in quo continentur rationes æternæ. Unde in Psalmo quarto dicitur : *Multi dicunt : Quis ostendit nobis bona?* Cui quæstioni Psalmista respondet dicens : *Signatum est super nos lumen vultus tui, Domine;* quasi dicat : per ipsam sigillationem divini luminis in nobis omnia demonstrantur (1).

Mais, aussitôt le nom de Dieu prononcé, voici les clameurs impies qui recommencent. Quoi! disent-ils, vous prouvez la véracité de la raison humaine par l'existence de Dieu; puis vous démontrerez l'existence de Dieu, en vous appuyant sur cette même véracité de la raison. Le voilà bien, ce cercle vicieux dans lequel tourne depuis tant de siècles la philosophie spiritualiste! Les Allemands l'ont enfin signalé et dénoncé, et depuis cette découverte, on est en droit d'opposer une fin de non-recevoir à toutes vos apologies.

Mais, à mon tour, je dis à tous ces sophistes : Le voilà donc démasqué, ce prétendu zèle de critique sévère! C'est Dieu que vous prétendez nier, en niant la rectitude d'une raison qui lui rend témoignage; et cette haine de la vérité substantielle vous pousse jusqu'au mensonge.

Car il est faux que nous démontrions la certitude de la raison par l'existence de Dieu, et l'existence de Dieu par la certitude de la raison. La véracité de l'intelligence est une notion dont l'âme a claire conscience et qui ne se démontre pas. Mais nous *démontrons* l'existence de Dieu, en nous appuyant sur la véracité native de l'intelligence, et nous *rendons raison* de cette véracité par l'influence de la *Vérité Suprême*.

Le physicien, de même, se confie à l'œil pour arriver à la science de la lumière, et les propriétés de la lumière lui rendent raison de la nature de l'œil. Insultez à sa méthode,

---

(1) S. Thom., I, q. 84, art. 5.

avant d'insulter à la nôtre; car c'est précisément à la science de la lumière que nos docteurs empruntent leurs comparaisons, lorsqu'ils expliquent notre connaissance intellectuelle : « Omnis enim cognitio veritatis est quædam irradiatio et participatio legis æternæ quæ est veritas incommutabilis, ut Augustinus dicit in libro de vera religione (1). »

9. — Notre raison a sa raison en Dieu.

Cette seconde réponse nous montre combien profonde est la raison tirée de l'ordre.

S'il existe une Cause Première dont tout provient et tout dépend, l'ordre exige, n'est-il pas vrai, que l'intelligence humaine, elle aussi, en dépende dans sa nature et ses opérations; que toute vérité dérive de cette vérité première; que rien n'ait sa raison complète, sinon par cette raison première.

Si la Cause Première contient tout et soutient tout, se placer hors de cette cause, c'est donc se placer hors de soi-même, et tel est le criminel dédoublement dont je parlais tout à l'heure.

Vouloir que l'intelligence trouve sa raison, son repos et sa sécurité absolue, indépendamment de la vérité substantielle, c'est lui chercher un point d'appui autre que son soutien essentiel. Enfin, prétendre rendre « raison dernière » de la véracité de l'esprit humain, en excluant de propos délibéré la « Raison première » de cette véracité, c'est une pure absurdité.

Et c'est là, sans doute, la plus saisissante preuve de l'existence de Dieu : si l'on admet la cause première, tout s'explique, tout se tient, tout a sa raison complète; si l'on

---

(1) S. Thomas, I, II, q. 93, art. 2.

rejette la cause première, tout s'écroule, tout se sépare, tout retombe dans l'absurde (1).

Lorsqu'on étudie par le détail une voûte savamment construite, on part d'une pierre maintenue en équilibre par une autre pierre qui la presse, et remontant ainsi jusqu'à la clef de voûte, on reconnaît qu'en celle-ci réside la raison et la cause de toute la stabilité qu'on admire. Mais que diriez-vous bien de celui qui, arrachant une pierre, chercherait à trouver dans ce bloc détaché la raison de sa propre stabilité, et s'efforcerait de la faire se tenir par elle-même dans le vide?

Voilà pourtant la belle œuvre qu'a entreprise Kant. Il a voulu trouver dans la raison son propre point d'appui. Il n'y a pas réussi, et il a annoncé à la raison cette triste nouvelle qu'elle ne s'appuyait sur rien. Depuis ce temps, cette raison n'a plus été qu'une pierre inerte, ballottée entre les mains des sophistes, les uns criant : victoire! quand ils la lancent comme un jouet, les autres criant : défaite! lorsqu'elle retombe.

Que faire pour éclairer ces athées modernes, sinon les renvoyer prendre des leçons auprès des païens de l'antiquité?

« Platon, dit Aristoclès, comprit qu'il n'y a qu'une seule science embrassant à la fois les choses divines et les choses humaines. Il jugeait que nous ne pouvons connaître ces dernières si d'abord nous n'avons considéré les premières. Si les médecins, voulant apprendre à guérir quelque membre malade, s'appliquent d'abord à connaître le corps entier, ainsi faut-il que, pour connaître les choses d'ici-bas, nous connaissions d'abord la nature de l'Univers. Car l'homme n'est qu'une partie des êtres, et des deux biens, le nôtre et celui du Tout, le principal est le bien du Tout, puisque c'est par lui que viennent les biens particuliers. Si l'on en croit Aristoxènes le musicien, c'était là une maxime des Indiens. Il raconte que l'un de

---

(1) Demonstratione ad impossibile, demonstrabile est Deum esse. Si enim detur Deum non esse, multa sequuntur impossibilia. (Alb. Magn., *Summ. theolog.*, I part., q. 17.)

ces hommes rencontrant Socrate à Athènes lui demanda ce qu'il fallait faire pour être un philosophe. Socrate lui ayant répondu qu'il fallait méditer sur la vie humaine, l'Indien se mit à sourire, en disant que personne ne peut comprendre les choses humaines, s'il ignore les choses divines (1).

Ces païens avaient raison : ou laisser la raison courir joyeuse et confiante vers son Dieu et sa lumière, ou la forcer à s'asseoir dans les ténèbres et à périr d'inanition. Pas de milieu.

Prends donc courage, ô intelligence humaine! et méprise tous ces sophismes. Ton instinctive horreur du faux ne témoigne-t-elle pas d'une noblesse qui répugne à toute honteuse mésalliance? Tu es de race, et tu le sais, à n'avoir d'autre époux que l' « être ». Marche hardiment vers ce royal hymen dont naîtra le « vrai », image du père dont il procède, joie de la mère qui l'a conçu.

---

(1) Passage cité par Eusèbe de Césarée. (*Préparat. Évangél.*, liv. XI, ch. III; — *Patrol. grecq.*, t. XXI, col. 847.)

CHAPITRE IV

DU SENS COMMUN

1. — La vraie philosophie toujours conforme au sens commun.

Il est étrange que, dans notre siècle démocratique, certaine philosophie soit si dédaigneuse du sens commun. A en croire plusieurs de nos Aristarques, les idées de Dieu, de Providence, de cause, de substance, ne seraient que des mots surannés, restes du bon vieux temps. Il serait encore permis de s'en servir, à peu près comme des anciennes mesures, pour converser avec le vulgaire, mais pourvu qu'on n'y vît plus que des conventions de langage.

Notre philosophie traditionnelle est plus respectueuse pour le petit peuple, et ce n'est pas la moindre preuve de sa légitime souveraineté.

Oui, nous tenons grand compte du sens commun. Bien plus, pour nous la pierre de touche de la saine philosophie est le sens commun. Pourquoi cela? Parce que le sens commun est un témoignage éclatant rendu à la vérité.

Nous le comprendrons, en étudiant en quoi il consiste.

2. — Définition du sens commun.

Boèce appelle *commune* conception de l'esprit la proposition que chacun approuve dès qu'il l'entend (1). Or une proposition dont on reconnaît la vérité immédiatement

---

(1) Communis animi conceptio est enuntiatio quam quisque probat auditam. (Boet., in lib. *de Hebdom.*, initio.)

est, d'après Aristote, un premier principe. Le sens commun ne serait-il autre chose que la connaissance des premiers principes? — Boèce continue :

« Il y a deux sortes de conceptions communes. Les unes sont tellement communes qu'elles sont admises de tous les hommes. Par exemple, si vous dites : « De deux quantités égales ôtez des quantités égales, vous aurez encore deux quantités égales », il n'est personne qui, comprenant ce que vous dites, y contredise. Mais d'autres propositions ne sont communes qu'aux gens instruits, et cependant elles dérivent des premières ; par exemple, « ce qui est incorporel n'est pas dans le lieu, » et autres propositions semblables, évidentes, non pour le vulgaire, mais pour les doctes seulement. »

Saint Thomas explique ainsi cette distinction :

Hujus autem distinctionis ratio est, quia cum communis animi conceptio vel principium per se notum sit aliqua propositio, ex hoc quod prædicatum est de ratione subjecti, si illud idem quod significatur per subjectum et prædicatum cadat in cognitionem omnium, consequens est quod hujusmodi propositio sit per se nota omnibus; sicut quid sit æquale notum est omnibus et similiter quid sit subtrahi, et ideo prædicta propositio est in omnibus per se nota. Et similiter, « omne totum est majus sua parte, » et alia hujusmodi.

Sed ad apprehendendam rem incorpoream, solus intellectus sapientum consurgit. Nam vulgarium hominum intellectus non transcendunt imaginationem quæ est solum corporalium rerum; et ideo ea quæ sunt propria corporum, puta, esse in loco circumscriptive, intellectus sapientum statim removet a rebus incorporeis, quod vulgus facere non potest (1).

Donc, deux sortes de principes immédiats : les uns connus seulement par les savants qui ont médité sur la nature des choses dont il est question; les autres connus de tous, parce que tous connaissent de quoi il s'agit, et ces derniers sont les principes de sens commun. On peut donc définir le sens commun : le trésor des principes connus de tous les hommes, *habitus principiorum ab omnibus noto-*

---

(1) S. Thom., super Boetium *de Hebdom.*

rum. Que si l'on veut introduire le raisonnement dans le domaine du sens commun, on peut encore y comprendre les premières conclusions que pose la raison plongée dans la lumière des principes, conclusions infaillibles et évidentes suivant l'adage antique : *Quis in limine aberrat?*

3. — Comment le sens commun est naturel.

Nous n'avons pas oublié l'enseignement d'Aristote : on ne naît pas avec la connaissance des premiers principes; on l'acquiert, mais il est naturel à l'homme de l'acquérir.

Saint Thomas formule clairement cette doctrine dans le passage suivant :

Intellectus principiorum dicitur esse habitus naturalis. Ex ipsa enim natura animæ intellectualis convenit homini quod statim, cognito quid est totum et quid est pars, cognoscat quod omne totum est majus sua parte; et simile est in cæteris. Sed quid sit totum et quid sit pars, cognoscere non potest nisi per species intelligibiles a phantasmatibus acceptas : et propter hoc, Philosophus in fine Posteriorum subdit quod cognitio principiorum provenit nobis ex sensu (1).

De là résulte une double conséquence. — L'*intellect*, ou, en d'autres termes, la connaissance des principes dérive de la nature qui est la même pour tous ; — on rencontrera ce trésor plus ou moins développé suivant l'étude et la capacité intellectuelle de chacun.

Intellectus principiorum consequitur ipsam naturam humanam quæ æqualiter in omnibus invenitur... Et tamen, secundum majorem capacitatem intellectus, unus magis vel minus cognoscit veritatem principiorum, quam alius (2).

Donc, si l'on considère le sens commun comme une disposition intellectuelle, il est cette activité naturelle, qui a été déposée dans toute intelligence par l'auteur de la na-

---

(1) S. Thom., I, II, q. 51, art. 1.
(2) S. Thom., II, II, q. 5, art. 4, ad 3⁽ᵐ⁾.

ture, et qui lui fait percevoir sans effort les vérités qui se présentent naturellement à tout esprit. C'est l'illumination intérieure qui provient du soleil de vérité, et qui éclaire l'âme humaine.

Car, nous dit saint Cyrille,

« Le Verbe de Dieu *illumine tout homme venant en ce monde*, non par des paroles comme pourrait faire un ange ou un homme, mais par une action créatrice digne d'un Dieu, plaçant en chacun de ceux qu'il appelle à l'existence le germe de la sagesse, c'est-à-dire de la connaissance de Dieu, et plantant en chaque âme la racine de l'entendement. Ainsi complète-t-il l'animal raisonnable, montrant par là que l'homme est participant de la divine nature. Il remplit l'âme, pour ainsi parler, de certaines vapeurs lumineuses qui s'exhalent de l'Ineffable Splendeur, et cela suivant le mode et la raison que Lui seul connaît. Car, en parlant de telles choses, on doit toujours garder la mesure (1). »

Que si l'on considère le sens commun comme un trésor de vérités acquises, c'est le trésor commun à tous. Car Dieu ne l'a pas enfoui, comme le cuivre ou le plomb qu'on découvre et qu'on purifie à grand'peine; mais il l'a dispersé pur et brillant à la surface de la terre, comme l'or que le sauvage lui-même sait voir et ramasser dans le désert.

4. — De la valeur du sens commun.

Je commence maintenant à comprendre pourquoi les fondateurs de philosophies nouvelles ont une telle horreur du sens commun. Le sens commun est une voix qui condamne d'avance leurs nouveautés, voix universelle dans l'espace, voix universelle dans le temps, voix qui a retenti dans le monde au jour que la nature humaine y a paru, voix qui se prolonge identique à elle-même tant que cette nature demeure, voix qui se multiplie en autant

---

(1) S. Cyrill. Alexand. in Joann., lib. I. (*Patrolog. grecq.*, t. LXXIII, col. 128.)

d'échos qu'il y a eu, qu'il y a, qu'il y aura d'intelligences d'hommes (1).

Le sens commun est un suffrage universel qui prévaut non par la majorité, puissance artificielle et flottante, non par l'unanimité qui, après tout, n'est encore qu'un nombre, mais parce que chaque suffrage, fondé sur la nature même de l'intelligence, contient et emporte tous les autres suffrages, parce que chaque suffrage affirme à lui seul tous les autres suffrages, en un mot, parce que c'est un suffrage qui mérite vraiment le nom d'*universel*, « un dans tous, et dans tous identique à lui-même, » Ὁ ἂν ἐν ἅπασιν ἕν ἐνῇ ἐκείνοις τὸ αὐτό. C'est le *sens commun*, précisément parce que c'est le *bon sens* (2).

Que les sceptiques, fermant la porte au vulgaire, disputent entre eux contre la véracité de la raison humaine, qu'ils sophistiquent à huis clos contre les premiers principes, qu'ils déclarent la guerre au bon sens; laissons-les à leur triste besogne, et ne les craignons pas, car ils se dévorent entre eux.

Pour nous, la philosophie n'est pas une école fermée au public et d'accès réservé à quelques initiés. Loin de là, notre sagesse est *universelle* et *catholique;* elle comprend tous les temps, tous les lieux, tous les hommes; elle réclame, comme son bien, toute idée claire, toute évidence, toute lumière naturelle. Elle entre, quand et comme elle veut, dans toute intelligence humaine, sans bruit, sans secousse, sans violence, car elle est chez elle.

5. — De la dignité du sens commun.

Si nous accueillons le sens commun dans notre temple,

---

(1) Habitus primorum principiorum tam speculabilium quam practicorum qui nulla oblivione vel deceptione corrumpi possunt. (S. Thom., I, II, q. 53, art. 1.)

(2) On voit que cette doctrine sur le *sens commun* n'a rien à voir avec les erreurs du Lamennaisianisme ou du Traditionalisme.

est-ce pour le reléguer parmi la foule, réservant les places d'honneur à des entendements plus rares?

Non pas : dans la vraie philosophie le bon sens trône ; c'est à lui qu'appartient le premier et le dernier mot.

En effet, si Boèce distingue deux sortes de propositions communes, les unes communes à tous, les autres communes seulement aux philosophes, il déclare aussitôt que ces dernières ont leur source dans les premières : « Una ita communis, ut omnium hominum sit... alia vero est doctorum tantùm, *quæ tamen ex talibus communis animi conceptionibus venit* (1). » C'est reconnaître, si je ne me trompe, que les plus hautes conceptions des philosophes doivent s'appuyer sur le sens commun ; et cette déclaration est d'autant plus importante qu'elle est au commencement d'un traité où ce grand philosophe prétend cacher sa doctrine aux yeux du vulgaire (2).

6. — Digression sur la connaissance confuse.

Pour mieux apprécier encore la valeur du sens commun, recourons à un bel enseignement de l'École, destiné à éclaircir une apparente contradiction d'Aristote.

Le Philosophe nous a appris, dans les *Derniers analytiques*, à distinguer ce qui est « simplement plus notoire », ἁπλῶς γνωριμώτερον, et ce qui est « plus notoire pour nous », ἡμῖν γνωριμώτερον. Le plus notoire pour nous est le singulier, parce qu'il est plus voisin de la sensation. L'universel est simplement plus notoire, mais il est plus loin de la sensation (3).

Or, si nous voulons acquérir la science, il nous faut nécessairement partir « du plus notoire pour nous ». Donc, le point de départ de la science est pour nous la connais-

---

(1) *De Hebdomadibus.*
(2) Prohinc tu ne sis obscuritatibus brevitatis adversus, quæ cum sint arcani fida custodia, tum id habent commodi, quod his solis qui digni sunt colloquuntur. (Boet., *de Hebdomad.*)
(3) *Derniers analytiq.*, liv. I, chap. II.

sance sensible, et c'est par la voie de l'induction que nous parvenons jusqu'à la connaissance de l'universel. Telle est la théorie qui a été développée précédemment.

Au commencement de sa *Physique,* Aristote enseigne encore que nous devons procéder du plus connu au moins connu.

« La voie qui nous est naturelle est d'aller des choses qui nous sont plus notoires et plus manifestes, vers les choses plus notoires et plus manifestes par nature. Car les mêmes choses ne sont pas à la fois et plus notoires pour nous et plus notoires simplement. D'où la nécessité de procéder des choses moins manifestes par nature mais plus manifestes pour nous, aux choses plus manifestes et plus notoires par nature (1). »

Jusqu'ici Aristote est bien d'accord avec lui-même ; mais voici où le désaccord semble se montrer :

« Les choses qui nous sont d'abord claires et manifestes sont celles qui sont le plus confondues ensemble, et c'est ensuite, en les séparant, que nous distinguons les éléments et les principes.

« Aussi nous faut-il procéder des universels aux particuliers. Car le *tout* est le premier objet de la sensation, et l'*universel* est un certain tout, contenant beaucoup de choses comme autant de parties.

« Il en est ainsi en quelque sorte des noms par rapport à leurs définitions. Le nom signifie un tout d'une manière indivise, par exemple, le cercle ; vient ensuite la définition qui distingue les éléments. Ainsi encore les petits enfants appellent « pères » tous les hommes et « mères » toutes les femmes ; ensuite ils font le discernement. »

N'y a-t-il pas opposition formelle entre ce langage et celui que nous avons entendu plus haut ? Dans les *Analytiques* on nous dit que l'universel est moins connu pour nous, et qu'il faut partir du singulier. Ici, on nous enseigne que l'universel est le plus connu pour nous, et qu'il est le point de départ de la science.

---

(1) Aristote, *Phys.,* liv. I, chap. I.

Je sais bien qu'on peut résoudre cette difficulté, en restreignant à la science physique ce dernier enseignement. Car le propre de cette science, ainsi que le fait remarquer Albert le Grand, est de considérer d'abord un objet en bloc, ou un phénomène dans sa totalité, et d'en distinguer par l'analyse les éléments constitutifs (1). Cet objet est un certain *tout* composé réellement de parties; et saint Thomas l'appelle *totum integrale,* pour le distinguer du *totum universale* contenant les universels proprement dits, tels que « raisonnable, animal, vivant, être », qui sont fondus ensemble dans l'homme individuel.

Mais l'assertion d'Aristote est tellement générale qu'il faut l'étendre au tout-universel comme au tout-intégral. De là, cette question débattue dans la Scolastique et introduite par saint Thomas dans sa *Somme,* sous la forme suivante : *Utrum magis universalia sint priora in nostra cognitione intellectuali ?*

Pour la résoudre, le saint docteur distingue entre la connaissance confuse et la connaissance distincte. Puisque toute connaissance s'acquiert, elle passe nécessairement de l'état de puissance à l'état d'acte. Donc, avant d'être parfaitement en acte, — et alors elle est distincte, — elle existe d'abord mélangée d'acte et de puissance, — et alors elle est confuse. — D'ailleurs, le *tout* est comme un « acte » dans lequel les parties sont « en puissance ». Donc la première connaissance, soit sensible, soit intellectuelle, est une connaissance confuse du tout-intégral ou du tout-universel, sans en distinguer les éléments. Quant à la connaissance distincte du même tout, elle suit la connaissance distincte des éléments et des parties (2).

---

(1) Secundus autem modus cognitionis totus est in sensu, et est per viam compositionis, ubi proceditur a simpliciori indistincto ad compositius distinctum. Et ille processus est scientiæ naturalis proprius, et nullius alterius scientiæ : quia nulla alia hoc modo accipit universale pro confuso secundum esse in particulari, nisi ipsa (Alb. Mag., *Physic.,* lib. I, tr. I, cap. vi.)

(2) Et hujus ratio manifesta est. Quia, qui scit aliquid indistincte, adhuc est in potentia ut sciat distinctionis principium; sicut, qui scit genus est

Telle est la solution scolastique de la difficulté proposée. Mais il est bon d'entendre là-dessus le maître de saint Thomas, car son explication jette une lumière qui s'étend sur tout le problème de la connaissance.

Albert le Grand commence par une profession de foi résolument réaliste. Il y a trois sortes d'universels : l'universel *ante rem;* c'est la cause universelle, possédant d'avance tous ses effets dans l'éminence de sa puissance; — l'universel *in re;* c'est la nature commune réalisée dans l'individu; — l'universel *post rem;* c'est l'idée obtenue par abstraction et résidant dans l'intelligence, et cette abstraction est légitime, parce que l'universel est réellement dans les choses particulières (1).

Il établit ensuite une triple distinction dans la sensation. Les sens qui nous mettent en relation avec les réalités extérieures, ne sont pas des instruments séparés de notre substance, comme un bâton ou un télescope; ils font partie de notre nature, qui est une malgré sa complexité. Par suite, bien que chaque sens ait un objet propre, que l'œil ne voie que la couleur, que la langue ne soit sensible qu'à la sapidité, il y a cependant une sorte de communication des sens, entre eux d'abord, et de plus avec la raison chez l'homme, ou chez les animaux avec cette faculté *estimative* qui tient lieu de raison.

On peut donc considérer le sens de trois manières : — ou en lui-même; et alors il n'atteint que la propriété sen-

---

in potentia ut sciat differentiam. Et sic patet quod cognitio indistincta media est inter potentiam et actum. Est ergo dicendum, quod cognitio singularium est prior quoad nos quam cognitio universalium, sicut cognitio sensitiva quam cognitio intellectiva; sed tam secundum sensum quam secundum intellectum, cognitio magis communis est prior quam cognitio minus communis. (I, q. 85, art. 3.)

(1) Est enim, ut Plato ait, triplex universale, scilicet ante rem acceptum, et in re ipsa acceptum, et post rem ab ipsa re abstractum. *Ante rem* autem universale est causa universalis, omnia causata præhabens potentia rerum in seipsa. Universale autem *in re* est natura communis secundum se accepta in particulari. Sed universale *a re* acceptum per abstractionem est intentio formæ et simplex conceptus mentis, quæ de re per abstrahentem intellectum habetur. (I *Physic.*, tract. I, cap. vi.)

CHAPITRE IV. — DU SENS COMMUN. 85

sible correspondante, l'œil la couleur, le palais la sapidité, l'oreille le son ; — ou dans sa communauté avec les autres sens ; et alors il atteint le sujet où sont réunis les diverses propriétés sensibles, permettant ainsi de dire en présence du lait : cet objet blanc est doux, et en présence du fiel : cet objet jaune est amer ; — ou enfin dans sa communauté avec la raison qui l'imprègne ; et alors il atteint la nature même de l'objet en qui résident les diverses propriétés sensibles (1).

Ces distinctions comprises, redoublons d'attention pour comprendre la belle analyse du Bienheureux Albert. Dans l'homme, la connaissance sensible atteint l'individu ; mais, parce qu'elle est comme imprégnée de raison, elle tombe d'abord d'une certaine manière sur la *nature même* de l'individu, et *par conséquent sur quelque chose d'universel*. En effet, avant de distinguer deux choses, il faut les connaître ensemble d'une manière indistincte. Avant que l'enfant sache d'une manière définitive que « cet » homme est son père, il faut bien qu'il connaisse, sans toutefois qu'il s'en rende compte, qu'un homme est son père. De même, avant cette notion d'homme père, il faut qu'il ait la notion d'être animé : notion confuse, notion indistincte, je le veux bien, mais notion réelle et qui logiquement précède la notion distincte de l'individu (2).

---

(1) His habitis, intelligendum est quod acceptio nostra secundum sensum est triplex. Est enim acceptio secundum sensum particularem tantum, et est acceptio secundum communem simul et particularem, et est acceptio secundum sensum particularem et communem et aliquam cognitionem confusæ rationis in sensu vel cognitionis quæ loco rationis est, quæ a quibusdam dicitur *æstimativa*, quæ est pars animæ sensibilis. Acceptio autem sensus particularis non est nisi sensibilis proprii, sicut coloris, vel vocis, vel odoris, vel alicujus alterius. Acceptio autem sensus communis est subjecti in quo uniuntur sensata propria ; dicimus enim hoc album esse dulce, et hoc croceum esse amarum, sicut fel. Acceptio autem rationis permixtæ sensibus, aut æstimationis in brutis, est super rei naturam in qua sunt accidentia quæ sunt sensata propriorum sensuum et cujus est magnitudo subjecta sensibilibus propriis quæ accipiuntur per sensum communem. Et per illam accipit puer quod vir homo est pater et non asinus, et agnus accipit quod ovis est mater et non lupus. (I *Phys,.* tr. 1, cap. vi.)

(2) Hoc habito, sciendum est quod cognitio quæ est perceptio sensus cum

« Avicenne apporte à ce sujet un excellent exemple. Lorsque nous apercevons quelqu'un venir de loin, nous connaissons d'abord que c'est une substance. Puis, voyant son mouvement, nous connaissons que c'est une substance vivante. Ensuite, lorsqu'il est assez proche pour que nous distinguions la rectitude de sa stature, nous connaissons que c'est un homme. Enfin, lorsque nous pouvons distinguer chacun de ses traits, nous savons que c'est Socrate ou Platon. Dans cet exemple, nous constatons que la connaissance distincte procède d'une connaissance confuse plus générale ; il en est de même dans toutes nos connaissances sensibles, *bien que nous n'en ayons pas conscience* (1). »

Telle est la subtile analyse d'Albert le Grand. Tout en reconnaissant le rôle de la sensation dans l'acquisition de nos connaissances distinctes, cette théorie affirme le rôle du principe spirituel et condamne les théories sensualistes. En même temps, elle reste vraiment péripatéticienne, et elle explique Aristote comme la Scolastique l'a toujours compris. Car l'explication précédente n'est que le commentaire de ce texte : On sent le particulier, mais il y a sensation de l'universel, Αἰσθάνεται μὲν τὸ καθ' ἕκαστον, ἡ δ' αἴσθησις τοῦ καθόλου ἐστίν (2).

En terminant l'exposition de cette doctrine, Albert le Grand appelle notre attention sur la conclusion qui en résulte : « Ex istis est advertere quoddam valde notabile. » Dans la connaissance distincte et purement rationnelle, on part de l'individu pour remonter à l'espèce, puis au genre, puis à l'être conçu dans toute sa généralité ; cette

---

permixtione aliqua rationis vel æstimationis, est accipiens sensibile per accidens, et casus ejus est supra naturam communem in supposito diffusam ; *hæc enim natura communis est universale acceptum in re secundum esse.* Cum enim omnis distinctio cognoscibilis necessario sit facta sub aliquo communi quod prius accipitur secundum cognitionem, oportet quod antequam diffinitive cognoscatur hic vir esse pater cognoscatur vir esse pater... (*Ibid.*)

(1) Sicut autem in eo quem videmus longe, distincta est cognitio semper subconfusa : ita est in eo quod cognoscimus sensibiliter, secundum naturam talis cognitionis sensibilis, *licet non percipiamus.* (*Ibid.*)

(2) Aristote, *Derniers analytiq.*, liv. II, chap. dernier.

connaissance étant toute dans l'esprit, procédant par voie de résolution analytique, et le sens n'y intervenant que dans la perception de l'individu. Au contraire, dans la connaissance confuse du sens, le premier connu est l'être, puis le genre, puis l'espèce, puis enfin l'individu; cette connaissance étant toute dans le sens et procédant par voie de synthèse (1).

Il y aurait là sujet à de profondes méditations. En contemplant cette union et ce balancement des deux facultés qui perçoivent les réalités objectives, nous pourrions admirer l'harmonie de la nature humaine, la domination du principe intellectuel sur le principe qui tient de la matière, et cette influence de l'âme qui, née pour connaître l'être, communique au sens une participation de sa propre vie, et lui fait trouver ce que par lui-même il est incapable de chercher. Merveilleux circuit! partant de l'âme et retournant à l'âme; puisant dans l'âme le sentiment de l'universel, et le transformant après le contact de la sensation en une notion claire et distincte. Mais ces attachantes études sont du ressort de la psychologie.

7. — De la profondeur du sens commun.

Cette digression pourrait donc sembler hors de propos. Mais il n'en est rien, car il en résulte pour notre sujet une lumière nouvelle.

Les notions les plus confuses sont, sans contredit, les plus communes, car elles dépendent moins de la perfection du sens et de la présence de l'objet. Or, nous venons de l'apprendre, ces notions sont les plus universelles. Donc les notions les plus communes sont en même temps les notions les plus universelles.

Mais voyez la conséquence : les axiomes les plus vulgaires, les propositions courantes de sens commun sont

---

(1) Alb. Mag., *loc. citato.*

donc en même temps des principes qui se rapportent à tout ce qu'il y a de plus universel. D'où l'on doit nécessairement conclure que le sens commun s'exerce dans les profondeurs de la science de l'être, et que toute vérité de bon sens est, dans un sens très vrai, une profonde vérité.

Écoutons là-dessus saint Thomas :

> Sciendum est quod quælibet propositio, cujus prædicatum est in ratione subjecti, est immediata, et per se nota quantum est de se. Sed quarumdam propositionum termini sunt tales, quod sunt in notitia omnium, sicut ens, et unum, et alia quæ sunt entis in quantum ens. *Nam ens est prima conceptio intellectus.* Unde oportet quod tales propositiones non solum in se sed etiam quoad nos, quasi per se notæ habeantur; sicut quod non contingit idem esse et non esse, et quod totum sit majus sua parte, et similia. Unde et hujus principia omnes scientiæ accipiunt a metaphysica, cujus est considerare ens simpliciter et ea quæ sunt entis (1).

N'est-ce pas nous dire clairement que, si toutes les sciences s'appuient sur la métaphysique, celle-ci a pour base et pour racine le sens commun?

Il faut donc toujours partir du sens commun; c'est un point de départ facile et sûr, suivant le proverbe cité par Aristote (2) : *Qui s'égare à la porte?* Et saint Thomas explique ainsi ce proverbe :

> In januis domorum quis delinquet? Interiora enim domus difficile est scire, et circa ea facile est hominem decipi. Sed, sicut circa ipsum introitum domus qui omnibus patet et primo occurrit, nullus decipitur, ita etiam est in consideratione veritatis. Nam ea per quæ intratur in cognitionem aliorum nota sunt omnibus, et nullus circa ea decipitur. Hujusmodi autem sunt prima principia naturaliter nota, ut non esse simul affirmare et negare, et quod totum est majus sua parte, et similia (3).

---

(1) S. Thom. in. I., *Posterior. analytic.*, lect. 5.
(2) Aristote, *Métaphys.*, liv. II, chap. I.
(3) S. Thom., *in Metaphys.*, lib. II, lect. 1.

CHAPITRE V

DU PREMIER PRINCIPE

1. — Ce qu'on entend par premier principe.

Une erreur dans laquelle plusieurs modernes ont été entraînés par un excessif amour de la voie démonstrative, est de croire qu'on peut construire l'édifice de la philosophie sur une seule assise. On a bien tenté, en ce genre, certains tours de force et certains équilibres ingénieux. Mais comment espérer qu'un tel édifice ne chancellera pas ou n'écrasera pas sa base trop étroite? Ce n'est pas la manière naturelle de construire. Nos pères, désireux d'élever à la science un temple large, spacieux et solide, l'appuyaient sur des colonnes, partout où ils trouvaient le roc. Dès qu'ils reconnaissaient un principe évident, ils y jetaient une fondation et la reliaient aux autres fondations, pour tout prendre dans une même masse dont les diverses parties se soutinssent mutuellement. C'est donc en vain que l'on chercherait dans les anciens, par rapport aux vérités philosophiques, cette *classification linéaire* dont les sciences naturelles ont eu tant de mal à se débarrasser.

Cependant il y a lieu de considérer un ordre hiérarchique parmi les principes.

En effet, il y a subordination entre les sciences; la physiologie emprunte quelques-uns de ses principes à la physique, d'autres à la chimie. La physique s'appuie sur la géométrie, et toutes les sciences ont leurs racines dans la plus générale de toutes les sciences, la science de l'être en tant qu'être, c'est-à-dire dans la métaphysique.

Il y a donc subordination des sciences, parce qu'il y a subordination de leurs principes, et de là nous avons déjà conclu que les premiers de tous les principes sont les principes métaphysiques : principes immédiats, principes évidents par eux-mêmes, principes qui se voient et ne se démontrent pas.

Mais tous les principes de la métaphysique elle-même n'ont pas une application également générale; tous ne brillent pas avec le même éclat. On peut donc encore là opérer un classement, et rechercher s'il n'y a pas un *premier principe* parmi tous les principes premiers.

« Il convient, dit Aristote, à quiconque est bien versé dans une science particulière, de montrer les principes les plus fermes de cette science. Il faut donc que celui qui s'occupe de l'être en tant qu'être, montre les principes les plus fermes de tous les principes. C'est là le rôle du philosophe (1). »

Certes, Aristote a dignement rempli ce rôle; car la détermination du premier principe n'est pas son moindre titre de gloire.

2. — Des caractères du premier principe.

Aristote continue ainsi :

« Le principe le plus ferme de tous doit être tel qu'il soit impossible que personne se trompe à son égard; car il est nécessaire qu'il soit parfaitement connu de tous, et l'on ne se trompe que dans ce que l'on ignore. Il faut encore qu'il ne contienne rien d'hypothétique; car un principe, que l'on doit nécessairement tenir pour connaître chose que ce soit, ne peut être une hypothèse; un principe, dont la connaissance est nécessaire à toute connaissance, est nécessairement un principe

---

(1) Arist., *Métaphys.*, liv. IV, chap. III.

qu'on porte partout avec soi. Qu'un tel principe soit le plus ferme de tous, c'est évident (1). »

Ainsi le premier principe se distingue par trois caractères que saint Thomas résume ainsi :

Manifestum est ergo quod certissimum principium sive firmissimum tale debet esse, ut circa id non possit errari, et quod non sit suppositum, et quod adveniat naturaliter (2).

En effet, si nous réfléchissons que ce principe doit dominer la science de l'être, nous reconnaîtrons qu'il doit satisfaire à trois conditions.

D'abord, puisqu'il a pour objet l'être en tant qu'être, il doit être aussi universel que l'être. Or toute condition, toute hypothèse est une délimitation particulière qui laisse quelque chose en dehors; une proposition, par là même qu'elle est conditionnelle, est restrictive et n'atteint pas l'être dans son universalité. Donc le principe premier doit être totalement absolu.

En outre, un principe qui a pour objet l'être en tant qu'être ne doit rien emprunter en dehors de l'être en tant qu'être. Il faut que le sujet, le prédicat et le lien entre eux deux soient tirés de l'être en tant qu'être. Une tel principe est donc notoire par lui-même à toute intelligence sachant ce qu'est l'être; c'est dire qu'il doit être naturellement connu.

Conditio est, ut non acquiratur per demonstrationem, vel alio simili modo, sed adveniat quasi per naturam habenti ipsum, quasi ut naturaliter cognoscatur et non per acquisitionem (3).

Enfin, il faut que la connaissance de ce principe soit tellement intrinsèque à la notion de l'être qu'on ne puisse

---

(1) Arist., *loc. citat.*
(2) S. Thom., *Métaphys.*, lib. IV, lect. 6.
(3) S. Thomas, *loc. citato.*

affirmer l'être sans affirmer le premier principe, et qu'il soit impossible d'ignorer ce principe sans ignorer la notion de l'être. D'où résulte que personne ne peut errer à son égard.

En résumé : — universalité objective, — universalité subjective, — nécessité absolue ; telles sont les trois conditions auxquelles doit satisfaire le premier principe.

3. — Le premier principe est le principe de contradiction.

Quel est donc ce premier principe? C'est, nous dit Aristote, le principe de contradiction, c'est-à-dire l'impossibilité de la vérité simultanée de deux contradictoires. Τὸ γὰρ αὐτὸ ἅμα ὑπάρχειν τε καὶ μὴ ὑπάρχειν ἀδύνατον τῷ αὐτῷ κατὰ τὸ αὐτό, *Impossibile est idem simul esse et non esse secundum idem.*

Ce principe s'étend à tout, est connu de tous, et s'impose par sa nécessité absolue. Il possède donc les trois caractères requis.

« Par sa définition même, il est le plus ferme de tous les principes : αὕτη δὴ πασῶν ἐστὶ βεβαιοτάτη τῶν ἀρχῶν. Car il n'est possible à personne de concevoir qu'une même chose en même temps soit et ne soit pas. Certains le font dire à Héraclite. Il est vrai qu'on ne pense pas nécessairement tout ce qu'on dit. Mais, s'il est impossible qu'un même sujet contienne à la fois les contraires, et si d'autre part, une opinion et la négation de cette opinion sont choses contraires, il est manifestement impossible qu'un même sujet admette, d'une même chose, tout à la fois qu'elle est et qu'elle n'est pas. Car, par cette erreur, il posséderait simultanément deux croyances contraires.

« Voilà pourquoi ceux qui démontrent, forcent l'adversaire à se placer en face de ce principe, et c'est là leur dernier mot. Car ce principe est par nature le principe même de tous les autres axiomes, φύσει γὰρ ἀρχὴ καὶ τῶν ἄλλων ἀξιωμάτων αὕτη πάντων (1). »

---

(1) Arist., *Métaphys.*, liv. IV, chap. III.

Nous ne suivrons pas Aristote dans les développements qu'il a consacrés à l'explication et à la défense du principe de contradiction ; mais j'engage à lire ces belles pages (1), car elles semblent écrites d'hier pour réfuter Hégel.

Cet homme, on le sait, doit sa célébrité de mauvais aloi à l'effronterie avec laquelle il a nié le principe de contradiction. Pourtant ses sophismes et sa fameuse théorie du « perpétuel devenir » n'ont rien de bien nouveau. En effet, Albert le Grand résume, comme il suit, la doctrine d'Héraclite :

Hæc omnia dixit Heraclitus : quoniam ille dixit verius nihil esse quam non esse, et nihil verius dici de rebus quam quod simul sunt et non sunt, propter motum continuum quem videbat in eis ; et ideo dixit omne esse continue non esse (2).

Ne croirait-on pas entendre le résumé des erreurs d'Hégel ? Aussi bien, ce dernier se déclare ouvertement le disciple du sophiste païen : « Il n'est pas, dit-il, une seule proposition d'Héraclite que je n'admette dans ma logique (3). » Mais, si l'erreur est ancienne, il y a longtemps qu'elle a été réfutée par Aristote réduisant au silence les anciens sceptiques.

4. — Fondement du principe de contradiction.

S'il est vrai de tous les principes premiers qu'on ne les démontre point, à plus forte raison en est-il ainsi du premier de tous les principes. « Quelques-uns prétendent le prouver, mais c'est un effet de leur manque d'instruction. Car c'est un véritable manque d'instruction, que ne connaître pas ce qu'on doit et ce qu'on ne doit pas chercher à démontrer (4) ». Cependant, de même que le savant, sai-

---

(1) Voir dans le livre IV, les chap. III et suivants.
(2) Alb. Magn., *Metaphys.*, lib. IV, tract. II, cap. VII.
(3) Deuxième édit. allemande, t. XIII, p. 301.
(4) Arist., *Métaphys.*, liv. IV, chap. IV, *initio*.

sissant mieux que l'ignorant la signification des termes, peut comprendre immédiatement un principe qui ne dit rien au vulgaire, de même, le philosophe peut pénétrer plus qu'un autre dans la lumière d'un principe assez clair pour s'imposer à toutes les intelligences. Il y a donc lieu, même pour le principe de contradiction, de chercher à l'approfondir, et pour cela nous n'avons qu'à nous adresser à saint Thomas.

Le saint docteur explique ainsi pourquoi le principe de contradiction est naturellement connu :

Ad hujus evidentiam sciendum est quod, cum duplex sit operatio intellectus, una qua cognoscit quod quid est, quæ vocatur indivisibilium intelligentia, alia qua componit et dividit; in utroque est aliquod primum. In prima quidem operatione est aliquod primum quod cadit in conceptione intellectus, scilicet hoc quod dico *ens*, nec aliquid hac operatione potest mente concipi nisi intelligatur *ens*. Et quia hoc principium : *impossibile est esse et non esse simul*, dependet ex intellectu *entis*, sicut hoc principium : *Omne totum est majus sua parte*, ex intellectu totius et partis ; ideo hoc etiam principium est naturaliter primum in secunda operatione intellectus, scilicet componentis et dividentis. Nec aliquis potest, secundum hanc operationem intellectus, aliquid intelligere nisi hoc principio intellecto. Sicut enim totum et partes non intelliguntur nisi intellecto ente, ita nec hoc principium : Omne totum est majus sua parte, nisi intellecto prædicto principio firmissimo (1).

Arrêtons-nous à bien comprendre cette splendide analyse.

Lorsque l'on affirme une proposition, il y a deux opérations de l'esprit. La première, par antériorité logique, est l'appréhension du sujet et du prédicat, considérés séparément comme *incomplexes*. La seconde est l'appréhension de leur convenance ou de leur disconvenance, c'est-à-dire, la perception d'un jugement *complexe* ; et lorsqu'il s'agit

---

(1) S. Thom., *Metaphys.*, lib. IV, lect. 6.

des premiers principes, cette seconde opération suit immédiatement et nécessairement de la première, sans qu'il soit besoin de démonstration.

Or, parmi les perceptions d'*incomplexes*, celle qui précède toutes les autres, celle qui les prime toutes, c'est l'appréhension de l'être ; car on ne peut rien connaître, si on ne connaît l'être. De même, parmi les jugements, celui qui précède toutes les affirmations et toutes les négations, celui qui les prime toutes, est la négation de la coexistence des contradictoires. Mais, si nous voulons suivre jusqu'au bout la pensée de saint Thomas, nous devons faire un pas de plus. On ne peut connaître ce qu'est un tout et ce qu'est une partie, sans affirmer que le tout est plus grand que la partie. De même l'appréhension de l'être entraîne nécessairement à affirmer le principe de contradiction ; car ce principe est contenu dans le concept même de l'être : *Hoc principium* « *impossibile est esse et non esse simul* » *dependet ex intellectu entis*.

Le principe de contradiction est donc le premier de tous les principes, parce que la première de toutes les notions est la notion de l'être.

Illud quod primo cadit in apprehensione est *ens*, cujus intellectus includitur in omnibus quæcumque quis apprehendit : et ideo primum principium indemonstrabile est quod *non est simul affirmare et negare*, quod fundatur supra rationem *entis* et *non entis* : et super hoc principio omnia alia fundantur, ut dicitur in 4 Metaphys. (1).

A la vérité, dans ce dernier texte de saint Thomas, le principe de contradiction est fondé sur la raison de l'*être* et du *non-être*, tandis que, dans le précédent, il est dit seulement qu'il s'appuie sur le concept de l'être.

Existe-t-il une différence entre ces deux passages ? Non certes. En effet, l'être et le non-être ne s'opposent pas l'un

---

(1) S. Thom., I, II, q. 94, art. 2.

à l'autre comme deux termes positifs. L'être et le non-être ne sont pas deux rivaux qui se font la guerre à armes égales, comme le supposaient les Manichéens. L'être est ; le non-être n'est pas. L'être affirme, sans que le non-être puisse donner un démenti. En définitive, le principe de contradiction n'est que l'affirmation de l'être par soi-même, et cette affirmation souveraine s'étend jusqu'au non-être pour le repousser dans l'abîme de l'absurde. La formule scientifique du principe de contradiction est donc celle-ci : *l'être prime le non-être.*

Car voyez d'où peut venir la contradiction :

L'être ne s'oppose pas à l'être. L'existence d'une étoile ne s'oppose pas à la coexistence d'une autre étoile, l'éclat du soleil ne s'oppose pas à sa chaleur. Et pourquoi des exemples particuliers ? L'Être infini, l'Être absolu aime les êtres ; il se répand sur eux par ses libérales participations ; il les appelle à coexister avec lui.

D'autre part, le non-être ne s'oppose pas à l'être. Comment ce qui n'existe pas pourrait-il contrecarrer l'existence ?

En troisième lieu, le non-être ne s'oppose pas au non-être ; car il ne peut y avoir opposition réelle entre deux termes qui ne sont pas réels. D'ailleurs, l'absurde ne suit-il pas de l'absurde, suivant l'adage : *Posito impossibili, sequitur quodlibet?*

Que reste-il donc, sinon que l'être s'oppose au non-être ? ce qui veut dire que l'être, en prenant possession de la réalité, s'y maintient par sa propre force et en bannit son contradicteur. Nous revenons toujours à la formule : l'être prime le non-être. La primauté de l'être est le fondement même du principe de contradiction.

5. — L'être prime le non-être.

L'analyse précédente nous conduit encore plus loin. Par là même qu'elle nous montre que la primauté de l'être est le fondement du principe auquel on ramène tous les autres sous forme de réduction à l'absurde, elle nous force à conclure que cette même primauté est le fondement implicite de tous les principes premiers de la métaphysique. C'est bien ainsi que le comprenaient nos docteurs. Qu'ils affirmassent : que le même ne peut à la fois être et ne pas être ; ou bien, que le devenir aboutit à l'existence ; ou bien que le moins procède du plus ; ou bien, que l'acte prime la puissance ; ou bien que tout effet a une cause ; toujours leur affirmation s'appuyait sur cette même notion fondamentale.

Kant s'est enorgueilli d'avoir inventé la fameuse distinction entre les jugements *analytiques* et les jugements *synthétiques*. Il daigne admettre la vérité des premiers, parce que la notion de l'attribut est contenue dans la notion du sujet ; mais il rejette les seconds, parce que l'attribut et le sujet n'ont entre eux qu'un lien extérieur.

On étonnera peut-être les admirateurs de Kant, en leur apprenant que cette distinction est aussi vieille qu'Aristote. On les étonnera davantage, en leur apprenant que nos docteurs n'acceptent pour premiers principes que des jugements analytiques. Les principes, dit et répète saint Thomas, sont connus par leurs termes mêmes, parce que le prédicat y fait partie de la raison du sujet :

Ipsa principia immediata non per medium extrinsecum cognoscuntur, sed per cognitionem propriam terminorum. Scito enim quid totum et quid pars, cognoscitur quod omne totum est majus sua parte, quia in talibus propositionibus, ut supra dictum est, prædicatum est in ratione subjecti (1).

D'après la Scolastique, les principes sont donc connus par eux-mêmes, précisément parce qu'ils sont des jugements analytiques, et voilà pourquoi il n'y a pas d'autre moyen d'arriver à comprendre un principe premier que

---

(1) S. Thom., *Posterior.*, lib. 1, lect. 7.

d'en approfondir les termes. C'est ce qu'enseigne encore saint Thomas, lorsqu'il distingue les principes « notoires en eux-mêmes », et les principes « notoires pour nous ». Toute proposition, notoire en elle-même, dit-il, est celle dont le prédicat est renfermé dans le sujet ; mais une telle proposition ne dit rien à celui qui ignore la définition du sujet (1).

Or, puisque la métaphysique s'occupe de l'être en tant qu'être, il faut que cette raison commune, qui relie intrinsèquement le prédicat au sujet, soit une raison d'*être*. Elle n'est, en effet, pas autre chose que l'être même, contenant et unissant ensemble toutes ses diverses participations dans l'éminence de son universelle primauté. Aussi, lorsqu'on médite sur les premiers principes, on reconnaît bientôt que, dans tous, c'est précisément la notion de cette primauté qui est le lien d'affirmation entre le sujet et le prédicat. C'est donc un lien vraiment intrinsèque, un lien vraiment nécessaire, un lien évident comme la notion de primauté.

Ainsi, pour conclure enfin, le principe de contradiction

---

(1) Le passage tout entier est à lire : « Dicitur aliquid *per se* notum dupliciter : uno modo, *secundum se ;* alio modo, *quoad nos*. Secundum se quidem, quælibet propositio dicitur per se nota, cujus prædicatum est de ratione subjecti : contingit tamen quod ignoranti diffinitionem subjecti talis propositio non erit per se nota : sicut ista propositio *Homo est rationale*, est per se nota secundum sui naturam, quia qui dicit hominem dicit rationale ; et tamen ignoranti quid sit homo hæc propositio non est per se nota. Et inde est, quod sicut dicit Boetius in lib. *de Hebdom.*, quædam sunt dignitates vel propositiones per se notæ communiter omnibus, et hujusmodi sunt illæ propositiones quarum termini sunt omnibus noti, ut : *Omne totum est majus sua parte*, et : *Quæ uni et eidem sunt æqualia sibi invicem sunt æqualia*. Quædam vero propositiones sunt *per se* notæ solis sapientibus qui terminos propositionum intelligunt quid significent : sicut, intelligenti quod angelus non est corpus, per se notum est quod non est circumscriptive in loco, quod non est manifestum rudibus qui hoc non capiunt.

« In his autem, quæ in apprehensione hominum cadunt, quidam ordo invenitur. Nam illud quod primo cadit in apprehensione est *ens*, cujus intellectus includitur in omnibus quæcumque quis apprehendit. Et ideo primum principium indemonstrabile est, quod *non est simul affirmare et negare*, quod fundatur supra rationem entis et non-entis, et super hoc principio omnia alia fundantur, ut dicitur in quarto Metaphysic. » (S. Thom., *Summ. theol.*, I, II, q. 94, art. 2.)

reste bien le premier de tous les principes, parce qu'il répond à la notion commune de l'être, telle qu'elle est perçue par les esprits de l'ignorant et du savant. Mais pour le philosophe, qui comprend tout ce que contient de vertu l'affirmation de l'être, la formule maîtresse de la métaphysique est celle-ci : *L'être prime le non-être.*

6. — Vraie formule de l'Hégélianisme.

Les sophistes, en niant le principe de contradiction, semblent ne réclamer que l'égalité entre l'être et le non-être, et se contenter de donner même poids à l'affirmation et à la négation, de telle sorte qu'elles se contre-balancent dans l'esprit. Mais autant vaudrait tenir en équilibre une balance folle. Il faut qu'un plateau l'emporte, et à bien entendre les prétendus réformateurs, l'être a été trouvé léger, et le non-être seul a poids et valeur; c'est au non-être qu'appartient honneur et primauté.

Pour se convaincre de leurs préférences, il suffirait de s'en tenir au seul libellé de leurs aphorismes. Dans leurs propositions, ils aiment à donner au néant la place de sujet, et l'être n'apparaît que comme une sorte de prédicat. « Le néant, dit Hégel, en tant que néant, en tant que semblable à lui-même, est précisément la même chose que l'être (1). »

Il ne faut pas s'étonner de cette prédilection pour le néant. De même qu'égaler dans son amour le bien et le mal, c'est proprement et uniquement aimer le mal; de même, identifier dans sa pensée l'être et le néant, c'est formellement appliquer son concept au néant. En d'autres termes, nier le principe de contradiction et affirmer l'identité des contraires, c'est nier la réalité de l'être et ne retenir comme notion objective que la seule notion du néant.

---

(1) Hégel, t. VI, p. 171.

Mais comment alors expliquer que la notion d'être soit dans l'esprit? — Par le moyen que nos Allemands ont trouvé, et qui consiste dans leur fameux dédoublement entre le *subjectif* et l'*objectif*. L'être n'est plus qu'une forme subjective que l'esprit produit en lui-même, en raisonnant sur le non-être objectif!

Vous me direz que c'est faire procéder l'être du néant. — Sans aucun doute, et il en résulte que la formule maîtresse de ces novateurs est précisément la contraire de la nôtre, et que toute leur doctrine se résume dans cette phrase : *le non-être prime l'être.* Aussi, de là ces belles conclusions que l'on sait : — tout a commencé par le néant; — le devenir est la seule existence véritable; — le plus sort du moins; — ce qui passe est réel, et ce qui demeure une abstraction; — l'Être infini est la dernière et la plus vide des abstractions.

Toujours et partout, c'est la primauté du néant affirmée impudemment; le dernier mot de tout ceci est la formule : « Le non-être prime l'être. »

7. — Résumé.

La première de toutes les questions en philosophie est donc celle-ci : Qui l'emporte de l'être, ou du néant? — l'être, répond le bon sens; — le non-être, répondent Héraclite et Hégel; et ces deux réponses contraires sont fondées sur deux notions contradictoires de l'être.

Pour l'humanité tout entière, l'être est la réalité; pour nos sceptiques, l'être n'est qu'un terme subjectif de la pensée. Et par là nous devons mieux voir que jamais, qu'en philosophie deux écoles sont seules franchement définies, l'école réaliste et l'école nominaliste.

Je sais bien que la première école a été compromise par les exagérations d'esprits étroits, qui n'ont pas su apprécier le rôle de l'activité intellectuelle dans la production de la pensée et son influence dans les formalités des concepts. Mais c'est là un sort commun à toutes les bonnes causes.

Je sais aussi qu'il y a un nominalisme modéré, qui triomphe aisément lorsqu'il combat le formalisme outré, et qui prétend éviter le scepticisme. Mais, si l'on pouvait savoir quelque gré à Hégel, ce serait d'avoir mis à nu le fondement de cette école, et montré que ses principes conduisent fatalement à la glorification du néant.

C'est qu'en effet la philosophie ne peut s'en tenir à l'étude des *noms*; il faut qu'elle passe aux *choses*. Pour parler le nouveau langage, la pensée humaine ne peut se renfermer dans le subjectif; elle pousse jusqu'à l'objectif. Dites que c'est par une nécessité inéluctable de sa nature, je n'y contredis pas; mais puisque la notion d'être entre dans toute pensée humaine, il en résulte que dans toute question se trouve implicitement la question suivante : L'être est-il, ou bien l'être n'est-il pas?

Pour le vulgaire bon sens et pour la science la plus profonde, cette question se résout d'elle-même dans cette simple affirmation : *l'être est*; et cette proposition n'est pas une pure tautologie, car je ne dis pas : « l'être est l'être », mais tout court : « l'être est ».

L'être est : c'est-à-dire, le concept de l'être répond à la réalité objective; et ce concept est *vrai*, parce qu'il affirme une réalité indépendante de l'esprit. Mieux encore : l'être, c'est le réel; cette réalité, perçue dans l'esprit fait pour la connaître, y engendre la *vérité;* car l'être ne procède pas de la vérité, mais la vérité procède de l'être, comme l'exprime la succession même des mots dans ce bel adage d'Aristote que nous avons déjà cité : *Unumquodque, ut habet entis, ita et veritatis;* ἕκαστον, ὡς ἔχει τοῦ εἶναι, οὕτω καὶ τῆς ἀληθείας (1).

L'être est : c'est-à-dire, les divers degrés d'être, perçus par l'intelligence, correspondent à des participations dif-

---

(1) *Métaphysi.*, liv. II, chap. I, à la fin.

férentes de l'être; la réalité de ces participations est mesurée par leur rapport avec l'être, et leur défaut de réalité par leur manque d'être. C'est à tel point que le non-être d'existence lui-même n'est concevable qu'en tant qu'on lui reconnaît la possibilité d'exister, et que le non-être pur est l'absurde et par conséquent l'inconcevable.

Voilà ce que signifie la formule : « L'être prime le non-être. »

Quant aux Hégéliens, à la question : L'être est-il? ils donnent cette monstrueuse réponse : « L'être n'est pas. » *L'être n'est pas :* c'est-à-dire, l'être n'est que dans la pensée et répond au néant des choses; il y a contradiction entre le terme du concept intellectuel et l'objet de ce même concept; pour passer du subjectif à l'objectif, il faut, dans toutes les affirmations de la pensée, remplacer le mot « être » par le mot « néant », — « l'être pur est une pure « abstraction; c'est l'absolu négatif, qui, considéré dans « sa nature immédiate, est le néant (1) ». En un mot, la proposition : « l'être est » ne répond qu'à un phénomène subjectif; « le néant est », voilà l'objectif; et tout est contenu dans la formule : *Le non-être prime l'être.*

On le voit, le nœud de la question philosophique est dans la notion même de l'être. Avant tout, il faut décider si l'on partira de l'être ou du néant. Il y a longtemps que Parménide, en signalant les deux voies, a montré où elles conduisent, et je ne puis mieux résumer toute cette étude qu'en citant un beau passage de ce philosophe.

« Apprends, dit la déesse, quelles sont les deux voies du savoir. L'une part de ce principe que l'être seul existe, et que le néant n'est pas; là est la certitude, la vérité. L'autre part de ce principe que l'être n'est pas, que le néant est nécessaire. Je te le dis, cette voie-là marche en sens contraire de la raison. Car tu ne peux connaître, ni atteindre, ni exprimer ce qui n'est

---

(1) Hégel, t. VI, p. 169. On trouvera ce texte d'Hégel et beaucoup d'autres également monstrueux dans la belle étude que le P. Gratry a faite de ce sophiste, et qu'on lira avec le plus grand fruit. (Voir sa *Logique*, t. I.)

pas. Nécessairement, dire et penser portent sur l'être. L'être est, et le néant n'est pas(1). »

8. — Conclusion de ce livre.

Je me suis étendu, plus que je n'en avais l'intention, sur ces études de logique; la crainte de n'être pas suffisamment compris m'a rendu prolixe. Mais j'accepte ce reproche sans trop de honte; car, pour que la métaphysique de nos docteurs se fixe dans l'esprit du lecteur, il faut que sa raison soit, d'avance, comme toute imbibée de la logique Aristotélicienne.

D'ailleurs, ces longues études sur la science, sur le nécessaire, sur l'universel, sur les principes premiers, ont pour effet de rendre plus ferme et plus précise la notion de l'être. Or, nous venons de l'apprendre, cette notion est le point de départ de la vraie métaphysique.

Qu'on le sache donc bien : il n'y a dans le combat entre la vérité et l'erreur que deux positions franches, la nôtre et celle d'Héraclite. Aucune position intermédiaire n'est défendable. Forcément, il faut choisir entre le camp de l'être ou celui du néant.

Si l'on se résout à admettre que l'être procède du non-être, que la réalité provient du néant, que l'actualité a sa cause dans la possibilité, en un mot que le *non-être prime l'être;* alors on est disciple d'Héraclite et d'Hégel et l'on ne doit reculer devant aucune absurdité.

Si l'on a l'esprit trop fier pour ces débauches de pensée, qu'on se range sous le drapeau de l'être, et qu'on affirme hautement : *L'être prime le non-être.* Mais il faut que cette affirmation soit puissante, universelle, inflexible. Lorsqu'une formule exprime la notion même de l'être, on ne peut la restreindre, l'admettre dans un cas, et la nier dans un autre, la défendre dans cet exemple et l'abandonner dans cet autre.

---

(1) *Essai sur Parménide*, par Riaux, p. 209.

Partout et toujours, cette maxime doit primer; et dès l'instant que la métaphysique de l'être viendrait à s'en départir, elle perdrait toute sa force contre la métaphysique du néant.

Nous marcherons donc, avec toute l'humanité, dans la voie naturelle de la raison : nous resterons toujours fidèles à ce grand axiome : *L'être prime le non-être;* nous l'invoquerons sans cesse. Notre dialectique aura pour but de démontrer toute vérité par cette lumière et de refouler toute erreur dans le trou noir d'Héraclite et d'Hégel.

LIVRE II

NOTIONS MÉTAPHYSIQUES

OBJET DE CE LIVRE

Ce livre n'a pas pour objet un cours de métaphysique générale. Mon intention, plus modeste, se réduit à étudier certaines notions de métaphysique scolastique, nécessaires à l'intelligence des maîtres. J'ai pensé qu'il serait utile d'en recueillir l'explication dans un livre à part, pour éviter bien des digressions dans la suite.

CHAPITRE PREMIER

PREMIÈRES NOTIONS SUR LES CAUSES

1. — Des causes d'une statue.

Pour acquérir les premières notions sur les causes, empruntons à Aristote un exemple qui lui est familier.

Une statue peut donner lieu à plusieurs questions différentes auxquelles on satisfait en déclarant les causes de cette œuvre.

Qu'est ceci? — Une statue. Cette réponse indique la forme de l'objet, ou, comme disent les scolastiques, sa *cause formelle*.

De quoi est-elle? — De marbre. Voilà la matière, ou la *cause matérielle*.

Qui représente-t-elle? — Apollon. Voilà le modèle, ou la *cause exemplaire*.

Qui l'a faite? — Polyclète. Voilà l'auteur, ou la *cause efficiente*.

Pourquoi l'a-t-il faite? — Pour gagner un talent d'or. Voilà le motif, le but, l'intention, la fin, toutes choses qui ont rapport à la *cause finale*.

Dans toutes les œuvres sorties des mains des hommes, nous rencontrons le concours de ces cinq causes.

Un ouvrier, *cause efficiente*, dans un certain but, *cause finale*, se met devant les yeux du corps ou de l'imagination un modèle, *cause exemplaire;* puis il prend de l'or, de l'argent, du fer ou du bois, *cause matérielle*, et il modifie cette matière pour lui donner une forme, *cause formelle*.

But, agent, modèle, forme, matière, se trouvent donc dans toutes les œuvres humaines. Mais pourquoi donner à des choses si disparates le même nom commun, le nom de cause?

— Afin de résoudre cette question, il faudrait d'abord, semble-t-il, définir ce que c'est qu'une cause et montrer ensuite que la notion de cause se reconnaît dans les cinq notions précédentes. Mais il me semble plus logique, puisque dans l'esprit les notions sont antérieures aux noms, de renverser la question. Étudions d'abord quelles relations existent entre la statue et les cinq éléments que nous avons distingués; voyons ensuite si, dans ces relations, il n'y a pas quelque chose de commun qui mérite le nom de cause.

2. — Relation entre la statue et sa forme.

Lorsque le bloc de marbre est arrivé de la carrière d'où on l'a extrait, du marbre existait; il n'existait pas de statue. Ce marbre était encore informe, pouvant devenir dieu table ou cuvette; prêt à tout, rien encore. Mais dès que l'artiste lui a donné la forme, ce marbre est devenu statue et statue d'Apollon. C'est cette forme qui permet de distinguer le bloc d'autres blocs taillés ou non taillés; et sauf à dire que cette statue est en marbre, tout ce qu'on peut affirmer à son sujet, tout ce qui la caractérise, tout ce qui la distingue, tout ce qui la *spécifie*, provient de la forme.

Forma est principium specificationis, « la forme est le principe de spécification ».

Donc, c'est par sa forme que la statue « est ce qu'elle est », *Forma est id quo ens est id quod est*. Étant donnée la forme, la statue existe. Étant détruite la forme, la statue en tant que statue n'existe plus. Donc enfin dépendance totale de la statue par rapport à sa forme.

3. — Relation entre la statue et sa matière.

Mais cette forme ne peut exister par elle-même et en elle-même. Il faut une matière à une statue. Or je puis, à l'égard de cette matière, faire plusieurs remarques.

D'abord, c'est la matière qui soutient la statue. Taillez un Apollon dans un bloc de neige, la forme disparaîtra aussitôt que la neige fondra. Sculptez une idole de bois, le ver qui ronge le bois dissipera bientôt le dieu. C'est donc à sa matière que la statue doit d'exister, de subsister, de faire partie des réalités de ce monde. C'est là une première dépendance.

D'autre part, le marbre n'est pas comme un étai extérieur de la forme. Il n'est pas non plus un support caché sous des draperies. Car la forme n'existe que par la délimitation du bloc de marbre, et partout où l'on voit la forme, on voit la matière. Enlevez un morceau de matière, vous changez la forme ; et c'est en taillant, en séparant, en creusant le marbre que vous la faites surgir. D'où cette expression consacrée : *Forma educitur e materia*, « La forme est tirée de la matière ».

Donc le marbre nous apparaît, et comme un substratum dont se tire la forme et comme un sujet où existe la forme. Donc encore ici, dépendance totale de la statue par rapport au marbre. Détruisez le marbre, vous détruisez la statue.

Materia est id ex quo fit et in quo existit ens.

Plus tard nous aurons à déterminer avec plus d'exactitude le rôle de la matière, mais ce qui précède suffit à en donner une première idée.

4. — Relation entre la statue et son modèle.

La forme, ai-je dit, se tire de la matière. Mais est-ce que vraiment la forme préexistait cachée dans le bloc de marbre? N'a-t-on fait qu'arracher les voiles qui la couvraient? On aurait pu tirer du bloc informe toute autre chose, et le marbre, indifférent par lui-même à toutes les formes, peut les fournir toutes sous le ciseau de l'artiste.

Cependant il est vrai de dire que la statue avait une sorte de préexistence. Elle existait déjà dans le modèle ou dans la pensée de l'artiste. Là elle était vivante; là elle était exempte de la lourdeur, de la froideur, de la rigidité dont elle est accompagnée dans le marbre. Dans le modèle préexistaient toute la grâce, toute la majesté qu'on a voulu copier dans la statue; et cette beauté y préexistait d'une façon éminente, car jamais l'imitation ne peut atteindre une exacte reproduction. Si la forme existe dans la statue, c'est donc qu'elle préexiste dans le modèle, et ce bloc sculpté n'est une statue d'Apollon que parce qu'Apollon est son modèle. Tel est le modèle, telle doit être la statue. Si le modèle était différent, sa copie ne serait plus la même, et la parfaite statue d'un homme serait celle qui s'agiterait et se plierait à mesure que son modèle changerait de place ou d'attitude.

Exemplar est id cujus similitudine ens est id quod est, « Le modèle est ce qu'imite un être pour être ce qu'il est ».

5. — Relation entre la statue et son auteur.

La statue dépend donc de son modèle. Mais il est certain que le modèle et le bloc de marbre auraient pu rester indéfiniment en présence sans que la statue surgît. Il faut un intermédiaire entre l'effet et la cause exemplaire : c'est la cause efficiente. L'artiste, les yeux fixés sur le type à reproduire, frappe la pierre de son marteau, et par ces coups répétés il fait la statue. Ce n'est pas la forme même du modèle qui passe dans la pierre; mais de cette matière surgit une forme qui représente la forme exemplaire et qui participe à sa beauté.

Or toute modification de la matière, toute introduction de la forme, proviennent du travail du sculpteur. Autant il opère autant il y a d'effet, et lorsqu'il s'arrête, la statue reste ce qu'elle a été faite. Tout ce qu'on peut dire d'elle est dû à la cause efficiente.

Causa efficiens est id a quo ens fit id quod est, « La cause efficiente est ce par quoi l'être est fait ce qu'il est ».

6. — Relation entre la statue et sa fin.

Enfin, si vous demandez au sculpteur pourquoi il emploie la matière à soutenir une forme, pourquoi il captive la beauté du modèle dans une prison de pierre, pourquoi lui-même il est sorti de son repos : il vous répondra que c'est ou pour la gloire, ou pour l'argent, ou pour son propre plaisir; c'est-à-dire qu'il vous exposera le but qu'il s'est proposé.

Vraiment ce but influe bien sur l'être même de la statue; car en déterminant la cause efficiente, il détermine l'effet. Autant le but l'exige, autant l'action a lieu, autant l'effet est produit. Otez ou modifiez le but, vous rendez nuls ou vous modifiez et l'action et l'effet; car la statue ne sera sculptée qu'en tant et qu'autant que l'artiste cherchera à atteindre l'intention préméditée. S'il ne se propose que peu de gloire ou peu d'argent, la statue sera grossièrement ébauchée; s'il travaille uniquement pour se distraire, tel membre sera étudié avec soin, tel autre restera inachevé.

De la cause finale dépend donc totalement l'action de l'ouvrier et, par suite, de la cause finale dépend toute la statue.

Causa finalis est id cujus gratia ens fit id quod est, « La cause finale est ce pour quoi l'être est fait ce qu'il est ».

7. — Définition générale de la cause.

En résumé, la statue dépend de la forme qu'elle a reçue, de la matière dont elle est faite, du modèle qu'elle représente, de l'ouvrier qui l'a sculptée et de la fin que celui-ci s'est proposée. La statue dépend de toutes ces choses; c'est-à-dire que si elle existe, c'est en raison de l'existence de ces choses; c'est-à-dire encore que sa réalité est subordonnée à leur réalité, ses perfections à leurs perfections. Elle dépend de chacun de ces principes, car de chacun d'eux on doit dire : c'est parce qu'il existe et qu'il existe tel, que la statue existe et qu'elle existe telle.

Voici donc que nous trouvons dans ces choses si différentes un point commun; chacune est un principe d'où l'effet dépend. C'est ce qu'exprime cette définition générale que toute l'école scolastique a adoptée : *Causa est id vi cujus ens est id quod est*, « La cause d'un être est en général *ce en vertu de quoi* cet être est ce qu'il est ».

La cause est ce qui *influe* sur l'existence et les propriétés essentielles de l'être.

8. — Analogie des causes.

La statue a cinq causes, c'est-à-dire qu'elle dépend de cinq principes différents qui influent sur son existence et ses propriétés. Mais remarquons-le bien, le nom commun de cause ne leur vient pas de quelque propriété générique commune qui se distribue en cinq espèces.

En effet, nous venons de voir que chacune porte le nom de cause, parce qu'elle est le principe « total » d'une relation dont la statue est le terme; mais ces diverses relations sont d'ordres différents. Les cinq causes ne se partagent donc pas les opérations d'où l'effet doit sortir. Chacune « cause » l'effet tout entier, mais à sa manière; par suite, chaque causalité est essentiellement irréductible.

Jamais une cause ne pourra en suppléer une autre, car son influence reste dans un ordre déterminé et ne peut pénétrer dans un autre. Donc enfin, le mot « cause » n'est pas un terme *univoque*, comme dit l'École; c'est un terme *analogue,* expression signifiant que l'analogie seule permet d'exprimer par un même mot des influences si diverses. C'est ainsi que le dessin, la couleur, le parfum, s'unissent pour produire la gloire d'une fleur, sans qu'on puisse jamais les confondre ensemble.

9. — De la cause proprement dite.

Or, lorsqu'une raison d'analogie fait que l'on donne un même nom à divers sujets, il en est un à qui *principalement* appartient cette dénomination. C'est pour lui que primitivement le nom a été choisi; c'est lui qu'il désigne directement; et si l'on détourne ce mot de sa première signification pour l'appliquer à d'autres sujets, c'est qu'on retrouve en eux quelque relation de similitude, d'analogie, de dépendance avec le sujet qui fixe le sens propre du mot par droit de priorité. Ainsi, pour employer l'exemple consacré dans l'École, le mot « sain », corrélatif de « santé », convient proprement et primitivement au corps vivant qui possède la santé; et c'est par analogie que l'on dit : Tel fruit est « sain » parce qu'il entretient la santé; le pouls est « sain » lorsqu'il dénote la santé.

Parmi les principes qui influent sur l'être d'une statue, il doit donc en exister un, auquel convienne proprement le nom de cause, et d'où dérive la même dénomination aux causes d'un autre ordre.

Or il n'y a pas à chercher longtemps; l'usage universel, toujours interprète du bon sens, nous apprend que la cause proprement dite d'une statue est le statuaire, c'est-à-dire, *la cause efficiente.*

CHAPITRE I. — PREMIÈRES NOTIONS SUR LES CAUSES.

10. — Distinction entre la cause et la condition sine qua non.

Dans la recherche des causes, un des points les plus délicats consiste à distinguer ce qui est vraiment la cause d'un effet, et ce qui n'est que la condition nécessaire pour que l'effet se produise.

Poursuivons toujours notre exemple.

L'artiste ayant résolu de faire une statue suivant le modèle qu'il a sous les yeux, a saisi son marteau. Mais voici qu'un brouillard épais enveloppe l'atelier de ténèbres. Faute de lumière, l'ouvrier ne peut plus agir, la statue ne peut pas être produite. Ainsi l'opération nous semble liée à l'éclairement de l'atelier; sans lumière la statue ne peut se faire, avec la lumière elle peut être produite. La lumière serait-elle donc une des causes de la statue? Non, car s'il est vrai qu'il dépend de la lumière *qu'elle soit faite,* il ne dépend pas de la lumière *qu'elle soit faite ce qu'elle est.*

Or il est une vérité capitale que nous répéterons souvent : *un être n'existe qu'en tant qu'il existe ce qu'il est.* Son existence n'est pas autre chose que l'existence de ses propriétés essentielles et de sa nature. Son existence ne peut donc réellement dépendre d'une cause qu'autant que de cette même cause dérive l'existence de ses propriétés.

Concluons que la lumière n'est pas cause de la statue; car celle-ci n'en dépend pas intrinsèquement, c'est-à-dire, quant à ses propriétés et à son degré d'être. La lumière n'est qu'une condition extrinsèque. A la vérité, elle est une condition nécessaire, une condition *sine qua non;* mais elle est n'imprime dans la statue aucune trace de son action, et, comme le proclame l'antique adage, *conditio non influit in effectum.*

Que si nous voulons mieux comprendre cette différence entre la cause et la simple condition, supposons que, dans l'atelier du sculpteur, travaille en même temps un photographe. Tout était prêt, modèle, appareil, plaque impressionnable. Le même brouillard a arrêté d'abord les deux artistes, et quand la lumière a rempli de nouveau l'atelier, les deux œuvres ont repris leur marche. Mais, dans la première, la lumière n'est que condition et rien dans la statue achevée ne rappelle l'intensité de cette lumière. Dans la seconde, la lumière est cause, car c'est elle qui agit sur le plan impressionnable. Si elle est forte, l'action sera énergique; si elle est faible, le dessin sera peu accusé, certaines couleurs actives traceront leur sillon et d'autres glisseront sans laisser de trace. La lumière influe donc sur le degré d'être, sur le mode d'être de l'image. C'est une cause de l'épreuve photographique.

11. — Conclusion de ce chapitre.

Voici déjà acquises certaines notions générales sur les causes, et ces notions suffisent pour nous faire connaître quel sera l'objet de nos études et comment nous devons diviser notre travail.

On appelle *cause* d'un être tout ce qui influe vraiment sur cet être, tout ce qui contribue à le faire tel qu'il est; et par cette simple définition, nous nous trouvons débarrassés de toutes les circonstances qui entourent les causes et les effets, et qui, simples *conditions,* usurpent souvent le nom de causes.

Quant aux véritables causes, nous avons reconnu qu'en général un effet pouvait dépendre de cinq causes, d'ordre différent, il est vrai, mais ayant toutes une influence réelle et positive sur la nature intime de l'effet, à savoir : la cause finale, c'est-à-dire le but intentionnel, la cause exemplaire, c'est-à-dire le modèle; la cause efficiente, c'est-à-dire l'agent ou l'ouvrier ; la cause formelle, c'est-à-dire la forme même de l'effet; la cause matérielle, c'est-à-dire la matière dont a été tirée cette forme.

Il nous faudra étudier séparément chacune de ces causes

pour en bien comprendre la nature intime èt l'influence sur l'effet. Peut-être aurons-nous à modifier quelques-unes des notions que nous a fournies l'exemple si grossier choisi dans ce premier chapitre. Peut-être l'analyse nous fera-t-elle distinguer entre le motif et l'intention. Peut-être reconnaîtrons-nous que le modèle extérieur n'est qu'une cause exemplaire éloignée, dont l'influence sur la statue suppose une autre cause exemplaire plus immédiate. Peut-être trouverons-nous que ni le marteau ni le bras de l'artiste ne sont les principales causes efficientes de la statue.

S'il en arrive ainsi, nous corrigerons les notions précédentes qui, du moins, nous auront été utiles comme une première esquisse sert à guider la main du peintre.

CHAPITRE II

DÉFINITION DE L'ACTE ET DE LA PUISSANCE

Les deux mots « acte » et « puissance » jouent un tel rôle dans la métaphysique des causes qu'il est important d'en connaître la signification.

Voyons d'abord quelle est l'idée première qui s'attache à ces expressions.

Je « puis » agir. J'ai la *puissance* de marcher, de parler. Que j'agisse ou que je n'agisse pas, j'ai toujours la même puissance. Donc cette puissance se distingue clairement de l'acte qui lui correspond, puisqu'elle peut exister sans l'acte. Lorsque je marche, je suis un marcheur *en acte;* lorsque je ne marche pas, je suis un marcheur *en puissance*.

Mais le mot *puissance* peut acquérir une signification toute différente. De même que je dis : Je puis marcher, je dis : Je *puis* mourir. Dans le premier cas, je signale une faculté positive et active, principe de mes mouvements; dans le second, je n'exprime qu'une possibilité d'état. De même encore je dis : Cette pierre *actuellement* immobile *peut* acquérir le mouvement en vertu d'une impulsion extérieure. Ici encore, je n'exprime qu'une possibilité, et transportant dans cet ordre de choses le langage qui m'a d'abord servi à un autre emploi, je dirai : La pierre immobile peut être mue, ou bien : La pierre immobile possède le mouvement *en puissance* et la pierre *actuellement* mue possède le mouvement *en acte*.

En nous tenant aux exemples précédents, nous voyons

CHAPITRE II. — DÉFINITION DE L'ACTE.

que l'*acte* dénote toujours l'existence. Que je me déplace en vertu d'une force spontanée, ou que la pierre se meuve en vertu d'un choc, dans les deux cas il y a mouvement existant, mouvement *actuel*, mouvement « en acte », *motus in actu*. Plus tard, nous expliquerons les autres significations du mot *acte*.

Quant au mot *puissance*, il correspond à deux significations différentes. Tantôt la puissance est le principe même de l'acte, comme la puissance de mes muscles est le principe des mouvements que je puis me donner ; tantôt la puissance n'est dans un sujet qu'une aptitude à acquérir l'actualité sous une influence étrangère.

On appelle *puissance active* la première, *puissance passive* la seconde. L'une se rapporte à un verbe actif : la puissance de mouvoir est une puissance active. L'autre se rapporte à un verbe passif : la puissance d'être mû est une puissance passive. La puissance active est donc le *pouvoir* que possède une cause de produire un effet. La puissance passive est la *possibilité* pour un sujet de subir un effet.

Ces explications suffisent actuellement. Nous aurons bientôt à leur donner plus de développements.

CHAPITRE III

DE L'ÊTRE ACCIDENTEL

1. — Nécessité de ce chapitre.

Si l'on veut comprendre la Scolastique, on doit encore être familiarisé avec la distinction entre l'être *per se* et l'être *per accidens;* car ces mots reviennent sans cesse dans les plus belles analyses de nos maîtres, et cette distinction n'est pas une vaine subtilité. C'est une arme vraiment puissante qu'Aristote nous apprend à manier, soit pour faire sauter le masque dont se couvre le sophisme, soit pour frayer vers la réalité une large route au travers des fantômes.

Partout, en effet, la substance des choses est cachée sous mille apparences capricieuses. Partout leur essence et leur réalité sont environnées de lueurs qui trompent et fatiguent le regard. Il faut donc, pour éviter l'erreur, savoir reconnaître ces êtres sans consistance, *entia per accidens*, ces diminutifs de l'être, *entia diminuta*.

« Il faut, dit Albert le Grand, parler d'abord de l'*être diminué* qui a l'aspect de l'être, pour que, l'écartant, nous puissions, nous appliquer avec subtilité à l'étude de l'être véritable (1). »

Si certains modernes connaissaient mieux cette *subtilité* que leur ignorance méprise, ils tomberaient moins souvent dans le sophisme et l'erreur.

---

(1) Alb. Mag., *Métaph.*, lib. VI, tr. II, cap. I.

CHAPITRE III. — DE L'ÊTRE ACCIDENTEL. 119

2. — De l'expression « de soi ».

Aristote, dans ses *Derniers analytiques*, a pris un soin extrême d'expliquer deux expressions dont il fait partout grand usage, et dont nous avons déjà dit quelque chose.

La première expression est καθ' αὐτό; : les interprètes latins l'ont rendue par les mots *per se*, et en français on la traduit littéralement par les mots *de soi*.

Écoutons le philosophe nous enseigner la signification de ce terme (1).

« Sont *de soi* (*per se*, καθ' αὐτά), toutes les choses qui sont dans l'essence (2); par exemple dans le triangle la droite, et dans la droite, le point. Car on a là des éléments constitutifs de l'objet dont on parle, et il faut les nommer pour dire ce qu'est l'objet auquel ils se rapportent. »

Comment, en effet, dire ce qu'est un triangle, sans dire qu'il est formé par trois droites? La droite entre donc *de soi* dans tout triangle.

« De même, toutes les choses tellement contenues dans un sujet, qu'on ne peut les définir sans nommer le sujet. Par exemple : droit et courbe s'appliquent à la ligne; pair et impair s'appliquent au nombre, aussi bien que premier, composé, carré, produit de facteurs inégaux. Dans toutes les définitions de ces choses, entrent ici la ligne, là le nombre; et dans les autres exemples semblables, je dis que les choses présentant le même caractère sont *de soi*. »

Ce qui est droit ou courbe est *de soi* une ligne, parce qu'il n'y a qu'une ligne qui puisse être droite ou courbe. Ce qui est premier, multiple, carré, cubique, est *de soi* un nombre, parce qu'il n'y a qu'un nombre qui puisse avoir un tel attribut.

Remarquez, en passant, la différence entre ces deux cas

---

(1) *Derniers analytiq.*, liv. I, chap. IV,
(2) Καθ' αὐτὰ δ'ὅσα ὑπάρχει τε ἐν τῷ τί ἐστιν.

où s'applique l'expression *de soi*. La ligne entre *de soi* dans le triangle, dont elle est comme l'élément matériel. Le droit ou le courbe contient *de soi* la ligne, dont il est comme élément formel.

« Au contraire, toutes choses qui ne sont ni de l'une ni de l'autre de ces façons, je les appelle *accidents*. Par exemple, il est accidentel à l'être vivant d'être musicien ou blanc. »

En effet, un être peut exister vivant sans exister musicien, et on peut définir le blanc sans parler de l'être vivant.

« De plus, se dit *de soi* ce qui ne se dit pas d'un sujet qui soit à la fois autre chose. Un *marcheur* peut en même temps être un *blanc;* mais la substance et tout ce qui signifie le sujet individuel ne peuvent pas être autre chose que ce qu'elles sont. »

Phrase obscure, exprimant qu'une chose est *dite de soi* lorsque son concept se termine en soi-même, sans mélange étranger; et c'est ainsi que le Philosophe résume sa pensée : « J'appelle donc *de soi* les choses qui ne se disent pas d'un sujet; et *accidents* les choses qui se disent d'un sujet. »

« Il y a encore un cas à considérer. Tout ce qui provient à quelque chose par soi-même est de *soi;* tout ce qui ne provient pas par soi-même est *accident*. Par exemple, si pendant qu'on marche il paraît un éclair, c'est un accident; car ce n'est pas en vertu de la marche qu'a brillé l'éclair, et nous disons alors qu'il y a eu *coïncidence*, ἀλλὰ συνέβη, φαμέν, τοῦτο. Au contraire, si quelqu'un s'étrangle et meurt de strangulation, la mort suit *de soi*, et ce n'est pas par simple coïncidence ou pur accident qu'un étranglé cesse de vivre. »

Résumons cet enseignement : Aristote nous donne quatre acceptions de l'expression : *de soi, per se,* καθ' αὑτό. Ce terme s'emploie : 1° quand il s'agit des constitutifs de l'essence; 2° quand il s'agit d'un attribut qui contient implicitement son sujet; 3° quand il s'agit d'un sujet lui-même; 4° quand il s'agit d'un effet qui a lieu en vertu de sa cause (1).

3. — De l'expression « accident ».

A l'expression καθ' αὐτό, Aristote oppose le mot συμβεβηκός, que les Latins ont traduit par le mot *accidens*. De fait, l'étymologie est à peu près la même, — συμβαίνω, marcher avec, — *accidere*, tomber sur. C'est la même idée de juxtaposition, de conjonction, de contact entre deux choses étrangères l'une à l'autre. Les mots français qui rendraient le mieux l'expression grecque seraient *contingent, coïncidant;* mais je conserve le terme consacré par la Scolastique.

Qu'est-ce donc, dans la langue péripatéticienne, qu'une chose accidentelle? c'est tout ce qui n'est pas essentiel, tout ce qui ne va pas *de soi*.

Reprenons les exemples d'Aristote.

Par cela qu'un être est vivant, il ne s'ensuit pas qu'il soit blanc ou musicien. Être blanc et être musicien, sont des déterminations accidentelles à la propriété d'être vivant. Blanc, chaud, ne se disent pas *de soi*, mais d'un sujet qui est blanc ou chaud et peut-être encore autre chose. Ce sont donc là des déterminations qui *s'ajoutent* à la substance ; ce sont des accidents. Enfin un homme, pendant qu'il se promène, est frappé de la foudre. C'est là un fait *accidentel;* car il n'y a aucune relation entre se promener et être foudroyé.

Tel est, par opposition à l'être *de soi*, καθ' αὐτό, cet être

---

(1) M. Barthélemy Saint-Hilaire, dans sa traduction d'Aristote, a rendu l'expression καθ' αὐτό par le mot *essentiel*. Cette traduction répond assez bien aux deux premières significations, mais elle laisse à désirer pour les deux autres. Voilà pourquoi j'ai préféré l'expression *de soi*, quelque bizarre qu'on puisse la trouver. Car, outre qu'elle se rapproche plus du mot à mot, elle s'applique *de soi* aux quatre significations du mot grec. Le triangle contient de soi la droite; droit ou courbe se rapporte de soi à la ligne; la substance se dit de soi; la strangulation entraîne de soi la mort.

accidentel, συμβεβηκός, être diminué, *ens diminutum*, bien nommé *accident*, parce qu'il est comme une chute de l'être (1).

4. — L'être par accident n'est pas l'objet de la science.

On doit commencer à comprendre l'importance de cette analyse. La science démonstrative n'a pour objet que ce qui est nécessaire; elle ne s'occupe donc que des choses qui sont *de soi*, suivant cette conclusion par laquelle Aristote termine le passage que nous venons d'expliquer : « Donc partout où nous savons que certaines choses sont *de soi*, ou comme contenant ou comme contenues, ces choses sont par elles-mêmes et de toute nécessité ».

Quant à l'être accidentel, Aristote enseigne qu'il faut le bannir de la science (2).

« C'est un être dont on ne peut pas faire la théorie. Le signe en est qu'aucune science ne s'occupe de lui; il ne ressort ni de la pratique, ni de l'art, ni de la spéculation. En effet, celui qui bâtit une maison ne fait pas tout ce qui peut advenir accidentellement, ὅσα συμβαίνει, à la maison une fois construite; car ces accidents sont indéfinis. Rien n'empêche qu'une fois construite, elle ne soit à ceux-ci agréable, à ceux-là nuisible, à d'autres utile, et ainsi du reste; mais l'art de bâtir n'est cause de rien de tout cela. De même le géomètre ne s'occupe pas de tout ce qui advient aux figures (3). »

On voit par là, encore mieux, ce qu'il faut entendre par accident *proprement dit*. C'est une particularité qui advient à l'être, mais qui n'en provient pas, qu'on ne peut prévoir, qu'on ne peut conclure, qui ne dérive pas de la nature de l'être.

---

(1) Ens secundum accidens quidem dicitur ens diminutum. Ens enim diminutum dicitur dupliciter : quoniam id quod casus est entis, eo quod cadit a principiis entitatis, dicitur per accidens esse secundum suum nomen. Dicitur etiam... (Alb. Mag., *Métaph.*, lib. VII, tr. II, cap. I.
(2) Arist., *Métaphys.*, liv. VI, chap. II.
(3) Comme couleur ou matière.

Ainsi le géomètre, étudiant les propriétés essentielles du triangle, ne peut pas décider par ses calculs si le triangle est en bois ou en fer, s'il est blanc ou noir, s'il est chaud ou froid. Car ce sont là des propriétés qui ne dérivent pas de la figure; ce sont les qualités accidentelles au triangle, en *tant que triangle*. Ainsi encore, l'architecte, construisant une maison suivant toutes les règles de l'art, ne peut ni deviner ni prévenir les caprices et les fantaisies de celui qui viendra habiter cet édifice.

Il est vrai, dit Aristote en poursuivant sa vigoureuse analyse, il peut arriver qu'un architecte construise une maison convenable à la santé; mais ce n'est pas en tant qu'architecte, c'est en tant que médecin qu'il règle les conditions hygiéniques de la construction. Or il est accidentel à un architecte d'être médecin (1). Rien dans la notion d'architecte ne conduit à la notion de médecine; ce sont deux notions totalement étrangères l'une à l'autre.

De même, continue le Philosophe, un cuisinier qui ne vise qu'à flatter le goût, peut préparer un mets qui soit salutaire; mais cet aliment ne sera pas salutaire en vertu précisément de la science culinaire; nous disons donc que c'est un fait accidentel. Cet aliment est comme le prépare le cuisinier; mais celui-ci n'est pas la cause de ses propriétés hygiéniques (2).

Cette distinction entre l'être *par soi* et l'être *par accident* est une des plus belles analyses du Stagirite. C'est une lame d'acier qui pénètre dans le sophisme pour séparer des propositions captieusement unies. « Car la plupart des sophismes, pour ne pas dire tous, jouent sur l'accident. » — « L'accident n'est en quelque sorte qu'un nom (3). » — Aussi « Platon n'a pas mal dit, en donnant le *non-être* pour objet de la sophistique ».

---

(1) Ἀλλὰ συνέβη ἰατρὸν εἶναι τὸν οἰκοδόμον. (Aristote, au même endroit, ainsi que les citations suivantes.)
(2) Διὸ συνέβη φαμέν, καὶ ἔστιν ὡς ποιεῖ, ἁπλῶς δ'οὔ.
(3) Ὥσπερ γὰρ ὄνομά τι μόνον τὸ συμβεβηκός ἐστιν.

Coriscus, poursuit le Philosophe, est grammairien et musicien. Or rien dans la notion du grammairien n'a trait à la musique. Conclure du grammairien au musicien ou du musicien au grammairien, parce qu'ils se rencontrent dans un même sujet, c'est un sophisme. « *Il apparaît donc que l'accident est quelque chose qui avoisine le non-être* (1). »

5. — Autre caractère de l'accident.

Que le lecteur ne se fatigue pas de cette sèche analyse. Plus tard, il en reconnaîtra la souveraine utilité.

Pour mieux faire constater l'inanité de l'accident, Aristote nous dit :

« Les êtres, quels qu'ils soient, se produisent par génération et disparaissent par corruption. Il n'en est pas de même de l'accident (2). »

Phrase courte, mais qui contient une profonde doctrine. Pour qu'elle soit comprise, il faut rappeler, aussi brièvement que possible, la théorie d'Aristote sur le *changement*, théorie que nous aurons à étudier plus tard avec soin.

Suivant le Philosophe, dans tout changement, il y a, sur un fond qui demeure, une chose qui disparaît et une autre qui la remplace ; d'où l'axiome : *Corruptio unius est generatio alterius*. Un corps, qui de rouge devient blanc, perd la rougeur et acquiert la blancheur. Un bloc d'airain, qui de cubique devient sphérique, perd une figure et en acquiert une autre. En un mot, dans tout changement, il y a apparition d'une réalité et disparition d'une autre réalité, toutes les deux appartenant à la même catégorie. Tout se fait par génération et corruption, ὄντων ἔστι γένεσις καὶ φθορά.

---

(1) Φαίνεται γὰρ τὸ συμβεβηκὸς ἐγγύς τι τοῦ μὴ ὄντος. (*Ibid.*)
(2) Τῶν μὲν γὰρ ἄλλον τρόπον ὄντων ἔστι γένεσις καὶ φθορά, τῶν δὲ κατὰ συμβεβηκὸς οὐκ ἔστιν. (*Ibid.*)

Ce n'est pas tout. Le fond qui reste est susceptible de chacune de ses déterminations; il est apte à posséder la première, puisqu'il la possédait avant de la perdre; il est apte à posséder la seconde, puisqu'il l'a acquise. Or on appelle *privation* l'absence là où conviendrait la présence, *privatio est carentia in subjecto idoneo*. Donc, dans toute mutation réelle, il y a un échange de privations; l'être qui change reste privé de ce qu'il possédait et acquiert ce dont il était privé.

Reprenons maintenant notre exemple. Évidemment le grammairien ne perd rien lorsqu'il devient musicien. J'ajoute qu'il n'acquiert rien, car la qualité de grammairien n'appelle pas la qualité de musicien. Coriscus a changé, j'en conviens volontiers; mais le grammairien n'a rien perdu, rien acquis; il n'a pas changé. Ce talent de musicien n'apporte aucune réalité nouvelle au talent de grammairien; au point de vue de la science grammaticale, il n'y a pas plus d'être avant qu'après.

Ainsi, par l'arrivée du second talent, il n'y a eu ni génération ni corruption du premier. Ces deux talents restent l'un pour l'autre comme s'ils n'étaient pas; ils ne se rencontrent que par simple juxtaposition dans un même sujet, et cette juxtaposition est accidentelle. Il *arrive* au grammairien d'être musicien; il *arrive* au musicien d'être grammairien; mais cette coïncidence ne rend pas le grammairien plus grammairien ni le musicien plus musicien (1).

6. — Des diverses sortes d'êtres réels.

Nous savons maintenant comment on peut reconnaître cet être diminué, voisin du non-être, source du sophisme. Cependant il ne sera pas inutile de considérer l'être réel, pour mieux comprendre encore la différence entre l'être *de*

---

(1) Resultat musicum grammaticum absque ulla generatione peculiari hujus complexionis. (Fonseça, Comment. in hunc locum.)

soi, τὸ ἓν καθ' αὑτό, et l'être accidentel, τὸ ἓν κατὰ συμβεβηκός.
L'être réel se distribue suivant les divers prédicaments.

« On dit *être de soi*, καθ' αὑτὸ εἶναι, chacune des choses signifiées par les catégories. Car, autant de fois on les nomme, autant de fois on désigne l'être. Ces catégories fournissent la quiddité, la qualité, la quantité, la relation, l'action et la passion, le lieu, le temps ; et chacune désigne l'être. Car il n'y a aucune différence entre ces choses : « l'homme est bien portant » et « l'homme se porte bien », ni entre celles-ci : « l'homme est marchant ou coupant » et « l'homme marche ou coupe ». Et ainsi des autres (1). »

Nous n'avons pas à suivre Aristote dans le développement qu'il donne à cet enseignement. Mais, comme tous les prédicaments, autres que la substance, portent le nom d'*accidents*, il est nécessaire de savoir comment ces accidents réels diffèrent de l'être accidentel, et pourquoi cependant ils portent le même nom.

Nous y parviendrons, en reconnaissant que la substance est l'être principalement être.

7. — De la substance.

Aristote compare les diverses sortes d'êtres réels dans le passage suivant :

« L'être se dit de bien des manières... car il signifie tantôt *ce qu'est une chose*, τὸ τί ἐστι, et *ce quelque chose*, τόδε τι, tantôt une qualité, une quantité, ou quelque autre des catégories. L'être pouvant donc se dire de tant de manières, il est évident que le premier être est *ce quelque chose*, expression qui signifie *la substance*, οὐσίαν.

« Lorsque nous parlons de la qualité, nous disons que l'objet est bon ou mauvais ; nous ne disons pas qu'il mesure trois coudées ou qu'il est un homme. Par contre, lorsque nous disons ce qu'est l'objet, nous ne disons pas blanc ou chaud ou long, mais homme ou Dieu. Quant aux autres choses, on les

---

(1) Aristote, *Métaphys.*, liv. V, chap. VII.

dit des êtres, parce qu'elles font partie de l'être-substance, ou comme quantités, ou comme qualités, ou comme passions, ou suivant quelque autre rapport semblable.

« On demandera donc si marcher, se bien porter et s'asseoir sont, chacun, un être ou un non-être; et la même question peut se poser à propos de bien des choses semblables. Car rien de tout cela n'existe de façon à subsister en soi, et à pouvoir être séparé de la substance, οὐσία. Ce qui vraiment compte parmi les êtres est le sujet qui marche, qui est assis, qui se porte bien. Quant aux choses dont nous parlons, elles semblent exister, parce qu'il existe quelque chose qui est leur sujet déterminé. Or ce quelque chose est la *substance*, οὐσία, c'est-à-dire, le sujet individuel qui se manifeste dans le prédicat. Car *le bon* ou *l'assis* ne peuvent pas se dire sans un sujet. Il est donc évident que c'est par la substance que chacune de ces choses existe; de sorte que ce qui est premièrement être, ce qui est non pas quelque être, mais l'être simplement, c'est la substance, ὥστε τὸ πρώτως ὄν, καί οὐ τί ὄν, ἀλλ' ὄν ἁπλῶς ἡ οὐσία ἂν εἴη.

« On peut dire de bien des manières qu'une chose est première. Or la substance est première sous les rapports du concept, de la connaissance et du temps. Car, des autres catégories, rien ne peut être isolément; la substance seule peut être sans tout le reste. Elle est première sous le rapport du concept; car le concept de substance entre nécessairement dans le concept de quoi que ce soit, et nous croyons mieux connaître une chose, lorsque nous savons que c'est un homme ou un feu, que lorsque nous savons une qualité ou une quantité relatives à cette chose, ou sa situation dans l'espace; bien plus, de ces divers prédicats, nous connaissons chacun, lorsque nous les connaissons à l'état concret dans leur sujet. Aussi, et maintenant comme autrefois et toujours, la perpétuelle question, le perpétuel problème est de savoir ce qu'est « ce qui est », c'est-à-dire la substance, οὐσία. Les uns disent qu'il n'y a qu'une substance, les autres qu'il y en a plusieurs; pour ceux-ci les substances sont déterminées, pour ceux-là indéterminées. Voilà pourquoi, nous aussi, nous devons étudier avant tout, et pour ainsi dire uniquement, la substance (1). »

C'est ainsi qu'Aristote établit la primauté de la substance. J'ai cité ce passage, moins pour le discuter en détail,

---

(1) Aristote, *Métaphys.*, liv. VII, chap. I.

que pour faire connaître, à des lecteurs qui n'ont peut-être jamais ouvert les œuvres d'Aristote, quelque chose de sa belle et austère manière.

Aristote exprime la substance par le mot οὐσία. Ce mot est souvent cause d'un grand embarras chez les traducteurs des philosophes ou des Pères grecs ; tantôt on le traduit par « substance », tantôt par « essence », et le contexte sert à déterminer le choix. Mais, si l'on veut y réfléchir, la difficulté provient de ce que le mot οὐσία a une signification plus haute. Par lui-même, il ne correspond qu'aux mots Ὤν et Εἶναι (1). Il est donc l'expression exacte d'une pensée qui s'arrête à l'être *tout court*, ὂν ἁπλῶς ἡ οὐσία ἂν εἴη.

Or nous avons deux façons d'arrêter notre pensée à l'être tout court. La première est de penser à la substance ; car elle se conçoit comme se suffisant à elle-même, sans avoir besoin d'un sujet autre que soi. La seconde consiste à penser à l'essence ; car toute essence est l'objet d'une idée complète en soi-même et le sujet d'une définition spéciale. Mais, jusque dans cet ordre des essences, le mot οὐσία signifie principalement l'essence d'une substance ; car la substance seule peut se définir isolément de tout le reste, et tout ce qui n'est pas substance renferme dans son concept le concept de la substance.

8. — Des autres catégories.

Au-dessous de la substance, se rangent les autres catégories, quantité, qualité, situation locale, etc., et ce sont bien encore des réalités qui, distinctes de la substance, l'accompagnent et l'affectent.

Il est vrai qu'un homme peut changer de poids et de volume, mais il faut bien toujours qu'il ait un poids et un volume. Il peut changer d'attitude, mais il faut qu'il soit

---

(1) Λέγεται οὐσία παρὰ τὸ εἶναι. (S. Jean Damasc., *Dialect.*, chap. XXXIX.)

CHAPITRE III. — DE L'ÊTRE ACCIDENTEL. 129

assis, ou debout, ou couché. Il peut changer de position dans l'espace, mais toujours il est quelque part. On peut le concevoir ou blanc ou jaune ou rouge ou noir, mais il ne peut être sans quelque couleur.

Il y a donc des réalités, qui, variables dans leur détermination dernière, se retrouvent cependant toujours dans certains êtres. Et quelle est la raison de cette présence, pour ainsi dire, nécessaire? C'est que ces réalités découlent de l'être; elles sont les modifications de la substance. C'est la doctrine d'Aristote dans le passage cité plus haut.

Ainsi, d'une part, ces réalités font vraiment partie de l'être où elles existent; elles lui sont naturelles, elles procèdent de sa nature jusque dans leur variabilité, suivant cette définition d'Aristote : *la nature est le principe et la cause du mouvement et du repos dans l'être où ces états existent par eux-mêmes et non par accident* (1); et ce principe n'est autre que la substance (2).

9. — Pourquoi ces réalités portent le nom d'accidents.

L'accident, avons-nous dit plus haut avec Aristote, est voisin du non-être. Comment donc peut-on donner le nom d'accidents aux diverses réalités qui dérivent de la substance?

Pour répondre à cette question, rappelons encore la théorie d'Aristote sur le changement. Lorsqu'un homme marche ou s'asseoit, tombe malade ou revient en santé, cet homme reste le même, mais il change d'état. Je puis donc distinguer en lui, d'une part ce qui demeure, d'autre part ce qui va et vient. Une fois cette distinction faite, je puis de nouveau réunir ensemble les deux parts, et le tout m'ap-

---

(1) Aristote, *Phys.*, liv. II, chap. I.
(2) Φύσις ἐστὶν ἀρχὴ τῆς ἑκάστου τῶν ὄντων κινήσεώς τε καὶ ἠρεμίας..... Αὕτη δὲ οὐδὲν ἕτερόν ἐστιν, εἰ μὴ οὐσία· ἐκ γὰρ τῆς οὐσίας ἔχει τὴν τοιαύτην δύναμιν, ἤγουν κίνησιν καὶ ἠρεμίαν. (S. Jean Damasc., *Dialect.*, cap. XL.)

paraît comme un assemblage complexe formé de deux réalités, la substance et le mode.

En d'autres termes, si je considère la substance comme une réalité active, je reconnais qu'elle est la source d'où *dérivent* ses divers états ; mais si je considère la substance comme un sujet, elle m'apparaît comme recevant et contenant des déterminations qui ne lui sont pas nécessaires, mais qui lui *arrivent*. Et ce dernier point de vue logique, qu'il ne faut d'ailleurs jamais séparer du premier, légitime le nom d'*accidents* donné à toutes les modifications, à toutes les manières d'être qui vont et qui viennent dans la substance.

De même dans l'ordre abstrait, l'être véritable est l'*essence*. Les qualités, les quantités, les relations sont des choses qui n'altèrent pas l'essence, mais qui sont réunies à l'essence par *contiguïté*. Leurs concepts ne résultent pas nécessairement du concept de l'essence ; ils sont *contingents*, c'est-à-dire, ils viennent s'ajouter au concept de l'essence. Je dis : Voici un lion, grand, furieux. — Lion : c'est l'essence, c'est l'espèce. Voilà ce qui constitue l'être, et cette essence ne change pas. — Grand, furieux : autant de qualités contingentes dont les concepts s'ajoutent dans mon esprit au concept de l'essence sans le modifier, autant de déterminations qui se rencontrent *accidentellement* dans ce lion ; car elles pourraient ne pas s'y trouver, sans qu'il cessât d'être lion.

Les réalités qui vont et qui viennent dans la substance peuvent donc être appelées des accidents, en vertu d'une séparation logique entre ce qui demeure et ce qui apparaît ou disparaît. Et cette séparation est légitime, parce qu'elle n'est que l'expression de la mutabilité essentielle aux êtres qui ne sont pas l'Être pur.

En résumé, deux sortes d'accidents que la Scolastique distingue par des qualifications différentes.

Les uns sont appelés *accidentia per se*, parce qu'ils sont des réalités qui se distribuent suivant les catégories de l'être *per se*. Ces réalités *dérivent* de la substance, et sont les modifications de la substance; mais on peut concevoir la substance *déterminée*, sans aucun de ces accidents *déterminés*, et par suite, ceux-ci apparaissent comme des choses qui viennent se surajouter à la substance nue.

Les autres accidents sont appelés *accidentia per accidens*, parce qu'en eux tout est accidentel. L'être, auquel ils *arrivent*, ni ne les produit, ni ne les exige, ni ne les désire. Il n'y a aucune relation entre l'art de guérir et l'art de bâtir; et c'est par simple contiguïté de ces deux arts dans un même sujet qu'un médecin est architecte, ou un architecte médecin.

Citons un passage de saint Thomas où se trouvent distingués ces deux sortes d'accidents, en même temps que leur nature y est bien définie. Il s'agit de démontrer qu'en Dieu il n'y a pas d'accidents :

Secundo : quia Deus est suum *esse*. Sed, ut Boetius dicit in lib. *de Hebdom.*, licet id quod est, aliquid aliud possit habere adjunctum, tamen ipsum *esse* nihil aliud adjunctum habere potest; sicut quod est calidum, potest habere aliquid extraneum quam calidum, ut albedinem; sed ipse calor nihil præter calorem.

On voit dans ce passage que l'accident en général est quelque chose d'*étranger*, d'*adjoint*, de *contingent, arrivant par le dehors*.

Tertio : quia omne quod est per se, prius est eo quod est per accidens. Unde, cum Deus sit simpliciter primum ens, in eo nihil potest esse per accidens.

Voici l'accident *per accidens* qui vient formellement s'ajouter à quelque chose de réel, mais sans modifier en rien cette réalité.

Sed nec *accidentia per se* in eo esse possunt, sicut visibile est per se accidens hominis. Quia hujusmodi accidentia causantur ex principiis subjecti. In Deo autem nihil potest esse causatum, cum sit causa prima (1).

Voici l'accident *per se*, réalité qui « dérive » de la substance, réalité qui a sa cause dans le sujet.

10. — Résumé de ce chapitre.

On doit d'abord distinguer deux sortes d'êtres : l'être « de soi » et l'être « accidentel ». Le premier, par cela même qu'il répond à une notion plus simple, est plus difficile à définir et ne s'explique bien que par des exemples. L'accident est l'être qui se dit d'un sujet autre que soi, ou qui exige naturellement un sujet autre que soi.

Il y a deux sortes d'êtres accidentels. L'être purement accidentel, *accidens per accidens*, résulte d'une simple juxtaposition dans un même sujet de réalités complètement étrangères l'une à l'autre. D'autres accidents sont appelés *accidentia per se*, parce qu'ils participent à la fois à la propriété de l'être « de soi » et à celle de l'accident. Ils sont « de soi », parce qu'ils ont une essence propre, et qu'ils peuvent par eux-mêmes être les termes d'un concept défini. Mais ils sont « accidents », parce qu'ils existent dans un sujet autre que soi, c'est-à-dire, dans une substance, et que, même dans leur définition, il faut avoir égard à une chose autre, c'est-à-dire à la substance.

Quant à l'être, purement « de soi », principalement « de soi », c'est la substance. Sa définition est entourée d'écueils, parce qu'il y a danger d'en dire trop ou trop peu ; aussi, le mieux est-il de la définir avec saint Thomas, par opposition à l'accident. « Si la substance peut se définir malgré le rang suprême qu'elle occupe dans l'échelle des genres, sa définition sera la suivante : C'est *la chose dont l'essence doit exister non dans un autre* (2).

---

(1) S. Thom., I, q. 3, art. 6.
(2) Si substantia possit habere diffinitionem, non obstante quod est genus

CHAPITRE III. — DE L'ÊTRE ACCIDENTEL. 133

Il en est de même dans l'ordre logique. L'être qui se dit « de soi » est le substantif; et l'être qui suppose un sujet dont il se dit, est l'adjectif.

Ces deux ordres se correspondent, et Aristote les considère à la fois dans le passage suivant :

« L'être se dit de soi, ou par accident. Par accident : quand nous disons, le juste est musicien ou l'homme est musicien. Et quand nous disons l'homme est musicien, c'est comme lorsque nous disons que le musicien bâtit; car il est accidentel au musicien d'être architecte, et à l'architecte d'être musicien. Il en est de même, lorsque nous disons que l'homme est musicien, ou que le musicien est homme, ou que le musicien est blanc, ou que le blanc est musicien (1). »

En effet, ce sont là des contiguïtés accidentelles entre le substantif et l'adjectif. Dans toutes ces phrases, le verbe n'est qu'une copule indiquant la simple coexistence dans un même sujet. Mais cette coexistence ne porte pas en soi sa cause, sa raison; on ne peut donc asseoir un raisonnement sur l'être accidentel; il n'y a de scientifiquement connu que ce qui entre *de soi* dans le sujet.

J'ai insisté longtemps sur cet enseignement d'Aristote, pour deux motifs :

Le premier est de familiariser le lecteur avec la langue péripatéticienne. Autrement, il ne comprendrait pas des phrases telles que celle-ci : « d'une statue, la cause *de soi* est le statuaire, et la cause *par accident* est Polyclète et tout ce qu'est Polyclète (2) ». Ce qui veut dire : si Polyclète a sculpté une statue, c'est *en tant* qu'il est statuaire, et non en tant qu'il se nomme Polyclète, ou qu'il est blanc ou qu'il est homme.

Le second motif de bien comprendre la doctrine précédente, est qu'elle fournit une méthode générale pour puri-

---

generalissimum, erit ejus diffinitio quod substantia est res, cui quidditati debetur esse non in aliquo. (S. Thom., *De potent.*, q. VII, art. 3, ad 4ᵘᵐ.)
(1) *Métaphys.*, liv. V, chap. VII.
(2) Aristote, *Métaphys.*, liv. V, chap. II.

fier les notions. Car elle permet de séparer l'essentiel de l'accidentel, en vertu de l'immutabilité de l'essence et de la variabilité des accidents. Cette méthode est, du reste, d'un usage général dans les sciences expérimentales. Ainsi, pour découvrir par l'expérience quelles lois régissent la chute des graves, le physicien fait varier la nature et la forme du mobile, le mode de chute, le milieu ambiant; et c'est ainsi qu'il parvient à discerner l'influence essentielle de la pesanteur, parmi les autres influences accidentellement concomitantes.

LIVRE III

CAUSE EFFICIENTE

CHAPITRE PREMIER

GÉNÉRALITÉS

1. — Définition de la cause efficiente.

On a proposé bien des définitions de la cause efficiente. Mais ici, comme partout où il s'agit des notions premières, les définitions sont plus obscures que les choses. Celle qui me semble la plus claire, précisément parce qu'elle est la plus simple, est la suivante :

La cause efficiente est ce qui produit l'effet.

Les anciens, prenant dans le mouvement local un exemple et une figure à la fois, se représentaient toute production et toute modification comme un passage d'un état à un autre et par suite comme une sorte de mouvement, dont la cause était un *moteur*. De là ces expressions : *Causa movet; Effectio est motus ab non esse ad esse.*

2. — Première définition de l'effet.

Nous avons défini la cause par l'effet. Puisque cause et effet sont deux termes corrélatifs, nous pourrions, sans qu'on y trouvât à redire, définir l'effet par la cause, et dire que l'effet est ce qui est produit par la cause.

Mais une telle définition ne nous ferait pas sortir de l'ordre des abstractions « logiques »; et ce que nous cherchons ce sont des réalités « métaphysiques ». Si nous définissons la cause et l'effet par leurs relations réciproques, l'axiome : *Pas d'effet sans cause,* n'est qu'une tautologie, et ne nous apprend pas s'il existe réellement des causes et des effets. Il nous faut donc trouver une définition qui nous fasse reconnaître l'existence d'un des termes de ces rapports, et nous permette d'en déduire l'existence de l'autre.

3. — Seconde définition de l'effet.

Or nous atteignons directement l'existence des choses et, par suite, le passage de la non-existence à l'existence; nous connaissons sans intermédiaire qu'une chose, qui n'existait pas d'abord, existe actuellement, et pour exprimer ce changement d'état, nous disons que cette chose est *devenue.* J'appelle donc effet *ce qui devient.*

Effectus est id quod fit.

Je sais bien que le sceptique va se récrier : « Votre définition est une pétition de principe; elle suppose résolu le problème de la causalité. Dire que tout ce qui devient est un effet, c'est dire que tout ce qui devient a une cause et c'est précisément la question qui est en débat. »

Je le sais, et je passe outre. Car je ne veux pas m'arrêter à des disputes stériles contre un scepticisme qui nie la rectitude de notre raison. Je poursuis mon but, qui est de mettre en ordre les notions premières, trésor, aliment et honneur de l'intelligence humaine. Or un de ces premiers principes est celui-ci : *Nil fit sine causa,* — *Rien ne devient sans cause,* — *Tout ce qui devient est un effet.*

Que s'il faut cependant démontrer cet axiome, je n'en fournirai actuellement qu'une preuve tirée du langage le plus vulgaire. Remarquez comment en latin le mot *fieri* répond à deux concepts formellement distincts : tantôt il signifie *devenir*, c'est-à-dire, passer du non-être à l'être; tantôt il signifie *être fait*, — non pas « avoir été fait », *factum esse*, — mais « être fait actuellement », comme *amari* signifie « être actuellement aimé » (1).

En français nous retrouvons la même philosophie. Un *fait* signifie quelque chose qui, à un instant de la durée, est parvenu à l'existence. Tout ce qui est « *devenu* existant » est un *fait* (2).

Et d'où vient cette double acception? Est-ce confusion? — N'appelons pas confusion ce qui a sa source dans le bon sens vulgaire; car lorsqu'il s'agit des notions premières et générales, dons qui appartiennent à toute l'humanité et à chaque homme en particulier, le bon sens a toujours raison.

Devenir implique donc *être fait*. Tout ce qui devient porte avec soi le sceau de la causalité. Tout passage du devenir à l'existence nous révèle l'existence d'une cause.

4. — Comment on parvient à la connaissance des causes.

Mais savoir qu'une cause existe ne suffit pas à notre désir de science. Nous voulons encore savoir quelle est la nature de cette cause. Or notre faculté de connaître est constituée de telle sorte qu'elle atteint d'abord les phénomènes, les mutations, les effets, et c'est par les effets que nous pouvons remonter aux causes. Pour conclure de la nature de l'effet à la nature de la cause, il faut donc que

---

(1) De même, il semble évident que les deux mots γίνομαι et γεννάω proviennent de la même racine.

(2) On étend souvent le sens du mot *fait*, jusqu'à signifier la réalité existante, abstraction faite du devenir initial; et c'est un aveu implicite que toutes les réalités sont produites, sauf la Cause Première. En vertu de cette extension, on dit même quelquefois : « L'existence de Dieu est un fait. » Mais, à vrai dire, c'est là une locution peu correcte.

nous connaissions les rapports essentiels entre ces deux natures.

La métaphysique nous fournit à cet égard deux principes premiers. L'un est un principe d'opposition : *La cause et l'effet s'opposent mutuellement.*

L'autre est un principe d'union : *La cause contient éminemment l'effet.*

5. — Des deux principes relatifs à la cause et à l'effet.

La cause est ce qui fait; l'effet est ce qui est fait. La cause est; l'effet devient. Ou encore : la cause est le principe de l'action, l'effet en est le terme.

En un mot, de quelque façon que l'on considère la cause et l'effet, on trouvera deux termes qui s'opposent, et il ne peut en être autrement, puisque ce sont les deux termes d'une relation.

Soient donc deux êtres dont l'un agisse sur l'autre. Le premier est actif, ou mieux agissant, *agent;* le second est passif, ou mieux subissant, *patient.* Le premier produit l'effet, le second le reçoit. Les êtres dans lesquels réside la cause et l'effet s'opposent sous le rapport de la causalité. — Tel est le principe d'opposition.

Mais si les deux termes d'une relation s'opposent mutuellement, la relation même les unit. Et quel est le fondement de la relation qui existe entre la cause et l'effet? N'hésitons pas à répondre : C'est par la cause que l'effet est réalisé; donc c'est la cause qui, en produisant l'effet, donne lieu à la relation dont l'effet est le terme. Tout provient de la cause, et par conséquent la nature de l'effet a sa raison et sa source dans la nature de la cause. — Tel est le principe d'union.

Expliquer ces deux principes, en déduire les conséquences, c'est établir la théorie de la cause efficiente.

CHAPITRE II.

PRINCIPE D'OPPOSITION

ARTICLE I

Première conséquence.

L'AGENT ET LE PATIENT SONT DIFFÉRENTS

1. — « Omne quod movetur ab alio movetur. »

Voici l'un des aphorismes les plus célèbres de la philosophie péripatéticienne : « Tout ce qui est en mouvement est mû par un autre. » Tout ce qui change, subit une action étrangère; l'agent et le patient sont différents.

Aristote exprime cette proposition en plusieurs passages de ses œuvres, mais c'est surtout au livre V de sa *Métaphysique* qu'il l'expose :

« On nomme, dit-il, « puissance » le principe du mouvement ou de la mutation produite dans un autre sujet, ou dans le même en tant qu'il est autre; ainsi, la puissance de bâtir n'est pas dans l'édifice. Il est vrai, la puissance de guérir peut être dans celui qui est guéri, mais ce n'est pas en tant qu'il est guéri. Donc la puissance est le principe du changement ou du mouvement dans un autre sujet ou dans le même, mais en tant qu'il est autre. — Il y a en outre une autre sorte de puissance qui provient d'un autre sujet, ou du même, mais toujours en tant qu'il est autre; c'est la puissance de subir une action (1). »

Sous ce langage concis, on reconnaît la puissance active et la puissance passive dont nous avons parlé au livre précédent. Or, dans les deux cas, le Stagirite soutient que le mouvement d'un sujet provient d'un autre sujet; et c'est de cet enseignement que l'on a tiré les définitions classiques de chaque puissance : *Potentia activa est principium motus in* ALIUD *quatenus est* ALIUD. *Potentia passiva est principium motus ab* ALIO *quatenus est* ALIUD. Ou pour employer les termes mêmes de saint Thomas :

Potentia activa est principium agendi in aliud; potentia vero passiva est principium patiendi ab alio, ut philosophus dicit 5 *Metaphys*. (2).

Dans ces deux définitions, est renfermé l'adage : *Omne quod movetur, movetur ab alio.*

2. — Bien des apparences vont contre ce principe.

L'expérience est conforme à l'adage précédent dans beaucoup de circonstances. Les corps restent en repos, tant qu'une impulsion étrangère ne les met pas en mouvement. L'inertie d'un corps se définit dans la science : l'impuissance pour un corps d'altérer par lui-même son état de repos ou de mouvement; et l'on attribue à une cause que l'on nomme « force », toute modification dans l'état dynamique d'un corps. Cette notion de l'inertie propre à la matière domine toutes les sciences physiques.

Mais, il faut l'avouer, à l'encontre de ce principe, apparaissent des faits nombreux et importants.

Ces faits sont d'abord tous les mouvements naturels des

---

(1) Aristote, *Métaphys.*, liv. V, chap. XII.
(2) S. Thom., I, q. 25, art. 1.

CHAPITRE II. — PRINCIPE D'OPPOSITION. 141

corps purement matériels, et les diverses mutations qu'on observe dans les êtres vivants, telles que mouvements spontanés ou phénomènes de nutrition, puis dans les animaux les sensations et émotions, et enfin dans l'âme humaine les multiples opérations de l'intelligence et de la volonté.

Il semblerait même, à juger par ces exemples, que l'impuissance à se mouvoir soi-même soit, non une impossibilité métaphysique, mais plutôt une imperfection des corps bruts; il semblerait que, plus on s'élève dans l'échelle des êtres, plus apparaisse la puissance spontanée d'agir sur soi-même, et que l'être parfait doive se mouvoir, se transformer, s'altérer sans aucune intervention étrangère. Qu'est en effet ce mouvement spontané procédant de l'être lui-même, sinon la vie? et la vie n'est-elle pas d'autant plus belle, plus vraie, plus parfaite, qu'elle se montre plus indépendante de tout secours extérieur (1)? Or on doit juger des propriétés métaphysiques de l'être d'après les êtres parfaits, plutôt que d'après les êtres imparfaits. Donc, loin de considérer comme vérité nécessaire cette proposition : *Nil movetur a seipso,* on devrait, semble-t-il, lui substituer la suivante : « L'être parfait se meut soi-même. »

Telle est l'objection. Elle est si forte que bon nombre de philosophes ont cédé devant elle, et ont abandonné ou restreint le principe qui nous occupe. Mais les scolastiques de grande race, les véritables maîtres n'ont pas été ébranlés par ces difficultés. Tous, ils ont vu, dans l'incapacité de se modifier soi-même, un principe universel et nécessaire. Tous, ils ont jugé qu'il fallait interpréter conformément à ce principe les faits qui semblent le contredire.

C'est là un des meilleurs exemples pour montrer com-

---

(1) Cum vivere dicantur aliqua, secundum quod operantur ex seipsis et non quasi ab aliis mota, quanto perfectius competit hoc alicui, tanto in eo perfectius invenitur vita. (S. Thomas, I, q. 18, art. 3.)

ment nous parvenons à la connaissance des vérités métaphysiques. Il est bien vrai que nous ne pouvons raisonner que sur des faits particuliers, comme le botaniste ne peut étudier l'espèce que sur des échantillons. Mais le génie du philosophe consiste à distinguer dans chaque chose le nécessaire du contingent, l'essence de l'accident. Cette distinction s'opère non par la comparaison de cas nombreux, car une vérité métaphysique n'est pas une collection de faits expérimentaux semblables, mais par une vue claire, immédiate, intuitive, comme l'œil reconnaît dans un corps la couleur parmi tout ce qui n'est pas la couleur. C'est ainsi que, dans le sujet qui nous occupe, les grandes intelligences, en présence de faits qui semblent conduire à des conclusions contradictoires, ont vu de quel côté la vérité métaphysique apparaissait au grand jour, et de quel autre elle se cachait sous une apparence trompeuse.

Établissons donc la raison fondamentale du principe : *Omne quod movetur, ab alio movetur;* viendra ensuite l'interprétation des difficultés qu'on y oppose.

3. — Démonstration de ce principe.

Le maître par excellence lorsqu'il s'agit des causes, saint Thomas, considère ce principe comme si incontestable, si universel, si nécessaire, qu'il fonde sur lui sa première preuve de l'existence de Dieu. Voyons donc comment il établit cette proposition : « Omne quod movetur, ab alio movetur. »

Nihil enim movetur, nisi secundum quod est in potentia ad illud ad quod movetur. Movet autem aliquid secundum quod est in actu. Movere enim nihil aliud est quam educere aliquid de potentia in actum. De potentia autem non potest aliquid reduci in actum, nisi per aliquod ens in actu, sicut calidum in actu, ut ignis, facit lignum quod est calidum in potentia esse actu calidum, et per hoc movet et alterat.

Non autem est possibile ut idem sit simul in actu et potentia secundum idem, sed secundum diversa; quod enim est calidum in actu non potest esse simul calidum in potentia, sed est simul frigidum in potentia. Impossibile est ergo quod, secundum idem et eodem modo, aliquid sit movens et motum, vel quod moveat seipsum.

Omne ergo quod movetur, oportet ab alio moveri (1).

Cette démonstration n'est, du reste, que la reproduction de l'argument suivant d'Aristote :

Par définition, ce qui est mû est le mobile. Le mobile n'a d'abord le mouvement qu'en puissance et non en acte; et de la puissance il passe à l'acte. Le mouvement est donc l'acte du mobile, bien que ce soit un acte imparfait qui n'est pas à son terme, ἀτελής. Quant au moteur, il est déjà en acte ; ce qui chauffe est déjà chaud, ce qui engendre a déjà la forme. Si le moteur se confondait avec le mobile, il faudrait donc que le même corps, sous le même rapport, fût à la fois chaud et froid, et ainsi des autres sortes de mouvements (2).

Traduisons ces deux enseignements en termes plus à la portée de ceux qui ne sont pas encore familiarisés avec le langage scolastique.

Être en mouvement, changer, passer d'un état à un autre, c'est *devenir* ce qu'on n'était pas; c'est passer sous quelque rapport de la non-existence à l'existence. — A l'opposé, produire un mouvement, exercer une action, c'est agir, c'est-à-dire, *exister* agissant.

Changer, c'est donc être dans le devenir ; agir, c'est être dans l'existence. Or devenir et exister sont deux états qui s'opposent, comme le mouvement et le repos. Donc rien ne peut être à la fois cause et effet; rien ne peut se causer soi-même ; tout ce qui est produit est produit par un autre ; *omne quod movetur, ab alio movetur*.

---

(1) S. Thomas, I, q. 2, art. 3.
(2) Aristote, *Physiq.*, liv. VIII, chap. v.

4. — Réduction de ce principe à sa raison dernière.

Si nous voulons étreindre davantage le raisonnement de saint Thomas, nous reconnaîtrons que toute sa force réside dans la proposition suivante : « Rien ne peut être amené de la puissance à l'acte, si ce n'est par quelque être en acte — *de potentia non potest aliquid reduci in actum, nisi per aliquod ens in actu* »; en d'autres termes, tout devenir est causé par une existence. Voilà dans la théorie des causes le principe premier au delà duquel on ne peut plus remonter. Et pourquoi faut-il s'arrêter là ? C'est parce que ce principe n'est qu'une forme particulière du premier de tous les principes premiers : *L'Être prime le non-être*. L'être qui existe est vraiment être, car il est ce qu'il est; celui qui n'est pas déjà ce qu'il sera, tient encore du non-être. Donc l'existence prime le devenir, l'existence est le principe du devenir.

Voilà le point culminant de la philosophie des causes.

Je l'ai dit dans l'introduction : il n'y a plus en métaphysique que deux camps, deux drapeaux, deux cris de guerre opposés. Ou bien : l'être prime le non-être, l'existence prime le devenir; c'est la formule de la philosophie universelle et traditionnelle; c'est la formule « catholique ». Ou bien : le non-être prime l'être, le devenir est la cause de l'existence, la réalité procède du néant; c'est la formule d'Héraclite et d'Hégel.

Quant à nous, nous nous sommes rangés au parti de l'être, et le non-être ne peut entraver notre marche. Concluons donc : Rien ne peut devenir que par l'action d'une existence; donc rien ne peut se produire soi-même, rien ne peut se changer ou se mouvoir par sa seule puissance. Donc enfin : *Omne quod movetur, ab alio movetur*.

Revenons maintenant aux objections.

CHAPITRE II. — PRINCIPE D'OPPOSITION. 145

5. — Première objection : mouvements des graves.

Les corps pesants tombent d'eux-mêmes sans qu'il soit besoin d'aucune impulsion étrangère. Ne doit-on pas conclure qu'ils se meuvent eux-mêmes ? — Telle est l'objection.

Pour répondre, je me contente de renvoyer aux enseignements de la science moderne, qui attribue le mouvement des corps pesants « à l'attraction » de la terre. Je sais que la science rigoureuse et sévère ne se prononce pas sur la réalité de l'attraction universelle, et qu'elle se contente d'affirmer que tout se passe comme si la terre exerçait une action attractive sur chacun des corps situés à sa surface.

Mais il n'en faut pas davantage pour énerver l'objection; car j'en conclus qu'il n'est pas démontré que les corps pesants produisent leur propre mouvement. Bien plus, du langage scientifique, je conclus que la façon la plus naturelle de se rendre raison de ce mouvement est de supposer une cause en dehors du corps qui tombe. Mais pourquoi, je vous prie, cette hypothèse est-elle la plus naturelle, sinon parce qu'il est naturel à notre esprit d'admettre que tout ce qui se meut est mû par un autre ? *Omne quod movetur, ab alio movetur* (1).

6. — Deuxième objection : mouvements matériels des animaux.

Les animaux se déplacent d'eux-mêmes; ils courent, sautent, nagent, volent, en vertu de leur activité intérieure. C'est vrai; mais remarquez, je vous prie, que cette activité est insuffisante à produire par elle-même ces mouvements, s'il n'y a le concours d'une force extérieure.

Si l'oiseau vole, nous disent les physiciens, ce n'est pas

―――――――――――――――――

(1) Voir comment Aristote répond à cette difficulté des corps pesants, *Phys.*, liv. VIII, chap. IV.

précisément parce qu'il bat des ailes, mais parce que ce battement provoque une réaction de l'air. L'oiseau ne se pousse pas lui-même ; c'est l'air qui le repousse. Il en est de même pour la nage, le saut, la marche. *Quod movetur, movetur ab alio.*

Considérons-nous maintenant les mouvements des membres eux-mêmes? Je le reconnais, aucune influence extérieure n'est requise pour que la main se ferme ou que le bras se lève. Mais qu ferme la main? — La main? — Non; ce sont des muscles agissant comme des cordes sur des leviers articulés. Qui lève le bras? — Ce sont encore des muscles fixés au squelette.

Et qui remue ces muscles? — Des nerfs; et comment ces nerfs sont-ils excités? — Je ne puis trop le dire; mais la science est tellement persuadée que rien de corporel ne se meut soi-même, qu'elle cherche à découvrir hors du nerf la cause immédiate de son excitation.

En présence des phénomènes intérieurs de circulation et de nutrition, la physiologie se guide d'après ces mêmes principes. Elle cherche dans les lois physiques et chimiques la raison prochaine de chaque mouvement et de chaque modification. Nulle part, jusqu'ici, elle n'a rencontré une molécule qui se meuve sans être poussée, une goutte qui s'altère d'elle-même. Et non seulement le circuit vital se compose de mouvements élémentaires pour lesquels on distingue le moteur et le mobile, mais ce circuit ne se forme pas complètement sur lui-même, et pour que la vie s'entretienne, il faut de temps en temps un apport d'action étrangère par la respiration ou l'alimentation. Quelle est la conclusion de tout ceci? C'est que l'expérience scientifique vérifie de plus en plus le grand principe : *Tout ce qui est en mouvement est mû par un autre.* Les succès dans cette voie sont même si brillants qu'ils donnent à certains esprits aventureux l'occasion de réduire l'organisation animale à une machine bien construite.

Sans doute, si l'on prend en bloc cette organisation,

sans distinguer de l'ensemble ses diverses parties, on peut et l'on doit dire que « l'animal se meut lui-même », ou que du moins il contient une activité intérieure qui préside à ses mouvements. Mais c'est précisément la preuve que la vie est due à un principe immatériel ; des mouvements du corps, saint Thomas conclut et à l'existence de l'âme et à son immobilité.

« Il a été prouvé que tout être qui se meut soi-même est composé de deux choses dont l'une est mouvante et n'est pas mue, et dont l'autre est mise en mouvement. Or l'animal se meut lui-même ; en lui, le moteur est l'âme, le mobile est le corps. Donc l'âme est un moteur qui n'est pas mû (1). »

7. — Troisième objection : sensations, émotions.

Les sensations et les émotions sensibles sont des phénomènes essentiellement vitaux. Ils procèdent d'une activité intérieure, ils affectent le sujet où ils se produisent. N'est-on pas en présence d'un cas où le moteur se confond avec le mobile ? N'a-t-on pas là l'exemple d'un être qui se meut lui-même ? — Telle est l'objection..

J'aurais bien, ce semble, quelque droit d'opposer à cette objection une fin de non-recevoir. Avant de prétendre que les phénomènes de la vie sensitive contredisent une proposition métaphysique clairement démontrée, la logique rigoureuse exigerait qu'on éclaircît d'abord les mystères de la vie.

Que l'homme soit composé d'un principe immatériel et d'un principe matériel, c'est ce que prouvent ses opérations intrinsèquement vitales. Que ces deux principes agissent et réagissent l'un sur l'autre, c'est ce que la conscience nous apprend, sans porter atteinte à la proposition qui nous occupe. Que ces deux principes puissent s'unir pour

---

(1) S. Thom., contr. Gentil., lib. II, cap. LXV, n° 4.

former des puissances qui résident dans le *composé*, c'est ce qui résulte des propriétés mixtes de la sensation et de l'émotion sensible.

Mais a-t-on pénétré assez avant dans l'étude de ce jeu intime, pour avoir le droit d'affirmer que l'âme suffit à mouvoir l'âme, ou le corps à mouvoir le corps? J'attends qu'on m'en apporte la preuve expérimentale.

Jusqu'ici l'expérience ne m'a appris qu'une chose, et cette seule notion claire vérifie notre proposition loin de la contredire. Dans le cours naturel des choses, pour qu'il y ait sensation, il faut une cause extérieure. L'organe du sens subit des chocs provenant du dehors. C'est par un agent étranger qu'il est ébranlé, ou modifié, ou excité, peu m'importe; toutes ces impressions, sont désignées dans la langue scolastique par un seul mot : « le sens est *mû* »; et le mouvement lui vient d'un moteur différent du mobile.

Comment ce mouvement se propage-t-il dans l'organisme? C'est ce que cherche le physiologiste en suivant les nerfs jusque dans les profondeurs du cerveau. Mais comment ce mouvement parvient-il à l'âme? — C'est un mystère. Et comment l'activité ainsi excitée engendre-t-elle la sensation? — Mystère encore. Enfin, comment la sensation produit-elle l'émotion sensible? — Toujours mystère.

D'où il reste que, dans ces opérations de la vie sensitive, une seule chose est notoire, c'est que l'ébranlement primitif est dû à une cause extérieure, et que le sens, pour entrer en activité, a besoin d'être mû par autre que soi : c'est-à-dire que, dans ces phénomènes, les seuls faits clairement connus confirment le principe : « Tout ce qui est en mouvement, est mû par un autre. »

8. — Quatrième objection : pensée, volition.

A mesure qu'on s'élève à la considération d'une vie plus parfaite, on découvre plus d'activité et moins de passivité;

CHAPITRE II. — PRINCIPE D'OPPOSITION. 149

on observe des opérations plus complètement renfermées dans le sujet dont elles émanent.

Penser et vouloir sont des actes qui procèdent de l'âme et qui restent dans l'âme. Il semble donc qu'à chaque nouvelle pensée, à chaque nouveau vouloir, l'âme se modifie elle-même, et que nous rencontrions enfin un être se mouvant soi-même dans toute la rigueur des termes. — C'est la dernière objection contre notre thèse.

C'est en même temps la plus difficile à réfuter, parce qu'elle se cache dans les plus profonds mystères. Quelle est l'essence des opérations intellectuelles? Par quel procédé ces opérations surgissent-elles dans l'âme? Autant de questions bien obscures, puisqu'elles ont donné lieu à tant de systèmes. Mais je n'ai que faire de toutes les théories, car à une vérité démontrée on ne peut opposer des hypothèses.

Relativement aux opérations de la vie intellectuelle, voici ce qui seulement est certain. L'âme est une substance simple; elle a deux puissances distinctes, la puissance de connaître et la puissance de vouloir. A la vérité, ce sont des puissances *actives*, car elles produisent leurs propres actes; mais elles sont en même temps *passives*, puisqu'elles subissent des motions. L'intelligence meut la volonté en lui montrant son objet qui est le bien, la volonté meut l'intelligence en l'appliquant à considérer son objet qui est le vrai; et, dans ces motions réciproques, la faculté motrice est distincte de la faculté mise en mouvement. Donc jusqu'ici rien ne contredit notre thèse.

En outre, ce jeu des facultés intellectuelles ne s'établit pas de lui-même. Tout vouloir résulte d'une pensée préalable; et, pour penser, l'intelligence a besoin d'être éveillée par des images dont la première origine est dans le monde extérieur. Donc encore ici, les modifications dans l'âme supposent une influence étrangère.

En quoi consiste cette influence, peu m'importe pour le moment. Il me suffit de signaler son existence, car il en résulte que l'âme ne se suffit pas à elle-même pour modifier son état d'être.

Les phénomènes qui se passent dans l'âme n'infirment donc pas le principe fondamental de la causalité. Il en est des opérations vitales, comme des actions matérielles : aucune observation réellement concluante n'a pu ébranler notre proposition maîtresse, et nous pouvons conclure cette longue discussion par ces paroles de saint Thomas :

Impossibile est quod, secundum idem et eodem modo, aliquid sit movens et motum, vel quod moveat seipsum. Omne ergo quod movetur oportet ab alio moveri (1).

9. — « Simile non agit in simile. »

Le principe d'opposition ne sépare pas seulement l'agent et le patient sous le point de vue de l'individualité. Il les sépare encore sous le point de vue des propriétés.

Le semblable n'agit point sur son semblable ; voilà encore une maxime que la Scolastique considère comme un premier principe (2).

Donnons quelques exemples.

Lorsqu'on applique un cachet sur la cire, le cachet agit sur elle, tant que l'empreinte n'est pas obtenue. Mais l'action cesse lorsque la similitude est obtenue entre l'agent et le patient. Maintenez tant qu'il vous plaira le cachet dans l'empreinte déjà formée, il n'y a plus d'action. *Simile non agit in simile.*

Autre exemple : Placez un corps froid dans une masse d'eau chaude. Le corps froid s'échauffera d'abord, puis il arrivera un moment où sa température restera stationnaire, l'eau n'agissant plus sur lui. Or la science définit l'*égalité*

---

1) I, q. 82, art. 4, ad 3um.
(2) « Dicendum est causam agentem efficere non posse in passum nisi quatenus est sibi dissimile in forma seu termino actionis. Hoc est veluti primum principium in philosophia. » (Suarez, *Métaphys.*, disp. XVIII, sect. IX, n. 7).

CHAPITRE II. — PRINCIPE D'OPPOSITION.

de température par cet équilibre. Qu'est-ce à dire, sinon que deux corps ont même température, lorsque l'un ne modifie plus la température de l'autre? Mais encore, qu'est-ce à dire, sinon que le *semblable n'agit pas sur son semblable ?*

Ce sont là, à vrai dire, de faibles exemples, pour appuyer une maxime générale. Cherchons donc la raison métaphysique qui élève cette proposition à la hauteur d'un premier principe.

Voici l'explication qu'en donne Aristote :

« La plupart des anciens philosophes affirment d'un commun accord que le semblable ne peut agir sur son semblable. En effet, aucun d'eux ne serait actif ou passif plutôt que l'autre, puisque par hypothèse tout serait identique de part et d'autre. Il faut donc que deux êtres soient différents et dissemblables, pour qu'il puisse y avoir action de l'un sur l'autre.

« .... Car, pourquoi, si deux êtres étaient semblables, l'un plutôt que l'autre serait-il passif ? En outre, si quelque être pouvait agir sur son semblable, il pourrait aussi agir sur soi-même (1). »

Cette maxime est d'une grande importance ; elle nous fait comprendre toute la portée du principe d'opposition entre l'agent et le patient. Non seulement ces deux êtres s'opposent au point de vue de l'existence : l'agent existe, le patient devient. Mais ils s'opposent au point de vue de la nature ou de l'état : dans l'agent telle nature et tel état qui le rendent cause, dans le patient telle nature ou tel état qui lui permettent de subir un effet; et ces deux natures ou ces deux états s'opposent comme le chaud et le froid, comme la dureté du cachet et la mollesse de la cire.

En un mot, il faut qu'il y ait entre l'agent et le patient quelque dissemblance, et l'action ne peut avoir lieu que dans l'ordre où il y a différence.

---

(1) Aristote, *de la Générat.*, liv. I, chap. vii.

M'objecterez-vous qu'une bille d'ivoire peut agir sur une bille identique? Mais remarquez, je vous prie, que cette action qui se réduit à une altération dans l'état de repos ou de mouvement ne peut avoir lieu que si la bille choquante et la bille choquée possèdent des vitesses différentes.

M'objecterez-vous que, d'après la théorie de l'attraction universelle, deux points matériels s'attirent, bien qu'ils soient tous deux identiques et tous deux au repos? Vous avouerez cependant qu'ils diffèrent au moins sous le rapport de la situation dans l'espace, et que chacun attire pour amener dans son propre lieu le point qui en est distant. Comprendriez-vous qu'il y eût attraction entre deux points occupant identiquement le même élément de l'espace?

Ces distinctions sont subtiles, je l'avoue. Mais n'oubliez pas que je n'apporte pas ces exemples pour prouver la vérité du principe qui nous occupe. C'est, au contraire, l'objection qui me les oppose; mon rôle se borne donc à montrer qu'on ne peut rien en conclure contre ma thèse.

ARTICLE II

Deuxième conséquence

LA CAUSE NE CHANGE PAS EN AGISSANT

1. — Démonstration de cette proposition.

Pour établir cette proposition avec le plus de clarté possible, procédons par gradation.

Non necesse est movens moveri, dit Aristote, οὐκ ἀνάγκη κινοῦν κινεῖσθαι (1). Il n'est pas nécessaire que le moteur soit

---

(1) *De l'âme*, liv. III, chap. II.

CHAPITRE II. — PRINCIPE D'OPPOSITION.

mû, que la cause change en agissant. En effet, si l'on reste dans le concept formel de la cause, on y voit bien le principe du changement en un autre, mais on n'y trouve pas le principe du changement en soi-même; on y voit bien une activité, on n'y trouve pas une passivité. Donc de ce qu'une cause agisse, on ne peut pas en déduire qu'elle change en agissant; d'où cette première conclusion admise de toutes les écoles :

On conçoit qu'une cause agisse sans qu'elle change.

« Une cause, dit Scot, peut produire immédiatement et par elle-même quelque effet nouveau, sans aucune nouveauté en elle-même (1). »

Mais dans le texte d'Aristote, le mot « nécessaire » nous invite à aller plus loin. Il n'est pas nécessaire que le moteur soit mû; il n'est pas nécessaire que la cause change en agissant. Donc *agir* et *subir* un changement ne s'impliquent pas nécessairement. Donc lorsque *agir* et *subir* une altération se rencontrent ensemble, c'est une contingence; c'est la contiguïté dans un même sujet de deux éléments réellement distincts, savoir d'un principe actif et d'un principe passif. Retenons bien cela; car dans cette remarque nous trouverons la réponse à beaucoup de difficultés, et, dès maintenant, elle nous fournit cette seconde conclusion :

Aucune cause ne change par le fait même de son action.

En effet, dans le sujet agissant dégageons le principe actif par lequel il est cause, de tous les principes passifs concomitants, et restons dans le concept formel de la causalité : la cause produit, l'effet devient. Or une modification et un changement supposent quelque chose qui n'existait pas d'abord et qui vient à l'existence. Si donc la cause, en agissant et par cela même qu'elle agit, éprouvait dans son état quelque modification, elle serait le sujet d'un devenir,

---

(1) « Causa potest primo et immediate aliquem effectum novum producere, absque omni novitate in ipsa. » (II, Dist. 1, qu. 2, n. 7, *ad primum*.)

il se produirait en elle quelque effet. Elle serait passive, par cela même qu'elle serait active; elle subirait un effet par cela même qu'elle produirait un effet, c'est-à-dire que, loin de s'opposer, agir et subir s'impliqueraient, et que le moteur, par cela même qu'il donnerait le mouvement à un autre, se donnerait le mouvement à soi-même.

Donc, quelles que soient les apparences contraires, nous devons affirmer qu'aucune cause ne change par cela même qu'elle agit.

2. — Beau texte de saint Irénée.

Saint Irénée enseigne d'une manière splendide cette opposition essentielle entre la cause et l'effet, cette permanence de la cause agissante et cette variation du sujet patient.

« En cela, dit-il, Dieu diffère de l'homme, que Dieu fait, tandis que l'homme est fait. Or celui qui fait reste toujours le même; mais ce qui est fait doit recevoir le commencement, la continuation, l'accroissement et le progrès. Dieu fait bien, et ce qu'il fait est bien-fait à l'homme. D'un côté, Dieu absolument parfait, reste toujours égal et semblable à lui-même; car il est tout entier lumière, tout entier esprit, tout entier principe et source de tous les biens. Quant à l'homme, en recevant il profite et progresse vers Dieu. Car, tandis que Dieu demeure identiquement le même, l'homme qui vit en Dieu marche sans cesse vers Dieu de perfection en perfection (1). »

Si l'on m'objecte que, dans ce beau passage, il s'agit de la Cause Première, je répondrai d'abord qu'il en résulte

---

(1) Et hoc Deus ab homine differt, quoniam Deus quidem facit, homo autem fit; et quidem qui facit semper idem est; quod autem fit, et initium et medietatem et adjectionem et augmentum accipere debet. Et Deus quidem bene facit, bene autem fit homini. Et Deus quidem perfectus in omnibus, ipse sibi æqualis et similis; totus quum sit lumen, et totus mens, et totus substantia et fons omnium bonorum; homo vero profectum percipiens et augmentum ad Deum. Quemadmodum enim Deus semper idem est, sic et homo in Deo inventus semper proficiet ad Deum. (*Contr. Hæres.*, lib. IV, cap. XI, n° 2.)

au moins que la cause purement cause ne change pas en agissant et que par conséquent le changement dans la cause n'est pas essentiel à l'action ; d'où l'on doit conclure, comme nous l'avons fait tout à l'heure, que si une cause change en agissant, ce n'est pas précisément parce qu'elle est cause, mais parce qu'elle n'est pas uniquement cause.

Mais que l'on regarde de plus près le texte de saint Irénée, et l'on y verra l'affirmation explicite qu'aucune cause ne change par le fait même qu'elle agit. En effet, ce texte est un argument syllogistique dont le but est de prouver que Dieu, en restant toujours identique à soi-même, fait progresser l'homme vers la perfection. « Dieu *fait*, l'homme *est fait* », voici la proposition particulière. — « Celui qui *fait* reste le même : ce qui *est fait* commence et progresse », voici la proposition générale, et cette proposition générale est exprimée en termes absolus, et expliquée par voie d'opposition. — D'une part, être fait, c'est devenir ; devenir, c'est partir d'un commencement et s'avancer vers sa perfection. — D'autre part, la cause ne devient pas, ne change pas, n'éprouve pas d'altération, reste identiquement dans le même état : *Qui facit, semper idem est.*

Ainsi, le Soleil n'éprouve aucun changement, lorsqu'il commence d'éclairer l'objet que l'on place dans les rayons. Une action nouvelle a lieu, un effet devient, un être subit une altération. Mais ce changement a lieu dans le sujet passif. Quant à la cause, elle reste la même, elle reste dans le même état : *Qui facit, semper idem est.*

3. — Des apparences contraires à ce principe.

Il semble pourtant que l'expérience ordinaire vienne donner tort à notre proposition. Toujours et partout sur notre terre, nous voyons qu'une modification dans la cause accompagne l'action. Pour mouvoir une pierre ne faut-il pas que ma main entre elle-même en mouvement? Et si nous passons aux phénomènes internes, notre conscience ne nous dit-elle pas que notre volonté ne meut ma main et mon bras qu'après avoir été modifiée par un nouveau vouloir? En un mot, l'observation nous montre que toujours l'action suppose une modification de la cause, pour que de cause en *puissance*, c'est-à-dire de cause pouvant agir, elle passe à l'état de cause *en acte*, et qu'elle entre *en action*.

Il est vrai, tel est le résultat fourni par l'étude des causes qui nous entourent. Mais la réponse à cette objection se trouve dans la phrase même qui met le mieux la difficulté en évidence.

Pourquoi faut-il ce changement, cette mutation dans la cause? C'est, dites-vous, pour que, *de puissance*, elle passe en *acte*, c'est-à-dire, pour que l'être qui *peut être* cause soit *actuellement* cause, c'est-à-dire encore pour que l'être qui n'est pas actuellement cause *devienne* actuellement cause. Donc il s'agit d'une cause imparfaite, d'une cause qui elle-même est un effet, et cette indigence d'un complément montre que par elle-même et elle seule elle n'est pas parfaitement cause.

Or le caractère métaphysique d'un être ne se tire pas de ses imperfections. Donc cette indigence des causes qui nous entourent ne peut nuire à la notion de cause pure et parfaite.

Remarquez-le d'ailleurs : toutes ces modifications que nous apercevons dans les causes ne sont pas précisément concomitantes de l'opération ; elles la précèdent au moins par une priorité de raison. Pour qu'un corps par son choc imprime un mouvement, il faut que lui-même ait déjà subi une impulsion. Si je me lève pour marcher, c'est que déjà un nouveau vouloir est venu modifier ma volonté.

Et qu'on n'objecte pas que cette priorité peut être simplement une priorité logique, car celle-ci me suffit ; elle me prouve, en effet, que mon esprit distingue et sépare la cause en tant qu'elle est modifiée, et la cause en tant qu'elle agit.

Donc encore une fois, toutes ces altérations sont nécessaires pour compléter la cause et la rendre immédiatement capable de causer. Mais une fois la cause rendue parfaite, que se passe-t-il de nouveau? La cause agit, c'est-à-dire, pose l'effet; — oui, mais la nouveauté est dans l'effet, non dans la cause.

Entrons cependant dans le détail des objections.

4. — Première objection : mouvements matériels.

Nous retrouvons ici les difficultés que déjà nous avons discutées. Ce devait être, puisque nous poursuivons toujours la même thèse sous une forme différente.

Nous avons soutenu que la cause ne change pas en agissant. Mais ne voyons-nous pas qu'une bille d'ivoire, après en avoir frappé une autre, n'a plus le même mouvement qu'auparavant? En agissant, elle a donc changé d'état. Voilà l'objection, et quelle est la réponse? Je n'irai pas la chercher bien loin. Je me contenterai de faire remarquer qu'on donne à ce phénomène le nom de *réaction*. La bille choquante agit, la bille choquée réagit; celle-ci subit une action, celle-là une réaction. — Qu'est-ce à dire, sinon que l'altération de mouvement de chaque bille a sa cause dans l'autre bille, et que là où nos sens n'aperçoivent qu'un choc indivisible, notre esprit devine deux actions et deux causes agissantes? Mais quelle considération a conduit la science à affirmer la coexistence de ces deux causes, sinon ce principe qu'une cause n'est pas altérée par son action et que, si le mouvement de la première bille est modifié, ce n'est pas parce qu'elle agit, mais parce qu'elle subit une action?

Le principe que nous défendons est donc moins inconnu qu'on ne le suppose. Il préside, sans qu'on s'en doute, à l'explication des phénomènes qui semblent le contredire, car c'est encore par la réaction de l'obstacle que l'on explique la locomotion spontanée des animaux.

5. — Deuxième objection : phénomènes vitaux.

Sensation, pensée, volition, autant d'opérations qui procèdent de la vie, et qui affectent l'être vivant. N'avons-nous pas là des causes qui changent par cela même qu'elles agissent?

Avant de répondre, je répète ce que j'ai déjà dit, lorsqu'on m'a opposé pour la première fois les phénomènes vitaux. La vie contient des mystères que je ne me charge pas d'expliquer ici. Ma seule obligation est de montrer que ce qui est connu clairement au sujet des opérations vitales n'infirme pas notre thèse.

Or, deux choses sont connues. La première est que les opérations vitales procèdent d'un principe intérieur d'activité; la seconde, que la faculté, pour produire son acte, a besoin d'une coopération étrangère.

Commençons par cette seconde donnée de la conscience. Pour que la vision se produise, il faut, dans l'état normal des choses, une action extérieure. Mais, avouez-le, l'objet ne change point par cela seul qu'il agit sur mon œil. De même, ma sensation ne change pas, parce qu'elle contribue, plus ou moins directement, à la production d'une pensée. De même encore, ma pensée ne change pas, parce qu'elle agit sur ma volonté. Qu'un autre explique, s'il le peut, ces influences mutuelles des facultés, et précise en quoi consistent ces causalités. Pour moi, je me contente de faire remarquer que nous n'avons pas encore trouvé dans tout ceci une seule cause qui changeât par le fait même et par le fait seul de son action.

Il est vrai, la difficulté vient surtout de ce que les phénomènes vitaux procèdent d'un principe intérieur. Ce principe d'activité est mystérieux, puisqu'il est précisément la vie. Cependant, il y a au moins une vérité bien connue et c'est la suivante.

La vie n'est pas une « qualité » qui advienne à l'être, et qui puisse, comme les qualités, subir des diminutions ou des accroissements. C'est un « degré d'être ». Il n'y a pas, pour l'être vivant, de distinction réelle entre vivre et exister. S'il cesse de vivre, par là même il cesse d'exister; mais tant qu'il existe, il vit. C'est ce qu'exprime Aristote par cette belle formule : *Vivere viventibus est esse*, « Vivre, c'est pour les vivants exister (1). » Et saint Thomas, qui cite ce texte, nous le fait mieux comprendre en ajoutant que le mot « Vivant » n'est pas un adjectif, mais un substantif (2).

Mais voyez la conséquence. Comme l'existence, la vie est donc une chose absolue, qui dans un même être reste invariable. Les opérations de la vie peuvent croître, décroître, varier; mais le principe d'activité n'est pas atteint par tous ces changements, pas plus que la substance n'est altérée par ses accidents, ou que le substantif ne change avec son adjectif.

Voici donc encore un principe d'action qui ne change pas en agissant.

Il est vrai; le sujet vivant est susceptible de modifications et de changements, parce qu'il est le théâtre des opérations vitales. Il change d'état, lorsqu'il advient une sensation, une pensée, un vouloir. Il change; mais parce qu'il reçoit, non parce qu'il agit. J'irai plus loin, il change; mais parce que sa vie est d'un ordre inférieur, et que son principe d'activité réclame une coopération extérieure. La vie parfaite, la vie qui se suffit totalement à elle-même, n'agite pas le sujet où elle réside; Dieu est absolument immuable, précisément parce que sa vie est infiniment parfaite.

---

(1) Τὸ δὲ ζῆν τοῖς ζῶσι τὸ εἶναί ἐστιν. (*De l'âme*, liv. II, ch. IV.)
(2) S. Thom., I, q. 18, art. 2.

6. — Importance de distinguer dans la cause ce qui est essentiel et ce qui est accidentel.

On ne peut avoir des idées trop claires sur la proposition actuelle, car elle est d'une très grande importance dans la théorie des causes. Je veux donc l'étudier encore par une méthode, indirecte, il est vrai, mais bien propre à l'éclairer. Elle consiste à montrer que nous nous faisons illusion, en mettant dans l'*essence* même de la cause ce qui n'est joint à la cause que d'une façon *accidentelle*. En d'autres termes, je veux appliquer au sujet qui nous occupe la distinction aussi subtile qu'exacte d'Aristote.

« La statue a pour cause autrement le statuaire et autrement Polyclète, car c'est un fait contingent, accidentel, que le statuaire soit Polyclète. C'est encore autrement que la statue a pour cause tout ce qui est contenu dans Polyclète ; car on peut dire que la cause de la statue est un homme, ou même un être vivant, puisque Polyclète est un homme, et un être vivant. Tout cela est accidentel par rapport à la statue, et l'on trouverait encore des qualités de Polyclète touchant de moins près au statuaire ; par exemple, si l'on ne disait pas simplement que la cause de la statue est Polyclète ou un homme, mais que c'est un blanc ou un musicien (1). »

Expliquons d'abord cette doctrine, pour en tirer ensuite parti.

La cause essentielle de la statue est un statuaire, c'est-à-dire un être capable de faire une statue. Qu'il se nomme Pierre, ou qu'il se nomme Paul, qu'il soit musicien ou poète, toutes ces qualités, unies dans un même sujet, ne sont qu'en relation accidentelle avec la cause efficiente de la statue. Il y aurait sophisme à conclure : Le musicien Polyclète a fait cette statue, donc l'œuvre d'un musicien est de sculpter le marbre ; ou bien encore : Polyclète, homme

---

(1) Aristote, *Métaphys.*, liv. V, chap. ii.

blanc, a fait cette statue, donc un nègre ne pourrait en sculpter une semblable. Il faut par conséquent, dans le sujet qui est cause, distinguer avec soin ce qui est essentiel et ce qui est accidentel à la causalité, et nous allons essayer de le faire dans le développement suivant.

7. — Le changement est accidentel dans la cause.

Voyez ce potier penché sur son tour où il façonne un vase de terre. Remarquez comme l'argile s'arrondit, se modèle et prend une forme de plus en plus gracieuse : *Quod fit et initium et medietatem et adjectionem et augmentum accipere debet*. Quant au potier, il reste toujours le même. Il n'est ni plus grand, ni plus petit, ni mieux, ni plus mal constitué : *Qui facit semper idem est*.

— C'est vrai, direz-vous, il est le même, mais il a cependant subi quelque changement. Qu'il soit grand, qu'il soit petit, qu'il soit borgne et boiteux, c'est accidentel à sa qualité de potier, j'en conviens avec Aristote, et je ne suis pas surpris de retrouver ces qualités les mêmes avant et après l'action. Mais dans son travail de potier, il s'est agité, il s'est fatigué, et la sueur, qui coule de son front, n'apparaissait pas tout à l'heure. Donc l'action détermine bien une mutation dans l'agent.

— Prenez garde : vous confondez encore ici une connexion accidentelle avec une connexion essentielle. Si la mutation de l'agent est essentielle à son action, il doit y avoir une relation entre l'action et la mutation ; à une même action, à un même effet, doit répondre une même mutation. En est-il ainsi? Pour en juger mettons à l'œuvre deux potiers. Tous les deux modèlent deux vases identiques ; mais l'un des ouvriers est habile, l'autre est un apprenti. Celui-ci se donne mille mouvements, sue et s'épuise : beaucoup de bruit, fort peu d'effet. L'autre est calme, et travaille sans fatigue : peu de bruit, bonne besogne. Pour deux effets identiques, voici, avouez-le, deux mutations bien différentes dans leurs causes.

— On reprend : La réponse précédente ne vient pas à la question. Le potier maladroit a subi une plus grande mutation, c'est incontestable; mais aussi il a exercé une plus grande action. J'avoue qu'une grande partie de cette action s'est dépensée en pure perte et ne s'est pas trouvée appliquée à l'effet qu'il fallait produire. Mais prenez-moi deux potiers aussi habiles l'un que l'autre et aussi habiles que vous voudrez, ils subiront la même mutation; elle sera aussi petite que vous voudrez, mais elle existera. Donc à toute action correspond une mutation dans l'agent, et cela par une connexion vraiment essentielle.

— Je prétends que ma réponse était bien à la question. En effet, dans cette réponse, je considère d'une part l'effet produit sur la terre pour former le vase, et de l'autre la mutation subie par l'ouvrier. Je constate que le rapport entre ces deux choses peut varier; d'où je conclus que ce rapport est accidentel. Mais, si vous le voulez, je vous suivrai dans votre nouvel exemple. Soient donc deux ouvriers également et parfaitement habiles : l'un est un homme, l'autre un enfant. Tous les deux s'y prendront exactement de la même manière. Et cependant l'enfant se fatiguera plus que l'homme et subira une plus grande altération. Or être homme ou enfant, par rapport à être potier, est une détermination contingente. Donc la mutation n'est qu'en relation accidentelle avec l'action.

On le voit, de quelque manière que l'on retourne la question, toujours on arrive au même résultat. Il est bien vrai que nous ne voyons fonctionner aucune cause efficiente, sans qu'il y ait mutation et altération dans le sujet agissant. Mais nous reconnaissons que cette altération, sans relation avec l'effet produit, ne dépend que des qualités de l'agent accidentelles à l'action. L'ouvrier malhabile se fatigue plus que l'ouvrier adroit, l'enfant plus que l'homme. Ne faut-il pas conclure de là que la mutation dans l'a-

CHAPITRE II. — PRINCIPE D'OPPOSITION.   163

gent est liée à l'imperfection de la nature, et que, par suite, elle répugne à la perfection de la cause? l'or e, il n'est pas essentiel à la cause de changer : *Non necesse est movens moveri*. Donc enfin, la cause ne change pas d'état, par cela seul qu'elle agit : *Qui facit, semper idem est*. Et si l'on veut connaître l'ouvrier parfait qui modèle l'argile, sans subir la moindre altération, il suffit d'élever les regards vers Celui dont il est dit : *Formavit Dominus Deus hominem de limo terræ* (1). — *Quasi lutum figuli in manu ipsius, plasmare illud et disponere* (2).

8. — Continuation de la même discussion.

Il est d'autant plus important de bien se pénétrer de ce principe, qu'il semble en continuelle contradiction avec les faits. Pour le mieux comprendre, laissons donc l'objection se poursuivre.

— Dans ce qui précède, on a considéré certaines altérations du sujet qui sont concomitantes à l'action, et il reste établi que ces concomitances sont accidentelles. Mais il y a des mouvements de l'ouvrier qui sont nécessaires à l'action. Il ne modèle l'argile qu'en appliquant ses doigts tantôt en un point, tantôt dans un autre, et s'il demeure complètement immobile, il ne paraît pas qu'aucun vase soit produit.

— C'est vrai ; mais analysons ces divers mouvements. Je vois deux choses à distinguer, le mouvement du doigt pour qu'il s'applique sur l'argile, et la pression qu'il exerce sur elle. Le mouvement du doigt est destiné au rapprochement nécessaire pour que l'action se produise. Mais on peut concevoir que ce rapprochement s'obtienne par un mouvement de l'argile. C'est ainsi que dans les scieries mécaniques, pendant que la scie tourne toujours de la

---

(1) Genèse, II.
(2) Eccli., XXXIII, 13.

même manière, ou n'a d'autre mouvement qu'un va-et-vient rapide, *qui facit, semper idem est,* la planche qu'il faut découper en ornements vient se présenter sous diverses positions aux dents qui produisent le dessin.

Reste donc la pression du doigt sur l'argile. Il est bien vrai que pour qu'il y ait empreinte, il faut que l'argile cède sous la pression, et que le doigt suive. Donc nous retrouvons encore ici un mouvement. Mais on peut concevoir, comme tout à l'heure, que ce mouvement nécessaire à l'action soit tout entier dans l'argile.

Lorsqu'on frappe une médaille, on peut s'y prendre de deux manières : ou bien le coin, mis en mouvement par le balancier, atteint le métal et le poursuit à mesure qu'il cède ; ou bien, le coin restant immobile, un levier comprime le métal et le force à pénétrer toujours davantage dans le moule.

Concluons que nulle part nous ne trouvons un mouvement de la cause véritablement essentiel à son action. Tous ceux que nous observons dans le sujet précèdent accompagnent ou suivent l'action, et rien, dans l'expérience prudemment analysée, ne nous oblige à supposer que la cause change parce qu'elle agit : *Non necesse est movens moveri.*

ARTICLE III

Troisième conséquence

L'ACTION EST DANS LE PATIENT

1. — « Actio transiens. — Actio immanens. »

Les scolastiques distinguent deux sortes d'actions. Lorsque l'agent et le patient sont des sujets différents, on dit que l'action est « passante », *actio transiens*. Lorsque l'action reste dans le sujet qui l'a produite, on dit que l'action est « immanente », *actio immanens ;* ces actions immanentes sont les actions vitales, telles que les sensations, les pensées, les volitions. Occupons-nous d'abord des actions de la première espèce, des actions « passantes ». Cette étude, en reproduisant l'enseignement précédent sous une autre forme, le fera mieux comprendre.

2. — Opposition de l'action et de la passion.

L'effet est ce qui est produit, la cause est ce qui produit l'effet. Mais comment s'opère cette production? On dit qu'elle est due à l'action de la cause. Qu'est-ce que l'*action?*

D'autre part, l'être sur lequel agit la cause subit cette action. Il éprouve et reçoit une modification, une transformation d'où résulte l'effet. Les scolastiques, appliquant ici le principe d'opposition, disent que l'agent agit et que le sujet de l'action pâtit. A l'action de la cause, ils opposent la passion de l'être qui subit l'action. Qu'est-ce que la *passion?*

Voilà deux nouveaux termes dans lesquels il nous faut étudier la causalité. La cause agit par son action; l'être qui contient l'effet le reçoit par une passion. Définir exactement l'action et la passion, c'est se rendre un compte exact de la causalité.

Or, de même que c'est l'effet qui nous conduit à la cause par la voie du mieux connu au moins connu, de même, c'est l'étude de la passion qui doit prévenir et préparer l'étude de l'action.

3. — De la passion.

Lorsque le sculpteur fouille de son ciseau le bloc de marbre, à chaque coup de marteau un éclat se détache.

La forme du bloc change d'autant. Avant, elle était anguleuse ; maintenant, elle est plane ou arrondie. Il y a donc eu altération, mutation, modification.

Remarquez avec soin la terminaison commune à toutes les expressions précédentes, car, ici comme bien souvent, le langage le plus vulgaire est l'interprète de la plus profonde métaphysique. Tous ces mots indiquent le passage d'un état à un autre, et tous dérivent du passif.

Cependant ils ne signifient pas simplement l'effet. L'effet produit par le marteau est la nouvelle forme du marbre. Quant à la *modification*, elle implique de plus dans son concept une relation entre la forme présente et la forme passée, entre l'état actuel du marbre et son état précédent. En définitive, elle est l'effet lui-même, mais considéré comme *advenant* au marbre. Et voilà pourquoi l'on dit également : le coup de marteau a produit cette forme, et le coup de marteau a produit cette modification du bloc.

Il faut répéter la même chose de la « passion ». Elle, non plus, n'est pas autre que l'effet considéré comme subi par le sujet auquel il advient.

Le coup de marteau donné, qu'y a-t-il donc de réellement nouveau ? — Une nouvelle forme. Considérée en elle-même, cette forme est *devenue* existante, elle est un *effet*. Cet effet, considéré dans le marbre, est une *modification* du sujet. Enfin, cette modification, considérée comme advenant du dehors au sujet qui la subit, est une *passion* de ce même sujet.

4. — L'action n'est pas dans la cause.

Et l'action ? — qu'est-ce ? — où est-elle ? Disons d'abord qu'elle n'est pas une modification de la cause. La preuve en est simple et péremptoire. La cause, nous le savons, ne change pas en agissant, donc elle ne se modifie pas par son action. Donc enfin l'action est hors de la cause.

« Si l'action est dans la cause, dit Aristote, le mouvement sera dans le moteur. On devra raisonner de la même façon, soit du moteur, soit du mobile, de sorte que, ou bien tout moteur sera mû, ou bien le sujet en mouvement ne sera pas mû (1). »

Le langage vulgaire ne dit-il pas : l'action *provient* de la cause, l'action *part* de la cause?

5. — L'action n'est pas une réalité intermédiaire entre la cause et l'effet.

Au premier aspect, l'action nous apparaît comme une sorte de flux qui part de la cause et qui se termine à l'effet, ou comme une sorte d'intermédiaire entre la cause et l'effet. Nous disons que le sculpteur produit une statue par son action, à peu près comme nous disons qu'il la produit par son marteau.

Mais épurons notre concept.

D'abord l'action n'est pas l'instrument de la cause; car un instrument est lui-même une cause, cause subordonnée, cause dirigée, cause mise en mouvement, tout cela est vrai, mais enfin cause agissante. Or dire que l'action est un agent, c'est exprimer une proposition qui répugne dans les termes. L'action est produite par la cause; elle n'est pas une cause.

En second lieu, l'action n'est pas une réalité qui sort de la cause, et qui se propage jusqu'à l'effet; car cette réalité intermédiaire, qui ne serait ni dans la cause ni dans l'effet, serait une réalité existant en elle-même, c'est-à-dire une substance. Qui jamais osa soutenir une conception aussi grossière (2) ?

Il est vrai, dans les transmissions de mouvements matériels, nous voyons souvent qu'un corps en ébranle un autre par l'intermédiaire d'un milieu substantiel, le mou-

---

(1) *Physiq.*, liv. III, chap. III.
(2) Voir Scot, lib. IV, distinct. 13, quest. 1.

vement se propageant de proche en proche, et l'action passant de l'agent au patient comme l'eau parcourt un canal pour passer de la source à l'étang. Mais, dans tous ces cas, nous avons affaire à une série continue et successive de causes et d'effets; et si nous voulons étudier l'élément même de cette propagation, nous sommes forcément ramenés à ce principe, qu'entre la cause *prochaine* et son effet *propre*, il n'y a pas d'intermédiaire.

6. — L'action est dans le sujet passif.

Si l'on cherche dans le Dictionnaire de l'Académie la définition du mot *passif*, on lit : « Passif, qui reçoit l'action ». C'est en effet dans le sujet sur lequel agit la cause qu'il faut aller chercher l'action, puisqu'elle n'est ni dans l'agent, ni entre l'agent et le patient.

Et remarquez comment l'action porte dans son nom même sa caractéristique. La terminaison passive de ce mot dénote le mouvement, la mutation, toutes choses qui sont essentiellement dans le sujet passif.

L'action est dans le patient : *Actio est in passo*. Telle est la conclusion énergiquement affirmée par Aristote.

« Il ne répugne pas, dit-il, que l'action de l'un soit dans un autre; car l'instruction est l'action de l'instructeur, et elle est tout entière dans l'élève instruit. C'est dans celui-ci l'action de celui-là, τοῦδε ἐν τῷδε.

« Il n'en résulte pourtant pas qu'en enseignant on s'instruise, ou qu'agir et souffrir soient identiques. Car ces choses ne répondent pas à un même concept, comme les mots : habit et vêtement; mais elles sont une même chose, à peu près comme il n'y a qu'une route de Thèbes à Athènes, et d'Athènes à Thèbes.

« Ainsi donc, bien que l'instruction donnée et reçue soit une même et unique réalité, instruire n'est pas apprendre ; de même que, bien qu'il n'y ait qu'une distance entre deux villes cette distance peut être comptée en deux sens différents (1). »

---

(1) *Physiq.*, liv. III, chap. III

Admirable analyse où triomphe la subtilité du Stagirite! Tâchons de la bien comprendre, et nous aurons une notion exacte de l'action.

7. — Notion exacte de l'action.

Toutes les fois qu'il y a action, nous devons distinguer deux sujets différents, l'agent et le patient. L'agent reste toujours le même avant, pendant et après son action. Le patient change, il éprouve une altération; en lui s'effectue une mutation, *motus*, κίνησις, et lorsque cette mutation est opérée, lorsque cette modification est terminée, le sujet passif est autre qu'il n'était. *Il est devenu ce qu'il a été fait*, et il contient l'effet produit par l'agent.

Or cet effet est comme le nœud de plusieurs relations, et par conséquent il peut être conçu à divers points de vue. Considéré en lui-même, c'est un être ou un état d'être; comparé à l'état précédent du sujet, c'est le terme d'une *mutation*, d'une modification.

Cette *mutation*, à son tour, peut être considérée de diverses manières : en elle-même, elle est une succession d'états différents; considérée par rapport au sujet où elle a lieu, elle est une *passion* du sujet passif; enfin, considérée par rapport au sujet qui en est cause, elle est une *action* du sujet actif.

Action, passion, mutation, effet, ne répondent donc qu'à une seule et même réalité. Mais la passion et l'action s'opposent dans leur concept formel, la première disant une relation au patient, et la seconde une relation à l'agent; comme le sens n'est pas le même, d'Athènes à Thèbes, et de Thèbes à Athènes.

« Et pour tout dire, l'action n'est pas identique à la passion, bien que toutes les deux soient identiques au mouvement produit. Car il y a différence entre dire d'une même réalité : C'est l'action de celui-ci dans celui-là, ou bien : C'est l'actualité de celui-ci provenant de celui-là, τὸ γὰρ τοῦδε ἐν τῷδε, καὶ τὸ τοῦδε ὑπὸ τοῦδε ἐνέργειαν εἶναι, ἕτερον τῷ λόγῳ (1). »

8. — Des actions immanentes.

J'ai dit plus haut qu'on appelle actions *immanentes* les opérations vitales, telles que les sensations, les pensées, les désirs et les vouloirs. Or leur nom même, en signifiant que ces actions demeurent dans le sujet qui les produit, semble contredire le principe que nous venons d'établir. Il y a, pour le moins, lieu de rechercher si l'on ne doit pas user de restriction, lorsqu'on affirme que toujours l'action est dans le patient.

En présence de ces faits de l'ordre vital, on peut choisir entre deux voies contraires. La première consiste à admettre que, dans les actions dites « immanentes », l'action réside formellement dans l'agent considéré comme agent. Mais on se trouvera alors engagé plus qu'on ne voudrait. Il faudra conclure qu'un être peut agir sur lui-même, se mouvoir lui-même, et que le même peut, à la fois et sous le même rapport, être moteur et mobile. En un mot, on devra renoncer à la doctrine que saint Thomas formule si nettement dans ce texte que nous connaissons déjà :

---

(1) *Physiq.*, liv. III, chap. III. — On peut lire avec profit cette question traitée par Fonseca (*Metaphys*, lib. V, cap. XV, qu. 8). — Mais, comme il importe de bien connaître la doctrine de saint Thomas, et que certains textes sont difficiles à accorder ensemble, j'engage à étudier la discussion à laquelle s'est appliqué le célèbre dominicain François Silvestri (surnommé *Ferrariensis*), dans ses commentaires sur la *Somme contre les Gentils*, liv. II, chap. I, II, conclut ainsi :

« Puto igitur de mente S. Thomæ et Philosophi, quod actio essentialiter sumpta sit in patiente subjective, licet relatio quam connotat sit in agente. Agens enim per virtutem suam appropinquatam passo disposito producit formam, de esse imperfecto ad perfectum procedendo (loquendo de agente cum motu); et ipsa forma existens sub esse imperfecto cum tendentia ad perfectum, dicitur *actio* connotando respectum agentis ad id quod fit. »

Et plus loin, en expliquant un texte qu'on lui oppose :

« In illis locis, loquitur S. Thomas de actione quantum ad relationem connotatam; relatio enim importata nomine *actionis* est in agente, et relatio importata nomine *passionis* est in patiente. Et universaliter ubi dicitur a S. Thoma actionem esse in agente, intelligendum est aut de relatione per actionem importata aut de actione immanente. »

Impossibile est quod, secundum idem et eodem modo, aliquid sit movens et motum, vel quod moveat seipsum. Omne ergo quod movetur, oportet ab alio moveri (1).

Mais partir de faits aussi mystérieux que la vie elle-même, pour aboutir à nier des principes d'évidence première, est une méthode condamnée par la saine logique.

Fidèle, au contraire, à cette règle qu'il faut partir du mieux connu pour aller au moins connu, l'école péripatéticienne s'est appliquée à rendre compte des phénomènes vitaux par les maximes incontestables de la métaphysique. Avant tout, elle tient à sauvegarder le grand principe de la distinction entre l'agent et le patient. De là, sa théorie de l'intellect passif et de l'intellect agent. De là, son attention à analyser les motions réciproques des facultés : l'intelligence appliquant la volonté à l'acte en lui montrant le bien, et la volonté agissant sur l'intelligence pour la faire entrer en exercice. Toujours nos docteurs ont soin de montrer que le moteur n'est pas le mobile : *et sic patet quod non est idem movens et motum secundum idem* (2). Partout où ils reconnaissent une modification dans un sujet, ils l'attribuent à la passivité et non à l'activité, car un être ne reçoit rien par son action : *agens, in quantum est agens, non recipit aliquid, sed in quantum agit motum ab alio, sic recipit aliquid a movente* (3).

Par conséquent, lorsqu'on dit que les actions immanentes demeurent dans l'agent lui-même, on doit prendre cette proposition, non dans le sens formel, mais uniquement dans le sens matériel. Ne peut-on pas dire aussi, dans ce dernier sens, qu'une locomotive se meut elle-même, qu'elle agit sur elle-même, que son action demeure en elle-même, puisque toutes les actions et les réactions des divers organes sont contenues dans la machine? Bien

---

(1) S. Thom., I, q. 2, art. 3.
(2) Id,. I, II, q. 9. art. 1, ad 3ᵘᵐ.
(3) Id., I, II, q. 51, art. 2. ad 1ᵘᵐ

plus, ne doit-on pas dire que le feu met en mouvement toute la machine, et que la machine entraîne le feu? Et cependant, si on analyse le système, on reconnaît qu'il y a toujours distinction entre la pièce motrice et celle qui subit l'action, et qu'on ne trouve pas un seul organe qui soit à la fois moteur et mobile sous le même rapport.

Sans doute, on ne peut assimiler à un mécanisme matériel le système de nos facultés spirituelles, puisque d'un côté tout est inerte, de l'autre tout est actif. Mais cette activité elle-même ne peut se déployer sans une intervention étrangère. Car rien ne peut passer de la puissance à l'acte, sinon par l'influence d'un être déjà en acte : *nihil reducitur de potentia in actum nisi per aliquod ens actu* (1).

D'ailleurs, celui qui voudrait pénétrer plus intimement dans le jeu actif de la vie et considérer la pensée et la volition en tant qu'elles procèdent des facultés, reconnaîtrait bientôt que ces opérations diffèrent plus que spécifiquement des *actions* proprement dites. Il y parviendrait par l'étude des *passions* correspondantes; car, lorsqu'on applique aux opérations spirituelles, considérées en elles-mêmes, les mots « passion, motion », on détourne ces termes de leur signification primitive (2). Qu'on lise saint Thomas expliquant cette sentence d'Aristote : « Penser, c'est une sorte de pâtir »; cette passion, dit-il, n'est ni un dommage, ni une modification, mais uniquement un passage de la puissance à l'acte (3). Aussi doit-on comparer la présence de la pensée dans l'intelligence, à la présence des images dans un miroir qui les reçoit sans subir ni modification ni altération aucune (4).

Or de la nature de la passion on doit conclure à la

---

(1) S. Thom., I, q. 79, art. 3.
(2) Moveri et pati sumuntur æquivoce, secundum quod intelligere dicitur esse quoddam moveri vel pati. (S. Thom. I, q. 14, art. 2, ad 2 um.)
(3) S. Thom., I, q. 79, art. 2.
(4) Voir S. Thomas, *Physic.*, lib. VII, lect. 6 et Alb. le Grand, *Phys.*, lib. VII, tract. I, cap. I.

nature de l'action. Force est donc de convenir que ce qu'on nomme la pensée est moins une action proprement dite résultant d'une cause efficiente, que l'acte second d'une faculté active (1).

Je m'arrête, car je m'aperçois que je m'engage dans une grave question. D'ailleurs, en ce qui regarde notre sujet, les considérations précédentes suffisent, je pense, pour qu'on ne puisse plus opposer les actions immanentes au grand principe : « L'action est dans le patient », *Actio est in passo.*

9. — Résumé de ce chapitre.

Pour expliquer le principe d'opposition entre la cause et l'effet, il a été nécessaire de l'étudier sous toutes les faces. Mais il a pu en résulter un certain éparpillement de l'esprit sur un grand nombre de discussions. Il convient donc de résumer brièvement toute cette doctrine dans un enseignement facile à retenir.

Le principe d'opposition est contenu tout entier dans cette formule : « L'agent agit, — Le patient pâtit. » De cette formule se déduisent trois conclusions que nous avons développées dans trois articles successifs : L'agent et le patient sont différents, — l'agent ne change pas par son action, — l'action est dans le patient.

A vrai dire, ces propositions sont moins des conséquences distinctes que des formules différentes pour exprimer le repos actif de la cause et le mouvement de l'effet. Mais cette diversité est utile, parce qu'elle fait pénétrer dans l'esprit, de plusieurs manières, cette vérité que *la cause, en tant que cause, ne change pas.* Vérité bien importante,

---

(1) Voir le traité de S. Thomas, *De sex principiis.* On y lit : «Actio immanens non est causa effectiva rei ut sit in actu, sed est idem quod esse in actu... Hæc autem actio immanens non est directe in prædicamento actionis. » (Tract. 1, cap. I.)

et qu'on doit avoir toujours devant les yeux, si l'on veut marcher d'un pas assuré dans l'étude des causes.

Je l'avoue, il semble à première vue que les faits contredisent cette proposition. Les apparences contraires nous ont entraîné dans de longues et pénibles analyses, surtout quand il a été question des phénomènes vitaux. Mais toutes ces difficultés proviennent de ce que nous avons pris nos exemples parmi les créatures, c'est-à-dire parmi les causes secondes. Or, quelque active que soit une créature, elle est nécessairement passive; elle subit l'action d'autres causes, au moins celle de la Cause Première. Rien d'étonnant, si nous observons des modifications dans ces causes pendant qu'elles agissent, puisque nous avons affaire à des sujets qui sont à la fois agents et patients.

Mais le travail du philosophe est de discerner l'action qui procède de l'agent et la passion qui demeure dans le patient. Par là, il affine le concept qu'il s'est formé de la causalité, et il parvient à concevoir la cause pure comme une activité qui, sans sortir de son repos, meut et agite les sujets de son action.

Me direz-vous qu'un tel concept ne s'applique qu'à la Cause Première? — Je vous répondrai : C'est bon signe; c'est la marque que nous sommes dans la bonne voie, puisque l'étude des causes doit conduire l'homme à la connaissance de la Cause Première; c'est le témoignage que nous avons une notion exacte de la causalité pure, puisque nos conclusions sont vérifiées dans la cause purement cause, dans la cause qui n'est que cause.

Ceci m'amène à rappeler à l'attention du lecteur une remarque que j'ai faite au commencement, et qui ne cessera pas d'avoir son application dans tout le cours de cet ouvrage. Qu'il s'agisse de la cause efficiente, ou de la cause exemplaire, ou de la cause finale, toutes les fois que nous parviendrons au concept de la causalité pure, nous nous trouverons en face de la Cause Première. Pourrait-il en être autrement? Ne faut-il pas que les propositions relatives à la causalité pure s'appliquent à la cause purement cause? Alors, et alors seulement, elles sont exactes d'une façon absolue, sans restriction, sans distinction, sans explication. Certes, lorsqu'il s'agit d'une cause seconde, ces mêmes propositions restent encore vraies ; mais pour être exact et prévenir de fausses interprétations, on doit ajouter qu'elles ne s'appliquent à la cause seconde que dans la mesure où celle-ci participe à l'honneur de la causalité.

Terminons ce chapitre en rappelant une belle sentence de saint Thomas. En même temps que nous y trouvons résumée toute la doctrine sur le principe d'opposition, nous y apprenons comment on doit tenir compte des passivités essentielles aux causes secondes, sans déroger aux lois métaphysiques de la causalité.

Agens, in quantum est agens, non recipit aliquid. Sed in quantum agit motum ab alio, sic recipit aliquid ab alio (1).

C'est-à-dire : les modifications qu'éprouve une cause seconde en agissant ne résultent pas précisément de ce qu'elle agit, mais elles proviennent de ce que, pour agir, elle doit subir une influence extérieure. Si donc elle est modifiée, c'est par le fait d'une action subie ; mais, en tant qu'elle agit, elle ne change pas.

---

(1) S. Thomas, I, II, q. 51, art. 2, ad 1um.

CHAPITRE III

PRINCIPE D'UNION

ARTICLE I

CLASSEMENT DES CAUSES

1. — Importance du principe d'union.

Le problème de toute science est la recherche des causes, et le problème de la métaphysique, « scientia prima », est la recherche des « causes premières ». *Philosophia est cognitio rerum per altissimas causas.*

Or c'est par les effets que nous devons remonter aux causes; car les effets, c'est-à-dire les phénomènes, sont l'objet immédiat de nos perceptions sensibles. Il faut donc que l'intelligence nous fournisse directement et immédiatement des principes qui nous fassent juger des causes inconnues par les effets connus.

A la vérité, le principe d'opposition nous montre bien ce que n'est pas la cause. Un effet étant donné, nous pouvons dire : La cause n'est pas ceci, n'est pas cela; mais nous ne pouvons tirer encore aucune conclusion positive sur sa nature.

Notre science des causes serait donc toute négative, si nous n'avions pas un second principe qui nous permît de pénétrer dans la cause elle-même.

CHAPITRE III. — PRINCIPE D'UNION.

Ce principe est le principe de l'union entre l'effet et la cause. Il est donc très important de le bien comprendre et de le bien établir.

2. — De diverses sortes de causes.

Mais, avant de nous engager dans cette belle question, il convient d'opérer dans les causes efficientes un certain triage qui aplanira bien des difficultés.

On donne le nom de *cause* à tout ce qui influe efficacement sur la production d'un effet. De là résulte qu'il y a des causes d'espèces différentes que l'on doit distinguer suivant leurs influences sur l'effet.

Ainsi, on appelle cause *principale* la cause à laquelle on peut attribuer l'effet proprement et sans plus d'explications. Le sculpteur est la cause principale de la statue. Quant au ciseau, il est la cause *instrumentale* de cette même statue.

On distingue encore la cause *immédiate* de l'effet et la cause *médiate*. Dans une locomotive, le feu produit *immédiatement* la tension de la vapeur, et *médiatement* le mouvement des pistons.

De même, on nomme cause *totale* celle qui produit son effet à elle seule, et cause *partielle* celle qui ne peut agir sans le concours d'une autre cause du même ordre. Le soleil est cause *totale* de la chaleur reçue par la terre; lorsque deux chevaux tirent un chariot, chacun est cause *partielle* du mouvement produit.

Il y aurait encore beaucoup à dire sur la classification des causes, ce qui sera l'objet d'un livre tout entier. A mesure qu'il en sera besoin, nous ferons connaître les distinctions nécessaires. Mais déjà nous pouvons tirer parti de ce qui précède.

Évidemment, c'est dans les causes parfaitement causes que doivent briller dans tout leur éclat les lois métaphysiques de la causalité, lois trop souvent masquées par les défectuosités des causes imparfaites. Par conséquent, si nous voulons comprendre les relations qui unissent la cause à l'effet, nous devons nous adresser à une cause *parfaite;* et j'appelle ainsi une cause à la fois « principale, immédiate et totale ».

Plus nous purifierons le concept d'une telle cause, plus notre tâche deviendra facile, lorsque nous la comparerons ensuite à son effet. Opérons donc dès maintenant une première élimination des causes imparfaites.

3. — Causes « déterminantes ». — Causes « effectives ».

Parmi les causes, les unes sont proprement les causes *effectives,* les autres ne font que *déterminer* l'action des premières.

Une pierre tombe; la cause de sa chute est la pesanteur. Mais cette pierre était d'abord soutenue par un fil qui a été tranché par des ciseaux; les ciseaux sont donc aussi la cause de la chute de la pierre. A cette question : Pourquoi cette pierre tombe-t-elle? on peut répondre : Parce que la pesanteur l'entraîne, ou bien : Parce que les ciseaux ont coupé le fil qui la retenait. Mais qui ne voit de prime abord la différence qu'il y a entre ces deux réponses? La première donne la raison intrinsèque du phénomène; la seconde apprend pourquoi le phénomène a lieu maintenant.

Supposez variable l'action de la pesanteur, le mouvement de la pierre sera différent. — Supposez les ciseaux grands ou petits, de fer ou d'acier, mus lentement ou brusquement, pourvu que le fil soit coupé, le mouvement de la pierre sera le même.

La cause *effective* de ce mouvement est la pesanteur. La cause *déterminante* réside dans les ciseaux.

4. — Les causes effectives sont les seules causes proprement dites.

L'effet dépend donc essentiellement de sa cause effective. Le mouvement de la pierre est lié intrinsèquement aux lois de la pesanteur ; de même, le mouvement de la balle qui sort d'un fusil résulte de la nature de la poudre. Mais l'effet ne dépend qu'accidentellement de la cause déterminante.

Remplacez les ciseaux par un tison qui brûle le fil, par une dent qui le ronge, par un acide qui le détruise, pourvu que le lien se rompe, la pierre tombera et tombera de la même manière. Remplacez la gâchette et son mécanisme par un marteau, ou par une étincelle enflammant la poudre, le mouvement de la balle sera identiquement le même.

Donc, si l'effet peut nous instruire sur la nature de sa cause effective, il ne peut en aucune façon nous faire connaître sa cause déterminante, puisqu'il n'a avec elle qu'une liaison accidentelle.

Nous pouvons présenter cette même considération sous une forme plus métaphysique, en rappelant un raisonnement déjà employé pour distinguer les causes des conditions *sine qua non*.

L'essence et l'existence ne sont pas deux réalités différentes et séparables, qui s'ajoutent et se composent pour former l'être existant. Chaque être existe tel qu'il est, et n'existe que tel qu'il est. Il en résulte que l'on ne peut pas séparer les causes de l'existence et les causes de l'existence telle qu'elle est. Donc, une cause n'est cause d'une existence, qu'en tant qu'elle est cause de l'existence telle qu'elle est.

Cette réflexion nous fait clairement comprendre la différence entre les causes effectives et les causes déterminantes. Les premières, seules, sont véritablement causes de l'effet produit ; ce sont les vraies causes *efficientes*, et c'est d'elles que nous aurons uniquement à nous occuper dans cet article ; car l'effet n'a de relation essentielle et métaphysique qu'avec sa cause effective.

Quant aux causes déterminantes, nous aurons plus tard à dire pourquoi elles méritent le nom de causes.

5. — Cause « in fieri ». — Cause « in esse ».

Opérons une nouvelle élimination.

Lorsqu'un sculpteur travaille à une statue de marbre, la forme du bloc change progressivement. Ce changement, ou, comme disaient les anciens, ce mouvement, *motus*, se poursuit tant que le statuaire agit, et, lorsque la cause cesse d'agir, le mouvement s'arrête. Ainsi, le sculpteur est cause de la mutation, de la modification, de la transformation ; et ces mots par leur terminaison indiquent tous un changement, un mouvement. Quant à la statue, elle est le terme de ce mouvement, et l'action du statuaire, peu à peu et par toutes ces mutations, pousse le marbre vers ce terme.

Le sculpteur est donc la cause qui fait passer la statue de l'état de possibilité à l'état d'existence. Il est la cause du *devenir* de la statue ou, pour employer l'expression scolastique, il est cause *in fieri*. Lorsqu'il agit et tant qu'il agit, l'effet est en voie de production, l'effet « devient », *fit effectus*. Lorsqu'il s'arrête, l'effet ne change plus, l'effet « est devenu » ce qu'il est, *factus est effectus*.

Voici que l'artiste a donné le dernier coup de marteau. Il n'agit plus, et cependant la statue persiste. Il meurt, et son œuvre lui survit. L'effet ne dépend plus de la cause qui l'a produit. — Mais alors quelle est la raison de sa permanence, de son existence hors de cette cause ? Chacun vous répondra que la statue se maintient par la solidité du marbre, c'est-à-dire, par la cohésion intérieure qui s'oppose à la séparation de ses parties. Telle est la cause actuelle de la statue, la cause de son existence, et, suivant le langage scolastique, la cause *in esse*. Que cette cause persiste, l'effet persistera ; que cette cause cesse d'agir, l'effet périra. — La statue est-elle en bois ? le feu la réduit en cendre. — Est-elle en neige ? le soleil la fond en eau.

En résumé, c'est par la cause *in fieri* que tout être

« devient », et par la cause *in esse* que tout être « existe ».

Or chacune de ces causes est insuffisante et requiert le concours de l'autre. Jamais les forces physiques du marbre ne transformeront un bloc grossier en statue gracieuse. Jamais non plus, le sculpteur ne pourra tirer une statue d'une boue coulante ou d'un sable mouvant. Prises séparément, ni la cause *in fieri*, ni la cause *in esse* ne sont donc causes totales. Chacune d'elles est une cause imparfaite qu'il nous faut écarter pour concentrer notre attention sur la cause parfaite.

6. — Cause totale.

Lorsqu'un arc-en-ciel se dessine au sein de la nue, qui l'a produit? — Un rayon de soleil. — Qui le maintient? — le même rayon.

Le rayon de soleil est donc successivement cause *in fieri* et cause *in esse* du phénomène lumineux, ou mieux, il en est toujours la cause unique et totale.

Mais l'arc, qui n'existait pas d'abord, est venu à l'existence dans laquelle il persévère, et par suite, nous devons distinguer en lui le *devenir* et l'*exister*. Puis, transportant cette distinction dans la cause qui reste toujours identique à elle-même, nous disons que cette cause, d'abord cause du *devenir* puisque l'arc est devenu par elle, est ensuite cause de l'*existence* puisque l'arc existe par elle. « Non remanet aer illuminatus, nec ad momentum, cessante actione Solis (1). »

Tel est l'exemple que Dieu a placé sur nos têtes pour être l'image de la Cause infiniment pure, parfaite et totale.

Écoutons saint Augustin :

Neque enim, ut dicebamus, sicut operatur homo terram, ut culta atque fecunda sit, qui cum fuerit operatus abscedit,

---

(1) S. Thom., I, q. 104, art. 1.

relinquens eam vel aratam, vel satam, vel rigatam, vel si quid aliud, manente opere quod factum est cum operator abscesserit : ita Deus operatur hominem justum, id est, justificando eum, ut si abscesserit, maneat in abscedente quod fecit. Sed potius sicut aer præsente lumine non factus est lucidus, sed fit; quia si factus esset, non autem fieret, etiam absente lumine lucidus maneret : sic homo Deo sibi præsente illuminatur, absente autem continuo tenebratur, a quo non locorum intervallis sed voluntatis aversione disceditur (1).

Remarquez cette phrase du grand Docteur : *Aer non factus est lucidus, sed fit.* Par cette expression on n'entend pas que l'air soit dans un perpétuel devenir, puisque au contraire, il est actuellement lumineux et qu'il ne s'opère plus de changement en lui. Mais on veut dire que si l'air est et demeure lumineux, c'est en vertu d'une perpétuelle illumination, perpétuelle action de la cause et perpétuelle passion du sujet; et par là on nous fait comprendre comment l'opération de la cause reste la même, soit qu'on la considère comme cause *in esse,* soit qu'on la considère comme cause *in fieri.*

Concluons que la cause efficiente « principale, totale et immédiate » est celle qui est à la fois cause du devenir et cause de l'existence, cause de l'existence par cela même qu'elle est cause du devenir. C'est donc dans une telle cause qu'il faut étudier les grandes lois de la causalité ; par conséquent, c'est de celle-là seule qu'il sera question dans l'article suivant.

ARTICLE II

COMMENT LA CAUSE CONTIENT L'EFFET

1. — Texte important de saint Thomas.

Saint Thomas, pour démontrer la perfection divine, s'appuie sur un principe qu'il expose comme il suit:

---

(1) S. Augustin., *De Genesi ad litter.*, lib. VIII, cap. xii.

CHAPITRE III. — PRINCIPE D'UNION. 183

Quidquid perfectionis est in effectu oportet inveniri in causa effectiva, vel secundum eamdem rationem, ut homo generat hominem : vel eminentiori modo, si sit agens æquivocum, sicut in Sole est similitudo eorum quæ generantur per virtutem Solis.

Manifestum est enim quod effectus præexistit virtute in causa agente. Præexistere autem in virtute causæ agentis, non est præexistere imperfectiori modo, sed perfectiori; licet præexistere in potentia causæ materialis sit præexistere imperfectiori modo, eo quod materia hujusmodi est imperfecta; agens vero in quantum hujusmodi est perfectum (1).

Tout cet article va être employé à développer et à expliquer ce passage important. Pour procéder avec ordre, je distinguerai deux propositions dans la démonstration de notre Docteur.

Première proposition : L'effet préexiste virtuellement dans la cause efficiente, — *Effectus præexistit virtute in causa agente.*

Seconde proposition : Il préexiste d'une façon plus parfaite qu'il n'existe en lui-même, — *Præexistit perfectiori modo.*

Expliquons tour à tour chacune de ces propositions.

2. — Première proposition : « Effectus præexistit virtute in causa agente ».

Cette proposition signifie-t-elle simplement que la cause, antérieurement à la production de l'effet, possède déjà le pouvoir de le produire? S'il en était ainsi, il n'y aurait d'affirmé que la préexistence de la cause à l'effet; et on n'en pourrait déduire que des conséquences bien courtes.

Mais tel n'est pas le sens de cet adage. Il affirme que, dans l'être même de la cause, on doit trouver, en quelque manière réelle, tout l'être, toute la perfection de l'effet. C'est la même affirmation qu'on prononce sous une forme

---

(1) S. Thomas, 1, q. 4, art. 2.

plus vulgaire et plus proverbiale : Personne ne donne ce qu'il n'a pas, *Nemo dat quod non habet.*

On aperçoit sans peine quelle doit être la fécondité d'un tel principe, et comme il importe de l'établir sur des preuves solides.

Or, si l'on demande à saint Thomas la démonstration de cette proposition fondamentale, il se contente de faire appel à l'évidence immédiate : *Manifestum est.*

Si l'on s'adresse à l'émule de saint Thomas, Scot nous répond, lui aussi, qu'on est en présence d'une vérité première.

Licet ista propositio : « Simpliciter imperfectius secundum speciem vel genus, non potest esse totale principium activum respectu perfectioris » sit mihi æque nota sicut aliqua in philosophia, qua negata, nescirem probare aliquem ordinem entium; imo nec quod primum ens est perfectissimum; imo posset proterviendo dici, quod totum universum et quodlibet in eo factum esset a musca. Tamen probo dictam propositionem aliqualiter.

Et après des explications qui sont plutôt des éclaircissements que des preuves, il ajoute :

Dico ergo, quod propter nullas instantias partiales, neganda est ista propositio universalis, quæ nota est ex terminis, quod totale causans æquivocum est perfectius, quia non æque perfectum : species enim se habent ut numeri (1).

Ainsi, d'après Scot, il est évident que la cause ne peut être moins parfaite que l'effet, et il en conclut que si l'effet n'est pas de même nature que la cause, cette dernière est plus parfaite que son effet.

Laissons de côté, pour le moment, cette dernière conclusion. Constatons uniquement cet accord de toutes les écoles à admettre, comme une vérité évidente, que toute la perfection de l'effet est contenue dans la cause.

---

(1) Scot., lib. IV, distinct. 12, q. 3, n° 12.

3. — Raison dernière de cette proposition.

Je l'ai dit plus haut, il ne peut y avoir en métaphysique que deux doctrines fondées sur deux propositions formellement contradictoires l'une à l'autre. Suivant la doctrine Hégélienne, l'être procède du non-être ; l'existence découle du devenir. Suivant la doctrine traditionnelle, l'être procède de l'être, le devenir provient de l'existence. Pour nous, restons fidèles au drapeau sous lequel nous nous sommes rangés.

L'existence précède la possibilité. Voilà donc la vérité première, l'axiome fondamental. — Mais voyez quelle conséquence lumineuse en découle aussitôt. Un axiome est vrai, non seulement en général, mais dans chaque cas particulier. Donc, pour chaque chose en particulier, pour chaque être pris individuellement, l'actualité précède la possibilité, le devenir procède de l'existence. Donc pour qu'une chose soit possible, pour qu'elle puisse devenir, il faut qu'elle soit déjà, il faut qu'elle existe déjà de quelque manière. Avant d'exister en soi, il faut qu'elle existe quelque part. — Et où peut-elle exister, sinon dans une chose existante ? — Et quelle peut être cette chose, sinon l'être dont dépend son devenir, c'est-à-dire l'être qui est sa cause ?

On est donc forcément conduit à cette conclusion que l'effet, avant d'exister en soi, préexiste dans sa cause. Car, encore un coup, *l'Être prime le non-être,* donc l'existence prime la non-existence, donc toute chose qui « devient », devait déjà « exister » de quelque manière.

On a dit, avec une profonde raison, qu'après l'action de la Cause créatrice il n'y avait pas plus de réalité, plus de perfection, plus d'être, *plus entis,* mais seulement des êtres plus nombreux, *plura entia.* On peut dire, avec non moins d'exactitude, que lorsque cette Cause agit, il ne se produit pas plus d'existence, *plus existentiæ,* mais qu'il y a des existences plus nombreuses, un plus grand nombre d'êtres existants, *plura existentia*. Expressions singulières, je l'avoue, et qu'on peut détourner dans un sens panthéiste, mais expressions, qui, bien expliquées, rendent la vérité d'une façon énergique (1).

4. — Deuxième proposition : « Effectus præexistit in causa modo perfectiori ».

Nous avons entendu saint Thomas affirmer cette seconde proposition : Préexister dans la vertu de la cause agissante, c'est préexister d'une manière plus parfaite. « Præexistere in virtute causæ agentis non est præexistere imperfectiori modo, sed perfectiori. » Et quelle raison en donne-t-il? C'est que la cause, en tant que cause, est un être parfait, en qui par conséquent tout est parfait. « Agens in quantum hujusmodi est perfectum. »

Pour comprendre cette doctrine, recourons au *Livre des Causes*, ouvrage qui a exercé une si grande influence sur la Scolastique. Nous y lisons cette sentence : *Causatum in causa est per modum causæ, et causa in causato per modum causati* (2).

L'effet, avons-nous dit, préexiste dans sa cause. Mais il ne peut être là tel qu'il est en lui-même ; car il y aurait un effet dans la cause, et celle-ci ne serait que la collection de ses effets, suivant l'erreur Hégélienne. Non, dans la cause il n'y a rien qui soit effet, il n'y a rien qui ne soit cause. Donc l'effet préexiste dans la cause à l'état de cause. *Cau-*

---

(1) Lorsque, dans un système de corps, il se produit des chocs intérieurs, des attractions, des influences réciproques, la force vive du système reste la même, bien que les mouvements soient multipliés, et l'on peut dire qu'il n'y a pas plus de mouvement, *plus motus*, mais des mouvements plus nombreux, *plura mota*.

A vrai dire, l'état primitif est altéré, et la comparaison est bien défectueuse. Je ne la propose donc que pour montrer la différence qu'il y a entre ces expressions : *plus entis, plura entia*; *plus existentiæ, plura existentia*.

(2) *Lib. Causar.*, lectio XII.

satum in causa est per modum causæ, c'est-à-dire toute la réalité de l'effet préexiste dans la cause, mais sous la formalité même de cause.

C'est ainsi que les conséquences sont contenues dans leur principe. Ce principe n'est pas seulement la collection de ses conséquences particulières; il leur préexiste logiquement, et les conséquences existent dans leur principe à l'état de principe.

Ainsi encore, les dixièmes, les vingtièmes, les centièmes et toutes les fractions de l'unité sont contenues dans l'unité; mais ce n'est pas à l'état distinct et séparé. L'unité n'est pas une collection de dix dixièmes, de cent centièmes. L'unité préexiste à ses divisions; et dans l'unité une et simple les fractions préexistent à l'état d'unité une et simple : *Causatum est in causa per modum causæ*.

Or on ne peut douter que la cause ne soit plus parfaite que l'effet; car cause dit être et existence, effet dit possibilité et devenir. Donc l'effet existe dans sa cause d'une manière plus grande, plus vraie, plus réelle, plus parfaite qu'il n'existe en lui-même. Telle est la proposition de saint Thomas, que l'on exprime souvent sous cette forme plus courte : La cause contient *éminemment* son effet.

5. — De l'éminence de la cause.

Nous tenons maintenant un lien qui rattache l'effet à sa cause; nous avons un moyen de connaître la cause par l'effet. Il est acquis que la cause contient réellement toute la réalité de l'effet, toute sa perfection, tout son degré d'être Nous savons en outre que tout cela existe dans la cause d'une manière plus parfaite que dans l'effet; et c'est ce qu'exprime l'axiome Aristotélicien : *propter quod unumquodque tale et illud magis* (1).

---

(1) Ἀεὶ γὰρ δι' ὃ ὑπάρχει ἕκαστον, ἐκεῖνο μᾶλλον ὑπάρχει· οἷον δι' ὃ φιλοῦμεν, ἐκεῖνο φίλον μᾶλλον. (*Analytiq. Post.*, liv. I, chap. II.)

Il est vrai, par là nous n'arrivons pas à une détermination exacte, à une connaissance adéquate de la cause. L'effet ne nous fournit par rapport à sa cause qu'une limite inférieure. Mais c'est déjà beaucoup ; et toutes les fois que nous voyons un effet se produire, nous pouvons en conclure, non seulement que cet être qui devient doit son existence à une cause distincte de lui, mais encore que cette cause contient toute la réalité et toute la perfection de l'effet, d'une manière éminente.

6. — La cause possède un caractère d'universalité.

Un des caractères les plus importants de cette éminence est l'extension de la cause à un nombre indéfini d'effets.

Chaque effet particulier se termine dans sa propre individualité ; et quelque semblables que soient deux effets, chacun d'eux est soi et n'est pas l'autre. Mais tous deux peuvent provenir d'une même cause, et celle-ci n'est pas épuisée par la production d'un seul effet. L'homme capable de soulever un certain poids, pourra toujours soulever un autre poids semblable. Le musicien qui a pu faire chanter une fois une harpe, pourra répéter le même chant aussi souvent qu'il voudra.

Ne m'objectez pas la fatigue. Je vois chaque jour des causes s'épuiser ; mais j'en conclus qu'elles ne sont pas uniquement et purement des causes, et qu'il y a dans leur être quelque passivité d'où provient l'appauvrissement de leur pouvoir. Car la cause, en tant que cause, ne change pas en produisant son effet ; elle reste, avant comme après, identique à elle-même, avec la même puissance, la même activité ; elle peut donc reproduire indéfiniment des effets semblables au premier.

Il y a plus : une cause capable de produire un effet, est capable de produire tout effet de même espèce. Je sais, d'une part, que tel canon a lancé un boulet à telle distance ; et, d'autre part, j'apprends qu'un autre boulet a parcouru ce même espace. J'en conclus que cet effet peut provenir du canon en question, et ce n'est que par les circonstances de temps et de lieu que je pourrai connaître si le second projectile est parti d'une autre arme.

On voit ce que cette proposition ajoute à la précédente, et comme elle la renferme. J'affirmais d'abord que la cause peut indéfiniment produire des effets spécifiquement identiques; j'affirme maintenant que la cause peut produire tout effet spécifiquement identique.

Donc la cause capable d'un effet est capable de cette espèce d'effet; et c'est dire que la cause contient ses effets dans son éminence, non pas comme une collection d'individus, mais *à l'état d'espèce*.

7. — Objection tirée des causes univoques.

Depuis quelque temps, nous poursuivons logiquement les conséquences de ce grand principe : *La cause contient éminemment ses effets,* sans nous inquiéter des difficultés qui peuvent se dresser à l'encontre, et cependant il en est une en particulier qui semble convaincre d'exagération nos raisonnements. Il est donc nécessaire de l'étudier sérieusement.

La cause totale, avons-nous dit, contient son effet, et cette proposition ne signifie pas simplement que la cause possède une perfection semblable à celle de son effet, car nous prétendons par là que l'effet lui-même préexiste dans sa cause. La cause, avons-nous ajouté, est plus parfaite que son effet, et l'effet dans sa cause est plus parfait qu'en lui-même.

Or nous rencontrons dans la nature tout un genre d'actions qui donnent un démenti à ces affirmations. Un animal est cause d'un animal de même nature et de même perfection, une plante produit une plante identique, le feu engendre le feu. C'est là ce qu'on nomme des causes *univoques,* c'est-à-dire des causes qui sont de même nature, de même espèce, de même degré d'être que leurs propres effets.

Bien plus, nous trouvons que, dans toutes ces productions, l'effet peut être plus parfait que la cause; une allumette peut engendrer un incendie, un idiot maladif peut être père d'un homme sain de corps et d'esprit.

Donc les causes *univoques* semblent contredire les affirmations que nous avons établies avec un si grand effort de dialectique.

Que ferons-nous? Avouerons-nous que nous nous sommes laissé égarer par de fausses apparences? ou bien conclurons-nous que nos propositions, vraies dans certains cas, sont erronées dans d'autres, et qu'on ne doit pas leur attribuer le caractère de généralité et de nécessité que nous leur avons supposé?

Demandons à saint Thomas la solution de ce doute.

8. — Les causes univoques ne sont pas causes totales.

Eh bien, la réponse du maître est tout autre. Il est si convaincu de la vérité nécessaire des principes métaphysiques que nous avons exposés, qu'en présence des causes univoques il n'hésite pas dans sa conclusion. — Ces causes ne sont pas plus parfaites que leurs effets; donc ces causes ne contiennent pas en elles-mêmes la raison totale de leurs effets; donc elles ne sont pas les causes adéquates de leurs effets. Ce sont, ou bien des causes improprement dites, ou bien des causes qui, dans leurs opérations, servent d'instruments à des causes supérieures.

Manifestum est, quod si aliqua duo sunt ejusdem speciei, unum non potest esse causa formæ alterius, in quantum est talis formæ (quia sic esset causa formæ propriæ, cum sit eadem ratio utriusque); sed potest esse causa hujusmodi formæ secundum quod est in materia, id est, quod hæc materia acquirat hanc formam. Et hoc est esse causa secundum *fieri*, sicut cum homo generat hominem et ignis ignem. Et ideo quandocumque naturalis effectus natus est impressionem agentis recipere secundum eamdem rationem secundum quam est in agente, tunc *fieri* effectus dependet ab agente, non autem *esse* ipsius (1).

Voyez sur quoi repose le raisonnement du docteur Angélique : La cause totale d'un être est cause de tout son être, par suite il peut être cause de tout être de même espèce. Donc elle ne peut appartenir elle-même à la même espèce ; car, dans ce cas, elle *pourrait* être sa propre cause ; bien plus, elle *serait* sa propre cause, conséquence qui répugne.

D'où il faut conclure qu'une cause univoque n'est pas cause totale. Elle est cause, il est vrai, que l'effet soit *produit*, mais elle n'est pas cause que l'effet soit *existant*; cause *in fieri*, elle n'est pas cause *in esse*.

Qu'est-elle donc ? — Quelquefois une cause purement déterminante. La science voit-elle dans l'étincelle primitive la cause totale et la raison complète de toutes les flammes d'un incendie ?

D'autres fois, c'est un instrument employé par une cause supérieure. Une épreuve photographique peut être cause d'une épreuve toute semblable ; mais comment ? toutes les deux ne sont-elles pas dues à l'action du Soleil ? Le rayon lumineux, voici la cause principale, cause capable de produire partout et toujours le même effet, vraiment cause de de tout ce genre d'effet. — Et comment la première épreuve est-elle cause de la seconde ? — Uniquement parce que l'artiste s'en est servi comme d'une esquisse pour diriger le pinceau de lumière.

Oportet quod agens univocum sit quasi agens instrumentale respectu ejus quod est causa primaria totius speciei (2).

Causes déterminantes, causes instrumentales, causes *in*

---

(1) S. Thomas, I, p. 104, art. 1.
(2) S. Thomas, *Contr. Gentil.*, lib. II, cap. XXI.

fieri, causes univoques : autant de causes imparfaites, autant de causes qui ne suffisent pas à la production de l'effet. De telles défectuosités ne peuvent obscurcir la gloire des causes totalement causes.

9. — Remarque sur ce qui précède.

En terminant, nous devons une explication au lecteur pour détruire un scrupule qui a dû se former dans son esprit.

Lorsque après avoir exposé quelque principe et l'avoir affirmé comme nécessaire et essentiel, nous nous sommes trouvé en présence de faits en opposition avec la théorie, toujours notre réponse a été la même, et elle a dû parfois paraître un peu tranchante : « Cette cause n'obéit pas à toutes nos exigences ; donc ce n'est pas une véritable cause, ou, du moins, c'est une cause imparfaite. » Un tel procédé par exclusion est bien sommaire ! Nous nous sommes ainsi débarrassé successivement et des causes accidentelles et des causes déterminantes et des causes instrumentales et des causes *in fieri* et des causes univoques, à mesure qu'elles faisaient obstacle à notre théorie. C'est bien ! mais que reste-t-il ? Si quelques causes ont échappé à cette élimination, en tout cas elles sont peu nombreuses ; et il se trouve finalement que ces grands principes, déclarés lois essentielles et générales des causes, ne s'appliquent que par exception dans la nature.

C'est toujours la même difficulté que j'ai signalée en commençant ; aussi toujours la réponse est la même.

Pour connaître les lois les plus hautes de la causalité, il faut s'adresser aux causes parfaites. Mais, à part la Cause Première, cause absolument parfaite, toutes les causes qui agitent les âmes et les corps sont des causes imparfaites. Dans toutes ces causes secondes, il y a une double imperfection.

CHAPITRE III. — PRINCIPE D'UNION.

D'abord, l'activité y est mélangée à la passivité et plus on descend l'échelle des substances, plus aussi l'activité se cache et plus la passivité se trahit. De cette complexité ont surgi bien des objections, lorsque nous avons établi cette maxime que la cause ne change pas par le fait qu'elle agit : *movens movendo non movetur*. On doit se rappeler comment saint Thomas nous a appris à résoudre toutes ces difficultés, en distinguant dans le même sujet le principe actif et le principe passif. *Agens, in quantum agens, non recipit aliquid.*

Mais il y a, dans les causes secondes, une autre sorte d'imperfection qui les atteint plus intimement, et qu'on peut appeler une imperfection *formelle* de causalité. L'activité a ses degrés. De même que les diverses participations de l'être s'échelonnent suivant les différentes catégories, et qu'il y a loin de la substance au dernier des accidents; de même, dans l'ordre de la causalité, il y a des participations de bien des sortes. D'où la nécessité de classer les causes sous le rapport même de la causalité : cause première, cause seconde — cause totale, cause partielle — cause principale, cause instrumentale — cause de l'être, cause du devenir. Il y a loin de la cause simplement déterminante à la *cause principale et totale*.

Or c'est à celle-ci que nous devions nous adresser pour étudier la causalité sous sa forme la plus haute et la plus pure. Il a donc fallu nous frayer un passage à travers toutes les causes imparfaites, pour parvenir le plus vite possible à la cause parfaite qui enveloppe totalement son effet dans l'influence de son activité propre. Alors seulement la gloire de la causalité a brillé à nos yeux de tout son éclat. Alors nous avons reconnu que la cause, parfaitement cause, contient en elle-même et sous une forme éminente, toute la perfection de son effet, et nous allons bientôt en déduire que toute perfection de l'effet consiste en une image imparfaite de la perfection de la cause.

Combien existe-t-il de causes parfaites? Ce n'est pas la

question actuelle, et je pourrais m'y dérober; mais il m'est doux d'y répondre. Il n'existe et il ne peut exister qu'une seule cause absolument parfaite, Cause Première de toutes les causes secondes. J'en conclus qu'il y a une cause et une seule, à laquelle s'appliquent, d'une façon absolue, les maximes exprimant les propriétés de la causalité absolue; et cette première conclusion est belle, puisqu'elle me fait entrevoir les trésors de l'Éminence Divine.

Quant aux causes secondes, toutes sont des effets avant d'être causes, et par conséquent leurs perfections sont d'un ordre inférieur et défaillantes.

On ne peut donc pas leur appliquer, sans user de tempérament, les maximes relatives à l'éminence de la cause. Mais cependant, puisque ces maximes sont universelles, je puis affirmer que chacune est vraie pour chaque cause, dans la mesure même où cette cause participe à l'honneur de la causalité; et cette seconde conclusion participe à la beauté de la première.

ARTICLE III

« AGENS AGIT SIMILE SIBI »

1. — Signification et importance de ce principe.

Le problème de la cause efficiente consiste à parvenir à la connaissance de la cause en partant de la connaissance de l'effet.

Regardons un instant en arrière pour mesurer le chemin déjà parcouru. Par le principe d'opposition entre la cause et l'effet, nous avons appris que l'agent et le patient sont différents et qu'aucun agent n'agit sur son semblable; *agens non agit in simile*. Par le principe d'union entre la cause et l'effet nous avons appris que la cause est plus parfaite que son effet, qu'elle contient réellement tout l'être qu'elle produit, mais dans un degré éminent et sous une forme plus parfaite.

Voulons-nous, par là, dire uniquement que la cause est plus parfaite que son effet? A la vérité, ce serait déjà quelque chose, car nous avons ainsi une limite inférieure au-dessus de laquelle il faut placer la cause. Mais, heureusement, nous n'en sommes pas réduits à cette connaissance négative, et nous pouvons pénétrer dans la nature même de la cause, en vertu du principe d'éminence, puisque de ce principe découle la similitude de l'effet à sa cause.

Certes chacun voit que par l'effet nous ne pourrons jamais connaître adéquatement la cause; car pour cela il faudrait que dans l'effet fût contenue toute la perfection de la cause. Cependant chacun voit aussi que nous aurons une science réelle quoique imparfaite de la cause, si l'effet lui est semblable. C'est ainsi que d'une empreinte on peut conclure à la forme du cachet, ou d'un portrait à la beauté de l'original.

Étudions donc avec soin comment on démontre que l'effet est semblable à sa cause.

2. — Démonstration par Aristote.

« Le feu échauffe, le froid refroidit, et généralement tout agent s'assimile le patient ; car agir et souffrir sont contraires, et la génération marche vers le contraire. Il est donc nécessaire que le patient se rapproche de l'agent; et de cette sorte, la génération marche vers le contraire (1). »

Si je comprends ce texte, voici quel est le subtil raisonnement du Philosophe. D'une part, l'agent et le patient s'opposent comme deux choses contraires, *agens non agit in simile*. D'autre part, toute génération, toute altération, toute

---

(1) Aristote, *de la Générat.*, liv. I, chap. VII.

transformation tend à rendre le patient différent de ce qu'il était, c'est-à-dire à opposer le sujet après l'action au sujet avant l'action, *generatio tendit in contrarium*. Mais cette dernière opposition, provenant de la cause, doit rester dans le même ordre, *dans la même ligne* que l'opposition entre l'agent et le patient. Donc, pour devenir contraire à soi-même, le patient doit devenir semblable à son contraire, c'est-à-dire doit devenir semblable à l'agent.

Soit, comme exemple, un fer chaud plongé dans une eau froide. Le fer et l'eau s'opposent par leurs qualités contraires sous le rapport de la température, et le fer agira sur l'eau. Celle-ci va donc changer d'état calorifique ; elle va prendre un état contraire à état précédent. Or il n'y a qu'un contraire du froid, c'est le chaud. Donc en devenant contraire à elle-même, elle va devenir semblable à la cause qui la modifie, *agens agit simile sibi*.

A vrai dire, il en est de cette démonstration comme de toutes les démonstrations trop subtiles. Elles ne sont jugées bonnes que parce qu'elles conduisent à une conclusion connue d'avance et l'on n'attache confiance au raisonnement qu'en vertu de la foi qu'on a dans la conclusion. Pour une proposition aussi importante que celle que nous discutons, il faut donc une preuve plus simple et plus lumineuse. Nous la demanderons à saint Thomas, qui fait un perpétuel usage de ce principe.

3. — Démonstration par saint Thomas.

Dès le premier abord, une chose doit nous frapper : c'est la brièveté de la preuve qu'apporte notre Docteur, et par là nous sommes avertis que cette proposition est dans le voisinage des principes premiers.

De natura agentis est ut agens sibi simile agat, quum unumquodque agat secundum quod actu est (1).

---

(1) *Summ. contr. Gentil.*, lib. I, cap. XXIX.

Essayons de développer cette pensée.

Nous avons reconnu que la cause contient *éminemment* l'effet. La perfection de l'effet se trouve donc tout entière dans la cause, quoique sous une forme plus parfaite et plus noble, *causatum est in causa per modum causæ*. Donc enfin la perfection de l'effet est quelque chose de commun à la cause et à l'effet.

Mais la perfection dans l'effet et la perfection dans la cause ne sont pas deux termes indépendants d'où surgisse à la fois une relation commune. Tout dans l'effet provient de la cause. Donc la perfection dans l'effet découle de la perfection dans la cause ; la perfection de l'effet est la perfection de la cause autant que l'effet peut la recevoir. Aussi, dans le *Livre des Causes*, après la proposition déjà citée : *Causatum est in causa per modum causæ*, on trouve cette proposition inverse *Causa est in causato per modum causati*. Et n'est-ce pas exprimer, sous la forme la plus belle, que la cause se *communique* à l'effet, et que l'effet participe à la cause?

Il y a donc entre la cause et l'effet un rapport qu'on peut nommer une participation d'être, c'est-à-dire une similitude.

Nous devons maintenant comprendre la sentence de saint Thomas : *unumquodque agit secundum quod actu est*. C'est-à-dire, non seulement un être n'agit que s'il existe, mais il n'agit de telle façon qu'en tant qu'il existe tel; c'est-à-dire encore, l'*activité* d'un être et son *actualité* ne se distinguent que par une distinction de raison. La cause est une existence active, et l'agent est une activité existante. D'où il suit que si l'existence de l'effet résulte de l'existence de la cause, son essence résulte de l'essence de la cause, et que tout agent, lorsqu'il produit un effet, produit quelque chose de semblable à soi-même, au moins en quelque manière.

4. — Similitude de l'effet à la cause.

En exposant cette belle théorie, j'avoue que je tremblais à chaque mot, j'hésitais à chaque expression. Ou bien cette expression disait trop, et la moindre exagération, quand il est question de la ressemblance entre la cause et l'effet, tend à confondre dans le chaos de la contradiction l'être de la cause et l'être de l'effet. Ou bien, elle disait trop peu, et la moindre restriction enlève à la cause toute sa splendeur et à l'effet toute sa beauté.

Mais, grâces à Dieu, nos Maîtres nous ont donné une formule qui passe triomphante entre ces deux écueils.

« On doit dire, nous enseigne saint Denys, que les créatures sont semblables à Dieu, parce qu'elles ont été faites à son image et à sa ressemblance; mais on ne doit pas dire que Dieu est semblable aux créatures, pas plus que l'on ne doit dire que l'homme est semblable à son image. Les choses de même ordre peuvent bien être mutuellement semblables, et cette similitude peut être réciproque et de même degré. *Mais une telle réciprocité n'a pas lieu entre la cause et l'effet* (1). »

Ainsi la formule exacte est la suivante : L'effet est semblable à la cause, et la cause n'est pas semblable à l'effet.

Saint Thomas va encore plus au fond.

La cause et l'effet ne sont pas deux termes indépendants, contribuant, à part égale, à faire surgir une même relation de similitude. L'effet n'est semblable lorsqu'il existe, que parce qu'il devient semblable à mesure qu'il devient. Donc la *similitude* qui existe entre la cause et l'effet est le terme d'une *assimilation*. Or une assimilation, comme l'indique la tournure grammaticale du mot, est une action qui provient de l'agent, mais qui réside dans le patient. C'est un mouvement, et ce mouvement est dans le sujet passif et non dans le sujet actif.

---

(1) S. Denys, *Des noms divins*, chap. ix, § 6.

Donc s'il y a similitude entre l'un et l'autre, c'est parce que le patient a été assimilé à l'agent. En un mot, la cause assimile, mais ne devient pas semblable.

Citons les paroles mêmes du saint Docteur :

Nec convenienter dicetur, Deum creaturæ similem esse, sicut nec hominem dicimus suæ imagini fore similem, cui tamen sua imago recte similis enuntiatur. Multo igitur etiam minus proprie dicitur, quod Deus creaturæ assimiletur. Nam, assimilatio motum ad similitudinem dicit, et sic competit ei quod ab alio accipit unde simile ei sit ; creatura autem accipit a Deo unde ei sit similis, non autem e converso. Non igitur Deus creaturæ assimilatur, sed magis e converso (1).

---

(1) *Summ. contr. Gentil.*, lib. I, cap. xxix.

CHAPITRE IV

DE L'ACTE ET DE LA PUISSANCE

ARTICLE I

RELATIONS ENTRE L'ACTE ET LA PUISSANCE

1. — Retour sur les notions déjà données.

J'ai promis, en donnant les premières notions touchant l'acte et la puissance, de revenir sur ce sujet important. L'étude attentive de cette question aura une double utilité : d'abord, elle nous fera connaître et comprendre certains adages fréquemment employés par la Scolastique ; en outre, elle nous forcera à répéter sous une autre forme notre longue dissertation sur la cause efficiente.

J'ai dit plus haut (1) que *l'acte* est relatif à *l'actualité*, à la réalité *actuelle*. Être *en acte*, *in actu*, c'est exister. Être marcheur *en acte*, *in actu*, c'est actuellement et réellement marcher, c'est exister à l'état de marcheur.

Quant à la *puissance*, elle se divise en *puissance active* et *puissance passive*. La première est dans l'agent la faculté de « mettre en acte » ; la seconde est dans le patient la possibilité « de devenir en acte ».

Souvent ces deux puissances se rencontrent mêlées dans

---

(1) Liv. II, chap. II.

un même sujet; ainsi la faculté de voir est une puissance active, mais l'œil ne voit que s'il subit l'action de la lumière. Ainsi, encore, l'aptitude de l'argile au modelage est une puissance passive, mais cette aptitude provient des propriétés actuelles de l'argile. Pour se former de ces deux puissances des concepts clairs et exacts, il faut les considérer en elles-mêmes, pures de tout mélange. C'est ce que nous ferons dans tout cet article.

2. — Un même acte correspond aux deux puissances.

L'une et l'autre des deux puissances se définissent par un acte. Mais quel est l'acte correspondant à chacune d'elles? Y a-t-il un acte pour la puissance passive, et un autre acte pour la puissance active? Ou bien le même acte répond-il à la fois aux deux puissances? et dans ce cas, quel est cet acte?

Aristote résout, comme il suit, ces importantes questions :

« Il est clair que le mouvement est dans le mobile, car il en est le perfectionnement, ἐντελέχεια. D'ailleurs, il provient du moteur, et l'acte du moteur, ἐνέργεια, n'est pas autre chose; car il faut que le perfectionnement appartienne à tous les deux. En effet, l'agent est moteur en tant qu'il peut agir, et il meut en tant qu'il agit; or il est actif par rapport au mobile; donc au moteur et au mobile correspond un seul et même acte. C'est ainsi qu'il n'y a qu'un seul et même intervalle entre les nombres un et deux et entre les nombres deux et un, et qu'il n'y a qu'une seule distance entre le haut et le bas, et entre le bas et le haut. Cette distance est unique, mais elle correspond à un double point de vue (1). »

Il est vrai, poursuit le Philosophe, autre est l'agent, et autre le patient. Mais est-il nécessaire pour cela d'admettre deux actes, dont l'un corresponde à l'action et l'autre à la passion? Et où seraient-ils? — L'un dans l'agent et

---

(1) Aristote, *Physic.*, liv. III, chap. III.

l'autre dans le patient? Mais alors l'agent recevrait un acte par cela même qu'il en produit un autre dans le patient; c'est-à-dire que l'agent serait modifié par là même qu'il modifie, qu'il serait passif par cela même qu'il est actif. — Placera-t-on ces deux actes dans le patient? Alors le mobile mouvra par cela même qu'il sera mû; le disciple enseignera par cela même qu'il écoute; en un mot le patient sera actif par cela même qu'il sera passif.

Il n'y a donc pas deux actes; il n'y en a qu'un seul.

« En quoi répugne-t-il que l'acte de l'un existe dans l'autre? L'instruction est l'acte du maître, et cependant elle est dans le disciple, sans que pour cela cet acte se divise. Mais elle est l'acte du premier dans le second, ἀλλὰ τοῦδε ἐν τῷδε (1). »

Tel est l'enseignement de l'École. Il n'y a pas deux actes, bien qu'il y ait deux puissances. Il n'y a qu'un seul acte produit par la puissance active et reçu dans la puissance passive, et on doit le chercher non dans l'agent, mais dans le patient, suivant ce texte d'Albert le Grand : *Actus activorum sunt in patiente et disposito* (2).

3. — « Ens in potentia. — Ens in actu. »

Il est très important de bien se pénétrer de la doctrine précédente, si l'on veut comprendre les formules péripatéticiennes. Un seul et même acte correspond aux deux puissances, et cet acte est dans le patient, car il n'est autre que l'*actualité* produite.

Mais il résulte de là que cet acte est en relation plus formelle avec la puissance passive qu'il détermine, qu'avec la puissance active dont il découle. Aussi, dans le langage scolastique, lorsqu'on oppose l'acte à la puissance, c'est toujours, à moins qu'on n'avertisse, l'acte reçu qu'on oppose à la puissance de recevoir.

---

(1) Aristote, *Physic.*, liv. III, chap. III.
(2) Alb. Magn., *Metaphys.*, lib. IX, tr. 1, c. II.

Tout être qui n'est pas encore « actuellement » ce qu'il pourrait être, n'a encore que la « possibilité » de le devenir ; et lorsque par le « devenir » il acquiert une actualité nouvelle, il devient « en acte », *in actu,* ce qu'il était « en puissance », *in potentia.* Le disciple venant à l'école du docteur, est déjà docte en puissance, *doctus in potentia,* et après avoir reçu la doctrine, il sera docte en acte, *doctus in actu* (1).

Quant à la cause, elle ne passe pas par deux états différents, soit qu'elle puisse agir, soit qu'elle agisse. Toujours elle est et reste identique à elle-même, suivant l'adage : *Non necesse est movens moveri.*

4. — Comparaison de l'acte et de l'action.

La puissance active est dans l'agent, la puissance passive est dans le patient ; un seul acte correspond à ces deux puissances, et cet acte est dans le patient.

Cet enseignement en rappelle un autre : La cause est dans l'agent, l'effet dans le patient ; la cause agit par son action et cette action est dans le patient.

Il y a là un parallélisme frappant que, du reste, je comprends en partie. Car la puissance active est dans l'agent la faculté de produire l'effet ; donc elle s'identifie avec la cause, en tant que cause. De même, la puissance passive est dans le patient la possibilité de subir l'effet ; donc elle n'est autre chose que le patient pouvant devenir ce qu'il n'est pas.

Mais quelle relation y a-t-il entre l'acte et l'action ? Il faut, en tout cas, que cette relation soit bien intime, car Aristote n'emploie qu'un seul mot, ἐνέργεια, et suivant le contexte, les anciennes versions traduisent ce mot grec tantôt par le mot *actio,* tantôt par le mot *actus.* Bien plus,

---

(1) On dit aussi : *ens potentia, ens actu,* dans le même sens.

les scolastiques citent les mêmes textes du Philosophe, soit en traitant de l'acte, soit en traitant de l'action (1).

Cependant, il faut reconnaître que la distinction dans la langue philosophique de ces deux mots : *action*, *acte*, est un progrès, parce qu'il y a une nuance entre leurs significations exactes.

Tous les deux proviennent du même verbe : *agere*, mais leur forme grammaticale diffère ; *actio* désigne une tendance, *actus* un terme atteint ; c'est-à-dire que l'action a pour corrélatif le *devenir* de l'effet, et que l'acte a pour corrélatif l'*existence* de l'effet. Il en est de même des deux mots : *effectio*, *effectus*, qui leur sont presque synonymes. On exprimerait ces nuances en latin par les formules suivantes :

> Effectione efficitur aliquis, et tandem existit effectus.
> Actione agitur aliquis, et tandem existit actus.

L'action dure, tant que la mutation a lieu, et l'acte demeure, lorsque l'effet est fait. Aussi l'action nous apparaît comme un mouvement qui cesse lorsque le sujet du mouvement est parvenu au terme, car alors l' « action » se consomme dans l' « acte ».

Cette distinction nous fait comprendre comment toute la réalité de l'action est dans le patient, suivant l'adage : *Actio est in passo*. Aucun auteur n'exprime mieux cette doctrine que saint Jean Damascène citant saint Grégoire de Nazianze. Je traduirai le grec en latin, pour conserver au texte toute son énergie.

Sciendum est quod *actio* est motus, et *agitur* potius quam *agit*, ut dicit Theologus Gregorius in oratione de Spiritu Sancto : « Si actio est, agetur utique et non aget, et simul ac acta fuerit, desinet (2). »

---

(1) C'est conformément aux interprétations des scolastiques, qu'en parlant de l'*action* au chapitre premier, et de l'*acte* dans celui-ci, j'ai cité les mêmes passages d'Aristote.

(2) Ἡ ἐνέργεια κίνησίς ἐστι, καὶ ἐνεργεῖται μᾶλλον ἢ ἐνεργεῖ... (S. Jean Damasc.,

Que l'on médite ces considérations, elles éclairent beaucoup la notion de la causalité.

Tout procède de l'agent, mais tout se passe dans le patient. Si l'effet est produit par une série successive de mutations, l'action dure quelque temps, et ne se termine enfin que parce qu'elle se consomme dans l'effet existant. Si l'effet est produit instantanément, il y a au moins un instant logique qui sépare son *devenir* de son *existence*, et cela suffit pour qu'on distingue l'action et l'acte qui en est le terme. Mais si l'agent est cause totale de l'effet, c'est-à-dire, sa cause *in fieri* et *in esse*, alors l'action et l'effet tiennent tellement ensemble qu'on peut les exprimer par un même mot. C'est encore saint Jean Damascène qui nous l'enseigne :

« Souvent on appelle effet l'action, et action l'effet ; il en est ainsi pour la création et la créature. Car nous disons « toute la création », pour signifier les créatures (1). »

5. — Significations précises du mot « acte ».

Répétons-le sans nous lasser : L'effet devient, et par suite il existe tel qu'il est devenu. — Le patient subit l'action, et par suite reçoit l'acte. — L'acte est une réalité permanente, terme d'une action progressive ; c'est une existence *actuelle*, terme d'un devenir. Telle est la signification originelle du mot « acte ».

Mais on a élargi cette signification, à cause de l'opposition entre les deux expressions : *ens in potentia*, *ens in actu*. Dans toutes les deux, le mot *ens* correspond exactement au même concept, savoir le concept de l'essence. L'être-en-puissance, c'est l'essence pouvant acquérir l'existence ; l'être-en-acte, c'est l'essence existant actuellement.

De la foi orthodoxe, liv. III, chap. xv.) Saint Grégoire argumente contre les hérétiques qui appelaient le Saint-Esprit ἐνέργεια πατρός.
(1) S. Jean Damascène, *De la foi orthodoxe*, liv. III, ch. xv.

Donc l'acte et la puissance s'opposent comme l'existence actuelle et la simple possibilité d'exister. Aussi, le mot « acte » prenant une signification qui ne rappelle plus sa racine grammaticale, s'étend à exprimer l'existence même, l'*actualité*, qu'elle provienne d'une action ou qu'elle n'en provienne pas, qu'elle reconnaisse une cause efficiente ou qu'elle n'en reconnaisse pas. Telle est la seconde signification du mot « acte ».

On peut encore aller plus loin.

L'être-en-puissance contient une indétermination, car il peut exister ou n'exister pas; et lorsqu'il est-en-acte, cette indétermination a disparu. L'acte apparaît donc comme levant la dernière indétermination de la puissance, c'est-à-dire que l'acte apparaît comme un principe de détermination et de perfection. A cause de cela, on appelle « acte » la forme, en tant qu'elle détermine la matière ; mais cette dernière signification ne doit pas nous occuper encore, et dans tout cet article nous considérerons l'acte comme signifiant l'existence actuelle, ou, si l'on veut, comme signifiant le principe formel de l'existence actuelle.

6. — Définition de la puissance active et de la puissance passive.

Après avoir défini l'acte, il faut définir chacune des deux puissances. Pour y parvenir, nous nous laisserons guider par l'enseignement suivant de saint Thomas :

« La puissance active n'entre pas avec l'acte en relation d'opposition, mais elle se fonde sur l'acte, car chacun agit en tant qu'il est en acte. Au contraire, la puissance passive s'oppose à l'acte, car chacun pâtit en tant qu'il est en puissance (1). »

---

(1) Potentia activa non dividitur contra actum, sed fundatur in eo; nam unumquodque agit secundum quod est actu. Potentia vero passiva dividitur contra actum; nam unumquodque patitur secundum quod est in potentia (I, q. 25, art. 1, ad 1um.)

D'après cela, il est facile de définir la puissance active. C'est le pouvoir actif de produire un effet. C'est donc l'acte même de l'effet contenu éminemment dans l'actualité de la cause, suivant l'adage : *Causatum est in causa per modum causæ*. Dans une cause purement cause, la puissance active est un acte, pur de toute puissance passive, pur de toute indétermination, et par là même restant identique à soi-même, qu'il y ait ou qu'il n'y ait pas d'action extérieure. *Movens movendo non movetur*.

Pour définir la puissance passive, il faut plus d'attention; car on doit se rappeler « qu'un être pâtit en tant qu'il est en puissance »; et, par conséquent, il faut éviter d'introduire dans la notion de passivité le moindre élément d'activité.

On dit : La puissance passive est dans le sujet le pouvoir de subir une action. Mais, il faut bien le comprendre, ce « pouvoir » ne concourt pas activement à l'action, et le mot « subir », malgré sa forme active, ne doit être pris que dans un sens passif.

On dit encore : La puissance passive est l'aptitude du sujet à recevoir l'action. Je le veux bien; mais ici encore cette aptitude et cette réception sont toutes passives.

Que reste-t-il donc? Il reste que, sous l'influence de l'agent, le patient devient ce qu'il n'était pas, et qu'avant l'action il ne possède que la possibilité de devenir par cette action ce qu'il n'est pas encore.

Cependant il ne faudrait pas confondre la puissance passive avec ce qu'on appelle quelquefois la *puissance objective*, ou mieux la *possibilité intrinsèque*. Cette dernière se définit : « la non-répugnance à l'existence ». Elle n'est qu'une puissance logique, aussi peu réelle que le possible lui-même dans l'état de possibilité. Quant à la puissance passive, elle suppose un sujet déjà réel, et elle doit sa réalité à la réalité de son sujet.

En résumé, on peut définir la puissance passive : « la possibilité dans un sujet de devenir ce qu'il n'est pas, sous l'influence d'une action étrangère »; et c'est la traduction dans un langage moins scolastique de la formule péripatéticienne : *Potentia passiva est principium quod aliquid moveatur ab alio.*

Les considérations qui vont suivre ont pour but d'éclaircir toute cette doctrine.

7. — La puissance et l'acte sont séparables.

1° *Puissances actives.* Empruntons à Aristote ses exemples (1). Avant qu'un architecte bâtisse un édifice, il *peut* le construire. Avant qu'une plante produise l'amertume sur la langue, elle est amère, c'est-à-dire, elle *peut* produire l'amertume.

Rappelons-nous, en effet, que la puissance active n'est rien autre que la cause en tant que cause, et que l'acte correspondant à cette puissance est l'effet; or la cause ne change pas par son action; donc cette action et l'acte qui en est le terme sont sans influence sur l'état de la cause. L'effet, c'est-à-dire l'acte produit, ne détermine pas la puissance qui l'a produit, mais cette puissance est déterminée par elle-même, soit que l'effet existe, soit qu'il n'existe pas. Donc on doit concevoir la puissance active comme existant actuellement, comme complète actuellement, sans l'acte qui caractérise son effet.

C'est ce qu'enseigne Albert le Grand :

Potentia activa quæ est sine ratione (*puissance non intelligente*) non agit nisi quando appropinquat passivo in quod agit; et quando illi non appropinquat, est in habitu, et sic est ante actum; et cum ex tali potentia fit actu agens, non movetur de forma ad formam, sed in eadem forma in qua est agit, et non est mutatio in ea, sed in patiente quod appropinquat ei, cum non fuerit ante propinquum et tangens (2).

---

(1) Aristote, *Métaphys.*, liv. IX, chap. III.
(2) Alb. Magn., *Métaphys.*, lib. IX, tract. II, cap. I.

2° *Puissances passives*. Ici, la raison de notre proposition est toute contraire.

Un être en puissance est un être qui peut devenir ce qu'il n'est pas. Dans un être déjà existant, la puissance passive n'est que la possibilité d'exister tel qu'il n'existe pas actuellement, et cette possibilité ne contient nulle existence. Dire qu'une chose est possible, c'est affirmer qu'elle peut exister, mais, en même temps, c'est laisser son existence dans la plus complète indétermination. Et cette indétermination n'est pas simplement logique ; elle ne tient pas seulement à une distinction entre les deux concepts de la possibilité et de l'existence. C'est une indétermination objective et métaphysique ; c'est-à-dire qu'une chose, parce qu'elle est possible, n'a pour cela aucun droit à l'existence, et qu'elle peut rester éternellement possible sans jamais parvenir à l'existence. Si d'être-en-puissance, elle devient être-en-acte, si l'indétermination est levée par l'acte, ce ne peut être qu'en vertu d'une influence étrangère, d'une puissance active extérieure.

Donc l'acte est séparable tant de la puissance active que de la puissance passive ; non pas que l'acte soit une entité ayant une sorte d'individualité indépendante de la puissance, mais parce que la puissance active et la puissance passive peuvent être réelles sans qu'il y ait réalisation de l'acte qui leur correspond.

Bien plus, l'acte ne change rien aux puissances. Pour la puissance active, c'est évident d'après la maxime : *Movens movendo non movetur*. Pour la puissance passive, c'est aussi clair, lorsqu'on réfléchit à cette autre maxime : *Ab actu ad posse valet consecutio*. Tout sujet « peut être » ce qu'il est « actuellement ».

8. — Relation entre les deux puissances.

Il nous reste à étudier la relation entre la puissance active et la puissance passive. A la vérité, puisque toutes les deux répondent au même acte, cet acte est un lien qui les unit. Mais, puisque la réalité de l'acte n'est pas essentielle à la réalité des puissances, il y a lieu de se demander s'il n'existe pas entre elle quelque relation réelle qui ne suppose pas la réalisation de l'acte. En d'autres termes, la puissance active et la puissance passive sont-elles par elles-mêmes deux réalités indépendantes entre lesquelles surgit une relation par l'apparition de l'acte, ou bien l'une dépend-elle intrinsèquement de l'autre?

Aristote étudie cette question au livre neuvième de sa Métaphysique, et je ne puis mieux faire que de transcrire ici la belle interprétation de saint Thomas :

Considerandum est de potentiis quæ reducuntur ad unam speciem, quia quælibet earum est principium quoddam, et omnes potentiæ sic dictæ reducuntur ad aliquod principium ex quo omnes aliæ dicuntur. Et hoc est principium activum, quod est *principium transmutationis in alio in quantum aliud*. Et hoc dicit, quia possibile est quod principium activum simul sit in ipso mobili vel passo, sicut cum aliquid movet seipsum, non tamen secundum idem est movens et motum, agens et patiens. Et ideo dicitur, quod principium quod dicitur potentia activa est principium transmutationis in alio in quantum est aliud; quia etsi contingat principium activum esse in eodem cum passo, non tamen secundum quod est idem, sed secundum quod est aliud.

Et quod ad illud principium quod dicitur potentia activa reducantur aliæ potentiæ, manifestum est. Nam, alio modo dicitur potentia passiva, quæ est *principium quod aliquid moveatur ab alio in quantum est aliud*. Et hoc dicit, quia etsi idem patiatur a seipso, non tamen secundum idem, sed secundum aliud. Hæc autem potentia reducitur ad primam potentiam activam, quia passio ab agente causatur, et propter hoc, etiam potentia passiva reducitur ad activam (1).

Ce passage est un résumé magistral de la doctrine péripatéticienne. L'agent et le patient sont toujours différents, en tant qu'agent et en tant que patient. La puissance active est

---

(1) S. Thomas, *Metaphys.*, lib. IX, lect. 1.

le principe de l'action, la puissance passive est le principe de la passion. Enfin, puisque la passion provient de l'agent, il faut bien que la puissance passive provienne de la puissance active. — Logiquement, le passif : *être éclairé*, dérive de l'actif : *éclairer*. — Physiquement, *exister éclairé* est un effet dont la cause *existe éclairante*. — Métaphysiquement le *pouvoir d'être éclairé* résulte du *pouvoir d'éclairer*.

9. — Réduction de la puissance passive à la puissance active.

Ne pouvons-nous pas aller plus loin ? La puissance passive a pour terme la passion, la puissance active a pour terme l'action. Or l'action et la passion sont réellement une seule et même chose, bien que leurs concepts contiennent des formalités qui s'opposent. Ne semble-t-il pas résulter de là que la puissance active et la puissance passive sont, elles aussi, une seule et même réalité répondant à deux concepts différents ? Et si cette conclusion est exacte, quelle peut être cette réalité unique sinon la puissance active, réellement existante dans l'agent, mais enveloppant le patient dans les reflets de son énergie ?

N'hésitons pas ; c'est la vraie doctrine, et saint Thomas nous l'enseigne au même lieu :

Dicit (Aristoteles) quod potentia faciendi et patiendi est quodam modo una potentia, et quodam modo non.

Una quidem est, si consideretur ordo unius ad aliam ; una enim dicitur per respectum ad aliam. Potest enim dici aliquid habens potentiam patiendi, quia ipsum habet per se potentiam ut patiatur, vel eo quod habet potentiam ut aliud patiatur ab ipso. Et hoc secundo modo, potentia activa est idem cum passiva, *ex hoc enim quod aliquid habet potentiam activam, habet potentiam ut patiatur aliud ab ipso.*

Si autem considerentur hæ duæ potentiæ, activa scilicet et passiva, secundum subjectum in quibus sunt, sic est alia potentia activa et alia potentia passiva. Potentia enim passiva est in patiente, quia patiens patitur propter aliquod principium in ipso existens, et hujusmodi est materia.

Potentia autem passiva nihil aliud est quam principium patiendi ab alio, sicut comburi quoddam pati est, et principium materiale propter quod aliquid est aptum combustioni, ut est pingue vel crassum...

Potentia vero activa est in agente, ut calor in calefactivo, et ars ædificativa in ædificante (1).

Tâchons de bien approfondir cet enseignement. Mais, de peur de malentendus, rappelons encore qu'en parlant de la puissance passive, nous laissons de côté cette puissance *objective*, qui consiste uniquement « dans la non-répugnance à l'existence ». Car ce n'est là qu'une puissance logique et négative, et il n'y a que deux puissances réelles et positives, savoir : la puissance active et la puissance passive, devant leur réalité aux sujets réels dans lesquels elles existent.

Or leur réalité peut se considérer à deux points de vue, que j'appellerais volontiers réalité matérielle et réalité formelle.

D'abord, pour qu'une puissance existe réellement, il faut qu'elle réside dans un sujet réel. Sous ce premier rapport, la réalité de la puissance active et celle de la puissance passive sont différentes, puisque leurs sujets sont différents, et voilà pourquoi il n'y a pas de puissance passive correspondant à la puissance Créatrice qui tire l'être du néant.

Mais il y a, en outre, à considérer la réalité formelle de la puissance, sa réalité comme puissance. Ainsi, pour nous servir de l'exemple employé par Aristote, un corps en ignition peut formellement « enflammer », et un corps gras peut formellement « être enflammé ». Or il importe de bien comprendre que les réalités formelles des deux puissances ne sont pas différentes. Il n'y a qu'une seule réalité com-

---

(1) S. Thomas, *loco citato*.

CHAPITRE IV. — DE L'ACTE ET DE LA PUISSANCE. 213

mune aux deux puissances; c'est la réalité de la puissance active se reflétant sur le sujet patient.

« Car, si quelque sujet possède une puissance active, par là même il possède la puissance de faire subir son action à un autre sujet. » *Ex hoc enim quod aliquid habet potentiam activam, habet potentiam ut patiatur aliud ab ipso.*

Cette doctrine paraît peut-être trop absolue, car on rencontre souvent dans la nature des puissances passives qui semblent ne pas se réduire à des puissances actives. Pour nous en tenir à l'exemple de tout à l'heure, tout corps gras, comme l'huile et la graisse, est en vertu de sa propre nature capable d'être enflammé, et, au contraire, l'eau ne peut l'être. Cette capacité dans la première substance, cette incapacité dans la seconde, proviennent des propriétés positivement constitutives de ces substances. Ne rencontrons-nous pas là des puissances passives constituées par elles-mêmes, indépendamment de la puissance active correspondante?

C'est vrai dans un sens; mais cela tient à ce que ces puissances passives sont mêlées d'activités, et qu'après avoir été enflammé, un corps combustible concourt activement à sa propre combustion.

Et cependant ces exemples eux-mêmes, bien interprétés, confirment notre doctrine.

L'huile, considérée dans sa nature, est composée de tels et tels éléments qui constituent son essence, et, je l'avoue, cette essence reste la même qu'il y ait ou qu'il n'y ait pas de feu dans le monde. Mais, s'il n'y a pas réellement de feu, l'huile « ne pourra pas » réellement s'enflammer; s'il y a réellement du feu, l'huile « pourra réellement s'enflammer. Si le feu est possible, il « sera possible » que l'huile s'enflamme; si le feu est impossible, il « sera impossible » que l'huile s'enflamme. Vous le voyez donc : la puissance passive de l'huile reflète toutes les conditions de la puissance active du feu.

De même, s'il n'y avait pas de feu existant, ou de feu possible, on ne pourrait dire de l'eau ni qu'elle est inflammable ni qu'elle n'est pas inflammable. C'est en la comparant aux causes d'inflammation qu'on la déclare formellement incombustible.

La puissance passive dépend donc de la puissance active, jusque dans son concept formel, et, comme le dit Aristote :

« Dans la définition de toutes ces puissances passives entre la notion de la puissance active (1). »

C'est la doctrine de saint Thomas dans la leçon déjà citée. Il distingue avec Aristote deux sortes de puissances passives : la puissance de ne pas subir l'action, et la puissance de la subir.

In quorum (modo) uno, dicitur potentia propter principium ex quo aliquis potest non pati; in alio autem, propter principium ex quo quis potest pati. Unde, cum passio ab agente dependeat, oportet quod in diffinitione utriusque illorum modorum ponatur diffinitio potentiæ primæ, scilicet, activæ. Et ita, istæ duæ reducuntur ad primam, scilicet ad potentiam activam, sicut ad priorem (2).

ARTICLE II

L'ACTE PRIME LA PUISSANCE

1. — Raison fondamentale de cet adage.

Je ne cesserai pas de le répéter : toute la métaphysique est suspendue à cette question : A qui la primauté? A l'être ou au non-être?

---

(1) Ἐν γὰρ τούτοις ἔνεστι πᾶσι τοῖς ὅροις ὁ τῆς πρώτης δυνάμεως λόγος. Aristote, *Metaphys.*, liv. IX, chap. I.)
(2) S. Thom., *Metaphys.*, lib. IX, lect. 1.

CHAPITRE IV. — DE L'ACTE ET DE LA PUISSANCE. 215

Hégel, disciple attardé d'Héraclite, professe sans honte que le non-être prime l'être. Mais toute l'École, tous les grands noms repoussent avec mépris cette insanité, et tous affirment que l'être prime le non-être.

Or nous avons assez étudié l'acte et la puissance, pour savoir que l'acte par lui-même est l'être, et que la puissance passive reçoit de l'acte toute sa détermination. Donc affirmer que l'être prime le non-être, c'est du même coup affirmer que l'acte prime la puissance passive.

Mais puisque le même acte est en relation, non seulement avec la puissance passive qui le reçoit, mais encore avec la puissance active qui le produit, nous devrons encore rechercher si l'acte prime aussi cette dernière et de quelle nature est la primauté. Car Aristote, dans le passage où il établit notre maxime, ne distingue pas entre les deux puissances.

« L'acte, dit-il, prime la puissance par priorité de raison et par priorité de nature. Quant à la priorité de temps, elle appartient à l'acte d'une certaine façon, et ne lui appartient pas d'une autre façon (1). »

Tel est le texte qu'il nous faut expliquer, et ce sera pour nous un moyen de mieux comprendre encore la nature de l'acte et des deux puissances.

2. — « Actus est ratione prior potentia. »

Cette proposition est exprimée sous une autre forme dans une sentence d'un continuel usage : « La puissance est spécifiée par l'acte », *potentia specificatur ab actu*. Sous cette dernière forme, elle est évidente lorsqu'il s'agit de la puissance passive. Car celle-ci n'est que la possibilité d'un devenir ; elle est donc déterminée par le terme de ce devenir, comme une route est terminée par son point d'arri-

---
(1) Πάσης δὴ τῆς τοιαύτης (δυνάμεως) προτέρα ἐστὶν ἡ ἐνέργεια, καὶ λόγῳ καὶ τῇ οὐσίᾳ· χρόνῳ δ' ἐστὶ μὲν ὡς, ἔστι δ' ὡς οὔ. (*Métaphys.*, liv. IX, chap. VIII.)

vée. Le possible se définit par l'existant, et la puissance passive par l'acte.

Il en est encore ainsi quand il s'agit de la puissance active, mais pour une raison toute contraire.

D'un côté, la cause étant d'un ordre supérieur à celui de l'effet, la même cause peut être le principe de plusieurs effets différents. Telle est notre âme, cause des pensées, des vouloirs et des mouvements vitaux. — D'un autre côté, nous ne connaissons les causes que par leurs effets. Un phénomène nous révèle deux choses : il est un effet, donc il a une cause; il est « tel » effet, donc il a une cause capable de le produire « tel », c'est-à-dire, sa cause possède « telle puissance active » dont le terme est « tel » effet.

A la vérité, cette notion de puissance ne nous fait pas pénétrer davantage dans le propre de la cause. Mais elle est utile, parce qu'elle rapproche les concepts de cause et d'effet et qu'elle détermine avec plus de précision leurs relations.

L'axiome *Potentia specificatur ab actu* est donc vrai pour les deux sortes de puissances. Et l'acte dont il est question est l'existence même de l'effet, dans sa relation avec la possibilité d'exister s'il s'agit de la puissance passive, et dans sa relation avec la cause efficiente s'il s'agit de la puissance active.

« Il est évident, dit Aristote, que logiquement l'acte précède la puissance. Car c'est par la possibilité d'être en acte qu'une chose est possible. Ainsi, je nomme constructeur ce qui peut construire, organe visif ce qui peut voir, objet visible ce qui peut être vu. Il en est de même des autres définitions. Il est donc nécessaire que la définition et la notion de l'acte précèdent la définition et la notion de la puissance (1). »

3. — « Actus natura prior est potentia. »

Je ne puis ici qu'indiquer la preuve d'Aristote, car elle est tirée de la cause finale, et nous aurons plus tard à l'é-

---

(1) *Métaphys.*, eod loco.

tudier attentivement. Cependant, dès maintenant, nous pouvons en entrevoir la vérité et la beauté.

Tout être qui devient marche vers un terme, et lorsqu'il y est parvenu, il demeure en repos dans un degré d'être qui constitue l'espèce. C'est ainsi que le germe d'un animal se transforme jusqu'à ce que l'animal soit complètement constitué dans son espèce ; c'est ainsi que l'enfant se développe jusqu'à l'état d'homme parfait.

Or ce que la nature a en vue, ce n'est pas la transformation ou l'altération, c'est le terme de ce mouvement, c'est l'espèce, c'est l'être parfait. Le devenir et la puissance passive dépendent donc de ce terme, et sont tout ce qu'ils sont, en vertu du terme à atteindre, c'est-à-dire en vertu de l'être complet qui doit être réalisé (1).

Je sais que cette doctrine fera sourire ceux qui rejettent la réalité des causes finales. Pour ces fidèles sectateurs de la philosophie hégélienne, l'altération, la modification, le mouvement se produisent sans but, sans direction déterminée d'avance. La perfection d'une espèce est due au hasard, ou plutôt il n'y a pas de perfection d'espèce ; il n'y a de vrai et de réel que l'agitation d'un mouvement capricieux.

Plus tard, nous aurons à examiner cette prétendue doctrine ; qu'il nous suffise ici de constater encore l'opposition de l'école hégélienne et de l'école traditionnelle. C'est toujours la même question résolue d'une manière contradictoire. Pour nos adversaires, l'être sort du non-être ; l'acte n'est donc pour eux que le simple produit de la puissance, et la faculté n'est qu'un résultat mécanique de l'organe.

Aristote avait deviné cette dernière trouvaille de nos positivistes, et il en a, vingt siècles d'avance, stigmatisé le ridicule.

---

(1) Aristote, *Metaphys.*, liv. IX, chap. IX.

« L'acte, dit-il, est la fin de la génération, et la puissance est donnée pour cette fin. Car les animaux ne voient pas pour avoir la vue, mais ils ont la vue de façon qu'ils voient : οὐ γὰρ ἵνα ὄψιν ἔχωσιν ὁρῶσι τὰ ζῶα, ἀλλ' ὅπως ὁρῶσιν ὄψιν ἔχουσιν (1). »

Précisons davantage le sens de la proposition : « Par nature l'acte prime la puissance. »

1° *Puissance passive.* — Cette puissance n'est dans son sujet que la pure possibilité de devenir ce qu'il n'est pas, tandis que l'acte est l'existence même. Or l'existence prime le devenir, puisque celui-ci est un mouvement vers celle-là, et qu'il a toute sa raison dans son terme. Donc, de toute évidence, l'acte domine la puissance passive.

2° *Puissance active.* — Il est besoin ici d'une analyse un peu plus délicate.

Si nous considérons la cause en acte et sa puissance active, il n'y a pas à opposer cet acte et cette puissance. La cause est un acte ; son pouvoir de produire l'effet est en acte, qu'il produise ou ne produise pas cet effet. Donc la puissance active de la cause n'est pas autre chose que la cause en acte. « Potentia activa non dividitur contra actum sed fundatur in eo. Nam unumquodque agit secundum quod est actu (2). »

Cependant encore là où il y a identité, on doit, en distinguant dans la cause l'acte et la puissance, considérer celle-ci comme découlant de celui-là. La cause peut produire l'effet, précisément parce que l'acte qui la constitue contient éminemment toute l'actualité de l'effet. Cette éminence est la source même de la puissance active. Donc ici encore, on vérifie l'adage : *Actus natura est prior potentia.*

3° *Puissance mixte.* — Enfin, il est un ordre de puissances qui tiennent à la fois et de l'activité et de la passivité ; ce sont les puissances d'un agent qui est à la fois

---

(1) Aristote, *eod. loco.*
(2) S. Thomas. I, q. 25, art. 1, ad 1ᵘᵐ.

agent et patient, *movens motum.* L'œil vivant a la puissance de voir, et, certes, c'est une puissance active. Mais, par lui-même et par lui seul, il ne peut produire l'acte de vision ; il faut qu'il y soit déterminé par l'influence extérieure de la lumière. Il doit donc subir une passion pour compléter sa puissance active, et la rendre capable de poser son acte ; alors cette puissance, devenue parfaite, peut entrer *en acte,* tandis qu'auparavant elle n'était encore qu'une puissance indigente. Il résulte de là qu'une telle puissance est perfectionnée dans l'acte auquel elle est ordonnée. Et voilà pourquoi la répétition de cet acte donne à la puissance une force et une facilité qu'on appelle l'*habitude.* C'est la doctrine de saint Thomas :

Invenitur aliquod agens in quo est principium activum et passivum sui actus... Unde possunt in agentibus aliqui habitus causari ; non quidem quantum ad primum activum principium, sed quantum ad principium actus quod movet motum. Nam omne quod patitur et movetur ab alio disponitur per actum agentis. Unde ex multiplicatis actibus generatur quædam qualitas in potentia passiva et mota, quæ nominatur habitus (1).

Donc pour ces puissances à la fois actives et passives, il est encore vrai de dire que l'acte prime la puissance ; car la puissance est ordonnée pour l'acte, elle est en vue de l'acte, elle est perfectionnée par l'acte.

4. — « Actus tempore prior est potentia. »

« L'acte, dit Aristote, est antérieur à la puissance de cette manière : il faut, avant l'effet, un agent de même espèce, mais numériquement différent. Je dis cela, parce que, avant cet homme qui est *en acte,* avant ce froment, avant ce voyant, il a existé antérieurement une matière, un germe, une faculté de voir, qui *en puissance* étaient déjà un homme, un froment, un organe voyant, mais qui ne l'étaient pas encore *en acte.* D'un autre côté, avant ces choses elles-mêmes, il existait d'autres

---

(1) S. Thomas, I, II, q. 51, art. 2.

êtres *en acte* dont elles sont provenues. Car toujours l'être en puissance devient être en acte, par la vertu d'un être en acte : l'homme provient de l'homme, le musicien du musicien. Tout mouvement provient d'un moteur, et le moteur est déjà en acte (1). »

Pour bien comprendre la portée de ce passage, il faut se rappeler que souvent Aristote, avant de formuler quelque proposition générale, y prépare l'esprit du lecteur par des exemples simples et vulgaires.

Le grain précède l'épi dont il est la semence, mais lui-même sort d'un épi antérieur; l'animal résulte d'un germe, mais ce germe provient d'un animal préexistant. Ce sont là des faits connus de tous : exemples qui nous montrent des êtres acquérant lentement leur perfection, par une série de mutations successives, par un *mouvement* progressif dont le point de départ est *la puissance* et dont le point d'arrivée est l'*acte*.

Or le Philosophe attire notre attention sur deux caractères communs à ces exemples, savoir : le caractère de similitude entre l'acte producteur et l'acte produit, c'est-à-dire entre la cause et l'effet, et le caractère d'antériorité qui place l'acte avant la puissance.

Je m'arrêterai peu sur le premier caractère que nous avons déjà longuement expliqué. Toute sa raison se trouve résumée par ces mots de notre texte : « Toujours l'être en puissance devient être en acte, par la vertu d'un être en acte. » Car, remarquez-le encore une fois, cette phrase ne signifie pas seulement que rien ne peut être appelé à l'existence, sinon par une cause existante. Ici, l'acte doit s'entendre d'une existence déterminée par une essence, comme le prouvent les mots suivants « L'homme vient de l'homme, le musicien du musicien ». La proposition précédente signifie donc qu'on doit trouver dans la cause existante toute la *réalité* de l'effet parvenu à sa plus complète ac-

---

(1) Aristote, *Métaphys.*, liv. IX, chap. VIII.

tualité; *causatum est in causa per modum causæ*, l'être-en-puissance est dans la cause à l'état d'acte. A la vérité, les exemples d'Aristote semblent trop restreindre ce caractère, en présentant une identité spécifique entre la cause et l'effet. Aussi, en expliquant ce passage, le Docteur Angélique a-t-il soin de le compléter, comme nous le verrons tout à l'heure.

Mais ce sont principalement les relations d'antériorité et de postériorité que le Philosophe prétend nous enseigner ici, lorsqu'il compare la même puissance, soit à l'acte du patient, soit à l'acte de l'agent. — La même graine, dit-il, précède la plante et vient après la plante.

Quand le patient, pour parvenir à l'existence complète, traverse une série de changements et que le temps s'écoule pendant ces mutations successives, il est bien clair que la puissance est antérieure à l'acte vers lequel elle tend; d'où cette proposition, évidente dans un tel cas : *Potentia præcedit actum, quando ambo sunt in eodem.*

En outre, la cause de tout ce mouvement doit être en acte dès le principe. « Tout mouvement, dit Aristote, provient d'un moteur, et ce moteur est déjà en acte. » Il faut que l'acte qui réside dans l'agent soit antérieur à la puissance du patient.

Saint Thomas, expliquant le texte d'Aristote, résume ainsi sa doctrine : « Ainsi toujours, avant ce qui est en puissance, il y a quelque chose qui meut, et le moteur est en acte. Donc, bien que le même sujet soit en puissance avant d'être en acte, il a fallu cependant que quelque individu fût en acte, antécédemment à l'être en puissance. » — Puis, corrigeant un point de cet enseignement, il ajoute aussitôt : « Cet agent dans les générations univoques est de même espèce que l'effet, comme il est manifeste. Dans les autres, il faut qu'il y ait au moins quelque similitude entre la cause et l'effet (1). »

---

(1) S. Thom., *Métaphys.*, liv. IX, leç. 7.

Remarquez-vous combien cette dernière phrase élève la question?

Les exemples apportés par Aristote ne comprenaient que des causes univoques : causes produisant les germes d'êtres semblables, mais cessant bientôt d'agir sur leur développement; actes antérieurs aux puissances mises en mouvement, mais s'éteignant sans que le mouvement soit altéré. On ne retrouve donc pas, dans de telles causes, l'ampleur de cette raison qu'Aristote fait valoir pour démontrer l'antériorité de l'acte : « Tout mouvement provient d'un moteur, et ce moteur est déjà en acte. » Mais contemplez une cause totale, cause à la fois *in fieri et in esse*. Toujours présente au devenir qu'elle a provoqué, elle préside encore à l'existence qui en est le terme. Dans son immobilité elle enveloppe tout ce mouvement et dans sa permanence toute cette durée successive. Elle est « acte antérieur », parce qu'elle est en dehors du temps qui mesure et le mouvement et le repos du mobile.

Tel est l'acte vérifiant absolument l'adage : *Actus tempore prior est potentia;* et cet axiome montre, par voie d'opposition, l'universelle nécessité de cet autre adage : *Potentia præcedit actum quando ambo sunt in eodem.*

5. — Actus est melior potentia.

Aristote après avoir montré que l'acte prime la puissance sous les trois rapports que nous avons étudiés, termine ainsi par l'éloge de l'acte :

« L'acte est meilleur et plus estimable qu'une puissance même estimable; on le démontre comme il suit.

« Toute puissance reçoit les contraires; ainsi, celui qui peut se bien porter, peut en même temps être malade, et ces deux possibilités vont ensemble. La même puissance a pour termes se bien porter et souffrir, la même se reposer et se mouvoir, la

---

(1) Aristote, *Métaphys.*, liv. IX, chap. IX.

même bâtir et démolir, la même être construit et tomber en ruines. Les contraires peuvent donc être ensemble en puissance ; mais les contraires ne peuvent être ensemble en acte, par exemple, la santé et la maladie. Or, de ces deux contraires un seul nécessairement est bon. Donc la puissance, contenant les deux, est à la fois bonne et mauvaise, ou plutôt ni bonne ni mauvaise. Par conséquent l'acte est ce qu'il y a de meilleur, — ἡ ἄρα ἐνέργεια βελτίων (1). »

Ce passage est la plus magnifique conclusion que l'on puisse donner à la théorie de l'acte et de la puissance. L' « un » est bon comme l'être, et son contraire est, sinon le mal, du moins une défaillance du bien. *Nam semper in contrariis unum est ut deficiens, quod ad malum pertinet* (1).

L'acte ne se rapporte qu'au bien, puisqu'il ne se rapporte qu'à l'être ; la puissance est indifférente au bien et au mal, puisqu'elle est indifférente à l'être et au non-être. Donc l'acte est meilleur que la puissance.

Redisons-le encore une fois, cet argument est splendide d'éclat et de majesté. Cette vue plane sur toute la métaphysique. Cet hommage rendu à la bonté de l'acte n'est qu'un chant d'amour inspiré par la beauté de l'être.

L'être prime le non-être ; c'est toujours là qu'il faut en revenir. Or l'être n'est vraiment être que lorsqu'il existe, et il ne peut exister que totalement déterminé. Donc l'être vraiment être est un acte.

Par contre, sauf la puissance simplement active qui n'est qu'un acte, toute puissance contient en soi une indétermination, puisque, par elle-même, elle regarde indifféremment deux termes contradictoires. Donc la puissance n'est pas totalement et simplement être.

Donc l'acte prime la puissance. Donc, vérité, beauté, bonté, noblesse, dignité, en un mot toute louange de l'être doit se dire de l'acte plutôt que de la puissance passive, ou

---

(1) S. Thomas, *Métaphys.*, lib. IX. lect. 10.

même que de la puissance active contenant quelque élément passif.

Actus nobilior est potentia. — Actus melior est potentia. — Actus prior est potentia. — L'ACTE PRIME LA PUISSANCE.

LIVRE IV

DE LA CAUSE FORMELLE ET DE LA CAUSE MATÉRIELLE

AVERTISSEMENT

Nous abordons ici une étude laborieuse. La forme et la matière sont tellement unies dans les choses qu'il est difficile de les distinguer l'une de l'autre, et de préciser le rôle de chacune. Et cependant il est indispensable d'avoir à cet égard des idées claires et bien établies. Faute de cela, on commet à chaque instant des confusions, et c'est là qu'il faut chercher la raison des interminables discussions sur la matière et la forme qui ont nui à la philosophie.

Je mettrai donc toute mon application à éclaircir les notions de matière et de forme. Je prie le lecteur de ne pas se fatiguer des développements subtils, et de ne pas regarder comme oiseuses les redites et les répétitions. Car, dans ce traité plus que dans tout le reste de la métaphysique, il est nécessaire d'assouplir l'esprit par une sorte de gymnastique intellectuelle, et ce n'est qu'en ramenant souvent sa pensée sur ce même sujet qu'on finit par le comprendre clairement.

D'un autre côté, toute la Scolastique nous enseigne avec Aristote que pour parvenir à la science de l'être, science objectivement la plus universelle, la plus simple et la première, notre étude doit partir des choses particulières et corporelles, plus complexes à la vérité, plus difficiles à comprendre, mais plus voisines et plus au niveau d'intelligences plongées dans la matière.

Aussi, pour pénétrer dans la métaphysique de la cause formelle et de la cause matérielle, nous étudierons d'abord ces deux causes dans l'objet matériel qui nous a déjà servi d'exemple, c'est-à-dire, dans la *statue*.

Pendant plusieurs chapitres, nous nous attacherons à cet objet particulier, et nous chercherons à y distinguer les propriétés de la matière et de la forme. Qu'on ne s'effraie pas si cette première étude paraît longue, et qu'on ne s'étonne pas si elle est déjà bien abstraite. On n'est pas philosophe, à moins de comprendre que la métaphysique tout entière est contenue dans l'être d'un grain de sable.

Après cette analyse particulière d'une statue, nous reprendrons la question dans toute sa généralité, et, je l'espère, nous trouverons, dans l'accord de ces deux études, la confirmation de l'une et de l'autre, et le signe éclatant de la vérité.

PREMIÈRE PARTIE

LA STATUE

CHAPITRE PREMIER

PREMIÈRES NOTIONS

1. — Premières notions de matière et de forme.

Quel est cet objet? — Une statue.
De quoi est-elle faite? — De marbre.
En quoi est-elle? — En marbre.
Le marbre est la *matière* de cet objet.
Comment est taillée cette matière? — En statue.
La configuration de statue est la *forme* de l'objet.

Dans cet objet, nous distinguons donc deux choses : le marbre qui est la matière, et la forme qui lui vaut le nom de statue. Si, après avoir distingué la matière et la forme, nous les réunissons ensemble, le résultat nous apparaîtra comme un assemblage de matière et de forme, d'où lui vient le nom de *composé*.

D'ailleurs, la matière et la forme sont nécessaires pour constituer une statue. Or nous avons défini la cause en général : « Ce en vertu de quoi un être est ce qu'il est », *id vi cujus ens est id quod est*. Donc la matière et la forme sont causes de la statue. Matière et cause matérielle, forme et cause formelle, sont respectivement synonymes.

2. — Indépendance de la matière et de la forme.

Voici deux concepts fournis par un seul et même objet ; ils répondent à deux termes, non seulement distincts, mais en quelque sorte indépendants l'un de l'autre.

Bien que je ne puisse concevoir une statue sans matière, je puis concevoir une même forme de statue dans des matières différentes. On peut reproduire le même Apollon, la même forme, en taillant le marbre, en sculptant le chêne, en coulant l'airain. Et si l'on recouvre d'une même couche de peinture ces trois statues, afin de masquer la couleur propre à leurs matières, elles ne seront plus distinguées par le regard, et elles pourront se remplacer mutuellement. N'est-ce pas la preuve que la matière est sans influence sur la forme, et que celle-ci est indépendante de celle-là ?

Au contraire, que l'on coule l'airain en Apollon ou en Minerve, en colonne ou en table, il en reste toujours identique à lui-même. N'est-ce pas la preuve que la forme n'exerce pas d'action sur la matière ?

En d'autres termes : tout ce qu'on peut dire de la statue se divise en deux parts qui n'ont rien de commun. D'un côté, son poids, son volume, sa couleur, sa dureté ; tout cela peut être étudié, connu, décrit par le physicien, sans qu'il s'enquière d'Apollon ni de Minerve ; tout cela tient de la matière. De l'autre côté, la pose, l'attitude, l'expression, l'harmonie ; tout cela peut être étudié, connu, décrit par l'artiste, sans qu'il se préoccupe du marbre ou de l'airain ; tout cela tient de la forme.

La matière et la forme répondent à deux concepts irréductibles, et par conséquent sont deux causes d'ordre différent.

3. — De leur dépendance.

Mais, si l'on peut ainsi séparer la forme et la matière par des concepts distincts, c'est en vertu de notre puissance d'abstraction. Car une statue exige la présence simultanée d'une matière et d'une forme, et l'un de ces deux éléments venant à disparaître, la statue disparaît. Si la forme est détruite, il peut bien rester un bloc de marbre, mais ce n'est plus une statue. Si la matière est annihilée, il peut encore rester dans l'esprit quelque fantôme, mais ce n'est plus une statue. Donc, pour construire cette chose qu'on nomme statue, il ne suffit pas d'une forme ou d'une matière, il faut la rencontre de ces deux éléments.

Allons plus loin. Le bloc de marbre ne peut être actuellement matière d'une statue, à moins qu'il n'y ait actuellement une statue, et par conséquent à moins qu'il n'y ait actuellement une forme de statue. Dans la montagne, à la vérité, ce marbre était déjà matière « à » statue ; mais il n'est réellement matière « de » statue que lorsque la statue existe. Donc la matière n'existe, réellement et *actuellement* matière, qu'autant que la forme existe actuellement.

Au contraire, supposez qu'un physicien projette dans l'espace ce qu'il nomme une image réelle représentant Apollon, aura-t-on là une forme de statue? Non certes; on aura une image, une représentation, nommez cela comme vous voudrez; mais il ne peut y avoir de forme de statue sans statue, et l'existence actuelle de la statue est nécessaire à l'existence actuelle de sa forme. Or une statue ne peut exister sans matière; donc, au moins pour une statue, l'existence actuelle de la forme dépend de l'existence de la matière.

Ainsi apparaît la connexion intime et essentielle entre la forme et la matière dans l'être qu'elles constituent, et par suite, la nécessité d'unir dans une même étude la cause matérielle et la cause formelle.

4. — Du composé.

Nous venons de voir que les concepts de matière et de forme répondaient à des termes indépendants l'un de l'autre avant l'existence de la statue. D'un côté, le marbre, tout en restant marbre, peut perdre la forme d'Apollon, prendre celle de Minerve, ou même rester à l'état informe. De l'autre, la forme d'Apollon peut être introduite dans le marbre ou le bois ou l'airain. Cette indépendance conduit à concevoir la matière et la forme comme deux principes distincts et séparés, qui s'appellent, se recherchent et qui, venant chacun de son côté, se rencontrent et s'unissent, sans s'altérer, pour constituer une statue. De là, ces expressions figurées :

« Une statue est composée de matière et de forme. — La matière et la forme sont les parties constituantes du composé. »

Mais, remarquons-le bien, de peur que ce langage ne nous conduise aux conceptions les plus fausses, ce mot : *composé*, doit être pris dans un sens métaphorique. On ne compose vraiment que ce que l'on peut juxtaposer, disposer, mélanger; c'est-à-dire que *composer, c'est former un tout avec plusieurs parties* (1), et pour cela, il faut que les parties préexistent au tout. Or, si le marbre comme matière « à » statue préexiste dans la carrière, si la forme comme idée préexiste dans l'imagination de l'artiste, cependant le marbre comme matière « de » statue, la forme comme forme de statue, n'existent qu'en même temps et qu'autant que le composé existe.

Telles sont les premières notions sur la matière, la forme et le composé.

---

(1) Dictionnaire de l'Académie.

CHAPITRE II

ÉPURATION DES CONCEPTS DE FORME ET DE MATIÈRE

1. — Des propriétés essentielles et accidentelles.

Pour procéder avec clarté, il est nécessaire de commencer par bien distinguer dans chaque chose l'essence et les qualités accidentelles.

Au deuxième livre de cet ouvrage, nous avons déjà parlé de cette question. Mais il faut lui donner ici quelques nouveaux développements.

Porphyre définit l'accident : « Ce qui peut paraître ou disparaître dans un sujet, sans que celui-ci soit détruit, » ὃ γίνεται καὶ ἀπογίνεται χωρὶς τῆς τοῦ ὑποκειμένου φθορᾶς (1), ou suivant la version de Boèce : « Accidens est quod infertur et aufertur sine ejus in quo est interitu. » Boèce ajoute : Cela veut dire que l'accident est une propriété sans laquelle le sujet peut persister, « hoc dicere videtur illud esse accidens, sine quo potest constare illud cui accidit (2). »

Ainsi, qu'une statue soit chaude ou froide, elle n'en est pas moins statue, elle n'en reste pas moins la même statue. Le chaud et le froid sont des accidents qui vont et qui viennent, sans que la statue soit altérée.

Quant aux propriétés essentielles, elles sont définies par leur opposition aux propriétés accidentelles. Elles sont les propriétés sans lesquelles le sujet ne peut être ; ou encore,

---

(1) Porphyr., *Isagog.*, ch. v.
(2) Boet., *in Porphyr.*, dial. II, *De accidenti*.

elles sont les propriétés telles qu'une seule venant à manquer, le sujet est détruit. Peut-il exister une statue sans forme ou sans matière? Enlevez la forme, la statue cesse d'être : annihilez la matière, la statue tombe dans le néant.

2. — Des accidents séparables et inséparables.

L'exemple précédent était facile à comprendre, car le froid et le chaud sont séparables de la statue ; mais nous rencontrons d'autres propriétés qu'il est plus embarrassant de classer.

La statue est blanche, parce qu'elle est de marbre blanc. La couleur est-elle une propriété essentielle de la statue? Il semblerait qu'il en soit ainsi. Car on ne peut séparer la statue du marbre, ni le marbre de sa couleur; celle-ci est donc, en vertu d'un lien commun, inséparable de la statue.

Mais, comme l'observe Boèce avec une grande subtilité, la distinction entre l'essence et les accidents est une distinction fondée sur la possibilité et non sur le fait : c'est une distinction de concepts, plus encore qu'une distinction de choses. Il suffit qu'on puisse concevoir que la statue, tout en restant la même, change de couleur, pour que la couleur soit une propriété accidentelle.

Nascitur autem hujusmodi dubietas, utrum superior definitio vera sit et omnium accidentium nomen includat. Nam, quoniam sunt quædam, ut ipse ait, accidentia inseparabilia, in his talis definitio videtur convenire non posse. Nam, si separari non possunt, non est in illis vera definitio quæ dicit : Accidens esse quod inferri et auferri potest sine ejus in quo est interitu. Nam, cum inseparabilia sint, auferri non possunt. Sed hæc tam vehemens quæstio solvitur sic, quod hæc ipsa definitio de accidentibus facta est potestate non actu, et intelligentia non veritate. Non quia Æthiops et corvus colorem amittant, sed sine isto colore ad intelligentiam nostram possunt subsistere... Ergo hoc non ideo quia fiat dicitur, sed ideo quia si posset fieri, hujus accidentis susceptrix substantia non periret (1).

---

(1) Boetius, *loco citato.*

CHAPITRE II. — ÉPURATION DES CONCEPTS.

Ce que je dis de la couleur peut se dire du poids, du volume, de la dureté. Rien de tout cela n'entre nécessairement dans le concept formel de la statue. Donc, autant de propriétés accidentelles ; et par là on peut reconnaître que cette théorie des accidents n'est que le développement de la théorie Aristotélicienne. Tout ce qui entre *de soi* dans le concept d'un sujet lui est essentiel : tout le reste est accidentel.

3. — Des accidents matériels d'une statue.

Répétons cette doctrine d'une autre façon.

Un sculpteur, ayant conçu une idée artistique, veut la réaliser ; mais, pour cela, il faut lui donner un corps. Il choisit donc un bloc de marbre, et remarquez ce qui détermine ce choix. Est-ce la forme actuelle de cette masse ? Non certes, puisqu'elle doit disparaître pour faire place à une autre. — Est-ce son volume ? Peut-être oui, peut-être non. En tout cas, le volume est « de soi » indifférent à la reproduction de l'idée. Que le bloc soit gros, qu'il soit petit, il peut également devenir statue et statue parfaite d'Apollon.

Il en est de même de la couleur du marbre. Inséparable du marbre, elle est sans influence sur la détermination de l'artiste, si celui-ci renferme son intention dans la réalisation formelle de son idée. La statue sera rouge ou blanche, suivant la couleur de la pierre ; mais si, par une cause quelconque, le marbre venait à changer de couleur, la statue n'en resterait cependant pas moins la même, et n'en répondrait pas moins bien à l'idée du sculpteur.

Ce que j'ai dit de la couleur, je puis le dire du poids, de la chaleur et des autres propriétés physiques ou chimiques du marbre. Le statuaire ne s'inquiète pas de ces particularités ; donc, bien qu'inséparables du marbre, elles ne sont que des propriétés accidentelles par rapport à la statue.

Débarrassons-nous donc de ces accidents, pour ne nous occuper que des caractères essentiels de la matière.

4. — Caractères essentiels de la matière.

En commençant à distinguer, dans une statue, la forme et la matière, nous avons désigné celle-ci par ses propriétés intrinsèques, telles que sa nature, son poids, sa couleur. Et voici que nous rejetons toutes ces désignations, comme accidentelles à la matière en tant que matière de statue. Que reste-t-il donc? Rien en vérité, sinon deux choses, pour lesquelles la matière est exigée dans une statue, savoir : l'aptitude à recevoir et l'aptitude à soutenir la forme. Étudions ces propriétés de plus près.

Certes, il est aussi nécessaire à une statue de contenir une matière que de posséder une forme. Mais, encore une fois, la nature de la matière entre pour peu de chose dans cette nécessité. Que ce soit bois ou pierre, peu importe : pourvu que ce soit une nature qui se prête au ciseau, c'est-à-dire qui puisse recevoir la forme, il y a matière satisfaisant à la première condition. Avec le bois on aura une statue de bois, avec la pierre une statue de pierre; mais l'une ne sera pas plus statue que l'autre.

La seconde condition de la matière d'une statue, c'est qu'elle puisse garder la forme. L'eau manque de consistance et ne peut se soutenir elle-même, donc elle n'est pas matière suffisante.

En résumé, que reste-t-il dans le concept formel de la matière d'une statue, si nous faisons abstraction de toutes les propriétés qui n'entrent pas dans le concept essentiel du composé? Il reste une nature consistante, susceptible et de recevoir et de conserver la forme.

5. — Séparation de ces deux caractères.

Nous venons de le constater, la matière ne renferme dans son concept formel rien que deux caractères essentiels. Mais notre analyse peut aller plus loin et séparer ces deux caractères.

CHAPITRE II. — ÉPURATION DES CONCEPTS. 235

En effet, autre est la production, autre la conservation de la statue. Donc, autre est la propriété de recevoir facilement la forme, autre la propriété de la conserver solidement. Telle matière, comme l'albâtre, se laisse sculpter aisément, et par conséquent est éminemment apte à recevoir une forme ; mais elle se désagrège bientôt, et par conséquent elle n'est pas bonne pour conserver la forme reçue. Telle autre matière, comme le diamant, conserve indéfiniment la forme reçue, mais elle ne se prête que difficilement à la taille. Les deux caractères de la matière ne vont donc pas toujours de pair ; ils sont indépendants l'un de l'autre.

Bien plus, je dis qu'ils sont séparables. Pour fabriquer une statue de bronze, on met d'abord la matière en fusion, on la rend la plus fluide qu'il est possible, afin que, versée dans le moule, elle se répande pour remplir tous les vides. La statue est faite, mais elle ne se tient pas encore par elle-même. On laisse donc le bronze se solidifier, puis on brise le moule, et la statue se soutient sans étais.

Remarquez, je vous prie, ce changement de matière. La matière qui a pris la forme n'est plus celle qui la soutient.

— Quoi ! n'est-ce pas toujours du bronze ? a-t-il changé de poids, de volume ou de composition chimique ? Ce changement dont il s'agit, n'est-il pas un simple « changement d'état », comme parlent les physiciens, modification qui n'altère en rien la nature de la substance ?

— Toutes vos remarques sont justes ; mais, si vous voulez recueillir des souvenirs encore récents, vous conviendrez avec moi, qu'au point de vue qui nous occupe exclusivement, il y a eu changement essentiel de matière.

En effet, ne sommes-nous pas convenus ensemble que, dans une matière de statue, le poids, le volume, la couleur, l'éclat, la sonorité, que sais-je ? toutes ces propriétés étaient accidentelles, et que deux propriétés seulement étaient essentielles : l'aptitude à recevoir la forme et l'aptitude à la conserver ? Or là où il y a changement de propriété essentielle, il y a changement d'essence. Donc là où une des deux aptitudes en question vient à changer, il y a changement de matière.

Et voyez donc : lorsqu'on préparait le bronze pour le moulage, que cherchait-on à obtenir? Une nature lourde, jaune ou noire? Non, on ne visait qu'à un point, obtenir une matière fluide, c'est-à-dire, une nature dont l'aptitude actuelle à « recevoir » une forme se confondît avec son inaptitude actuelle à « conserver » quelque forme que ce fût. Et lorsque le bronze est solidifié, qu'a-t-on? une substance solide impropre dans cet état au moulage, c'est-à-dire, une nature dont l'aptitude actuelle à « conserver » la forme qu'elle possède, se confond avec son inaptitude actuelle à « recevoir » une autre forme.

Je ne pense pas qu'on puisse concevoir un changement plus radical de propriétés essentielles. J'ai donc le droit de dire : Autre est la matière qui reçoit la forme, autre la matière qui la conserve.

6. — Caractère primordial de la matière.

A quelle conclusion étrange sommes-nous parvenus par cette pénible discussion? Nous nous étions proposé de purifier le concept de la matière d'une statue; nous avions, par l'analyse, écarté tous les concepts accidentels qui pouvaient troubler notre visée, et nous étions parvenus à distinguer les deux caractères essentiels de la matière : aptitude à recevoir la forme, aptitude à la conserver. Nous pouvions croire notre tâche heureusement terminée.

Mais voici qu'en comparant ces deux caractères, nous trouvons qu'ils semblent s'exclure mutuellement ou du moins se combattre. Eh quoi! peut-il y avoir lutte entre deux propriétés essentielles? Ne sommes-nous parvenus à concevoir l'essence de la matière que pour y rencontrer la contradiction? Est-ce donc que la matière n'a pas par elle-même d'essence? En tout cas, ne devons-nous pas nous arrêter, pour nous demander si nous n'avons pas fait fausse route?

Encore un effort; nous sommes dans le vrai chemin, mais il faut aller jusqu'au bout. En métaphysique, on ne peut s'arrêter sur les pentes. Il faut toujours gravir jusqu'aux sommets; là seulement on peut s'asseoir.

La substance, qui peut être une matière de statue, doit avoir deux aptitudes, aptitude à recevoir la forme, et aptitude à la conserver; par exemple, fluidité pour se prêter au moulage, et solidité pour se maintenir ensuite. Entre ces deux caractères, il y a contraste, j'en conviens. Ne remarquez-vous pas cependant quelque chose de commun, je veux dire l'aptitude à se soumettre à la forme, *à subir la forme?* Et cette convenance avec la forme, ou, pour mieux dire, cette non-répugnance à la forme, n'est-elle pas un caractère universel de la matière, partout et toujours, soit lorsque la statue devient, soit lorsqu'elle existe? Voilà donc le caractère primordial de la matière, caractère qui ne se définit pas par quelque qualité intrinsèque de la substance servant de matière, mais par sa relation à la forme.

C'est par la forme que l'on caractérise la matière; telle est la conclusion finale, telle est la dernière analyse. Nous pouvons maintenant nous arrêter et juger la difficulté qui nous préoccupait tout à l'heure.

7. — Réduction des deux caractères de la matière.

Pour qu'une statue d'airain existe, il faut qu'on l'ait fabriquée; en d'autres termes, pour qu'elle *soit*, il faut qu'elle *devienne*. Pendant qu'elle se fait, il y a en elle comme un mouvement de la non-existence à l'existence; lorsqu'elle est faite, il y a en elle comme un repos dans l'existence. Ce mouvement et ce repos ne sont pas en contradiction l'un avec l'autre; car ce mouvement court vers ce repos, ce *devenir* tend vers cette *existence;* tout ce qu'est le devenir, il l'est par l'existence qui est son terme, suivant cette belle sentence de saint Thomas : *Omne quod fit, ad hoc fit ut sit* (1).

Eh bien, jugez dans cette lumière la difficulté de tout à l'heure, et vous verrez que les deux caractères essentiels de la matière correspondent aux deux concepts du devenir et de l'existence.

Pour que la statue « devienne », il faut que la matière s'y prête, il faut qu'elle n'oppose aucune résistance à l'entrée de la forme; la propriété capitale et unique que doit posséder cette matière, au point de départ, est une *passivité* complète par rapport à la forme; et lorsqu'on met l'airain en fusion, on n'a pas d'autre but que de briser toutes les résistances actives, et de détruire toutes les qualités actuelles qui s'opposent à la *formation* de la statue. En un mot, on se propose de rendre l'airain apte à prendre la forme, apte à acquérir une forme qui le détermine. Le caractère de la matière au point de départ est donc d'être *déterminable*.

Et au point d'arrivée, que lui demande-t-on? D'exister *déterminée*. Il est vrai, on recherche dans ce but une matière dure et rigide. Mais pourquoi? — Uniquement pour que la cohésion empêche l'œuvre d'être écrasée par son propre poids, c'est-à-dire, pour qu'une qualité neutralise une autre qualité.

Imaginez une matière telle que ni pesanteur, ni chaleur, ni forces physiques ou chimiques, ne puissent agir sur elle. Elle restera déterminée, et cela, non en vertu de quelque propriété intrinsèque positive, mais uniquement parce qu'elle a été déterminée.

Donc nous avions tort d'opposer l'un à l'autre l'airain liquide et l'airain solide. Il n'y a là pas d'autre opposition que celle qui existe entre ce qui est déterminable et ce qui est déterminé. Pour que l'airain soit déterminable, on com-

---

(1) S. Thomas, II, *Contr. Gentil.*, cap. xl, § 3.

CHAPITRE II. — ÉPURATION DES CONCEPTS.   239

bat par le feu les qualités qui sont de trop. Pour qu'il reste déterminé, on neutralise par la solidité les qualités qui pourraient amener l'altération.

La matière par excellence serait une matière dénuée de toute qualité positive.

8. — Résumé. Définition de la matière.

Aristote définit ainsi la cause matérielle :

« *C'est de quoi et en quoi devient quelque chose* (1), par exemple, l'airain de la statue, et l'argent de la coupe. »

Analysons cette définition.

Ἐξ οὗ. — L'airain et l'argent préexistaient à la statue et à la coupe. Ils étaient déjà aptes à recevoir la forme. C'est ce que les scolastiques appellent : *materia ex qua*, c'est-à-dire la matière « déterminable ».

Ἐνυπάρχοντος. — L'airain et l'argent existent encore dans la statue et dans la coupe. C'est ce que les scolastiques appellent : *materia in qua*, c'est-à-dire la matière « déterminée ».

La matière *ex qua* et la matière *in qua* ne sont distinguées entre elles que par le *devenir* du composé ; car c'est la même matière *de laquelle* on fait la statue, et en *laquelle* existe la statue.

Il n'y a donc, en réalité, qu'une seule et même matière caractérisée par une propriété passive, et nous pouvons la définir : *Ce qui est déterminable ou déterminé* (2).

---

(1) C'est, me semble-t-il, la traduction la plus exacte du texte : Ἐξ οὗ γίγνεταί τι ἐνυπάρχοντος. (*Métaphys.*, liv. V, chap. II.) Ἐξ οὗ, *de quoi*, — ἐνυπάρχοντος, *en quoi*.

(2) Les mathématiciens considèrent l'inertie comme une propriété essentielle des corps. Un corps peut prendre un mouvement quelconque, soit comme direction, soit comme vélocité ; voilà une puissance passive, en vertu de laquelle l'état du mobile est déterminable. — Une fois le mouvement imprimé, le corps est incapable par lui-même de le modifier ; voilà l'état de mobile déterminé ; et le mouvement se conserve, parce que le mobile ne détermine pas, mais est déterminé. — On peut s'aider de cette notion pour comprendre ce qu'est la matière.

9. — Retour sur la forme.

Et la forme? Dans toute cette analyse quelle altération a-t-elle subie? Son concept a-t-il été modifié pendant que celui de la matière s'épurait?

Nous avions d'abord un Apollon en marbre; nous avons remplacé le marbre par du bois ou du plâtre; nous avons fait varier le volume, le poids, la couleur; nous avons liquéfié et solidifié le bronze pour combattre successivement ses propriétés positives; enfin nous avons réduit la matière elle-même à rien ou presque rien. Certes, la statue a passé par bien des modifications, car elle a subi le contre-coup de toutes ces altérations de sa matière. Mais sa forme, c'est-à-dire, la représentation d'Apollon a-t-elle varié? a-t-elle été altérée? a-t-elle ressenti quelque secousse dans tous ces bouleversements?

Elle est demeurée toujours identique à elle-même, ni plus belle, ni moins belle, ni plus grande ni plus petite, toujours égale à l'*idée* qu'elle reproduit.

CHAPITRE III

RELATIONS ENTRE LA FORME, LA MATIÈRE ET LE COMPOSÉ

1. — Relation entre la forme et la matière.

Cherchez, dans le Dictionnaire de l'Académie, le mot *Statue*, vous lirez : « STATUE, Figure, en plein relief, représentant un homme ou une femme en entier. » Vous le voyez : la définition et par conséquent le concept même d'une statue se prennent de la forme, et la matière ne se montre que d'une manière voilée sous ces mots : « en plein relief ». La forme ne dépend de la matière qu'en tant qu'elle suppose quelque matière. A part cela, elle en est complètement indépendante : la beauté, l'attitude, la perfection d'une forme peuvent être la même dans l'argile et dans le marbre de Paros.

Mais, tandis que la forme se définit par elle-même et obtient la part principale dans la définition du composé, la matière se définit par la forme. C'est parce que la statue a été faite « de » marbre, que le marbre est *materia ex qua*. C'est parce que la statue existe « en » marbre, que le marbre est *materia in qua*. Il est vrai, ce marbre préexistait à la statue et pouvait se définir par ses qualités propres et intrinsèques. Mais comment savons-nous que ce marbre peut jouer le rôle de cause matérielle? C'est parce que nous savons qu'on peut l'employer à soutenir les formes de la sculpture.

Donc, tandis que la forme se définit principalement par

elle-même, la matière se définit principalement par la forme.

Et voyez comme le langage le plus vulgaire est conforme à ces subtiles considérations, tant il est vrai que la plus haute métaphysique est comme instinctive dans l'homme. A la question : « Quel est cet objet »? l'homme le plus inculte répondra : « Une statue de marbre ». Il nommera d'abord le composé, et il le nommera par sa forme. Ce n'est qu'ensuite qu'il désignera la matière, pour indiquer le support de la forme.

2. — Connexion entre la matière et la forme.

Il faut pourtant prendre garde d'exagérer l'indépendance de la forme et la dépendance de la matière.

Il est vrai que, si on enlève la forme, non seulement la statue, n'existe plus, mais que le marbre lui-même n'est plus actuellement matière « de » statue; il est retombé dans cette indétermination qui le rend à la fois matière « à » statue, et matière « à » colonne. — D'un autre côté, privez de son marbre la statue, non seulement il n'y a plus de statue, mais la forme elle-même s'évanouit. Donc, dans une statue, la forme appelle la matière, comme la matière appelle la forme. L'une, principe déterminant, ne peut rien déterminer, à moins qu'elle ne rencontre quelque chose qui soit déterminable. L'autre, principe déterminable, ne peut être déterminée sans un principe déterminant.

Voilà, encore une fois, pourquoi la matière et la forme sont deux principes irréductibles. Chacune, à sa manière, est un constituant nécessaire du composé. Le marbre est cause totale de la statue dans l'ordre de la causalité matérielle, la forme est cause totale de la statue dans l'ordre de la causalité formelle.

Quant à la statue, c'est une substance qui répond à un concept un et complet. A la vérité, je puis bien y distinguer deux concepts incomplets. Mais c'est dans cette substance existante que la matière et la forme ont leurs existences formelles; c'est dans le composé existant que la matière existe comme matière et que la forme existe comme forme.

3. — Union des constituants dans une seule existence.

Il y a là un point de doctrine très délicat et très important, qui s'éclaircit par la considération de la cause efficiente. Car l'*existence* est corrélative du *devenir*, et par conséquent de la cause efficiente; excepté pour l'Être dont l'essence est l'existence, toute existence provient d'une cause efficiente.

Or demandez au sculpteur ce qu'il fait : il vous répondra : *une statue*. Il ne fait pas le marbre, et par conséquent, le marbre ne *devient* pas; il ne fait pas la forme, et par conséquent la forme ne *devient* pas. Mais il fait que la « matière » soit « informée », il fait que la forme soit dans la matière; en un mot, il fait le composé. C'est le composé qui *devient*, car le terme de la causalité efficiente est une existence et c'est la statue qui existe.

Aristote a tout un chapitre pour expliquer cette doctrine.

« Ce qui devient est fait par quelque chose, et j'entends par là le principe de la production. Il provient de quelque chose, et j'entends par là, non le point de départ, mais la matière suivant la définition que nous avons déjà expliquée. Enfin il devient ceci ou cela, une sphère, par exemple, ou un cercle, ou quelque autre chose. Or la cause efficiente, de même qu'elle ne fait pas le *substratum*, c'est-à-dire l'airain, de même elle ne fait pas non plus la sphère, sinon par accident, en tant que la sphère d'airain qu'il fait est une sphère.

« ... Je dis que faire que l'airain soit rond, ce n'est faire ni la rondeur, ni la sphéricité; mais ce qui est bien différent, c'est produire cette forme dans autre chose... Il est donc manifeste que la forme ou la figure des choses sensibles, quelque nom qu'on lui donne, ne devient pas ; elle n'est pas produite; elle n'est pas proprement une essence, mais elle est ce qui devient dans un autre en vertu d'une action artificielle ou naturelle, en un mot, en vertu de quelque puissance active. L'ouvrier fait qu'une sphère d'airain existe ; il la fait de l'airain et de la sphère, car il fait cette forme dans cette matière ; le résultat de cette action est une sphère d'airain, qui par sa forme est sphère (1). »

Grâce à cet enseignement si précis, on doit bien comprendre maintenant que l'existence de la matière et l'existence de la forme ne s'additionnent pas dans l'existence du composé. Il n'y a qu'une seule et indivisible existence, qui est le terme de l'action efficiente, savoir : l'existence de la statue ; et par cette unique existence existent à la fois et la matière et la forme.

4. — L'unité de l'être provient de la forme.

L'être et l'unité sont inséparables, et l'on peut juger de l'un par l'autre, suivant l'adage : *Ens et unum convertuntur*. Pour mieux comprendre la matière et la forme, il sera donc utile d'étudier leur rôle par rapport à l'unité.

C'est, avons-nous dit, la statue qui existe ; la matière et la forme existent dans l'existence de la statue ; donc aussi c'est véritablement et proprement la statue qui est une. C'est « une » statue. Il est vrai, on peut y compter plusieurs membres, et chacun pris à part est « un ». Mais la statue n'est pas un amas de parties ; elle est « un tout » qui est détruit dès qu'on le divise. Plusieurs membres, j'en conviens, mais une seule statue.

Et d'où provient son unité ? de sa cause efficiente ? Il y aurait erreur à le dire, car toute statue étant *nécessairement* une, elle ne peut être conçue ou réalisée que dans son unité. Cette unité inhérente à son essence, précède donc son existence, et sa raison doit être cherchée dans les causes intrinsèques. C'est donc ou la matière ou la forme qui donne l'unité. — Laquelle ?

Il n'y a pas à hésiter. En présence d'une statue, nous avons deux manières différentes de nous exprimer, suivant

---

(1) Aristote, *Métaphys.*, liv. VII, chap. VIII.

que nous considérons sa matière ou sa forme. Nous disons : Voici « du » marbre ; et nous disons : Voici « une » Minerve. C'est donc au concept de la forme qu'est lié essentiellement le concept de l'unité. C'est la forme qui donne l'unité ; et si la statue est une, c'est parce que dans le marbre la forme est une.

5. — Comment la matière est une et comment elle n'est pas une.

L'UN se définit ainsi : *Unum est id quod est indivisum a se et divisum ab alio.*

Or, si je considère dans la carrière de marbre la matière « à » statue, je vois une masse indéfinie, que rien ne divise, rien ne sépare : et je ne puis distinguer, dans la continuité de la pierre, ce qui sera plus tard matière d'une statue. En un mot, il n'y a rien là encore qui soit *divisum ab alio*. — En outre, chaque portion de marbre, considérée à part comme matière à statue, peut être séparée de mille manières en blocs différents dont chacun reste matière à statue. Rien encore qui soit *indivisum a se*.

Donc la matière *ex qua* ne possède ni l'un ni l'autre des deux caractères essentiels de l'unité. Elle n'est pas « une », sinon de cette unité vague que saint Bonaventure appelle l'unité d'homogénéité (1). — Elle n'est pas une ; aussi, pour la désigner, on se sert d'un terme indéfini, on dit : « Voilà du marbre. »

Mais lorsque la matière reçoit la forme, lorsqu'elle devient *materia in qua*, à l'instant même elle revêt les deux caractères de l'unité. Elle est non divisée, *indivisa a se*, tant qu'on ne brise pas la statue. Elle est séparée de tout le reste, *divisa ab alio*. Donc la matière informée, la ma-

---

(1) « Unitatem habet homogeneitatis. Hæc autem unitas simul manet in diversis, sicut patet, si de eodem auro fiant multa vasa : illa sunt de eodem auro per homogeneitatem : sed aurum quod est in uno differt ab auro quod est in alio ». (Bonavent. *Sent.* II, dist. 3, p. 1, a. 2, q. 3. In resolutione.)

tière *in qua*, est « une ». — Elle est une ; aussi les artistes ont coutume de dire : Voici un marbre. »

Cependant faites-y bien attention : cette unité, cette dignité d'être ne procèdent pas du propre fond de la matière. C'est une participation au rang et au nom du principe informant qui a comme épousé la matière.

6. — Un composé, une forme, une matière, une existence.

En résumé, puisque tout être est un, — *ens et unum convertuntur*, — et puisque le composé est l'être, le composé de matière et de forme est « un ».

Puisque le composé doit à la forme ses propriétés principales et spécialement son unité, la forme est « une ».

Enfin, puisque forme et matière sont deux corrélatifs à *une* forme ne peut s'opposer qu'*une* matière ; et la matière *in actu*, la matière *in qua*, la matière informée est « une » par l'unité de la forme.

— Pour mieux approfondir cette doctrine, prenons un autre exemple où ces affirmations paraissent en défaut ; ce sera un excellent moyen de contrôle.

Il semble qu'une maison ne soit pas une, car nous y distinguons des murs, des fenêtres, des portes. Il semble que sa forme ne soit pas une, puisque ces murs, ces fenêtres, ces portes ont des formes différentes. Il semble enfin que sa matière ne soit pas une, car on y trouve pierre, bois et fer.

Mais un peu d'attention va dissiper ces hésitations. Je n'ai pas dit que tout être est simple ; j'ai dit que tout être est un. Or l'unité ne se définit pas par la simplicité, mais par la négation de toute division. Il ne s'agit donc pas de savoir si une maison peut être démolie, mais si, en la démolissant, on la détruit. Abattez les murs, il n'y a plus de maison ; bouchez les fenêtres, il n'y a plus qu'un cachot. Donc une maison ne peut être divisée. En tant que maison, c'est un être distinct des autres, un être indivis et indivisible, un être « un ». — *Unum et ens convertuntur.*

Ce que j'ai dit de la maison, je pourrais le répéter de sa forme, identiquement dans les mêmes termes, et à vrai dire c'est de cette forme que je viens de parler, puisque tout ce qu'on peut dire d'un être provient de sa forme. Il y a donc des formes composées ; mais quel que soit le degré de complication, chaque forme est « une », parce qu'elle correspond à une idée « une ».

Enfin je dis que la matière d'une maison est « une ». Il est vrai, je puis compter les pierres, les poutres, les ferrures et les séparer par la pensée. Mais ainsi isolées, elles ne sont plus matière *in qua* de la maison; elles ne sont plus que matière *ex qua*, c'est-à-dire *matériaux* pouvant entrer dans une construction quelconque. Quant à la matière *in qua* de la maison, elle est essentiellement composée de diverses substances, pierres, bois, fer ; ces matériaux sont réunis par la forme ; sous l'influence de la forme, ils s'appellent mutuellement, chacun d'eux requiert la présence de tous les autres, de même que chaque côté d'un triangle exige la présence des deux autres. Encore un coup, dans une maison, la matière, bien que composée, est « une » ; dès qu'on la divise, elle cesse d'être « matière » et ses portions séparées retombent à l'état de « matériaux ».

Donc, dans tous les composés, une existence, une forme, une matière.

DEUXIÈME PARTIE

THÉORIE GÉNÉRALE

CHAPITRE IV

RÉALITÉS MÉTAPHYSIQUES DE LA MATIÈRE ET DE LA FORME

1. — But de ce chapitre.

Dans les chapitres précédents, nous ne nous sommes attachés qu'à bien comprendre la signification des termes « matière, forme, composé ». Pour cela nous avons poursuivi constamment un même exemple, séparant, opposant, unissant les divers concepts relatifs à une statue, sans trop nous inquiéter de savoir si les considérations déduites de cet objet particulier étaient véritablement générales.

Il s'agit maintenant de chercher si ces concepts s'étendent au delà de l'exemple où nous les avons étudiés. Il faut connaître si les idées de forme et de matière sont de simples jeux d'esprit, des distinctions provenant uniquement de notre principe pensant, ou si elles répondent à des réalités objectives.

Indépendamment de notre manière de concevoir, et antérieurement à tout raisonnement, y a-t-il, en général, dans les êtres une matière et une forme? Pour répondre à cette question, reprenons les choses de plus loin.

CHAPITRE IV. — RÉALITÉS MÉTAPHYSIQUES. 249

2. — Les changements sont des réalités.

D'après Aristote (1), il y a deux sortes de substances : une substance qui ne tombe pas sous nos sens, et une substance qui les affecte. Celle-ci se subdivise en deux genres : la substance incorruptible ou immuable, — c'est la substance des corps célestes, — et la substance corruptible ou variable, — c'est la substance des corps terrestres.

Laissons de côté la substance des astres, dont la connaissance physique était trop imparfaite chez les anciens, et ne nous occupons que de la substance sublunaire qui était plus à leur portée.

Il est incontestable que nous y observons constamment des changements, des mutations. Or, à moins de se déclarer franchement de l'école subjectiviste, il faut reconnaître que ces changements ont lieu dans les choses elles-mêmes. Sur notre terre, tous les êtres subissent des variations. La pierre se meut et change de lieu; l'eau en se solidifiant change d'état; l'homme naît, croît en taille, grandit en force, puis dépérit et meurt. Toute substance sublunaire est changeante, variable, corruptible.

Analysons le changement, d'après Aristote.

3. — Dans tout changement, il y a deux termes contraires.

Tout changement suppose deux termes, savoir un point de départ et un point d'arrivée. Ce qui était noir devient blanc, ce qui était chaud devient froid, ce qui était arbre devient cendre.

Et pourquoi sont-ce là des changements? Évidemment, parce que l'état primitif n'est pas l'état final, c'est-à-dire, parce que ce sont deux termes qui s'opposent par voie de contradiction. Le noir, par cela même qu'il était noir,

---

(1) *Métaphys.*, liv. XI (livre XII dans les commentaires de S. Thomas).

n'était pas blanc; l'arbre, par cela même qu'il était arbre, n'était pas cendre. Chaque terme du changement contient la négation de l'autre terme.

Et, remarquez-le bien, je ne veux pas simplement dire qu'un terme n'est pas l'autre. Le noir n'est pas le chaud, et cependant on ne dit pas qu'un corps noir s'est *changé* en corps chaud. Pourquoi cela, sinon parce que le noir et le chaud peuvent coexister? Ils ne s'opposent pas formellement, ils ne s'excluent pas mutuellement.

On le voit : il faut que les deux termes d'un changement soient tels que l'affirmation de l'un soit formellement la négation de l'autre, et réciproquement. — Il était noir, donc il n'était pas blanc; il est blanc, donc il n'est plus noir. Devenir blanc en vertu d'un changement, c'est passer du non-blanc au blanc; c'est donc passer sous un certain rapport du non-être à l'être.

4. — Dans tout changement, il y a quelque chose qui demeure.

Passer du non-être à l'être, c'est, à proprement parler, « devenir ». Pourtant changer n'est pas complètement synonyme de devenir. L'idée de changement emporte avec soi l'idée d'un sujet soumis au changement, c'est-à-dire, de quelque chose qui demeure, avant, pendant, après le changement.

En effet, ce n'est pas la qualité d'être noir qui devient la qualité d'être blanc, ce n'est pas la chaleur qui devient le froid; il y aurait là contradiction dans les termes et absurdité. Il faut donc qu'il y ait un sujet de ces qualités contradictoires, qui persiste pour supporter successivement les deux termes du changement.

Donc, dans toute mutation, il y a quelque chose, qui n'est formellement aucun des deux termes de la mutation, et qui peut coexister avec chacun d'eux.

Telle est la doctrine d'Aristote sur le changement.

« Tout changement, dit-il, a lieu entre extrêmes opposés, non par opposition quelconque, comme la voix n'est pas *du blanc*, mais par opposition de contrariété. Il faut donc qu'il y ait par-dessous quelque sujet de la mutation, car ce ne sont pas les contraires qui se changent l'un dans l'autre.

« De plus, le terme final demeure, et le terme initial ne demeure pas. Donc il y a une troisième réalité, outre les deux extrêmes contraires, et c'est la *matière* (1). »

Ce passage étant très important, demandons à Albert le Grand de nous le traduire.

Si mutatio omnis est de contrario in contrarium, sicut diximus in 1° Physicorum, necesse est aliquid subjici contrariis quod sit subjectum mutationis, et hoc est tertium quod est materia.

Et hujus causa est, quod contraria non transmutantur ad invicem, ita quod sint subjectum transmutationis; sed sunt transmutationis termini, et ipsa transmutatio fluxus quidam est contrariorum.

Amplius : Unum quidem contrariorum, ad quod est transmutatio, manet; aliud autem a quo est transmutatio, non manet sed abjicitur; subjectum autem, quod tertium est, sub utroque contrariorum manet idem. Oportet igitur aliquid esse tertium præter contraria, et hoc est materia (2).

5. — Application aux diverses sortes de changement.

« Il y a, continue Aristote, quatre sortes de changements concernant, ou la nature, ou la qualité, ou la quantité ou la situation locale. Le changement de nature est la *génération* proprement dite et la corruption; en quantité, il y a *accroissement* et *dépérissement*; l'*altération* résulte d'une action subie; il y a *transfert* dans l'espace. Or, dans chacune de ces mutations, il y a deux termes contraires. Il faut donc que chaque changement se produise dans une matière capable des deux termes, ἀνάγκη δὴ μεταβάλλειν τὴν ὕλην δυναμένην ἄμφω (3). »

Qu'un arbre soit réduit en cendres, il y a, sans conteste,

---

(1) Arist., *Métaphys.*, liv. XI, chap. II.
(2) Alb. Magn., *Métaphys.*, lib. XI, tr. I, cap. IV.
(3) Aristote, *Métaphys.*, liv. XI, ch. II.

changement de nature, *corruption* du bois. D'ailleurs, ce n'est pas une simple succession de deux existences étrangères l'une à l'autre. C'est bien l'arbre qui est devenu cendre. Donc il y a quelque chose qui se trouvait dans le bois et qui se retrouve dans les cendres, c'est la matière. — Je laisse aux chimistes à expliquer quel est « ce quelque chose » s'il est simple ou composé, s'il y a accès d'éléments étrangers. Pour moi métaphysicien, j'oppose l'arbre aux cendres, je reconnais que « ceci » n'est pas « cela », mais que « cela » a été changé en « ceci »; et j'en conclus qu'il y a quelque chose qui reste en « ceci » et en « cela ».

Lorsqu'un enfant grandit, il conserve toujours la même nature, mais il y a chez lui *accroissement*. Son être se prête donc successivement à la petitesse et à la grandeur, c'est-à-dire qu'il contient une indétermination qui a besoin d'être comblée pour qu'il existe actuellement, car tout homme existe avec une taille déterminée. — Je laisse aux physiologistes à expliquer comment se produit cet accroissement, comment le principe en est dans la nature même du sujet. Pour moi, je me contente d'opposer la petitesse de l'enfant à la grandeur de l'adolescent; je reconnais que la première n'est pas la seconde, et qu'il y a quelque chose dans l'homme qui peut être successivement petit et grand, tout en conservant la même nature. Ce « quelque chose » est le sujet du changement, la matière de l'accroissement.

Soit un barreau de fer qu'on échauffe. De froid il devient chaud; il y a donc changement de qualité, *altération* — Je laisse aux physiciens à déterminer comment se produit l'échauffement, et quelles sont les vibrations qui causent le phénomène de la chaleur. Pour moi, je me contente de remarquer que ce barreau a changé puisque de froid il est devenu chaud, et que cependant quelque chose a demeuré puisque c'est le même barreau. Donc il y a encore un sujet qui demeure, une matière de l'altération.

Enfin, laissant aux penseurs les méditations sur l'espace et le lieu, et aux mathématiciens le calcul des lois du mouvement, je me contente d'opposer une situation locale à une autre, et de reconnaître que le corps qui primitivement était là, et qui actuellement est ici, a subi un *transfert* dont le sujet est le corps lui-même, avec sa quantité et ses qualités. Le corps est la matière du transfert.

6. — Réalité de la matière et de la forme.

Résumons ces explications. Il y a des changements réels; tout changement suppose quelque chose qui demeure et quelque chose qui disparaît ou apparaît; j'appelle « matière » ce qui demeure, « forme » ce qui advient. Donc, dans les êtres qui changent réellement, il y a réellement une forme et une matière. Donc, enfin les concepts de forme et de matière répondent à des réalités.

Mais remarquez-le attentivement, il ne s'agit pas ici de théorie physique au sujet de la constitution intime des corps. Je demeure dans l'ordre des généralités métaphysiques, et j'affirme simplement que, partout où il y a changement, on doit distinguer une matière et une forme. A la vérité, la nature de ces éléments constitutifs varie suivant la nature des changements auxquels ils se rapportent. Il y aura donc lieu d'établir une classification des matières et des formes. Mais auparavant, il sera utile d'approfondir encore les considérations précédentes.

7. — Digression sur la physique des anciens.

Je viens de dire que je ne m'occupais ici de la matière et de la forme qu'au point de vue métaphysique. Cette observation a pour but de détruire certains préjugés trop répandus à l'égard de la philosophie scolastique. Maintenir l'antique et traditionnelle métaphysique, ce n'est ni renoncer aux splendides découvertes de la science moderne, ni revenir à l'ancienne physique toute hérissée de qualités occultes. On se tromperait grossièrement, si pour faire honneur à nos grands docteurs du moyen âge, on acceptait sans contrôle les théories qui régnaient de leur temps au sujet des phénomènes naturels. Ce serait sacrifier la méthode et les principes mêmes de ces grands hommes, pour n'en retenir que les erreurs de détail.

Ces erreurs étaient excusables chez eux. Car, puisque l'instrument de notre connaissance est la force d'abstraction par laquelle nous voyons l'universel dans le particulier et le sensible, il en résulte qu'à chaque époque la science métaphysique est en commerce nécessaire avec les sciences d'observation, et que ses conclusions se trouvent en mélange avec les données de la physique actuellement régnante.

Mais ce mélange est séparable comme au sortir de la meule on sépare le son et la farine. Il faut abandonner les hypothèses et les théories physiques dont l'erreur est actuellement reconnue; et certes, les anciens maîtres, revenant de nos jours, accueilleraient avec empressement toutes les découvertes modernes pour les faire servir à l'étude de la vérité métaphysique.

D'ailleurs ce triage est facile. Car toutes les conclusions de nos docteurs qui se rapportent à des faits vrais se distinguent par leur simplicité et leur clarté. Au contraire, partout où ils cherchent à rendre compte d'une croyance erronée, leurs explications sont obscures, et laissent voir la contrainte d'un grand esprit cherchant un peu de lumière au milieu des ténèbres.

Qu'on le sache donc bien, revenir à la métaphysique scolastique ne suppose pas une attache servile à la physique des anciens.

CHAPITRE V

CORRÉLATION DE CES DEUX CAUSES

ARTICLE I

DISCUSSION DES CONCEPTS DE FORME ET DE MATIÈRE

1. — Remarque sur l'incorrection des termes.

La théorie péripatéticienne touchant la matière et la forme est tombée dans un certain discrédit, et, pour quelques-uns même, elle n'est qu'une ridicule chimère. Et d'où vient que nos modernes raillent à leur aise une doctrine qui a satisfait les plus grands génies philosophiques? La raison en est simple. Ils insultent un enseignement qu'ils n'ont pas compris, parce qu'ils ne l'ont étudié que superficiellement, si même ils l'ont étudié.

Mais, il faut le reconnaître, d'un côté, la moindre erreur de jugement dans cette question peut entraîner à d'étranges aberrations; de l'autre, le langage que nous tenons habituellement incline souvent notre esprit vers des conceptions inexactes.

Nous disons souvent : « La matière et la forme sont causes du composé. — La matière *fait* que la statue est en marbre et la forme *fait* que le marbre est une statue. »

Or toutes ces manières de parler sont entachées d'inexactitude.

Le terme *causes* a été choisi pour la cause la plus connue, savoir la cause efficiente; les autres causes ne portent ce nom que par analogie, et parce que l'être produit dépend d'elles d'une certaine manière. Or le terme *faire* est formellement corrélatif du terme *cause efficiente*. Ce n'est donc que par abus qu'on l'applique à désigner l'influence des autres causes. A parler exactement, la matière ne fait rien, la forme ne fait rien, puisqu'elles ne sont pas des causes efficientes. D'ailleurs, « faire » suppose « être », *prius est esse quam agere;* or la forme et la matière ne sont pas des êtres, mais les constitutifs des êtres (1).

Nous avons déjà dit que le mot « *composé* » est une dénomination bien défectueuse.

Il est donc important de distinguer dans ces expressions ce qui répond à la vérité et ce qui peut induire en erreur; et comme notre langage est lié à notre mode de concevoir, c'est dans nos concepts eux-mêmes qu'il faut aller chercher la source de nos inexactitudes de langage.

2. — De notre manière de concevoir la matière et la forme.

Quelle est donc la notion inexacte qui embarrasse nos concepts?

On ne peut trop le répéter, la substance est véritablement l'être, et tout ce qui existe est substance ou dans une substance. Notre intelligence, faite pour concevoir l'être, conçoit donc d'abord la substance et ne peut rien concevoir que dans la substance. A la vérité, nous pouvons distinguer dans la substance deux choses, le déterminé et le déterminant. Cette distinction est légitime; et si nous nous bornons à les distinguer, tout en les conservant

---

(1) Le latin fournissait aux scolastiques des ressources que nous n'avons pas dans notre langue. La cause efficiente est *causa a qua*, la cause formelle *causa qua*, la cause matérielle *causa ex qua;* et par là on distinguait, mieux que nous ne pouvons le faire, les différents rôles de ces trois causes.

unies dans la substance, notre conception est rigoureusement exacte.

Mais si, par l'abstraction, nous séparons ces deux éléments, si nous les isolons, si nous les considérons chacun à part, nous sortons de la réalité; rien donc d'étonnant, si nous trouvons ensuite dans ces concepts isolés un élément qui ne soit pas conforme à la réalité. Or cet élément introduit subrepticement est précisément le caractère substantiel que tout concept suppose à son objet.

Lors donc que nous pensons à la matière et à la forme séparément l'une de l'autre, et que nous exprimons notre pensée par le langage, nous devons toujours nous rappeler que la séparation irréalisable de la matière et de la forme introduit, dans notre pensée et notre langage, un élément qui ne répond pas à la réalité, savoir, la propriété substantielle, c'est-à-dire la perfection d'être véritablement existant en soi-même.

Ces réflexions ne doivent pas nous troubler ou jeter un nuage sur la légitimité de notre longue étude. Tout ce que nous avons dit sur la matière et la forme, sur leur opposition, sur leur union, reste acquis comme une science réelle, pourvu que nous considérions la matière et la forme dans le composé même dont ils sont les principes constituants.

Cependant cherchons à nous exprimer une bonne fois d'une manière aussi exacte que possible, afin qu'ensuite nous puissions être plus libres dans notre langage, et parler comme nous pensons.

3. — Définitions exactes de la matière et de la forme.

Le premier concept que nous ayons de quelque chose que ce soit, est le concept d'un objet ayant une existence propre, d'un *substantif,* répondant à l'expression d'Aristote « ce quelque chose », — τὸ τι,

Lorsque ensuite, étudiant la nature intime de « ce quelque chose », nous reconnaissons qu'il pourrait exister autrement qu'il n'existe actuellement, nous le concevons alors comme un « quelque chose » qui n'est pas tout ce qu'il peut être et qui peut changer. Il y a donc en lui une possibilité d'être déterminé autrement qu'il ne l'est actuellement. En d'autres termes, nous distinguons dans cet objet un élément déterminable. Or le déterminable appelle le déterminant comme son corrélatif. Donc nous sommes amenés à reconnaître, dans tout être qui peut changer, deux principes : le principe déterminable et le principe déterminant.

On peut donc définir, de la manière suivante, la matière et la forme :

Dans chaque être, *la matière est le principe déterminable, et la forme est le principe déterminant.*

C'est ce qu'expriment avec une précision admirable les formules scolastiques, que l'ignorant trouve si bizarres : La matière n'est pas un être, mais elle est ce de quoi et en quoi est fait un être, *Materia est ex qua et in qua fit ens.* — La forme n'est pas un être, mais elle est ce par quoi est constitué un être, *Forma est qua ens fit id quod est.*

Formules de convention, si vous le voulez, mais qui ont une raison objective ; et si on les ignore, on ne peut comprendre ni la langue ni la doctrine des scolastiques.

ARTICLE II

CORRÉLATION DE LA FORME ET DE LA MATIÈRE

1. — Texte d'Aristote.

« La substance, οὐσία, est comme un genre commun qui embrasse tous les êtres. Mais on y distingue la matière, qui n'est pas encore « ce quelque chose », τόδε τι, puis la figure ou la forme, en vertu de laquelle on peut déjà dire « ce quelque

CHAPITRE V. — CORRÉLATION DE CES DEUX CAUSES. 259

chose »; enfin, en troisième lieu, ce qui résulte de ces deux principes. La matière est *puissance*, la forme est *acte* ou perfection. — Ἔστι δ'ἡ μὲν ὕλη δύναμις, τὸ δ'εἶδος ἐντελέχεια (1). »

Ainsi la matière, considérée en elle-même, n'apparaît pas encore comme un être complet, car elle est indéterminée; mais que la forme la détermine à être ceci ou cela, alors on retrouve une substance composée de matière et de forme, être complet, être défini et connu par sa forme.

Voilà comment Aristote est amené à appeler la matière une *puissance* passive, et, par opposition, la forme un *acte*. On va le voir, ces appellations sont un trait auquel on reconnaît le génie du grand Philosophe; car elles permettent de projeter sur cette difficile question de matière et de forme toute la lumière acquise par ailleurs sur les deux concepts de l'acte et de la puissance.

Cependant notons tout de suite que saint Thomas, à la formule : *Materia est potentia,* préfère celle-ci : *Materia est in potentia,* pour prévenir une exagération qui consisterait à amoindrir la matière jusqu'à nier sa réalité objective. Mais sa doctrine sur la dépendance de la matière n'en est pas moins la même que celle d'Aristote.

2. — Interprétation de saint Thomas.

Voici donc comment saint Thomas interprète le texte que nous venons de citer. Ce passage est un résumé magistral de la doctrine scolastique; il faut donc l'étudier avec le plus grand scrupule.

Materia quidem est, quæ secundum se non est « hoc aliquid », sed in potentia tantum ut sit aliquid; forma autem est, secundum quam jam est hoc aliquid actu. Substantia vero composita est, quæ est « hoc aliquid ».
Est ergo differentia inter materiam et formam, quod materia est ens in potentia, forma autem est *entelechia*, id est, actus,

---

(1) Aristote, *De l'âme,* liv. II, chap. I.

quo scilicet materia fit actu, unde ipsum compositum est ens actu (1).

L'être, véritablement être, est l'être qui existe ou peut exister; or rien ne peut exister sans être totalement déterminé, car rien n'existe d'une manière indéterminée. Si donc on conçoit une chose qui contienne encore en soi quelque indétermination, elle attend, au moins sous ce rapport, que l'indétermination soit levée, et jusque-là elle n'est encore qu'un *être en puissance*. C'est la forme qui détermine; elle est l'*acte* déterminant, *forma est actus*. Par elle, l'être en puissance devient complètement déterminé, devient véritablement être. En vertu de cet acte qui l'informe, il devient un objet capable d'exister tel qu'il est. De là cette formule scolastique : *Forma dat esse*. De là cette autre expression *ens actu*, signifiant l'être existant, car c'est par sa forme que l'être est déterminé.

Ici j'appelle l'attention du lecteur sur le texte latin de saint Thomas, pour qu'il remarque une délicatesse du langage scolastique, dans le choix non seulement des mots, mais des *cas*. La matière a déjà quelque relation avec ce qu'elle peut devenir, et c'est pour cela qu'elle participe au nom d'être; on l'appelle *ens in potentia*, expression qui la désigne moins parce qu'elle est que parce qu'elle peut devenir. Par l'acte qui l'informe, elle ne devient pas *acte*, — *materia non fit actus*, — car le déterminable ne devient pas le déterminant; elle ne devient pas *en acte* — *materia non fit in actu*, — car le déterminable n'est pas dans le déterminant; mais elle devient déterminée en vertu de l'acte, *materia fit actu;* et, par la même vertu, le composé devient totalement déterminé, *compositum ipsum fit actu*.

Rendons cette doctrine plus claire encore à l'aide d'un exemple d'Aristote.

---

(1) S. Thomas, *De anima*, lib. II, lect. 1.

3. — La matière est l'être en puissance.

Soit une boule rouge qui devient blanche. A la fin du changement, la boule sera *actuellement* blanche, *ens actu album*. Au départ, en même temps qu'elle contient une négation de la blancheur actuelle, elle contient une aptitude pour cette même blancheur. Elle est à la fois actuellement non-blanche, *ens actu non-album*, et blanche en puissance, *ens potentia album*.

Or la matière d'un changement est le sujet qui demeure. C'est donc ici la boule, déterminée, il est vrai, comme substance, mais ne pouvant actuellement exister sans une couleur actuelle. Donc, considérée en elle-même comme *matière de couleur*, elle est encore indéterminée, manquant de quelque chose pour pouvoir exister, *ens in potentia*.

« Il est nécessaire, dit Aristote, que la matière d'un changement soit capable des deux termes opposés. Puisque l'être est double (1), il y a, dans tout changement, passage de l'être-en-puissance à l'être-en-acte. Ainsi le blanc en-puissance devient actuellement blanc. Il en est de même dans l'accroissement et la diminution.

Par conséquent, bien que par accident quelque chose puisse sortir du non-être, cependant tout sort de l'être, savoir de l'être-en-puissance, qui est non-être-en-acte (2). »

Nous comprendrons mieux ce passage par l'interprétation de saint Thomas :

Necesse est quod id quod transmutatur, sive subjectum transmutationis, quantum est de se, sit in potentia ad utrumque contrariorum : aliter enim non esset susceptivum utriusque, nec posset de uno in aliud transmutari.

Omne igitur quod transmutatur, transmutatur ex ente in potentia in actu ens, sicut cum aliquid alteratur ex albo in potentia in actu album. Et similiter est in motu ipsius augmenti

---

(1) Savoir : la puissance et l'acte.
(2) Aristote, *Métaphys.*, liv. XI, chap. II.

et decrementi, quia transmutatur aliquid de potentia magno vel parvo in actu magnum vel parvum.

Unde et in genere substantiæ fiunt omnia ex non ente et ente. Ex non ente quidem per accidens, in quantum fit aliquid ex materia subjecta privationi, secundum quam dicitur non ens. Sed per se fit aliquid ex ente, non autem *in actu*, sed *in potentia*, scilicet ex materia quæ est ens in potentia, ut supra ostensum est (1).

Voici donc la clef de toute la théorie péripatéticienne. La matière est « être en puissance » et « non-être en acte ». — « Non-être en acte », c'est-à-dire qu'elle n'est pas par elle-même un être actuel et déterminé. — « Être en puissance », c'est-à-dire qu'elle peut être déterminée par l'accès de la forme. Et ce qui lui donne d'être actuellement, *esse actu,* c'est la forme ; car c'est grâce à cette forme qu'il existe actuellement un être qu'on nomme le composé, et dans lequel la matière existe actuellement.

4. — Dépendance de la matière.

Aristote enseigne : « La matière est puissance, la forme est acte. » Or nous avons déjà appris de lui, que la puissance dépend de l'acte, que la puissance se définit par l'acte et contient une relation essentielle à l'acte. Il doit donc en être ainsi de la matière par rapport à la forme.

D'abord, la matière se définit par la forme, car le déterminable se définit par le déterminant. Pour qu'une chose soit matière, il faut qu'elle soit susceptible de recevoir la forme correspondante. L'argile est matière à statue et le sable ne l'est pas. C'est donc par rapport à la forme qu'une chose est ou n'est pas matière ; aussi la classification des diverses sortes de matières suit la classification des formes correspondantes.

« La matière, dit saint Bonaventure, dans sa définition

---

(1) S. Thomas, *Métaphys.*, lib. XII, lect. 2.

même, implique une relation à la forme ; elle en dépend donc essentiellement (1). »

Dépendante au point de vue de la définition, la matière est encore dépendante sous le rapport de l'existence.

Cette boule, qui peut être rouge ou blanche, est par elle-même, il est vrai, une substance qui a en soi son existence propre. Mais, si on la considère au point de vue de la couleur, elle n'est encore rien ; on ne peut rien en dire, sinon qu'elle peut devenir ou blanche ou rouge ou noire. Que survienne une couleur, ou plutôt que cette boule devienne blanche, alors et alors seulement, on aura *actuellement* existant un être blanc, et cela en vertu de l'existence de la couleur qui est ici le principe déterminant.

On ne peut trop le répéter : La matière considérée en soi-même est un « être en puissance, » *ens in potentia*, et d'autre part, il n'y a à exister que l'être totalement déterminé, *ens actu*. Accorder à la matière une existence indépendante de la forme, c'est fausser le concept péripatéticien de la matière. Je l'ai déjà fait remarquer : la forme est non seulement le principe qui spécifie la statue ou la maison, mais encore elle est le principe en vertu duquel la matière est *actuellement* matière de statue ou de maison, c'est-à-dire, le principe qui donne à la matière sa dernière détermination et son existence actuelle.

5. — « Forma est actus. »

La matière et la forme étant deux corrélatifs, tout ce que nous venons de dire pour expliquer comment la matière est « puissance », démontre en même temps que la forme est « acte ». Il y a plus : si on y réfléchit, on reconnaîtra que nous avons expliqué la matière par le composé, et le composé surtout par la forme. C'est que le détermi-

---

(1) « Materia, hoc ipsum quod est, dicitur esse ad formam. Ergo essentialem habet dependentiam a forma. » (S. Bonavent., *Sentent.*, lib. II, dist. XII, art. I, q. 1).

nable ne s'explique que par le déterminé, et le déterminé par le déterminant.

En d'autres termes, on ne peut parler de l'être qu'en tant qu'il est vraiment être, c'est-à-dire, en tant qu'il est déterminé. D'un composé tout ce qu'on peut dire, sauf qu'il est matériel, provient de la forme. C'est par la forme qu'un objet quelconque peut être connu, distingué, défini ; c'est par la forme qu'il est ce qu'il est. — *Forma est qua ens est id quod est.*

On doit donc admirer la précision de langage avec laquelle Aristote définit la forme : *La raison de ce qu'est chaque chose* (1). — « La raison » : non pas uniquement la raison *subjective,* procédant de notre manière de concevoir ; plus que cela la raison *objective*, c'est-à-dire, ce qui dans chaque chose détermine l'être, et par suite détermine nos pensées et nos discours.

Boèce explique ce rôle de la forme par un excellent développement dont je vais donner le résumé.

« Dans toute science, il faut considérer la forme, non l'image idéale, mais la vraie forme qui est l'être lui-même et par qui l'être est ce qu'il est, car tout être est par sa forme. » En effet, continue-t-il, une statue se définit la représentation d'un être vivant, et cette définition ne provient pas de l'airain qui en est la matière, mais de la forme qui lui donne sa beauté. Et l'airain ne se définit pas par la terre qui est sa matière, mais par sa forme d'airain. Et la terre elle-même ne se définit pas par la matière informe, κατὰ τὴν ὕλην, mais par la pesanteur et la sécheresse qui sont des formes. « Rien donc ne se dit d'après la matière, mais tout se dit suivant la forme (2). »

---

(1) Τὸ εἶδος καὶ τὸ παράδειγμα, τοῦτο δ'ἐστὶν ὁ λόγος τοῦ τί ἦν εἶναι. (*Métaphys.*, liv. V, chap. II.) Aristote avait déjà donné cette définition au livre II de sa *Physiq.*, chap. III, et S. Thomas l'interprète ainsi : « Species dicitur causa, in quantum est ratio quidditatis rei : hoc enim est per quod scimus de unoquoque quid est. » (S. Thomas, *Physic.*, lib. II, lect. 5.)

(2) « Oportebit ipsam inspicere formam, quæ vere est forma nec imago est, et quæ esse ipsum est, et ex qua esse est; omne namque esse ex forma

6. — C'est par la forme qu'on connaît la matière.

C'est par la forme qu'on connaît l'être composé de matière et de forme. Il y a plus, c'est par la forme qu'on parvient à connaître la matière elle-même.

Saint Thomas enseigne que la matière « première », c'est-à-dire, la matière qui n'est rien que matière, n'est pas en elle-même l'objet d'une connaissance. « Materia, secundum se, neque esse habet, neque cognoscibilis est (1). »

Aristote nous dit : « On ne la connaît que par analogie » (2), c'est-à-dire par ses relations avec la forme, et Albert le Grand paraphrase, comme il suit, cet apophtegme du Philosophe :

Materia subjecta in motu, quæ est principium rei factæ, non est scibilis per se, sed potius per analogiam, hoc est, proportionem, et præcipue si per similitudinem accipiantur naturalia ad artificialia. Quia, sicut in artificialibus æs se habet ad statuam, et lignum ad lectum vel arcam, in eo quod sustinet formam artificialem, aut aliorum aliquid quod habet formam artificialem ad informe secundum artis formam se habet antequam artis formam accipiat : sic ipsa prima materia se habet ad substantiam genitam, sive ad hoc aliquid et ad id quod perfectum est in natura; quia ipsa est informe quod sustinet formam substantialem, et per consequens omnes alias formas essentiales (3).

7. — C'est la forme qui donne l'unité.

L'être et le *un*, dit Aristote, sont la même chose. C'est une même nature, car ils s'accompagnent toujours (4). »

Et saint Thomas le prouve comme il suit :

Unum nihil aliud significat quam ens indivisum, et ex hoc ipso apparet quod unum convertitur cum ente. Nam omne ens, aut est simplex aut compositum. Quod autem est simplex est indi-

---

est .... Nihil igitur secundum materiam esse dicitur, sed secundum propriam formam. » (Boet., *de Trinitate*, cap. II.)
(1) S. Thomas, I, q. 15, art. 3, ad 3ᵘᵐ.
(2) Ἡ δ'ὑποκειμένη φύσις ἐπιστητὴ κατ' ἀναλογίαν. (*Physiq*., liv. I, chap. VII.)
(3) Alb. Magn., *Phys.*, lib I, tr. 3, cap. IX.
(4) Τὸ ὂν καὶ τὸ ἓν ταὐτὸν, καὶ μία φύσις, τῷ ἀκολουθεῖν ἀλλήλοις. (*Métaphys.*, liv. IV, chap. II.)

visum et actu et potentia. Quod autem est compositum, non habet *esse*, quamdiu partes ejus sunt divisæ, sed postquam constituunt et componunt ipsum compositum. Unde manifestum est, quod *esse* cujuslibet rei consistit in indivisione. Et inde est quod unumquodque, sicut custodit suum *esse*, ita custodit suam *unitatem* (1).

La langue française, qui doit son admirable précision au latin de la Scolastique, nous enseigne cette union intime de l'être et de l'unité. Lorsque nous voulons désigner un être individuel, existant ou pouvant exister tel qu'il est conçu, nous l'appelons *un* : un homme, une pierre, une maison. Tant il est vrai que rien n'est être qu'autant qu'il est un (2). *Ens et unum convertuntur*, dit l'adage scolastique.

Or nous venons d'expliquer que l' « être », dans tout composé, provient de la forme, — *Forma dat esse*. Nous devons donc en conclure que la forme est le principe même de l' « unité ».

Saint Thomas prouve cette vérité par un argument qui résume toute la doctrine sur la forme :

Sic dicitur *unum* quomodo et *ens*. Forma autem per seipsam facit rem esse in actu, cum per essentiam suam sit actus, nec dat esse per aliquod medium. Unde unitas rei compositæ ex materia et forma, est per ipsam formam, quæ secundum seipsam unitur materiæ, ut actus ejus (3).

Ce texte ne peut pas être trop médité. Car, en nous apprenant la relation ontologique entre l'être et l'unité, il nous fournit un puissant moyen d'analyser les êtres par l'étude de l'unité qui se manifeste dans chacun d'eux.

---

(1) S. Thomas, I, q. xi, art. 1.
(2) « Quisquis fatetur nullam esse naturam, quæ non, ut sit quidquid est, appetat unitatem ». (S. Augustin, *De musica*, lib. VI, cap. xvii, n° 1.)
Boèce a, sur ce sujet, de très philosophiques développements qu'il conclut ainsi : « Eoque modo percurrenti omnia, procul dubio patebit, subsistere unumquodque, dum unum est ; cum vero unum esse desinit, interire..... Quod subsistere ac permanere appetit, id unum esse desiderat. Hoc enim sublato, ne esse quidem cuiquam permanebit. » (Boet., *Consolat.*, lib. III, pros. 11.)
(3) S. Thomas, I, q. 76, art. 7.

CHAPITRE VI

CLASSIFICATION DES FORMES

ARTICLE I

DIVERSES FORMES

1. — Principe de classification.

Toute notre longue discussion au sujet de la matière et de la forme peut se résumer dans les propositions suivantes : La matière est le principe déterminable; la forme est le principe déterminant; le composé est l'être déterminé. Il résulte de là que, toutes les fois que dans la considération d'un objet quelconque « déterminé », nous pourrons distinguer quelque chose qui *de soi* est « déterminable » et quelque chose qui *de soi* est « déterminant », nous aurons lieu à distinguer une matière et une forme.

Si la détermination est réelle et précède tout acte de notre intelligence, c'est la preuve que l'objet en question est réellement composé d'une matière réelle et d'une forme réelle. Si la distinction entre le déterminable et le déterminant provient de notre manière de concevoir, la matière et la forme resteront dans l'ordre logique. Or les matières se jugent d'après les formes. Donc il suffit d'opérer la classification des formes.

2. — Formes naturelles, formes artificielles.

Il y a apparition d'une nouvelle forme, lorsqu'un être devient ce qu'il n'était pas. Or un être « devient » par l'action d'une cause efficiente ; d'où cet adage scolastique : *C'est la cause efficiente qui introduit la forme dans la matière.* Il en résulte qu'on peut classer les formes d'après les causes efficientes.

D'ailleurs, toutes les transformations qui se passent sous nos yeux sont dues à l'art ou à la nature ; l'arbre est produit par les forces de la nature, et la statue par le génie de l'artiste. D'où une première distinction entre les formes *naturelles* et les formes *artificielles*.

Mais ce n'est là qu'une classification extrinsèque n'atteignant en rien l'intime de la forme, car la main de l'homme et l'eau du torrent peuvent également arrondir le caillou. Et, à vrai dire, en quoi consiste l'artifice de l'homme, sinon à faire agir sous sa direction les forces de la nature.

Cherchons donc une classification plus essentielle et plus intime.

3. — Formes substantielles, formes accidentelles.

Chaque être doit à sa forme les propriétés qui le déterminent et le caractérisent. Par suite, c'est par les formes qu'on peut distinguer et classer les êtres ; et réciproquement, les formes se distribuent dans les mêmes classes que les êtres eux-mêmes. Tel est le principe d'une classification intrinsèque des formes.

Or le premier degré de la distinction entre les choses qui portent le nom d'êtres, consiste à les diviser en substances et accidents. Donc aussi, le premier degré de la classification des formes consiste à les diviser en formes *substantielles* et en formes *accidentelles*.

Mais puisqu'il y a deux sortes d'accidents, l'accident *per accidens* et l'accident *per se* ou mode de la substance (1), il y a aussi à distinguer deux sortes de formes accidentelles. C'est par là que nous allons commencer.

4. — Première sorte de formes accidentelles.

Revenons à notre premier exemple. La chaleur, la couleur, d'une part; le volume, le poids, de l'autre : autant d'accidents d'une statue.

La chaleur et la couleur sont des accidents, car elles ne peuvent subsister par elles-mêmes; elles existent dans la statue, et d'ailleurs elles y sont bien accidentelles, puisqu'elles vont et viennent comme les différents termes d'autant de changements. — Le volume et le poids d'une statue ne changent pas, il est vrai. Mais ils n'entrent en rien dans la définition et caractérisation de la statue en tant que statue; il n'est pas de l'essence d'un Apollon ou d'un Laocoon d'avoir tel poids ou de mesurer tel volume. Donc ce sont encore là des accidents.

Ceci posé, appliquons le principe que nous avons énoncé tout à l'heure : à chaque accident correspond une forme accidentelle. — Quelles sont ici les formes, et quelles sont les matières? — Pour répondre, examinons ce qui varie et ce qui demeure.

Une statue d'argent de blanche devient noire par l'effet du temps. Ce qui demeure, c'est la statue; ce qui varie, c'est la couleur. La statue s'offre donc comme le sujet qui reçoit différentes déterminations. Remarquez-le bien : une statue a nécessairement une couleur; une couleur actuelle fait partie de sa détermination dernière. Considérée sans couleur, la statue reste avec une certaine indétermination, qu'il faut combler pour qu'elle soit actuellement existante, réellement et véritablement *in actu*. Donc, relativement à

---

(1) « Accidens vere non est nisi modus substantiæ. » (Alb. Magn., *Métaphys.*, lib. VII, tr. 1, cap. I.)

la couleur, on peut considérer la statue comme le sujet déterminable, c'est-à-dire comme *la matière*, la couleur comme la *forme*, cette matière et cette forme constituant un *composé* qui est un « être coloré ».

Saint Thomas résume tout ceci en une phrase : « Subjectum comparatur ad accidens, sicut potentia ad actum ; subjectum enim secundum accidens est aliquo modo in actu (1). »

J'en dirai de même, proportion gardée, du poids et du volume : autant d'éléments qui se rencontrent nécessairement dans une statue, sans lesquels une statue ne peut exister, qui entrent dans la détermination dernière et l'existence actuelle d'une statue. Il est vrai, le poids et le volume ne changent pas tant qu'une statue reste substantiellement la même, et n'offrent pas les mêmes alternatives que la chaleur ou même la couleur. Mais ils n'en sont pas moins des accidents, car la statue n'exige pas, par sa forme de statue, qu'ils soient tels ou tels.

Voilà donc toute une série de formes accidentelles, dont la statue est le sujet et comme la matière. Que si l'artiste en tient peu de compte, d'autres y attacheront une importance plus grande. Sans s'inquiéter de Minerve et d'Apollon, un brocanteur mettra ensemble toutes les statues grandes, et ensemble toutes les petites ; un décorateur disposera les blanches et les noires de façon à obtenir des contrastes de lumière. Chacun caractérisera l'objet par la qualité qui l'intéresse, et tout le reste ne sera considéré que comme une matière.

5. — Ces formes proviennent de la matière.

A vrai dire, ces arrangements, suivant le volume, le poids ou la couleur, feront sourire le statuaire, comme l'indice d'une idée bien grossière et bien matérielle. En effet, d'où proviennent la couleur, la chaleur, le poids, le volume d'une

---

(1) S. Thomas, I, q. 3, art. 6.

statue? De sa forme d'Apollon ou de Minerve? — Non, mais du marbre ou du bronze.

Brisez la statue, détruisez la forme, les fragments auront encore même couleur, même chaleur, même volume et même poids. Tous ces accidents ne sont donc autre chose que les propriétés que la matière de la statue a entraînées avec elle-même jusque dans le composé : propriétés séparables comme la couleur et la chaleur, qui vont et viennent dans la statue, parce qu'elles vont et viennent dans le bronze, la matière de la statue; ou bien, propriétés inséparables, comme le poids et le volume qui demeurent dans la statue, non parce qu'elle est statue, mais parce qu'elle est de bronze.

Boèce a sur ce sujet un beau passage. — Pour démontrer qu'en Dieu il n'y a pas d'accidents, il s'appuie sur ce que Dieu est une forme pure, sans immixtion de matière, et qu'il répugne qu'une forme pure soit le sujet d'accidents proprement dits.

Nam quod cæteræ formæ subjectæ sint accidentibus, ut humanitas, non ita accidentia suscipit eo quod ipsa est, sed eo quod materia ei subjecta est. Dum enim materia subjecta humanitati suscipit quodlibet accidens, ipsa hoc suscipere videtur humanitas (1).

Toutes ces formes accidentelles relèvent donc de la matière plutôt que de la forme. Or nous savons que, métaphysiquement parlant, le caractère propre et unique de la matière est une passivité et une aptitude à se laisser déterminer. Toutes ces qualités actives, toutes ces propriétés positives sont donc comme autant d'appendices extrinsèques à son caractère de matière proprement dite; et leurs notions ne pénètrent pas dans la notion formelle de statue qui n'est ni plus ni moins statue, parce qu'elle est chaude ou froide, lourde ou légère.

J'avais donc raison de dire que ces formes ne sont pas

---

(1) Boet., *de Trinitat.*, cap. II.

autre chose que l'accident *per accidens, ens diminutum*, « sorte de *non-être* dont le philosophe n'a pas à s'occuper ».

6. — Deuxième sorte de formes accidentelles.

Mais nous avons maintenant à étudier une tout autre sorte de formes accidentelles.

J'ai insisté longuement sur cette vérité, que la forme est le principe déterminant. C'est à la forme que l'être doit d'être ce qu'il est, *forma est id quo ens est id quod est;* la forme caractérise l'essence. C'est par leurs formes qu'une maison, une statue, une machine doivent d'être distinguées et définies. Bien plus, c'est à leurs formes qu'elles doivent d'exister ; car les formes ôtées, il n'existe plus ni maison, ni statue, ni machine.

D'un autre côté, ces trois objets sont des substances ; car ils existent en eux-mêmes, ils peuvent exister et être conçus séparément de tout le reste, ce qui est le propre de la substance, suivant cette parole du Philosophe : « Être séparable du reste et être ceci, semblent convenir proprement à la substance (1). » Or, je le demande, est-ce la forme de maison qui fait subsister la maison, et la forme de statue qui rend la statue substance? Ces formes ne peuvent être isolées de la matière, on ne peut les concevoir subsistant sans matière ; se pourrait-il que ce qui est incapable de subsister par soi-même fût assez puissant pour faire subsister autre chose?

Ne cherchons pas de difficulté là où il n'y en a pas. La forme est la raison de l'être, c'est vrai ; mais de l'être tel qu'il est. Or la statue s'obtient en délimitant un bloc de marbre, qui subsistait déjà, et cette délimitation lui est accidentelle. La maison se construit avec des matériaux qui par eux-mêmes sont déjà substances, et la juxtaposition est accidentelle à ces substances.

---

(1) Τὸ χωριστὸν καὶ τὸ τόδε τι ὑπάρχειν δοκεῖ μάλιστα τῇ οὐσίᾳ. (Arist., *Métaphys.*, liv. VII, chap. III.)

Les causes efficientes se bornent donc ici à produire des accidents dans des substances déjà existantes, et par conséquent les formes qui résultent de ces actions sont des formes accidentelles : formes *essentielles* des composés considérés dans leur totalité, car si on les détruit, il n'existe plus ni statue ni maison ; mais formes *accidentelles* des substances en qui elles existent, car si on les détruit, les matériaux ne cessent pas de subsister.

C'est ce qu'enseigne saint Thomas dans le texte suivant :

Forma totius, quæ non dat esse singulis partibus, est compositio et ordo, sicut forma domus ; et talis forma est accidentalis (1).

Il semble, donc, qu'en choisissant une statue comme exemple dans toutes nos études, nous ayions pris un exemple, très clair, à la vérité, mais en même temps bien mesquin ; car il se trouve que nous sommes en présence d'une forme tellement artificielle, accidentelle et extérieure, qu'on l'appelle plutôt *figure* que *forme*.

Plus tard, nous réhabiliterons cet exemple et nous en prouverons la dignité. En attendant, soyons sans inquiétude sur l'ensemble des précédents raisonnements. Car, nous l'avons appris d'Aristote, c'est dans les choses qui nous sont bien connues, qu'il faut aller puiser les notions générales. La vérité universelle est dans tous les êtres, même les plus vils, et nous la trouvons d'autant plus facilement que nous allons la chercher dans des êtres mieux connus.

7. — De la forme substantielle.

Qu'est donc, enfin, la forme substantielle ?
Saint Thomas va nous l'apprendre :

Considerandum est quod forma substantialis in hoc a forma accidentali differt, quia forma accidentalis non dat esse *simpli-*

---

(1) S. Thomas, I, q., 76, art. 8.

citer, sed esse *tale*, sicut calor facit suum subjectum non simpliciter esse, sed esse calidum. Et ideo cum advenit forma accidentalis, non dicitur aliquid fieri vel generari simpliciter, sed fieri tale aut aliquo modo se habens; et similiter, cum recedit forma accidentalis, non dicitur aliquid corrumpi simpliciter, sed secundum quid.

Forma autem substantialis dat esse *simpliciter*. Et ideo per ejus adventum dicitur aliquid simpliciter generari, et per ejus recessum simpliciter corrumpi (1).

Cet enseignement est très clair, pourvu que l'on se rappelle que ce terme *esse simpliciter*, signifie « être substance », exister de soi-même, et en soi-même, suivant cette proposition d'Aristote : « Id quod primum est ens, et non ens tale, sed ens simpliciter, est substantia (2). »

D'après cela, les formes accidentelles sont les raisons et les principes des qualités et des accidents de l'être. Lorsqu'elles viennent et lorsqu'elles s'en vont, l'être change de qualité; il gagne ou perd quelque disposition, mais il reste substantiellement le même. Quant à la forme substantielle, c'est à elle que l'être doit d'être substance. Tant qu'elle est présente, l'être subsiste en soi-même, indépendamment de tout le reste. Quand elle disparaît, rien ne subsiste et n'existe plus naturellement.

ARTICLE II

SUPRÉMATIE DE LA FORME SUBSTANTIELLE

Pour mieux comprendre la dignité et l'importance de la forme substantielle, il sera utile de l'étudier avec plus de soin que les autres formes. J'offre donc à la méditation

---

(1) S. Thomas, I, q. 76, art. 4.
(2) Τὸ πρώτως ὄν, καὶ οὐ τὶ ὄν, ἀλλ' ὂν ἁπλῶς ἡ οὐσία ἂν εἴη. (*Métaphys.*, liv. VII, chap. 1.)

CHAPITRE VI. — CLASSIFICATION DES FORMES. 275

du lecteur plusieurs propositions de saint Thomas qui mettent en lumière le rôle de la forme en général, et surtout de la forme substantielle. Ces théorèmes métaphysiques sont indépendants de toute théorie physique; ils dominent toutes les hypothèses; mais, par là même, une hypothèse n'est acceptable que lorsqu'elle respecte ces principes supérieurs.

1. — Il ne peut exister de matière sans forme.

Pour démontrer qu'au commencement des choses la matière a été créée tout informée, saint Thomas raisonne comme il suit :

> Si enim materia informis præcessit duratione, hæc erat jam actu; hoc enim creatio importat, creationis enim terminus est ens actu. Ipsum autem quod est actus, est forma. Dicere igitur materiam præcedere sine forma est dicere « ens actu sine actu » quod implicat contradictionem (1).

C'est-à-dire : La matière est la puissance, et la forme est l'acte. Or rien n'existe actuellement, sinon ce qui est en acte. Donc la matière ne peut exister qu'elle ne soit en acte par la forme.

Ou encore : Rien n'existe qui ne soit complètement déterminé, car l'indéterminé ne peut exister. Or la matière est une puissance indéterminée par elle-même, et qui attend de la forme sa détermination. Donc la matière ne peut exister qu'elle ne soit informée.

2. — Il peut exister des formes sans matière.

Preuve de saint Thomas :

> Quæcumque enim ita se habent ad invicem, quod unum est causa alterius, illud quod habet rationem causæ potest habere esse sine altero, sed non convertitur.

---

(1) S. Thomas, I, q. 66, art. 1.

Talis autem invenitur habitudo materiæ et formæ, quod forma dat esse materiæ. Et ideo impossibile est esse aliquam materiam sine forma; tamen non impossibile est esse aliquam formam sine materia. Forma enim non habet, in eo quod forma, dependentiam ad materiam; sed, si inveniantur aliquæ formæ quæ non possunt esse nisi in materia, hoc accidit eis secundum quod sunt distantes a primo principio, quod est actus primus et purus. Unde illæ formæ, quæ sunt propinquissimæ primo principio, sunt formæ per se sine materia subsistentes. Non enim forma secundum totum genus suum materia indiget (1).

C'est toujours l'axiome d'Aristote : *L'acte prime la puissance* (2), et cela de toutes les façons possibles. De cette primauté il suit que l'acte peut exister sans la puissance ; donc, aussi, que des formes peuvent subsister sans matière.

3. — La forme est unie à la matière sans intermédiaire.

Preuve de saint Thomas à propos du corps humain :

Forma unitur materiæ absque omni medio. Per se enim competit formæ quod sit actus corporis, et non per aliquid aliud. Unde nec est aliquid unum faciens ex materia et forma, nisi agens quod potentiam reducit ad actum, ut probat Aristoteles in octavo Metaphysic. Nam materia et forma habent se ut potentia et actus (3).

4. — Tout être agit par sa forme.

Preuve de saint Thomas :

Id quo aliquid operatur, oportet esse formam ejus. Nihil enim agit nisi secundum quod est actu; actu autem non est aliquid, nisi per id quod est forma ejus (4).

5. — La forme substantielle précède toutes les autres.

Preuve de saint Thomas :

---

(1) S. Thomas, *De ente et essentia*, c. v.
(2) Φανερὸν ὅτι πρότερον ἐνέργεια δυνάμεώς ἐστιν. (Aristote, *Métaphys.*, liv. IX, chap. viii.)
(3) *Summa cont. Gent.*, lib. II, cap. LXXII.
(4) *Ibid.*, lib. II, cap. LIX, n° 4.

CHAPITRE VI. — CLASSIFICATION DES FORMES. 277

Cum materia sit in potentia ad omnes actus ordine quodam, oportet quod id quod est primum simpliciter in actibus, primo in materia intelligatur. Primum autem inter omnes actus est *esse*. Impossibile est ergo intelligere materiam prius esse calidam vel quantam, quam esse in actu. Esse autem in actu habet formam substantialem quæ facit esse simpliciter, ut jam dictum est (art. 4). Unde impossibile est quod quæcumque dispositiones accidentales præexistant in materia ante formam substantialem (1).

6. — La forme substantielle est le principe des formes accidentelles qui lui sont propres.

Preuve de saint Thomas :

Dicendum quod forma substantialis et accidentalis partim conveniunt et partim differunt. Conveniunt quidem in hoc quod utraque est actus, et secundum utramque est aliquid quodammodo in actu.

Differunt autem in duobus. Primo quidem, quia forma substantialis facit *esse* simpliciter et ejus subjectum est ens in potentia tantum. Forma autem accidentalis non facit *esse* simpliciter, sed esse tale aut tantum, aut aliquo modo se habens, subjectum enim ejus est ens in actu. Unde patet quod actualitas per prius invenitur in forma substantiali quam in ejus subjecto. Et quia primum est causa in quolibet genere, forma substantialis causat *esse* in actu in suo subjecto. Sed, e converso, actualitas per prius invenitur in subjecto formæ accidentalis quam in forma accidentali. Unde actualitas formæ accidentalis causatur ab actualitate subjecti, ita quod subjectum, in quantum est in potentia est susceptivum formæ accidentalis, in quantum autem est in actu est ejus productivum. Et hoc dico de proprio et per se accidente. Nam respectu accidentis extranei, subjectum est susceptivum tantum, productivum vero talis accidentis est agens extrinsecum (2).

7. — Développement du raisonnement précédent.

Arrêtons-nous un peu sur cet enseignement du Docteur Angélique, car il contient des richesses de vérité.

---

(1) *Summa theol.*, I, q. 76, art. 6.
(2) *Summa theol.*, I, q. 77, art. 6.

Tout l'argument s'appuie sur l'axiome : *actus prior est potentia*. L'acte précède la puissance, l'actualité précède la possibilité, l'être précède le non-être; et cette priorité n'est pas une simple priorité de temps ou de connaissance, c'est une primauté de nature; et cette priorité de nature provient de ce que, partout et toujours, l'être *uniquement* être est le principe de tout ce qui est incomplètement être.

Or la substance est l'être *simpliciter*, et l'accident est l'être *secundum quid;* car l'accident ne peut naturellement exister isolé, il ne peut être défini que dans la substance et avec la substance, et son être naturel est d'être dans quelque chose, *esse accidentis est inesse*. Donc la substance a la priorité sur l'accident, la substance prime l'accident qu'elle contient (1).

Mais, d'autre part, la forme est l'*acte;* c'est par elle que la substance est en acte, qu'elle existe, qu'elle subsiste actuellement. Donc c'est aussi par la forme substantielle qu'existe tout ce que la substance contient.

On devrait, ce semble, en conclure que la forme substantielle est le principe de toutes les formes accidentelles; mais saint Thomas, avec la sûreté de langage qui lui est propre, affirme seulement que l'*actualité* des accidents, c'est-à-dire, leur existence, dépend de l'actualité, c'est-à-dire de l'existence de la substance.

C'est qu'en effet, comme nous l'avons vu plus haut, il y a deux sortes d'accidents. Les uns sont des propriétés naturelles du sujet; ils sont *produits* par la substance qui les contient, et par conséquent ils dérivent de la forme substantielle. Ainsi la couleur, le poids qui se trouvent

---

1. Confer. Alb. Magn., *Métaphys.*, lib. VII, tr. I, cap. III, *De modis quibus substantia est prior aliis accidentibus.* Il conclut ainsi : « Manifestum igitur est quod tripliciter substantia prior est accidentibus, tempore, ratione, notitia; » — et au ch. IV : « Quidditas substantiæ primæ quæ est individuum designatum in genere substantiæ in hoc differt ab accidente, quod accidens quidem non est secundum sui naturam, essentia aliqua secundum se accepta quæ facit esse aliquod; sed potius est esse quoddam substantiæ, constitutum a substantia, propter quod substantia recipitur in ejus diffinitione. »

CHAPITRE VI. — CLASSIFICATION DES FORMES.

dans la statue proviennent du marbre qui les contient, et ont pour principe la forme qui fait que le marbre est marbre.

Les autres accidents, causés par un agent extérieur, sont simplement reçus dans la substance qui les soutient dans l'existence. Ainsi la figure de la statue provient d'une cause extrinsèque, et ne réclame du marbre que le support.

8. — Conclusion de ce livre.

Nous voici parvenus au terme de cette longue étude. Partis de bien bas, d'une statue où tout est matière, sauf une surface extérieure, nous avons pu distinguer dans l'être deux éléments, la matière et la forme. Peu à peu, notre esprit, en opposant ces deux concepts, a reconnu que celui qui correspondait à la matière diminuait d'importance et de clarté, et que celui qui répondait à la forme allait toujours grandissant en lumière et absorbait la meilleure partie de l'être.

D'ailleurs, nous nous sommes assurés qu'il n'y avait pas là un simple jeu d'esprit, mais que, partout où il y a quelque changement dans un être, il y a réellement une matière qui demeure et une forme qui fait place à une autre forme.

Enfin, comparant les êtres à leurs formes et à leurs matières, nous avons reconnu que l'être est substance d'autant plus parfaite, qu'il tient moins de la matière et plus de la forme.

Nous devions en arriver là, car la matière est la puissance, *potentia*, et la forme, comme l'être, est l'acte, *actus*. Or, nous le savons, l'axiome fondamental de la philosophie traditionnelle, le principe premier du bon sens humain est que l'acte prime la puissance, *actus prior est potentia;* c'est-à-dire, que la réalité prime la possibilité et que l'être passe avant le non-être

Voici donc qu'à la fin de ce traité sur la cause formelle, nous nous trouvons aboutir au même point qu'à la fin du traité sur la cause efficiente. Mais voici aussi que nous nous retrouvons en face des mêmes contradicteurs. Les Hégéliens, en proclamant que le devenir prime l'existence, devaient aussi soutenir que la matière prime la forme, et que le phénomène prime la substance.

Écoutons la profession d'un Hégélien français :

« Substance, puissance, virtualité sont trois termes synonymes. Vous voyez maintenant ce que signifie la distinction de l'être et des phénomènes, du sujet et de ses propriétés, de la substance et de ses modes. Le phénomène, la propriété, le mode, c'est l'être en acte. Le sujet, la substance, c'est l'être en puissance... Ainsi définie, la substance peut être distinguée de ses modes, sans que cette distinction aboutisse à une vaine abstraction. En faisant cela, on n'oppose pas une réalité à une réalité, mais une simple virtualité à une réalité (1). »

Si l'auteur entendait parler de « puissance » active, de « virtualité » existante, son langage, quoique incorrect, pourrait être entendu. La substance agit de diverses manières, elle se modifie et elle est la source de divers phénomènes, parce qu'elle possède en elle-même une activité, une énergie, une vie riche d'épanouissements. Rien de mieux, pourvu que l'on retienne que toute activité est l'activité d'un être actif, que toute vie est la vie d'un être vivant; en un mot, que la puissance réellement existante part de l'être réellement existant, et que cet être est substance.

Mais il semble que l'auteur n'entende ces expressions : « virtualité, puissance », que d'une simple possibilité passive, car il ne dit pas : la substance c'est « l'être-puissance », mais il dit : la substance, c'est « l'être *en puissance* ». Pour lui, la substance est donc une simple puissance passive, *mera potentia passiva,* qui reçoit des phénomènes l'actualité, *actus,* la réalité.

---

(1) Vacherot, *Science et Métaphysique,* t. I, p. 375. Édition de 1858.

Il est vraiment curieux de voir cette philosophie, qui se dit moderne et scientifique, aboutir après tant d'efforts au vieux concept de la « matière première », sujet de tant de railleries. Mais dans l'ancienne philosophie, si ce concept était obscur, du moins il n'était pas une révolte contre le bon sens, et l'on ne confondait pas l'activité de la substance avec la passivité de la « puissance pure ».

Pour nous, qui restons fidèles à la saine tradition, l'acte prime la puissance, la forme prime la matière, l'existence prime la possibilité, la substance prime les modes et les accidents, et la forme pure est tout ce qu'il y a de plus substance.

LIVRE V

CAUSE EXEMPLAIRE

CHAPITRE PREMIER

PASSAGE DE LA CAUSE FORMELLE A LA CAUSE EXEMPLAIRE

1. — Primauté de la forme par rapport à la matière.

Dans le livre précédent, nous avons reconnu la dignité de la forme. C'est par elle que chaque être est ce qu'il est : *forma est id quo ens est id quod est*. Elle est la raison de chaque chose, cause intrinsèque de l'être qu'on appelle le composé. Bien plus, elle étend son influence jusque sur la matière, puisque c'est par la présence actuelle de la forme que la matière est actuellement matière.

La forme est donc ce qu'il y a de principal, et la matière n'a qu'un seul rôle, se prêter à la forme : « Cum minus principale sit propter principalius, materia est propter formam substantialem (1). »

Pour tout dire en un mot : « La matière est puissance, la forme est acte et perfection. » Ἔστι δ' ἡ μὲν ὕλη δύναμις, τὸ δ' εἶδος ἐντελέχεια (2).

Or, l'acte prime la puissance de toutes les façons possibles. « Actus prior est potentia, ratione, tempore et na-

---

(1) S. Thomas, I, q. 77, art. 6.
(2) Aristote, *De l'âme*, liv. II, chap. I.

tura. » Donc la forme aussi prime la matière, et, dans cette primauté, nous devons retrouver trois sortes de priorité : priorité au point de vue de la connaissance, priorité comme nature, priorité d'existence.

La priorité de connaissance a été expliquée dans le livre précédent. La forme se conçoit par elle-même ; la matière, en tant que matière, ne se conçoit pas par elle-même et l'on ne peut la connaître que par son union avec la forme.

Il n'y a pas non plus à s'arrêter sur la primauté de nature. Il est évident que le principe de perfection est ontologiquement supérieur au principe imparfait par lui-même.

Mais comment trouver une priorité d'existence ? Les formes inférieures ne subsistent pas en elles-mêmes, et pour exister, elles ont besoin de l'appui de la matière. L'âme humaine elle-même, qui survit au corps, ne possède avant lui aucune préexistence. N'y a-t-il pas là une dérogation à la primauté de l'acte ?

2. — D'une primauté de la forme sur le composé.

Mais voici qu'une difficulté plus grande encore se présente à notre méditation. Les arguments qui établissent la primauté de la forme sur la matière semblent porter plus loin et démontrer que la forme prime le composé lui-même.

En effet, la forme, par essence, est acte et perfection. Quant au composé, il n'est pas un principe de perfection, mais il est parfait, et cela par une participation de la perfection. Or ce qui est principe de perfection prime ce qui est parfait par participation. Donc la forme prime le composé.

En outre, la forme dépend moins du composé que le composé de la forme. Il est vrai, certaines formes ne peuvent exister sans le composé ; mais quelques autres survivent en elles-mêmes, tandis qu'il est impossible que le composé existe naturellement sans sa forme. Or une dépendance moindre dénote une supériorité d'être. Donc encore la forme prime le composé.

Enfin, c'est par la forme que le composé est *un,* et par conséquent qu'il est *être.* Donc la forme est plus être que le composé suivant l'adage : *Propter quod unumquodque tale, et illud magis.*

Ces conclusions sont rigoureuses. Ou il faut abandonner ce principe que la forme est l'acte ; ou il faut retenir cet axiome que l'acte prime ; ou bien on doit admettre les conclusions qui ressortent de ces deux vérités, c'est-à-dire admettre une certaine primauté de la forme sur le composé, et dans cette primauté retrouver et la prééminence ontologique et la priorité d'existence.

Mais qu'entendre par cette préexistence, par cette prééminence? Qu'entendre par cette forme avant la matière? où est-elle? quelle est-elle? Ces questions s'imposent; il faut les résoudre.

Et qui ne s'est déjà aperçu que nous glissons peu à peu vers la doctrine des formes platoniciennes : formes existant par elles-mêmes et préexistant aux corps, formes plus parfaites que les choses corruptibles de notre terre, formes produisant et les corps et nos connaissances, formes enfin subsistant éternellement par elles-mêmes? Faut-il donc admettre ce monde des idées?

3. — Réfutation de l'erreur platonicienne.

Quelle qu'ait été la véritable pensée de Platon, — sujet éternel de dispute, — ce qu'on entend en général par la théorie platonicienne est le système suivant.

Au-dessus du monde matériel, il existe un monde d'idées subsistantes, d'essences qui subsistent par elles-mêmes en dehors de toute matière, de formes parfaites plus substances que les êtres d'ici-bas. Ces idées, ces essences, ces formes, comme on voudra les nommer, pures de toute matière et de toute contingence, sont éternelles, parfaites et infinies, chacune dans sa ligne. C'est en les contemplant directement que notre esprit perçoit la vérité, la beauté, toutes les perfections. C'est encore en elles que nous voyons tout ce qui est immatériel et universel. C'est là que se trouve non pas tel homme, mais l'homme, non pas tel animal, mais l'animal, non pas tel être vivant, mais l'être vivant.

Ces formes sont les prototypes des choses de ce monde, et tous les êtres qui nous entourent n'en sont que les images. D'où vient la similitude entre ces deux mondes? Les uns disent que les formes déchues sont tombées dans la matière qu'elles informent; d'autres disent que ces idées subsistantes sont les causes qui ont produit les êtres qui leur ressemblent, en imprimant leur type dans la matière comme le cachet dans la cire.

Telle est, en quelques mots, cette théorie célèbre. Aristote l'a prise à partie (1) et combattue avec vigueur, en s'appuyant sur ce principe que, dans la nature, chaque être est vraiment un et ne contient rien d'étranger. Donc, conclut-il avec raison, la cause matérielle et la cause formelle, en tant qu'elles sont les principes constitutifs de la substance, ne peuvent subsister que dans la substance. Si, en effet, la forme subsistait en dehors du composé, elle pourrait bien venir se mélanger à la matière, mais elle ne formerait pas avec elle un être véritablement un. Expliquer les constitutifs de ce monde matériel par l'hypothèse d'un autre monde, c'est donc doubler la difficulté sans l'éclaircir.

Examinez, en effet, continue Aristote, ce que vous appelez l'homme universel, l'homme tout court; il possède, n'est-il pas vrai, la même essence que cet homme particulier et que cet autre; or, dans chacun de ces deux hommes, la matière fait partie de l'essence individuelle, et vous ne pouvez concevoir un homme sans corps. Donc aussi, dans

---

(1) Aristote, *Métaphys.*, liv. I, chap. VII.

l'essence de l'homme universel, de l'homme tout court, la matière se rencontre ; et par suite, si l'homme universel subsiste, la matière subsiste en lui. Mais alors voici que, par une manifeste contradiction, la matière pénètre dans votre monde immatériel. Car, encore une fois, ou l'homme qui subsiste dans ce monde est de même essence que l'homme d'ici-bas, et par conséquent il subsiste corporel; ou bien il est pur esprit, et il n'est pas un homme.

La forme ne subsiste donc pas dans un monde à part. La solution platonicienne est fausse et doit être rejetée.

4. — Discussion sur la primauté de la forme.

D'ailleurs, aux arguments qui prouvent le primauté de la forme, on peut opposer des arguments non moins efficaces pour établir la supériorité du composé.

Sans doute, la forme est l'acte du composé, mais on ne doit pas l'isoler de l'être dont elle est la cause intrinsèque. Cause réelle sans doute, mais cause partielle, cause appelant le concours de la cause matérielle, elle n'est, pour ainsi parler, qu'une des deux parties d'un même tout, et par conséquent, elle est moindre que le tout lui-même.

En outre, et cette raison est décisive, le composé est l'être véritablement produit, donc l'être véritablement existant, la substance même dans sa réalité la plus concrète, *prima substantia*, dit Aristote, et par conséquent, il est l'être « principalement être », *principalius esse*. Donc le composé est supérieur à la forme, qui, en général, n'existe qu'en lui et par son existence.

Cette considération fait évanouir la rêverie platonicienne; mais, il faut bien l'avouer, elle complique la question d'une façon singulière, car elle met en présence deux propositions qui semblent se contredire mutuellement.

D'une part : la forme est l'acte du composé, et c'est à la forme que le composé doit toute sa perfection. Donc, de toute rigueur, on doit conclure, comme nous l'avons fait plus haut, que la forme, considérée comme acte, est quelque chose de plus parfait, de « plus être » que le composé ; en d'autres termes, qu'elle possède une dignité ontologique primant celle du composé.

D'autre part, la forme, nous venons de le dire, n'est qu'une partie du composé. Donc, de toute rigueur aussi, on doit conclure que la forme, considérée dans le composé, comme elle y est réellement, est quelque chose de moins complet, de moins parfait, de « moins être » que le composé lui-même (1).

Peut-on trouver deux propositions qui se présentent, au premier abord, comme plus inconciliables? Et cependant, qu'on se rassure : pour résoudre cette apparente antinomie, il suffit de montrer que ces deux propositions se rapportent à deux ordres différents, et que leur opposition provient de l'ambiguïté du mot « acte ».

Dans l'ordre de la causalité *efficiente*, le mot « acte » signifie le principe de l'existence actuelle, et par dérivation cette existence elle-même. La cause efficiente parfaite est un *acte* éminent, et elle pose en *acte* son effet, par cela même qu'elle le fait existant. Or l'effet, à proprement dire, n'est ni la matière ni la forme, mais bien le composé. C'est le composé qui devient existant, et, sauf le cas d'une âme, la forme ne devient existante que par l'exis-

---

(1) Après avoir donné tous les arguments pour et contre que j'ai rapportés, Fonseca conclut ainsi :

« Dicendum, igitur, formam subtantialem, quæ est altera pars compositi naturalis, quatenus est actus quidam, perfectius quippiam esse, magisque ens, seu potius perfectioris rei magisque entis rationem admittere, quam compositum. Quatenus autem est forma informans, hoc est, secundum propriam rationem, minus ens esse et quiddam minus perfectum quam compositum. » (*Métaphys.*, lib. VII, cap. III, q. 1, sect. 2.)

Cette question de primauté de la forme ou du composé a été très débattue par les péripatéticiens, à cause d'une variante dans le texte d'Aristote (*Métaphys.*, liv. VII, chap. III). Autrefois on lisait : ὥστε εἰ τὸ εἶδος τῆς ὕλης πρότερον καὶ μᾶλλον ὄν, καὶ τοῦ ἐξ ἀμφοῖν πρότερον ἔσται διὰ τὸν αὐτὸν λόγον. Mais il est plus probable qu'on doit lire..... καὶ τὸ ἐξ ἀμφοῖν..... et c'est la leçon actuellement reçue. Voir Fonseca, *loc. cit.*

tence du composé. Donc, dans l'ordre de l'existence, la forme n'est pas l'acte, mais elle devient *actuellement* existante, par là même que le composé devient *en acte;* et par conséquent, sous le rapport de l'existence réelle et concrète, le composé prime la forme. D'ailleurs l'essence et l'existence sont corrélatives; l'être existe tel qu'il peut exister. Donc, enfin, la forme, considérée comme partie de l'être qui existe ou peut exister, est inférieure au composé.

Mais si nous nous plaçons dans l'ordre des causalités *intrinsèques*, la forme nous apparaît comme principe de spécification et le composé comme être spécifié. La forme détermine l'essence, la « quiddité », la perfection ontologique. Dans cet ordre, la forme est principe déterminant, donc *acte;* et c'est en vertu de cet acte que le composé est ce qu'il est, et peut être connu tel qu'il est. Par conséquent, la forme prime le composé.

Ces explications ont dû montrer au lecteur ce que j'annonçais. Les deux conclusions en question ne se heurtent pas, parce qu'elles appartiennent à deux ordres divers; la forme peut être le sujet de deux propositions différentes, parce qu'on peut la considérer sous deux aspects différents, soit comme réalité existante ou pouvant exister, soit comme principe de détermination ontologique.

5. — Comment on démontre la cause exemplaire.

Maintenant que nous avons éclairci cette difficulté, concentrons notre attention sur l'ordre des déterminations ontologiques. Considérons la forme précisément en tant qu'elle est acte : étude subtile, qui réclame un effort sérieux de l'esprit, mais qui aboutit à deux théorèmes d'une importance capitale.

Le rôle de la forme est de déterminer l'essence et le degré ontologique, *forma est ratio quidditatis*. C'est, encore une fois, en cela et en cela seulement que la forme est proprement l'*acte*. Un effet quelconque est ce qu'il est, en vertu de sa forme ; c'est la forme qui détermine cet effet en tant qu'être ; *forma est id quo ens est id quod est.*

Mais, d'un autre côté, l'effet est déterminé par l'action, puisque l'effet n'est que le résultat de l'action. Or, si l'action a son terme dans l'effet, elle a son principe dans la cause efficiente, et par conséquent l'action ne détermine l'effet que parce qu'elle-même procède de l'agent après être ontologiquement déterminée. Donc il existe dans l'agent un principe qui détermine l'action, un principe déterminant, c'est-à-dire, une forme.

Nous parvenons ainsi à ce premier théorème : « L'effet, « dans sa détermination ontologique, dépend de deux « formes, l'une intrinsèque à l'effet lui-même, l'autre in- « térieure à la cause efficiente. »

Poursuivons. La détermination ontologique de l'effet, est simple comme son essence ; l'effet est ce qu'il est, *est id quod est.* Or, à une détermination unique doit répondre un seul principe déterminateur, un seul principe formel. Il faut en conclure qu'il y a un certain lien d'unité entre la forme intrinsèque à l'effet et la forme intérieure à la cause. Mais ce ne peut être une unité *substantielle*, puisque l'effet et la cause sont deux sujets différents. Donc c'est une unité *objective*, c'est-à-dire que ces deux formes répondent au même concept.

D'ailleurs, tout dans l'effet provient et dérive de la cause efficiente, donc aussi sa forme intrinsèque. Par conséquent, cette dernière forme n'est que le terme d'une similitude dont le principe est la forme intérieure à la cause efficiente ; c'est-à-dire, que celle-ci est un modèle reproduit dans celle-là par voie de similitude. Nous parvenons ainsi à ce nouveau théorème dont le lecteur doit comprendre toute la valeur : « La forme, qui existe dans « l'effet, préexiste dans la cause à l'état de modèle, ou, en « d'autres termes, l'effet a une CAUSE EXEMPLAIRE. »

6. — Cette démonstration est tirée de l'enseignement péripatéticien.

Lorsque le penseur poursuit longtemps un raisonnement subtil, et rencontre au terme de ses efforts une conséquence importante, il ne se peut qu'une certaine crainte ne s'empare de lui. Cette conclusion, à laquelle il aboutit sans l'avoir prévue, était-elle réellement contenue dans les prémisses? Dans cette longue suite d'arguments, ne s'est-il pas insinué quelque sophisme? L'esprit humain est bien chancelant, et le moindre faux pas le fait glisser dans l'erreur.

Que ces inquiétudes troublent ceux qui prétendent marcher d'eux-mêmes et se frayer des voies nouvelles, je le conçois. Pour nous, qui n'avons d'autre prétention que de rester sur les bancs de l'école traditionnelle, nous avons de toutes nos pensées un contrôle facile, c'est l'enseignement de nos maîtres.

Or l'unité quasi générique de la cause formelle, et son dédoublement en cause informante et cause exemplaire, sont contenus dans cette phrase où Aristote énumère les causes :

« On appelle cause : d'abord la matière dont est faite une chose, par exemple, l'airain de la statue ou l'argent de la coupe;... ensuite, la *forme et le modèle*, c'est-à-dire, la raison de l'essence... » ἄλλον δὲ (τρόπον), τὸ εἶδος καὶ τὸ παράδειγμα· τοῦτο δ'ἐστὶν ὁ λόγος τοῦ τί ἦν εἶναι (1).

S. Thomas explique ainsi ce texte :

Alio autem modo dicitur causa species et exemplum, id est, exemplar; et hæc est causa formalis, quæ comparatur dupliciter ad rem. Uno modo, sicut forma intrinseca rei, et hæc dicitur species. Alio modo, sicut extrinseca a re, ad cujus tamen similitudinem res fieri dicitur, et, secundum hoc, exemplar rei dicitur Forma; per quem modum ponebat Plato ideas esse formas (2).

---

(1) Aristote, *Métaphys.*, liv. V, chap. II.
(2) S. Thomas, *Metaphys.*, lib. V, lect. 2.

Quant à la nécessité d'une cause exemplaire, elle est enseignée par saint Thomas en ces termes, qui sont le résumé même de notre démonstration :

Ad productionem alicujus rei ideo necessarium est exemplar, ut effectus determinatam formam consequatur. Artifex enim producit determinatam formam in materia propter exemplar ad quod inspicit, sive illud sit exemplar ad quod extra intuetur, sive sit exemplar interius conceptum (1).

On le voit : la forme informante n'est déterminante que parce qu'elle est déjà déterminée, et pour avoir la raison totale de toute détermination, il faut recourir à une cause exemplaire qui existe dans l'agent, soit parce qu'il l'a conçue de lui-même, soit parce qu'il en a emprunté au dehors la notion.

7. — Retour sur ce qui précède.

Nous pouvons donner une autre vérification de cette théorie.

Lorsque, dans l'analyse d'une question philosophique, on a rencontré des obstacles, et qu'on s'est heurté à des antinomies apparentes, pour s'assurer qu'on a su démêler la vérité et qu'on est parvenu au principe qui domine toute la question, il est bon de recourir à la synthèse. Dans le faisceau des lumières acquises, les antinomies doivent s'évanouir d'elles-mêmes, les obscurités faire place à la clarté ; en un mot, tout doit se ranger en ordre comme de soi-même.

Or, la discussion qui a rempli ce chapitre progressait péniblement entre deux écueils. En parlant de la forme, il fallait éviter ou d'en dire trop, ou d'en dire trop peu. D'un côté, il fallait ne pas oublier que la substance véritable est le composé constitué intrinsèquement par une forme et par une matière, et qu'en général la forme ne subsiste

---

(1) S. Thomas, 1, q. 44, art. 3.

que dans la matière. D'un autre côté, il fallait sauvegarder la dignité de la forme, affirmer qu'elle est *acte*, et que par elle-même elle prime ce qu'elle rend *actuel;* et dans cette primauté, il fallait trouver les trois caractères de l'acte, savoir, la supériorité de nature, la priorité objective et l'antériorité au moins logique d'existence.

La connaissance de la cause exemplaire résout toutes ces difficultés. Nous le constaterons mieux, à mesure que nous étudierons cette cause; mais déjà nous sommes en pleine lumière, maintenant que nous savons que la forme, avant d'exister dans le composé, avant d'être contenue dans la matière, a préexisté.

Remarquez bien ma proposition. Je ne dis pas que cette forme individuelle qui existe actuellement dans le composé a préexisté substantiellement la même, et qu'elle n'a fait que s'unir à la matière, lorsque le composé a été produit. Ce serait renverser toute la théorie péripatéticienne de la cause formelle et retomber dans l'erreur platonicienne. Mais je dis qu'avant cette forme qui fait partie du composé, il existe une forme possédant toute la dignité d'être et la perfection ontologique qu'on retrouve dans la forme unie à la matière, une forme principe et cause des propriétés de celle-ci, une forme, enfin, dont celle-ci dérive par voie de similitude et de participation, et à laquelle elle doit toute sa dignité et sa primauté. Étudions avec soin cette nouvelle cause.

CHAPITRE II

NOTION EXACTE DE LA CAUSE EXEMPLAIRE

1. — Cause exemplaire d'une maison.

Pour commencer par un cas simple et facile à analyser, considérons un architecte qui se propose de construire une maison. Son art s'applique d'abord à déterminer la disposition intérieure et la figure extérieure. Il construit son œuvre dans son esprit, telle qu'elle doit être réalisée dans la pierre, et la maison idéale est le modèle de la maison réelle.

Or, dans ce travail intérieur de l'artiste, il faut distinguer deux choses : l'intelligence qui conçoit l'idée, et l'idée elle-même ; ou mieux l'intelligence principe de la pensée, et l'idée terme de la pensée. Penser, c'est agir ; l'intelligence qui pense produit un acte interne, et la pensée est dans l'intelligence une réalité existante. Quant à l'idée, elle n'a qu'une réalité objective, c'est-à-dire qu'elle est le terme d'une pensée.

Cette distinction faite, disons qu'à proprement parler la cause exemplaire n'est ni l'intelligence elle-même ni la pensée, mais uniquement l'idée, c'est-à-dire le terme de la pensée, car il ne s'agit de reproduire dans la matière ni l'intelligence ni la pensée, mais bien l'idée. La cause exemplaire de la maison matérielle est donc l'idée de cette maison, ou, si l'on veut, la maison idéale.

Ceci bien compris, observons qu'une maison est essentiellement composée de matière et de forme, et même, à vrai dire, la matière y domine, car la forme est bien artificielle et accidentelle. Donc, dans l'idée d'une maison entrent l'idée de matière et l'idée de forme. Mais, chose remarquable! dans cette maison idéale, c'est la forme qui domine, et la matière tend à s'évanouir. En effet, la forme est nettement déterminée et la matière reste indéterminée. Ce n'est ni cette pierre individuelle ni cet arbre particulier, c'est de la pierre et du bois.

J'entends qu'on me dit : Vous vous trompez; la matière peut être parfaitement déterminée dans la maison idéale, car l'architecte fait déjà choix du marbre et du marbre de telle couleur, du chêne et du chêne de tel âge.

Mais c'est ici le lieu de rappeler la belle remarque de Boèce : le marbre ne se connaît que par sa forme, il ne peut donc entrer dans une pensée qu'en raison de sa forme; et il faut dire la même chose du bois, du fer et des autres matériaux. L'architecte les choisit pour leur beauté et leur solidité, c'est-à-dire pour les propriétés de leur forme. Comme marbre et comme chêne, ces matériaux font donc partie de la forme totale de la maison, si l'on entend par ce mot, non pas simplement son aspect ou sa figure, mais « ce qui fait qu'elle est ce qu'elle est », — *forma est id quo ens est id quod est.*

Donc, dans cette maison idéale préexistant dans la pensée de l'architecte, tout est forme, sauf une relation essentielle à la matière. Et voilà pourquoi la cause exemplaire est bien nommée une forme objective, principe et cause de la forme informante.

2. — Texte d'Aristote.

Ce qui précède n'est que l'explication d'un passage dans lequel Aristote enseigne magistralement la primauté et la nature de la cause exemplaire.

« Les choses, dit-il, produites en vertu de l'art, ont une

forme dans l'âme. J'appelle forme, εἶδος, la quiddité de chaque chose et sa première essence.

« ... Ainsi la santé a sa raison, λόγον, soit dans l'intelligence, soit dans la science, car c'est en raisonnant que le médecin donne la santé... Et c'est ainsi que, d'une certaine manière, la santé provient de la santé, et la maison de la maison, savoir la maison et la santé matérielles, de la maison et de la santé immatérielles, car la science médicale et la science architectonique sont les formes, εἶδος, de la santé et de la maison. J'appelle essence immatérielle, la quiddité (1). »

Dans ce beau passage, la théorie de la cause exemplaire se trouve tout entière; car on y trouve, et le dédoublement de la forme en deux causes, et la distinction entre le composé matériel et son modèle immatériel, et la préexistence de la cause exemplaire dans une intelligence, et la nature de cette causalité.

3. — La cause exemplaire est une idée.

Il s'agit maintenant de généraliser ces notions. Dans le chapitre précédent, nous avons démontré que la forme de tout effet préexistait nécessairement dans la cause efficiente; il reste à déterminer la nature de cette préexistence. Je remarque, d'abord, que toute forme de composé matériel contient une relation essentielle à la matière et par suite au composé; donc elle préexiste avec cette relation. D'où cette première conclusion : « Le composé lui-« même préexiste dans sa cause efficiente, en vertu de sa « forme »; et cette conclusion est nécessaire et universelle.

Mais je remarque, en second lieu, que cette relation de la forme à la matière, lorsqu'on l'étudie dans la forme, se montre parfaitement définie du côté de celle-ci, et bien indéterminée du côté de la matière; car, tandis que la forme est « ce par quoi » l'être se conçoit, se définit, « est

---

(1) Aristote, *Métaphys.*, liv. VII, ch. VII.

ce qu'il est », la matière n'est qu'une capacité se prêtant à recevoir cette forme, et toute matière susceptible de ce rôle passif peut convenir. La forme, prise en elle-même, tout en réclamant une matière, laisse donc cette matière indistincte, indéfinie, indéterminée. Donc le composé, préexistant dans la cause efficiente en vertu de sa forme, n'y existe qu'avec une matière indéterminée. Qu'est-ce à dire? Peut-il exister quelque chose qui soit indéterminé? — Non, sans doute. Donc il faut affirmer que la matière du composé ne préexiste pas réellement dans la cause. D'où cette seconde conclusion : « Le composé préexiste « dans sa cause à l'état immatériel ».

Or ce qui de soi est matériel ne peut exister à l'état immatériel, sinon comme une image spirituelle, c'est-à-dire comme une idée ; et c'est ainsi que nous parvenons à la notion exacte que nous cherchions : *La cause exemplaire est une idée.*

C'est l'idée de l'effet lui-même tel qu'il sera produit. C'est le composé tout entier, forme et matière, conçu à l'état idéal ; mais, dans ce concept, la forme se détermine elle-même et n'indique qu'une matière indéterminée.

4. — Toute cause efficiente complète est intelligente.

Résumons encore une fois la discussion précédente.

En traitant de la cause efficiente, nous avions reconnu, comme une vérité absolue, nécessaire, universelle, que l'effet préexiste d'une certaine manière dans sa cause efficiente, *causatum est in causa per modum causæ*. Mais nous ne pouvions dire en quoi consiste cette préexistence. — D'un autre côté, l'étude de la forme nous a conduits à cette autre vérité, universelle et nécessaire, que la forme d'un composé matériel prime en quelque manière le composé, et qu'elle communique à ce composé une certaine préexistence immatérielle. On ne peut cependant pas admettre que la forme subsiste en elle-même avant d'informer le composé, car ce serait accepter les fantômes des néoplatoniciens ; le composé à l'état immatériel existe donc dans une substance autre que soi.

Ainsi, d'une part, la cause efficiente, cause complète de l'effet, contient cet effet ; d'autre part, l'effet préexiste en vertu de sa forme à l'état immatériel et dans une substance autre que soi ; et ces deux propositions s'unissent entre elles par une naturelle synthèse : le composé préexiste dans la cause efficiente à l'état d'idée.

Synthèse tellement simple et naturelle que par sa simplicité même elle éclaire sa vérité ; mais, aussi, synthèse dont on peut démontrer rigoureusement la légitimité. Car s'il est certain, d'une part, que tout ce qu'est l'effet, il le tient de sa cause efficiente ; s'il est certain, d'autre part, que tout ce qu'est ce même effet, il l'est en vertu de sa forme ; il faut bien que ces deux causalités aient une substance commune, il faut bien que la cause efficiente vraiment complète contienne la forme, et, en vertu de la forme, le composé lui-même à l'état immatériel. Donc cette cause est elle-même immatérielle ; c'est une substance intelligente.

Nous devons donc considérer comme rigoureusement démontré le théorème suivant : « Toute cause efficiente, complètement cause d'un effet, est nécessairement une nature intelligente qui contient en elle-même son effet à l'état d'idée, avant de le produire hors d'elle-même à l'état concret et matériel. »

5. — Objection tirée d'Aristote.

Mais voici qu'Aristote, qui reconnaît si expressément le rôle de l'idée dans les œuvres d'art, semble s'opposer à la généralisation que nous venons de faire.

Réfutant la théorie platonicienne sur les formes idéales, il s'exprime ainsi :

« Dire que les idées sont des exemplaires, c'est parler creux et se laisser aller à des métaphores poétiques. Qui donc regarde les idées pour agir? Souvent une chose est semblable à une autre, sans avoir été produite à son imitation. Que Socrate existe ou qu'il n'existe pas, il peut naître quelqu'un qui soit semblable à Socrate (1). »

Il semblerait, d'après cela, qu'Aristote n'admette pas l'influence universelle de l'idée ; mais, si j'examine de près l'exemple choisi par le Philosophe, je remarque qu'il est pris parmi des causes que déjà nous avons rencontrées nous faisant obstacle. Il s'agit ici, en effet, d'une cause univoque. L'homme produit l'homme, sans que l'idée intervienne; de même, le lion produit le lion, le chêne produit le chêne. Dans tous ces cas, aucune idée ne préside à l'action; mais il s'agit toujours de causes univoques. Il semble même que l'identité de nature entre la cause et l'effet soit le caractère général des causes aveugles; car celui qui voudra analyser les opérations de la nature inerte, reconnaîtra que la plupart des effets, sinon tous, se réduisent à des mouvements produits par des mouvements.

Or, déjà, nous avons appris à nous défier des causes univoques. Déjà nous avons trouvé qu'elles manquaient de certaines qualités convenant aux véritables causes. Elles nous sont apparues sous un aspect amoindri, comme des causes incomplètes.

Par conséquent, sans discuter davantage pour le moment l'objection d'Aristote, nous pouvons lui donner un laisser-passer jusqu'à plus ample informé. Elle ne prouve, en effet, qu'une chose, c'est que les causes naturelles ne sont pas causes au même titre que celles qui agissent avec art et exécutent une idée. Elle laisse sans solution l'alternative suivante : Ou la cause complète ne requiert pas essentiellement l'idée, ou la cause qui agit sans idée n'est pas une cause complète. Entre ces deux solutions nous ne pouvons pas hésiter; tout nous décide, et la ri-

---

(1) Aristote, *Métaphys.*, liv. 1, cap. VII.

gueur de l'argumentation par laquelle nous avons prouvé la nécessité de l'idée, et la défiance de ces causes masquées que nous trouvons toujours et partout en défaut.

6. — Réponse de saint Thomas à la difficulté précédente.

Aussi bien, voyons comment le Prince de la Scolastique a résolu la question soulevée par Aristote. Voyons si l'objection le fait reculer, ou si, malgré elle, il n'en persiste pas moins à affirmer la nécessité de l'idée.

Après avoir commenté ce passage du Stagirite, saint Thomas poursuit ainsi :

Sciendum autem quod illa ratio, etsi destruat exemplaria separata a Platone posita, non tamen removet divinam scientiam esse rerum omnium exemplarem. Cum enim res naturaliter intendant similitudinem in res generatas inducere, oportet quod ista intentio ad aliquod principium dirigens reducatur, quod est in finem ordinans unumquodque. Et hoc non potest esse nisi intellectus, cujus sit cognoscere finem et proportionem rerum in finem. Et sic ista similitudo effectuum ad causas naturales reducitur, sicut in primum principium, in intellectum aliquem (1).

Il est vrai, saint Thomas commence par affirmer la cause finale pour conclure à la cause exemplaire ; mais peu importe dans quel ordre on lie ou l'on délie le nœud intime de ces deux causes. Il n'en reste pas moins acquis que toute action suppose une idée, ou dans sa cause, ou dans la cause de sa cause.

7. — La nécessité de l'idée a toujours été reconnue.

Du reste, nous serions dans l'erreur, si nous rangions Aristote parmi les contempteurs de l'idée.

Ce philosophe qui a défendu, avec tant de vigueur et de

---

(1) S. Thomas, *Metaphys.*, lib. I, lect. 15. Voir la même chose, *Summ. Theol.*, I, q. 44, art. 3.

succès, les droits de la cause finale, n'ignorait pas qu'il ne peut y avoir d'intention sans un plan et une idée. En démontrant que toujours et partout la nature agit pour une fin (1), du même coup il affirmait que l'idée préside à toutes les actions de la nature.

Mais, dans sa lutte contre un émule, il a peut-être été entraîné à laisser dans l'ombre la cause exemplaire dont Platon avait présenté une théorie immortelle. C'est donc le cas de rappeler la leçon d'Albert le Grand : « Scias quod non perficitur homo in philosophia, nisi ex scientia duarum philosophiarum, Aristotelis et Platonis (2). »

Cette tradition s'est conservée aux époques plus modernes dans les scolastiques de bonne race.

C'est ainsi que Fonseca, à cette question : « An sit necesse ponere ideas? » répond :

Ut illas necessarias esse concedamus, illud in primis non parvi faciendum, quod de Platone eorum auctore magnus quidam vir sic scribendum existimavit : « Ut rationem, inquit, nullam Plato afferret (vide quid homini tribuam) ipsa auctoritate me frangeret (3). » Accedunt Patres omnes, qui communi sententia necessarias esse ideas pronuntiant : quorum plurimi Platonem sic interpretantur ut illum eo modo, quo ipsi, de hac re sensisse affirment. Postremo nullus scholasticorum Theologorum est (penes quos præcipuum hujus rei examen vertitur) qui ad agendum necessarias esse non asserat (4).

Fonseca se propose comme objection l'autorité d'Aristote :

Nunquam Aristoteles, tantus vir, tanto etiam studio ubique ferme ideis se opponeret, nisi intelligeret nullas esse ideas ad agendum necessarias (5).

Mais il répond :

Dicendum Aristotelem non impugnasse veras ideas, sive

---

(1) Voir Aristote, *Physic.*, liv. II, ch. VIII.
(2) Alb. Mag., *Metaphys.*, l.b. I, tract. 5, cap. XV.
(3) Cicero, *Tuscul.*, lib. I, n° 21.
(4) Fonseca, *Metaphys.*, lib. VII, cap. VIII, q. 1, sect. 1.
(5) Fonseca, *Ibidem*.

exemplaria rerum quæ a Deo fiant, cum ne in opificibus eas negaverit; sed in id totis nervis incubuisse, ut Platonicas extruderet (1).

8. — De l'emploi des exemples tirés des arts.

Ces considérations nous font comprendre pourquoi, dans l'étude des causes, les philosophes reviennent toujours à des exemples tirés de l'industrie ou de l'art. Tantôt c'est d'une statue, tantôt d'une maison, d'un navire ou d'une horloge, qu'ils cherchent à discerner les causes.

Jusqu'ici nous pouvions croire que c'était uniquement parce que, dans les ouvrages des hommes, il est plus aisé de reconnaître les causalités, et souvent nous avons fait valoir ce motif. Mais il est temps d'en finir avec cette raison mesquine, aveu implicite de notre ignorance à l'égard des causes naturelles; car les sceptiques arguent toujours de cette ignorance, pour nous interdire de passer des œuvres de l'art aux œuvres de la nature, et de celles-ci aux œuvres du Divin Ouvrier. Affirmons-le donc fièrement : la raison, pour laquelle nous recourons sans cesse à l'exemple des opérations artistiques, est plus haute et plus belle. C'est parce que là nous pouvons voir à l'œuvre des causes d'un ordre supérieur; là, nous trouvons une cause efficiente intelligente; là, nous voyons briller la cause exemplaire, c'est-à-dire l'idée.

Il est bien vrai, l'effet produit est d'un ordre infime, puisqu'il ne consiste qu'en certaines modifications accidentelles de figures ou de mouvements. Mais ce que je cherche à connaître, ce n'est pas l'effet, c'est la cause. Que m'importe donc le plus ou moins de dignité de l'effet, si je rencontre une cause véritablement cause, une cause enveloppant de toute part son œuvre dans son idée? Malgré la petitesse de l'effet, je suis alors en face d'une grande causalité. Le bon sens vulgaire ne s'y trompe pas, et, devant un chef-d'œuvre

---

(1) Fonseca, *Metaphys.*, liv. VII, cap. VIII, 9. 1, sect. 3.

de l'art ou de l'industrie, tous s'accordent pour employer le terme qui rappelle la plus grande des causes : voilà, dit-on, la création du génie !

Notre méthode résiste donc aux objections des sceptiques. Nous pouvons la suivre en toute confiance, et nous avons raison de chercher la raison des causes dans les causes qui sont leur propre raison, c'est-à-dire, dans les causes intelligentes. Allons y contempler les gloires de l'idée.

CHAPITRE III

ÉMINENCE DE L'IDÉE

1. — L'idée est le véritable modèle.

L'artiste commence par se former en lui-même l'idée d'une statue.

Il peut se faire qu'il ait en vue un homme à reproduire; mais cet homme ne sera pas, à vrai dire, la cause exemplaire de la statue, car s'il n'y avait pas de statuaire, cet homme ne serait jamais reproduit dans le marbre. Il faut d'abord qu'il soit regardé, étudié par l'artiste, pour que sa figure passe dans l'esprit de celui-ci. Alors le modèle extérieur peut s'éloigner, il peut mourir; l'idée persistant, la cause exemplaire est en acte, il y a actuellement tout ce qu'il faut pour que la statue soit produite. Donc, encore une fois, le modèle extérieur est une cause éloignée qui agit non sur la statue, mais sur le statuaire; son rôle est de préparer l'artiste à se former le type intérieur qui doit être la véritable cause exemplaire de la statue.

Bien plus, si l'artiste est vraiment créateur, ne se passera-t-il pas de modèle? N'engendrera-t-il pas, par lui seul, une idée dont il n'a jamais aperçu la représentation extérieure, et cette forme idéale ne sera-t-elle pas plus belle qu'aucun objet vivant? Il est vrai, c'est de l'extérieur qu'il aura appris quelle est la configuration d'un corps humain. Il est vrai encore, c'est par l'étude des plus beaux modèles qu'il aura compris les proportions constituant la beauté. Ces nécessités d'une influence étrangère tiennent à ce que l'artiste n'est jamais qu'une cause seconde et dépendante ; mais la gloire du génie est d'inventer un type qui contienne les proportions exactes de la beauté, de se former une idée plus belle que tout ce qui existe, de posséder en soi une forme idéale plus parfaite que toutes les formes contenues dans la matière.

Il devient artiste par son idée. Il est grand artiste par sa grande idée, et cette idée est le véritable modèle de son chef-d'œuvre.

2. — Rapport de l'idée à la forme.

Tel est le modèle, telle doit être la copie ; telle est l'idée, telle doit être la statue. S'il existe entre l'une et l'autre quelque dissemblance, il faut s'en prendre ou à quelque défaillance dans le bras du sculpteur, ou à quelque défaut et à quelque impuissance dans le marbre. La statue reste imparfaite, parce qu'elle n'imite pas complètement son idéal, parce que sa forme matérielle ne reproduit pas exactement l'idée.

Donc, si nous supposons la statue parfaite, la même forme existera *identiquement* soit dans le marbre, soit dans l'artiste. — Je dis *identiquement* la même ; je ne dis pas *substantiellement* la même, car ce n'est pas la pensée qui abandonne l'intelligence où elle existe pour venir exister dans le marbre. La figure de la statue se tire du marbre et y demeure, l'idée naît dans l'esprit et y demeure ; mais la figure qui informe le marbre est l'imitation parfaite de l'idée qui vit dans l'esprit.

3. — Première prééminence de l'idée : priorité d'existence.

L'idée existe donc la première, la forme matérielle vient après. La statue ne peut exister que par l'idée et en vertu de l'existence de l'idée. Celle-ci, par contre, peut exister indéfiniment dans l'esprit de l'artiste sans que la statue soit produite. Son existence est indépendante de tout, sauf de l'existence de l'esprit qui la conçoit et la contient. — *Forma est* tempore *prior materia et composito.*

Priorité d'existence, et j'ajoute : Priorité de connaissance, car puisque l'idée préexiste dans une intelligence, par là même elle est la première connue. Si plus tard l'artiste réalise sa pensée dans le marbre, il pourra voir des yeux sa statue, son regard pourra tomber avec complaisance sur cette matière informée; mais il n'en connaîtra pas mieux son œuvre, car il la comprenait déjà parfaitement dans son idée.

4. — Deuxième prééminence : indépendance à l'égard de la matière.

N'oublions pas que l'idée d'une statue, comme la forme d'une statue, contient une relation essentielle à la matière, car l'idée d'une statue est l'idée d'une matière figurée.

Mais voyez quelles différences entre la statue idéale et la statue matérielle. Celle-ci participe à toutes les propriétés de sa matière. Lourde, blanche, fragile, altérable, volumineuse, elle n'est pas visible à la fois sous toutes les faces, elle est chaude, elle est froide, elle exige un piédestal. Que sais-je encore?

Quant à la statue idéale, elle est totalement affranchie de toute cette surcharge de qualités accidentelles : ni poids, ni volume, ni couleur déterminés; inaltérable; totalement concevable à la fois; sans piédestal aucun, car elle s'appuie sur la substance même de l'esprit...

C'est bien une forme pure de toute matière, c'est uniquement la forme de la statue, et elle ne rappelle la matière que par une relation, c'est-à-dire par la nécessité d'une matière pour subsister hors de l'esprit. — *Forma, substantia, prior est materia et composito.*

5. — Troisième prééminence : indépendance du lieu et du temps.

La statue de marbre est placée ici ou là, elle ne peut occuper deux stations à la fois, mais l'idée qu'elle représente peut être simultanément en mille endroits. Partout où subsistent des groupes représentant le Laocoon, existe la même idée, l'idée de l'artiste; car, remarquez-le bien, cette similitude de forme dans tous ces blocs provient de ce que chacun est semblable à l'idée et reproduit l'idée. Partout où la pensée de l'artiste sera exprimée dans le marbre, le bois ou l'argile, que ce soit par ses mains ou par d'autres mains, partout l'idée sera présente.

Ce que je dis du lieu, je puis le dire du temps. Chaque statue individuelle est soumise aux lois des altérations matérielles; le marbre se dégrade, l'argile se fend, le bois pourrit. Mais l'idée demeure indépendante du temps comme du lieu.

6. — Quatrième prééminence : l'idée est principe d'unité.

Nous avons reconnu plus haut que, dans chaque être, c'est la forme qui est le principe d'unité. Mais d'où provient cette propriété? Comment se fait-il qu'en enlevant quelques éclats à un bloc de marbre, j'enveloppe ce qui reste dans l'unité? D'où vient qu'en pétrissant l'argile, la configuration extérieure produise l'unité, non pas seulement l'unité de bloc par opposition au bloc voisin, mais l'unité de statue? La réponse se devine; ce travail accompli sur une matière informe lui communique la ressemblance à l'idée qui est une, et par là même lui donne l'attribut de l'unité.

Tout être est un par sa forme; toute forme est une par son idée; toute idée est une par son essence même.

7. — Cinquième prééminence : l'idée est indéfiniment communicable.

D'anciens philosophes ont débattu la question de savoir si la même forme est communicable à plusieurs matières. On peut les accorder aisément. La forme informante, la forme qui est dans la matière, la forme de ce marbre, de cette argile, est inséparable du composé individuel où elle se trouve, et par conséquent incommunicable à d'autres matières. — Mais la forme, qui est l'idée, par là même qu'elle est indépendante de chaque matière, est communicable à toutes. Son caractère est même la puissance de se communiquer, le pouvoir de déverser partout ses flots de beauté sur le bois, le marbre, l'or, l'argile, comme le soleil disperse à la fois ses rayons sur les rochers, les prairies, les moissons, les fleuves et les mers.

8. — Sixième prééminence : son unité hors du nombre est principe du nombre.

On ne peut nombrer que les choses semblables, et en tant qu'elles sont semblables. Un charpentier et un forgeron font deux artisans ; un Anglais et un Russe, deux hommes ; un homme et un lion deux êtres vivants ; un homme, un lion, un rocher, trois substances ; un homme, un lion, un rocher et un mouvement, quatre choses.

Pour réunir par le nombre plusieurs êtres, il faut donc négliger en eux les propriétés par lesquelles ils diffèrent, pour n'abstraire que les propriétés communes à tous.

Je n'ai pas actuellement à étudier la légitimité et le principe de ces diverses abstractions, mais je conclus de ce qui précède, que ce qui communique à d'autres êtres ce qu'ils ont de commun, est la raison formelle de leur dénombrement et le principe de leur nombre. Or, c'est l'idée qui réunit les diverses statues dans une espèce commune. Donc c'est l'idée qui est le principe du nombre des individus dans l'espèce.

Remarquez que je prends ici le mot *espèce* dans le sens physique des réalités. Espèce est ici synonyme de forme. Tous les Laocoons sont de même espèce parce qu'ils sont de même forme ; et tous ils sont de même forme, parce qu'ils sont tous la reproduction de la même idée. Donc c'est bien cette idée une qui permet de dénombrer ses représentations. Quant à elle, elle reste hors nombre ; le modèle n'entre pas en addition avec ses images.

CHAPITRE IV

CAUSALITÉ DE L'IDÉE

1. — Remarque sur le chapitre précédent.

Avant d'aller plus loin, il est important de faire un retour sur le chapitre précédent, car c'est au sujet de l'idée que s'opère la séparation entre les Réalistes et les Nominalistes.

Nous admettons, diront ces derniers et avec eux tous les positivistes modernes, nous admettons que, à certain point de vue, l'idée prime la matière. Sans doute, l'idée est universelle, indépendante de la matière, du temps et de l'espace, indéfiniment communicable à plusieurs; mais pourquoi cela? Uniquement parce qu'elle est une abstraction de notre intelligence qui, groupant les êtres par voie de similitude, forme les espèces, les genres, en un mot, les universaux. Tout ce que vous avez dit de l'idée est vrai, mais dans le monde des abstractions. Otez l'esprit qui raisonne sur les êtres particuliers et matériels, et toutes vos belles abstractions sont annihilées du même coup. Pas d'idéal réel; ces deux mots se contredisent.

Que répondrons-nous?

Laissons d'abord de côté la question des universaux, des espèces, des genres, des classifications, car nous ne nous occupons pas ici des procédés par lesquels l'esprit humain opère ces abstractions, ni de la légitimité de telles opérations. Renfermons-nous strictement dans la question qui nous occupe uniquement et qui est de savoir les rapports entre l'œuvre et l'ouvrier.

Ici encore distinguons entre l'idée de l'artiste qui a produit la statue, et l'idée que la vue de cette statue fait naître dans l'esprit du spectateur.

Il est bien vrai que le spectateur voit d'abord la statue et que, par ce composé matériel, il parvient à connaître l'idée de l'artiste. Il est bien vrai que c'est en voyant plusieurs statues et les comparant, qu'il reconnaît en elles des copies d'un même original caché, et qu'il réunit tous ces blocs dans une même espèce déterminée par la forme commune, Laocoon, Apollon, Minerve. Dans ces opérations intellectuelles, le spectateur part du composé matériel et individuel et remonte vers l'idée. Enfin il est bien vrai que tout ce travail existe dans l'esprit du spectateur, et dépend de l'existence et de la nature de cet esprit.

Mais notre étude ne porte pas sur ce travail d'ascension. Elle analyse uniquement l'influence du sculpteur sur son œuvre. Je ne m'occupe pas de l'idée *reçue* par l'esprit du spectateur; je m'occupe uniquement de l'idée *conçue* par l'esprit de l'auteur. L'une provient de l'œuvre et lui est postérieure, l'autre détermine l'œuvre et lui est antérieure. L'une est le terme d'une abstraction partant de la statue matérielle, l'autre est le principe directeur d'une action qui aboutit à cette statue. L'une se recueille en montant, l'autre se disperse en descendant. Pour les distinguer nettement, deux mots suffisent : l'une est un effet, l'autre est une cause.

Supposez qu'un artiste ait produit une statue, dans le secret de son atelier. Personne ne l'a vue, personne ne peut s'en faire une idée, personne ne peut connaître la pensée du sculpteur; et cependant la statue existe, imitant et reproduisant sa cause exemplaire; la statue existe par l'*idée*. Voilà l'idée dont il est uniquement question dans ce traité.

2. — L'idée est véritablement cause.

Or je soutiens que cette idée a le droit au titre de cause réelle.

Le sculpteur, vous l'avouez, est cause efficiente de la

statue; mais étudiez un peu cet artiste, pendant que, armé du ciseau, il fouille la pierre. Dans l'homme qui s'agite et manie l'acier, la cause est renfermée. Mais quelle est-elle précisément? Est-ce le ciseau? Non certes; le ciseau n'est qu'un instrument mis en mouvement par le bras, et frappant *aveuglément* sur le bloc. Est-ce le bras? Mais le bras qui dirige le ciseau a besoin d'être dirigé lui-même, et je ne sache pas que les mouvements réflexes d'un bras excité par quelque fluide électrique ou nerveux aient jamais produit une statue. Le bras n'est encore qu'un instrument, et de quoi? de l'âme sans doute, car l'âme dirige le bras et le ciseau par l'acte de la volonté. Mais cette volonté n'est-elle pas elle-même dirigée dans ses ordres? Et par quoi donc? Par l'idée (1).

On le voit : ce qui préside à tout ce travail, ce qui est comme le premier principe de toute cette action, ce qui fait que tous ces mouvements aboutissent à produire une statue, c'est l'idée. L'idée est donc bien la cause de l'œuvre, cause de la statue.

Voulez-vous un autre exemple? L'immortel architecte de Saint-Pierre, Bramante, a-t-il remué la pierre ou manié la truelle? Non, que je sache. Il a conçu l'idée, et, contemplateur immobile d'une immobile image, il a excité hors de lui le mouvement des hommes et des machines, dirigeant toute cette agitation, dirigé lui-même par son idée.

Or, remarquez-le bien, je vous prie, cette basilique, cette statue, ce ne sont pas de simples abstractions. Ces idées conçues par le sculpteur, l'architecte, sont les termes de pensées réellement existantes. Il s'agit donc bien ici d'effets réels produits par des causes réelles. Répétons-le : l'idée exerce une réelle influence; elle est réellement cause de l'effet réel.

Je dis plus, elle est cause principale.

---

(1) « Ideo sæpius diximus in diversis libris, quod in talibus (scilicet artificialibus) forma quæ est in mente fabri informat instrumenta quibus operatur faber. » (Alb. Mag., *Metaphys.*, lib. VII, t. II, c. x.)

3. — L'idée est cause principale.

Pour le prouver, rappelons-nous d'abord que rien d'indéfini ne peut exister. Exister, c'est être complètement. Or l'acte prime la puissance, la cause prime l'effet; donc, pour tout effet existant il faut une cause existante, pour tout effet déterminé il faut une cause déterminée; donc enfin toute cause vraiment cause est complètement définie, et sa causalité est complètement déterminée. Par contre, toute cause qui contient en elle-même une indétermination n'est pas parfaitement cause; disons mieux, elle n'existe pas encore à l'état de cause, à moins que ne survienne sa détermination dernière.

Or, si je considère tous les agents qui concourent à la production d'une œuvre, je reconnais que tous, sauf un seul, contiennent quelque indétermination. Il n'y a rien dans le ciseau qui détermine le point qu'il entamera dans le marbre; il est indifférent au maçon de construire un mur dans telle ou telle direction. Dans tout ceci il y a encore place à l'indétermination; par conséquent, tous ces agents, pour être causes en acte, réclament une détermination ultime. Considérés en eux-mêmes et isolément, ils ne sont pas encore des causes complètes.

Une seule chose est parfaitement définie et déterminée; c'est l'idée. Que de déterminée, elle devienne déterminante, l'œuvre existe, la statue est sculptée, la basilique construite.

Donc l'*idée* est véritable cause, cause par elle-même, et cause que tous les agents secondaires soient causes.

4. — Union essentielle de la cause exemplaire et de la cause efficiente.

Or l'idée existe dans l'esprit de l'artiste; l'idée n'est autre chose que le terme de sa pensée. Donc l'artiste est vraiment cause par son idée, et l'on ne peut séparer la cause efficiente de la cause exemplaire.

Il est vrai : il ne suffit pas que l'artiste ait conçu son idée pour que la statue soit produite. Il faut de plus qu'il se décide à la reproduire dans la pierre ; et c'est là qu'intervient le rôle de la volonté dont nous aurons plus tard à nous occuper. Mais, une fois prise cette résolution qui ne modifie pas l'idée, c'est vraiment l'idée qui dirige et conduit l'action de l'artiste, c'est l'idée qui détermine l'effet jusque dans les moindres détails.

Saint Thomas explique clairement le rôle de l'idée et de la volonté :

Scientia artificis est causa artificiatorum, eo quod artifex operatur per suum intellectum ; unde oportet quod forma intellectus sit principium operationis, sicut calor est principium calefactionis. Sed considerandum est, quod forma naturalis, in quantum est forma manens in eo cui dat esse, non nominat principium actionis ; sed secundum quod habet inclinationem ad effectum. Et similiter, forma intelligibilis non nominat principium actionis secundum quod est tantum in intelligente, nisi adjungatur ei inclinatio ad effectum quæ est per voluntatem (1).

5. — Concept exact de la causalité exemplaire.

Parmi les titres qui assurent à Platon la palme entre tous ses rivaux, ce n'est pas, à coup sûr, le moindre qu'il ait reconnu et affirmé, plus nettement que personne, le rôle de l'idée et la nécessité de la cause exemplaire. Mais ses disciples ont confondu la causalité exemplaire avec la causalité efficiente, et cette erreur les a entraînés à cette étrange aberration de considérer les exemplaires comme les producteurs des êtres inférieurs ; d'où la subsistance attribuée aux formes universelles, puisque toute véritable cause efficiente est subsistante ; d'où tout un monde de dieux

---

(1) S. Thomas, I, q. 14, art. 8

et de demi-dieux fantastiques; d'où les rêveries du gnosticisme.

Mais tout péril d'hallucination est évité, si l'on se rappelle bien que les diverses sortes de causes sont irréductibles les unes aux autres. Autre est le rôle de la matière, autre celui de la forme, autre celui de l'agent, autre celui du modèle, autre celui de la fin. Aucune de ces causes ne peut en suppléer une autre; chacune a sur l'effet une influence totale dans sa sphère.

La cause efficiente, c'est-à-dire l'agent, est nécessairement une substance, produisant la substance de l'effet. Donc il n'y a pas à rechercher hors d'elle rien qui produise l'existence, rien qui soit la source de la substance. Donc, ni la cause exemplaire, ni la cause finale, proprement dites, ne sont des substances.

Et cependant nous avons démontré que la cause exemplaire est cause réelle. Que conclure, sinon que cette cause exemplaire réside dans la seule cause qui soit substance, c'est-à-dire dans la cause efficiente intelligente, et qu'elle y réside à l'état d'idée?

Là elle n'agit pas, elle ne produit pas, elle n'a pas d'action; mais elle se tient à l'état de modèle. Sa causalité unique est d'être imitable, et elle est cause de l'effet, parce que l'effet n'est produit qu'à son imitation.

6. — Grandeur de la cause exemplaire.

Cette causalité, pour ainsi dire passive (1), vous semble peut-être peu de chose. Mais n'est-ce rien que d'être la principale *raison* de l'effet (2)?

Bien plus, si l'idée est raison de l'effet, elle est raison des relations intrinsèques entre l'effet et la cause efficiente. En

---

(1) Ratio exemplaris consistit in imitatione passiva seu imitabilitate. (Fonseca, *Metaphys.*, lib. II, cap. vii, p. 1, sect. 5.)
(2) Est idea principalis quædam ac prototypa ratio essentiæ rei, cujus est idea. (Id., *eod. loc.*)

CHAPITRE IV. — CAUSALITÉ DE L'IDÉE.   315

traitant de cette dernière cause, nous avions reconnu quelques-unes de ces relations; mais c'était sous l'effort d'une argumentation qui traînait l'esprit par une conséquence nécessaire, sans montrer la raison lumineuse des conclusions. C'est que la raison des choses ne peut être fournie que par la cause qui est une *raison*.

Recourons donc à l'idée, mais sans la séparer de la pensée dont elle est le terme, et sans séparer, non plus, la pensée de l'intelligence dont elle procède. Considérons une cause vraiment complète, c'est-à-dire une cause intelligente, agissant surtout par sa pensée; ce sera toujours, si vous le voulez, ce même sculpteur qui nous sert d'exemple. Voyez comme tout s'explique, grâce à la notion de la cause exemplaire.

1° Contemplez d'abord la statue sous le ciseau du sculpteur. Voyez comme, à chaque coup, le bloc change de forme. Il est dans un perpétuel changement : « Quod fit, et initium et adjectionem et augmentum accipere debet. » La statue d'abord est ébauchée, puis sculptée dans ses détails, puis polie. Mais dans l'artiste l'idée préside, la pensée dirige, « mens agitat molem », toujours immobile et impassible, toujours identique à elle-même, « qui facit, semper idem est ». *La cause est immobile.*

2° Analysez maintenant l'action même du sculpteur. A mesure que l'œuvre s'avance, le bloc devient de plus en plus semblable à ce que médite l'artiste. L'idée attire à elle la matière. Tout ce qu'il y a de perfection dans la statue procède de l'idée et n'est qu'une ressemblance. L'agent cherche à reproduire par imitation quelque chose qui est en lui et de lui, sa propre idée. *Agens agit simile sibi.*

3° Mais cette imitation reste toujours défaillante. Jamais la statue ne peut être aussi parfaite que sa cause exemplaire, car sa forme pétrie dans la matière est affectée de toutes les grossièretés essentielles à la pierre. Quant à l'idée, elle plane, pure, au-dessus de toutes ses images, contenant éminemment toute la perfection de ses reproductions, et cela dans un degré plus parfait. *Effectus præexistit in causa modo perfectiori.*

4° En un mot, la statue qui est l'effet n'est autre chose que la réalisation de l'idée; et l'idée qui est la cause a pour terme la statue matérielle. *Causatum est in causa per modum causæ. — Causa est in causato per modum causati.*

7. — L'Idée dans la Cause Première.

L'idée a déjà jeté bien de la lumière sur la grande question de la causalité; et cependant que d'imperfections dans la cause intelligente qui nous a servi d'exemple! Je laisse de côté tous les intermédiaires matériels qui séparent l'œuvre de l'idée. Mais cette idée elle-même, bien qu'elle procède de l'artiste et qu'elle demeure en lui, n'a pu être conçue sans l'influence d'objets extérieurs, et elle emprunte beaucoup à des sources étrangères.

Levons donc respectueusement les yeux vers la Cause Première, vers la Cause qui n'est que cause, vers l'Intelligence qui est en acte par elle-même, parce qu'elle est son propre objet. Cette Intelligence, dont la vie est de se contempler Soi-même, ne tire rien du dehors, et ses idées, termes multiples d'une Unique Pensée, procèdent de la connaissance qu'elle a de Soi-même. L'essence de Dieu est imitable, Dieu la connaît telle, et par là même il connaît les termes de cette imitation. Voilà comment, non seulement les idées du Créateur sont les éternels modèles des créatures, mais Dieu lui-même est le Premier Modèle, la Première Cause exemplaire de tout ce qui peut être appelé à l'existence.

In Divina Sapientia sunt rationes omnium rerum, quas supra diximus ideas, id est, formas exemplares, in Mente Divina existentes. Quæ quidem, licet multiplicentur secundum respectum ad res, tamen non sunt realiter aliud a Divina Essentia, prout ejus similitudo a diversis participari potest diversimode. Sic igitur ipse Deus est Primum Exemplar omnium (1).

Cette Cause adorable est donc, à la fois, Cause Première efficiente et Cause Première exemplaire, Créateur et Archétype de tous les êtres sans intermédiaire aucun, car ses idées elles-mêmes ne sont pas réellement distinctes de son essence. Telle est la Cause où se vérifient complètement et sans restriction les grands adages de la causalité : *Causa immobilis movet. — Agens agit simile sibi. — Effectus præexistit eminenter in causa.*

---

(1) S. Thomas, I, q. 44, a. 3.

CHAPITRE V

DE LA VÉRITÉ

1. — De la vérité d'une œuvre.

La statue qui est sculptée dans le marbre est la représentation de la statue qui demeure dans l'esprit de l'artiste, comme l'image que le soleil fait de lui-même sur la feuille photographique est son propre portrait. Toute œuvre est l'image de l'idée ; tout effet est le portrait de sa cause exemplaire.

Or qu'est-ce qu'un *vrai portrait?* C'est un portrait qui imite réellement son modèle. Personne qui n'approuve cette définition. Donc la vérité d'un portrait est la conformité de l'image à sa cause exemplaire. D'ailleurs, je l'ai déjà dit, le modèle matériel n'est qu'une cause éloignée, dont l'action ne tombe que médiatement sur le portrait. L'idée du sculpteur, telle est la véritable cause exemplaire de la statue, et, si l'œuvre n'est pas une simple imitation, mais, comme on dit, une création du génie, l'idée conçue sans secours est la seule cause exemplaire. Donc enfin, la vérité de l'œuvre matérielle est sa conformité avec l'idée conçue par l'intelligence de l'artiste, et c'est là un des sens du célèbre adage : *Veritas est adæquatio rei et intellectus.*

Ce que je dis d'une statue doit se dire de toute œuvre sortie de l'art ou de l'industrie humaine, édifice, horloge, machine. Toutes ces œuvres sont vraies, lorsqu'elles répondent bien à l'idée conçue par leur auteur. C'est l'idée qui *vérifie* l'œuvre, la cause exemplaire qui sert de mesure à l'effet. Dans toutes ces choses, la vérité est l'équation entre l'être produit et l'intelligence productrice.

Par contre, là où cette vérité manque, c'est une œuvre *manquée;* là où la ressemblance n'existe pas, il n'y a pas de portrait; là où la cause exemplaire n'a pas influé sur l'effet, il n'y a pas de réalité, car toute la réalité de l'œuvre est une ressemblance. Donc chaque œuvre n'est réelle que parce qu'elle est vraie, et elle est vraie autant qu'elle est réelle. De là cet axiome : *Ens et verum convertuntur.*

En un mot, la vérité réside dans l'intelligence de l'artiste comme dans son principe et son foyer naturel, et de là elle dérive dans l'œuvre. C'est par l'idée que l'œuvre est vraie et elle est œuvre en proportion qu'elle est vraie.

2. — D'une autre sorte de vérité.

Après avoir conçu une idée nouvelle et l'avoir fixée dans la pierre, le statuaire expose son œuvre et s'éloigne. Les spectateurs approchent et contemplent le marbre. Qu'y cherchent-ils? Du marbre? des lignes courbes? Encore une fois, que cherchent-ils dans ce marbre inerte? Et d'où vient que tout à coup ils se réjouissent, comme on se réjouit lorsqu'on a rencontré une richesse? D'où vient qu'ils sortent heureux? Qu'emportent-ils donc? Qu'ont-ils de plus qu'auparavant? — Dans cette pierre, ils ont été chercher une idée; ils l'ont trouvée, ils l'ont recueillie dans leur esprit, ils l'emportent comme on emporte un trésor arraché à la terre.

Et voyez de quelle manière cherchent ceux qui n'ont pas encore trouvé. Ils observent les yeux pour y lire l'audace, le front pour y lire la volonté, les lèvres pour y lire le dédain, les membres pour y lire la souplesse et la force, le geste pour y lire l'action. Les voilà enfin possesseurs d'une idée, et cette idée est vraie, parce qu'elle correspond à l'œuvre. Il y a équation entre leur esprit et la statue, et c'est là un autre sens de l'adage cité plus haut : *Veritas est adæquatio rei et intellectus;* la vérité réside dans leur intelligence, parce que cette intelligence acquiert une idée adéquate à l'objet qui l'a fait naître.

3. — La cause exemplaire est principe de cette seconde vérité.

Mais vraiment quelle est l'idée que les spectateurs ont été prendre dans la statue? Est-ce simplement une abstraction de la forme matérielle?

C'est plus que cela : c'est l'idée même de l'artiste qu'ils cherchent et qu'ils devinent en vertu de l'affinité naturelle de leurs intelligences et de la sienne. C'est donc toujours la cause exemplaire qui poursuit son influence. Cause de la forme matérielle, par là elle devient cause de l'idée du spectateur. Son point de départ est une intelligence, et son terme d'arrivée une intelligence; c'est d'elle que procède la vérité soit dans l'œuvre matérielle, soit dans l'esprit qui connaît celle-ci.

4. — Explication de cette doctrine par saint Thomas.

Saint Thomas explique admirablement cette doctrine en traitant de la Vérité (1). Qu'est-ce que le vrai? demande-t-il; et il répond : C'est ce vers quoi tend l'intelligence, comme la volonté tend vers le bien.

Sicut bonum nominat id in quod tendit appetitus, ita verum nominat id in quod tendit intellectus.

— Le vrai est donc le terme même de l'acte intellectuel. Par conséquent, le vrai est essentiellement dans l'intelligence; une chose n'est vraie que par la relation qu'elle a avec une intelligence :

Cum verum sit in intellectu, secundum quod conformatur

---

(1) S. Thomas, I, q. 16, art. 1.

rei intellectæ, necesse est quod ratio veri ab intellectu ad rem intellectam derivetur, ut res etiam intellecta vera dicatur, secundum quod habet aliquem ordinem ad intellectum.

— Mais de quelle intelligence dépend la vérité ? Question à éclaircir, car une œuvre est en rapport avec l'intelligence de l'ouvrier qui la conçoit, et avec les intelligences des spectateurs qui la contemplent :

Res autem intellecta ad intellectum aliquem potest habere ordinem vel per se vel per accidens. Per se quidem ordinem habet ad intellectum a quo dependet secundum suum esse ; per accidens autem ad intellectum a quo cognoscibilis est : sicut si dicamus quod domus comparatur ad intellectum artificis per se ; per accidens autem ad intellectum a quo non dependet.

— Il est accidentel à un édifice qu'on vienne l'admirer et étudier ses proportions ; mais il lui est essentiel d'être construit suivant un plan. Or les propriétés absolues se déduisent de l'essence et non des accidents. Donc chaque chose est « absolument *vraie* » par la relation qu'elle a avec l'intelligence dont elle dépend ; et l'on doit dire d'une maison qu'elle est vraie, lorsqu'elle représente la forme qui est dans l'esprit de l'architecte :

Indicium autem de re non sumitur secundum id quod inest ei per accidens, sed secundum id quod inest ei per se. Unde unaquæque res dicitur *vera* absolute secundum ordinem ad intellectum a quo dependet. Et inde est quod res artificiales dicuntur veræ per ordinem ad intellectum nostrum. Dicitur enim domus vera quæ assequitur similitudinem formæ quæ est in mente artificis.

5. — « Ens et verum convertuntur. »

La vérité est formellement dans les intelligences, et les choses sont vraies par une relation aux intelligences. De l'intelligence de l'ouvrier, comme d'un foyer rayonnant, jaillit la vérité dans l'œuvre, et de l'œuvre elle rejaillit dans les intelligences des spectateurs.

Or l'axiome dit : *Ens et verum convertuntur* (1). Tout être est vrai, car tout être répond à une idée que notre intelligence cherche à connaître. Ne doit-on pas conclure que chaque être provient d'une cause intelligente qui le rend *vrai*, en même temps qu'elle le fait *réel?*

O mon Dieu! je me sens ici bien près de vous.

Il y a des myriades de créatures différentes comme natures et comme propriétés; mais d'où vient que l'être se dise de toutes et, dans toutes, réponde au même concept? L'existence d'un puceron et l'existence d'un lion, c'est toujours l'existence, aussi absolue dans l'un que dans l'autre, si l'on peut dire que l'existence d'une créature soit absolue. Tous les deux participent au même titre à l'existence, comme ils vivent dans la même lumière et dans la même chaleur d'un même Soleil.

Il y a aussi des vérités de bien des sortes : vérités géométriques, vérités historiques, vérités scientifiques. Mais, dans toutes ces vérités, il y a quelque chose de commun, à savoir la vérité; car ces vérités diverses sont également vraies. Dans la vérité peut-il y avoir du plus ou du moins? Toutes ces vérités participent à une même vérité absolue.

O lumineuse, ô vraie démonstration de l'existence d'une Vérité Créatrice!

Beaucoup d'êtres existant chacun en soi et indépendamment des autres, et pourtant une même existence à laquelle tous participent. — Beaucoup de vérités différant entre elles suivant leurs propres raisons, et pourtant une seule et même vérité à laquelle toutes participent. — Enfin tous les êtres à la fois essentiellement vrais et vraiment êtres. Donc au sommet des choses, un Être absolument absolu, une Vérité absolument absolue, un Être qui est identiquement la Vérité, puisque tout ce qui participe de son Être participe également de sa Vérité.

---

(1) Cette proposition est la traduction de ce texte d'Aristote : Ἕκαστον, ὡς ἔχει τοῦ εἶναι, οὕτω τῆς ἀληθείας. (*Métaphys.,* liv. II, ch. 1.)

Écoutons saint Thomas :

Dictum est quod veritas per prius est in intellectu; et per posterius in rebus, secundum quod ordinantur ad Intellectum Divinum. Si ergo loquamur de veritate, prout existit in intellectu secundum propriam rationem; sic, in multis intellectibus creatis sunt multæ veritates, et in uno et eodem intellectu secundum plura cognita. Unde dicit glossa, super illud Psalmi 11 : Diminutæ sunt veritates a filiis hominum, quod « sicut ab una facie hominis resultant plures similitudines in speculo, sic ab una Veritate Divina resultant plures veritates ». Si vero loquamur de veritate secundum quod est in rebus; sic omnes sunt veræ Una Prima Veritate, cui unumquodque assimilatur secundum suam entitatem. Et sic, licet plures sint essentiæ vel formæ rerum, tamen Una est Veritas Divini Intellectus, secundum quam omnes denominantur veræ (1).

6. — Élévation vers la Cause Première.

Lorsqu'on s'est élevé à ces hauteurs, on est en pleine lumière et en pleine vérité.

Déjà la cause exemplaire nous avait appris à passer de l'effet jusqu'à la cause, et à y pénétrer par le moyen de l'idée. Mais, si cette relation nous apprend que cette cause est intelligente, elle ne peut, d'ordinaire, nous instruire davantage sur sa nature. La statue est semblable à l'idée, mais l'idée n'est pas semblable au statuaire. Et pourquoi cela, sinon parce que l'intelligence de l'artiste reçoit du dehors les éléments de son idée, et que sa pensée se modèle sur des types étrangers?

L'œuvre me révèle cette pensée, rien de plus; et pour le reste le statuaire m'est totalement inconnu.

Mais, Vous, ô mon Dieu! vous qui avez créé le ciel et la terre pour que nous vous connaissions, vous vous livrez davantage. Tout en restant absolument renfermé sous les voiles qui dérobent votre nature intime à toute intelligence créée, cependant, de toutes les causes, vous êtes et la mieux connue et la plus facilement connue.

---

(1) S. Thomas, I, q. 16, art. 6.

Car l'objet éternel et adéquat de votre Intelligence étant votre propre Substance, et toutes vos idées étant contenues dans la Pensée que vous avez de Vous-même, il y a similitude absolue et nécessaire entre votre Parole intérieure et Vous-même, dans l'unité d'une même Substance. Or ce Verbe est la raison de toutes les créatures, puisque vous avez tout créé par votre Parole. Il se trouve donc que tout vous est semblable, par une similitude d'imitation avec votre Pensée et votre Parole. Imitation défaillante, imitation imprégnée de mille dissemblances, imitation infiniment au-dessous du modèle, mais pourtant imitation qui donne à tout ce qui existe l'existence réelle, similitude qui rend tout ce qui existe absolument vrai, enfin imitation et similitude qui nous permettent de proclamer les perfections absolues de votre Être Infini.

C'est ainsi que la créature est une échelle pour remonter à Dieu par voie d'analogie et de similitude. Je m'arrête ; car c'est au traité de la Cause Première qu'il faut réserver ces belles considérations et leurs démonstrations développées. Mais je veux au moins citer le passage de saint Augustin, qui me les a fait connaître. Que le métaphysicien admire la pensée de ce grand génie, et que le chrétien adore les mystères cachés sous un langage philosophique :

... Hæc est Veritas et Verbum in Principio, et Verbum Deus apud Deum... Unde et Verbum ejus et Lux ejus rectissime dicitur. Cætera Illius unius similia dici possunt in quantum sunt, in tantum enim et vera sunt; hæc est autem Ipsa Ejus Similitudo, et ideo Veritas. Ut enim veritate sunt vera, quæ vera sunt; ita similitudine similia sunt, quæcumque similia sunt. Ut ergo Veritas forma verorum est, ita Similitudo forma similium est. Quapropter vera, quoniam in tantum vera sunt, in quantum sunt; in tantum autem sunt, in quantum Principalis Unius similia sunt. Ea forma est omnium quæ sunt, quæ est summa Similitudo Principii; et Veritas est, quia sine ulla dissimilitudine est (1).

---

(1) S. August., *De vera religione*, cap. XXXVI.

CHAPITRE VI

DES DÉTRACTEURS DE LA CAUSE EXEMPLAIRE

ARTICLE I

MATÉRIALISME

1. — Les matérialistes repoussent l'idée.

Le matérialisme est caractérisé par son mépris de l'idée. C'est le résultat d'une sorte d'atrophie du sens spirituel, causée par la concentration de l'esprit sur des objets matériels. Mais, quoi qu'on fasse, il faut bien reconnaître que l'idée préside aux œuvres de l'art et quelque réaliste que soit une école de peinture, tous doivent avouer que la forme la plus servilement copiée a dû passer d'abord par l'esprit du peintre avant de se reposer sur la toile.

Aussi les athées ont-ils compris que, pour se fortifier dans leur triste négation, il leur fallait creuser un fossé infranchissable entre les œuvres de l'art et les œuvres de la nature.

2. — De la manière dont les matérialistes raisonnent.

On a mille et mille fois prouvé l'existence d'un créateur sage et habile par les merveilles de la création. L'ordre dans lequel les mondes se balancent, l'harmonie des saisons, l'art exquis avec lequel chaque organisme est construit, un œil de mouche, un grain de millet, tout est, pour l'esprit droit et sain, la preuve évidente qu'il existe une cause intelligente et que l'idée a présidé à une si belle ordonnance. Mais, pour l'esprit poussé par la haine de Dieu ou par une éducation matérialiste, ces tableaux où éclate la gloire du Créateur n'ont plus aucune signification. A cette démonstration tirée de l'ordre, les athées opposent une fin de non-recevoir.

« Votre preuve, disent-ils, se réduit à l'argument suivant : L'ordre qui règne dans le monde est le résultat d'un plan, or un plan suppose une intelligence qui l'a conçu, donc cet ordre provient d'une intelligence créatrice. — L'argument est concluant, pourvu que l'ordre soit réellement le résultat d'un plan. Mais c'est précisément la question et, pour nous, ce bel ordre n'est pas autre chose que la résultante de forces aveugles.

« En d'autres termes, vous commencez par supposer une idée préconçue, et vous admirez comment l'ordre matériel des choses correspond à cette idée. Votre hypothèse est gratuite et votre admiration naïve. Pour nous, méprisant les hypothèses, nous nous en tenons aux faits bien et dûment constatés. Nous voyons l'ordre, mais nous constatons de plus que des accidents suffisent pour le troubler; nous concluons donc qu'un heureux accident a pu l'établir. Notre procédé est vraiment scientifique; le vôtre est une rêverie de vide métaphysique. »

3. — Examen de cette objection.

Telle est la fin de non-recevoir qu'opposent les matérialistes aux démonstrations cosmologiques de l'existence de Dieu. Ils se réfugient dans la matière, comme dans un repaire inexpugnable, d'où ils combattent à coups de négations. Nous l'avons dit : il y a deux sortes de formes, la forme exemplaire ou idée, et la forme matérielle qui en est l'image et la représentation. Ces deux formes sont d'ordre différent, et l'astuce consiste à voir l'une sans confesser l'autre.

Donnons un exemple que ne récuseront pas nos athées modernes, car ils en abusent étrangement. L'ignorant ramasse un silex aplati, en observe les faces, le fil tranchant, la pointe; il voit la forme matérielle, mais il ne voit rien au delà, et pour lui ce silex n'est qu'un éclat fortuit d'un caillou plus gros. Il laisse donc tomber ce débris et s'éloigne. Mais le géologue le ramasse, l'observe à son tour et l'emporte avec joie, car il a reconnu une hache préhistorique. Qu'a-t-il donc vu de plus? Plus de matière? Plus de faces? Plus de tranchants? — Non, il a vu l'idée.

Or je le mets au défi de faire voir cette idée à qui ne veut regarder que la matière. Réfléchissez donc, dira-t-il; voyez cette facette, puis cette autre, puis cette troisième. Remarquez comment toutes elles sont obtenues dans la même direction, comme il y a ordre, subordination, unité. — Je vois bien ces facettes, mais je ne vois pas l'unité. Chaque éclat provient d'un choc. Chacun de ces chocs a pu se produire fortuitement, et aucun des éclats ne fait opposition à l'autre. Donc cette forme générale résulte d'un concours aveugle de circonstances.

C'est qu'en effet l'idée n'est pas quelque chose de surajouté aux autres qualités visibles. Il n'y a rien dans le corps sinon sa forme matérielle; et quiconque ne veut regarder que par ses yeux de chair ne verra jamais que cette forme matérielle. De même, un organe étant mis en jeu, la fonction s'accomplira, comme une horloge montée marquera l'heure; et à celui qui n'examine que par les sens cette organisation vivante ou cette horloge, il est aussi impossible de voir l'ordre, l'unité, l'idée, choses spirituelles, qu'il est impossible à un sourd d'entendre l'harmonie d'un orgue dont il observe le mécanisme.

4. — Méthode pour combattre le matérialisme.

Donc, avouons-le, on ne peut emporter d'assaut le repaire où se retranche le matérialisme, mais on peut l'y bloquer, et le réduire par la famine.

Vous niez l'idée dans les choses de la nature, parce que vous ne la voyez pas. Soit; mais ayez de la logique. Niez aussi l'idée et le plan dans les œuvres de l'art, car vous ne les voyez pas davantage. Une statue n'est que le résultat de chocs dont chacun a pu se produire fortuitement. Un livre n'est que le résultat de lettres juxtaposées; et je mets au défi de démontrer par l'expérience ou par les sens que l'*Iliade* n'est pas l'œuvre du hasard. — C'est absurde, dira-t-on. — J'en conviens; mais l'absurde se touche-t-il donc par la main et s'atteint-il par les yeux?

Donc parlez du poids, du volume, de la surface, des lignes d'un marbre taillé; c'est votre domaine, puisque tout cela se voit, se touche, se mesure; mais ne parlez jamais de la proportion, de la grâce, de l'inspiration de cette statue, car tout cela c'est l'idée.

Parlez encore de phénomènes physiques, de mouvements qui se transforment, de chocs et de réactions. A votre aise; mais restez-en là, et n'ayez pas la témérité de prononcer les mots de loi, de règle, d'ordre, d'unité, car les plus forts microscopes sont impuissants à faire voir ces idées.

Expérimentez, observez, disséquez, enregistrez vos découvertes; mais rappelez-vous que vos livres ne sont que des recueils de faits divers. En vain vous les décorez du nom de science. La science répond à l'idée, car la science traite des choses universelles, et ces choses ne se voient pas.

ARTICLE II

DU POSITIVISME

1. — Culte, science, philosophie.

Un certain athéisme a effacé de son drapeau le mot : *matérialisme*, et l'a remplacé par le mot : *positivisme*.

Ce barbarisme a fait tant de bruit qu'il s'est imposé à notre langue, et, véritable protée, il répond à des choses si différentes qu'il faut avant tout distinguer ses diverses significations.

Il y a d'abord le culte *positiviste* dont Auguste Comte a été le messie et le premier pontife. Nous ne nous en occuperons pas. Il faut admirer une telle « religiosité », pour parler le style des mathématiciens qui pontifient dans la chambre mortuaire de leur demi-dieu.

Il y a ensuite la science qu'ils appellent *positiviste*, et que j'appelle *positive*. Ici, il faut regarder d'un peu plus près, car, dans les principes de cette école, il y a du vrai et du faux ; et grâce à l'épithète « Positiviste » dont cette doctrine se pare, elle s'adjuge le privilège du « Positif », c'est-à-dire du certain.

Enfin, il y a la philosophie *positiviste* qui, malgré les efforts de quelques sisyphes, retombe toujours dans le matérialisme.

2. — De la science vraiment positive.

La maîtresse formule des positivistes est celle-ci : « On ne doit affirmer que ce que l'on observe » ; et cette formule est captieuse.

Si l'on veut dire que, dans les sciences physiques et naturelles, on ne doit affirmer que les faits observés ou les lois d'expérience, et qu'il ne faut pas imaginer autant d'hypothèses et de causes occultes qu'il y a de phénomènes à expliquer, on énonce là le grand et vrai principe de la science d'observation, et j'ai le droit de l'appeler *science positive,* parce que ce mot est, dans cette acception, plus ancien que le Positivisme.

Mais ce principe n'est pas une découverte de M. Comte. Avant lui, Lavoisier le connaissait lorsque, fondant la chimie par la balance, il faisait évanouir les fantômes de l'alchimie. Descartes l'avait déjà mis en honneur dans sa méthode. Bacon l'avait préconisé sans lui être fidèle. Donc ce principe n'est pas un produit du dix-neuvième siècle.

A vrai dire, ce n'est pas même un fruit de l'esprit moderne, bien qu'on ne cesse de le répéter.

Qui donc a institué la généalogie suivante de la science : par les sens on observe les phénomènes particuliers, par la mémoire on réunit ces phénomènes et on acquiert l'expérience, par l'expérience on acquiert l'art et la science (1)? N'est-ce pas encore Aristote qui enseigne que toute science doit partir de l'expérience?

« Ainsi donc, dit-il, c'est l'expérience qui doit fournir les principes de chaque science... C'est en observant avec soin les phénomènes que les astronomes ont trouvé la science du ciel; et il en est de même pour n'importe quel art ou quelle science (2). »

Enfin, n'est-ce pas ce même Aristote qui attribue au manque d'expérimentation les vaines hypothèses de ses devanciers?

« La cause, dit-il, pour laquelle leurs systèmes sont faibles, est le manque d'expérience. C'est pourquoi ceux qui sont plus familiarisés avec les sciences physiques sont plus à même de poser des principes qui concordent, et d'établir une théorie qui explique beaucoup de choses. Mais ceux qui n'ont pas observé avec soin et avec détail, se contentent de quelques faits et affirment facilement (3). »

La vraie Scolastique est restée fidèle à ces leçons du Maître, et a toujours considéré l'expérience comme « la mère de la Philosophie naturelle (4) ».

Pour ne pas fatiguer le lecteur par une série inutile de citations, je me contenterai de faire parler Suarez interprétant le Maître et résumant l'École, et je laisse à juger si,

---

(1) Aristote, *Métaphys.*, liv. I, chap. I.
(2) Id., *Premiers analytiq.*, liv. I, chap. xxx.
(3) Id., *De la génération*, liv. I, chap. II.
(4) « Hæc opinio adversatur experientiæ, quæ mater est Philosophiæ », dit Fonseca, pour réfuter je ne sais quelle erreur. (*Metaph.*, lib. I, cap. VII, q. 3, sect. 5).

sous un style vieilli, il ne pose pas déjà les principes de cette méthode qu'on appelle aujourd'hui le *Déterminisme :*

Potest experientia (1) late sumpta dici de quacumque perceptione unius singularis, quomodo dici potest quis esse expertus vinum ebriare, etiam si semel tantum id passus sit, vel si in alio viderit. Quia vero, ut Hippocrates dixit, experimentum fallax est, proprie non accipitur pro unius tantum singularis cognitione, sed plurium singularium, ut dixit Aristoteles.

Imo nec satis est ad propriam experientiam et perfectam, sæpius eumdem effectum experiri (hoc enim etiam bruta animalia possunt)... sed ad perfectam experientiam ulterius requiritur collatio quædam eorumdem singularium inter se, quæ propria est hominis, et ideo dixit Aristoteles ex memoria fieri homini experientiam, quia multæ ejusdem rei recordationes experientiam perficiunt.

Ejusdem rei, dixit, non individuæ et singularis, ita ut ad experientiam sufficiat sæpius recordari unius et ejusdem singularis effectus sensu percepti; hæc enim repetitio efficiet promptiorem memoriam talis effectus, non vero experientiam. Intelligit ergo *ejusdem* secundum similitudinem et convenientiam circumstantiarum, et ad hoc requiritur collatio singularium per recordationem, scilicet, quod tale medicamentum profuit Petro laboranti hoc morbo, et Paulo similiter : nam, si non sit similitudo sufficiens, sæpe videbitur esse experientia, et revera non erit. Unde provenit ut sæpe sit experimentum fallax. Hoc igitur modo propria est hominis experientia, quæ licet sensu inchoetur, mente tamen et ratione perficitur, ut declaratum est.

Unde non consistit in notitia apprehensiva, sed judicativa, ex qua generatur habilitas quædam, qua homo promptus redditur ad judicandum hunc effectum solere a tali causa prodire, quæ habilitas fortasse nihil aliud est, quam memoria talium effectum singularium, non utcunque, sed ut inter se collati sunt et similes inventi, et cum eis circumstantiis ab eadem vel simili causa manasse dignoscuntur (2).

---

(1) Pour bien comprendre ce passage, il faut traduire le mot : *experientia* par *science expérimentale.* C'est la signification que lui donnent Aristote et la Scolastique.

(2) Suarez, *Métaphys.*, disp. I, sect. 6, n° 22.

3. — Du principe de la science expérimentale.

Non seulement la vraie méthode dans les sciences physiques est la méthode expérimentale, mais il faut encore savoir interpréter l'expérience, sous peine d'en tirer des conclusions erronées. Nous n'observons que les phénomènes et encore nous ne les observons que par des actions sur nos sens. Tel est le principe qui tient en garde le savant contre les illusions de son imagination, et qui assure à la science une marche rigoureuse.

Principe incontestablement vrai, mais qui n'est pas d'aussi fraîche date qu'on voudrait le faire croire.

Déjà la Scolastique affirmait que l'observation ne peut nous fournir que le phénomène sensible, suivant l'adage : « Objectum sensus est accidens singulare sensibile ». Déjà elle enseignait que la formalité de nos connaissances contient un élément subjectif, suivant cet autre adage : « Quidquid recipitur, recipitur per modum recipientis ».

On enseigne aujourd'hui que les sensations du rouge et du vert sont produites par des mouvements vibratoires qui ne sont ni rouges ni verts; mais depuis longtemps déjà on savait que la sensation, par elle-même, ne nous fait connaître ni l'essence ni le mode réel d'aucun fait.

Suarez l'enseignait :

> Nec censeo inconveniens concedere nullam substantiam cognosci a nobis quidditative in hac vita... De accidentibus vero quæ non per se sentiuntur idem dici facile potest : de iis vero quæ per se sentiuntur, major haberi potest cognitio, quia per propriam speciem concipiuntur. Sed adhuc illa non videntur quidditative cognosci (tanta est humani ingenii imbecillitas). Quis enim adhuc satis explicuit quid sit sonus, odor et similia (1)?

Cette doctrine n'est donc pas si moderne; mais ne marchandons pas nos éloges là où ils sont mérités. Je recon-

---

(1) Suarez, *Metaphys.*, disp. xxxv, sect. 3, n° 5.

nais que notre science actuelle a mis en lumière, d'une façon remarquable, la distinction entre le subjectif et l'objectif, et que sa critique a bien séparé le fait de l'hypothèse, la loi démontrée de la théorie conçue par l'esprit. J'accorde même que certains savants « positivistes » ont puissamment contribué à ce perfectionnement et à cette épuration de la science. Mais, encore une fois, cette rigueur, cette critique sont les principes de la science *positive,* et une secte n'a pas le droit d'accaparer ces notions du bon sens et de les affubler du nom barbare de *positivisme.*

4. — De la science moderne.

Mais, dira-t-on, si les principes de la science expérimentale étaient si bien connus, d'où vient que l'antiquité et tout le moyen âge aient été plongés dans la plus grossière ignorance par rapport aux sciences qui font la gloire des temps modernes?

Cette question est complexe, et, pour y répondre complètement, le mieux serait de faire toute l'histoire de la science; cependant, pour notre sujet, quelques remarques suffiront.

D'abord, que l'on ait su observer dans l'antiquité, il suffit, pour le prouver, de citer trois noms dans trois sciences différentes : Hipparque, Aristote (1), Hippocrate.

En outre, on doit réfléchir que la science des anciens est la science dans sa jeunesse, et la nôtre la science dans l'âge mûr. Il serait donc injuste de comparer les premiers essais d'une étude qui commence aux résultats obtenus après de longs tâtonnements.

Enfin, on peut répondre d'un seul mot : autres temps, autres mœurs; autres préoccupations, autres tendances.

---

(1) « Ce qui contribue surtout à rendre fructueux les immenses travaux du Philosophe de Stagire, ce fut son esprit à la fois positif, méthodique et généralisateur. » (Milne-Edwards, *Leçons de Physiologie,* t. I, p. 37.)

L'antiquité cultivait les arts, et ses titres de gloire sont les modèles, dont la perfection désespère nos littérateurs et nos artistes actuels. Le moyen âge défrichait l'Europe et bâtissait des cathédrales que nous ne savons plus même imiter. A nos siècles industriels les triomphes sur la matière.

Certes, je n'entends pas contester à la science moderne sa brillante auréole. Mon admiration va jusqu'à la stupeur, lorsque je songe aux inconcevables découvertes de notre siècle, et surtout à l'édifice scientifique si beau et si rapidement construit. J'éprouve surtout une joie et un orgueil bien légitimes, en voyant que l'École Française est reine entre ses sœurs. Elle est reine, parce que son esprit est éminemment et naturellement « positif »; parce qu'elle reste fidèle aux règles de la saine logique; parce qu'elle interroge la nature et ne lui prête pas les réponses de l'imagination; parce qu'elle réprouve les hypothèses sans preuve et les théories qui ne sont qu'ingénieuses; parce qu'elle n'admet pas qu'un mot inventé soit une explication trouvée; en un mot, parce que sa loi fondamentale est celle-ci : « Ne faire dire aux faits que ce qu'ils disent ».

Peut-être cette prudence et cette rigueur ralentissent-elles parfois sa marche, et permettent-elles à des écoles moins disciplinées de la précéder dans plusieurs découvertes. Mais, malgré tout, elle reste reine, car une théorie nouvelle ne prend définitivement place dans la science que lorsque la France lui a délivré son *placet*.

5. — Du déterminisme.

Il y a donc une science « positive », et c'est la science unique et véritable, science dont les principes ont été connus de tous les temps, et mieux appliqués dans les nôtres. Mais, bien qu'il y ait des savants qui se disent positivistes, il n'y a pas de science « positiviste ». Et la raison en est évidente; car, d'un côté, le principe positiviste consiste à nier la réalité de tout ce qui ne tombe pas sous les sens, et, de l'autre, la loi de causalité que cherche le savant n'est pas un phénomène sensible.

En vain, pour attirer des adeptes, le positivisme prétend faire cause commune avec l'école dite du « déterminisme », école sérieuse, vraiment scientifique et illustrée par de grands noms.

Ces savants, maîtres dans l'art d'interroger la nature et préoccupés de débarrasser la science de toutes les vaines entités qui y fourmillaient, se sont attachés à remettre en vigueur la loi fondamentale de la méthode expérimentale : « Ne jamais rien affirmer au delà de ce que fournit l'expérience ». D'ailleurs, ces logiciens sérieux ont compris la conséquence rigoureuse de cette formule. Puisque l'expérience ne fournit que le phénomène dans des circonstances particulières, la science expérimentale ne peut que constater les circonstances où se produit le phénomène, et tout son rôle est de savoir distinguer les circonstances sans influence, des conditions dont l'existence entraîne la production du phénomène. En d'autres termes, la seule conclusion qui soit légitime et vraiment scientifique est celle-ci : telles circonstances étant données, tel phénomène aura lieu; et si l'une de ces circonstances manque, le phénomène n'aura pas lieu. Toute la science se réduit donc à ce problème : « déterminer » les conditions nécessaires et suffisantes pour la production d'un phénomène. De là le nom de « déterminisme ».

Certes, on ne peut qu'approuver et le principe, et l'argument, et la conclusion. Les brillantes découvertes opérées à l'aide de cette méthode en ont justifié la valeur. Mais il y aurait un paralogisme qui contrasterait avec la logique précédente, si, de cette vérité que l'observation ne peut fournir que l'effet, on concluait qu'il n'existe pas de cause, ou que la science ne consiste pas à connaître les effets par les causes.

« Les sens ne nous fournissent que les effets. » — Soit;

mais l'intelligence nous dit qu'il n'y a pas d'effet sans cause, et du phénomène que montre le sens l'intelligence demande la cause. Lorsque le physiologiste fait périr un animal par le curare, il croit que ce poison « cause » la mort, tout comme le croit le sauvage frappant le tigre de sa flèche empoisonnée. — Mais cette première connaissance est aussi vague que la mort est un effet complexe. Le curare ne tue pas de toutes les manières, et le savant se demande sur quelle partie de l'organisme il agit. L'expérience répond : sur le système nerveux. Voici une première « détermination ». — Mais le système nerveux est lui-même un assemblage. Quel point attaque le poison ? L'extrémité périphérique. Voici une seconde « détermination ». C'est ainsi que l'art de l'expérience rend de plus en plus étroit le cercle qui renferme la causalité.

Approuvons l'expérimentateur fidèle à cette méthode d'analyse. Acceptons même que, désespérant d'atteindre jamais le centre du cercle, il ne parle jamais des causes, et ne prononce que le mot « conditions ». Mais repoussons le sophiste qui, abusant de la modestie du savant, argue de son silence pour nier l'existence des causes, et pour prétendre que la science ne tend pas à la connaissance des causes.

6. — De la philosophie positiviste.

Qu'est-ce donc enfin que la philosophie dite « positiviste » ? — C'est une négation fondée sur un sophisme.

« Nous n'observons, disent-ils, que les phénomènes sensibles. Or nous ne connaissons que ce que nous observons. Donc nous ne connaissons que les phénomènes sensibles et rien au delà. »

Nier ce qui ne tombe pas sous les sens, tel est le *péché* (1) des positivistes.

---

(1) Aristote, parlant des anciens positivistes, dit qu'ils ont été enlacés dans de fausses opinions : τοιαύταις δόξαις γεγένηνται ἔνοχοι. (*Métaphys.*,

Et cette négation, quel est son titre? Est-elle le fruit de l'expérience phénoménale? La science enregistre les faits positifs, et ne nie que ce que les faits contredisent. Quel est donc le fait observé qui contredise aux réalités invisibles? — En vain, vous prétendez vous appuyer sur la science. Pour affirmer votre négation, vous quittez le terrain des sciences expérimentales, et vous vous placez sur le terrain philosophique. Votre négation n'est pas scientifique; elle est philosophique, et elle est fondée sur un sophisme.

« Nous n'observons que les phénomènes sensibles. » — Soit, si vous parlez des observations physiques qui portent sur des objets matériels et extérieurs; mais nous avons conscience de phénomènes internes et immatériels. Et parmi ces phénomènes nous trouvons l'idée, et l'idée nous révèle le nécessaire, l'absolu, l'universel, la substance, en un mot, toutes les grandes réalités dont la connaissance fait l'honneur de l'homme. Et jamais l'expérimentation la plus ingénieuse ne pourra expliquer ces sublimes notions par la digestion cérébrale des phénomènes sensibles.

7. — Stérilité de cette philosophie.

Le principe positiviste est une négation. Or une négation ne peut être le fondement d'une science; car, quoi qu'on fasse et quoi qu'on dise, le bon sens donnera toujours raison à Aristote définissant le savoir : Une connaissance des causes. Aussi bien les philosophes positivistes se sont efforcés d'obtenir des propositions affirmatives.

L'étude serait longue, mais curieuse et instructive, si l'on faisait le relevé de tous les efforts tentés dans notre siècle pour expliquer le nécessaire par le contingent, la

---

liv. IV, chap. v.) L'interprète latin suivi par la Scolastique a traduit : *Talibus opinionibus facti sunt rei.* Là-dessus, Albert le Grand ajoute : *Reatus enim magnus est philosophorum tales incurrere opiniones.* (*Metaphys.*, liv. IV, tr. 3, cap. IV.)

loi par le variable, la substance par le phénomène. On verrait des hommes, d'un talent remarquable, venir successivement se poser en révélateurs, renversant les systèmes de leurs devanciers et proposant à leur tour une hypothèse aussi peu consistante. — Quand ils détruisent, leur logique est inexorable. Celui-ci démontre qu'un vrai positiviste ne peut admettre aucune loi invariable; celui-là que le phénomène ne peut fournir l'absolu; cet autre que l'analyse du concret ne peut conduire à l'abstrait; tous, que la négation ne peut donner l'affirmation. — S'ils s'en tenaient là, il n'y aurait qu'à applaudir à leurs succès; mais l'intelligence de ces penseurs a trop de valeur pour se contenter d'ignorer. Une force innée la pousse invinciblement à chercher le savoir, c'est-à-dire, l'affirmation. Ces positivistes affirment donc à leur tour, commettant le même paralogisme qu'ils ont condamné dans les autres, et qu'on leur reprochera bientôt. Image fidèle d'une antique entreprise aussi impie et aussi vaine! Comme autrefois, ils veulent construire sur le sable une tour qui atteigne le ciel; et, comme autrefois, ces travailleurs entrent en discorde, chacun se forgeant un langage individuel, ou détournant les termes usuels de leur signification traditionnelle, et « personne ne comprend plus la parole de son prochain », sauf, toutefois, lorsqu'ils jettent tous en commun à la Vérité Éternelle ce cri blasphémateur : *Non.*

Un seul de ces philosophes m'a semblé constamment fidèle à la logique. Partant du phénomène comme unique réalité, il parvient à la loi, à la substance, à l'Infini, à Dieu, et tout son édifice est lié par un seul et même ciment. Bien plus, il remet en honneur la langue péripatéticienne, et toutes les anciennes distinctions entre l'acte et la puissance. Tout son système semble reproduire, et quelquefois à s'y méprendre, la théorie d'Aristote.

Mais ce n'est là qu'une similitude de surface, comme l'empreinte imite par ses creux les reliefs d'un cachet;

car, ce qu'Aristote appelle acte, ce philosophe l'appelle puissance, et ce qu'Aristote appelle puissance, il l'appelle acte. Et comme afin de mieux affirmer que, pour lui, cette identité des contradictoires est la loi du devenir et le terme du progrès philosophique, il unit dans un même embrassement Hegel, fervent disciple d'Héraclite, et Aristote, impitoyable adversaire d'Héraclite (1)!

---

(1) « Ce que la philosophie a de mieux à faire après plus de deux mille ans, c'est de reprendre la formule péripatéticienne en l'expliquant et en la traduisant dans notre langage moderne. Le premier philosophe de ce siècle, Hegel, lui en a donné l'exemple. » (Vacherot, *Science et Métaphysique*, t. I, p. 427.)

LIVRE VI

CAUSE FINALE

CHAPITRE PREMIER

EXPLICATION DES TERMES

1. — De trois réponses à un même pourquoi.

La cause finale répond à la question : Pourquoi? Mais cette question peut avoir plusieurs sens, et par suite appeler plusieurs réponses. Autant de réponses, autant de points de vue différents sous lesquels on doit considérer la cause finale.

Je questionne Polyclète qui frappe le marbre avec son ciseau. — Pourquoi travailles-tu? — Pour faire une statue. Première réponse.

— Mais pourquoi travailles-tu? — Pour remporter le prix. Deuxième réponse.

— Mais, encore une fois, pourquoi travailles-tu? — Pour acquérir la gloire. Troisième réponse.

Je trouve ainsi dans Polyclète trois intentions qu'il faut soigneusement distinguer.

1° Il travaille pour sculpter une statue. Son intention est de réaliser une statue. Le « but » vers lequel tend son opération est l'œuvre même qui résulte de cette opération. *Finis operationis est opus.*

2° Mais l'intention de l'artiste va plus loin que son travail. Il prétend que sa statue serve à quelque chose. Il veut que par sa forme, sa grâce, ses qualités artistiques, elle agisse sur l'esprit des juges et obtienne la couronne. Le sculpteur se propose un résultat que son œuvre doit réaliser par elle-même, et la statue sera parvenue à sa « fin », lorsque, par une sorte d'action propre, elle aura atteint le « but » que lui avait assigné son auteur. *Finis operis est operatio ejus.*

3° Au-dessus de ces intentions, il en existe une troisième qui est l'intention d'acquérir de la gloire. C'est même cette intention qui donne le branle à tout le reste. Polyclète sera « opérant » jusqu'à ce qu'il ait acquis la gloire. Si une première statue est insuffisante, il se remettra au travail et il ne se reposera qu'en possession du bien qu'il désire. *Finis operantis est bonum adipiscendum.*

En résumé, trois sortes de fins :

La fin de « l'opération », *finis operationis :* c'est l'œuvre à laquelle aboutit l'opération. — La fin de « l'œuvre », *finis operis :* c'est le résultat que doit réaliser l'œuvre par elle-même. — La fin de « l'ouvrier », *finis operantis :* c'est le bien dont le désir excite l'ouvrier à produire son œuvre.

2. — De l'intention et de la fin.

Nous avons employé les expressions : intention, fin, cause finale. Il importe de les bien définir dès le principe.

L'*intention* est l'acte par lequel je veux qu'une chose soit réalisée; le *terme* de cette intention est la chose à réaliser. A la vérité, l'intention ne peut se séparer de son terme, car on ne peut vouloir sans vouloir quelque chose; bien plus, l'intention est caractérisée par son terme, car c'est uniquement par leurs objets que l'on distingue les divers actes d'une même volonté.

Mais, sans séparer l'intention et son terme, il faut distinguer soigneusement l'acte de vouloir et l'objet voulu.

« Je veux la statue. » — *Je veux* : voilà l'acte de vouloir, — *la statue* : voilà l'objet voulu. L'intention est donc un vouloir réellement existant, mais dont le terme n'existe pas encore en dehors de la volonté. Formuler une intention, c'est vouloir, par un acte réel, la réalisation de quelque chose qui n'est pas encore dans l'ordre des réalités.

Ceci nous conduit à la notion de *fin*.

La statue à réaliser est le terme d'une intention, mais sa réalisation est le terme d'une action, en vertu de laquelle le bloc de marbre passe peu à peu de l'état informe à l'état de statue. L'action commence, se continue, prend « fin », et lorsqu'elle est à sa « fin », la statue est réalisée. La statue est donc à la fois terme d'une intention et terme d'une action, *bout* de celle-ci, *but* de celle-là.

L'intention l'avait projetée, *pro-jectam*, c'est-à-dire l'avait posée en avant et l'action l'a atteinte. Voilà pourquoi on dit que le terme de l'intention est « la fin » de l'action, car ce terme et cette fin ne sont qu'une même et identique statue.

Mais si la « fin » est le nœud entre l'intention et l'action, il faut conclure qu'elle appartient à la fois à l'ordre intentionnel et à l'ordre effectif. Considérée comme terme de l'intention, la statue est voulue, décrétée, mais elle n'existe pas encore ; ce n'est qu'une fin intentionnelle, *finis in intentione*. Considérée comme terme de l'action, la statue existe réellement ; c'est une fin réalisée, *finis in re*. Encore une fois, c'est la même et identique statue ; mais dans un ordre elle est à réaliser, dans l'autre elle est réalisée.

Pourquoi et comment la fin mérite le nom de cause finale, c'est ce qu'il faut expliquer dès maintenant, au moins d'une manière succincte.

3. — Fin. — Cause finale.

La fin, nous venons de le faire observer, peut être considérée ou comme atteinte ou comme à atteindre. Considérée comme atteinte, la fin est une réalité existante, terme d'un mouvement et d'une opération; elle appartient donc à l'ordre de la causalité efficiente, et, bien loin d'être cause, elle n'est qu'un effet. Considérée comme but à atteindre, elle n'appartient encore qu'à l'ordre intentionnel, et c'est là qu'elle est cause, parce qu'elle fixe d'avance le terme de l'action et qu'elle est un but marqué d'avance.

On ne peut trop se garder de confondre l'ordre de la causalité efficiente et l'ordre de la causalité finale. La cause efficiente répond à la question : *Par qui?* Par qui ces coups de marteau? Par le statuaire. La cause finale répond à la question : *Pourquoi?* Pourquoi ces coups de marteau? Pour une statue. *Par qui* et *pourquoi* sont deux questions irréductibles et, par conséquent, les réponses le sont aussi.

Dans l'ordre des réalités, tout est le produit de l'action, la cause efficiente fait tout et agit seule. La cause finale n'agit donc pas, elle n'exécute rien, elle ne produit rien. Tout au contraire, elle est un être *à* réaliser, un effet *à* produire, une fin *à* obtenir.

Et comment pourrait-elle avoir une influence active? Tant que la fin n'est pas réalisée, elle n'existe pas, donc elle ne peut agir. Lorsque le but est atteint, il n'y a plus à agir, puisque l'opération est à sa fin.

Et cependant la fin mérite le nom de cause, parce qu'elle est un but vers lequel est dirigée l'action, et qu'elle contient d'avance toute la raison intentionnelle de l'action.

Il y a plus : nous aurons à montrer qu'elle mérite le titre de « cause des causes », parce que l'intention précède l'action, et que nulle cause efficiente n'agit si ce n'est pour une cause finale déterminée d'avance.

4. — « Finis operationis. — Finis operis. »

Nous avons énuméré trois fins, la fin de « l'opération »,

la fin de « l'œuvre » et la fin de « l'ouvrier ». Il s'agit de les étudier, et de les distinguer sous peine de tomber dans de grandes confusions.

Laissant d'abord de côté la fin de « l'ouvrier », je choisis un nouvel exemple où il soit aisé de distinguer la fin de « l'opération » et la fin de « l'œuvre ».

Soit un mécanicien projetant de fabriquer une horloge. La fin qu'il se propose est une machine capable de marquer les heures. Cette machine est le but que poursuit son action, *finis operationis*. A mesure que l'opération « s'avance », l'horloge passe de l'état de possibilité à l'état d'existence. Lorsque l'opération « se termine », l'horloge est achevée ; l'intention est réalisée, lorsque l'opération est à sa fin. — *Opus est finis operationis*.

Voici l'horloge sortie des mains du fabricant. C'est un système capable de marquer l'heure. Mais cette puissance peut demeurer sans agir ; l'horloge peut rester indéfiniment immobile et silencieuse.

Un jour quelqu'un, je ne sais qui, formant l'intention que l'heure soit marquée, mettra le balancier en branle. La machine alors posera réellement l'acte qu'elle a, depuis qu'elle est construite, le pouvoir d'accomplir, et les heures seront actuellement indiquées sur le cadran. Alors on se trouvera en présence d'une réalité nouvelle, fruit d'une nouvelle intention. L'ordre intentionnel et l'ordre effectif se rencontreront derechef dans un terme nouveau, et ce terme est l'acte propre à la machine, c'est-à-dire la fin de l'œuvre. — *Actus est finis operis*.

5. — Distinction et corrélation de ces deux fins.

Une même horloge peut donc être l'objet de deux intentions successives, distinctes, séparables.

La première a pour objet la production d'une puissance active ; elle détermine la cause efficiente à constituer cette activité. La seconde a pour objet l'acte même de la puissance produite; elle détermine à l'action cette puissance déjà constituée. La fin de « l'opération » est une activité réalisée; la fin de « l'œuvre » est l'acte de cette œuvre.

Dans l'ordre de la spéculation et de la causalité exemplaire, ces deux fins sont liées entre elles par les mêmes liens que l'activité et l'acte. Il y a plus : dans cet ordre, la fin de l'œuvre prime la fin de l'opération, car la puissance est déterminée et définie par l'acte, — *potentia specificatur ab actu*. Pour construire une horloge « pouvant » marcher, l'ouvrier s'est laissé guider par l'idée d'une horloge marchant « actuellement ».

Mais, dans l'ordre intentionnel et de la causalité finale, ces deux fins sont moins dépendantes. Sans doute, on ne peut vouloir qu'une machine marque l'heure, à moins qu'elle n'ait été construite dans ce but. Sans doute encore, on ne peut vouloir d'une horloge d'autres fonctions que celle pour laquelle elle a été construite. Mais, encore une fois, le mécanicien peut avoir pour projet une horloge bien construite, sans se proposer le mouvement de cette horloge. L'intention peut s'arrêter à la fin de l' « opération », sans que rien l'oblige à pousser jusqu'à la fin de « l'œuvre ».

Je prie le lecteur de noter avec soin cette remarque. Plus tard nous en reconnaîtrons la très grande importance.

6. — « Finis operantis. » — Motif.

La dernière réponse de Polyclète à nos « pourquoi » nous a appris que son mobile est l'amour de la gloire. Il forme l'intention d'acquérir la gloire par son travail et son œuvre; le terme de cette intention, c'est-à-dire, l'acquisition de la gloire, est ce qu'on nomme « la fin de l'ouvrier ».

En général, le bien vers lequel l'ouvrier tend par son opération, l' « objet » qu'il désire posséder, s'appelle fin objective, *finis objectivus*, et la « possession » de ce bien s'appelle fin formelle, *finis formalis*. Ces deux dénominations sont bien choisies. L'intention de l'ouvrier se porte, en effet, sur un « objet » qui se présente comme un bien ; mais cet objet n'est « formellement » une fin, qu'en tant que l'intention s'en propose la possession. On ne peut donc pas séparer la fin objective et la fin formelle.

Or cette fin revêt un caractère d'un ordre particulier. Le bien à acquérir est un *motif* qui excite l'ouvrier. Ce qui meut Polyclète, c'est le désir de la gloire.

Qu'est-ce que le motif? C'est l'amour actuel d'un bien à posséder. Ici encore, distinguons soigneusement le motif dans sa réalité et l'objet du motif.

Considéré en lui-même, le motif est une inclination vitale existant dans la volonté de l'artiste. C'est une influence *réelle* que subit intrinsèquement l'agent et qui le pousse à agir. Par rapport au motif, l'agent est donc patient, et cette opposition de termes nous prépare à reconnaître que la nécessité d'un motif pour agir ne dérive pas de la perfection de l'agent. Quant à l'objet du motif, c'est un bien à acquérir.

Lorsque l'artiste, cédant au motif qui le « pousse », formule l'intention d'acquérir le bien vers lequel il est poussé, ce bien devient la fin de l'ouvrier, *finis operantis*.

Remarquez combien ces mots sont expressifs. Une *fin* suppose un commencement et un milieu ; pour atteindre une fin, il faut un mouvement. La fin de l'ouvrier est donc un but vers lequel l'ouvrier court lui-même ; l'ouvrier est en mouvement, tant qu'il n'est pas parvenu à sa fin. Or rappelons-nous l'adage : *Motus est in passo*, et concluons que, par rapport à sa fin, l'ouvrier est patient plutôt qu'agent. Rappelons-nous encore l'adage : *Omne quod movetur, movetur ab alio*, et concluons que l'ouvrier, pour courir à sa fin, est mû par un motif qu'il subit, auquel il cède, mais qu'il ne fait pas.

7. — On renvoie à plus tard l'étude du motif.

Ce premier chapitre avait pour but unique de définir les diverses expressions relatives à la cause finale, et de préparer la théorie générale de cette cause. Nous avons trouvé dans une œuvre d'art trois intentions et trois fins, et nous avons appris à les distinguer, sans nous inquiéter de savoir si ces fins appartenaient au même cycle de causalité, ou si nous avions affaire à un système complexe de causes subordonnées.

Il importe actuellement de décider cette question. En effet, dans les livres précédents, nous nous sommes maintenus dans un même cycle de causalité, c'est-à-dire que nous avons étudié les causes immédiates et essentielles d'un effet unique : cause efficiente, cause matérielle, cause formelle, cause exemplaire. Nous devons donc, dans celui-ci, nous borner à étudier la cause finale immédiate et essentielle de ce même effet, et remettre à plus tard l'étude de ses causes éloignées et médiates.

Cette remarque nous conduit à une intéressante simplification. Nous devons écarter la fin de l'ouvrier, *finem operantis,* parce qu'elle n'est pas une cause immédiate et essentielle de l'effet. Pour établir cette proposition dont le lecteur comprend l'importance, nous avons deux démonstrations, l'une tirée de la cause, l'autre tirée de l'effet.

La première preuve est courte et concluante. La fin de l'ouvrier, avons-nous dit, est une fin vers laquelle court l'ouvrier. Par rapport à cette fin, il est mû par un motif. Or nous n'avons pas ici à rechercher comment l'agent pâtit, mais comment il agit. Nous devons donc renvoyer à une étude ultérieure et la fin de l'ouvrier et le motif de son opération.

La seconde démonstration s'appuie sur un principe dont nous avons déjà fait bon usage. Ce principe est le suivant : tout ce qui est vraiment cause qu'un effet existe, est cause

CHAPITRE 1. — EXPLICATION DES TERMES.

qu'il soit ce qu'il existe; par conséquent, pour s'assurer si l'on est en présence d'une cause essentielle, il suffit de chercher si cette cause influe non seulement sur l'existence, mais encore sur la nature de l'effet. — Eh bien, revenons à Polyclète. C'est, nous a-t-il dit, la passion de la gloire qui le pousse au travail. Mais, si le désir du gain l'avait possédé, ce désir n'aurait-il pas pu le déterminer à exécuter la même statue? Que son motif soit l'argent ou la gloire, sa détermination ne peut-elle pas être la même, et par suite son travail, et par suite encore l'effet résultant? Le motif qui agit sur l'ouvrier ne laisse pas dans l'œuvre son empreinte; de l'œuvre on ne peut remonter à la fin de l'ouvrier, et lorsque dans les fouilles de Rome on rencontre une statue antique, cette œuvre d'art, en nous révélant que son auteur est un statuaire habile, ne nous apprend rien sur le motif qui l'a poussé à sculpter.

Donc la fin de « l'ouvrier » n'est pas la cause finale de l'effet, et, dans ce Livre, nous devons concentrer notre attention sur la fin de l' « opération » et la fin de « l'œuvre ».

CHAPITRE II

NÉCESSITÉ MÉTAPHYSIQUE DE L'INTENTION

PRÉLIMINAIRES

Procédant dans l'étude de la cause finale, comme nous l'avons fait dans l'étude des autres causes, et toujours fidèles à la méthode péripatéticienne, nous avons d'abord choisi quelque exemple simple et facile, pour préciser la question, définir les termes et esquisser dans l'esprit du lecteur les premiers linéaments de la théorie.

Maintenant, il faut laisser là les œuvres humaines où la volonté intervient d'une manière évidente, et traiter à un point de vue absolument métaphysique la théorie de la cause finale. Je me propose donc de démontrer que « tout effet procède d'une intention ». Il en résultera que la cause finale est une des causes essentielles et métaphysiques de tout être produit.

Si le lecteur s'étonne d'une proposition aussi absolue, et lui oppose toutes les causes inertes ou brutes qui sont incapables d'une intention formelle, je lui ferai remarquer qu'ici, comme dans le livre précédent, nous étudions uniquement la cause adéquate, c'est-à-dire la cause contenant en elle-même tout ce qui est nécessaire pour que l'effet soit produit. Nous voulons d'abord bien connaître la cause complète, pour juger ensuite sainement les causes incomplètes ; c'est la véritable méthode pour parvenir à discerner quelles sont les causalités nécessaires à la production d'un effet quelconque.

ARTICLE I

PREMIÈRE DÉMONSTRATION

1. — Tout effet provient d'une volonté.

Nous avons vu, dans le livre V^e, que tout effet répond à une idée, c'est-à-dire, reconnaît une cause exemplaire contenue dans une intelligence; et, de plus, nous avons démontré que l'idée est dans la cause efficiente. Nous en avons conclu que toute cause efficiente, vraiment cause principale et suffisante, est une intelligence possédant une idée, et que la production de l'effet est la réalisation de cette idée hors de l'intelligence, par voie de similitude.

Or l'intelligence, par elle-même, ne tend pas vers la réalisation de l'idée qu'elle contient; car, par nature, elle contemple en soi, mais elle n'opère pas au dehors.

Donc il faut, pour que l'effet soit produit, autre chose que l'idée. Remarquez-le : je ne requiers pas un intermédiaire entre l'idée et l'effet extérieur; car, s'il en était ainsi, l'idée ne serait plus cause immédiate de l'effet; mais je dis qu'il doit s'ajouter à l'idée une chose, qui, sans modifier l'idée, la mette en relation réelle et immédiate avec l'extérieur.

Et que peut être ce quelque chose connexe à l'idée? L'idée est dans l'intelligence, c'est-à-dire dans un esprit. Or rien ne pénètre dans l'esprit sinon l'esprit. Donc rien ne peut aller prendre l'idée dans l'intelligence pour la traduire au dehors, sinon une faculté spirituelle, en relation immédiate, d'une part avec l'intelligence, de l'autre avec l'extérieur. Cette faculté, c'est la volonté.

Donc tout effet provient d'une volonté, et, pour que cette volonté réalise l'idée sans être un intermédiaire entre l'idée et l'effet, pour que l'idée reste cause immédiate de l'effet malgré cette intervention de la volonté, il faut que l'idée et le vouloir procèdent du même sujet, que la cause intelligente soit en même temps voulante.

Saint Thomas résume ainsi cette doctrine :

Dicendum quod unius et ejusdem effectus, etiam in nobis, est causa *scientia* ut dirigens, qua concipitur forma operis ; et *voluntas* ut imperans, quia forma, ut est in intellectu tantum, non determinatur ad hoc quod sit vel non sit in effectu, nisi per voluntatem; unde intellectus speculativus nihil dicit de operando. Sed *potentia* est causa, ut exequens, quia nominat immediatum principium operis (1).

Dans ce passage, nous trouvons trois principes qui concourent à un même effet : l'intelligence source de l'idée et, par conséquent, contenant *la cause exemplaire;* la puissance principe de l'opération, c'est-à-dire, contenant *la cause efficiente* sous son acception formelle; et entre ces deux facultés, la volonté qui, elle aussi, a son influence immédiate sur l'opération, en déterminant *la cause finale.*

2. — Tout effet répond à une intention.

Il est inutile de nous embarrasser dans une longue analyse de la volonté. Vouloir est un acte dont nous avons la conscience si nette que toute définition en serait superflue. Cependant, pour éclairer la proposition que j'annonce, une observation préliminaire est opportune.

On dit souvent que l'acte de volonté est un appétit, *appetitus,* une tendance, *inclinatio,* vers quelque bien que l'on désire. Ces expressions sont justes dans une certaine mesure; mais elles ont toutes un même défaut, c'est qu'elles indiquent toutes une sorte d'attraction subie par la volonté, une influence exercée sur la faculté de vouloir par un bien non obtenu et désirable. Il en est ainsi, je le sais, pour toutes les volontés créées, parce que toutes ont be-

---

(1) S. Thomas, 1, q. 19, art. 4, ad 4.

soin d'être mises en mouvement; mais cette inclination produite dans le sujet est une action que subit la volonté, et, par conséquent, elle dénote la passivité plutôt que l'activité.

Si donc toute cause seconde est déterminée à agir par un appétit, par un motif, c'est précisément parce que toute cause seconde est un « moteur mû », *movens motum*. Or ici, je ne puis trop le répéter, nous ne nous occupons de la cause qu'en tant qu'elle est cause; nous considérons l'agent en tant qu'il est « moteur » et non en tant qu'il est « mû ». Par conséquent, dans cette étude de la volonté nous écartons les motifs et les appétits.

Soit donc une volonté mise en acte sous des influences précédentes quelconques, quels sont donc les actes qu'elle peut poser en vertu de son activité propre? Il y en a deux : le premier a pour terme un être existant, l'autre a pour terme un être à réaliser. Si l'objet voulu existe déjà, l'acte dont il est le terme est un vouloir de complaisance : *voluntas beneplaciti*. Si l'objet voulu n'existe pas encore, le vouloir décide qu'il existera, et c'est précisément l'acte qu'on nomme l'*intention*.

Après cette explication, la démonstration annoncée est courte et facile. Il est prouvé que tout effet provient d'un vouloir en relation avec l'idée. Or tout effet devient avant d'exister. Donc il procède avant tout et essentiellement d'une volonté formulant une intention. *Fiat, fit, factum est :* ces trois mots expriment suivant leur ordre essentiel les causalités, telles qu'elles se reflètent dans l'effet.

ARTICLE II

DEUXIÈME DÉMONSTRATION

1. — Où l'on retrouve le positivisme.

Tout effet procède d'une intention. Nous en avons donné

une première preuve, mais il y en a une autre plus claire et plus souvent employée par la Scolastique.

On doit considérer comme un axiome évident que tout ce qui est mis en mouvement a un point de départ et tend vers un point d'arrivée. A la vérité, il y a deux choses à distinguer dans le mouvement d'une flèche. Il y a ce que j'appellerai son mouvement matériel et son mouvement intentionnel. Si l'on se place au point de vue du fait, la flèche part de l'arc, se *meut* suivant une certaine direction et s'arrête à un terme. Si l'on se place au point de vue intentionnel, la flèche part des doigts qui la lancent, *tend* vers une cible visée par l'œil, et s'arrête lorsqu'elle a atteint le but.

Les positivistes s'en tiennent à la première manière de considérer les choses et prétendent n'être pas obligés de passer à la seconde. « Le mouvement, disent-ils, a certainement une direction, mais rien ne prouve que cette *direction* soit une *tendance*. Je vois la direction et je l'admets. Y a-t-il tendance? Je ne sais. — Le mouvement a un terme; oui, car le mouvement s'arrête. Mais ce terme est-il un but atteint? Je l'ignore.

« L'exemple de la flèche, continuent-ils, est insidieusement choisi; car dans ce mouvement tout est clairement intentionnel, puisqu'il s'agit d'une œuvre humaine. Mais voyez une pierre qui roule sous le pied, une écume dont se jouent les flots. Certes, voilà des mouvements nettement déterminés à chaque instant. Peut-on dire cependant que ces mouvements *tendent* vers quelque point? et lorsqu'ils s'arrêtent, peut-on dire qu'ils aient atteint un but et qu'ils aient rempli une intention?

« Prenez donc garde, concluent-ils, de jouer sur les mots, de confondre direction avec tendance, bout avec but, fin avec intention. »

2. — D'une opinion juste-milieu.

Certains spiritualistes de nos jours ont cru devoir offrir

quelques concessions, afin d'obtenir la paix et de sauvegarder l'argument tiré des causes finales.

« Nous admettons, disent-ils, qu'il faut éviter de confondre terme avec but, direction avec intention. Nous avouons qu'il est dans la nature mille mouvements qui sont dus au caprice du hasard, et qui ne proviennent d'aucune intention et d'aucune volonté. Pourquoi ce grain de poussière décrit-il sous l'influence de la brise un petit tourbillon? et pourquoi est-il là où il est? Questions oiseuses. Voir dans ces petits riens autre chose que des faits, y chercher une cause finale, serait puérilité, nous en convenons.

« Mais, lorsque l'on rencontre un agencement harmonieux d'organes, lorsqu'on se trouve vis-à-vis d'une savante coordination de parties distinctes qui forment un seul tout et remplissent une seule fonction; en un mot, quand on examine une horloge ou une machine animale, il faut bien admettre qu'une intelligence a présidé à la construction d'un tel système, et qu'en produisant l'organe, elle visait la fonction. »

Telle est la doctrine juste-milieu qui, pour sauver les grandes causes finales, jette à la mer les petites.

Mais, qu'on se le rappelle, aucune paix, aucune trêve n'est possible entre les partisans de l'être et les partisans du non-être. Le seul succès de la philosophie moderne a été de détruire toutes les opinions qui tenaient à la fois des deux extrêmes, et de raser toutes les positions intermédiaires aux deux camps.

3. — Réfutation de cette opinion.

« Quoi! diront avec raison les métaphysiciens sévères, un grain de sable peut-il tracer une spirale quelconque dans le désert, sans qu'un ordre le fasse partir, sans qu'une intention le dirige, sans qu'une volonté lui fixe d'avance le but qu'il doit atteindre?

« Vous admettez bien pourtant que ce mouvement est déterminé à chaque instant par des causes efficientes qui tracent son orbite, et l'arrêtent à son terme. Eh bien, si le grain de sable ne peut, pour petit qu'il soit, se dérober à la loi de la causalité efficiente, comment donc échapperait-il à la loi de la causalité finale, loi plus inflexible encore parce que, sous un certain rapport, elle est plus haute? »

Les métaphysiciens jaloux des droits de l'être ne peuvent donc accepter cette doctrine de transactions. D'autre part, quel accueil lui feront les partisans du non-être ?

« La question, dira quelque positiviste, que je vous fais avant tout, est celle-ci : De la *direction* d'un mouvement peut-on conclure à une *destination*? Du *repos* dans le terme, à un *but* déterminé d'avance ?

« — Tantôt oui, tantôt non.

« — Et quand cette conclusion est-elle légitime ?

« — D'abord, toutes les fois que la cause agissante est une intelligence, car toute intelligence agit en se proposant un but.

« — Soit; mais vous avouez qu'il faut d'abord savoir qu'on a affaire à une cause intelligente, pour pouvoir ensuite juger que l'effet a une cause finale.

« — Cette connaissance antérieure de la cause n'est pas toujours nécessaire. Dans certains cas, la disposition des parties unies dans un tout, la combinaison systématique des organes, leur adaptation aux fonctions, tout cet ordre apparaît clairement, affirmant par lui-même qu'il y a là une ordonnance savante, et par conséquent acte d'intelligence, et par conséquent dessein, intention, but, cause finale.

« — C'est ici que je vous arrête, car vous êtes victime d'une illusion subjective. Les parties constituent le tout; quoi d'étonnant, si le tout répond à la disposition des parties? La fonction résulte de l'organe; quoi d'admirable, si la fonction et l'organe sont d'accord? Parce qu'une goutte de rosée disperse la lumière, faut-il admettre qu'elle a été faite ronde et limpide pour imiter dans l'herbe l'étoile qui scintille aux cieux? Dites, je vous le permets, que tout existe dans un organisme, *comme si* il y avait dessein prémédité. Dites encore qu'une cause intelligente, guidée par un but à obtenir, n'aurait pas mieux adapté les moyens à la fin. Mais n'allez pas plus loin.

« — Eh quoi! lorsque je contemple la disposition de l'œil, lorsque j'examine ses lentilles qui produisent une image sur la rétine, sa chambre noire qui éteint la lumière nuisible, ses paupières qui protègent l'organe, n'ai-je pas le droit de conclure que tout cet ensemble si bien adapté pour un but difficile à atteindre, que tout cet ordre est le produit d'une merveilleuse intelligence?

« — Je suis de votre avis. Comme vous, je conclus à l'existence d'une merveilleuse intelligence. Mais cette intelligence que j'admire, c'est la vôtre! Vous voyez un nerf contracter un muscle, la contraction du muscle plier un bras, le bras soulever une pierre. Voilà un ordre de succession que je reconnais avec vous; c'est l'ordre « effectif » dans lequel chaque phénomène procède du précédent. Mais votre intelligence transforme le résultat fatal en but atteint; puis, remontant le courant, cette même intelligence transforme tous les résultats en moyens destinés à atteindre le but. Y a-t-il lieu de tant admirer si vous trouvez accord parfait entre l'ordre effectif et l'ordre final, puisque vous avez modelé celui-ci sur celui-là?

« Prétendez-vous que la finalité existe objectivement dans l'organisme? Alors il vous faut admettre qu'elle existe dans chaque nerf, et par suite dans chaque fragment de nerf, dans chaque molécule nerveuse, dans chaque atome, dans chaque grain de sable. Allez-vous jusque-là? »

Telle est l'argumentation des positivistes contre l'opinion juste-milieu.

4. — Il n'y a que deux solutions possibles.

On ne m'accusera pas, je pense, d'avoir affaibli le raisonnement des matérialistes contemporains. Ce raisonnement, ils ne l'ont pas inventé, bien qu'ils le considèrent comme une découverte moderne; et il est curieux de constater que les athées du siècle d'Aristote le développaient comme ceux de notre temps.

« Qui empêche que la nature agisse sans intention et sans tendre vers le mieux? C'est ainsi que Jupiter laisse tomber la pluie, non pour nourrir le froment, mais par nécessité; car la vapeur soulevée doit se refroidir, et la vapeur refroidie doit se convertir en eau et retomber. Que cette pluie nourrisse le froment, pur accident. De même, si le froment pourrit dans l'aire, la pluie n'est pas tombée dans ce dessein; c'est encore pur accident.

« Qui empêche donc que les choses se passent ainsi dans la nature? Les dents poussent fatalement, celles de devant incisives et commodes pour diviser, les molaires plates et utiles pour broyer. Mais tout cela ne résulte pas d'une intention, c'est uniquement une bonne rencontre. — Et l'on peut dire la même chose de tous les organes où l'on croit reconnaître une cause finale. Partout où les choses sont advenues *comme si* il y avait une adaptation intentionnelle, elles se conservent, parce que le hasard les a disposées avantageusement. Partout ailleurs, les produits de ce même hasard ont péri et périssent, comme Empédocle le dit des monstres mi-partie hommes et mi-partie bêtes (1). »

Ne semble-t-il pas qu'à deux mille ans de distance on entende le langage de nos transformistes modernes : modifications utiles armant dans la « lutte pour l'existence », modifications nuisibles devant disparaître par défaut d' « adaptation aux milieux »; les unes et les autres, résultat aveugle des conditions antérieures?

Cet argument du matérialisme ne manque pas de logique. Quiconque s'obstine à n'accepter que les lueurs qui

---

(1) Aristote, *Physiq.*, liv. II, ch. VII.

viennent d'en bas et à fermer les yeux à toute lumière venant d'en haut, pourra toujours nier l'idée et l'intention. Je l'ai déjà avoué, quiconque veut demeurer dans l'ordre matériel des faits est inexpugnable. On ne peut que le bloquer ; mais que lui importe? Poussé à l'extrême, le positiviste conviendra que la certitude d'une loi n'est qu'une probabilité mesurable par le calcul d'après le nombre des vérifications expérimentales. Pour lui, le monde est une immense loterie, où plusieurs boules portent, on ne sait pourquoi, le même numéro, mais où toujours il reste une chance au hasard.

Laissons là cette doctrine décevante. Aussi bien, nous l'avons assez longuement discutée dans le livre précédent, et nous n'y sommes revenus ici que pour montrer aux philosophes conciliants qu'il ne peut y avoir commerce entre les ténèbres et la lumière, ni accommodement quelconque entre la métaphysique de l'être et la métaphysique du non-être.

Pour nous, qui savons que l'être prime le non-être, nous affirmons sans restriction et nous démontrons que tout mouvement est formellement une tendance, toute direction une destination, tout terme un but.

Remarquez combien cette proposition semble conforme à l'intelligence humaine. *Direction*, dans son acception matérielle, veut dire sens du mouvement, et *direction* vient de *diriger*. *Fin*, dans son acception matérielle, veut dire cessation du mouvement, et *fin* est pris universellement dans le sens de *but, dessein, intention*. Le langage vulgaire emploie donc les mêmes mots pour exprimer des concepts différents. Et pourquoi cela, sinon parce que l'homme sait que ces concepts s'impliquent comme les concepts de matière et de forme? Oui, le bon sens nous enseigne qu'il n'y a jamais direction sans une intention qui dirige, que tout ce qui se meut tend vers un but fixé d'avance, que toute action a une cause finale.

5. — Démonstration de saint Thomas.

Omnia agentia necesse est agere propter finem. Causarum enim ad invicem subordinatarum si prima subtrahitur, necesse est alias subtrahi. Prima autem inter omnes causas est causa finalis. Cujus ratio est, quia materia non consequitur formam, nisi secundum quod movetur ab agente; nihil enim reducit se de potentia ad actum. Agens autem non movet nisi ex intentione finis; si enim agens non esset determinatum ad aliquem effectum, non magis ageret hoc quam illud. Ad hoc ergo quod determinatum effectum producat, necesse est quod determinetur ad aliquid certum quod habeat rationem finis (1).

Méditons ce passage. — J'y distingue deux parties : par la première, on prouve que tout effet exige que sa cause soit déterminée à le produire; par la seconde, on enseigne que cette détermination est une intention.

Affirmons-le d'abord : rien d'indéterminé ne peut exister. Donc l'effet existant est déterminé, et l'action d'où il résulte est elle-même déterminée. Or cette détermination ne peut provenir de la matière qui par elle-même est passive; elle provient de l'agent. Donc, pour qu'un effet existe, il faut que sa cause efficiente soit déterminée à le produire; et cette détermination dans la cause précède, au moins par une priorité de raison, la détermination de l'effet. Voici un premier point acquis.

Il faut, disons-nous, que l'agent soit déterminé à telle action en particulier. Or deux cas se présentent, comme saint Thomas le remarque au même lieu : ou bien l'agent est déterminé par autrui, ou bien il se détermine soi-même (2). Si l'agent est déterminé par autrui, sa détermination est passive et le résultat d'une action supérieure; dans ce cas, pour avoir la raison totale de la détermination de l'agent

---

(1) S. Thomas, 1ᵃ IIᵃᵉ, q. 1, art. 2.
(2) Tamen considerandum est, quod aliquid sua actione vel motu tendit ad finem dupliciter : uno modo, sicut seipsum ad finem movens, ut homo; alio modo, sicut ab alio motum ad finem. (*Eod. loc.*)

et de la détermination de l'effet, il faut remonter jusqu'à une cause qui se détermine elle-même. Nous devons écarter cette première hypothèse dans une étude où nous considérons une cause vraiment complète, et, par conséquent, transformant notre première proposition, nous l'énoncerons comme il suit :

« Pour qu'un effet existe, il faut que sa cause se détermine à le produire. »

Mais que peut être cette détermination de l'agent par soi-même ? Ce ne peut être une modification de nature ou d'état éprouvé par l'agent ; car rien ne se meut soi-même d'un mouvement réel. D'ailleurs, la cause efficiente, ne changeant point par son action, reste identiquement la même, avant, pendant et après l'action ; et, par conséquent, quelque déterminée qu'elle soit en elle-même, son action reste encore indéterminée. Aussi, remarquez avec quelle exactitude s'exprime saint Thomas. Il ne dit pas simplement : « Il faut que l'agent soit déterminé », ce qui semblerait indiquer une détermination de nature ; mais : « Il faut que l'agent soit déterminé *à son effet* », ce qui revient à dire : « Il faut que la détermination de l'effet soit déjà dans sa cause ».

C'est ici le lieu de rappeler le grand axiome : *Causatum est in causa per modum causæ*, la détermination de l'effet est dans la cause à l'état de cause. Elle y est, n'altérant ni la nature ni l'état de la cause, mais définissant l'effet et déterminant sa production.

Se déterminer à un effet est donc dans la cause un acte immanent dont le terme est extérieur. Or c'est précisément la définition d'un acte de volonté. Donc la cause adéquate à son effet est un être doué de la faculté de vouloir ; sa détermination, en tant qu'elle existe en lui, est une *intention*, et le terme de cette intention est une fin projetée. Voilà pourquoi saint Thomas, après avoir dit que l'agent est déterminé à quelque chose de précis, ajoute que ce terme est dans l'ordre de la cause finale : « Necesse est quod determinetur ad aliquid certum quod habeat rationem finis. »

6. — Autre façon de présenter le même argument.

Cet argument est si important qu'il faut nous arrêter encore sur sa démonstration. Saint Thomas, dans un autre passage, l'a renfermé dans une phrase concise, mais féconde en développements :

Omne agens agit propter finem. Alioquin ex actione agentis non magis sequeretur hoc quam illud, nisi in casu (1).

Pour qu'un être existe, il faut que toute indétermination soit levée par ses causes. Étudions donc les causes de l'être, et d'abord ses causes intrinsèques.

La matière est passive et par elle-même indéterminée. La forme, sans doute, est déterminée comme essence, mais au point de vue de l'existence, elle est encore totalement indéterminée. Donc les causes intrinsèques laissent une indétermination qui ne peut être levée que par les causes extrinsèques.

Or, si nous considérons la cause efficiente sous son concept formel de puissance active, elle nous apparaît comme indéterminée dans son action, et cela de deux façons différentes. — Elle est indifférente à agir ou à n'agir pas, puisqu'elle reste la même, soit qu'elle agisse, soit qu'elle n'agisse pas, son action ne lui ajoutant aucune détermination. Pour mieux dire, elle nous apparaît comme indéterminée à agir, précisément parce que, indépendamment de son action, elle est complètement déterminée, et incapable de recevoir aucune détermination nouvelle. — Elle est indifférente à produire tel ou tel effet. Car toute cause efficiente, contenant éminemment son effet, contient une infinité d'effets qui participent à l'éminence de leur cause

---

(1) S. Thomas, I, q. 44, art. 4.

suivant des degrés divers; donc cette cause n'est pas déterminée à produire celui-ci plutôt que celui-là.

Pour combler les indéterminations qui tiennent en suspens l'existence d'un être, serons-nous plus heureux, en nous adressant à sa cause exemplaire? Pas davantage. — Ou bien on considère cette cause comme le prototype que les effets ne peuvent qu'imiter sans la réaliser identiquement; mais alors ce modèle contient éminemment toutes ses images et n'est pas plus déterminé à l'une qu'à l'autre. — Ou bien on considère dans la cause exemplaire toutes les imitations distinctes et connues sous leurs formalités distinctes; mais alors tous ces êtres particuliers sont dans l'idée à l'état idéal, et rien dans cet état n'appelle leur réalisation extérieure. L'agent peut connaître chacune de ces idées et rester encore indéterminé à agir.

De cette analyse ressort la conclusion suivante : Si l'on s'en tient uniquement aux concepts formels des deux causes extrinsèques efficiente et exemplaire, on constate que l'action reste suspendue par une double indétermination : indétermination entre tel ou tel effet particulier; et pour chaque effet particulier, indétermination entre exister ou n'exister pas.

Que faut-il donc de plus? Il faut une influence qui fasse passer un des effets particuliers de l'état idéal à l'état réel; un acte en relation avec l'effet idéal, et en relation avec l'effet réel; un acte qui procède de la réalité idéale sans en être le résultat, et qui ait pour terme la réalité extérieure sans en dépendre. Il faut une *volition*, une *intention*.

Donc, enfin, c'est l'intention qui lève la dernière indétermination et, par conséquent, l'intention est essentielle à la réalisation de tout effet.

7. — Conclusion de ce chapitre.

Nous voilà parvenus par deux voies différentes à cette importante conclusion : *Toute action suppose une intention.*

La cause finale est, au même degré que les causes efficiente et exemplaire, cause essentielle de l'effet.

Remarquez-le bien : cette conclusion n'est pas un résultat de l'observation ; elle se déduit par un raisonnement métaphysique. Nous ne disons pas : Voici un organisme si bien ordonné qu'il ne peut provenir du hasard, et qu'il porte en lui la marque évidente d'un plan et d'une intention. Nous affirmons : Ce caillou est là parce qu'une volonté l'a ordonné ; ce duvet parcourt sous le souffle de la brise une courbe tracée d'avance par une pensée et un vouloir.

Cette intention se propose-t-elle quelque but ultérieur? Je l'ignore encore. Mais je sais, d'une manière générale, que l'intention préside à quelque action et précède quelque devenir que ce soit.

Telle est la vraie doctrine philosophique au sujet de la cause finale, et cet enseignement n'est que l'épanouissement du concept de la cause.

Qu'il s'agisse de la cause efficiente, exemplaire ou finale, la théorie est toujours la même. Ce n'est pas l'expérience qui nous rend certains de l'axiome : « Pas d'effet sans cause efficiente ». Souvent, j'en conviens, nous voyons à la fois et la cause et l'effet, et l'expérience alors constate la vérité de l'axiome. D'autres fois, la vue de l'effet nous permet de deviner la cause, comme une trace sur le sable fait reconnaître l'homme qui a passé. Mais l'absolu de la science part de plus haut. Toute l'ardeur du savant qui cherche, toute la confiance de l'expérimentateur qui observe, sont soutenues et sans cesse avivées par cette connaissance certaine : « Pas d'effet sans cause ; pas de phénomène sans loi ». Et j'attends que le plus positiviste des chimistes, en me montrant une réaction qu'il a découverte, me dise : Ce phénomène ne comporte ni loi ni cause.

Or ce que je viens de dire au sujet de la cause efficiente doit se répéter au sujet de la cause finale. Souvent nous pouvons observer à la fois l'organe et la fonction, et l'expérience confirme cette vérité que toute machine est construite dans un but déterminé. Souvent la vue du système nous révèle sa cause finale, comme un piège dans un sentier nous apprend l'intention du chasseur. Mais, au-dessus de toutes ces observations et de toutes ces confirmations, plane l'axiome : « Pas d'effet sans cause finale. Pas d'action sans intention. »

Qu'importe, après cela, si beaucoup de causes finales nous sont cachées ? Connaissons-nous donc toutes les causes efficientes ? Nous savons comment ce caillou s'est arrondi, mais nous ne savons pas pourquoi. Eh bien, par contre, nous savons pourquoi l'œil a été fait, et nous ne savons pas comment il a été construit.

En terminant ce chapitre, je répète l'observation que j'ai faite en commençant : Une objection a dû se présenter souvent à la pensée du lecteur : N'y a-t-il donc que des causes intelligentes ? Les animaux, les corps bruts, les agents physiques ne sont-ils donc pas de véritables causes ? Renfermer les causes dans le monde des intelligences, n'est-ce pas faire acte d'un spiritualisme outré ? n'est-ce pas bannir la causalité du monde matériel, et, par là même, mettre en doute la réalité des corps ?

A toutes ces questions, je n'ai maintenant qu'une réponse : Patience ! Plus tard nous aurons à résoudre ces difficultés. Mais nous en sommes encore à étudier les principes de l'être, et les raisons de la cause sous leur aspect le plus général et indépendamment de toute spécification particulière. N'oublions pas que la science descend des principes pour expliquer les êtres particuliers. Nous sommes encore sur les cimes. — Patience ! Nous descendrons peu à peu, et la vérité de nos grands axiomes se manifestera avec un nouvel éclat, lorsque nous verrons les réalités physiques venir d'elles-mêmes se ranger dans nos cadres métaphysiques.

En attendant, nous devons regarder comme acquis que toute cause complète est intelligente et voulante, et nous pouvons continuer à voir dans les œuvres de l'art, fruits de l'intelligence et de la volonté humaines, les exemples d'une causalité complète. Cette dernière remarque rend singulièrement aisée l'étude métaphysique de la cause finale; car elle permet de répéter sous une forme absolument générale ce qui a été dit au sujet des œuvres humaines. Cette répétition, objet du chapitre suivant, ne sera pas inutile; tant il est important d'acquérir des idées bien nettes au sujet de la cause finale.

CHAPITRE III

NATURE DE LA CAUSE FINALE

1. — Tout effet a une cause finale.

Après avoir expliqué ce qu'on doit entendre par causes matérielle, formelle, efficiente, Aristote ajoute : « On appelle encore cause la fin, c'est-à-dire le *pour quoi*. » Αἴτιον λέγεται..... ἔτι ὡς τὸ τέλος, τοῦτο δ' ἐστὶ τὸ οὗ ἕνεκα (1). Ainsi, tandis que la cause efficiente répond à la question : Par quoi? la cause finale répond à la question : Pour quoi? — Par qui cette opération? — par tel agent. — Pourquoi cette opération? pour telle fin. La cause efficiente est le principe d'une action; la cause finale est le terme d'une intention.

Or, d'un côté, il est acquis que tout effet résulte d'une intention; d'un autre côté, il ne peut y avoir intention sans terme, puisque vouloir c'est vouloir quelque chose. Donc il demeure démontré comme une vérité universelle et métaphysique que tout effet reconnaît une cause finale. La cause finale est aussi essentielle à l'effet que la cause efficiente.

2. — Synonymie des mots « cause finale, fin ».

Le terme d'une intention est une chose à réaliser. Or, d'une part, réaliser quelque chose est le propre de la cause efficiente; l'opération prend fin lorsque l'effet existe; l'effet réalisé est le bout, le terme, la « fin de l'opération ».

---

(1) Aristote, *Métaphys.*, liv. V, chap. II.

D'autre part, l'être réalisé est précisément l'être à réaliser, c'est-à-dire le terme de l'intention. Donc l'intention et l'action se rejoignent dans un même terme. Ainsi la « fin » est le nœud entre l'ordre intentionnel et l'ordre effectif, et par conséquent appartient à ces deux ordres. Dans l'ordre effectif, la fin est le *bout* de l'opération, *finis in re ;* mais auparavant, elle était dans l'ordre intentionnel le *but* de l'opération, *finis in intentione*. Réalisée, cette fin est un « effet » qui reconnaît une cause, car elle est obtenue par l'opération ; à réaliser, elle est « cause », car détermine l'opération.

C'est ce qu'explique Albert le Grand, en exposant les diverses significations du mot *Terminus :*

Tertio modo dicitur terminus, *cujus gratia* fit omne quod fit. Et hic terminus est *causa finalis*, quæ est terminus intentionis quando in esse accipitur, licet sit principium omnium quando accipitur in intentione (1).

3. — Définition exacte de la cause finale.

Commençons par distinguer soigneusement la cause finale de la cause efficiente.

L'influence propre de la cause efficiente est de donner l'existence. Elle *fait,* c'est-à-dire elle est cause que l'objet *devienne* existant. Donc la cause efficiente est la source propre de l'existence et de l'actualité, et de là nous avons déjà conclu que toute cause efficiente, qui est adéquate et complète, est elle-même un être existant, un être existant en soi-même, une substance contenant, dans son existence éminente, toute la perfection de l'effet. Mais nous pouvons encore conclure de là que l'ordre de la causalité efficiente renferme toute l'existence de la cause et de l'effet (2), et qu'il serait illogique d'aller chercher une autre existence

---

(1) Alb. Mag., *Métaphys.,* lib. V, tr. 4, cap. III.
(2) Agere, quod nihil est aliud quam facere aliquid actu, est per se proprium actus, in quantum est actus. (S. Thomas, I, q. 115, art. 1.)

actuelle et indépendante dans les autres ordres de causalités.

Qu'on ne s'y méprenne donc pas. La cause efficiente seule subsiste en soi, seule existe par soi-même, et les autres causes ne sont pas des êtres ayant une existence qui leur soit propre. L'erreur des Platoniciens a été de croire à la subsistance propre de la cause exemplaire. Ne tombons pas dans une méprise semblable au sujet de la cause finale. Cette cause n'a pas de subsistance propre. Dans son concept formel, elle reste toute intentionnelle, comme l'ordre même qu'elle constitue.

Cette remarque nous fait pénétrer plus avant dans la connaissance de la cause finale. Une intention, ai-je dit, est un acte de volonté, par lequel on veut qu'une chose qui n'est pas encore parvienne à l'existence. Or l'acte de vouloir est une réalité actuellement existante. Cet acte appartient donc à l'ordre des existences, comme la cause efficiente, et nous aurons à les comparer ensemble. Mais pour le moment je me contente d'en déduire que la cause finale n'est pas précisément l'acte de vouloir, ou l'intention considérée comme une volition existante.

Le terme de l'intention, c'est-à-dire l'objet voulu, telle est formellement la cause finale. Avant l'intention, cet objet était dans l'ordre purement idéal, pouvant exister, mais parfaitement indifférent à l'existence. Par l'intention, il acquiert une relation positive à l'existence, puisque l'intention décide qu'il existera. Primitivement terme d'une pensée, il devient terme d'un vouloir, et par suite il deviendra terme d'une opération.

Ainsi, l'ordre intentionnel est intermédiaire entre l'ordre idéal et l'ordre effectif. Dire que tout effet résulte d'une intention, c'est dire que tout effet est dans l'ordre intentionnel, avant que d'être dans l'ordre effectif. On doit donc donner de la cause finale la définition suivante :

« La cause finale n'est pas autre chose que le terme de l'intention considéré dans l'ordre intentionnel. »

4. — Causalité de la fin.

Mais pourquoi le terme de l'intention mérite-t-il le nom de cause? Comment une fin peut-elle être un principe? N'y a-t-il pas là un cercle vicieux? L'effet final, dites-vous, est la cause de l'opération, et cependant l'opération est la cause de l'effet final.

Ces questions proviennent du trouble et de la confusion que j'ai cherché à prévenir. Je pourrais faire remarquer qu'à parler exactement, l'opération n'est pas *cause* de l'effet, et la preuve en est simple. L'opération est l'altération même du patient, *actio est in passo;* or l'altération n'est pas une cause; la seule cause effective de l'effet est la cause efficiente, et par cette simple remarque s'évanouit le prétendu cercle vicieux.

Que si l'on veut cependant conserver le nom de cause à l'opération, en tant qu'elle dénote l'agent dont elle provient, le cercle vicieux se dénoue encore par une distinction déjà connue. J'accorde que l'être réalisé est un effet dans l'ordre effectif, mais je soutiens qu'il est une cause, dans l'ordre intentionnel; j'accorde qu'il est effet en tant qu'il est un *bout,* mais je soutiens qu'il est cause en tant qu'il est un *but.*

Rappelons-nous, en effet, la définition d'une cause en général : « La cause d'une chose est *ce en vertu de quoi* cette chose est ce qu'elle est. » Or nous avons longuement prouvé que toute opération réclame une intention qui la détermine à « être » et à « être telle ». Car l'opération est un mouvement, et le mouvement est *déterminé* par le but auquel il se *termine.* La fin contenue dans l'intention est donc la raison définitive de l'opération. Celle-ci est ce qu'elle est, *en vertu* de la fin proposée. Donc la fin est, dans son ordre, cause de l'opération, et l'on ne connaît bien l'opération que lorsque l'on en connaît la cause finale. Répondre à la question : *Pourquoi?* est aussi essentiel à la science des causes que répondre à la question : *Par qui?* — La fin est vraiment cause, mais cause intentionnelle.

5. — Retour sur la distinction des fins.

Au premier chapitre de ce livre, nous avions dans un même exemple distingué trois fins : la fin de l'opération, la fin de l'œuvre, la fin de l'ouvrier.

Lorsqu'il s'est agi de généraliser ces premières notions, nous avons écarté la fin de l'ouvrier, comme n'étant pas essentielle à la cause parfaite, c'est-à-dire à la cause en tant que cause, puisque l'agent poussé par un motif est patient avant même d'être cause.

Dans le chapitre suivant, nous avons au contraire reconnu que toute opération avait une fin, un but, et que la cause finale était métaphysiquement requise pour la mise en action de toute cause efficiente. La fin de l' « opération » est essentielle à toute opération.

Et que dire de la fin de l' « œuvre » ? Toute œuvre a-t-elle une fin? La fin de l'œuvre fait-elle partie du cycle métaphysique des causalités essentielles à la production de cette œuvre? Telle est la question sur laquelle nous devons insister. J'en ai déjà averti : c'est là une question aussi délicate à traiter qu'importante à résoudre.

6. — Connexion de la fin de l' « œuvre » et de la fin de l' « opération ».

Les Philosophes admettent universellement que tout être est actif. — *Omne ens est activum.*

« Il est impossible, dit saint Jean Damascène, qu'une substance soit dépourvue d'une naturelle activité... Il n'y a sans activité que le néant (1). »

Ce n'est pas ici le lieu de démontrer cet adage; mais

---

(1) S. Jean Damasc., *De la foi orthod.*, liv. II, ch. XXIII.

nous pouvons au moins en retenir cette incontestable vérité que tous les êtres que nous pouvons connaître sont caractérisés par une activité propre. « Car on ne peut pas même concevoir ce que serait un être totalement inactif (1). »

Il en résulte que si une cause produit un effet qui mérite vraiment le nom d'être, elle produit par là même un être actif, une cause. Pour éviter la confusion, j'appelle « cause première » celle qui produit l'être actif, et « cause seconde » cet être actif lui-même ; je déduis de là trois belles conséquences :

1° Dans l'ordre de la causalité efficiente.

Si l'activité est une propriété essentielle d'un être quelconque, il faut bien lui reconnaître la même source qu'à cet être lui-même. Donc la cause première en constituant et conservant la cause seconde, constitue et maintient son activité. Donc la cause première, non seulement fait que la cause seconde existe, mais encore qu'elle *cause*. Donc l'influence active de la cause première ne se termine pas à produire la cause seconde, mais se poursuit jusqu'à la production de l'effet qui résulte de cette cause seconde. Tel est le sens profond du grand adage : *Causa causæ est causa causati.* Mais remettons à plus tard cette haute question.

2° Dans l'ordre de la causalité exemplaire.

« L'idée d'acte, dit Aristote, précède logiquement l'idée de puissance. Car c'est par l'idée de l'acte qu'on se forme l'idée de puissance. Ainsi, je nomme constructeur celui qui peut construire, voyant celui qui peut voir, visible ce qui peut être vu. Il en est de même toujours, de telle sorte qu'il est de toute nécessité que la notion et la définition de l'acte précèdent la notion et la définition de la puissance (2). »

---

(1) Nihil enim agens ne cogitari quidem potest quale sit. (Cicero, I, *Acad.*, lib. II, § 12).

(2) Aristote, *Métaphys.*, liv. IX, ch. VIII.

Donc, dans l'ordre de la causalité exemplaire, non seulement l'idée de la cause seconde contient l'idée de l'effet qu'elle peut produire par son action, mais encore c'est l'idée de cette action qui précède et qui prime, qui guide et qui détermine l'idée de la puissance active d'où peut sortir l'action. Dans la sagesse de la cause première, l'idée de la fonction précède l'idée de l'organe; dans sa prudence, la fin de l'œuvre dirige la constitution de l'œuvre active.

3° Dans l'ordre de la causalité finale.

La volonté veut suivant que l'intelligence voit. L'intention se porte sur un objet, tel qu'il est dans l'idée, et par conséquent, l'intention tombe à la fois sur tout ce qui est essentiel à l'objet idéal. Il faut en conclure que la cause première, en voulant la réalisation de la cause seconde, veut son activité. Bien plus, puisque dans l'idée l'acte prime la puissance, l'intention veut l'être actif précisément à cause de son activité. Donc la fin de l' « œuvre » précède jusque dans l'intention la fin de l' « opération ». C'est ce qu'exprime cette sentence d'Aristote : Ἕκαστόν ἐστιν, ὧν ἐστιν ἔργον, ἕνεκα τοῦ ἔργου. « Tout ce qui est organe de travail est pour son travail (1) », ou comme traduit saint Thomas : *Res unaquæque dicitur esse propter suam operationem* (2). — Plus simplement : *L'organe est pour la fonction.*

7. — Indépendance de ces deux fins.

Cependant il ne faut pas unir ces deux fins jusqu'à les confondre. Je sais bien qu'on ne peut vouloir un acte sans vouloir la puissance active dont il dépend. On ne peut vouloir un échauffement sans une puissance échauffante, ni l'existence de la fonction sans l'existence de l'organe.

Mais la réciproque n'est pas de même nécessité. Lors-

---

(1) Aristote, *Du ciel*, liv. II, ch. III.
(2) S. Thomas, 1ᵃ IIᵃᵉ, q. 3, art. 2.

qu'une puissance est séparable de son acte, on peut vouloir la réalisation de la puissance, sans décréter par cela même la mise en action de cette puissance.

Demandez-vous la preuve de cette assertion? elle est courte et péremptoire. Toute réalité existante peut être le terme formel d'une intention. Or une puissance active peut réellement exister sans agir, puisque « agir » ne suit pas nécessairement « pouvoir agir ». Donc l'activité peut être voulue sans que par là même l'action soit voulue. Dieu qui a fait l'homme capable de rire, n'a jamais commandé à l'homme de rire.

Ainsi, dans l'activité de la cause seconde, il faut distinguer le principe et le terme. Le principe est la puissance active, propriété constitutive de l'être; le terme est l'acte ou l'action de cette puissance. De là un double rapport à la causalité finale, une double intention qu'il faut se garder de confondre, savoir l'intention qui veut la puissance active, et l'intention qui veut son acte ou son action.

L'intention qui veut la puissance active met en branle la cause première efficiente afin de produire cette activité, et dirige son action jusqu'à ce que la cause seconde soit constituée. Lorsqu'on demande *pourquoi* la cause première opère, on doit répondre : C'est pour produire un être « actif », une œuvre « capable » d'agir d'une certaine façon. — *Opus est finis operationis.*

L'intention qui veut l'action de la cause seconde met en branle cette puissance déjà constituée, et la pousse vers l'acte qui est le but de son activité. Lorsqu'on demande *pourquoi* la cause seconde entre en mouvement ou produit une action, on doit répondre : C'est pour réaliser l'opération dont elle est capable. — *Operatio est finis operis.*

J'engage le lecteur à bien se pénétrer de cette distinction entre les deux intentions qui ont pour termes, l'une la *fin de l'opération* constitutive de l'œuvre, et l'autre la *fin de l'œuvre* constituée; car cette distinction intervient dans les plus hautes questions philosophiques et théologiques.

Je le répète donc une dernière fois : ces deux intentions ne sont pas absolument solidaires. Elles sont quelquefois tellement séparables qu'elles peuvent émaner de volontés substantiellement différentes. L'armurier veut une épée qui puisse couper; le soldat veut qu'elle coupe.

CHAPITRE IV

DE LA BONTÉ

1. — Définition du bien.

Aristote approuve cette antique définition du bien : Le bien est ce que tout désire, *bonum est id quod omnia appetunt* (1). C'est la plus simple de toutes les définitions que l'on puisse donner du bien, et par conséquent la plus claire, comme il arrive toujours quand il faut définir les notions primordiales.

Le bien est défini par une appétence; mais celle-ci présuppose une convenance, car un être ne désire que ce qui lui convient. Ce n'est pas parce que je la désire, que la santé me convient, mais je la désire parce qu'elle me convient.

Définir le bien par l'appétence, c'est donc en donner une définition *a posteriori,* comme le fait remarquer saint Thomas :

Manifestat (Philosophus) propositum per effectum boni. Circa quod considerandum est, quod bonum numeratur inter prima, adeo quod secundum Platonicos, bonum est prius ente; sed secundum rei veritatem, bonum cum ente convertitur. Prima autem non possunt notificari per aliqua priora, sed notificantur per posteriora sicut causæ per effectus. Cum autem bonum proprie sit motivum appetitus, describitur bonum per motum appetitus, sicut solet manifestari vis motiva per motum. Et ideo dicit quod Philosophi bene enuntiaverunt bonum esse id quod omnia appetunt (2).

---

(1) Καλῶς ἀπεφήναντο τἀγαθόν, οὗ πάντ' ἐφίεται. (Aristote, *Ethiq., à Nicom.,* liv. I, ch. I.)

(2) S. Thomas, *Ethic.*, lib. I, lectio 1ª.

2. — Le bien est dans les choses.

La convenance est une relation, et, comme telle, elle est fondée sur quelque propriété ou qualité réelle, et cette qualité est le principe de la convenance.

D'ailleurs l'appétence ne se porte pas sur la relation de convenance; elle ne désire pas la convenance, mais ce qui est convenable; c'est-à-dire qu'elle a pour objet l'être qui contient la propriété convenable. L'appétence se porte donc sur une réalité concrète; et puisque le bien est le terme de l'appétence, il faut nécessairement conclure que le bien, principe de la convenance et terme de l'appétence, est dans les choses elles-mêmes.

C'est ce qu'enseigne toute l'École par cet adage puisé, quant au sens, dans Aristote (1) : « Verum et falsum in mente, bonum et malum in rebus. »

3. — De la bonté relative.

La bonté est dans les choses. Mais, si elle est inséparable de leur être, elle s'en distingue par une relation de convenance, et c'est même cette relation qui précise le concept formel de la bonté. En outre, cette relation est réelle, en ce sens qu'elle existe par l'existence même de ses extrêmes. Par sa nature même, telle chose est bonne ou mauvaise à telle autre chose.

Si donc on rapproche l'un de l'autre deux êtres quelconques, on rencontrera l'un des trois cas suivants : ou convenance, ou disconvenance, ou ni convenance ni disconvenance.

Par suite, en présence de chose quelconque qui lui soit présentée, l'être, capable de tendre vers ce qui lui con-

---

(1) « Le faux et le vrai ne sont pas dans les choses, comme si le bien était le vrai et le mal le faux, mais dans l'esprit. » (Aristote, *Métaphys.*, liv. VI, ch. II, à la fin.)

vient, manifestera ou appétence, ou répugnance, ou indifférence. L'agneau suit la brebis, fuit le loup et passe sans émotion près du bœuf.

Il y a plus : une même chose peut être à la fois bonne et mauvaise pour un même être. Au malade, le remède est mauvais par son amertume, et bon par son efficacité. Réciproquement, une même chose, par la même qualité, peut être bonne ou mauvaise relativement à des êtres différents. La lumière est bonne à l'aigle, mauvaise au hibou, ni bonne ni mauvaise à la pierre.

Par ces exemples, on voit combien souvent la bonté est relative, et combien la convenance dépend à la fois des deux termes.

Ajoutons, pour être complet, que cette bonté relative est tantôt naturelle, tantôt accidentelle; le pain est bon à l'homme, une planche est bonne au naufragé.

4. — La bonté peut-elle être absolue?

Faut-il donc rapprocher ainsi les êtres les uns des autres, pour décider s'ils sont bons ou mauvais? N'y a-t-il pas dans chaque être une bonté intrinsèque qui le rende bon en lui-même? Vaste et belle question, que nous ne devons traiter qu'en partie, en tant qu'elle touche à la théorie des causes.

Prenons un être quelconque ; par la pensée supposons-le seul, et cherchons s'il y a en lui quelque bonté.

Mais, si cet être est contingent, c'est-à-dire s'il a été produit, pouvons-nous sans contradiction le supposer absolument seul existant? A moins qu'il ne s'agisse de l'Être Incréé, aucun être ne peut être supposé existant, à moins de supposer existante la cause qui fait « qu'il soit », sa cause *in esse*. On a donc nécessairement deux êtres en présence, et par là on peut déjà entrevoir comment on trouvera une bonté.

Pour étreindre plus facilement la question où nous nous

CHAPITRE IV. — DE LA BONTÉ.   379

engageons et la débarrasser d'inutiles complications, je ne supposerai qu'un effet et une cause. Cette cause, par là même, sera à la fois cause immédiate et cause première, cause totale *in fieri* et *in esse,* cause enveloppant dans sa causalité l'effet tout entier. A la vérité, il n'y a qu'une seule cause qui remplisse toutes ces conditions : c'est la cause à laquelle est réservé le titre de Cause Première; c'est Dieu même. Certes, c'est dans la Cause de toutes les causes et de tous les effets que nous devons nous attendre à voir éclater davantage les gloires de la causalité. Il nous est donc bien permis, sans sortir de notre cadre, de parler de Dieu, pourvu que nous ne le considérions qu'au point de vue de la causalité, c'est-à-dire comme le type d'une cause absolument parfaite.

Mettons donc en présence la *cause* et l'*effet*, et pour trouver la bonté, revenons sur l'appétence corrélative du bien, puisque c'est par l'appétence que le bien nous est notifié.

5. — Généralisation du concept d'appétence.

Les choses humaines étant ce que l'homme connaît le mieux, nous *humanisons* tout ce que nous voulons concevoir, et c'est ainsi que nos concepts ravalent les choses supérieures et rehaussent les inférieures. Chez l'homme, l'appétence est un désir de la volonté ou une inclination de la sensibilité, et nous transportons ces désirs jusque dans les êtres bruts. Pour purifier ces concepts, cherchons si, dans notre appétence, il n'y a pas quelque chose qui puisse convenir à tous les êtres spirituels ou matériels.

L'appétence pour nous est un désir d'obtenir quelque chose que nous n'avons pas. C'est donc un désir d'union avec l'objet désiré. Cet objet est bon pour nous, parce que l'union de notre être à son être nous convient, et nous tendons par le désir vers cette union. Ainsi le désir est une tendance, et toute tendance active vers un but nous apparaît comme une sorte de désir.

Et voyez comme les mots : *appéter, convenir*, ont une signification générale : *Ad-petere*, « aller vers, tendre »; *cum-venire*, « venir avec, s'unir ». Toute tendance d'une chose vers une autre est une opération qui a pour but de juxtaposer, de joindre, d'unir ces deux choses. Nous pouvons donc dire qu'il y appétence et convenance, toutes les fois qu'il y a tendance naturelle et active, quand bien même il ne s'agirait que d'un instinct aveugle.

C'est la doctrine de saint Thomas :

Quod autem dicit *quod omnia appetunt* non est intelligendum solum de habentibus cognitionem, quæ apprehendunt bonum; sed etiam de rebus carentibus cognitione, quæ naturali appetitu tendunt in bonum, non quasi cognoscant bonum, sed quia ab aliquo cognoscente moventur ad bonum, scilicet ex ordinatione divini intellectus, ad modum quo sagitta tendit ad signum ex directione sagittantis (1).

Je remarque, d'ailleurs, que l'appétence qui a produit la tendance n'est pas détruite par le fait même de l'union. Tout au contraire, elle s'avive alors dans la jouissance. L'activité, qui fait courir l'enfant vers sa mère, ne devient-elle pas plus agissante lorsqu'il l'étreint dans ses petits bras (2) ?

Je remarque enfin qu'il y a deux manières contraires de faire disparaître la distance réciproque et d'obtenir l'union. Ou bien on se meut vers l'objet que l'on désire, comme cet enfant vers sa mère; ou bien, on attire à soi l'objet que l'on veut embrasser, comme la mère fait de son fils trop faible encore pour courir. Dans le premier cas, on tend vers un terme; dans le second cas, on est soi-même le terme vers lequel on fait tendre.

Ces préliminaires suffisent. La suite les expliquera davantage. Mais, à vrai dire, nous touchons au but, et nous n'avons plus qu'à conclure.

---

(1) S. Thomas., *Ethic.*, lib. I, lect. 1.
(2) Comme on l'a fait très justement remarquer, *la satiété* n'est pas la fin de l'appétence, mais elle est l'impossibilité de jouir. Voilà pourquoi les jouissances

6. — Bonté absolue de l'effet.

Avant d'être produit, l'effet est encore *en puissance,* et par la production il deviendra *en acte.* Or, si on rapproche l'acte de la puissance, on reconnaît que l'acte *convient* à la puissance, puisque la puissance est pour recevoir l'acte. Il y a donc dans la puissance une sorte d'inclination, au moins logique, vers l'acte ; il y a dans la matière une sorte d'appel de la forme. De là ces expressions qu'on rencontre si souvent chez les scolastiques : *Potentia appetit actum; materia appetit formam.* A vrai dire, ces expressions sont purement métaphoriques, car puissance et matière sont choses par elles-mêmes purement passives.

Mais, dès que l'effet commence à être produit, il possède un commencement de réalité, et, par suite, il est le siège d'une appétence réelle. Il devient encore, et par son devenir il tend vers l'existence, et cette tendance est essentielle, puisqu'il ne devient que pour exister. Exister est bon pour l'être qui devient, — *Quod fit appetit esse.*

Enfin, lorsque la production est à son terme, alors l'être « devenu » se confond avec l'être « existant ». Il est au repos, parce qu'il est ce qu'il appétait d'être, parce qu'il lui est bon d'exister. — *Enti bonum est esse.*

Tirons de là une première conclusion : « Tout être est bon à soi-même par sa propre existence, et c'est là une sorte de bonté absolue, car elle ne dépend d'aucun être extrinsèque. »

Je me trompe ; elle dépend totalement de la cause, et tout ce qui précède n'est qu'un subtil jeu de mots, si l'on n'en va chercher la solide raison dans ce qui en est la cause.

La puissance passive, qu'est-ce, en définitive, sinon le reflet de la puissance active ? La tendance du devenir vers

---

corporelles produisent la satiété par la lassitude ou l'affaiblissement du sens émoussé, et pourquoi, au contraire, les jouissances spirituelles ne connaissent pas la satiété.

l'existence, qu'est-ce, sinon l'obéissance passive à l'impulsion de la cause? Et l'amour instinctif du vivant pour la vie, qu'est-il, lui-même, sinon un ressort qui a tout juste la force qu'on lui a donnée en le bandant?

D'où une seconde conclusion qui explique la première : « La bonté absolue de l'effet provient totalement et dépend de la cause ».

7. — Cette bonté consiste dans une relation à la cause.

Voici encore une fois que l'effet s'éclaire lorsqu'on le rapproche de sa cause.

Par son action, la cause conduit l'effet vers un terme projeté d'avance par son intention, et cette intention peut être considérée dans la volonté qui le pose, comme une sorte d'appétence. Mais cette appétence est sans mouvement et sans transport; elle n'est pas une tendance de la cause, mais la cause d'une tendance; elle ne fait pas aller la cause vers l'effet, mais elle attire l'effet vers la cause. Et lorsque l'effet existe, lorsqu'il est parvenu au terme même de l'intention, alors il n'y a plus qu'une simple union; il y a identité entre l'effet existant et le terme de cette intention; l'effet se repose dans l'intention.

De là cette troisième conclusion : « L'effet est bon à sa cause, en ce sens qu'il convient à l'intention, et cette convenance est la raison de toute la bonté absolue de l'effet. *Viditque Deus cuncta quæ fecerat : erant valde bona* (1). »

Cette conclusion, souverainement vraie, lorsqu'il s'agit de la Cause Première, est vraie aussi pour les autres causes, dans la mesure qu'elles participent à l'honneur de la causalité. L'ouvrier en bois ou en fer ne juge-t-il pas que son œuvre est bonne lorsqu'elle est conforme à son intention? Peut-être ne se proposait-il dans cette œuvre aucune utilité personnelle; peut-être n'éprouve-t-il pour elle au-

---

(1) Genèse, I, 31.

cun goût; et pourtant il dit : « C'est bon, » parce que son œuvre est précisément ce qu'il a voulu qu'elle soit.

Nous pouvons encore faire un dernier pas.

A considérer l'effet, son devenir est une passion qui aboutit à une existence; mais, à considérer la cause, ce même devenir provient d'une action qui tend vers une intention. L'action part donc, pour ainsi dire, de l'agent, pour revenir à l'intention qui est demeurée dans le même agent. C'est comme une tendance circulaire de la cause vers elle-même, et lorsque l'effet est produit, c'est comme si la cause se retrouvait elle-même. L'effet est donc bon à la cause, non par lui-même, mais parce que la cause est bonne à elle-même.

Et dites-moi, pour reprendre l'exemple de tout à l'heure, lequel se complaît davantage dans son ouvrage, le manœuvre qui exécute machinalement le plan d'un autre, ou l'inventeur qui dans son œuvre retrouve son propre génie?

C'est ainsi que nous parvenons à cette dernière conclusion : « La bonté absolue d'un effet est un effet de la bonté absolue de sa cause ».

8. — La cause est bonne à l'effet.

En disant que l'effet est bon à sa cause, j'hésitais et j'avais soin d'ajouter : L'effet convient à sa cause, uniquement parce que la cause le fait bon. Mais sans hésitation, sans restriction, nous devons affirmer : La cause est bonne à l'effet, et cela de deux manières différentes, savoir : comme principe et comme fin.

Que la cause soit bonne comme principe, cela résulte de tout ce qui précède; car, s'il est bon à un être d'exister, *melius est esse quam non esse,* il lui est bon d'avoir une cause de son existence et, par conséquent, la cause efficiente est bonne pour l'effet.

De plus, la cause est bonne comme terme vers lequel

tend essentiellement l'effet. Et voici la preuve splendide qu'en donne saint Thomas :

Bonum aliquid est secundum quod est appetibile; unumquodque autem appetit suam perfectionem; perfectio autem et forma effectus est quædam similitudo agentis, cum omne agens agat sibi simile. Unde ipsum agens est appetibile et habet rationem boni; hoc enim est quod ab ipso appetitur, ut ejus similitudo participetur (1).

Appliquons-nous à comprendre ce bel argument.

Le bien se définit par l'appétence; l'appétence est une tendance intrinsèque, et l'objet de cette tendance est bon pour l'être qui tend vers lui. Or tout effet tend de toutes les forces intimes de son être vers sa cause. Donc la cause est le terme d'une tendance essentielle de l'effet. Donc la cause est bonne à l'effet.

Et faut-il donc pour la centième fois prouver cette tendance, ou dire en quoi elle consiste? La cause produit l'effet en se l'*assimilant;* la production de l'effet n'est qu'une assimilation effective, qu'une attraction de l'effet vers la cause. Donc l'effet *devient,* précisément par sa marche vers la ressemblance à sa cause, et réciproquement il tend vers sa cause, à mesure et par cela même qu'il devient. Donc enfin il est aussi essentiel à l'effet d'appéter sa cause que de s'appéter soi-même. Bien plus, il se désire, parce qu'il désire sa cause. Il demeure uni à soi-même, parce qu'il reste suspendu à sa cause; en un mot, il est bon à soi-même parce que sa cause lui est bonne.

9. — Relation de la bonté à la cause finale.

La bonté absolue d'un être a donc sa source dans la cause de cet être, et tout ce que nous avons dit montre qu'elle est en relation plus formelle avec la causalité finale. Car, si c'est l'action qui met la bonté dans l'effet, l'action elle-même

---

(1) S. Thomas, I, q. 6, art. 1.

est dirigée par l'intention. Partie de l'intention, elle y revient en entraînant l'effet jusqu'au terme de son mouvement et au lieu de son repos.

Albert le Grand résume toute cette doctrine d'une façon vraiment magistrale :

> In quo quiescit appetitus uniuscujusque, et nihil appetit ultra, non potest determinari nisi ex causa finali. In nullo enim quiescit appetitus nisi in ultimo, quo adjecto et incluso stat appetitus. Et ideo hoc est bonum uniuscujusque secundum se et per se, quia non potest intelligi aliquid adjici ultimo. Finis autem est in executione ultimum, licet in intentione sit primum (1).

10. — Bonté absolue de la cause.

La cause est la source de toute la bonté de l'effet. Bonne à l'effet, elle est cause qu'il soit bon à soi-même, l'enveloppant pour ainsi dire dans son atmosphère de bonté. Est-il maintenant besoin de prouver qu'elle-même est bonne en soi-même et par soi-même, et que la bonté qu'elle déverse sur ses effets n'est que le résultat d'une surabondance ?

La preuve, d'ailleurs, en est facile. N'avons-nous pas vu que toute appétence tendait vers l'acte et que dans l'acte elle trouve son repos? De là, cette antique définition du bien : « Le bien est l'indivise union de la puissance et de l'acte (2). » Or la Cause, uniquement et purement cause, est un Acte tellement pur qu'on ne doit pas distinguer en elle la puissance de l'acte. Elle est donc bonne en Soi, à Soi, par Soi, et cette bonté absolue est la source et la cause de toute bonté dans tous ses effets.

Source surabondante ! Cause divinement libérale ! Bonté qu'il faut adorer en renonçant à la comprendre, mais qu'il

---

(1) Alb. Magn., *Summ. theol.*, p. I, q. 25, memb. 1, art. 2, partic. 1.
(2) Communiter dicitur quod bonum est indivisio actus a potentia. (Alb. Magn., *Summ. theol.*, p. I, q. 26, membr. 1, art. 2, partic. 1.)

faut célébrer en recourant aux plus belles images! C'est ainsi qu'Albert le Grand, empruntant une comparaison à saint Maxime, nous représente l'acte créateur sous la forme d'un appel. Appel d'une Bonté qui reste immuable en soi et qui appelle tout à soi! Voix qui transporte avec soi la bonté et qui la dépose dans tout ce qui entend; car entendre, c'est subir l'impression de la voix, c'est participer à tout ce que renferme la voix!

Maximus episcopus dicit quod bonum dicitur à *boo, boas;* quia *vocat ea quæ non sunt, tanquam ea quæ sunt* (1). Non autem vocat, nisi quibus imprimit formam suam tanquam per naturalem quemdam auditum; et sic videtur, quod proprius actus boni est bona ad esse deducere, et quod nihil causatorum sit nisi habeat causam boni. Et ex hoc ulterius sequitur, quod omne quod est, in quantum est, bonum est; eo quod ad esse nihil vocat nisi bonum. Hoc idem videtur dicere Dionysius. Dicit enim quod boni est bona adducere et optimi optima (2).

---

(1) Rom., IV, 17.
(2) Alb. Magn., *Summ. theol.*, p. I, q. 26, membr. 2, art. 2.
Dans le texte de saint Maxime, il s'agit non de la bonté, mais de la beauté. Le Père grec joue sur la similitude des deux mots : κάλλος et καλέω. (*Comment. sur les noms divins*, chap. IV, § 7.) Albert, pour transporter en latin ce jeu de mots, se risque à faire dériver le mot *bonum* du mot grec βοάω. « Bonitas non aliunde originem ducit nisi a verbo græco : *boo, boas,* id est, *clamo, clamas...* Deus ergo non inconvenienter dicitur *Bonus* et *Bonitas,* quia omnia de nihilo in essentiam venire intelligibili clamore vocat et clamat. » (Ead. quæstione, membr. 1, art. 2, partic. 1.)

LIVRE VII

CORRÉLATION DES CAUSALITÉS

BUT DE CE LIVRE

Nous avons étudié séparément les cinq causes. Mais il me semble utile de réunir les vérités éparses dans ces longues discussions, pour qu'elles s'éclairent mutuellement par leur rapprochement. Ce livre sera donc une sorte de résumé des livres précédents, destiné à fournir une vue d'ensemble sur les diverses causalités. Aussi ne faudra-t-il pas s'étonner si l'on y trouve répétées des considérations déjà développées.

Je me bornerai encore ici à un seul effet et à une seule cause. Je supposerai que cet effet contient un élément matériel, afin de pouvoir étudier les cinq causes à la fois. Enfin, je supposerai que la cause efficiente est cause immédiate et totale, et que, par conséquent, dans cette cause unique se trouve la raison totale de l'effet.

Je l'ai souvent dit, et je le répète encore : En réalité, une seule cause satisfait à ces conditions; c'est la Cause Première. Mais, lorsque le philosophe étudie cette Cause Divine, il ne fait que lui attribuer les propriétés de la cause parfaite, et ces propriétés lui sont fournies immédiatement par le concept de la cause purement cause. Or c'est précisément ce concept que nous analysons dans ce traité. Nous pouvons donc étudier la cause purement cause, sans avoir besoin de la considérer explicitement sous son caractère divin.

CHAPITRE I

SYNTHÈSE DES CAUSES

1. — Causes extrinsèques et causes intrinsèques.

Au livre second, prenant un exemple dans les œuvres humaines, je disais : Un ouvrier, mû par un motif de gloire ou d'argent, a l'intention de faire une statue d'Apollon en marbre ; il se met à l'œuvre, et la statue parvient à l'existence.

Laissant de côté le motif, puisque nous avons constaté que l'influence du motif tombe sur l'ouvrier et non sur la statue, nous trouvons encore cinq causes, que Sénèque énumère et explique dans le passage suivant :

Quinque ergo causæ sunt, ut Plato dixit : Id ex quo, id a quo, id quo, id ad quod, id propter quod ; novissime id quod ex his est. Tanquam in statua (quia de hac loqui cœpimus), id ex quo, æs est ; id a quo, artifex est ; id quo, forma est quæ aptatur illi ; id ad quod, exemplar est quod imitatur is qui facit ; id propter quod, facientis propositum est ; id quod ex istis est, ipsa statua (1).

Dans les livres suivants, nous avons montré que ces causes ne se rencontrent pas seulement dans les œuvres d'art et dans les produits de l'activité humaine ; nous avons reconnu par des raisons métaphysiques que tout effet matériel réclame nécessairement ces cinq causes.

Or elles se divisent en deux groupes : les causes efficiente, exemplaire et finale sont hors de l'effet ; les causes formelle et matérielle sont dans l'effet lui-même.

---

(1) Senec., *Epistol.* 65.

Les premières se nomment *causes extrinsèques*, et les autres *causes intrinsèques ;* et ce mot « cause » n'a pas la même signification lorsqu'on l'applique aux unes ou aux autres.

Les causes extrinsèques sont par elles-mêmes, se suffisent à elles-mêmes, et priment l'effet de toute manière. Les causes intrinsèques n'existent, comme telles, que par l'influence des premières et elles n'existent que dans l'effet.

Étudions d'abord le groupe des causes extrinsèques.

2. — Les trois causes extrinsèques procèdent d'une même substance.

La cause efficiente nous est apparue comme une substance douée d'activité, dont l'acte, sans se modifier, peut procurer au dehors de soi l'existence de l'effet. — La cause exemplaire nous est apparue comme une idée servant de modèle. Mais une idée n'existe que comme terme d'une pensée, et une pensée n'existe que dans une intelligence pensante. Donc la cause exemplaire préexiste dans une substance intelligente de laquelle découlent, comme d'une source active et par voie d'imitation, toutes les participations et les images d'un prototype idéal. — Enfin la cause finale nous est apparue comme le terme d'une volition. Mais une volition n'existe que dans une volonté et une volonté ne subsiste que dans une substance voulante. Donc la cause finale procède d'une substance voulante dont l'intention a pour terme l'effet tel qu'il sera.

Chacune des trois causes extrinsèques, considérée en elle-même, préexiste donc dans une substance. La substance est le fondement de toute véritable causalité.

Je dis, de plus, que ces trois causes procèdent de la même substance. Car, en premier lieu, la volonté ne peut vouloir que ce qu'a pensé l'intelligence, et c'est l'unité de substance qui réunit ce vouloir et ce penser. Donc l'idée et l'intention de la fin sont dans une même substance intelligente et voulante.

D'un autre côté, l'intention est suivie de l'exécution. La substance active qui produit l'effet est déterminée par le commandement de la volonté. Mais ce commandement n'est pas un ordre passant d'une substance à une autre; car, s'il en était ainsi, la substance active devrait *recevoir* pour *agir;* par conséquent, il serait de l'essence même de la cause efficiente d'être passive en tant qu'elle est cause. Une telle conclusion répugne; il faut donc admettre que la substance exécutive et la substance voulante sont identiques.

Nous le voyons : les trois causes procèdent d'une même substance dont la causalité se manifeste sous trois rapports différents : causalité de l'intelligence d'où procède l'idée, causalité de la volonté d'où procède la fin, et causalité de puissance effective d'où part l'action.

C'est ce qu'exprime saint Thomas dans un passage déjà cité :

Dicendum quod unius et ejusdem effectus, etiam in nobis est causa *scientia* qua dirigens, qua concipitur forma operis, et *voluntas* ut imperans… Sed *potentia* est causa, ut exequens quia nominat immediatum principium operis (1).

3. — Réduction dernière des causes extrinsèques.

Mais devons-nous voir là trois facultés réellement distinctes? Au premier abord, il semble qu'il en soit ainsi. Il ne suffit pas au sculpteur d'avoir une idée par son intelligence, de formuler une intention par sa volonté; il faut encore qu'il frappe le marbre jusqu'à la fatigue.

Je le reconnais; mais que sont le ciseau et le marteau, sinon des instruments mis en mouvement par le bras? Que sont les mains et les bras, sinon des instruments mis en mouvement par les muscles et les nerfs? Et enfin ceux-ci que sont-ils, sinon les instruments dociles de la volonté?

---

(1) S. Thomas, I, q. 19, art. 4, ad 4um.

La nécessité, pour l'artiste, de dépenser un travail corporel, provient de la distance entre sa volonté et le marbre sur lequel il veut agir. Mais serait-il moins cause de la statue, s'il y avait entre lui et elle moins d'intermédiaires, et s'il se tenait plus en repos pendant que son action se poursuit? Bramante cesse-t-il d'être l'auteur de Saint-Pierre de Rome, s'il est prouvé qu'il n'a pas manié la truelle?

Toute intention est efficace par elle-même, autant qu'elle peut l'être; car il est de l'essence même de la volonté de vouloir réel le terme sur lequel elle se porte. Si ce terme ne surgit point par la seule vertu du décret qui l'appelle à l'existence, il faut en conclure que son être ne dépend pas tout entier de cette volition. Dans ce cas, nous avons affaire à une cause qui *veut* par elle-même plus qu'elle ne *peut* par elle-même, c'est-à-dire, à une cause incomplète qui a besoin d'un concours étranger. Mais l'ouvrier parfait serait celui qui, ayant conçu son œuvre, l'exécuterait par un seul *fiat*. Donc, si l'on s'en tient à l'essence métaphysique de la cause parfaite, on voit qu'elle se réduit à une intelligence qui conçoit et à une volonté qui commande efficacement; et c'est à tort que certains théologiens ont voulu introduire, dans la nature divine, je ne sais quelle *puissance exécutrice* intermédiaire entre la créature et le décret créateur (1).

4. — Du même sujet.

Reprenons cette belle considération sous une forme plus métaphysique.

Dans tout être, sauf en Dieu, on distingue l'essence et l'existence, et cette distinction contient les deux éléments dont l'union constitue complètement l'être existant. Sans doute, ce ne sont pas deux éléments réellement différents; une telle assertion est, pour parler en termes adoucis, dif-

---

(1) Voir à ce sujet Vasquez, *in* 1 *parte* disputat. 102.

ficile à comprendre. Mais on doit reconnaître que les concepts d'essence et d'existence sont distincts, et qu'il y a un fondement réel à cette distinction.

Or, puisqu'il s'agit d'un effet existant, où doit-on chercher le fondement de cette distinction? Sans nul doute dans la cause, puisque la cause est la raison unique de l'effet. Donc, pour rendre compte total d'un effet, il faut et il suffit qu'on trouve dans sa cause un double rapport, savoir : un rapport à l'essence de l'effet et un rapport à son existence. Il faut et il suffit que la cause possède une double activité, savoir une activité qui détermine l'essence et une activité qui détermine l'existence. La première est une intelligence qui conçoit l'idée, la seconde une volonté qui décrète la réalité.

Donc, en toute rigueur, il faut et il suffit, pour l'existence d'un effet, que sa cause soit une substance intelligente et voulante. En tant qu'intelligente, elle pose un terme *idéal*, qui est la *cause exemplaire* de l'effet; en tant que voulante, elle formule une intention dont le terme est l'effet lui-même, *cause finale de l'opération*.

Mais quoi! ne tenons-nous plus compte de la cause efficiente, qui semble pourtant la cause principalement nécessaire? Confondons-nous l'ordre intentionnel et l'ordre effectif, après les avoir si nettement distingués plus haut?

Pour répondre à ces questions, rappelons encore une fois la relation qui oppose l'action à l'intention.

L' « intention » est dans l'agent; c'est un vouloir. Or, par nature, la volonté veut l'existence de ce qu'elle veut. Le terme de l'intention est donc une réalité existante, un être en acte; ou, si l'on aime mieux, le terme de l'intention est l'actualité d'un être. Quant à l' « action », elle est dans le patient, *actio est in passo*. C'est le passage de l'état de puissance à l'état d'acte, en tant que ce mouvement a lieu sous l'influence de l'agent. L'action se poursuit tout l'espace du devenir, et se consomme dans l'acte par l'existence complète de l'effet.

Ainsi, d'une part, nous avons un agent qui par l'intention veut un effet en acte, et, d'autre part, un patient qui par l'action passe de l'état de puissance à l'état d'acte. L'agent commande, le patient obéit; l'intention immobile désigne un but, l'action court au but. La volonté est cause efficiente par cela seul qu'elle impose son vouloir.

Cette considération nous fait mieux pénétrer dans l'essence de la cause efficiente et résout certaines difficultés.

Nous avons démontré que la cause est immobile : *Causa non movetur movendo*. C'est qu'en réalité la volonté reste immobile dans l'acte qui désigne la fin d'un geste impératif; tout le mouvement est dans l'être qui court vers la fin désignée.

Autre difficulté : lorsque nous nous représentons l'efficacité de la cause efficiente, nous sommes enclins à nous figurer l'action comme une réalité sortant de l'agent pour tomber sur le patient, d'où le nom de *actus transiens* donné à l'action. Ce passage de l'intérieur à l'extérieur a sa complète raison et explication dans la nature même de la volonté; car son acte, tout en restant immanent, tend vers un terme extérieur et réel.

Ainsi, pour rendre compte de l'essence et de l'existence d'un effet, il est besoin et il suffit d'une intelligence et d'une volonté, et les causes extrinsèques se réduisent à une substance intelligente et voulante. Cependant nous continuerons à distinguer les trois causalités, comme on le fait d'ordinaire, parce que cette distinction se prête mieux qu'une autre au jeu naturel de notre esprit.

5. — Union dans l'effet des deux causes intrinsèques.

Étudions maintenant le groupe des causes intrinsèques. La forme et la matière sont unies dans le composé : cette proposition n'est que le résumé du livre que nous avons consacré à l'étude de ces deux causes; et pour se convaincre de cette union intime, il suffirait de remarquer que nous n'avons pas pu étudier l'une de ces causes sans étudier l'autre simultanément.

L'effet existe; sa matière et sa forme existent en lui. Certes, l'effet existe en vertu de sa matière et de sa forme; sans quoi, ce serait à tort qu'on nommerait celles-ci « causes » de l'être. Mais elles ne sont pas les causes par lesquelles l'être existe; elles sont les causes *dans lesquelles* l'être existe. Ce ne sont pas les causes « productrices », ce sont les causes « constituantes ». Et ce mot *cum-statuere* indique une existence simultanée (1).

C'est donc par une sorte de synthèse que la matière et la forme constituent le composé, et il faut bien nous rendre compte de cette synthèse.

Pourquoi, dans une statue, distinguons-nous sa matière? c'est parce que nous savons que le marbre n'est pas essentiellement une statue, et que, pour être statue, il a besoin d'une détermination. — Pourquoi, dans cette même statue, distinguons-nous sa forme? C'est parce que cette figure se montre à nous comme déterminant le marbre à être statue. Donc nous distinguons dans la statue un principe déterminé et un principe déterminant, et par une conséquence nécessaire la statue nous apparaît comme le résultat d'une détermination.

Est-ce là une analyse simplement logique? La distinction que nous constatons entre la matière et la forme est-elle un pur artifice de raison? Non certes, car le marbre a réellement besoin d'être déterminé à être statue ; la forme détermine réellement le marbre à être statue.

La statue est donc le fondement *réel* de deux concepts différents et irréductibles l'un à l'autre. C'est l'esprit qui les formule, mais il y est contraint par la *réalité*. En d'autres termes, il n'existe qu'un seul être, et c'est l'effet; mais cet être qui est un, n'est pas simple; il apparaît comme contenant deux éléments essentiels qui concourent à le

---

(1) *Constituer*, composer un tout. (Diction. de l'Académie.)

CHAPITRE I. — SYNTHÈSE DES CAUSES.   395

constituer. Ces deux éléments constitutifs sont la matière et la forme.

6. — Ces deux causes n'ont qu'une seule existence.

Quelque effort que l'on fasse pour s'expliquer clairement au sujet de la matière et de la forme, la parole trahit à chaque instant la pensée. Si l'on dit que la matière et la forme sont les parties constituantes du composé, on dit trop; car, de cette expression, il semble résulter que ces parties sont des substances préexistantes qu'on a ensuite accolées ou mélangées.

Si l'on dit que la matière et la forme sont les termes de deux concepts différents tirés d'une même réalité, on dit trop peu; car le marbre et la figure ne dérivent pas de la statue; ce sont deux principes qui la constituent.

Tout ce qu'on peut faire de mieux, c'est de répéter ce que nous avons dit si souvent : la matière et la forme sont le principe déterminé et le principe déterminant d'un même être.

Et puisque « déterminé » et « déterminant » sont deux corrélatifs qui s'appellent mutuellement, on doit conclure à leur coexistence. Bien que la matière et la forme soient des causes réellement distinctes, leurs existences sont indistinctes dans une seule et même existence qui est l'existence du composé.

Il est vrai, le marbre préexiste à la statue; mais, comme je l'ai fait remarquer, le marbre dans la carrière n'est encore que matière « éloignée », *materia remota*; il n'est encore que matière « possible » de la statue. Il n'est pas matière « actuelle », *materia in actu*. Cette masse, déjà déterminable, n'est pas encore déterminée, et elle ne le sera qu'au jour où existera la statue.

Pas de matière existante sans forme existante : soit! Mais la forme ne peut-elle pas exister sans la matière? N'y a-t-il pas des formes pures? Ne dit-on pas de Dieu lui-même qu'il est une forme inaccessible à toute matière?

Pour répondre à la première de ces questions, rappelons que, s'il y a convenance réciproque entre la matière et la forme, celle-ci conserve toujours sa prééminence ; car lorsque ces deux causes s'unissent, la forme donne et la matière reçoit ; l'actualité, la perfection, l'*être* se tiennent du côté de la forme (1). On doit donc s'attendre à rencontrer, et, de fait, on rencontre autant de formes que de degrés ontologiques. Les unes, à savoir les formes matérielles, exigent essentiellement d'être dans la matière ; les autres, à savoir les âmes humaines, subsistent par elles-mêmes, mais sont essentiellement destinées à s'unir à la matière pour constituer une nature composée ; et ce sont encore des formes proprement dites, car leur union à la matière, bien qu'elle puisse être détruite sans altérer leur existence, leur demeure toujours naturelle.

Cette prééminence de la forme nous explique l'expression de « formes pures ». La matière est puissance et la forme est acte ; d'où est résultée par extension une nouvelle signification du mot « forme ». Plus un être est en acte, plus il est considéré comme une forme pure, à tel point que, pris dans cette acception, le mot « forme » n'est pas complètement indigne de Dieu (2). C'est l'explication de saint Bonaventure dans un passage où il prouve que la matière ne peut exister sans forme :

> Forma illa, quæ cum materia facit compositum, nunquam sine materia reperitur. Cum enim Deus est pure forma, æquivocatur nomen formæ, quia non dicitur ibi forma prout est perfectio naturæ ; sed forma nominat ibi essentiam, quæ habet esse in omni actualitate et completione, et nullo modo potest pervenire ad alterius compositionem (3).

---

(1) *Esse* per se convenit formæ, quæ est actus. Unde materia secundum hoc acquirit *esse* in actu, quod acquirit formam. (S. Thomas, I, q. 75, art. 6.)

(2) Divina substantia sine materia forma est. (Boet., *de Trinitate*, cap. II.)
— Deus est igitur per essentiam suam forma, et non compositus ex materia et forma. (S. Thomas, I, q. 3, art. 2.)

(3) S. Bonavent., II, *Sentent.*, dist. XII, art. 1, q. 1, ad 5um.

7. — Rapport synthétique entre les deux groupes de causes.

Nous l'avons constaté : les trois causes extrinsèques existent dans une même substance ; et les deux causes intrinsèques sont unies dans une même existence.

Il n'y a donc réellement que deux existences en présence, la cause existante, et l'effet existant. La cause et l'effet : tels sont les deux termes d'une relation dans laquelle n'intervient aucune opération logique. La cause est cause de l'effet ; l'effet est effet de la cause.

De là résulte une conclusion importante : la causalité se porte immédiatement et directement sur l'effet ; l'effet, c'est-à-dire le composé, est le terme formel de la causalité.

Ainsi, la cause, en tant qu'intelligente, ne conçoit pas la forme indépendamment de la matière ; elle conçoit du même coup l'être tel qu'il est possible. Dans l'intelligence, l'effet ne préexiste pas à l'état abstrait, comme l'épure géométrique d'un édifice ; l'effet tel qu'il doit exister, c'est-à-dire le composé de forme et de matière, voilà ce qui préexiste dans la cause exemplaire à l'état de concept idéal.

De même, la cause, en tant que volonté, ne veut pas séparément la forme ou la matière ; l'intention a pour terme immédiat et formel le composé tel qu'il peut être produit.

Enfin, la cause, en tant que puissance, ne produit pas la forme pour l'introduire ensuite dans la matière. Son action tombe immédiatement sur l'effet tout entier, c'est-à-dire sur le composé de matière et de forme.

C'est ce que démontre saint Thomas avec sa vigueur incomparable :

Omne quod fit, fit ut sit : est enim fieri via in esse. Sic igitur unicuique creato convenit fieri, sicut sibi convenit esse. Esse autem non convenit formæ tantum, nec materiæ tantum, sed composito. Materia enim non est nisi in potentia ; forma vero est qua aliquid est, est enim actus. Unde restat quod compositum proprie sit. Ejus igitur solius est proprie fieri (1).

---

(1) S. Thomas, II, *Contr. gent.*, cap. XLIII, 3°.

CHAPITRE II

CORRESPONDANCE DES CAUSES

1. — Les causes se correspondent (1).

Après avoir, dans le chapitre précédent, réuni les causes par synthèse, délions de nouveau le faisceau pour en comparer les éléments.

Aristote nous dit que les causes sont, d'une certaine manière, causes réciproques l'une de l'autre, et voici comment saint Thomas interprète cette sentence et les exemples qui la confirment :

Dicit, quod etiam contingit quod aliqua duo ad invicem sibi sint causæ, quod impossibile est in eodem genere causæ. Manifestum vero fit multipliciter dictis causis. Sicut dolor ex incisione vulneris est causa sanitatis, ut efficiens, sive principium motus ; sanitas autem est causa illius doloris, ut finis. Secundum enim idem genus causæ, aliquid esse causam et causatum est impossibile.

... Sciendum est autem, quod cum sint quatuor causæ superius positæ, earum duæ sibi invicem correspondent, et aliæ duæ similiter. Nam efficiens et finis sibi correspondent invicem ; quia efficiens est principium motus, finis autem terminus. Et similiter materia et forma ; nam forma dat esse, materia autem recipit (2).

Telle est la double correspondance qu'il est facile d'expliquer en résumant des enseignements déjà donnés.

2. — Correspondance de la cause efficiente et de la cause finale.

Le saint Docteur continue :

---

(1) Étudier Albert le Grand, *Physic.*, lib. II, tr. 2, cap. vi.
(2) S. Thomas, *Metaphys.*, lib. V, lect. 2.

Est igitur efficiens causa finis, finis autem causa efficientis. Efficiens est autem causa finis, quantum ad esse quidem, quia movendo perducit efficiens ad hoc quod sit finis. Finis autem est causa efficientis, non quantum ad esse, sed quantum ad rationem causalitatis. Nam efficiens est causa in quantum agit, non autem agit nisi causa finis. Unde ex fine habet suam causalitatem efficiens (1).

Cet enseignement est tellement clair que nous n'avons pas à l'expliquer. La fin, considérée dans l'intention, est la cause intentionnelle ou le *pour quoi* de l'action; la fin, considérée dans son existence, est l'effet de la cause qui produit l'existence, c'est-à-dire, est l'effet de la cause efficiente.

3. — Correspondance de la cause matérielle et de la cause formelle.

Nous avons si souvent et si longuement étudié les rapports entre la matière et la forme que nous n'avons ici qu'à résumer la doctrine déjà acquise.

La matière, considérée à part, est quelque chose d'indéterminé. Or, l'indéterminé, loin de pouvoir être le fondement d'une relation, ne peut pas même, par sa seule vertu, en être le terme. Il faut qu'un principe déterminant soit en même temps et l'un des termes de cette relation et la raison de l'autre terme.

Ce principe déterminant est la forme; car la forme est acte, et la matière est purement puissance. C'est donc par la forme que la matière est déterminée, qu'elle est « actuellement » matière, *formellement matière*, et cette dernière expression n'est pas un jeu de mots.

L'influence de la forme s'étend plus loin encore. Sans doute, avant que le statuaire eût choisi l'argile, cette substance possédait déjà par elle-même deux propriétés naturelles, savoir l'aptitude à se ramollir dans l'eau, et

---

(1) S. Thomas, *Eod. loco.*

l'aptitude à se durcir au feu. Mais, considérées en elles-mêmes, ces deux propriétés se montrent comme parfaitement étrangères l'une à l'autre, et, pour moi qui ignore leur source commune cachée dans la nature intime de l'argile, leur coexistence dans un même sujet n'est qu'une pure contiguïté. Il faut donc, pour les fondre dans une même qualité, un principe d'union, suivant la maxime : *Ex diversis formaliter non fit unum nisi ad invicem ordinentur.*

Or, je l'ai expliqué au livre IVe, cette qualité unique, qui fait de l'argile une matière à statue, est la possibilité de se prêter à recevoir et à garder la forme. Donc, c'est par sa convenance à la forme que l'argile est formellement matière à statue.

Telle est la dépendance de la matière vis-à-vis de la forme. Mais il y a réciproquement une dépendance de la forme vis-à-vis de la matière, puisque, dans les composés purement matériels, on attribue à la matière le rôle de soutenir la forme, et ce n'est pas là une des moindres difficultés du système de saint Thomas sur la constitution physique des corps.

D'après cette théorie que je n'ai pas à examiner ici, les deux causes formelle et matérielle, se rencontrant dans l'existence du composé, sont mutuellement causes l'une de l'autre, la forme n'y existant que soutenue par la matière, et la matière n'y existant qu'en vertu de la forme. C'est l'enseignement de saint Thomas :

Forma autem et materia sibi invicem sunt causæ, quantum ad esse : forma quidem materiæ, in quantum dat ei esse actu, materia vero formæ, in quantum sustentat ipsam (1).

4. — Correspondance de la forme à l'ensemble des causes extrinsèques.

En comparant la matière et la forme, nous venons de

---

(1) S. Thomas, *Metaphys.*, lib. V, lect. 2.

rappeler que la matière est une *puissance* et la forme est un *acte*.

Mais la cause extrinsèque prise dans sa totalité est un *acte*, elle aussi. D'où provient cette double attribution d'un même nom et d'un tel nom? Elle résulte de la similitude entre la forme existant dans l'effet et la forme préexistant dans les causes extrinsèques.

De l'axiome : *Agens agit simile sibi*, rapprochons la définition : *Forma est ratio quidditatis*, et nous reconnaîtrons sans peine dans la forme le trait de similitude entre l'effet et l'agent. Il faut donc étudier avec soin cette correspondance, sans oublier cependant que le terme total des causalités extrinsèques est le composé tout entier, forme et matière, ou, si vous aimez mieux, que ce terme est la forme dans la matière.

5. — Correspondance de la forme et de l'idée.

La forme qui constitue l'effet est tellement connexe à la forme qui préexiste dans l'idée, qu'Aristote voit là une preuve de la communauté entre la cause et l'effet.

« Il ressort, dit-il, de ce qui précède, que suivant une certaine manière tout effet provient, soit d'une cause univoque, comme dans les générations naturelles, soit d'une cause partiellement univoque, comme la maison provient de la maison, ou procède de l'esprit (car l'art est la forme)... (1). »

Saint Thomas commente ce texte comme il suit :

Generans per se generat tale secundum quod hujusmodi. Unde oportet quod in generante per se sit aliqualiter similitudo generati, sed hoc contingit tripliciter :
Uno modo, quando forma generati præcedit in generante secundum eumdem modum essendi et simili materia; sicut, cum ignis generat ignem, vel homo generat hominem; et hæc est generatio totaliter univoca.
Alio modo, quando forma generati præcedit in generante,

---

(1) Aristote, *Métaphys.*, liv. VII, ch. IX.

non quidem secundum eumdem modum essendi, nec in substantia ejusdem rationis; sicut forma domus præcedit in artifice non secundum esse materiale, sed secundum esse immateriale quod habet in mente artificis, non in lapidibus et lignis, et hæc generatio est partim ex univoco, quantum ad formam, partim ex æquivoco, quantum ad esse formæ in subjecto (1).

Cette connexion de la forme et de l'idée est si intime qu'Aristote ne semble faire des deux qu'une seule cause, lorsqu'il dit : « Le second genre de cause est la forme et le modèle : Ἄλλον δὲ (τρόπον), τὸ εἶδος καὶ τὸ παράδειγμα (2). »

De même, saint Thomas, en parlant des idées, montre la parfaite correspondance des deux causalités :

Idea enim græce, latine *forma* dicitur. Unde per ideas intelliguntur formæ aliquarum rerum, præter ipsas res existentes. Forma autem alicujus rei præter ipsam existens ad duo esse potest; vel ut sit *exemplar* ejus cujus dicitur forma, vel... Similitudo domus præexistit in mente ædificatoris : et hæc potest dici *idea domus;* quia artifex intendit domum assimilare *formæ* quam mente concepit (3).

Et dans un autre passage :

Forma artificialis est similitudo ultimi effectus in quem fertur intentio artificis; sicut forma artis in mente ædificatoris, est forma domus ædificatæ (4).

Ainsi, tout en réduisant à quatre le nombre des causes avec Aristote, les scolastiques avaient soin de distinguer la forme idéale de la forme réalisée, la forme exemplaire de la forme intrinsèque. Que le lecteur n'éprouve donc aucun scrupule : en reconnaissant cinq causes avec Platon, nous ne nous écartons pas de la doctrine péripatéticienne (5).

---

(1) S. Thomas, *Metaphys.*, lib. VII, lect. 8.
(2) Aristote, *Métaphys.*, liv. V, ch. ii.
(3) S. Thomas, I, q. 15, art. 1.
(4) Id., III, q. 78, art. 2.
(5) Voir sur cette question Fonseca, *Métaphys.*, lib. I, cap. vii, q. 1, sect. 5. Il termine ainsi : « Unde colliges, nihil dissidii esse hac in re inter Platonem et Aristotelem, quod Plato causam exemplarem quoddam per se causæ genus fecerit. »

6. — Correspondance de la forme et de la fin.

Entre la forme et l'idée, il y a donc une similitude complète, mais il n'y a pas identité numérique. La forme idéale est un terme qui reste dans la pensée, tandis que la forme réelle est hors de cette pensée. On peut comparer l'idée et la forme à deux tableaux numériquement différents, mais dont l'un est l'exacte copie de l'autre.

Plus étroite encore est la connexion entre la forme et la fin, car le terme de l'intention est hors de la volonté; il est numériquement identique à la forme réalisée dans la matière, et n'en diffère que par des relations distinctes. Τὸ μὲν γὰρ τί ἐστι καὶ τὸ οὗ ἕνεκα, ἕν ἐστι, dit Aristote. Τὸ *quid est et* τὸ *propter quid unum sunt* (1).

Albert le Grand, en rapportant à la forme même toute la raison de la quiddité, commente ainsi ce texte :

In physicis quidditas qua aliquid est quod est, quod est forma, et causa finalis cujus causa fit hoc quod fit, una res est numero semper, licet differat secundum rationem causalitatis. Quoniam idem, quod est forma faciens actu esse materiam, et quod est quidditas rei causans sibi rationem et speciem, est finis secundum quod est terminans motum efficientis qui intendit ipsum secundum esse quod habet in materia. Et sic patet quod una res numero et substantia est et finis et forma, licet diversificetur in esse et ratione (2).

7. — Équation des causes.

Il y a, d'après ce texte, identité entre la fin et la forme, pourvu que l'on considère celle-ci dans la matière informée, c'est-à-dire, telle qu'elle est voulue par l'intention. D'où résulte qu'il y a correspondance parfaite entre l'intention et l'action, puisqu'elles ont même et identique terme.

---

(1) Aristote, *Physiq.*, liv. II, ch. VII.
(2) Alb. Magn., *Physic.*, lib. II, tr. 2, cap. XXI.

D'un autre côté, l'action reproduit exactement la forme idéale, à moins d'obstacles ou de défaillance, suivant cette proposition de saint Thomas : « *Actio agentis per intellectum terminatur ad formam quam intelligit, non ad aliam, nisi per accidens et a casu* (1). » Donc il y a correspondance entre l'idée, l'intention, la forme, l'action, l'effet.

Voici ce que j'appelle l'*équation des causes*, équation qui permet de conclure d'une cause à l'autre. — Tel effet : donc telle intention et telle idée. — Telle intention : donc telle idée d'une part, et tel effet de l'autre.

C'est cette équation qui permet de conclure de l'organe à la fonction, ou de la fonction à l'organe. — L'œil est fait pour voir; donc il est constitué de façon à voir. — La denture d'un monstre fossile était constituée de façon à mâcher la chair; donc elle était destinée à un animal carnivore. En un mot, de la cause formelle on passe à la cause finale, ou de la cause finale on passe à la cause formelle.

Je sais que ce dernier passage est plus délicat, parce qu'il nous est difficile de connaître à priori l'idée et l'intention du constructeur. L'argument qui part de la cause finale est sujet à illusion; aussi la science moderne s'en défie avec raison. L'observation percevant d'abord le phénomène, c'est d'ordinaire par l'action d'une nature que nous connaissons sa constitution, et par celle-ci que nous arrivons à connaître l'intention qui l'a produite.

Mais, pour être difficile à manier, l'argument par la cause finale n'en est pas moins légitime. Lorsque je sais qu'un constructeur habile a fabriqué une machine pour marquer l'heure, je sais, par là même, que toutes les pièces de cette horloge concourent à produire cet effet.

8. — Des passions de l'être.

Si l'on compare l'effet aux trois causes, formelle, exemplaire et finale, on lui trouve trois relations aussi distinctes

---

(1) S. Thomas, *Contr. gent.*, lib. II, cap. XLII, n° 6.

que ces trois causes et aussi inséparablement unies entre elles.

En vertu de sa cause formelle, l'effet est ce qu'il est et pas autre chose. Il est donc une chose qu'on ne peut diviser sans la détruire. En un mot, elle est « une », suivant la définition : *Unum nihil significat quam ens indivisum* (1). Ainsi l'unité n'est pas une propriété qui s'ajoute à l'être; elle est aussi intime à l'être que la forme qui la constitue. En d'autres termes, l'être est « un » par sa forme même, et parce que sa forme est « une ».

Unitas et unum formalit: acceptum non differunt nisi in modo tantum, scilicet concretionis et abstractionis. Unitas enim dicit formam; unum autem dicit formæ diffusionem in eo quod est (2).

En vertu de la causalité exemplaire, l'effet est pareil à l'idée qu'il réalise; il se conforme donc à l'acte de l'intelligence qui l'a conçu, et il fait rejaillir dans toute intelligence qui le connaît une idée qui lui est conforme. Donc il est « vrai », suivant la définition commune : *veritas est adæquatio rei et intellectus*. Ainsi la vérité n'est pas une propriété surajoutée à l'être. L'être est « vrai », parce qu'il est; et dire qu'il est « vrai », ce n'est que signifier d'une manière plus explicite sa relation à sa cause exemplaire.

Enfin, en vertu de la causalité finale, l'effet est un terme voulu par l'intention et réalisé par l'action. Il est donc « bon », puisqu'il est ce qu'on voulait qu'il fût. Ainsi la bonté n'est pas une propriété surajoutée à l'être. L'être est « bon » par sa relation à sa cause finale.

Unité, vérité, bonté : telles sont les trois passions de l'être. Bien nommées : *Passions*; car elles proviennent de la cause et elles sont dans l'effet, identifiées à son être et

---

(1) S. Thomas, I, q. 11, art. 1. — Ὅσα μὴ ἔχει διαίρεσιν, ᾗ μὴ ἔχει, ταύτῃ ἓν λέγεται. (Aristote, *Métaphys.*, liv. V, ch. vi).
(2) Alb. Magn., *Summ. theol.*, part. I, q. 21, membr. 2.

ne se distinguant entre elles que par les causalités avec lesquelles elles sont en rapport formel.

Quant à la Cause, si elle est uniquement et purement cause, elle est Une, Vraie et Bonne, par cela même qu'elle est, et sans rapport à d'autre qu'à elle-même. L'unité, la vérité et la bonté ne sont pas des *passions* de son être, mais uniquement les aspects d'une identité qui se rapporte à elle-même.

Albert le Grand recueille toute cette doctrine sur l'être et ses trois passions dans un beau passage dont j'offre une sorte de traduction libre.

L'être, dit-il, l'un, le vrai, le bon, sont une seule et même réalité, considérée à des points de vue différents. Ces concepts qui s'appellent mutuellement, se suivent cependant dans un certain ordre. Car, si l'on considère d'abord une chose d'une manière absolue, on a son *être;* si, ensuite, on la considère par rapport à ses causes, on a ses *passions*.

Or le rapport le plus immédiat est le rapport à la cause formelle, puisque la forme est dans l'être même, et par là on obtient le concept de l'*un*.

Proprius enim actus principii formalis est terminare id quod est; terminatum autem esse indivisum est in se et ab aliis divisum, per hoc ipsum quod in esse terminatum est.

Mais la forme est, encore, ce par quoi l'être peut être connu. De la forme résulte donc une relation à l'intelligence, et par là surgit le concept du *vrai*, aussitôt après ceux de l'être et de l'un.

Enfin, si on rapporte l'être au principe final, le concept du *bon* naît dans l'esprit.

Et quia ista quatuor in omni sunt quod est, et in causa et in causato, et in universali et in particulari, nec potest aliquid intelligi esse nisi statim occurrant ista quatuor inesse ipsi : ideo ista quatuor convertuntur secundum supposita (1).

---

(1) Alb. Magn., *Summ. theol.*, part. I, q. 28.

9. — Résumé par Albert le Grand.

Je veux terminer par un autre passage d'Albert le Grand, où il fait des causes la synthèse la plus splendide que je connaisse.

Mais, auparavant, je rappelle quelques notions péripatéticiennes nécessaires à l'intelligence de cet enseignement. On distingue, d'après Aristote, deux sortes d'actes, l'acte « premier » et l'acte « second ». L'acte premier, dans un certain ordre d'idées, est ce qu'on nomme aussi un *habitus*, par exemple, la science du savant; l'acte second est l'opération par laquelle le savant contemple explicitement quelque point de sa science. Aristote, en expliquant cette distinction, compare heureusement l'acte premier à l'état de sommeil, et l'acte second à l'état de veille. « La veille est comparable à la contemplation actuelle; le sommeil est comparable à *avoir* de quoi agir et à ne pas agir (1). »

Revenons maintenant à Albert le Grand, qui se demande à quelle cause répond le *bon*, et qui conclut ainsi :

Dicendum quod bonum dupliciter consideratur, scilicet bonum *per se* et secundum se, et bonum *ad aliud*.

Bonum *per se* et secundum se, est quod ab omnibus expetitur, ut dicit Dionysius, ab intellectualibus quidem intellectualiter, a sensibilibus vero sensibiliter, et a vitalibus secundum vitalem motum, et ab existentibus secundum suæ existentiæ aptitudinem et ordinem. Et in quo quiescit appetitus uniuscujusque et nihil appetit ultra, non potest determinari nisi ex causa finali. In nullo enim quiescit appetitus nisi in ultimo, quo adjecto et incluso stat appetitus. Et ideo hoc est bonum uniuscujusque secundum se et *per se*, quia non potest intelligi aliquid adjici ultimo. Finis autem est in executione ultimum, licet in intentione sit primum.

Bonum autem *ad hoc* (2) determinatur per alias causas, sicut, verbi gratia, quod sit efficiens boni per se et non per accidens : oportet igitur quod bono disponatur, quia dicit Dionysius quod

---
(1) Aristote, *De l'âme*, liv. II, ch. I.
(2) C'est-à-dire : *ad aliud*.

« boni est bona adducere », et Boetius, in libr. « de Consolatione philosophiæ » :

> Forma boni livore carens, tu cuncta superno
> Ducis ab exemplo.

Et sic determinatur per causam efficientem; et hoc modo dicit Boetius, in libro « de Hebdomadibus », quod bonum est quod est a bono. Et sic dicitur bonum in efficiente, quia disponitur a fine; finis enim movet efficientem et est bonum immobile, efficiens autem movens motum.

Similiter, forma non habet rationem boni, nisi in quantum induit rationem finis. Est enim forma finis motus moventis, finis autem est intentionis; et ideo forma quodammodo est finis et non simpliciter. Propter quod Aristoteles, in Secundo de anima, duplicem distinguit actum, actum scilicet ut somnus, et actum ut vigilia : ut figura ensis et inscindere. Figura enim ensis in acuto superficiei angulo est actus ut somnus, quiescens in ense in quo quiescit motus efficientis ensem; inscindere autem finis est intentionis ejus qui facit ensem. Et ideo figura ensis non est bonum ensis *simpliciter*, sed *ad hoc*.

Similiter, materia, sive subjectum, boni inducit rationem per aptitudinem ad bonum et appetitum. Nihil enim habet aptitudinem ad bonum, nisi per boni intentionem quæ est in ipso, ut dicit Dionysius; habens autem intentionem boni, bonum est.

Et sic patet quod bonum, in quocumque est sive *simpliciter* sive *ad hoc*, per intentionem finis est, quia ubi unum propter alterum, ut dicit Philosophus in Posterioribus, utrobique tantum unum est; quia in eo quod est *propter aliud*, non est intentio boni nisi per illud quod est *per se bonum*.

Propter quod dicitur finis *causa omnium causarum;* quia per intentionem disponit efficientem, per aptitudinem ordinat materiam et per propriam rationem denominat formam quæ est finis ut somnus (1).

---

(1) Alb. Magn., *Summ. theolog.*, part. I, q. 26, membr. 1, art. 2, partic. 1ª.

CHAPITRE III

DE L'INFLUENCE DE LA CAUSE

1. — Nous concevons tout changement comme un mouvement.

Bien souvent nous avons dit : L'effet « part » de l'état de puissance pour « arriver » à l'acte ; il « tend » vers un terme où il trouve son « repos » ; l'agent met en « mouvement » le patient. Ces expressions et d'autres semblables rappellent toutes un mouvement local, comme si les causes ne pouvaient avoir d'autre effet que de remuer et de déplacer une masse inerte.

Certes, ces images sont grossières, et cependant elles sont légitimes, car elles sont naturelles et nécessaires à notre manière de concevoir. C'est la doctrine de saint Thomas :

Procedit nostra cognitio intellectualis a notioribus ad minus nota; et ideo apud nos a notioribus omnia transferuntur ad significandas res minus notas. Et inde est quod, sicut dicetur in Decimo Metaphys., ab his quæ sunt secundum locum processit nomen distantiæ ad omnia contraria; et similiter nominibus pertinentibus ad motum localem utimur ad significandum alios motus, eo quod corpora quæ loco circumscribuntur sunt maxime nobis nota (1).

Quia enim motus localis est naturaliter primus motuum, ut probat in Octavo Physic., utimur nominibus pertinentibus ad motum localem, in alteratione et in omnibus motibus (2).

Il résulte de là que naturellement toute altération, toute modification, tout changement, apparaissent à notre ima-

---

(1) S. Thomas, 1ᵃ IIᵉ, q. 7, art. 1.
(2) S. Thomas, I, q. 67, art. 2, ad 3ᵘᵐ.

gination comme le passage d'un point à un autre, comme un courant continu d'un terme à un autre, en un mot, comme un mouvement, ayant son point de départ, *terminus a quo*, — son chemin, *via*, — et son point d'arrivée, *terminus ad quem*. Aussi, dans la langue péripatéticienne, l'agent est souvent appelé le « moteur », le patient est appelé le « mobile », et la Cause Première est désignée sous le nom de « Premier Moteur ».

On le voit, la théorie des causes emporte avec soi la théorie du mouvement, et nous avons besoin de nous livrer à une étude métaphysique du mouvement, pour comprendre l'influence de la cause sur son effet.

2. — Le mouvement tient de l'acte et de la puissance.

De l'aveu d'Aristote, définir le mouvement est chose difficile ; et cela provient, dit-il, de ce qu'on ne trouve pas dans quelle catégorie le placer.

Le mouvement n'est pas une substance, cela est évident. Il n'est ni une quantité, ni une qualité ; car il y a changement, et par suite, mouvement de quantité et de qualité. Il n'est pas non plus une action ou une passion, car il en est le résultat. En un mot, le mouvement s'étend à toutes les catégories sans être renfermé dans aucune, « de façon qu'il y a autant de sortes de mouvement et de changement qu'il y a de sortes d'être : Ὥστε κινήσεως καὶ μεταβολῆς ἐστὶν εἴδη τοσαῦτα ὅσα τοῦ ὄντος (1). »

Loin d'être arrêté par cette difficulté, le puissant génie du Stagirite en conclut qu'il faut définir le mouvement par des éléments communs à toutes les catégories de l'être. Or il y en a deux qu'on rencontre partout, à savoir la *puissance* et l'*acte*. C'est donc en eux qu'il faut chercher la vraie notion métaphysique du mouvement.

Mais, continue le Philosophe, le mouvement n'est pas

---

(1) Aristote, *Physiq.*, liv. III, ch. 1.

CHAPITRE III. — DE L'INFLUENCE DE LA CAUSE.   411

une pure puissance passive; car il peut y avoir repos dans une simple possibilité. Une maison, avant qu'elle ne soit bâtie, peut demeurer indéfiniment à l'état de simple possible. — Le mouvement n'est pas davantage un acte parfait; car la maison, une fois bâtie, demeure dans un acte permanent, et tout mouvement a cessé.

Le mouvement n'est ni purement une puissance ni purement un acte, et cependant on ne peut le définir que par l'acte et la puissance. Il faut donc nécessairement qu'il soit un mélange d'acte et de puissance, qu'il tienne à la fois de l'acte et de la puissance.

Écoutons saint Thomas expliquant Aristote :

> Omnino impossibile est aliter definire motum per priora et notiora, nisi sicut Philosophus hic definit. Dictum est enim quod unumquodque genus dividitur per potentiam et actum. Potentia autem et actus, cum sint de primis differentiis entis, naturaliter priora sunt motu, et his utitur Philosophus ad definiendum motum.
> Considerandum est igitur, quod aliquid est in actu tantum, aliquid vero in potentia tantum, aliquid vero medio modo se habens inter potentiam puram et actum perfectum. Quod igitur est in potentia tantum, nondum movetur; quod autem jam est in actu perfecto, non movetur, sed jam motum est. Illud igitur movetur quod medio modo se habet inter puram potentiam et actum, quod quidem partim est in potentia et partim in actu (1).

3. — Définition du mouvement par Aristote.

Un mélange quelconque d'acte et de puissance ne nous donne pas encore le mouvement.

L'airain, dit Aristote (2), est en acte comme airain, et en puissance comme statue; et la réunion de cet acte et de cette puissance dans un même sujet ne constitue pas un mouvement. Ainsi encore, la même eau est au même instant froide en acte et chaude en puissance, et bien que,

---

(1) S. Thomas, *Phys.*, lib. III, lect. 2.
(2) Aristote, *Physiq.*, liv. III, ch. II.

dans ce cas, l'acte et la puissance se rapportent à une même qualité, il n'y a pas mouvement.

Bien plus, fait observer saint Thomas en interprétant ce passage, l'eau tiède est à la fois en acte et en puissance par sa même tiédeur, et cependant elle persévère dans le même état; et la raison en est que, si on rapporte sa tiédeur à une chaleur plus grande, l'eau est simplement chaude en puissance, et peut demeurer indéfiniment dans cet état de puissance; si, au contraire, on rapporte la tiédeur à un état de moindre chaleur, l'eau tiède est simplement chaude en acte.

Que faut-il donc enfin pour obtenir le mouvement? Il faut unir l'acte et la puissance dans un même concept formel; il faut considérer l'être à la fois comme en acte et en puissance sous le même rapport. Il faut qu'il soit déjà en acte, puisqu'il a cessé d'être simplement en puissance; et il faut qu'il soit encore en puissance, puisqu'il n'est pas encore parvenu à l'acte corrélatif de cette puissance.

Et c'est ainsi qu'Aristote obtient, à force de logique, son admirable définition du mouvement :

« Dans chaque genre, on distingue l'être en acte et l'être en puissance. Or *l'acte de l'être en puissance, en tant qu'il est en puissance, c'est le mouvement.* Ainsi, l'altération est l'acte de l'être altérable en tant qu'altérable (1). »

Saint Thomas explique avec une grande clarté la pensée du Philosophe :

Sic igitur actus imperfectus habet rationem motus, et secundum quod comparatur ad ulteriorem actum ut potentia, et secundum quod comparatur ad aliquid imperfectius ut actus. Unde neque est potentia existentis in potentia, neque est actus existentis in actu, sed est actus existentis in potentia; ut, per id quod dicitur *actus*, designetur ordo ejus ad anteriorem po-

---

(1) Διῃρημένου δὲ καθ' ἕκαστον γένος τοῦ μὲν ἐντελεχείᾳ, τοῦ δὲ δυνάμει, ἡ τοῦ δυνάμει ὄντος ἐντελέχεια, ᾗ τοιοῦτον, κίνησίς ἐστιν, οἷον τοῦ μὲν ἀλλοιωτοῦ, ᾗ ἀλλοιωτόν, ἀλλοίωσις (Aristote, *Physiq.*, liv. III, ch. I.)

CHAPITRE III. — DE L'INFLUENCE DE LA CAUSE. 413

tentiam; et per id quod dicitur *in potentia existentis*, designetur ordo ejus ad ulteriorem actum. Unde convenientissime Philosophus definit motum, quod motus est actus existentis in potentia secundum quod hujusmodi (1).

4. — Le mouvement est un acte imparfait.

La première conséquence de la doctrine précédente est que le mouvement est un acte imparfait.

« La raison, dit Aristote, pourquoi le mouvement paraît indéfinissable, est qu'on ne peut le réduire ni simplement à une puissance, ni simplement à un acte... Le mouvement semble bien être un acte, mais un acte imparfait; car le mouvement est l'acte d'un être en puissance, et, par conséquent, imparfait (2). »

De là ces deux expressions qu'on rencontre si souvent dans saint Thomas : « Motus est actus imperfectus »; — « Motus est actus imperfecti ».

5. — Le mouvement est principalement spécifié par son but.

La seconde conséquence est que le mouvement est principalement spécifié par son but. Nous avons dit souvent que l'acte prime la puissance; d'où il suit que l'acte pur prime l'acte mélangé de puissance, et que l'acte parfait prime l'acte imparfait. De même donc que la puissance est spécifiée par l'acte, et que l'imperfection se mesure par la perfection; de même aussi l'acte imparfait est spécifié par l'acte parfait, et l'acte mélangé de puissance par l'acte pur.

Motus, eo quod est actus imperfectus, non proprie est in aliquo genere, sed reducitur ad genus actus perfecti, sicut alteratio ad qualitatem (3).

---

(1) S. Thomas, *loc. citato*.
(2) Ἥ τε κίνησις ἐνέργεια μέν τις εἶναι δοκεῖ, ἀτελὴς δέ· αἴτιον δ' ὅτι ἀτελὲς τὸ δυνατὸν οὗ ἐστιν ἡ ἐνέργεια. (Aristote, *Physiq.*, liv. III, ch. II.)
(3) S. Thomas, III, q. 62, art. 4, ad 2ᵘᵐ.

Mais quel est cet acte parfait? c'est l'acte qui épuise la possibilité constitutive du mouvement, c'est l'acte qui transforme le mouvement en repos. C'est donc l'acte qui est le terme du mouvement. Donc, enfin, le mouvement est spécifié par le terme auquel il aboutit.

Motus non accipit speciem a termino *a quo*, sed a termino *ad quem*. Nihil enim refert, quantum ad rationem dealbationis, utrum ille qui dealbatur fuerit niger, an pallidus, vel rubeus (1).

6. — Du mouvement par rapport au moteur et au mobile.

Le mouvement est un effet; donc il est dans le sujet qui subit l'action, c'est-à-dire, dans le mobile. Quant à la cause du mouvement, elle reste immobile. Il est vrai, toutes les causes du mouvement qui nous entourent sont elles-mêmes en mouvement, mais cela provient de ce qu'elles sont à la fois causes et effets; en tant qu'effets, elles subissent un mouvement; en tant que causes, elles en produisent un autre.

C'est ce qu'explique Albert le Grand dans le texte suivant :

Illud movens movetur, sed non secundum quod est movens, ut prius dictum est. Et ideo iterum in illo non est motus sicut in subjecto, in quantum est movens... Cum ergo quæritur : in quo sit motus? dicemus quod sicut in causa motus est in movente, et sicut in subjecto motus est in eo quod movetur (2).

Mais laissons Aristote nous expliquer lui-même toute cette doctrine :

« Il est évident, dit-il (3), que le mouvement est dans le mobile, puisqu'il est son acte, ἐντελέχεια, en tant que mobile. Il provient du moteur dont il est aussi l'acte, ἐνέργεια. Et cet acte est commun au moteur et au mobile; car l'un est mobile par sa puissance passive, et l'autre est moteur par sa puissance

---

(1) S. Thomas, I, q. 23, art. 1, ad 3um.
(2) Alb. Magn., *Phys.*, lib. III, tr. 1, cap. VIII.
(3) Aristote, *Physiq.*, liv. III, ch. III.

active, κινητικὸν μὲν γάρ ἐστι τῷ δύνασθαι, κινοῦν δὲ τῷ ἐνεργεῖν. — Mais cette puissance active est le pouvoir d'agir sur le mobile. Il résulte de là qu'il y a un même acte commun au moteur et au mobile; de même qu'il y a la même distance entre un et deux et entre deux et un; de même encore qu'il y a dans un chemin la même pente, soit qu'on le monte, soit qu'on le descende. Dans ces exemples, on trouve unité de réalité, mais double raison. Il en est de même du moteur et du mobile. »

Arrivé à cette conclusion, Aristote se pose à lui-même une objection : S'il en est ainsi, l'action et la passion sont identiques, enseigner est la même chose qu'apprendre, agir se confond avec pâtir. Mais il résout aussitôt cette difficulté :

« Est-ce qu'il est absurde que l'acte procédant d'un être soit dans un autre? L'enseignement est l'acte du maître; il est cependant dans le disciple, non comme une entité détachée du maître, mais comme *de celui-ci et dans celui-là*. Rien donc n'empêche que le même acte appartienne à tous les deux, non pas de la même façon, comme une tunique et un vêtement sont deux choses identiques, mais comme la puissance se rapporte à l'acte...

« Il n'y a qu'une même distance et un même chemin entre Thèbes et Athènes; et cependant il y a une différence logique entre ces deux expressions : le chemin de Thèbes à Athènes, et le chemin d'Athènes à Thèbes...

« L'enseignement et l'instruction ne sont pas identiques, l'action et la passion ne sont pas identiques; mais il n'y a qu'un seul et même mouvement auquel ces deux choses correspondent, bien que ces deux choses se distinguent entre elles, car être ceci *dans* cela et être ceci *par* cela sont relatifs à des concepts différents. Τὸ γὰρ τοῦδε ἐν τῷδε καὶ τὸ τοῦδε ὑπὸ τοῦδε ἐνέργειαν εἶναι, ἕτερον τῷ λόγῳ. »

7. — Application à la causalité.

L'objet de la métaphysique est l'étude de l'être en tant qu'être. Lorsque l'on conçoit l'être en lui-même, il n'a pas d'autre nom que l'*être ;* mais lorsque l'on conçoit l'être comme étant la source d'êtres différents, il prend le nom de *cause*.

Ce dernier concept présente un corrélatif, savoir le concept *d'effet*. La cause et l'effet s'opposent comme les deux termes d'une même relation, et il n'y a, entre la cause et l'effet, aucune réalité intermédiaire, sinon une relation réelle, et une seule, comme il n'y a qu'une distance de Thèbes à Athènes. Et de même que le seul mot *distance* définit la relation locale, de même un même mot sert à désigner la cause et l'effet dans leur relation réciproque et essentielle. C'est le mot *puissance*. La cause est *une puissance;* elle est d'autant plus cause qu'elle est plus puissante. L'effet est d'abord *en puissance;* c'est-à-dire, il peut exister, il est possible qu'il existe. Remarquez attentivement que, dans sa signification première et étymologique, le mot « puissance » exprime une énergie, une activité, un pouvoir. Ce nom dérive donc de la cause à l'effet; car la possibilité d'être n'est pour celui-ci pas autre chose que le reflet du pouvoir de sa cause, et il est essentiel à l'effet d'être *possible*, précisément parce qu'il est essentiel à la cause de *pouvoir*.

Or, de même que l'intervalle qui sépare Thèbes et Athènes est un chemin de l'une à l'autre, de même, il peut y avoir mouvement de l'effet en vertu de la cause. Lorsque l'une *agit*, l'autre devient, *agitur*. Lorsque l'action est terminée, l'effet est fait, *actus est*, il existe, il est en *acte*. Dans sa signification première et étymologique, le mot *acte* indique donc le terme de l'action et s'applique à l'effet. Mais, parce que le terme de toute action est une existence, le mot *acte* s'étend à signifier l'existence actuelle. Enfin, comme l'existence est pour chaque chose la suprême réalité, le même mot *acte* acquiert un nouveau caractère de noblesse, et devient synonyme d'existence pure de toute possibilité passive; et voilà pourquoi on le transporte à la cause elle-même, pour signifier qu'elle possède dans son éminence la plénitude de l'existence qu'elle peut communiquer (1).

---

(1) Aristote, usant d'une langue plus riche, emploie deux mots différents

CHAPITRE III. — DE L'INFLUENCE DE LA CAUSE.

Dans cet intervalle qui, à la fois, unit et sépare l'effet de la cause, l'agent occupe une extrémité, et l'effet occupe successivement deux stations différentes, savoir, la station de simple possibilité, *de puissance,* et la station d'existence, *d'acte.* Entre ces deux stations, est un chemin que le patient parcourt en vertu de l'action. Sitôt qu'il subit l'action, il quitte le terme de la puissance pure, et il commence d'être en acte ce qu'il n'était qu'en puissance. Mais puisqu'il continue à subir l'action, c'est qu'il reste encore en lui une possibilité à épuiser ; et la réalité de son mouvement n'est autre chose que la transformation actuelle de sa puissance en acte. *Motus est actus entis in potentia, quatenus est in potentia.*

Et pendant ce mouvement qui rapproche le patient de l'agent, action et passion, influence donnée et influence reçue, s'opposent, comme sur un même chemin la pente ascendante et la pente descendante, τὸ ἄναντες καὶ τὸ κάταντες (1).

Mais n'oublions jamais que, sur ce chemin, il n'y a qu'un mouvement réel, celui du mobile qui monte, du patient qui change. La cause, immobile au sommet si elle est purement cause, conçoit et *projette* un but sur le chemin, et en vertu même de cette intention impérative, l'effet monte et se meut, jusqu'à ce qu'il ait atteint le terme posé, jusqu'à ce qu'il existe réellement ce qu'a décrété la cause.

8. — Courant métaphorique de la cause à l'effet.

Aucun mouvement, aucune altération dans l'agent. Seul, le patient change et devient autre qu'il n'était, passant de l'état de simple possibilité à l'état d'acte, sous l'influence

---

pour exprimer l'acte. Le mot : ἐνέργεια, énergie, s'applique surtout à l'acte dans la cause. Ἐντελέχεια (avoir l'existence *dans son terme*), s'applique surtout à l'acte dans l'effet, et devient ainsi équivalent au mot *forme.*
(1) Aristote, *Phy.,* liv. III, ch. III.

de la cause. C'est comme un afflux de réalité formelle reçue dans la cause matérielle, et cet afflux ne s'arrête que lorsque la forme définitive existe dans la matière.

Mais nous ne pouvons concevoir cet afflux « reçu », sans concevoir en même temps cet afflux « donné », ce flot versé « dans » le sujet passif, sans ce même flot versé « par » la cause.

En d'autres termes, nous ne pouvons concevoir ce courant ayant dans le patient « un point d'arrivée », *terminum ad quem*, sans lui concevoir dans l'agent « un point de départ », *terminum a quo* ; et notre imagination se représente l'influence de sa cause sur l'effet, comme une sorte de courant qui a sa source dans la première et son terme dans le second.

Image légitime, pourvu que nous retenions bien que ce n'est qu'une image, et voici comme Albert le Grand nous l'explique :

Revocemus imaginationem motus quam superius posuimus, scilicet quod diximus motum esse sicut fluxum quemdam. Sed quod diximus supra fluxum esse a termino motus, iterum hoc dicimus hic fluxum esse a movente in id quod movetur ; et imaginemur hunc fluxum, sive sit in quantitate, sive in ubi, sive in qualitate, non esse interruptum neque abscissum, quem motor causat ; et sicut a causa egreditur ipsum, et mobile suscipit sic ipsum ; et, cum inter movens et motum nihil sit medium, ut probatur in Septimo, tunc motus est continuus fluxus non habens distantiam inter movens et motum, semper a motore in mobile fluens. Secundum enim hanc imaginationem, siquidem movere quod est fluxus motus a motore, et moveri quod est susceptio ejusdem fluxus a moto, idem est in essentia, sicut spatium quod est inter duos terminos. Sed tamen quia *movere* non tantum nominat motum illum fluxum, sed cum fluxu nominat esse fluxum a motore ; et *moveri* non tantum dicit fluxum, sed cum fluxu conceptionem ejus in subjecto ; *motus* autem non dicit nisi motum qui est ab uno in aliud : ideo *movere* non est *moveri*, et tamen *motus* est unus fluxus ejus qui est ejus quod est moveri, sicut spatium ab Athenis ad Thebas et a Thebis ad Athenas. Unde et idem est in essentia, sed secundum tamen quod terminatum est ad Athenas, non est spatium terminatum ad Thebas (1).

La meilleure manière de méditer sur la causalité, et surtout sur la causalité suprême, est donc, puisque toutes nos pensées doivent s'incarner dans des imaginations sensibles, de concevoir comme un flot de réalité qui, partant de la cause sans en altérer la plénitude, se déverse dans l'être encore en puissance, comble son vide et remplit sa capacité.

Qui ne voit combien cette métaphore soutient la pensée dans les plus hautes sphères de la métaphysique? Il faut bien que toute la réalité de l'effet soit contenue dans sa cause totale, car l'eau dont se remplissent les vases provient de la source. Mais il faut en outre que la réalité soit dans la cause sous une forme supérieure et éminente; car, tandis que dans la source l'eau est vive et jaillit par sa propre vertu, elle est stagnante dans le bassin qui la reçoit, et son niveau ne s'élève vers la source que par le continuel afflux qui découle de celle-ci.

Belle image de la causalité pure, c'est-à-dire de la Causalité Créatrice! Mais, encore une fois, comparaison qu'il faut corriger comme toutes les comparaisons (2); car la réalité de l'effet n'est pas une chute de la réalité de la cause. Entre le créature et le Créateur, il ne se fait pas un partage de l'être, et si tout vient dans l'effet, rien ne sort de la Cause.

9. — Motion métaphorique de la cause.

Une autre métaphore de même genre permet de mieux comprendre la subordination hiérarchique des causes.

---

(1) Alb. Mag., *Phys.*, lib. III, tr. 1, cap. VIII.
(2) « On doit se rappeler qu'il n'est pas nécessaire que les comparaisons soient totalement semblables aux choses qu'elles rappellent; il faut même qu'il y ait quelque différence; sans cela, il n'y aurait plus comparaison. » (S. Jean Damascène, *Contre les Jacobit.*, n° 54.)

Nous le savons ; la cause complète et parfaite est une substance concevant et voulant efficacement, et cette cause est immobile. — *Causa non movetur*.

Mais nous le savons aussi : on distingue la causalité exemplaire dans l'intelligence qui conçoit, la causalité finale dans la volonté qui veut, et la causalité efficiente dans la puissance qui exécute. Il y a donc entre ces trois causalités un ordre et des relations intimes que nous pouvons concevoir sous forme d'influences et de motions, et nous avons alors à nous demander quelle est ici la cause qui donne le branle.

Il semble, à première vue, que la priorité appartienne à la cause exemplaire ; car la conception de l'idée et la composition du plan précèdent nécessairement la volonté d'une réalisation. Mais remarquons que cette idée peut rester indéfiniment à l'état de pure spéculation, et que, par elle-même, elle n'entraîne pas sa réalisation extérieure. « Nam intellectus speculativus est, qui quod apprehendit non ordinat ad opus, sed ad solam veritatis conceptionem (1). » Et voilà pourquoi, d'habitude, les anciens scolastiques requièrent simplement quatre causes pour l'existence d'un effet.

C'est uniquement lorsque la volonté se détermine à réaliser l'idée, que l'action commence et que l'effet se produit. Si donc, par une distinction au moins logique, on sépare la puissance qui commande et la puissance qui exécute, la volonté, en posant l'intention, met en mouvement la cause efficiente, et celle-ci pose l'action d'où résulte l'apparition de la forme dans la matière.

In causando, primo invenitur bonum et finis qui movet efficientem, secundo actio efficientis movens ad formam, tertio advenit forma (2).

Mais n'oublions pas que, s'il s'agit d'une cause pure de

---

(1) S. Thomas, I, q. 79, art. 11.
(2) Id., I, q. 5, art. 4.

toute puissance passive, cette motion subie par la cause efficiente est purement métaphorique. La cause efficiente, en tant que cause, n'est pas mue, elle meut; et elle ne dépend de l'intention que sous le rapport de la causalité finale, en ce sens qu'elle meut vers un but toujours projeté d'avance. La formule qui convient le mieux est donc celle d'Albert le Grand :

> Finis, prout est in intentione, sic est causa omnium; quia sic *movet* propter eam efficiens, et sic eam appetit materia (1).

10. — Circuit total.

Saint Thomas développe comme il suit la relation de subordination entre les causes :

> Causæ ad invicem ordinem habent, nam ex una sumitur ratio alterius. Ex forma enim sumitur ratio materiæ; talem enim oportet esse materiam, qualem forma requirit. Efficiens autem est ratio formæ; quia enim agens agit simile sibi, oportet quod secundum modum agentis sit etiam modus formæ quæ ex actione consequitur. Ex fine autem sumitur ratio efficientis, nam omne agens agit propter finem (2).

Que si nous demandons au saint Docteur pourquoi la finalité entre essentiellement dans toute action, il nous répond en nous montrant l'*influence* de la fin :

> Respondeo dicendum, quod omnia agentia necesse est agere propter finem. Causarum enim ad invicem ordinatarum, si prima subtrahitur, necesse est alias subtrahi. Prima autem inter omnes causas est causa finalis.
>
> Cujus ratio est : quia materia non consequitur formam nisi secundum quod movetur ab agente; nihil enim reducit se de potentia ad actum; agens autem non movet nisi ex intentione finis. Si enim agens non esset determinatum ad aliquem effectum, non magis ageret hoc quam illud. Ad hoc ergo quod de-

---

(1) Alb. Magn., *Metaphys.*, lib. V, tr. 1. cap. III.
(2) S. Thomas, *Posterior. analytic.*, lib. I, lect. 16.

terminatum effectum producat, necesse est quod determinetur ad aliquid certum quod habeat rationem finis (1).

La priorité dans le cycle des causes d'un effet appartient donc à la fin, puisque c'est elle qui *définit l'action*. Voilà pourquoi la cause finale est appelée la « cause des causes ». Écoutons encore là-dessus saint Thomas :

Sciendum autem est, quod licet finis sit ultimus in esse in quibusdam, in causalitate tamen est prior semper. Unde dicitur *causa causarum*, quia est causa causalitatis in omnibus causis. Est enim causa causalitatis efficientis, ut jam dictum est. Efficiens autem est causa causalitatis et materiæ et formæ, nam facit per suum motum materiam esse susceptivam formæ, formam inesse materiæ. Et per consequens etiam finis est causa causalitatis et materiæ et formæ (2).

Ainsi, bien qu'aucune des causes ne soit réductible aux autres, cependant elles reconnaissent entre elles une sorte de hiérarchie. Avant toute action, un but fixé, un terme projeté, une fin voulue. C'est par cette fin que l'action est *déterminée*, et par conséquent on peut dire, dans un sens métaphorique, que la fin *détermine* la cause efficiente à agir comme elle agit. A son tour, celle-ci meut la matière vers la forme ; elle pousse l'effet vers sa fin, c'est-à-dire vers le terme de l'intention, terme posé d'avance, terme immobile, terme où le mouvement prend fin. Il y a donc un circuit fermé, qui part d'un but et revient à ce même but ; circuit où tout est en mouvement réel ou métaphorique, sauf le terme immobile dans l'intention absolument immobile.

---

(1) S. Thomas, I³ II⁰, art. 1, q. 2.
(2) Id., *Metaphys.*, lib. V, lect. 3.

CHAPITRE IV

DE LA PERFECTION

ARTICLE I

GÉNÉRALITÉS

1. — « Achevé : Fini : Parfait. »

On lit dans le Dictionnaire de l'Académie française :

« ACHEVER, Finir une chose commencée. *Achevé*, participe. Il est aussi adjectif, et alors il signifie : Accompli, parfait, qui a toutes les bonnes qualités de son genre. *Un ouvrage achevé*. »

On lit de même : « FINIR, Achever, terminer, cesser. *Fini*, participe, s'emploie aussi adjectivement et signifie, surtout dans les arts : Soigneusement terminé. *C'est un tableau fini*. »

On lit enfin : « PARFAIRE, Achever, compléter quelque chose, en sorte qu'il n'y manque rien. *Parfait*, participe. *Parfait*, adjectif : Qui réunit toutes les qualités sans nul mélange de défauts. »

Voici donc trois participes passifs, qui deviennent des adjectifs, et ces adjectifs ont une même signification.

Or je remarque, en premier lieu, la forme passive de ces mots. C'est donc d'abord aux choses qui subissent une action, que ces adjectifs s'appliquent ; c'est dans les effets qu'il faut aller puiser les premières notions de la perfection. Les effets sont parfaits, et le mot *perfection*, appliqué d'abord aux effets, a été ensuite transporté aux causes.

Je remarque, en second lieu, que la notion de perfection doit être bien voisine de la notion d'être et l'une des notions premières; car je trouve que ces mots se définissent l'un par l'autre : « achevé — parfait ; parfaire — achever ». Ce n'est pas là un cercle vicieux, puisqu'il est impossible d'agir autrement. Donc nous sommes en présence de ces notions premières qui se définissent par elles-mêmes.

Je remarque en troisième lieu que, d'une part, les mots *achevé*, *fini*, rappellent le terme, et que, d'autre part, le mot *parfait* rappelle l'action. Je ne m'en étonne pas, car je sais que l'intention et l'action ont un même terme où elles s'embrassent, et j'en conclus que tout effet *achevé* par une cause sans défaillance est un effet *parfait*, parce qu'il est *fini* lorsqu'il est parvenu à la *fin* projetée par l'intention.

2. — De la perfection, suivant Aristote.

Le génie grec avait compris l'intime relation qui rattache la perfection à la cause finale, et c'est du mot qui exprime la fin, τέλος, qu'il a tiré le mot qui signifie parfait, τέλειος.

Voyons comment Aristote a été guidé par ce mot pour faire l'analyse de la perfection (1).

« On appelle parfait, τέλειον, ce qui est tel qu'on n'en puisse trouver aucune parcelle en dehors; ainsi un temps parfait est celui en dehors duquel il n'y a aucune parcelle de temps. »

On le voit, Aristote s'appuie sur l'étymologie grammaticale du mot τέλειος, *fini*. Lorsqu'on est à la fin d'un être, il n'y a rien de cet être en dehors de ce qu'il est actuellement. Lorsqu'un mois est fini, il n'y a plus rien de ce mois à s'écouler; c'est un mois *accompli*.

« On dit encore un être parfait suivant la qualité ou la bonne disposition, lorsque dans ce genre on ne trouve rien au

---

(1) Aristote, *Métaphys.*, liv. V, ch. XVI.

delà (1). Ainsi : un parfait médecin, un parfait joueur de flûte, lorsqu'ils ne laissent rien à désirer dans l'espèce.

« Nous parlons de même des méchants par métaphore, et nous disons : un parfait calomniateur, un parfait voleur. Bien plus, nous disons : un bon voleur, un bon calomniateur.

« La vertu est une perfection ; car chaque chose est parfaite, chaque être est parfait, lorsqu'ils ne laissent en dehors de leur propre vertu aucune parcelle de la grandeur qui convient à leur nature. »

C'est toujours la même idée de *fin*, de *bout*, de *terme*. Une qualité est parfaite, lorsqu'elle ne peut aller plus loin dans son genre, lorsqu'on ne peut la concevoir plus grande en conservant sa nature.

« On appelle encore parfaites les choses qui possèdent une fin estimable ; car elles sont parfaites par la possession de leur fin, κατὰ γὰρ τὸ ἔχειν τὸ τέλος τέλεια. Et comme la fin est un terme extrême, nous transportons le même langage à des sujets qui ne sont pas désirables ; et nous disons : être parfaitement détruit, être parfaitement corrompu, lorsqu'il ne reste plus de corruption ou de destruction possible, et qu'on est au bout.

« C'est pourquoi la mort est, par métaphore, appelée la fin, parce que fin et mort sont des termes extrêmes. Mais, à parler exactement, une fin est un but dernier qu'on se propose. »

Voici, comme le fait remarquer saint Thomas, une nouvelle acception du mot « parfait », non plus tiré des qualités intrinsèques du sujet, mais tiré plus explicitement du terme intentionnel vers lequel marche le sujet. Un être qui tend vers un *but* est parfait lorsqu'il l'a atteint.

« Telles sont donc les diverses raisons pour lesquelles on dit des choses qu'elles sont parfaites. Les unes le sont, parce qu'elles ne laissent rien, qu'elles ne sont surpassées par rien dans leur espèce, et qu'il n'y a rien en dehors ; les autres sont dites parfaites, soit parce qu'elles ont ou font quelque chose qui est tel, soit parce qu'elles s'harmonisent avec quelque chose de tel, soit enfin par quelque relation avec les choses qui sont intrinsèquement parfaites. »

---

(1) Μὴ ἔχον ὑπερβολὴν πρὸς τὸ γένος. Voir l'interprétation de Fonseca.

3. — Des diverses significations du mot « parfait ».

Résumons cette doctrine. Il y a d'abord une perfection qu'on peut appeler *matérielle :* un mois « parfait », un mois « accompli », un mois « entier », autant de synonymes. — Il y a ensuite une perfection qu'on peut appeler *formelle;* elle consiste dans un état qui répond à la forme idéale. — En troisième lieu, il y a une perfection qu'on peut appeler *finale;* elle consiste en ce qu'un être a atteint sa fin. — Enfin, il y a perfection par analogie ou relation avec une quelconque des précédentes perfections.

Nous ne nous occuperons pas de la perfection matérielle.

Quant à la perfection par analogie, il suffit de bien savoir ce qu'on entend par cette expression, et saint Thomas nous l'explique dans le texte suivant :

Ponit (Aristoteles) modum secundum quem dicuntur perfecta per respectum ad aliud, et dicit quod alia sunt perfecta « secundum ipsa », id est, per comparationem ad perfecta quæ sunt « secundum se » perfecta : vel ex eo quod faciunt aliquid perfectum aliquo priorum modorum, sicut medicina est perfecta quæ facit sanitatem perfectam; aut ex eo quod habent aliquid perfectum, sicut homo dicitur perfectus qui habet perfectam scientiam; aut repræsentando tale perfectum, sicut illa quæ habent similitudinem ad perfecta, ut imago dicitur perfecta quæ representat hominem perfecte; aut qualicumque aliter referantur ad ea quæ dicuntur per se perfecta primis modis (1).

Restent donc à étudier avec soin la perfection formelle et la perfection finale. Ce sont les seules qui soient véritablement importantes. Aussi saint Thomas distingue-t-il surtout ces deux espèces de perfection, et il nous explique, dans le texte suivant, en quoi elles consistent :

Duplex est rei perfectio, prima et secunda. Prima quidem rei perfectio consistit in ipsa forma ex qua speciem sortitur.

---

(1) S. Thomas, *Metaphys.*, lib. V, lect. 18.

Secunda vero perfectio consistit in operatione rei per quam res aliqualiter suum finem attingit (1).

ARTICLE II

PERFECTION FORMELLE

1. — Principe de la perfection formelle.

D'une part, Aristote fait dériver le concept du parfait, τέλειον, du concept de fin, τέλος. D'autre part, il nous dit : Un être parfait est celui qui contient en soi tout ce qu'il peut ou doit contenir et qui ne laisse rien en dehors.

C'est qu'en réalité, devenir parfait c'est, comme tout devenir, partir d'un point de départ et parvenir à un terme. Mais le terme de la perfection n'est pas un point quelconque d'arrêt; c'est un terme qui ne laisse rien en dehors. Ce n'est donc pas l'être qui détermine le terme en s'arrêtant dans son développement; tout au contraire, l'être n'est parfait que s'il ne s'est pas arrêté avant le terme fixé pour son repos.

Et qui donc détermine ce but?

Nous le savons : c'est la cause, ou, si l'on veut, ce sont les causes. L'idée le montre, l'intention le projette, l'action le poursuit; et l'effet est devenu parfait, lorsque l'action, atteignant le terme de l'intention, prend fin et laisse l'effet dans le repos de l'existence.

2. — En quoi consiste la perfection formelle.

La perfection d'un effet n'est donc pas quelque chose de surajouté à son être. C'est l'être lui-même avec un rapport à ses causes et en particulier à sa cause finale, car il est tout ce qu'il est par l'opération qui l'a produit, et cette opération ne vise qu'à réaliser l'intention.

D'ailleurs, considéré en soi-même, l'être est tout ce qu'il

---
(1) S. Thomas, III, q. 29, art. 2.

est par sa forme qui est son acte. Donc la perfection formelle d'un être est sa propre forme, « en tant qu'elle réalise l'intention ». De là cette définition scolastique : *Perfectio naturalis est forma, sive actus perficiens secundum naturam subjecti* (1). De là cette autre formule : *Finis operationis est forma introducenda*. Et c'est ainsi que la statue la plus disgracieuse peut être parfaite, si elle a été « parfaite » par un artiste de talent, dans l' « intention » de représenter un Thersite.

Nous retrouvons donc encore ici la relation intime entre la forme et la fin, et la perfection en est, pour ainsi dire, le trait d'union. C'est ce qu'enseigne saint Thomas avec son grand langage dans un texte que nous avons déjà cité :

Omne ens, in quantum est ens, est in actu et quodammodo perfectum, quia omnis actus perfectio quædam est. Perfectum vero habet rationem boni, ut ex dictis patet. Unde sequitur omne ens, in quantum hujusmodi, bonum esse (2).

Citons encore un beau passage de saint Augustin.

Les Manichéens s'en prenaient au texte de la Genèse : *Et vidit Deus lucem quod esset bona :*

Dicunt enim : Ergo non noverat Deus lucem, aut non noverat bonum. Miseri homines, quibus displicet quod Deo placuerunt opera sua, cum videant etiam hominem artificem, verbi gratia, lignarium fabrum, quamvis in comparatione sapientiæ et potentiæ Dei pene nullus sit, tamen tam diu lignum cædere atque tractare, dolando, asciando, planando vel tornando atque poliendo, quousque ad artis regulas perducatur, quantum potest et placeat artifici suo. Numquid ergo quia placet ei quod fecit, ideo non noverat bonum? Prorsus noverat intus in animo, ubi ars ipsa pulchrior est, quam illa quæ arte fabricantur. Sed quod videt artifex intus in arte, hoc foris probat in opere, et hoc est perfectum quod artifici suo placet (3).

---

(1) Fonseca, *Metaphys.*, lib. IV, cap. II, q. 7, sect. 6.
(2) S. Thomas, I, q. 5, art. 3.
(3) S. August., *De Genes. contr. Manich.*, lib. I, n° 13.

3. — Comment la perfection est un maximum.

Aristote nous l'explique comme il suit :

« Le maximum, τὸ μέγιστον, dans chaque genre est parfait. Car, d'un côté, le maximum est tel qu'il n'y a rien au delà, et de l'autre, le parfait, τέλειον, est tel que hors de lui on ne puisse rien trouver... Les choses qui possèdent leur fin sont parfaites, hors de la fin il n'y a rien. Car l'état final d'un être le renferme et le contient tout entier; il n'y a donc rien hors de la fin, et ce qui est parfait ne manque de rien (1). »

Développons cette pensée.

D'abord, la perfection matérielle est un maximum; car ce qui est au terme est le plus loin possible du point de départ. Cette remarque vous semble banale? Et pourtant, elle nous conduit à cette conclusion que la perfection formelle est aussi un maximum. Quel est, en effet, le terme auquel doit parvenir une œuvre sous l'influence de la cause efficiente? N'est-ce pas le terme fixé par l'intention? Et quel est le terme fixé par l'intention, sinon la réalisation d'une idée? Donc, de soi, l'œuvre ne peut monter plus haut que l'idée. Lorsqu'elle a atteint l'idée, elle est achevée, elle est à son maximum, elle est parfaite.

Je sais que l'œuvre peut rester imparfaite, parce que les défauts de la matière n'ont pas permis de réaliser complètement l'idée; mais alors tout l'effort de la cause efficiente consistera à triompher de ces résistances pour rapprocher l'œuvre de son maximum. — Je sais, encore, que l'œuvre peut rester imparfaite, parce que la cause efficiente n'a pas pu réaliser son intention; mais alors cette cause est défaillante. — Je sais, enfin, que l'œuvre peut être imparfaite, parce que l'idée est elle-même imparfaite.

Mais, dans tous ces cas, ce sont les causes elles-mêmes qui sont imparfaites, et rien d'étonnant si cette imperfection rejaillit sur l'effet. Quant à la cause parfaite, elle produit toujours des effets parfaits.

---

(1) Aristote, *Métaphys.*, liv. X, ch. iv.

4. — Perfection des causes.

Je viens de parler de causes parfaites et de causes imparfaites. Comment peut-on transporter aux causes des dénominations qui rappellent l'effet? Que les causes secondes, causes *faites,* puissent être parfaites ; que les causes, *mues* autant que mouvantes, puissent être accomplies, τέλειαι, je le comprends sans peine, car elles sont parfaites, en tant qu'elles sont les effets de causes supérieures. Mais peut-on les dire parfaites, en tant que causes? — Oui, si l'on respecte, comme on le doit, le langage du genre humain. Car on dit également, et de l'effet qu'il est parfait, lorsqu'il est « bien fait », et de la cause qu'elle est parfaite, lorsqu'elle « fait bien ». De la Cause pure, de la Cause Première, qui fait et n'est point faite, qui pousse tous les êtres vers leurs fins et qui n'a pas proprement de fin, nous devons proclamer qu'elle est Parfaite; car la Vérité incarnée a prononcé : *Soyez parfaits comme votre Père céleste est parfait.*

N'en soyons pas surpris. C'est surtout entre cette adorable Cause et ses effets qu'a lieu le commerce formulé dans l'adage : *Causa est in causato per modum causati; causatum est in Causa per modum causæ.* Lorsqu'il est question de la Cause Première et de son effet, nous devons dire sans restriction aucune : La perfection est dans l'effet comme une participation de la cause; la perfection est dans la cause comme modèle et prototype de l'effet. La perfection, dans l'effet, est un reflet de la gloire essentielle à la cause; la perfection, dans la cause, est la propre splendeur de cette gloire.

Et quelles expressions avons-nous donc pour célébrer la Cause Première, à moins de lui appliquer des mots qui désignent d'abord l'effet? Puisque c'est dans l'effet que nous connaissons la cause, comment parler de la cause, sinon en lui attribuant tout ce qui fait l'honneur et la gloire de l'effet, c'est-à-dire, la perfection?

On peut présenter la même considération sous une autre forme, en se rappelant que la notion de perfection contient l'idée de maximum. Soit toujours, pour plus de simplicité, un effet qui dépende immédiatement d'une cause totalement et purement cause. Pour devenir parfait, l'effet tend vers un maximum, c'est-à-dire qu'il monte vers sa cause pour s'en rapprocher le plus possible par l'imitation. Mais, lorsqu'il s'arrête parvenu au maximum d'élévation qui lui est propre, il reste suspendu bien au-dessous de son prototype. Il y a donc comme deux sommets occupés, l'un par l'effet, l'autre par la cause; il y a deux maximum, deux perfections, la perfection formelle de l'effet et la perfection éminente de la cause.

La perfection est dans la cause *par manière de cause;* elle est dans l'effet *par manière d'effet.* Dans la cause, elle est source exubérante; dans l'effet, elle est petit ruisseau dérivé. Ici, participation et portrait; là, principe et original. Ici, bornée et finie; là, au-dessus de toute fin et de toute limite. En un mot, la perfection formelle dans l'effet est une participation, par similitude, de la perfection éminente qui est identique à la cause.

Cette doctrine est simple, claire, rigoureuse, facile à exposer, lorsqu'on envisage la Cause Première. S'agit-il des causes secondes, il faut l'appliquer avec bien des correctifs et des restrictions. Mais il en est alors comme toujours: les théorèmes relatifs à la causalité s'appliquent aux causes imparfaites ou partielles dans le même degré que ces causes participent à l'honneur de la causalité.

D'avance, je répète la même remarque au sujet de la perfection finale que nous allons étudier. Pour en établir la théorie avec clarté, je considérerai encore un effet et sa cause, cette cause étant, tout à la fois, unique et totale, immédiate et première. C'est implicitement annoncer que j'aurai en vue la causalité divine; mais où mieux trouver les lois de la causalité, que dans la Cause absolument pure?

ARTICLE III

PERFECTION FINALE

Pour réussir dans cette nouvelle et délicate étude, appuyons-nous sur les deux propositions suivantes : « Toute perfection consiste dans un acte ; — L'imperfection correspond à une puissance passive. »

1. — Toute perfection consiste dans un acte.

Saint Thomas l'affirme :

Secundum hoc dicitur aliquid esse perfectum, secundum quod est in actu. Nam perfectum dicitur cui nihil deest secundum modum suæ perfectionis (1).

Expliquons ce texte.

L'idée commune, qui répond au mot *parfait*, est l'idée d'un être à qui il ne manque rien de ce qui convient à sa nature. A la vérité, un être peut être parfait dans l'ordre idéal, sans exister d'une existence propre. Mais cette perfection est plutôt une perfection d'idée qu'une perfection de chose, et ce n'est qu'en venant à l'existence qu'un être acquiert sa perfection propre. Jusque-là, il n'est qu'en puissance ; or c'est l'acte qui complète ce qui est en puissance, c'est l'existence qui consomme la perfection. Telle est la doctrine que saint Thomas résume dans un texte splendide de majesté :

Ipsum *esse* est perfectissimum omnium. Comparatur enim ad omnia ut actus. Nihil enim habet actualitatem nisi in quantum est : unde ipsum *esse* est actualitas omnium rerum (2).

---

(1) S. Thomas, I, q. 4, art. 1.
(2) Id., S. Thomas, I, q. 4, art. 1, ad 3ᵘᵐ.

Être parfait, c'est donc exister. Devenir parfait, c'est devenir existant; c'est passer de l'état de puissance à l'état d'acte, et la perfection est le terme, la fin de ce passage.

2. — L'imperfection correspond à une puissance passive.

Saint Thomas l'affirme :

Unumquodque in tantum perfectum est in quantum est actu; nam potentia sine actu imperfecta est (1).

Remarquez soigneusement que dans ce texte il s'agit de puissance *passive* et non de puissance active. La puissance active est par elle-même un acte; son action perfectionne au dehors l'effet qu'elle produit, mais elle n'introduit dans la cause aucune modification, aucun mouvement, aucune réalité nouvelle. Donc l'action de la puissance active ne perfectionne pas cette puissance; et le Soleil n'est ni plus ni moins parfait, soit qu'il m'échauffe, soit que je reste en dehors de ses rayons. Plus encore : une modification accidentelle ne suffit pas pour introduire la perfection. Une horloge n'est pas plus parfaite en mouvement qu'au repos. Et pourquoi, sinon parce que sa nature est indifférente au repos et au mouvement? Et pourquoi cette indifférence, sinon parce que ce mouvement ne laisse aucune trace dans la machine qui, après le mouvement, se retrouve identiquement ce qu'elle était auparavant?

L'acte qui constitue la perfection est donc l'acte qui termine une appétence intime, suivant l'axiome : *Potentia appetit actum;* c'est l'acte corrélatif à une puissance *passive;* c'est l'acte par lequel existe ce qui n'était d'abord que possible.

3. — Distinction de la perfection formelle et de la perfection finale.

Ces considérations étaient opportunes; car s'il est im-

---

(1) S. Thomas, Iª IIᵃᵉ, q. 3, art. 2.

portant de ne pas confondre la perfection formelle et la perfection finale, il est aisé de les distinguer au moyen des puissances qui correspondent à chacune d'elles. Avant qu'un être existe en soi, il n'est encore qu'en puissance : mais cette première puissance n'est, en elle-même, que le terme d'un concept, *ens rationis ratiocinatæ*, et ce concept doit sa légitimité à l'existence de la puissance active qui lui correspond. Aussi l'adage : *Potentia appetit actum*, ne peut avoir ici qu'un sens métaphorique; et la cause, en même temps qu'elle réalise l'effet, lui donne sa perfection formelle.

Mais il peut se faire que cette perfection formelle, telle qu'elle a été réalisée par la cause, contienne la possibilité d'une perfection ultérieure. Un gland parfait peut devenir un chêne, un enfant parfait peut devenir un homme. Remarquez-le : dans ces exemples, c'est le même être qui peut devenir ce qu'il n'est pas encore, et il peut le devenir *en vertu* de ce qu'il est déjà. Cette possibilité est donc fondée sur une réalité, cette puissance passive fait partie intégrante d'un acte, et son sujet peut devenir parfait de sa perfection finale, *en vertu* même de sa perfection formelle.

J'ai dit : *en vertu*, et de fait, c'est le mot qui exprime le mieux la pensée qui nous occupe. Aussi la puissance passive qui correspond à la perfection finale se nomme *une virtualité*. Le gland est « virtuellement » un chêne, l'enfant est « virtuellement » un homme, et la perfection finale est atteinte, lorsque chaque être est devenu « actuellement » ce qu'il était d'abord « virtuellement ». En un mot, la perfection finale est le terme d'une *virtualité*.

4. — De la virtualité.

Voici un mot nouveau, et pour l'expliquer reprenons encore une fois ce que nous venons d'exposer.

Saint Thomas, voulant prouver que la *vertu* morale tend

CHAPITRE IV. — DE LA PERFECTION.

à agir, distingue deux espèces de puissances, qu'il nomme *potentia ad esse* et *potentia ad agere*.

Puis il ajoute :

> Sed potentia ad *esse* se tenet ex parte materiæ quæ est ens in potentia. Potentia autem *ad agere* se tenet ex parte formæ quæ est principium agendi, eo quod unumquodque agit in quantum est actu (1).

La première puissance est donc une pure passivité qui réside dans la matière, ou dans ce qui tient lieu de matière. La seconde s'appuie sur la forme, c'est-à-dire sur l'acte et elle tend à agir; c'est une puissance active.

Eh bien, réunissez ces deux puissances dans le même sujet; concevez un être qui soit en possibilité de devenir, précisément parce qu'il est en puissance d'agir; concevez un être qui ne soit pas encore tout ce qu'il peut être, mais qui puisse le devenir en vertu d'une activité qu'il possède déjà. Alors vous aurez une *virtualité*, c'est-à-dire une activité faisant partie de la perfection formelle d'un sujet et le poussant vers sa perfection finale. Alors vous aurez une activité immanente, c'est-à-dire une activité dont le principe et le terme sont dans un même sujet à la fois passif sous un rapport et actif sous l'autre. Alors l'axiome : *Potentia appetit actum,* aura un sens très réel; car il y aura dans le sujet qui n'est pas encore ce qu'il peut devenir, une inclination réelle, un principe actif de tendance vers une complète actualité; il y aura une appétence qui demande à être rassasiée.

Pour définir la virtualité qui tend au mouvement, on pourrait donc s'inspirer de la définition du mouvement lui-même. « Le mouvement, dit Aristote, est l'acte de l'être en puissance, en tant qu'il est en puissance. » On peut dire : « La virtualité est la puissance de l'être en acte, en tant qu'il est en acte ». — C'est une puissance passive; car

---

(1) S. Thomas, 1ª IIæ, q. 55, art. 2.

c'est un vide à remplir. Mais c'est la puissance d'un être en acte; car c'est l'appétence d'un être qui applique à se rassasier tous les efforts de son activité existante.

C'est dans cette virtualité qu'il faut aller chercher la distinction entre la perfection formelle et la perfection finale. D'une statue ébauchée d'abord et achevée ensuite, on ne dira pas qu'elle a eu d'abord une perfection formelle, puis une perfection finale; mais on dira que, d'abord formellement imparfaite, elle est devenue formellement parfaite. C'est que dans le marbre inerte et toujours uniquement passif, on ne peut rencontrer aucune virtualité qui le pousse à être ce qu'il n'est pas encore.

Pour qu'on puisse distinguer entre la perfection formelle et la perfection finale, il faut un système doué de forces intérieures dont l'activité modifie le système lui-même pour l'amener d'un état initial à un état final.

C'est ainsi que l'on peut considérer l'acte Créateur, comme s'étant borné à produire les éléments matériels avec leurs forces intimes, et à les placer dans certaines positions convenables. Puis la création proprement dite a cessé; et tous les éléments, exerçant leur activité sous le regard agissant de Dieu et se groupant en vertu de leurs forces intérieures, ont peu à peu amené les cieux et la terre à leur perfection finale.

Mais, quelque splendide que soit cet exemple, il ne fait pas comprendre l'essence d'une véritable virtualité. Car les éléments matériels ne se perfectionnent pas en se groupant; les cieux et la terre sont un « résultat » complexe, et ce n'est que par métaphore qu'on peut attribuer aux états précédents de la matière une tendance et un appétit vers un état final.

Pour rencontrer une véritable virtualité, il faut rencontrer un être déjà existant, qui sans cesser d'être ce qu'il est, tend intrinsèquement à devenir ce qu'il n'est pas; il faut remonter jusqu'à la vie. C'est dans les êtres vivants que l'on distingue bien la perfection formelle et la perfec-

CHAPITRE IV. — DE LA PERFECTION.

tion finale, et voilà pourquoi on ne peut mieux exprimer le rapport de ces deux perfections qu'en disant que l'une est le « germe » de l'autre.

Pour mieux comprendre encore la virtualité, étudions-la dans ses causes.

5. — Causes de la virtualité.

Si je considère chaque être vivant, je constate que son désir et son activité se portent dans une direction bien déterminée, l'activité s'efforçant de combler le désir. La fleur se penche vers la lumière, le passereau vole aux bocages, le chamois bondit aux rochers, et je puis déjà conclure que l'activité de chaque être le pousse vers un terme, un bout, un but, une fin.

Or qui a constitué le sujet de telle sorte qu'il ait une tendance déterminée? Sans aucun doute, c'est sa cause efficiente qui l'a lancé dans une certaine direction. C'est elle qui, en constituant la nature, y a produit cette inclination active, ce besoin, cet appétit déterminé.

D'ailleurs nous le savons, l'action de la cause efficiente se termine à la perfection formelle de son effet. Donc nous devons déjà conclure que la virtualité est une perfection formelle du sujet qui la possède.

En outre, la cause veut ce qu'elle fait. Donc, en douant son effet de cette virtualité, elle veut non seulement qu'il soit capable de parvenir plus loin qu'il n'est déjà, mais encore qu'il tende activement vers le but assigné à son activité.

Il y a plus. Cette appétence du sujet pour sa perfection finale étant une réalité produite par la cause, il faut bien qu'elle se trouve d'une certaine façon dans la cause elle-même, en vertu de l'adage : *Causatum est in causa per modum causæ.* Donc, dans la cause existe une certaine intention *affective* par rapport à la perfection finale de son œuvre. Je dis : *affective,* car la perfection finale rapproche l'effet de sa cause; elle consomme, autant qu'il est possible, l'union entre la cause et l'effet; or l'union vient de l'amour, selon ces paroles de l'Aréopagite : *Tout amour est une vertu unissante* (1).

Mais cette intention affective est-elle *effective?* Est-elle une volonté absolue, un décret efficace? Ce sont là des questions qui touchent, comme on le devine, aux théories les plus graves de la théologie. Nous ne pouvons donc pas les passer complètement sous silence; et nous devons dire au moins quelques mots du rôle de la Cause Première par rapport à la perfection finale de sa créature.

6. — La perfection finale est un don de la cause.

Cette belle proposition peut se démontrer directement soit en partant de la cause, soit en partant de l'effet.

1° En partant de la cause :

Lorsque nous avons distingué entre la fin de l'opération et la fin de l'œuvre, nous avons reconnu que ces deux fins correspondaient à deux intentions non seulement distinctes, mais séparables. On peut vouloir une machine « capable » d'une opération, sans vouloir absolument l'opération de cette machine. Le Créateur peut vouloir une virtualité qui soit une perfection formelle, sans vouloir absolument la perfection finale qui en est le terme. Dans chaque œuf, la nature a déposé une activité qui tend à l'éclosion, et pourtant que d'œufs se flétrissent! Le don de la tendance active vers la fin ne contient pas le don de la perfection finale.

Or, si l'équation des causes est vraie, il faut reconnaître que toute réalité actuelle de l'effet procède d'une intention actuelle de la cause. Donc, après qu'une première intention et une première action ont constitué la virtualité, il faut encore, pour que la perfection finale soit réellement

---

(1) S. Denys, *Noms divins*, ch. iv.

obtenue, qu'une nouvelle intention la détermine et qu'une nouvelle action la réalise.

2° En partant de l'effet :

Le sujet qui ne possède encore que virtuellement sa perfection finale est encore en puissance par rapport à cette perfection. Or aucune puissance passive ne peut d'elle-même se réduire en acte. Je sais bien que la virtualité est une activité qui pousse le sujet vers sa perfection finale. Mais, puisque ce sujet est encore incomplet par rapport à sa fin, l'activité qu'il contient n'est pas la raison complète de cette même fin. Le bon sens le dit : le moins ne contient pas le plus, l'imparfait n'est pas raison suffisante du parfait; on peut tomber de soi-même, on ne s'élève pas sans secours étranger. Donc, pour trouver la raison totale de la perfection finale, il faut remonter plus haut que l'activité propre du sujet, il faut remonter jusqu'à sa cause.

Concluons : donc la perfection finale est produite dans la créature par l' « opération » du Créateur, et l'activité interne qui la pousse vers cette perfection n'est que la vertu de « coopérer » activement à l'action de la Cause Première.

Le mot « Parfait » ne nous l'apprend-il pas? Parfait, c'est-à-dire fait complètement. C'est la cause qui fait, c'est la cause qui parfait; car rien ne se fait soi-même, rien ne se parfait soi-même. Saint Bernard a dit : *Bonus actus a Deo est, qui non tantum facit sed perficit* (1). Par là, le saint Docteur prouve la nécessité de la grâce. Mais son argument s'étend à toute perfection même naturelle; car il s'appuie sur la métaphysique de la Cause Première. Et, avant lui, son maître saint Augustin avait dit : *Ille fecit, hæc facta sunt; atque ut sint et bene se habeant, Ejus indigent a quo facta sunt* (2).

C'est donc une vérité bien établie : Quelles que soient

---

(1) S. Bern., *Lib. de Gratia*, cap. vi, n° 18.
(2) S. August., *De Civit. Dei*, lib. X, cap. xv.

la virtualité d'un être, sa tendance et son appétence, pour qu'il obtienne sa perfection finale, il faut qu'il reçoive une influence supérieure, il faut que sa fin lui soit donnée par la cause qui la lui a assignée.

Saint Thomas distingue même trois degrés dans ce don par lequel la cause ramène à soi son effet :

Omne movens trahit quodammodo ad se patiens vel a se repellit. Trahendo quidem ad se, tria facit in ipso. Nam primo quidem dat ei inclinationem vel aptitudinem ut in ipsum tendat ; sicut cum corpus leve, quod est sursum, dat levitatem corpori generato per quam habet inclinationem vel aptitudinem ad hoc quod sit sursum : secundo, si corpus generatum sit extra locum proprium, dat ei moveri ad locum : tertio, dat ei quiescere in loco, cum pervenerit ; quia ex eadem causa aliquid quiescit in loco, per quam movebatur ad locum (1).

7. — La perfection finale dépend essentiellement de l'activité qui y tend.

La cause qui fait est la cause qui parfait ; la perfection finale d'un sujet est un don de sa cause. Mais prenons garde de nous méprendre sur le sens de ces propositions. Prenons garde de considérer la perfection finale comme une réalité extrinsèque surajoutée au sujet qui l'obtient. Prenons garde de nous figurer l'opération de la cause comme l'action d'un modeleur qui ajoute de l'argile pour parfaire sa statue. Je l'ai déjà fait remarquer : toute perfection qui provient uniquement de la cause efficiente est une perfection formelle, puisque le terme de la causalité efficiente est une forme introduite dans la matière.

Quant à la perfection finale, elle est le terme d'une virtualité, c'est-à-dire d'une activité immanente capable de pousser le sujet jusqu'à sa fin.

Ces vérités sont affirmées dans le texte déjà cité :

Duplex est rei perfectio, prima et secunda. Prima quidem

---

(1) S. Thomas. 1ª IIæ, q. 23, art. 4.

rei perfectio consistit in ipsa forma ex qua speciem sortitur. Secunda vero perfectio consistit in operatione rei per quam. res aliqualiter suum finem attingit (1).

La perfection finale est une opération du sujet, et puisque c'est dans les êtres vivants que nous étudions cette question, la perfection finale est une opération vitale. Donc une telle opération procède essentiellement d'une activité intrinsèque et par conséquent en dépend. La floraison est la perfection finale du rosier ; mais il faut que la sève pousse du dedans au dehors le bourgeon et la fleur. Jusque-là, l'arbuste n'est point parvenu à sa fin, quelles que soient les roses étrangères qu'on fixerait à ses rameaux.

De là des conséquences très importantes que je ne fais qu'indiquer ici :

1° La perfection finale d'un sujet dépend de l' « opération » de sa cause et de la « coopération » active du sujet.

2° Le terme étant un, l'action qui y conduit est une. Donc la cause et le sujet actif se rencontrent dans une même action. Plus tard, nous aurons à analyser cette double influence.

3° Mais déjà nous pouvons dire que cette action unique puise des caractères différents à ses deux sources. Saint Thomas a fait grand usage de cette proposition, et quelques-uns de ses commentateurs en ont fait grand abus, faute d'en comprendre le véritable sens.

4° Nous pouvons enfin répondre à la question que nous nous sommes posée plus haut : la cause a pour la perfection finale qu'elle assigne à son œuvre une intention affective, mais cette intention est-elle quelque chose de plus? — Oui : elle est une intention *effective*, puisqu'il faut que la cause « opère » pour que son œuvre « coopère ». Mais cette intention n'est pas un décret absolu, *prédéfinissant* ou *prédéterminant*, car l'intention de la cause se porte

---

(1) S. Thomas, III, q. 29, art. 2.

vers la perfection de son œuvre à travers la virtualité qu'elle y a déposée. Elle veut donc cette perfection comme elle peut résulter de la vertu contenue dans la perfection formelle. Que si cette vertu est contingente et défaillante, que si elle a besoin de quelque secours extrinsèque comme la graine a besoin d'humidité pour germer, que si elle peut être contrariée dans son opération comme le fœtus soumis à de funestes influences, *que si le sujet peut librement résister à l'influence supérieure*, la perfection finale ne sera pas atteinte, l'être ne parviendra pas à son terme final. Or la cause, en voulant la virtualité, la veut telle qu'elle est, et par conséquent avec ses contingences. Donc, dans la cause, l'intention de la perfection finale, bien qu'elle soit affective et effective, n'est pas un décret absolu.

C'est la pensée qu'exprime saint Thomas dans le passage suivant :

Corrumpere naturam non est divinæ providentiæ. (Dionys, 4, de Div. Nom.) Hoc autem habet quarumdam rerum natura quod sint contingentia. Non igitur divina providentia necessitatem rebus imponit, contingentiam excludens (1).

8. — Élévation à la Cause Première.

Dans ce qui précède, je me suis astreint, autant que je l'ai pu, à considérer la causalité parfaite sous une forme abstraite et métaphysique. Mais, ô mon Dieu ! je n'y tiens plus : permettez que je Vous nomme, que je parle de Vous ouvertement. Cause infiniment parfaite, Cause Première de toutes les natures, souffrez que je parcoure encore une fois le cycle de la causalité, en portant mes regards, autant qu'il est permis, vers Vous-même, foyer adorable de Sagesse et de Toute-Puissance.

---

(1) S. Thomas, 1, q. 22, art. 4, *sed contra*.

CHAPITRE IV. — DE LA PERFECTION.

Dans le sanctuaire divin de la Causalité Pure, je vois d'abord que la cause finale règne jusque dans l'ordre idéal. Tout y est ordonné vers la fin, chaque être est essentiellement conformé pour tendre à sa fin par son opération propre, suivant l'adage : *Res unaquæque dicitur esse propter suam operationem*. Tout est bon et, par conséquent, la Cause voit tout avec complaisance, se complaisant dans la perfection finale des choses plus encore que dans leur perfection formelle, puisque celle-ci est ordonnée pour celle-là, et que cette subordination provient de la complaisance même de la Cause.

Mais cette complaisance n'est ni une appétence, ni un désir, et c'est ici qu'apparaît l'indépendance de l'intention. L'intention de la Cause Première n'a ni motif ni désir, car rien ne meut la première des causes. Elle peut se porter librement sur toute nature réalisable, telle qu'elle est réalisable, et sans altérer les contingences attachées à cette nature. C'est pourquoi son premier décret a pour terme la perfection formelle; en d'autres mots, elle décide l'existence d'une nature « capable » d'atteindre sa perfection finale.

Par cette première action, l'œuvre est « poussée » vers sa perfection *formelle;* elle y est « poussée » comme une puissance purement passive, incapable de coopérer activement à son propre devenir.

Mais une fois réalisée, cette perfection *formelle* contient une activité essentiellement dirigée vers sa perfection *finale*. Il y a dans cette nature actuellement existante, une virtualité active, une tendance réelle, qui se manifeste par les attractions aveugles dans les minéraux, par les appétits instinctifs dans les animaux, par les désirs dans les natures raisonnables; et cette appétence du bonheur n'est autre chose qu'une participation de la complaisance avec laquelle la Cause regarde la perfection finale de son effet.

Cependant cette virtualité active ne se suffit pas à elle-même. Il faut encore que la Cause poursuive son action;

il faut qu'elle pousse de nouveau cette nature vers la fin désirée; et, dans ce second mouvement, la Cause élève son œuvre à la dignité de coopératrice. Il la fait participante de son action et lui donne de concourir à se *faire elle-même*. Et ce concours de la cause seconde reste toujours subordonné à l'action toujours libre de la Cause Première, et chaque nouvelle étape, chaque nouveau progrès vers le terme est un don de la Cause à son œuvre.

Lorsque je considère de quelle protection la nature entoure l'œuf de l'insecte, avec quelle prodigalité elle prépare à la larve son aliment, comme elle la déguise ou la cache à ses ennemis, j'admire une Providence qui se complaît à pousser chaque chose vers son terme et sa perfection. Mais quand je vois combien d'œufs se flétrissent sans éclore, combien de larves périssent de mille manières, je reconnais que cette Providence reste toujours libre dans ses bienfaits, que ses dons ne l'obligent à rien, et qu'elle ne se doit à elle-même que d'exécuter ses propres desseins.

Desseins, tous de bonté, à quelque terme qu'ils s'arrêtent! Car, si pour chaque être la consommation du bonheur est dans la possession de sa perfection finale, il y a cependant déjà bonheur dans le mouvement vers cette fin, puisque le mouvement est comme une première participation du terme. Les tressaillements du nid, à l'approche de la becquée, ne manifestent-ils pas que la joie existe déjà dans une vie qui s'efforce de s'épanouir?

Et lorsque sous l'action de la Cause Première cette vie s'est développée, lorsque toute puissance a été réduite en acte, tout appétit satisfait, toute tendance amenée à son terme, alors c'est la fin de tout devenir, c'est la consommation de tout mouvement, c'est l'existence dans toute sa plénitude. Alors, c'est la perfection finale conquise et possédée; c'est la perfection complète dans toute sa jouissance, car c'est la perfection dernière coïncidant avec toute la complaisance de la Cause. *Unumquodque dicitur perfectum,*

CHAPITRE IV. — DE LA PERFECTION.

in quantum attingit proprium finem, qui est ultima rei perfectio (1).

Ainsi, dans la nature, tout est dans l'ordre, parce que tout résulte d'une ordonnance conçue par une Sagesse infinie, et que tout est rangé en ordre par une intention Toute-Puissante, conduisant chaque chose jusqu'au point où il lui plaît.

Peut-on concevoir que le désordre ait place dans un tel ouvrage? Hélas! il n'est que trop vrai; et pour comble d'étonnement, c'est dans le chef-d'œuvre de la création que le désordre s'est glissé. Dans les natures inférieures, Dieu ne veut pas toujours la perfection finale de tous les individus, mais tous ceux pour qui il la veut l'obtiennent infailliblement. Or il est une nature, c'est la nôtre! élevée à ce degré d'honneur, que Dieu veut réellement et sérieusement la perfection finale pour tous les individus en général et pour chacun en particulier (2); et pourtant combien, hélas! n'y parviennent pas!

Oui, il est un être que sa Cause a doté de la plus sublime perfection formelle, et de la tendance la plus active vers sa perfection finale. Toujours et partout la Cause pousse cette œuvre de prédilection vers un terme de gloire et de bonheur; et cependant trop souvent ce terme n'est pas atteint, et l'homme, que Dieu veut élever jusqu'à lui, tombe misérablement dans l'abîme.

Tel est le terrible problème du péché, que nous n'avons pas à étudier ici. Mais nous en pouvons entrevoir la solution dans ce que nous avons dit au sujet de la coopération que chaque être doit apporter à l'œuvre de sa perfection finale. Là où cette coopération fait défaut, il y a défaillance, et la fin n'est pas atteinte; car *Celui qui vous a créé sans vous, ne vous sauvera pas sans vous* (3).

---

(1) S. Thomas, II^a II^æ, q. 184, art. 1.
(2) « Qui omnes homines vult salvos fieri. » (1 Timoth., cap. II, vers. 4.)
(3) Qui ergo te fecit sine te, non te justificat sine te. (Augustin, *Serm.* 169, n° 13.)

Dieu vous tend la main pour vous attirer, et vous refusez de saisir cette main. Dieu vous entoure de ses bras pour vous soulever, et vous vous en échappez. *Perditio tua Israel; tantummodo in me auxilium tuum* (1).

---

(1) Osée, XIII, 9.

LIVRE VIII

CLASSIFICATION DES CAUSES

CHAPITRE PREMIER

GÉNÉRALITÉS

1. — Retour sur tout ce qui précède.

Jusqu'ici nous avons procédé par les principes de la plus austère métaphysique. Sans nous inquiéter d'expliquer les faits tels qu'ils s'offrent à l'observation, nous avons cherché à priori ce qu'ils doivent être. L'œil uniquement fixé sur la nécessité des choses, nous avons vu ce qui était nécessairement, « toujours et partout »; nous avons exprimé la loi essentielle des causes.

Or, de même que la loi des mouvements célestes se cache sous mille perturbations, de même, la loi des causes se dérobe sous mille complications accidentelles qui mettent aux abois la subtilité du philosophe.

De même aussi que Képler et Newton n'ont découvert la loi astronomique qu'en négligeant d'abord ces perturbations perfides, de même nous avons dû, pour parvenir à la théorie de la causalité, détourner les regards de tout ce qui ne portait pas clairement le caractère de la nécessité métaphysique.

Mais, de même enfin que la théorie newtonienne n'a brillé dans son éclat que lorsque les astronomes ont reconnu dans toutes ces prétendues révoltes contre la loi les résultats de l'obéissance la plus soumise; de même aussi, notre théorie des causes doit être comparée à tous les phénomènes et à tous les faits, et doit tout expliquer.

Cette étude sera l'objet des deux derniers livres de cet ouvrage.

2. — Cause première et causes secondes.

Pendant que nous décrivions les propriétés essentielles de la cause, une difficulté devait assiéger l'esprit du lecteur. Nous avons prouvé que la cause est une substance intelligente et voulante, pure activité et incapable de passivité, immuable dans son être intime et contenant éminemment en soi-même tous ses effets. Or une telle description appelle nécessairement un nom : c'est l'adorable nom de Dieu. N'y a-t-il donc pas d'autre cause que Dieu? et notre métaphysique a-t-elle banni du monde toute autre causalité? S'il en était ainsi, nous aurions fait fausse route; car nier l'existence des causes secondes, c'est plus qu'une erreur, c'est une sottise, au jugement de saint Thomas, si modeste toujours dans ses critiques (1).

Qu'il y ait une cause telle que nous l'avons décrite, cela résulte de tout ce que nous avons dit; nos études précédentes n'ont pas été, en définitive, autre chose que la démonstration de l'existence de Dieu par la preuve des causes; et voilà pourquoi nous avons dû culbuter les oppositions de toutes les doctrines athées.

Mais affirmer la nécessité de la Cause Première n'est pas nier l'existence des causes secondes; tout au contraire, puisque c'est dans les causes secondes que nous avons dû étudier la causalité. Lorsque nous parvenons à la Cause Première, loin d'y trouver une opposition aux causes secondes, nous y trouvons donc la source et le principe de

---

(1) Hæc positio stulta est; quia ordinem tollit universi, et propriam operationem aufert a rebus, et destruit judicium sensus. (S. Thomas, *Sentent.*, lib. IV, dist. 1, q. 1, art. 4.)

mille causalités, subordonnées il est vrai, mais réelles. Car la Cause est bonne, et le Bien est incliné à communiquer sa puissance, *Bonum est diffusivum sui*. Car, encore, la gloire de la Cause Première est d'être, non seulement cause d'effets, mais aussi cause de causes.

3. — Il existe des causes secondes.

Écoutons saint Thomas démontrer l'activité des créatures (1). Ses preuves ne sont autre chose que la glorification de la cause, et elles nous instruisent plus que de longs discours sur son essence.

Quod dat alicui aliquod principale, dat eidem omnia quæ consequuntur ad illud... Facere autem aliquid actu, consequitur ad hoc quod est esse actu, ut patet in Deo. Ipse enim est Actus purus, et est prima Causa essendi omnibus, ut supra ostensum est. Si igitur communicavit aliis similitudinem suam quantum ad esse, in quantum res in esse produxit : consequens est quod communicavit eis similitudinem suam quantum ad agere, ut etiam res creatæ habeant proprias actiones.

C'est-à-dire : La Cause Première est active, parce qu'elle est Acte pur. Or toute cause communique à son effet sa propre ressemblance. Donc la Cause Première, en communiquant sa ressemblance aux créatures, en tant qu'elles sont en acte, leur a communiqué sa ressemblance sous le rapport de l'activité, puisque l'activité dérive de l'acte.

— *Amplius*... Perfectio effectus determinat perfectionem causæ : major enim virtus perfectiorem effectum inducit... Detrahere ergo perfectioni creaturarum est detrahere perfectioni divinæ virtutis. Sed, si nulla creatura habet aliquam actionem ad aliquem effectum producendum, multum detrahitur perfectioni creaturæ : ex abundantia enim perfectionis est, quod perfectionem quam habet possit alteri communicare. Detrahit igitur hæc positio Divinæ virtuti.

Remarquez comment cet argument s'appuie sur le degré

---

(1) S. Thomas, *Contr. Gent.*, lib. III, cap. LXIX.

ontologique de la causalité, et comment cette perfection consiste dans une abondance qui déborde autour de soi sans s'appauvrir. Voilà la vraie notion de la cause.

— *Item.* Sicut est boni bonum facere, ita summi boni est aliquid optime facere. Deus autem est summum bonum, ut in Primo ostensum est. Igitur Ejus est facere optime omnia. Melius autem est bonum quod alicui collatum sit multorum commune quam quod sit proprium, quia bonum commune semper invenitur esse divinius quam bonum unius tantum. Sed bonum unius fit multis commune, si ab uno in alia derivatur; quod non potest esse nisi in quantum diffundit ipsum in alia per propriam actionem; si vero potestatem non habet illud in alia transfundendi, manet sibi ipsi proprium. Sic igitur Deus rebus creatis suam bonitatem communicavit, ut una res quod accepit possit in aliam rem transfundere. Detrahere ergo actiones proprias a rebus creatis est divinæ bonitati derogare (1).

Voyez comment la causalité est un épanouissement du bien qui sort de l'unité pour se répandre dans la multiplicité ; mais voyez aussi comment elle ramène la multiplicité à l'unité par la *communauté*. « Bonum unius fit multis commune, si ab uno ad alia derivatur. » La cause est donc à la fois le principe de la multiplicité et le principe de la communauté. Et, à vrai dire, c'est dans l'unité communiquée qu'il faut aller chercher la raison de la multiplicité ; car on ne peut nombrer les choses qu'en vertu d'un élément qui leur est commun à toutes, et qui est l'unité répétée dans chacune.

— *Adhuc.* Subtrahere ordinem rebus est eis subtrahere id quod optimum habent... Rerum quæ sunt diversæ, secundum suas naturas, non est colligatio in ordinis unitatem, nisi per hoc quod quædam agunt et quædam patiuntur. Inconveniens igitur est dicere quod res non habent proprias actiones.

---

(1) De même dans la *Somme théologique :* Major perfectio est quod aliquid in se sit bonum et etiam sit aliis causa bonitatis, quam si esset solummodo in se bonum : Et ideo sic Deus gubernat res ut quasdam aliarum in gubernando causas instituat : sicut, si aliquis magister discipulos suos, non solum scientes faceret, sed etiam aliorum doctores. (I, q. 103, art. 6.)

Observez comment l'ordre dans le monde n'est pas une simple relation de comparaison provenant de notre esprit. L'ordre existe réellement, et il existe en vertu du principe de causalité. C'est la causalité qui produit l'ordre ; c'est dans l'ordre des causes qu'il faut aller chercher la raison de l'ordre qu'on admire dans les effets.

4. — Principe de classification.

De même que tous les êtres dérivent de l'Être Premier, et participent à ses perfections par voie de similitude suivant des degrés plus ou moins élevés ; de même toutes les causes procèdent de la Cause Première, et participent à la gloire de la causalité dans des degrés divers.

Par conséquent il y a une classification à établir entre les causes secondes, comme il y a une classification entre les êtres créés ; mais, tandis que cette dernière est instituée d'après le degré ontologique, la première doit regarder le mode de causalité. Tel est le principe qui nous guidera dans l'étude suivante.

CHAPITRE II

CAUSES ACCIDENTELLES

ARTICLE I

GÉNÉRALITÉS

1. — Ce qu'on doit entendre par cause accidentelle.

Au livre IIe de cet ouvrage, nous avons distingué avec soin l'être *de soi*, ens per se, et l'être *par accident*, ens *per accidens;* et nous avons eu dès lors l'occasion de parler des causes accidentelles. Je pourrais me contenter de renvoyer à cette étude. Mais je crois plus utile de reprendre complètement la question des causes accidentelles, quitte à m'exposer encore ici au reproche de répéter souvent la même chose.

Albert le Grand établit, comme il suit, la distinction entre les causes essentielles et les causes accidentelles :

Sicut enim est ens duplex, et est quoddam ens quod est ens *per seipsum* sicut substantia, et quoddam est ens *secundum accidens* sicut novem genera accidentium ; ita est et causæ divisio, quod est causa *per se*, et substantialis sive essentialis, sicut domus causa *per seipsam* est ars ædificatoria et ædificator ; per accidens autem causa domus est forte albus vel medicus (1).

Ce texte nous conduit à bien préciser le sujet de l'étude actuelle. Il ne s'agit pas de débattre la célèbre question : La

---

(1) Alb. Magn., *Physic.*, lib. II, tr. 2, cap. xiv.

substance cause-t-elle par elle-même ou par ses accidents? Il ne s'agit pas non plus d'étudier quelle est la causalité propre des accidents tels que la quantité et les diverses qualités. En un mot, il ne s'agit pas des accidents qui *dérivent* de la substance, *accidentia per se*. Le sujet de ce chapitre est uniquement l'accident *per accidens*, la réalité qui *arrive* à l'être. Ainsi, pour citer l'exemple donné tout à l'heure, la blancheur ou la science médicale ne dérivent pas de la qualité d'architecte; mais être médecin et être architecte sont deux qualités *contiguës*, unies accidentellement.

Or déjà nous savons qu'un tel accident « est voisin du non-être, — n'est à peu près être que de nom »; nous devons donc nous attendre à trouver nulle ou presque nulle la causalité accidentelle.

2. — Des diverses sortes de causes accidentelles.

En résumant la doctrine d'Aristote, on peut distinguer trois sortes de causes accidentelles, l'accident pouvant se rencontrer soit dans la cause, soit dans l'effet, soit dans l'opération même.

En premier lieu, on dit qu'une cause est accidentelle, lorsqu'elle doit son titre uniquement à quelque juxtaposition accidentelle dans le sujet actif. — Ainsi « un médecin bâtit une maison; mais ce n'est pas en tant que médecin ; c'est en tant qu'architecte (1) ». — Ainsi « d'une maison la cause essentielle est l'architecte, et la cause accidentelle est le joueur de flûte (2) ».

Qu'un architecte construise une maison, on peut dire qu'un homme, qu'un être vivant a bâti ; si cet architecte est blanc, boiteux, médecin, musicien, on peut dire que la maison a pour auteur un blanc, un boiteux, un musicien, un méde-

---

(1) Aristote, *Phys.*, liv. I, ch. viii.
(2) Id., *Ibid.*, liv. II, ch. v.

cin, puisque l'architecte est tout cela. Mais c'est par son art architectonique qu'il a été véritablement constructeur, et ses autres qualités sont sans influence sur l'édifice. Une telle cause accidentelle n'est donc « cause que de nom »; car il n'y a aucune relation directe entre elle et l'effet produit.

En second lieu, une cause est accidentelle lorsqu'on peut la dire cause, en vertu de quelque juxtaposition accidentelle dans le sujet passif. — Ainsi « celui qui bâtit une maison n'est pas la cause de tout ce qui arrive accidentellement à cette maison, ὅσα συμβαίνει (1) ».

Qu'elle plaise à l'un, qu'elle déplaise à l'autre, qu'elle nuise à la santé d'un troisième, l'art de bâtir n'est cause de rien de tout cela. Tout au plus peut-on dire que l'architecte est la cause accidentelle du plaisir ou du déplaisir qu'on éprouve dans cette maison. Voici donc encore une classe de causes, qui véritablement ne sont « causes que de nom ».

En troisième lieu, il peut y avoir une rencontre accidentelle dans l'opération même de la cause.

« Si quelqu'un, dit Aristote, creusant une fosse pour planter un arbre, y découvre un trésor, il est accidentel de trouver un trésor lorsqu'on creuse une fosse. Car l'un ne suit pas nécessairement de l'autre, et il n'arrive pas souvent à qui plante, de découvrir un trésor (2). »

Cette troisième classe comprend les cas que l'on est dans l'usage d'attribuer au hasard.

3. — Caractère d'indétermination des causes accidentelles.

Dans ces diverses sortes de causes accidentelles, Aristote nous fait remarquer un défaut commun, savoir le manque de détermination.

---

(1) Aristote, *Métaphys.*, liv. VI, ch. II.
(2) Id., *Métaphys.*, liv. V, ch. XXX.

« Ce qui *de soi* est cause est déterminé. Ce qui est cause par accident est indéterminé; car dans un même sujet on peut rencontrer un nombre indéfini de qualités accidentelles à la causalité (1). »

Un architecte peut être blanc, noir, musicien, médecin, et cette énumération de qualités dans le même homme est indéfinie. Un même effet peut donc avoir une multitude indéfinie de causes accidentelles.

De même un architecte qui a bâti une maison est la cause d'une maison de discordes ou de jeux, de tristesse ou de joie, de noce ou de deuil, suivant la variété indéfinie de circonstances qui peuvent se succéder relativement à la maison.

Enfin dans les cas de hasard, l'indétermination est pour ainsi dire la loi même.

« Il n'y a, dit Aristote, aucune cause déterminée de l'accident, mais il est dû au hasard, et le hasard est indéterminé. Il est accidentel à quelqu'un de parvenir à Égine, s'il n'est pas parti pour y aller, mais il peut y être conduit, soit par une tempête qui l'a jeté hors de sa route, soit par des brigands qui l'ont fait captif. L'accident a eu lieu, le fait existe; mais il n'a pas en soi sa raison d'être; il l'a dans un autre. Car c'est la tempête qui, le portant là où il ne se dirigeait pas, l'a jeté à Égine (2). »

De cette indétermination commune à toutes les causes accidentelles, nous pouvons conclure à leur inanité. Toute véritable cause est un être en *acte*, par conséquent un être complètement déterminé. Un effet déterminé ne peut parvenir effectivement que d'une cause déterminée, suivant l'adage : *Nihil fit in actu, nisi a causa in actu.*

Remarquez-le avec soin : cet adage ne signifie pas simplement qu'un effet ne peut devenir existant que par l'in

---

(1) Τὸ μὲν οὖν καθ' αὑτὸ αἴτιον ὡρισμένον, τὸ δὲ κατὰ συμβεβηκὸς ἀόριστον· ἄπειρα γὰρ ἂν τῷ ἑνὶ συμβαίη. (Aristote, *Phys.*, liv. II, ch. v.)
(2) Γέγονε μὲν δὴ καὶ ἔστι τὸ συμβεβηκός, ἀλλ' οὐχ ᾗ αὐτό, ἀλλ' ᾗ ἕτερον. (Aristote, *Métaphys.*, liv. V, ch. xxx.)

fluence d'un être déjà existant. Pour que la cause existe en tant que cause, il faut qu'elle contienne déjà, actuellement et réellement, toute la raison de l'effet. Une cause où tout serait indéterminé, existât-elle par impossible, ne pourrait avoir par elle-même aucune influence déterminée.

Il faut donc appliquer aux causes accidentelles ce qu'Aristote enseigne au sujet des accidents proprement dits, c'est-à-dire de ceux que l'on nomme : *Accidentia per accidens*.

« Il n'y a pas à en faire la théorie ; car on ne s'en occupe ni dans les sciences de spéculation, ni dans les sciences pratiques, ... comme si l'accident n'était que de nom (1). »

Cependant l'étude précédente n'a pas été sans fruit, car elle nous a appris à nous défier d'apparences qui voilent bien des sophismes. Pour une autre raison, il sera utile de nous arrêter encore à la cause accidentelle qu'on nomme le hasard, cette étude conduisant à d'intéressants aperçus.

ARTICLE II

DU HASARD

1. — Pourquoi il y a lieu de parler de hasard.

Nous avons établi par tout cet ouvrage que tout effet avait une cause. Un effet sans cause est une absurdité qui répugne à l'esprit, et par conséquent rien ne peut exister par hasard.

Et cependant, dans le langage ordinaire, on a toujours fait une part au hasard, et pour employer l'exemple classique, on dira toujours que si un homme, creusant la terre

---

(1) Aristote, *Métaphys.*, liv. VI, ch. II.

pour planter un arbre, trouve un trésor, cette rencontre est un heureux effet du hasard. Il y a donc lieu d'étudier la question du hasard.

2. — Opinion des anciens philosophes sur le hasard.

Aristote constate diverses opinions au sujet du hasard (1).

Quelques-uns soutenaient que tout dans le monde est l'effet du hasard et le groupement fortuit d'atomes aveugles. Le hasard n'était donc, pour eux, qu'un mot signifiant la négation de toute cause ordonnatrice. Aristote repousse cette opinion comme absurde et ridicule. Car ces matérialistes, qui admettent un hasard assez puissant et assez sage pour produire l'univers entier, ont bien soin de ne pas lui confier leurs petits intérêts personnels.

D'autres philosophes voyaient dans la fortune une certaine divinité cachée, dispersant par caprice sur les hommes le bonheur ou le malheur. Aristote montre que la fortune n'est qu'une espèce de hasard et qu'il n'y a pas à en faire un être à part (2). Il remarque, à la vérité, que, dans le langage ordinaire, on attribue spécialement à la fortune ce qui advient accidentellement à la suite d'opérations humaines délibérées, et qu'on rejette sur le hasard ce qui advient accidentellement à la suite des autres opérations aveugles ou instinctives. Mais il n'attache à cette distinction vulgaire aucune importance théorique; car il dit : « Tout ce qui vient de la fortune vient du hasard; mais tout ce qui vient du hasard ne vient pas de la fortune. »

Une troisième opinion plus sérieuse et plus digne affirmait, au contraire, que rien ne provient du hasard, et que tout fait a une cause déterminée. Un homme, disaient les soutenants de cette opinion, vient sur la place publique pour acheter quelque chose; il y rencontre un ami

---
(1) Aristote, *Métaphys.*, liv. II, ch. IV.
(2) Id., *ibid.*, ch. VI.

qu'il n'y venait pas chercher; voilà, semble-t-il, un effet du hasard. Mais non ; car cette rencontre a une cause bien déterminée, à savoir la volonté de venir faire un achat.

En outre, ils arguaient du silence gardé par les plus anciens philosophes au sujet du hasard. Ce silence des premiers âges est, en effet, digne de remarque. Plus la civilisation païenne s'est raffinée, plus elle a élevé d'idoles à la Fortune ; plus un siècle a été matérialiste, plus il a professé le culte impudent du hasard.

Quant à Aristote, il soutient que certains faits, rares il est vrai, doivent être attribués au hasard, et nous allons étudier sa doctrine à cet égard.

3. — Des faits dus au hasard, suivant Aristote.

Le Philosophe, pour établir sa théorie, distingue d'abord trois sortes de faits, suivant qu'ils arrivent nécessairement, souvent, rarement.

Les premiers proviennent de causes réelles et nécessaires ; les seconds de causes réelles, mais dont l'action peut être troublée quelquefois ; enfin les troisièmes proviennent du hasard.

Cette distinction est bonne contre les sophistes qui attribuent tout au hasard ; car ils se heurtent contre le plus vulgaire bon sens en traitant de cas fortuits le lever du soleil ou la maturité des moissons, et c'est uniquement dans les événements rares qu'ils peuvent espérer de faire croire au hasard.

Mais, en elle-même, cette classification des événements est bien superficielle. Car, d'une part, le plus ou moins de fréquence dans la répétition d'un phénomène ne peut nullement en changer la nature. En outre, le miracle est un phénomène rare, et cependant il n'est pas le fruit du hasard. En s'en tenant même avec Aristote au cours accoutumé des choses, on reconnaît qu'il y a tout un ordre important de faits oubliés dans cette classification : ce sont les faits qui proviennent de causes libres.

Saint Jean Damascène reproche sévèrement cet oubli à la philosophie païenne, dans un beau passage où il établit que le libre arbitre de l'homme est une cause véritable (1).

C'est que, en effet, un des points les plus faibles de la philosophie d'Aristote est sa théorie de la liberté. Ce païen ne semble pas avoir reconnu la liberté divine; pouvait-il bien connaître la liberté humaine? De là résulte que sa doctrine sur la contingence est laborieuse, étroite, incomplète et qu'elle a été la source de nombreuses confusions (2).

4. — En quoi consiste le hasard.

Malgré cette lacune, le génie d'analyse, qui est la force du Stagirite, l'a bien servi dans l'étude intime du hasard, et je vais résumer cette étude d'après la paraphrase d'Albert le Grand.

Tout effet, dit ce Docteur (3), est, à la vérité, produit pour une fin définie et par une intention déterminée, que la cause immédiate soit une intelligence libre et délibérante, ou qu'elle soit une force aveugle de la nature, car cette force provient d'un créateur intelligent. On a donc raison de dire qu'il n'y a pas d'effet sans cause, et que tout effet déterminé a une cause déterminée.

Cependant il peut arriver que deux effets viennent se rencontrer dans un événement complexe. Aller à la campagne est le résultat d'une intention déterminée, mais la rencontre d'un ami peut être un fait qui s'ajoute accidentellement à la présence dans la campagne. Il résulte de là que, d'une part, la cause qui a déterminé la présence à la

---

(1) *De la Foi orthod.*, liv. II, ch. xxv.
(2) Ex ea sententia, qua Aristoteles putavit Deum agere ex necessitate naturæ, qua ille statuenda aut potius significanda, multa turbavit in philosophia (non parva, enim est in hac re de ejus judicio controversia), orta est proposita quæstio (scilicet de radice contingentiæ)... (Fonseca, *Metaphys.*, lib. VI, cap. II, q. 3, sect. 1.)
(3) Alb. Magn., *Phys.*, lib. II, tract. 2, cap. xiv.

campagne n'est pas *de soi* la cause de la rencontre de l'ami, puisque l'intention fait défaut; mais que, d'autre part, elle en est la cause *par accident*, en tant qu'elle est cause réelle d'un séjour auquel s'ajoute *accidentellement* une rencontre. Or ce que j'ai dit de l'un des amis doit se dire de l'autre. Chacun d'eux est venu à la campagne pour une intention déterminée, mais aucun d'eux ne prétendait rencontrer l'autre.

Donc un cas fortuit n'est pas autre chose que la réunion non préméditée de deux effets dont chacun provient d'une intention déterminée (1).

Cette analyse est vraiment admirable. Qu'on l'applique à tel exemple que l'on voudra, toujours on constatera que le hasard consiste dans la coexistence de deux faits qui n'ont entre eux aucune liaison, sinon une contiguïté accidentelle. C'est ce que répète Albert le Grand dans un autre passage :

In casu et fortuna illud quod est per accidens non habet unam causam, sed duas quarum neutra est ordinata ad alteram, sed utraque est in eo quod accidit forte sive fortuito (2).

Et voyez comme cette analyse pénètre jusqu'aux entrailles de la question. Pour reconnaître si une circonstance d'un fait provient de telle ou telle cause, si elle est réellement l'effet de cette cause ou si elle advient accidentellement, il faut remonter jusqu'au principe même de la causalité, il faut rechercher l'intention. Là où l'intention médiate ou immédiate fait défaut, la causalité manque, il

---

(1) Inventio amici in villa, qui non intentus est inveniri in ea, causata est ex eo : quia unus amicorum intendit aliqua de causa ire ad villam, et alter intendit ire ad eamdem, cum neuter intenderet ibi inveniri ab altero. Similiter inventio thesauri in sepulchro causata est ex proponente facere sepulchrum, et alio qui jam diu intendit abscondere thesaurum, vel quia mineralis produxit illum in loco sepulchri non ad hoc quod eum inveniret ille qui fodit sepulchrum. Et sic constat quod dictum est, quod *fortuitum semper causatur ex duobus intentis*. (*Ibid.*)

(2) Alb. Magn., *Metaphys.*, lib. V. tract. 6, cap. xv.

y a hasard. C'est ce que nous enseigne saint Thomas au sujet de la fortune :

Dicitur fortuna esse causa per accidens, ex eo quod effectui aliquid conjungitur per accidens, utpote si fossuræ sepulchri adjungatur per accidens inventio thesauri. Sicut enim effectus *per se* causæ naturalis est quod consequitur secundum exigentiam suæ formæ, ita effectus causæ agentis a proposito est illud quod accidit ex intentione agentis, unde *quidquid provenit in effectu præter intentionem est per accidens* (1).

Ce même enseignement doit s'étendre à tout effet fortuit, et c'est toujours à l'intention qu'il faut recourir pour décider s'il y a hasard. Aristote le déclare formellement dans un passage d'autant plus important qu'il y distingue la fortune et le hasard :

« On voit donc que, dans les choses faites en vue d'une fin à obtenir, lorsqu'il advient quelque chose qui ne résulte pas de l'intention et qui relève d'une cause étrangère, nous disons qu'il y a effet du hasard. Mais nous attribuons spécialement à la fortune tout ce qui arrive par hasard dans des opérations délibérées (2). »

5. — La causalité du hasard est nulle.

Le hasard n'est donc pas une cause déterminée, active, réelle; car d'une part son effet est indéterminé, et d'autre part mille hasards peuvent amener le même résultat.

Le coup de pioche, qui par hasard fait trouver un trésor, pourrait faire rencontrer une épée, ou un squelette, ou une inscription. L'ouverture de la fosse, voilà l'effet déterminé par l'intention et par l'action; tout le reste s'y adjoint accidentellement.

De même la présence à la campagne, qui coïncide avec la rencontre d'un ami, peut provenir d'intentions différentes. Car on a pu s'y rendre, « soit pour visiter quelqu'un,

---

(1) S. Thomas, *Physic.*, lib. II, lect. 8.
(2) Aristote, *Phys.*, liv. II, ch. vi.

soit pour un spectacle, soit dans le but de fuir ou de poursuivre un ennemi (1) ».

Effet accidentel, cause accidentelle : voilà le hasard. Nous devons donc appliquer au hasard tout ce que nous avons dit des causes accidentelles et conclure : le hasard n'est « cause que de nom », il n'est pas une cause positive.

Voilà pourquoi certains philosophes anciens, et à leur suite les Stoïciens, faisaient consister le hasard dans l'ignorance de la cause réelle (2). Mais c'était une autre erreur; car nous ignorons bien des causalités qui, pour être cachées à nos yeux, n'en sont pas moins parfaitement déterminées. D'ailleurs, même dans les effets dus au hasard, c'était confondre un « conséquent » avec son « antécédent ». Que les effets du hasard ne puissent être prévus, qu'ils soient ignorés avant leur accomplissement, cela est certain, et cela doit être; car ils sont indéterminés dans leurs causes, et l'indéfini ne peut être l'objet d'une connaissance.

« Indéterminées sont les causes d'où peut provenir un effet du hasard. Donc le hasard est quelque chose d'indéterminé et par suite reste inconnu à l'homme (3). »

L'obscurité des cas fortuits n'est donc qu'un conséquent; l'antécédent est l'indétermination même de toute cause accidentelle.

« Dans les choses où il y a hasard, les causes sont indéterminées, et le hasard est lui-même quelque chose d'indéterminé (4). »

6. — Des jeux de hasard.

La théorie stoïcienne semble cependant s'appliquer mieux que toute autre aux jeux dits de hasard. Au jeu, par

---

(1) Aristote, *Phys.*, liv. II, ch. v.
(2) Voir dans Boèce (*Commentaria in topica Ciceronis*, lib. V) la réfutation de la théorie de Cicéron, et l'exposition de la théorie d'Aristote.
(3) Aristote, *Phys.*, liv. II, ch. v.
(4) Id., *ibid*.

exemple, de pile ou face, la cause qui fait tourner la pièce de monnaie est parfaitement déterminée; par suite, une intelligence connaissant la force d'impulsion pourrait prédire à coup sûr dans quelle position s'arrêtera le mouvement. L'indétermination propre à ce jeu semble donc n'être pas dans les choses, mais uniquement dans l'intelligence des joueurs; et il est facile d'appliquer la même analyse à tous les autres jeux de hasard.

Mais, là encore, cette explication n'est que superficielle. Pourquoi Pierre ose-t-il parier pile contre Paul qui lance la monnaie? Parce qu'il suppose que celui-ci ne peut la faire tomber comme il veut. Peu importe que Paul, en donnant l'impulsion, désire pile ou désire face; son intention est vaine, puisqu'elle n'est pas efficace. L'intention influant véritablement sur l'impulsion, est la volonté que la pièce monte plus ou moins haut, tourne plus ou moins rapidement. Mais cette intention n'a pas une influence plus précise; la situation finale n'en dépend aucunement; elle est donc accidentelle, suivant cette parole déjà citée de saint Thomas: *Quidquid provenit in effectu præter intentionem est per accidens* (1).

On le voit: l'ignorance du résultat n'est encore ici qu'un conséquent. L'antécédent est l'indétermination même inhérente à ce qui est accidentel.

Il y a plus. Par un merveilleux effort, la raison peut s'appuyer sur cette indétermination antécédente pour dissiper en partie l'ignorance conséquente.

Quand on jette deux dés, il y a hasard dans les points amenés, puisqu'il n'y a pas intention efficace. Mais le mathématicien, observant d'une part les coups possibles, et d'autre part la somme des points amenés à chaque coup, constate une relation entre cette somme et le nombre des coups qui l'amènent (2). Cette loi est une vérité, et par

---

(1) S. Thomas, *Phys.*, lib. II, lect. 8.
(2) Somme des points. . . . . 2, 3, 4, 5, 6, 7, 8, 9, 10, 11, 12.
Nombre des coups amenant cette somme. 1, 2, 3, 4, 5, 6, 5, 4, 3, 2, 1.

suite l'objet d'une connaissance certaine; elle permet d'établir la science des probabilités et de calculer quelle chance est attachée à chaque coup.

Sans doute, tout effet dépend d'une intention. Si donc la monnaie tombe à pile, ce résultat a été décrété par quelque cause supérieure, et c'est ainsi que dans le coup qui fait gagner Pierre, nous rencontrons deux intentions : celle de la cause qui décrète pile, et celle de Pierre qui choisit pile. Mais ces deux intentions sont considérées comme sans influence l'une sur l'autre. Leur rencontre est donc accidentelle; c'est un hasard.

7. — Résumé de ce qui précède.

La théorie des causes accidentelles résout donc la question du hasard, et explique pourquoi l'on peut dire également que rien n'est dû au hasard, ou qu'il y a des effets provenant du hasard.

« On peut dire raisonnablement que rien ne provient du hasard... On peut dire que la raison n'a rien à voir avec le hasard (1). » Car chacun des faits dont la coexistence est fortuite reconnaît une cause réelle, déterminée, qui n'a rien de fortuit; et d'ailleurs le hasard, étant indéfini, ne peut rien produire de défini. — D'un autre côté, on peut dire que certaines choses sont le fruit du hasard. « Il y a des choses qui proviennent du hasard, mais ce sont des choses qui proviennent *accidentellement,* et le hasard est une cause accidentelle, et n'est proprement cause de rien (2). »

Une phrase de saint Thomas résume toute cette doctrine :

Cum enim fortuna sit causa per accidens, sequitur quod a fortuna sit aliquid per accidens. Quod autem est accidens, non est simpliciter. Unde sequitur quod fortuna simpliciter nullius sit causa (3).

---

(1) Aristote, *Phys.*, liv. II, ch. v.
(2) Aristote, *Phys.*, liv. II, ch. v.
(3) S. Thomas, *Phys.*, lib. II, lect. 9.

CHAPITRE II. — CAUSES ACCIDENTELLES. 465

Pour mieux comprendre cette conclusion, citons encore un autre passage du saint Docteur :

Oportet dicere quod omne quod est per se habet causam; quod autem est per accidens non habet causam; quia non est vere *ens,* cum non sit vere *unum. Album* enim causam habet, similiter et *musicum;* sed *album musicum* non habet causam, quia non est vere ens, neque vere unum (1).

Admirez la profondeur de cette raison.

Là où un *accident arrive,* il y a concours, juxtaposition de deux choses qui ne forment pas une unité réelle. Être blanc et être musicien sont deux qualités qui n'ont entre elles aucune réunion intrinsèque. Ces deux qualités sont donc comme juxtaposées dans un même sujet sans se fondre dans l'unité. Musicien blanc ne signifie pas formellement une unité. Or ce qui n'est pas *un* n'est pas *être*, et ce qui n'est pas *être* n'a pas besoin de *cause*. Il y a cause du *blanc*, il y a cause du *musicien;* mais il n'y a pas une troisième cause du *blanc musicien*.

Appliquez maintenant ces principes à la question du hasard. Un événement fortuit est le concours accidentel de deux effets. Chacun de ces effets reconnaît une cause réelle, résulte d'une causalité complète, et par conséquent relève médiatement ou immédiatement d'une intention déterminée et déterminante. C'est ce qu'enseigne Albert le Grand, en affirmant que tout cas fortuit provient toujours de deux choses « voulues » : *Fortuitum semper causatur ex duobus intentis.* Mais chacune de ces deux intentions se referme sur l'un des effets, sans s'étendre à l'autre; la juxtaposition des effets ne procède d'aucune des deux intentions; elle a lieu par accident. Il en est donc de la simultanéité des deux effets, comme de la coïncidence de deux qualités dans le « musicien blanc ». Pas d'être véritablement un; donc pas de cause proprement dite, et le hasard n'est cause que de nom.

---

(1) S. Thomas, I, q. 115, art. 6.

8. — Réduction dernière du hasard.

Mais nous ne pouvons nous en tenir là. Car cette juxtaposition des deux effets, quelque accidentelle qu'elle soit, est cependant une réalité ; et le philosophe, dont le devoir est d'expliquer les effets par les causes, doit remonter jusqu'à ce qu'il trouve la raison suffisante de cette réalité.

Saint Thomas va encore nous servir de guide.

Dictum est supra quod id quod est per accidens, non est proprie ens neque unum. Omnis autem naturæ actio terminatur ad aliquid unum. Unde impossibile est quod id quod est per accidens sit effectus per se alicujus naturalis principii agentis. Nulla ergo natura per se hoc facere potest quod intendens fodere sepulchrum inveniat thesaurum... Et ideo dicendum est, quod ea quæ hic per accidens aguntur, sive in rebus naturalibus, sive in humanis, reducuntur in aliquam causam præordinantem, quæ est Providentia Divina. Quia nihil prohibet id quod est per accidens accipi ut unum ab aliquo intellectu ; alioquin intellectus formare non posset hanc propositionem : « Fodiens sepulchrum invenit thesaurum ». Et sicut hoc potest intellectus apprehendere, ita potest efficere (1).

Nous voilà enfin parvenus à une cause où l'esprit peut s'arrêter. Le complexe, la juxtaposition accidentelle, trouvent la raison de leur unité et de leur vérité dans une intelligence et une intention. Et c'est ainsi que le hasard dépend lui-même d'une intention supérieure.

Et sic nihil prohibet ea quæ hic per accidens aguntur, ut fortuita vel casualia, reduci in aliquam causam ordinantem, quæ per intellectum agat, et præcipue intellectum divinum (2).

Mais ici, il faut une grande attention pour ne pas se méprendre sur le rôle de cette cause ordonnatrice. Elle veut l'effet comme elle le connaît ; elle le connaît comme il peut exister, c'est-à-dire comme le concours accidentel

---

(1) S. Thomas, I, q. 116, art. 1.
(2) Id., *Ibid.*

de deux causes. Son influence se borne donc à permettre, sans la produire, la coexistence des deux effets qui se rencontrent.

Nous trouvons bien, dans le même passage de saint Thomas, plusieurs exemples pour expliquer le rôle de cette intention supérieure. — Ainsi, un maître envoie séparément ses serviteurs en un même lieu, sans prévenir aucun de l'ordre donné aux autres. Pour les serviteurs, leur mutuelle rencontre est fortuite, et, pour le maître, elle est un événement parfaitement prévu. — Ainsi encore, quelqu'un, qui sait où est enfoui un trésor, pousse un paysan qui l'ignore à creuser un sépulcre en ce lieu. La découverte du trésor est un heureux hasard pour ce dernier, bien qu'il soit un événement prévu par le premier.

Mais ces deux exemples auraient besoin d'être discutés avec un grand soin ; car l'instigation et surtout le commandement ont une influence *efficace* sur l'effet produit, et peuvent être considérés comme causes efficaces d'un effet qui dès lors n'est plus attribuable au hasard.

Nous nous arrêterons là sans résoudre cette difficulté, sur laquelle insiste Albert le Grand dans un passage très curieux à étudier (1). Pour l'approfondir davantage, il faudrait embrasser toute la grande question de la *contingence*, et cette question doit être réservée pour un traité de la Cause Première.

---

(1) Alb. Magn., *Physic.*, lib. II, tract. 2, cap. x et cap. xxi.

CHAPITRE III

CAUSES PRINCIPALES ET CAUSES INSTRUMENTALES

ARTICLE I

PRINCIPES

1. — Premières notions.

L'École sépare les causes efficientes en causes *principales* et causes *instrumentales*. Cette distinction est, comme on le verra, de la plus grande importance ; qu'on ne s'étonne donc pas des développements que je donnerai à cette étude délicate. Heureusement saint Thomas a traité ce sujet d'une façon si complète et si claire, qu'il me suffira de recueillir les enseignements épars dans sa *Somme*, et de les unir dans un ordre logique.

Il faudrait, ce semble, commencer par définir exactement ces deux sortes de causes ; mais c'est une affaire difficile, comme on peut le conclure du grand nombre de définitions proposées par les différents auteurs. Avant donc de faire notre choix, il convient d'acquérir sur le sujet des connaissances précises et complètes.

Pour cela, nous admettrons d'abord les définitions les plus vulgaires, et nous prendrons des exemples où l'ambiguïté n'est pas possible.

Nous appellerons donc *cause principale*, la cause à laquelle on attribue l'action dans le sens propre et sans qu'il y ait besoin de correctif, et nous appellerons *cause instrumentale,* la cause dont l'agent principal se sert pour agir (1).

L'exemple le plus clair est celui qu'emploie si souvent saint Thomas. Le charpentier, *cause principale,* se sert de la hache, *cause instrumentale,* pour fabriquer un banc ou un coffre.

On voit, par là, que la cause efficiente dont nous avons poursuivi si longtemps l'étude, était, précisément, une cause principale. Il nous reste donc à chercher les caractères de la cause instrumentale.

2. — Premier caractère de l'instrument : détermination de forme.

Si l'on emploie de préférence tel instrument pour produire tel effet déterminé, c'est à raison de ses qualités intrinsèques : la hache pour couper, la charrue pour labourer, le pinceau pour peindre.

Le premier caractère d'un instrument est donc un caractère de détermination propre et d'activité formellement définie.

Et voilà pourquoi l'instrument, bien qu'il n'atteigne pas à l'honneur d'une cause complète, obtient cependant le nom de cause. Tout instrument agit, produit un effet proportionné à sa nature, et par là il coopère réellement à l'action de l'ouvrier qui le manie.

Causa secunda instrumentalis non participat actionem causæ superioris, nisi in quantum per aliquid sibi proprium dispositive operatur ad effectum principalis agentis. Si enim nihil ibi ageret secundum illud quod est sibi proprium, frustra adhiberetur ad agendum, nec oporteret esse determinata instrumenta determinatarum actionum. Sic enim videmus quod securis, scindendo lignum, quod habet ex proprietate suæ

---

(1) Efficiens causa duplex est, principalis et instrumentalis. Principalis est cui proprie ac simpliciter attribuitur actio : instrumentalis, qua principalis ad agendum utitur. (Fonseca, *Metaph.,* lib. V, c. II, q. 5, sect. 1.)

formæ, producit formam scamni quæ est effectus proprius principalis agentis (1).

3. — Comment juger de cette détermination.

Mais prenons-y garde : nous ne devons considérer ici l'instrument qu'en tant qu'il est instrument, c'est-à-dire en tant qu'il est employé à produire un effet que détermine la cause principale. Nous devons donc écarter, comme *accidentelles* à la raison instrumentale, toutes les qualités qui n'ont pas de relation avec l'opération instrumentale : nous devons uniquement rechercher quelle est la détermination qui constitue l'instrument, et cette détermination doit se tirer de l'emploi qu'en fait la cause principale.

Sicut supra dictum est, instrumentum non agit secundum propriam formam aut virtutem, sed secundum virtutem ejus a quo movetur. Ideo *accidit* instrumento, in quantum est instrumentum, qualemcumque formam vel virtutem habeat, præter id quod exigitur ad rationem instrumenti : sicut quod corpus medici (quod est instrumentum animæ habentis artem), sit sanum vel infirmum, et sicut quod fistula per quam transit aqua sit argentea vel plumbea (2).

La détermination de forme qui constitue l'instrument dépend de l'emploi qu'on en doit faire, et cet emploi dépend lui-même du but que doit atteindre la cause principale. Et voici qu'apparaît de nouveau l'influence de la cause finale sur tout le cycle de la causalité. Tout l'*être* de l'instrument en tant qu'instrument, toute sa perfection, toute sa bonté, se tirent de la conformité de sa forme avec la fin à laquelle il est destiné.

Quia instrumentum non propter se quæritur sed propter finem, non tanto aliquid fit melius quanto majus est instrumentum, sed quanto est magis fini proportionatum. Sicut medicus non tanto magis sanat, quanto majorem dat me-

---

(1) S. Thomas, I, q. 45, art. 5.
(2) Id., III, q. 64, art. 5.

dicinam, sed quanto medicina est magis proportionata morbo (1).

4. — Deuxième caractère d'un instrument : indétermination d'opération.

L'action propre de l'instrument est déterminée par sa forme; mais son opération comme instrument est encore indéterminée. Une hache coupe; voilà son action propre. Elle sert à faire un coffre, un banc, une charpente; voilà son opération comme instrument; or, par elle-même, une hache n'est pas plus déterminée à l'une de ces fabrications qu'aux autres.

Il ne saurait en être autrement. Car c'est de la cause principale que provient la détermination de l'œuvre; donc aussi, la détermination de l'opération qui se termine à l'œuvre; donc encore, la part que l'instrument prend à cette opération. D'où l'on doit conclure que l'instrument, abandonné à lui-même, reste indéterminé par rapport à son opération instrumentale, et qu'il appartient à la cause principale de lever cette indétermination en définissant l'opération.

C'est ce qu'exprime l'École en disant que l'instrument n'agit comme instrument que par la vertu de la cause principale :

Instrumentum non agit actionem agentis principalis propria virtute, sed virtute principalis agentis (2).

Insistons sur ce point important qui est vraiment le nœud de la théorie.

5. — L'instrument a besoin d'une motion.

Dire que dans l'instrument il reste une indétermination, c'est dire que, comme instrument, il reste encore en puis-

---

(1) S. Thomas, II* II**, q. 188, art. 7, ad 1um.
(2) Id., I* II**, q. 112, art. 1, ad 1um.

sance, car il ne peut exercer une action indéterminée. La hache *peut* faire un banc, le ciseau *peut* tailler une statue. Mais par lui-même, l'outil ne se suffit pas pour réduire en acte cette puissance, qui est un mélange d'actif et de passif. Il faut pour cela que la cause principale intervienne. Or passer de puissance en acte, c'est subir une motion. Donc la cause instrumentale attend pour agir la motion de la cause principale.

Et voilà ce que répète sous toutes les formes le docteur des causes, saint Thomas :

Est ratio instrumenti quod sit movens motum (1). — Ratio instrumenti consistit in hoc quod ab alio moveatur, non autem in hoc quod ipsum se moveat (2).

Il faut que l'ouvrier mette lui-même ses instruments en exercice, et dirige leur action vers le but qu'il se propose. A vrai dire, c'est surtout cette docilité à recevoir la motion de la cause principale qui constitue l'instrument. La grande qualité d'un outil est d'être *maniable,* et dans les mains d'un ouvrier habile, le moindre morceau d'acier peut réaliser des chefs-d'œuvre auxquels n'atteindra pas un maladroit avec les outils les plus perfectionnés.

6. — Cette motion est une application à l'œuvre.

L'instrument est essentiellement un être dont l'activité est mise en exercice par la cause principale. *Instrumentum est movens motum.* Mais il est nécessaire d'y regarder ici de très près, si l'on veut éviter des méprises qui auraient de graves conséquences; et ce n'est que par une analyse très délicate qu'on peut reconnaître exactement ce qu'il faut entendre par cette motion essentielle à l'action instrumentale.

Il est vrai, d'ordinaire on voit l'ouvrier agiter la hache,

---

(1) S. Thomas, *Contr. Gent.*, lib. II, cap. xxi, n° 4.
(2) Id., III, q. 63, art. 5, ad 2um.

la scie ou le marteau. Mais on peut couper une planche en la promenant contre les dents de la scie, et dans ce cas, bien que l'outil soit en repos, son action n'en est pas moins instrumentale. De même, lorsqu'une scie, animée par la vapeur d'un mouvement continu, découpe le bois en élégantes figures, n'agit-elle pas comme l'instrument d'un ouvrier auquel cependant elle ne doit pas son mouvement?

Ces exemples font voir que la motion essentielle à tout instrument n'est pas nécessairement une motion locale ou la production d'une activité. Rappelons-nous, en effet, que l'instrument, avant d'agir, peut être déjà complètement déterminé en lui-même, comme forme et comme activité. Or, dans ce cas, il n'a pas besoin pour agir d'être complété ou modifié; il n'a pas à subir une motion intrinsèque. C'est uniquement son opération comme instrument qui reste encore indéterminée, et, par suite, c'est sur cette opération seule que doit tomber l'influence de la cause principale.

De là cette expression de saint Thomas : « Instrumentum *movetur* a principali agente *ad effectum* (1). » — Expression qui nous fait comprendre que la motion dont il s'agit ne produit pas un mouvement ou une altération dans la cause instrumentale; car une cause ne se déplace pas pour marcher *vers* son effet. En d'autres termes, la motion ne tombe pas sur l'instrument, mais sur son action.

Et pourquoi chercher si longtemps, puisque saint Thomas nous explique clairement ce qu'est la motion qui nous occupe?

Tertio modo dicitur una res esse causa actionis alterius, in quantum movet eam in agendum. In quo non intelligitur collatio aut conservatio virtutis activæ, sed *applicatio virtutis ad actionem*. Sicut homo est causa incisionis cultelli ex hoc ipso quod *applicat* acumen cultelli ad incidendum movendo ipsum (2).

---

(1) S. Thomas, III, q. 72, art. 3, ad 2um.
(2) Id., *De potent.*, q. 3, art. 7.

La motion que doit subir l'instrument de la part de la cause principale est donc uniquement l'*application* de son activité *à une action* déterminée; et l'homme serait également cause de l'incision du couteau, s'il appliquait le tranchant en approchant le bois du couteau, au lieu d'approcher le couteau du bois.

7. — Résumé de ce qui précède.

Nous avons distingué deux choses : la forme de l'outil, en vertu de laquelle il est *formellement* un instrument, et l'*application* de cette activité à l'œuvre que se propose l'ouvrier.

Saint Thomas dit en effet :

Instrumentum virtutem instrumentalem acquirit dupliciter, scilicet quando accipit formam instrumenti, et quando movetur a principali agente ad effectum (1).

1° Tout instrument a une forme et une action corrélative à cette forme. La hache tranche, le marteau frappe. Mais pourquoi la hache et le marteau sont-ils formellement des instruments? Pourquoi leurs formes sont-elles des formes instrumentales? C'est, nous l'avons déjà dit, parce que celui qui a fabriqué ces objets avait en vue le parti qu'on en pourrait tirer dans un but ultérieur. Leurs formes n'ont pas été déterminées pour elles-mêmes, mais pour l'usage qu'en fera le charpentier. Plus ces outils se prêtent par leur construction à l'*intention* de celui qui les manie, plus ils sont de bons outils. La forme instrumentale contient donc une relation permanente avec l'*usage* auquel l'ouvrier doit employer l'outil. Nous retrouvons donc ici encore la suprématie de la cause finale; c'est d'elle que procède cette première *vertu instrumentale,* caractère essentiel de l'instrument.

---

(1) S. Thomas, III, q. 72, art. 3, ad 2um.

2° Mais par sa forme, une hache n'est encore instrument que virtuellement, *in actu primo*. Pour qu'elle agisse instrumentalement, il faut qu'elle reçoive une nouvelle vertu instrumentale, c'est-à-dire que son activité soit mise en exercice par la cause principale, ou, en d'autres termes, que son action soit appliquée et dirigée. Et là encore se montre la suprématie de la cause finale. Non seulement la hache ne produit des incisions qu'après que l'ouvrier a décrété la fabrication d'un banc ou d'une table, mais chacun des coups est dirigé et déterminé par l'intention prise d'avance. Alors et alors seulement, l'objet manié par l'ouvrier devient instrument *in actu secundo* ; alors et alors seulement, il agit instrumentalement. Car, encore une fois, cette direction dans l'opération, cette application suivant une intention, est la caractéristique qui spécifie l'action instrumentale.

Un caillou brisé gisait sur le sol. Un sauvage, ayant l'intention de couper un arbre ou de creuser un canot, observe que cette pierre est d'un biseau dur et tranchant, et par suite d'un bon emploi. Il la saisit ; et à l'instant même, ce débris devient un instrument *in actu primo,* un instrument intentionnel. — Il la manie ; et alors la pierre devient un instrument *in actu secundo,* coopérant par son action propre à la réalisation d'une intention qui ne procède pas d'elle.

On le voit, il faut nécessairement l'intervention d'une intention pour qu'il y ait cause instrumentale. Il semblerait même qu'on dût réserver expressément le nom de causes principales aux seuls agents capables de formuler une intention. Mais ce serait une conclusion peut-être trop exclusive, comme nous le verrons plus tard.

Cependant, pour rester fidèles à notre méthode d'étudier chaque théorie dans les exemples les plus clairs, nous continuerons encore quelque temps à supposer intelligente la cause principale.

ARTICLE II

DISCUSSION

1. — Place de l'instrument dans le cycle des causes.

Saint Thomas nous apprend quelle est cette place, par le texte suivant, où il développe tout le cycle de la causalité :

Considerandum est quod, cum sint causarum quatuor genera, materia non est principium actionis, sed se habet ut subjectum recipiens actionis effectum. Finis vero et agens et forma se habent ut actionis principium, sed ordine quodam. Nam primum quidem principium actionis est finis qui movet agentem; secundo vero agens; tertio autem forma ejus quod ab agente applicatur ad agendum (quamvis et ipsum agens per formam suam agat), ut patet in artificialibus. Artifex enim movetur ad agendum a fine qui est ipsum operatum, puta arca vel lectus, et applicat ad actionem securim quæ incidit per suum acumen (1).

Ainsi la production d'un effet a pour premier principe une intention. Déterminée par cette intention, la cause efficiente conduit l'effet à la perfection qui est le terme même de l'intention. Si l'agent agit seul et par lui-même, c'est-à-dire par sa propre forme, nous avons le cycle étudié au livre VIIe de cet ouvrage. Mais il peut se faire qu'il y ait un instrument, et alors on se demande dans quel point du circuit est sa place. L'intention reste la même, et d'ailleurs elle influe immédiatement sur la cause principale. D'un autre côté l'effet final, lui aussi, reste le même. Il ne reste donc pour l'instrument qu'une seule place disponible, savoir, une place entre la cause efficiente principale et l'effet.

---

(1) S. Thomas, I, q. 105, art. 5.

De là se tire cette première et très importante conclusion, que « l'instrument est essentiellement de l'espèce des causes *efficientes* », c'est-à-dire que son rôle unique et formel est d'agir *effectivement*. Ce n'est pas à lui de concevoir l'idée, ni de formuler l'intention; il peut être complètement aveugle, pourvu qu'il soit actif. Il y a plus; l'intelligence et la volonté dont l'instrument peut être doué par sa propre nature ne sont que des qualités accidentelles à son rôle instrumental; comme instrument, il ne meut que parce qu'il est appliqué au sujet patient. — *Movens motum.*

2. — Influence de la cause principale.

La connaissance que nous avons de la place occupée par la cause instrumentale, nous fournit une seconde conclusion non moins importante que la première, à savoir, que « l'influence qu'exerce sur l'instrument la cause principale est l'influence d'une cause efficiente », c'est-à-dire, est dans l'ordre effectif. Voilà pourquoi saint Thomas répète si souvent que l'instrument est « mû » — *movens motum,* car l'influence formelle d'une cause efficiente est une motion.

Mais cette motion est d'une nature spéciale dont le concept exact importe beaucoup au métaphysicien et surtout au théologien; aussi je ne crains pas de revenir plusieurs fois sur ce sujet.

Sans doute, il arrive souvent que l'agent principal imprime à son instrument un mouvement réel, comme le charpentier manie sa hache pour construire un coffre. Mais, nous l'avons souvent répété, lorsque l'instrument est mis réellement en mouvement, c'est que son activité a besoin d'être complétée. Ce cas, à la vérité, se rencontre fréquemment, cependant il n'est qu'un cas particulier. On peut concevoir un instrument qui, par soi-même, soit suffisamment actif, pour qu'il puisse agir sans avoir d'abord à subir aucune nouvelle modification interne. C'est donc dans ce cas, le plus simple au point de vue métaphysique, qu'il faut étudier l'essence de la motion requise pour toute opération instrumentale.

Or, je dis que « cette motion présente ce caractère que, tout en étant dans l'ordre effectif, elle joue le rôle d'une intention ».

En effet, une intention est toujours requise pour la détermination d'une action quelconque, suivant l'adage : *Finis movet causam efficientem*. Nous avons longuement démontré cette importante proposition, et nous avons expliqué avec soin comment cette motion métaphorique n'altère en rien l'état interne de la cause efficiente. Ces principes sont vrais de toute cause efficiente, mais ils s'appliquent différemment à la cause principale et à la cause instrumentale.

Si l'agent principal est doué d'intelligence et de volonté (et nous le supposons tel dans toute cette discussion), c'est lui-même qui formule son intention et qui, par suite, détermine soi-même sa propre action; et c'est dans ce sens qu'il faut entendre les expressions « se déterminer, — se mouvoir » (1). Quant à la cause instrumentale, il en est d'elle comme de toute cause ; elle n'agit point, quelle que soit son activité interne, tant que le terme de cette activité n'est pas déterminé. Or elle ne peut se donner à elle-même ce terme, puisqu'il procède d'une intention, et que l'instrument, en tant qu'instrument, ne formule pas l'intention mais l'exécute. Il faut donc que ce terme lui soit fourni, et par qui, sinon par l'agent principal à qui il appartient de formuler l'intention ? Concluons déjà que, pour que l'instrument exécute son opération instrumentale, il faut que l'agent principal lui communique, sinon son intention que l'instrument est incapable de recevoir,

---

(1) Quæ habent notitiam finis dicuntur seipsa movere, quia in eis est principium non solum ut agant sed etiam ut agant propter finem. (S. Thomas, 1ᵃ IIᵃᵉ, q. 6, art. 1.)

du moins le terme de cette intention; et, puisque cette communication joue le rôle d'une intention, il faut qu'elle ait lieu sans altérer l'état interne de la cause instrumentale.

Ainsi la cause principale doit déterminer l'action de l'instrument par une influence *effective,* sans cependant pénétrer ni altérer son énergie; elle doit diriger efficacement vers un but déterminé une activité aveugle, sans cependant la pousser ni la violenter.

Et comment résoudre un tel problème? Le moyen est simple. Il faut et il suffit que l'agent principal réalise par lui-même les *conditions* nécessaires et suffisantes pour que l'instrument agisse conformément à une intention. Réaliser une condition est une opération effective. La condition, d'ailleurs, n'influe pas sur l'effet, *conditio non influit in effectum;* à plus forte raison, n'influe-t-elle pas sur la cause. Le problème est donc résolu en satisfaisant à ses deux données qui semblaient s'exclure mutuellement.

Or ces conditions peuvent se résumer dans la *mise en présence* immédiate de l'agent et du patient, ou, pour employer l'expression de saint Thomas, dans l'*application* de l'instrument au sujet déterminé sur lequel il doit agir.

La cause principale détermine donc l'action de l'instrument par l'application de son activité à un sujet déterminé, sans qu'il soit essentiel à cette application de modifier l'activité elle-même; et c'est ainsi qu'il faut entendre cette expression : *Causa principalis movet causam instrumentalem.*

Ainsi, par exemple, le vent, incapable par lui-même de conduire un navire au travers des récifs, devient un instrument docile, lorsque le navigateur lui oppose ses voiles. — Ainsi, encore, il suffit que le photographe enlève l'écran de son appareil, pour que la lumière agisse par sa propre vertu sur la plaque impressionnable.

3. — Que faut-il entendre par « la vertu de la cause principale » ?

La doctrine précédente est assez importante, pour que nous l'exposions de nouveau sous une autre forme.

On trouve souvent chez les scolastiques certains adages tels que ceux-ci : « L'instrument opère par la *vertu* de la cause principale. — La *vertu* de l'agent principal passe à travers l'instrument. — La *vertu* de l'agent principal est permanente ; celle de l'instrument est transitoire. »

Il semble, au premier abord, que le sens exact de ces formules soit facile à saisir, surtout s'il est question d'un ouvrier qui manie la hache ou la scie. L'instrument n'agit qu'*en vertu* du mouvement local qui lui est imprimé ; le mouvement part de l'ouvrier, et il est *transmis* par l'instrument jusqu'au bois qu'il faut façonner ; l'activité est *permanente* dans l'ouvrier, et l'activité communiquée à l'instrument n'est que *passagère*.

Mais cette interprétation, qui semble si simple, n'atteint pas le sens vrai des adages. C'est que, si la hache est un outil très simple au point de vue de l'usage pratique, elle est un instrument dont l'analyse métaphysique est plus complexe qu'on ne le pense peut-être ; car c'est un sujet n'ayant pas en lui-même une activité complète, et qui n'est vraiment actif, qu'après avoir subi une action qui le met en mouvement.

Il est donc facile de confondre, dans ces exemples, l'action qui complète l'activité de l'outil avec l'influence qui en fait formellement un instrument. Et voyez : si l'ouvrier, dans un instant d'ivresse ou de folie, lance sa hache au hasard, elle coupera, sans doute, en vertu du mouvement communiqué ; et cependant, pourra-t-on dire alors qu'elle aura agi instrumentalement ? — Mais voici un cas tout contraire : J'aperçois ma hache qui glisse d'elle-même d'un lieu élevé, et je m'abstiens volontairement de la retenir, parce que je prévois qu'elle va tomber sur mon ennemi qui passe au-dessous ; par là même et à l'instant même, ne devient-

CHAPITRE III. — CAUSES INSTRUMENTALES. 481

elle pas le réel instrument de ma haine? Oui, sans aucun doute; car la cause principale est celle à qui on attribue l'effet, et je suis réellement coupable, responsable de la blessure causée par la hache.

Maintenant que nous voilà prémunis contre des interprétations inexactes, cherchons la signification vraie et métaphysique des mots « *vertu* de la cause principale *passant* par l'instrument ».

Dans le livre précédent, il a été constaté que la raison complète d'un effet *unique* supposait une cause finale, une cause efficiente, une cause formelle, et une cause matérielle si l'effet est matériel. Plus simplement : le circuit de la causalité contient essentiellement une fin, un agent, un effet conforme à la fin.

Or, lorsque dans ce circuit nous introduisons un instrument, nous ne prétendons pas par là multiplier les effets. Dans ce nouveau cycle, il n'y a encore que le seul effet déterminé par l'intention, et par conséquent l'instrument ne devient pas, à proprement parler, le sujet d'une passion, il ne subit pas d'action. La cause instrumentale reste ce qu'elle est par nature, c'est-à-dire cause, mais elle devient instrumentale, parce qu'elle obtient d'être cause de l'effet voulu par l'intention. — Et que faut-il pour cela? — Il faut et il suffit que son action soit déterminée à cet effet. — Mais la détermination de l'effet et par suite de l'action provient de la cause finale. — Sans doute, et par conséquent, ce qui constitue l'état instrumental, c'est une certaine communication de l'intention. — Mais l'instrument n'est pas en rapport immédiat avec la cause finale, dont elle est séparée par la cause efficiente principale. — C'est encore vrai ; donc cette communication de l'intention procède de l'influence active de la cause principale déterminant l'action de l'instrument, en appliquant son activité à l'effet voulu. Et, tant que cette influence persiste, l'instrument agit comme s'il connaissait l'intention, comme s'il se déterminait lui-même par cette intention.

Voilà comme il faut comprendre cette phrase de saint Thomas : « Instrumentum non agit actionem agentis principalis propria *virtute,* sed *virtute* principalis agentis (1). »

Ce mot « vertu » ne signifie donc pas une qualité, une disposition de l'activité, qui la perfectionne pour la faire agir. Il signifie l'influence de la causalité finale qui a son principe permanent là où réside l'intention efficace, et qui n'affecte l'instrument que pour parvenir jusqu'au patient où est son terme. Et voilà encore comme il faut comprendre cet autre passage de saint Thomas :

Instrumentum non operatur, nisi in quantum est motum a principali agente quod per se operatur. Et ideo virtus agentis principalis habet *permanens et completum* esse in natura ; virtus autem instrumentalis habet esse *transiens* ex uno in aliud, et *incompletum,* sicut et motus est imperfectus ab agente in patiens (2).

4. — L'action est commune à l'agent principal et à l'instrument.

Après avoir étudié les rapports de la cause instrumentale à la cause principale, étudions sa relation avec l'effet.

L'action propre du ciseau, en vertu de sa forme, est de tailler la pierre ; mais son action, comme instrument du sculpteur, est de faire une statue. Pas un trait de cette statue par où n'ait passé le ciseau. Donc, dans tous ses moindres détails, l'œuvre est effectuée par le ciseau, en même temps que par le sculpteur. La cause principale et la cause instrumentale produisent ensemble un seul et même effet.

J'ajoute que cet effet ne résulte pas de deux actions différentes se rencontrant dans un même sujet. Le marbre ne subit qu'une seule passion, c'est-à-dire, une seule série de modifications. Or, on s'en souvient, l'action est corrélative de la passion ; à une seule passion correspond une seule

---

(1) S. Thomas, I^a II^{ae}, q. 112, art. 1, ad 1um.
(2) Id., III, q. 62, art. 4.

action. Donc le sculpteur et le ciseau exercent sur le marbre une unique et même action.

C'est là une proposition très importante que saint Thomas affirme clairement :

Actio instrumenti, in quantum est instrumentum, non est alia ab actione principalis agentis. Potest tamen habere aliam actionem, prout est res aliqua (1).

D'ailleurs, pour s'en convaincre, il suffit de jeter encore une fois les yeux sur le cycle des causes. En introduisant la cause instrumentale, nous n'avons pas changé l'effet, et par conséquent, nous n'avons pas modifié la production de l'effet ; mais nous avons distribué la causalité efficiente, et, pour employer la métaphore qui fait découler l'action de l'agent, nous devons dire que l'action de la cause principale reste la même, mais qu'elle passe par la cause instrumentale pour parvenir au sujet patient.

Cette figure est légitime et saint Thomas l'emploie (2) ; mais il ne faudrait pas qu'elle entraînât à méconnaître l'activité propre de l'instrument. Je l'ai dit et répété, le plus souvent, l'ouvrier, en maniant son outil, complète son activité par le mouvement qu'il lui donne, en même temps qu'il l'applique à l'œuvre ; mais nous ne nous occupons ici que de l'influence qui *traverse* l'instrument sans modifier son activité.

Dans le travail de sculpteur, il y a donc deux activités en exercice. Mais le marbre ne subit qu'une action ; c'est l'action de la cause principale à laquelle participe l'instrument par son action propre.

Dicendum quod instrumentum habet duas actiones : unam instrumentalem secundum quam operatur non in virtute propria, sed in virtute principalis agentis : aliam autem habet actionem propriam, quæ competit ei secundum propriam formam ; sicut securi competit scindere ratione suæ acuitatis ; facere au-

---

(1) S. Thomas, III, q. 19, art. 1, ad 2ᵘᵐ.
(2) Voir ci-dessus p. 470.

tem lectum, in quantum est instrumentum artis. Non autem perficit instrumentalem actionem, nisi exercendo actionem propriam; scindendo enim facit lectum (1).

5. — Relation de l'effet à ses deux causes.

Cette distinction entre l'action propre de l'instrument et l'action instrumentale conduit à d'importantes conséquences.

Il n'y a, avons-nous dit, qu'une seule action d'où résulte un seul effet. Il semble donc qu'il n'y ait qu'une relation de l'effet à ses deux causes.

Mais observons que, s'il n'y a qu'une seule action, cette action procède différemment des deux causes ; de l'une elle sort *principalement*, de l'autre elle sort *instrumentalement*. Dans l'une elle a sa raison suffisante, dans l'autre elle ne l'a pas ; et cette distinction réelle suffit pour qu'on distingue deux relations diverses de l'effet à ses causes.

Certes, toute la statue a subi l'influence du ciseau ; mais quelle a été l'action propre de ce morceau d'acier? Enlever des éclats de marbre et voilà tout. Les creux et les reliefs du bloc proviennent du ciseau. Mais dans un Apollon du Belvédère, n'y a-t-il donc que des creux et des reliefs? La forme humaine, la majesté du port, la souplesse et la grâce n'ont pas leur raison suffisante dans le ciseau ; et ce pendant c'est proprement l'assemblage de ces qualités qui fait que le bloc soit une statue et une belle statue, et c'est uniquement du génie de l'artiste que procèdent toutes ces perfections.

Une distinction scolastique trouve ici une heureuse application. La statue provient « tout entière », *tota*, soit du sculpteur, soit du ciseau. Mais du sculpteur elle provient « toute et totalement », *tota et totaliter;* et du ciseau, elle provient « toute mais non totalement », *tota et non totaliter*.

---

(1) S. Thomas, III, q. 62, art. 1, ad 2^{rm}.

Toute du ciseau : car il n'y a pas un creux ni un relief qui ne proviennent du ciseau; mais *non totalement :* car la forme et la beauté ne peuvent procéder d'une force aveugle. — *Toute et totalement* du sculpteur : car il a vu dans son art la forme et la beauté, et il l'a réalisée par des creux et des reliefs.

De là résulte que l'effet n'est pas semblable à sa cause instrumentale, mais à sa cause principale :

Unde effectus non assimilatur securi, sed arti quæ est in mente artificis (1).

De là résulte encore que rien ne s'oppose à ce que l'effet soit plus parfait que sa cause instrumentale :

Nihil prohibet causam instrumentalem producere potiorem effectum, ut ex supradictis patet (2).

De là enfin cette brillante mais juste métaphore, qui représente la vertu d'une cause principale spirituelle traversant un instrument matériel pour produire un effet spirituel.

Dicendum quod virtus spiritualis non potest esse in re corporea per modum virtutis permanentis et completæ... Nihil tamen prohibet in corpore esse virtutem spiritualem instrumentaliter, in quantum scilicet corpus potest moveri ab aliqua substantia spirituali ad aliquem effectum spiritualem inducendum. Sicut et in ipsa voce sensibili est quædam vis spiritualis ad excitandum intellectum hominis, in quantum procedit a conceptione mentis (3).

6. — Définition de la cause instrumentale.

Par tous les développements précédents, on doit juger combien le rôle de l'intention est prépondérant dans la détermination de l'instrument, et combien la notion de

---

(1) S. Thomas, III, q. 62, art. 1.
(2) S. Thomas, III, q. 79, art. 2, ad 3um.
(3) Id., III, q. 62, art. 4, ad 1um.

cause finale est essentielle à la définition de la cause instrumentale.

La définition vulgaire de l'instrument est la suivante : « *Instrument*, tout ce qui sert à faire quelque chose (1). » Les instruments sont autant d'*outils*, à s'en tenir à l'étymologie de ce dernier mot. — *Outil, utile*.

Et d'ailleurs, c'est la définition même donnée par Aristote :

« Tout instrument est pour quelque chose... et ce quelque chose est une opération... En effet, le sciage n'est pas pour la scie, mais la scie pour le sciage ; car scier, c'est *user* de la scie (2). »

Donc, en premier lieu, la notion formelle de l'instrument implique une intention ; car servir à quelque chose, être utile, dénote une fin déterminée d'avance, un but projeté, une cause finale en un mot. C'est ce qu'on n'a pas toujours assez compris, et voilà pourquoi l'on trouve pour l'instrument tant de définitions, toutes vagues et incomplètes, comme on peut le voir par la critique qu'en fait Suarez (3).

En deuxième lieu, la notion d'instrument implique l'idée d'une activité qui exécute l'intention, mais à qui il n'appartient pas de la concevoir. La cause instrumentale reste formellement dans l'ordre exécutif ; saint Thomas l'affirme : *Instrumento competit sola executio actionis* (4).

Enfin, en troisième et dernier lieu, un agent ne peut exécuter une intention qui lui est étrangère, à moins que son activité ne soit dirigée et appliquée efficacement par une puissance qui contient l'intention. C'est précisément dans cette application que consiste l'usage de l'instrument,

---

(1) Dictionnaire de l'Académie française.
(2) Τὸ μὲν ὄργανον πᾶν ἕνεκα τοῦ·... τὸ δ'οὗ ἕνεκα πρᾶξίς τις·... οὐ γὰρ ἡ πρίσις τοῦ πρίονος χάριν γέγονεν, ἀλλ' ὁ πρίων τῆς πρίσεως. Χρῆσις γάρ τις ἡ πρίσις ἐστιν. (Aristote, *De part. animal.*, lib. I, cap. v.)
(3) Suarez, *Metaphysic.*, disput. xvii, sect. 2, n° 7 et seqq.
(4) S. Thomas, I, q. 18, art. 3.

suivant cette sentence de saint Thomas : *Uti importat applicationem alicujus ad aliquid* (1).

Tout ce que nous venons de dire est implicitement contenu dans la définition vulgaire : « *Instrument*, ce qui sert à faire quelque chose. » Que si l'on veut exprimer ces caractères sous une forme plus explicite, on pourra donc donner la définition suivante :

« Une cause instrumentale est un agent dont l'activité est appliquée efficacement à exécuter une intention qui ne procède pas de lui. »

Cette définition a ce mérite qu'elle met en évidence le rôle de la première des causes, savoir de la cause finale. De là vient qu'on peut en déduire aisément la plupart des autres définitions qui ont été proposées, et dont on peut voir le détail dans Suarez (2).

Par là encore, on reconnaît immédiatement que la cause instrumentale est, de sa nature, une cause imparfaite, puisque la fin de l'opération procède d'ailleurs. Or, on se le rappelle, l'effet est conforme à l'intention, la fin est à la fois le principe et le terme de l'action; d'où résulte qu'il n'y a aucune proportion nécessaire entre l'instrument et son effet, que l'instrument ne contient pas la raison de l'effet, enfin qu'on ne peut pas attribuer l'action à sa cause instrumentale. *Actio proprie non attribuitur instrumento, sed principali agenti, sicut ædificatio ædificatori, non autem instrumentis* (3).

7. — Comment un être intelligent peut être un instrument.

Jusqu'ici j'ai toujours pris pour exemple d'instrument un sujet matériel, afin de mieux montrer que l'instrument est, en tant qu'instrument, étranger à l'intention qui l'applique

---

(1) S. Thomas, 1ᵃ IIᵉ, q. 16, art. 3.
(2) Suarez, *loco citato*.
(3) S. Thomas, 1ᵃ IIᵉ, q. 16, art. 1.

à l'œuvre, et qu'il appartient exclusivement à l'ordre des causes exécutives.

Mais la définition, que j'ai donnée de la cause instrumentale, nous permet de comprendre comment un être intelligent peut agir instrumentalement.

Pour cela, il suffit de deux conditions : la première est que l'intention qui le détermine dans son action ne procède pas de lui, mais vienne d'un autre; la seconde, qu'il exécute cette intention, non pas précisément parce qu'il l'approuve et la fait sienne, mais parce qu'il obéit à un commandement qui s'impose à son activité et l'applique à l'œuvre. Ici, des exemples seront plus clairs que de longs développements.

Lorsqu'un tyran faisait périr un martyr par la main de son esclave, celui-ci frappait quelquefois à regret, mais il obéissait par peur, par contrainte; et en obéissant il devenait la cause instrumentale d'un crime dont toute l'horreur rejaillissait sur le tyran.

Ainsi encore, lorsqu'un prince ordonne à son secrétaire d'écrire une lettre sous sa dictée, voire même, de rédiger un décret dont il lui détermine le sens et les considérants, le secrétaire, astreint à obéir par l'obligation de sa charge, devient cause instrumentale d'une œuvre dont le mérite et la responsabilité reviennent au prince.

Je sais bien que la question se complique, lorsqu'on tient compte de la liberté essentielle à tout être intelligent; l'homme est toujours libre de se soumettre ou de ne pas se soumettre au commandement d'autrui, et c'est en vertu de cette liberté aliénable qu'il encourt par sa coopération une part de responsabilité. Sa faute ou son mérite consistent précisément dans sa volonté d'obéir au commandement; mais, en obéissant, il n'est que la cause instrumentale de l'opération exigée de lui.

8. — Définition de la cause principale.

Il ne peut y avoir de cause instrumentale, sans une cause

principale qui l'applique à l'œuvre; mais il peut y avoir une cause principale qui agisse sans intermédiaire. De là, deux manières de considérer la cause principale, savoir, en elle-même ou dans sa relation avec la cause instrumentale.

Considérons d'abord en elle-même la cause principale. C'est, d'après la définition vulgaire, la cause à laquelle on peut attribuer l'effet au sens propre et sans explications. Et que faut-il pour cela? Il faut et il suffit qu'on trouve dans la cause la raison suffisante de l'effet, c'est-à-dire la raison non seulement qu'il soit, mais encore qu'il soit tel qu'il est.

En d'autres termes, non seulement il faut que l'agent possède une activité naturelle qui puisse s'étendre jusqu'à l'effet; mais il faut encore que la nature de l'effet soit contenue dans la nature de la cause, suivant l'adage : *Omne agens agit simile sibi.*

Saint Thomas exprime le premier de ces caractères par cette phrase : « Agens principale est, quod per suam formam agit (1) ». Il expose le second dans le texte suivant :

Duplex est causa agens, principalis et instrumentalis. Principalis quidem operatur per virtutem suæ formæ, cui assimilatur effectus, sicut ignis suo calore calefacit.......... Causa vero instrumentalis non agit per virtutem suæ formæ, sed solum per motum quo movetur a principali agente. Unde effectus non assimilatur securi, sed arti quæ est in mente artificis (2).

Si donc on s'en tient à la considération formelle de la cause efficiente, c'est-à-dire, si l'on considère l'agent uniquement dans l'ordre effectif, on peut définir la cause principale d'un effet comme il suit : « La cause principale est la cause qui contient dans sa propre nature toute l'activité nécessaire à la production de l'effet.

A ce point de vue, le soleil est cause principale de la

---

(1) S. Thomas, I, q. 18, art. 3.
(2) Id., III, q. 62, art. 1.

chaleur terrestre, l'arbre est cause principale de son fruit, l'animal est cause principale de ses mouvements.

Mais considérons maintenant la cause principale en opposition à la cause instrumentale. Il faut alors tenir compte de la cause finale, puisque son concept entre explicitement dans la notion de l'instrument.

L'instrument sert, donc l'agent principal emploie; l'instrument est appliqué, donc l'agent principal applique; l'instrument reçoit une intention, donc l'agent principal la fournit, et pour la fournir il faut qu'il la possède. On peut donc donner de la cause principale la définition suivante : « C'est l'agent qui poursuit, par lui-même ou par d'autres, l'exécution d'une œuvre dont il contient l'intention. »

Remarquez que cette définition est renfermée implicitement dans la première que nous avons donnée; car on ne peut rendre raison d'une opération, à moins de connaître sa cause finale; en remontant d'un effet à sa cause efficiente, on ne peut s'arrêter avant d'avoir rencontré l'intention qui préside à l'action.

J'entends les heures sonnées régulièrement par un timbre et je me demande à quelle cause attribuer cet effet. — Est-ce au marteau? Non, car il est uniquement pour frapper. — Est-ce aux rouages? — Non, car ils sont uniquement pour transmettre un mouvement. — Est-ce au balancier ou au poids? — Non, car l'un est uniquement pour régler et l'autre uniquement pour entretenir le mouvement? — Quelle est donc la cause principale de l'effet? —C'est l'horloge; car elle a pour but de sonner les heures; elle *contient* cette intention dans l'ensemble même de son mécanisme.

Il est vrai, cette intention ne *procède* pas de la machine elle-même, mais elle y *réside* exprimée par la disposition des organes; et cela suffit pour que cet ensemble matériel ait quelque droit au titre de cause principale.

A plus forte raison, on pourra dire de l'abeille qu'elle

est cause principale des cellules qu'elle construit avec ses palpes, car elle agit avec une sorte d'intention instinctive qui fait partie de la nature.

On le voit : l'intention de l'effet réside toujours dans sa cause principale, c'est-à-dire dans la cause à laquelle on peut attribuer l'effet. Tantôt l'intention est formulée *par* l'agent lui-même, et alors celui-ci est cause principale dans le sens strict du mot. Tantôt l'intention est simplement formulée *dans* l'agent, et cela suffit pour que l'agent participe à la qualification de cause principale; mais, à vrai dire, ce n'est que par une analogie dont les limites sont vagues et mal déterminées, comme il en est de toutes les analogies.

On pourrait donc résumer toute la doctrine précédente par cette double définition : La cause principale est celle où *réside* l'intention; la cause instrumentale est celle que *traverse* l'intention.

9. — Une même cause peut être à la fois instrumentale et principale.

Un architecte, voulant bâtir un palais, fait travailler des ouvriers qui taillent la pierre avec le marteau, coupent le bois avec la hache, élèvent les murs avec la truelle.

L'architecte est cause principale du palais. Car c'est lui qui en a conçu le plan, c'est lui qui en a décidé la réalisation, et c'est lui qui met en mouvement tout ce peuple de manœuvres. Ceux-ci ne sont que des instruments. Car, par eux-mêmes, ils sont incapables de concevoir ou d'exécuter le plan général; et d'ailleurs, leur activité, par elle-même indifférente à construire ceci plutôt que cela, a dû être déterminée, appliquée, mise à l'œuvre par l'architecte.

Mais, d'autre part, une fois la tâche particulière distribuée entre les ouvriers, chacun d'eux devient cause principale dans sa partie. L'un se propose de tailler la pierre, et pour cela il manie le marteau ; l'autre de construire la charpente, et pour cela il se sert de la hache.

Ainsi, tous ces ouvriers, *causes instrumentales* par rapport à la construction du palais, sont *causes principales* d'un travail particulier, auquel ils appliquent les *instruments* de leur métier.

10. — Deux causes peuvent être mutuellement causes principales et instrumentales.

Saint Thomas distingue comme il suit la cause principale et la cause *adjuvante :*

Adjuvans dicitur causa, secundum quod operatur ad principalem effectum. In hoc tamen differt ab agente principali, quia principale agens agit ad finem proprium, adjuvans autem ad finem alienum; sicut, qui adjuvat regem in bello, operatur ad finem regis [1].

Développons cet exemple.

Un roi ambitieux désire conquérir une province ; il veut donc la guerre comme un moyen de satisfaire son orgueil. D'autre part, son général d'armée, homme avide, veut la guerre comme un moyen de s'enrichir par le pillage; il excite donc l'ambition du roi et le détermine à cette expédition. Le roi est la cause principale de la conquête, et le général n'en est que la cause instrumentale, puisqu'il a été envoyé par le monarque. Par contre, le général est la cause principale du pillage, et le roi n'en est que la cause instrumentale, puisqu'il a été poussé à décider cette guerre qui a été un moyen de pillage.

Si l'on analyse avec soin cet exemple, on reconnaît que le nœud qui unit les deux causes principales n'est pas une même fin, mais un même moyen, savoir la guerre. C'est parce que la guerre peut être un moyen d'obtenir deux fins différentes qu'elle peut répondre à deux inten-

---

[1] S. Thomas, *Metaphys.*, lib. V, lect. 2.

tions différentes, elle est un moyen de conquête et un moyen de pillage. Voilà pourquoi deux causes principales différentes peuvent vouloir le même effet, pourquoi l'ambition du prince peut *employer* pour cet effet la cupidité du général, et la cupidité du général *employer* pour ce même effet l'ambition du prince.

On voit par là comment une cause libre peut être une cause instrumentale ; et pour le philosophe, qu'est donc la politique, sinon l'art de faire jouer les passions humaines comme autant d'instruments dociles ?

ARTICLE III

CONSÉQUENCES

1. — Des causes principalement principales

Nous venons de reconnaître que toutes les causes principales doivent contenir l'intention de leur effet ; mais, pour les unes, l'intention est formulée *par* l'agent lui-même ; pour les autres, elle est formulée *dans* l'agent. Il y a entre ces deux états une différence capitale, et il importe de distinguer avec soin ces deux sortes de causes. Nous appellerons les premières : *causes principalement principales,* et les secondes : *causes simplement principales.*

Au livre consacré à la cause finale, nous avons démontré cette grande vérité que toute action tend vers une fin décrétée d'avance par une intention. La *finalité* est essentielle à la causalité, tout part de la cause finale qui est le principe déterminant de la cause efficiente : *finis movet efficientem.* Or la fin ne peut être conçue que par une intelligence et décrétée que par une volonté ; d'où il suit que la cause complète en elle-même est une substance intelligente et voulante. Et voilà pourquoi, lorsque nous poursuivions, dans les livres précédents, l'étude d'une cause efficiente complètement cause de son effet, nous avions toujours en vue une cause formulant sa propre intention, c'est-à-dire une cause *principalement principale.*

Là brillaient toutes les gloires de la cause : éminence de nature, immobilité dans l'action, et cette manière de frapper ses effets à son coin comme pour s'en réserver la propriété. Mais, on doit s'en souvenir, nous étions troublés à chaque instant par ces mille causes qui nous entourent dans le commerce de la vie, et qui semblaient se réunir pour donner un démenti à nos plus beaux théorèmes : causes agitées avant d'agir, causes modifiées par leur action, causes sans proportion avec leurs effets, causes incapables de rien produire à leur ressemblance.

La théorie de la causalité ne peut être complète que lorsque toutes ces anomalies sont ramenées à la loi. Or l'étude des causes instrumentales nous permet de réduire à l'ordre, d'un seul coup, la plupart de ces causes imparfaites.

2. — Les causes aveugles sont comparables à des causes instrumentales.

Je remarque, en effet, que les agents dépourvus de raison, minéraux, végétaux, animaux, peuvent, à la vérité, poursuivre une fin déterminée ; mais ce n'est point par eux qu'est formulée cette intention ; elle ne procède pas de leur nature, car elle la précède, et elle y a été déposée par le Créateur.

J'appelle donc ces causes, si vous le voulez, « causes principales », parce que leur activité est de même ordre que le terme de leurs opérations. Mais je pourrais tout aussi bien les appeler « causes instrumentales » ; car ce sont là comme autant d'instruments constitués pour une fin qu'elles ignorent ; ce sont là autant d'activités lancées vers un but qu'elles atteignent aveuglément.

Illa (entia) quæ ratione carent tendunt in finem propter naturalem inclinationem, quasi ab alio mota non autem a seipsis ; cum non cognoscant rationem finis, et ideo nihil in finem ordinare possunt, sed solum in finem ab alio ordinantur. Nam *tota irrationalis natura comparatur ad Deum, sicut instrumentum ad agens principale,* ut supra habitum est (1).

Et voici toutes ces causes contre lesquelles nous nous heurtions, écartées d'un seul mot, et rangées à leur place : ce sont des causes imparfaites, incomplètes, subordonnées à une causalité supérieure. Pouvions-nous trouver en elles toutes les perfections contenues dans l'idée de cause pure ?

3. — Ces causes ont un double caractère instrumental.

Poussons plus loin notre analyse, et pour mieux fixer notre pensée, prenons un exemple.

Un tigre se reposait couché dans un hallier. Soudain son regard s'allume, ses muscles se raidissent ; il bondit sur une gazelle et l'égorge. Or je distingue ici deux choses, la cause et son action. La cause est un être vivant que le Créateur a organisé dans l'intention qu'il se nourrisse de chair, et cette intention réside dans la nature de cette bête à l'état d'instinct carnassier. Lorsque le tigre obéit à cet instinct, il ne fait donc qu'exécuter une intention. C'est une cause finale qui le fait bondir sur sa proie; car l'axiome est toujours vrai : *Causa finalis movet causam efficientem.* Mais ce n'est pas de lui que procède cette fin, ce n'est pas lui qui formule cette intention; la fin est exprimée dans son organisation elle-même, l'intention est déposée dans sa nature comme un ressort qui le pousse au carnage.

C'est ce qu'exprime si élégamment saint Jean Damascène, ce docteur qu'on peut bien appeler le saint Thomas des Grecs : « Les êtres, dit-il, dépourvus de raison, sont poussés par leur nature, plutôt qu'ils ne la poussent (2). »

---

(1) S. Thomas, 1ª IIæ, q. 1, art. 2.
(2) Ἄλογα... ἄγονται μᾶλλον ὑπὸ τῆς φύσεως, ἥπερ ἄγουσι... ὁ δὲ ἄνθρωπος, λογικὸς ὤν, ἄγει μᾶλλον τὴν φύσιν, ἥπερ ἄγεται. (Damasc., *De la foi orthod.,* liv. II, ch. XXVII.)

Or être construit pour une intention qui procède d'ailleurs, c'est, on en conviendra, un caractère commun aux instruments.

Mais notre analyse n'est pas complète; car, pour qu'il y ait effusion de sang, il ne suffit pas d'un instinct sanguinaire. Cet instinct, par lui-même, menace toute proie, mais ne peut en déterminer aucune, et cependant il ne peut y avoir d'action à moins d'un terme totalement déterminé. Dans l'exemple proposé, il a fallu qu'une victime fût choisie entre plusieurs; il a fallu qu'elle fût amenée à la bête féroce. En d'autres termes, pour cet égorgement déterminé, il a fallu une détermination qui ne provînt pas du tigre, il a fallu que son activité fût *appliquée* à un cas particulier déterminé par une intention étrangère.

Or être appliqué par autrui à agir est précisément la caractéristique de l'instrument. Donc, par ce côté encore, l'activité brutale, incapable de déterminer par soi-même le terme individuel de son action, laisse voir son caractère instrumental; et pour rendre complètement compte de cette action déterminée, il faut remonter jusqu'à la cause supérieure qui en a conçu le dessein et dirigé l'exécution.

Ainsi en est-il de toutes les causes dépourvues de raison; elles tiennent de l'instrument par deux points : leur forme propre est déterminée pour un but qu'elles ignorent, comme celle du marteau et celle de la hache; leur activité est appliquée à chaque opération par une intention étrangère, comme il en est de la hache et du marteau.

On peut bien, avec quelque raison, conserver à ces agents le nom de causes principales; mais on doit ajouter qu'elles agissent à la manière des instruments. Dans les pensées courantes, on peut leur attribuer leurs actions, mais, lorsqu'on pense en philosophe, on doit attribuer tous les effets de ces forces aveugles à Celui qui a créé ces natures et qui les applique au travail.

C'est ce qu'affirme le même saint Jean Damascène : si nous mettons de côté, dit-il, nos actions libres et leurs conséquences, « tout le reste provient uniquement de l'intention divine... tout le reste doit être attribué à Dieu (1) ».

Et n'est-ce pas là le langage de la véritable piété? Tandis que l'impie, dont la moisson est détruite, s'en prend à la pluie ou à la grêle, comme le chien se jette sur la pierre qu'on lui lance, le juste rapporte à Dieu sa mauvaise comme sa bonne fortune, disant avec Job : *Dominus dedit, Dominus abstulit; sicut Domino placuit, ita factum est* (2). Oh! qui comprendra jamais assez à quel point la sagesse chrétienne a le « goût » (3) aiguisé pour reconnaître directement les vérités de la plus haute métaphysique!

4. — Toute cause, sauf la volonté, a un caractère instrumental.

Toutes les causes matérielles étant remises à leur place inférieure, que reste-il parmi les causes qui nous entourent? Il reste l'homme, agent raisonnable. C'est donc en lui seul que nous pouvons espérer de trouver une cause *principalement* principale.

Mais l'homme, être complexe, contient tout un système d'activités distinctes. Il y a en lui une vie organique semblable à la vie des animaux, et les opérations de cette vie résultent d'une intention qui est déposée d'une manière permanente dans la nature humaine, mais qui provient de plus haut. Cette vie procède de l'âme, mais non pas en tant que l'âme est raisonnable.

De la vie raisonnable sortent les opérations qu'on nomme *actions humaines*, pour indiquer qu'elles procèdent du principe qui distingue spécifiquement l'homme des autres animaux. Mais, là encore, toutes les activités ne fonctionnent pas au même titre.

---

(1) Τὰ δὲ λοιπὰ πάντα τῆς Θείας βουλῆς ἐξήρτηται... Τὰ δὲ λοιπὰ πάντα τῷ Θεῷ ἀναθετέον. (Damasc., *De la foi orthod.*, liv. II, ch. xxviii.)
(2) Job, I, 21.
(3) Quæ sursum sunt, *sapite*, Coloss., III, 2.

La volonté contient formellement l'intention; donc elle est « cause principale ». La volonté formule l'intention; donc elle est « cause principalement principale ». Les autres puissances de l'âme ou du corps sont *appliquées* par la volonté à leurs opérations. Elles ont donc un caractère instrumental.

Saint Thomas nous explique bien cette doctrine, en montrant qu'*user* de quelque chose appartient à la volonté :

Respondeo dicendum quod usus rei alicujus importat applicationem rei illius ad aliquam operationem. Unde et operatio ad quam applicamus rem aliquam, dicitur usus ejus; sicut equitare est usus equi, et percutere est usus baculi.

Ad operationem autem applicamus et principia interiora agendi, scilicet ipsas potentias animæ vel membra corporis; ut intellectum ad intelligendum et oculum ad videndum; et res exteriores, sicut baculum ad percutiendum. Sed manifestum est quod res exteriores non applicamus ad aliquam operationem nisi per principia intrinseca, quæ sunt potentiæ animæ, aut habitus potentiarum, aut organa quæ sunt corporis membra.

Ostensum est autem supra quod voluntas est quæ movet potentias animæ ad suos actus, et hoc est applicare eas ad operationem. Unde manifestum est quod *uti*, primo et principaliter est voluntatis tanquam primi moventis, rationis autem tanquam dirigentis, sed aliarum potentiarum tanquam exequentium, *quæ comparantur ad voluntatem a qua applicantur ad agendum, sicut instrumenta ad principale agens* (1).

5. — Servage de la cause instrumentale.

Nous avons donc enfin trouvé dans la volonté une cause « principalement principale ». Mais ce grand titre convient-il à la volonté humaine dans toutes ses opérations? Non. Car saint Jean Damascène enseigne qu'il faut attribuer à Dieu tout, sauf ce qui dépend de nous, τὰ ἐφ' ἡμῖν, et ce qui en résulte. Or il nous dit aussi que les choses qui dépendent de nous, τὰ ἐφ' ἡμῖν, sont uniquement les choses qu'il

---

(1) S. Thomas, I·II·, q. 16, art. 1.

nous est libre de faire ou de ne faire pas (1). Nous devons conclure de là que la volonté humaine n'est cause principalement principale que lorsqu'elle agit librement, lorsqu'elle se détermine elle-même, *movet seipsam*, lorsqu'elle formule et pose elle-même son intention. En un mot, « une cause principalement principale est une volonté libre ».

Toutes les autres causes au-dessous sont appliquées à leur travail comme des esclaves par la puissance qui commande et qui peut se faire obéir, suivant la parole de saint Thomas :

Applicare aliquid ad alterum non est nisi ejus quod habet super illud arbitrium, quod non est nisi ejus qui scit referre aliquid ad alterum (2).

La cause principalement principale, c'est-à-dire la cause principale dans le sens strict du mot, est donc libre ; et la cause instrumentale est dans le servage.

Que si vous voulez parvenir par une autre voie à la même conclusion, rappelez-vous que, d'après Aristote, l'instrument est *pour quelque chose*, ἕνεκα τοῦ, et ce « quelque chose » n'est pas l'instrument lui-même. Or le même Aristote, pour distinguer la liberté de l'esclavage, définit l'homme libre : celui qui est *pour lui-même et non pour un autre*, ὁ αὑτοῦ ἕνεκα, καὶ μὴ ἄλλου (3).

L'instrument est donc « par » la cause principale et « pour » la cause principale. Il n'est qu'un esclave qui appartient à son maître, qui travaille pour son maître, et dont l'œuvre revient tout entière à son maître.

---

(1) Ἐφ' ἡμῖν μὲν οὖν εἰσιν ὧν ἡμεῖς ἐσμεν αὐτεξούσιοι ποιεῖν τε καὶ μὴ ποιεῖν. (Damasc., *De la foi orth.*, liv. II, chap. xxvi.)

(2) S. Thomas, 1ᵃ IIᵉ, q. 16, art. 2.

(3) Aristote a fait de la philosophie le plus sublime des éloges, en montrant que c'est la seule science libre. « Il est donc évident que nous ne la recherchons pas pour la faire servir à autre chose. Mais de même que nous appelons libre l'homme qui est pour lui-même et n'est pas pour autrui, de même la philosophie est seule libre entre les sciences. Car seule, elle est elle-même pour elle-même. » (Aristote, *Métaphys.*, liv. I, ch. ii.) — Mais depuis qu'une science plus divine est descendue d'en haut, la philosophie s'est faite la servante de la théologie.

500 LIVRE VIII. — CLASSIFICATION DES CAUSES.

Ille homo proprie dicitur liber, qui non est alterius causa, sed causa sui ipsius. Servi enim dominorum sunt, et propter dominos operantur, et eis acquirunt quidquid acquirunt (1).

Et ne remarquez-vous pas que le langage vulgaire exprime ce servage? Agir comme instrument, c'est *servir* à quelque chose; user d'un instrument, c'est *s'en servir*.

Si donc on vous demande pourquoi la statue n'appartient pas au ciseau mais au sculpteur, et pourquoi l'opération est attribuée, non à l'instrument, mais à la cause principale, vous n'avez à répondre que ces deux mots : *cuique suum*. Car l'ordre exige que chaque chose revienne là où elle a son principe et sa fin.

Unicuique debetur quod *suum est*. Dicitur autem *esse suum* alicujus, quod ad ipsum ordinatur; sicut servus est domini, et non e converso; nam liberum est quod sui causa est (2).

6. — L'homme libre demeure l'instrument de Dieu.

Parmi les causes qui l'entourent, l'homme seul est cause « principalement principale », puisque seul il est libre. Mais qu'il se garde de profaner ce glorieux privilège par un criminel orgueil. Cette liberté lui a été donnée, non pour l'exempter d'obéir, mais pour ennoblir son service. Car il faut qu'il serve. De gré et de force, il reste sous la main de Celui devant qui toute créature est esclave, et ses vices eux-mêmes sont appliqués par la Providence à exécuter les plus augustes desseins. Dieu serait-il donc Tout-puissant, s'il ne pouvait enchaîner le mal au service du bien? serait-il infiniment Bon, si sa bonté ne s'étendait jusqu'à user pour le bien du mal même (3)?

Certes, Nabuchodonosor était la cause principale de son

---

(1) S. Thomas, *Métaphys.*, lib. I, lect. 3.
(2) S. Thomas, I, q. 21, art. 1, ad 3um.
(3) Deus tam bonus est, ut malis quoque utatur bene, quæ omnipotens esse non sineret, si eis bene uti summa sua bonitate non posset, et hinc potius impotens appareret et minus bonus, non valendo bene uti etiam malo. (Augustin., *Opus imperf. contr. Jul.*, n° 60.)

propre orgueil ; mais, en cela même, il devenait la cause instrumentale de la justice divine appliquant cet orgueil contre les murs de Jérusalem coupable. Certes, Pharaon était la cause de sa propre opiniâtreté ; mais cette opiniâtreté était entre les mains de Dieu un moyen utile servant à la délivrance d'Israël.

Demandez-vous ce que deviennent la liberté et la responsabilité des méchants, si dans leurs crimes ils ne sont que les instruments aveugles des volontés divines? La réponse à cette question est facile. Dieu *dirige* les voies des impies *en permettant ou ne permettant pas* leurs mauvais desseins.

N'avez-vous jamais remarqué comment le jardinier dirige le cours d'un ruisseau? l'eau, qui jaillit du coteau, tend en vertu de son propre poids à descendre, à se répandre par toutes les pentes pour inonder toute la colline. Mais le jardinier l'endigue, c'est-à-dire, oppose des obstacles à ses débordements, et ne lui laisse qu'un étroit passage par où il lui *permet* de s'écouler. Ce n'est pas le jardinier qui pousse l'eau à descendre, mais c'est lui qui dirige les ondes suivant toutes les sinuosités qu'il lui plaît.

Il en est de même de la Providence par rapport aux passions mauvaises. La passion sort bouillonnante du cœur *librement* méchant ; elle se déverse sur tout ce qui l'entoure, aspirant à tout corrompre. « Qu'aucun pré, dit-elle, ne soit où ne passe notre débauche ; que personne n'échappe à notre appétit ; partout laissons les traces de notre ivresse (1). » Mais la Providence endigue cette passion et ne lui permet d'exercer ses ravages que comme il lui semble et là où il lui plaît ; et c'est ainsi que le méchant concourt malgré lui aux desseins divins, serviteur rebelle, instrument docile !

Voulez-vous un autre exemple? Lorsque l'air s'engouffre dans un orgue, il tendrait à sortir à la fois par tous les ori-

---

(1) Sagesse, II, v. 8.

fices en produisant mille sons discordants. Mais le musicien, fermant et ouvrant les passages, se sert de cette impétuosité pour exprimer une mélodie. C'est ainsi que la Providence fait servir la méchanceté au cantique de sa gloire (1).

Saint Augustin nous introduit encore plus loin dans cette question mystérieuse du péché. « Si vous avez péché, dit-il, ne vous imaginez pas que l'homme ait obtenu ce qu'il voulait, et que Dieu ait subi ce qu'il ne voulait pas. » *Si peccaveris, ne putes hominem fecisse quod voluit et Deo accidisse quod noluit* (2). Pensée profonde ! Il est impossible qu'il y ait accord là où Dieu n'en veut pas, car l'accord est un bien. Donc il est impossible qu'un acte soit d'accord avec l'intention qui l'inspire, si Dieu ne veut pas cet acte. En d'autre termes, il est impossible que l'homme obtienne ce qu'il veut, si Dieu ne le veut pas.

En voulant le péché, l'homme cherche le bonheur et ne parvient qu'au malheur; en permettant le péché, Dieu le réduit à concourir à quelque dessein de bonté. La vraie formule du péché est donc la suivante : si vous péchez, sachez que Dieu a obtenu ce qu'il a voulu, et que l'homme a subi ce qu'il ne voulait pas. *Si peccaveris, scito Deum attigisse quod voluit, et homini accidisse quod noluit* (3).

7. — Élévation.

Souverain Seigneur de toutes choses, votre domaine s'étend donc sur tout et sur tous. De tout et de tous, vous usez comme il vous plaît et pour votre gloire. Des méchants, vous usez malgré eux, alors même que vous respectez leur liberté; leurs desseins les plus astucieux et les plus impies aboutissent à la réalisation de vos conseils;

---

(1) Hugues de Saint-Victor a traité cette même question d'une façon excellente. Voir son traité *Des sacrements*, liv. I, part. V, ch. xxv et suivants. (Migne, *Patrol. lat.*, t. CLXXVI, col. 258.)
(2) August., *Enarr. in Ps.*, 110, n° 2.
(3) Sur cette même idée, voir Boèce, *De la consolation*, liv. IV.

leurs actes de révolte accomplissent votre œuvre; leur cruauté fait vos martyrs; leur résistance est un moyen utile; leur cœur, qui repousse votre intention, est un instrument aussi aveugle mais aussi maniable qu'un outil, et leur cri : *Je ne servirai pas,* vous sert encore, car un esclave est toujours pour servir (1).

Mais, de vos Saints, ô mon Dieu, je ne dirai pas qu'ils sont esclaves; car *servir Dieu c'est régner.* Serviteurs fidèles, dont *les yeux sont constamment fixés sur les mains de leur maître* afin d'obéir au moindre geste, ils mettent leur joie à servir le divin Père de famille, et leur liberté trouve sa gloire à n'être qu'un souple et docile instrument de la volonté trois fois Sainte.

Mais quoi! Seigneur, vos Saints sont-ils de simples instruments? Un instrument n'est capable ni de connaître ni de vouloir l'intention qui le pousse et le dirige. Sont-ils de simples serviteurs? un serviteur exécute les ordres de son maître sans en savoir le pourquoi. O Bonté Incarnée, vous qui vous êtes humilié jusqu'à prendre la forme d'un esclave, comment avez-vous appelé vos Saints?

Jésus dit à ses apôtres : « Je ne vous appellerai plus des *serviteurs.* Car le serviteur ne sait pas ce que fait son maître. Mais je vous ai appelés des *amis;* car je vous ai fait connaître tout ce que j'ai appris de mon Père (2). »

Des amis : c'est-à-dire des cœurs qui ont mis en commun leurs pensées et leurs affections! — Des amis : c'est-à-dire des volontés qui n'ont plus qu'une seule et

---

(1) Sæpe nonnulli humana sapientia inflati, dum desideriis suis divina judicia contraria conspiciunt, astutis eis reluctari machinationibus conantur; et quo ad volum suum vim supernæ dispensationis intorqueant, callidis cogitationibus insistunt, subtiliora consilia exquirunt. Sed inde voluntatem Dei peragunt, unde hanc immutare contendunt; atque omnipotentis Dei consilio, dum resistere nituntur, obsequuntur, quia sæpe et hoc ejus dispositioni apte militat, quod et per humanum studium frivole resultat. Sapientes ergo Dominus in ipsa eorum astutia comprehendit, quando ejus consiliis humana facta etiam tunc congrue serviunt cum resistunt. (Gregor., *Moralium,* lib. VI, cap. xviii.)

(2) Jean, xv, 15.

même intention! — Des amis enfin, qui ne font qu'une âme et qu'une activité!

O divine grandeur des Saints! Par là même qu'ils entrent en communion d'intention avec Dieu, ils participent à la dignité de la cause principale, puisque c'est l'intention qui caractérise cette cause. La pauvre femme qui répète du fond du cœur : *Pater noster, fiat voluntas tua,* devient une, en quelque sorte, avec la Cause Première de toutes choses, et prononce vraiment ce *Fiat* d'où procèdent toutes les œuvres de Dieu.

CHAPITRE IV

CAUSE DU DEVENIR ET CAUSE DE L'EXISTENCE

1. — « Causa in fieri, — causa in esse. »

Nous avons déjà rencontré la célèbre distinction des scolastiques entre la cause *in fieri* et la cause *in esse*. — *Causa in fieri est causa per quam* FIT *aliquid*. — *Causa in esse est causa per quam* EST *aliquid*.

La première est cause du *devenir*, la seconde est cause de l'*existence*. La production de l'effet dépend de la première ; son existence dépend de la seconde. Il nous faut approfondir cette importante distinction, et saint Thomas nous a laissé à ce sujet un enseignement magistral :

Omnis effectus dependet a sua causa, secundum quod est causa ejus. Sed considerandum est quod aliquod agens est causa sui effectus secundum *fieri* tantum et non directe secundum *esse* ejus. Quod quidem convenit et in artificialibus et in rebus naturalibus.

Ædificator enim est causa domus quantum ad ejus *fieri* ; non autem directe quantum ad *esse* ejus. Manifestum est enim quod *esse* domus consequitur formam ejus ; forma autem domus est compositio et ordo, quæ quidem forma consequitur naturalem virtutem quarumdam rerum.

Sicut enim coquus coquit cibum adhibendo aliquam virtutem naturalem activam, scilicet ignis ; ita ædificator facit domum, adhibendo cæmentum, lapides, et ligna quæ sunt susceptiva et conservativa talis compositionis et ordinis. Unde *esse* domus dependet ex naturis harum rerum, sicut *fieri* domus dependet ex actione ædificatoris.

Et simili ratione est considerandum in rebus naturalibus. Quia si aliquod agens non est causa formæ in quantum hujusmodi, non erit per se causa *esse* quod consequitur ad talem formam ; sed erit causa effectus secundum *fieri* tantum (1).

2. — Objection contre cette distinction.

Cette distinction, que le saint Docteur nous a rendue si claire, soulève cependant une difficulté métaphysique.

Le *devenir* est un mouvement réel, lorsqu'il y a une succession de modifications qui tombe sous la mesure du temps, et il doit être encore comparé à un mouvement, lorsqu'il y a passage instantané de la non-existence à l'existence.

Or, nous le savons, le mouvement n'est pas en lui-même une catégorie particulière de l'être; mais il est un *acte imparfait* appartenant à la même catégorie que son terme qui est l'*acte parfait*.

Il résulte de là qu'on ne peut pas séparer le devenir de son terme. L'effet, tant qu'il devient, n'existe pas encore; lorsqu'il est fait, il est, et son existence n'est que le terme de son devenir (2). Il semble donc que l'on doive conclure : la cause qui le fait est cause qu'il soit; la cause de son devenir est cause de son existence; toute cause *in fieri* est cause *in esse*, suivant cette sentence de saint Thomas : « Ex eadem causa aliquid quiescit in loco, per quam movebatur ad locum (3). »

Telle est l'objection, et, comme toutes les difficultés, elle doit servir à nous mieux faire pénétrer dans la vérité. C'est ici le lieu de le répéter : en métaphysique, plus une chose est parfaite, plus elle est simple et par suite facile à connaître, sinon à comprendre; et toutes les difficultés proviennent du mélange complexe de la perfection et de l'imperfection. Je le reconnais donc : l'argumentation précédente démontre qu'une cause unique ne peut être com-

---

(1) S. Thomas, I, q. 104, art. 1.
(2) Factum non fit, sed est, quia, sicut dicit Arist. In *Physic.*, factum est terminus fieri. (Alb. Magn., *Summ. theol.*, 1 part., q. 77, membr. 3, art. 4.)
(3) S. Thomas, 1ª IIæ, q. 23, art. 4.

plètement et uniquement cause d'un effet, à moins d'en être à la fois et la cause *in fieri* et la cause *in esse*. Mais de là il paraît résulter aussi que, lorsque nous rencontrons distinctes ou même séparables la cause *in fieri* et la cause *in esse* d'un seul et même effet, chacune de ces causes, prise séparément, est incomplète et ne suffit pas à l'effet; et cette remarque doit nous faire pressentir la solution qu'il faut donner à la difficulté proposée.

Mais, avant de développer cette explication, demandons encore à saint Thomas une caractéristique qui nous permette de reconnaître quand ces deux causes sont réellement distinctes et séparables.

3. — Signe auquel on peut distinguer ces deux causes.

Saint Thomas, au même endroit, nous fait connaître une différence capitale entre ces deux causes :

> Sicut igitur *fieri* rei non potest remanere, cessante actione agentis quod est causa effectus secundum *fieri;* ita nec *esse* rei potest remanere, cessante actione agentis quod est causa effectus non solum secundum *fieri*, sed etiam secundum *esse*. Et hæc est ratio quare aqua calida retinet calorem cessante actione ignis, non autem remanet aer illuminatus nec ad momentum, cessante actione Solis ; quia scilicet materia aquæ susceptiva est caloris ignis, secundum eamdem rationem qua est in igne (1). Unde si perfecte ducatur ad formam ignis, retinebit calorem semper ; si autem imperfecte participet aliquid de forma ignis, secundum quamdam inchoationem, calor non semper remanebit, sed ad tempus, propter debilem participationem principii caloris.
>
> Aer autem nullo modo natus est recipere lumen secundum eamdem rationem secundum quam est in Sole, ut scilicet recipiat formam Solis, quæ est principium luminis. Et ideo quia non habet radicem in aere, statim cessat lumen cessante actione Solis (2).

---

(1) Dans tous ces exemples tirés de l'ancienne physique, nous n'avons à nous occuper que de la doctrine métaphysique.
(2) S. Thomas, I, q. 104, art. 1.

Voici donc le moyen facile de reconnaître une cause *in fieri* et une cause *in esse*.

L'action permanente de la cause est-elle nécessaire à la permanence de l'effet, nous sommes en présence d'une cause *in esse*. La cause cessant d'agir, l'effet persévère-t-il dans l'existence, nous n'avions affaire qu'à une cause *in fieri*.

Ce n'est là, après tout, qu'une application de l'axiome : *Sublata causa, tollitur effectus.*

4. — Étude de deux exemples.

Saint Thomas a pris pour exemple d'une cause à la fois *in fieri* et *in esse*, le Soleil illuminant l'atmosphère. Cet exemple est aussi bien choisi que possible. L'air, d'abord obscur, devient instantanément lumineux, et reste lumineux sous l'action du Soleil. — Il devient, *fit;* — il existe, *est;* — et ce n'est que par rapport à ce qu'il était d'abord, qu'on peut distinguer son *devenir* lumineux de l'état par lequel il *existe* lumineux. D'ailleurs, l'air n'a rien en soi qui puisse être raison de son illumination. Il devient, il existe, il persiste lumineux, uniquement en vertu de l'action identique et permanente du Soleil, qui est à la fois cause *in fieri* et *in esse*.

Image splendide de l'influence Créatrice ! Aussi saint Thomas l'emploie-t-il pour expliquer comment Dieu conserve les créatures :

> Dicendum quod conservatio rerum a Deo non est per aliquam novam actionem, sed per continuationem actionis qua dat *esse*, quæ quidem actio est sine motu et tempore, sicut etiam conservatio luminis in aere est per continuatum influxum a Sole (1).

Dans un autre exemple que nous empruntons encore à saint Thomas, nous trouvons, au contraire, différentes, la cause *in fieri* et la cause *in esse*.

---

(1) S. Thomas, I. q. 104, art. 1, ad 4ᵘᵐ.

L'architecte construit la maison; mais ensuite l'édifice se maintient en vertu de la disposition et des forces de ses matériaux. Aussi, l'architecte peut mourir sans que la maison cesse de subsister (1). L'architecte est cause du devenir; les forces de pesanteur et de résistance sont cause de la permanence, donc causes *in esse*.

Cause *in fieri*, l'architecte agit tant que l'édifice n'est pas achevé, et son action cesse lorsque le *devenir* est à son terme. Cause *in esse*, la force intrinsèque des matériaux bien disposés continuera d'agir, et l'édifice ne persistera dans l'existence que sous l'influence incessante de cette force.

Voici bien deux causes distinctes, et, qui plus est, séparables; et pourtant leurs deux actions sont-elles complètement séparables?

Pendant que les murs s'élevaient, déjà le poids des pierres, déjà leur résistance et leur force intervenaient dans la structure. Dès les fondations, les deux activités de l'architecte et des matériaux ont concouru, les causes de la *permanence* ont coopéré au *devenir*.

J'ajoute que l'architecte, à son tour, exerce une influence propre sur la stabilité de l'édifice. Car c'est le choix avisé des pierres, c'est le plan savamment étudié qui assurent la durée de la construction. L'architecte peut donc ne plus agir par lui-même, mais il continue à agir par les forces intrinsèques aux matériaux.

On le voit : il y a deux causes qui coopèrent à l'existence d'un édifice, soit que l'on considère le commencement de cette existence, soit que l'on en considère la durée. Chacune d'elles, prise séparément, est insuffisante à produire l'œuvre; mais leur concours obtient l'effet et le maintient. D'ailleurs, l'architecte prend le nom de cause *in fieri*, parce que c'est lui qui *principalement* détermine

---

(1) Φθείρεται γάρ οὐχ ἅμα ἡ οἰκία καὶ ὁ οἰκοδόμος. (Arist. *Métaphys.*, liv. V, ch. ii.)

la fabrication de l'édifice; et la force intrinsèque des matériaux disposés prend le nom de cause *in esse*, parce que c'est elle qui *directement* maintient la stabilité de l'édifice.

5. — Généralisation.

La précédente analyse n'était, en quelque sorte, qu'un exercice préparatoire, destiné à disposer notre esprit pour une étude plus générale.

La production de l'effet, avons-nous dit, est attribuée à la cause *in fieri;* la permanence de l'effet à la cause *in esse.* Il faut donc rechercher d'abord la relation entre ces trois termes : « devenir, — exister, — persister ». Or une longue méditation n'est pas nécessaire, pour voir que ces trois expressions désignent une seule et même réalité sous des rapports différents : devenir, c'est exister après n'avoir pas existé; persister, c'est exister après avoir existé. L'existence est donc le point de contact entre le devenir et la permanence.

De là, nous devons tirer cette conséquence, que la cause du *devenir* et la cause de la *permanence* se rejoignent dans l'*existence* de l'effet; car l'une est cause du devenir précisément parce qu'elle fait exister, et l'autre ne fait persister que parce qu'elle continue à faire exister. En d'autres termes, l'existence même de l'effet est atteinte par les deux causes *in fieri* et *in esse,* dont aucune ne peut se passer de l'autre.

Donc, si ces deux causes sont différentes l'une de l'autre, si chacune d'elles a une activité propre, et si pourtant chacune réclame un concours étranger, il faut conclure que chacune, prise séparément, est cause imparfaite et incomplète de l'effet. Donc enfin, la distinction réelle entre les causes *in fieri* et *in esse* est un signe d'infériorité dans chacune d'elles, et l'on ne doit pas s'étonner si, alors, ces causes n'ont pas tous les caractères des causes parfaites.

Appliquons ce raisonnement à chacune en particulier.

6. — Infériorité de la cause « in fieri ».

Je dis qu'une cause, uniquement cause *in fieri*, est une cause indigente, qui ne peut rien sans le concours de la cause *in esse*. Pour le prouver, il n'y a qu'à répéter ce que nous venons de faire remarquer. Le *devenir* et la *permanence*, avons-nous dit, se rencontrent dans l'*existence*. Mais ce n'est pas là un contact fortuit de réalités étrangères l'une à l'autre ; un être persiste tel qu'il existe, et il existe tel qu'il est devenu. Donc la cause de la permanence est non seulement cause de l'existence, mais elle a dû coopérer au devenir.

Comme je le disais tout à l'heure, à peine les fondements d'un édifice sont-ils jetés, que déjà les forces des matériaux maintiennent les pierres et permettent un travail ultérieur. Il en est toujours ainsi, quelle que soit la complexité de l'opération. Lorsqu'une œuvre passe par plusieurs étapes avant de parvenir à son état définitif, dans chaque étape, on peut distinguer la cause *in fieri* et la cause *in esse*, et constater qu'elles se prêtent un mutuel concours. A l'étape suivante, les causes peuvent être toutes différentes des premières ; mais finalement, à la dernière étape, il y aura concours d'une dernière cause *in fieri*, et d'une dernière cause *in esse* qui persistera pour maintenir la permanence de l'effet.

Ainsi, dans la construction d'une voûte, les ouvriers placent les pierres, en les soutenant par des cintres de bois ; c'est la première étape. Puis le maître pose la clef de voûte sur laquelle s'appuiera dorénavant tout l'ensemble, et l'on fait disparaître un échafaudage devenu inutile.

Albert le Grand dit à ce sujet :

> Artifex, separata causa est efficiens domus, et ideo potius est causa *ædificationis* domus quam *esse* domus ; et cum *esse* domus sit figura contignationis, clavus ultimus tenens domum in debita figura, et continue influens tentionem illam secundum actum, est causa efficiens proxima ipsius *esse* domus. Et de

hujusmodi causa dicit Avicenna, quod intelligitur illud quod dicit Aristoteles, quod posita causa secundum actum ponitur effectus, et destructa destruitur (1).

On le voit donc, la cause, uniquement cause *in fieri*, est insuffisante par elle seule à faire devenir l'effet. Jusque dans l'influence qui lui est propre, elle a besoin d'une coopération fournie par une cause *in esse*. Donc c'est une cause incomplète.

7. — Infériorité de la cause « in esse ».

Je dis que, elle aussi, la cause qui n'est que cause *in esse*, est une cause incomplète.

Nous l'avons souvent répété : Tout procède de la cause finale, tout part de l'intention (2) : *Finis movet efficiens*. Or l'effet commence par devenir pour finir par exister. Donc l'intention met d'abord en mouvement la cause *in fieri*, et c'est par là qu'elle atteint la cause *in esse*. Vous apercevez la conséquence : la cause *in esse* reçoit une intention qu'elle n'a pas posée, elle est appliquée à une œuvre qu'elle n'a pas elle-même projetée; en un mot, elle a un caractère *instrumental*.

Quant à la cause *in fieri*, elle peut être, ou bien une cause principalement principale, si elle est en même temps principe de l'idée et de l'intention, ou bien une cause instrumentale, si elle reçoit d'un autre cette idée et cette intention. L'architecte est cause principale *in fieri* de l'édifice : le contremaître et les ouvriers n'en sont que les causes *in fieri* instrumentales.

Mais, qu'il n'y ait qu'une seule cause *in fieri* ou qu'il y en ait toute une suite au travers desquelles circule l'inten-

---

(1) Alb. Magn. *Summ. theol.*, II part., q. 3, membr. 3, art. 3.
(2) Dicitur terminus, cujus causa fit omne quod fit et hic terminus est causa finalis quæ est terminus intentionis quando in esse accipitur, licet sit principium omnium, quando accipitur in intentione. (Alb. Magn., *Metaphys.*, liv. V, tr. 4, cap. III.)

tion, il faut toujours que l'intention passe d'abord par les causes *in fieri*. Par conséquent, les dernières de toutes les causes et les plus proches de l'effet sont des causes *in esse* toujours et uniquement instrumentales.

Donc, enfin, la cause *in esse*, lorsqu'elle se distingue de la cause *in fieri*, est essentiellement une cause d'un ordre inférieur au point de vue de la causalité.

En résumé, une seule cause est parfaitement cause ; c'est la cause à la fois *in fieri* et *in esse*. Lorsque les deux causalités procèdent de sujets différents, chacune d'elles est incomplète et imparfaite.

CHAPITRE V

DES CAUSES UNIVOQUES

ARTICLE I

ÉTUDE GÉNÉRALE

1. — Ce qu'on entend par ce mot.

La Scolastique appelle « cause univoque », *causa univoca,* la cause qui produit un effet de même nature que soi ; et elle appelle « cause équivoque », *causa æquivoca,* celle qui produit un effet d'ordre inférieur.

Saint Thomas, en affirmant que toute la perfection de l'effet doit se retrouver dans la cause, distingue ainsi les deux sortes de causes :

Quidquid perfectionis est in effectu oportet inveniri in causa effectiva : vel secundum eamdem rationem si sit agens univocum, ut homo generat hominem ; vel eminentiori modo, si sit agens æquivocum, sicut in Sole est similitudo eorum quæ generantur per virtutem Solis (1).

Nous voici de nouveau en présence des causes univoques, et nous devons nous rappeler combien souvent ces causes nous ont fait obstacle. Nous affirmions que la cause est plus parfaite que l'effet, et cependant l'homme est cause de l'homme ; que la cause ne change pas en agissant, mais la bille choquante perd le mouvement qu'elle

---

(1) S. Thomas, I, q. 4, art. 2.

imprime; que la cause est intelligente, et pourtant le lion est cause du lion; que la cause veut son effet, et pourtant le chêne est cause du chêne.

Remarquez en outre, et l'objection en devient plus grave, qu'il s'agit de causes qu'on doit nommer « principales ». Car elles répondent au caractère que saint Thomas assigne à la cause principale : « Principalis operatur per virtutem suæ formæ, cui assimilatur effectus, sicut ignis suo calore calefacit (1). »

Jusqu'ici nous avons simplement écarté ces objections; voici le moment de les aborder de front.

2. — Énumération des causes univoques.

Avant tout, voyons quelles sont les causes univoques que nous connaissons. Très multipliées, à la vérité, répandues partout, elles sont cependant d'espèces peu nombreuses.

L'homme est cause de l'homme, le froment du froment, le musicien du musicien. Tels sont les exemples d'Aristote (2).

Ajoutons l'exemple de saint Thomas : le feu est cause de la chaleur; ajoutons que le mouvement d'un corps provient souvent d'un choc, c'est-à-dire d'un corps en mouvement, et nous aurons, je crois, énuméré toutes les causes qu'on peut dire univoques.

Étudions ces divers exemples, réservant toutefois les générations pour une analyse spéciale.

3. — Étude de ces causes.

Le mouvement produit le mouvement. Il y a une ellipse dans cette phrase. La formule complète est la suivante : « Un corps en mouvement produit le mouvement d'un au-

---

(1) S. Thomas, III, q. 62, art. 1.
(2) Aristote, *Métaphys.*, liv. IX, ch. VIII.

tre corps », et ce nouvel énoncé montre, sans plus de phrases, que la cause, substance corporelle, est d'autre nature que l'effet, simple état d'être.

A la vérité, si c'est formellement par son propre mouvement que la substance motrice imprime le mouvement, l'ellipse précédente est légitime et nous avons affaire à une cause véritablement univoque. Pour décider ce qu'il en est, cherchons donc, par une méthode qui nous a réussi plus d'une fois, s'il y a quelque rapport essentiel entre le mouvement du moteur et le mouvement du mobile.

Je remarque d'abord que la translation d'un corps peut provenir d'un corps sans mouvement, du moins sans mouvement de translation : l'aimant en repos déplace le fer. — Je remarque, au contraire, que le choc d'un corps en mouvement ne produit pas toujours un mouvement, du moins un mouvement de translation : le caillou lancé contre un rocher s'arrête sans déplacer le bloc immobile. — Je remarque, surtout, que dans le cas d'un mouvement communiqué, la vitesse finale se distribue entre le corps choquant et le corps choqué, suivant la nature et le volume, ou, comme on dit, suivant la masse de ces corps.

Tout cela ne prouve-t-il pas que le mouvement n'est pas l'effet formel du mouvement, et que nous sommes en présence d'une causalité complexe?

Prenons un exemple simple entre tous, savoir, le choc de deux billes élastiques. L'effet propre du choc est de déformer à la fois les deux billes, et de bander par là même leur élasticité comme un ressort. Puis ce ressort, en se détendant, agit avec une force égale dans les deux sens, et imprime à la fois un mouvement à chaque bille. La cause prochaine de ces derniers mouvements n'est donc pas précisément le premier mouvement, mais une force élastique mise en exercice; et cette explication résout simplement mille difficultés inextricables si on attribue formellement le mouvement au mouvement; la suivante, par exemple :

lorsqu'une bille tombe sur un plan de marbre, elle rebondit; un corps peut-il donc être cause qu'il monte, précisément parce qu'il tombe?

Encore une fois, le mouvement ne produit pas le mouvement; l'ellipse était fallacieuse.

Le feu engendre le feu. Sans entrer dans aucune discussion sur la nature du feu, je remarque que le feu provient souvent d'une cause qui n'est pas le feu : frottement, choc, électricité, actions chimiques. En un mot, le feu résulte de réactions plus ou moins internes, comme la chute d'un corps résulte de son poids quelle que soit la force extérieure qui rompe l'équilibre, et cette dernière n'est que la cause *déterminante* du phénomène.

Ainsi, lorsqu'une étincelle tombant sur quelques feuilles sèches embrase une forêt, cette étincelle n'est que la cause déterminante, et non la cause efficiente de l'incendie. La cause véritablement efficiente d'un si grand effet est tout un ensemble d'affinités chimiques et de réactions successives.

Encore ici nous ne sommes pas en présence d'une cause véritablement univoque.

Le musicien produit le musicien, c'est-à-dire que, pour l'ordinaire, on apprend d'un maître, non seulement la musique, mais la grammaire, mais tous les arts et toutes les sciences. C'est vrai, mais il a bien fallu que d'abord quelqu'un apprît sans maître. Et d'ailleurs, le maître ne fait que *diriger* l'intelligence de l'élève ; il le *détermine* à se former lui-même. L'élève intelligent peut se contenter d'un mauvais maître, l'élève mal doué n'apprendra rien avec le meilleur professeur. Donc l'influence de celui-ci ne contient pas toute la raison de l'effet produit. Il détermine l'élève à se faire musicien, il ne le fait pas musicien. Nous ne trouvons encore ici qu'une causalité inférieure; le musicien n'est pas la vraie cause du musicien.

4. — Infériorité des causes précédentes.

L'analyse précédente nous a fait constater que, dans tous ces exemples, la causalité est minime.

Le mouvement de la bille choquante n'est qu'une condition requise pour son action sur la bille choquée, et s'il y a relation entre les deux mouvements subséquents, cette relation provient autant de la réaction que de l'action. — L'étincelle peut, il est vrai, allumer une première feuille morte; mais l'incendie est produit par le vent, l'air et l'amas de matières combustibles. — Le maître présente à l'élève sa leçon; mais c'est par son propre travail que celui-ci parvient à l'apprendre. Autant de causes incomplètes, et d'une faible causalité.

D'ailleurs, sauf l'exemple du maître qui enseigne, les autres exemples sont tous empruntés à des causes matérielles qui ne peuvent ni concevoir un plan, ni former une intention; ce ne sont sous ce rapport que des causes instrumentales. — La cause « principalement principale » du mouvement des billes est le joueur qui emploie l'une pour mouvoir l'autre. — La cause « principalement principale » à laquelle il faut attribuer l'incendie de la forêt, est le malfaiteur qui applique la première étincelle aux herbes sèches, à moins toutefois que ce désastre ne soit accidentel.

Au-dessous des causes intelligentes et voulantes, il n'y a plus que des causes que vous pourrez peut-être nommer causes principales, mais dont l'action a un caractère bien instrumental.

En outre, toutes ces causes dites univoques sont des causes simplement *in fieri*. — La bille choquante donne ce mouvement, soit; mais elle ne l'entretient pas, et la bille choquée, continuant à se mouvoir quoi qu'il advienne du corps qui l'a heurtée, reste cause *in esse* de son propre mouvement, et cette persistance est, peut-être, la preuve que l'inertie est une propriété positive des corps. — L'étincelle commence l'incendie, soit; mais celui-ci se nourrit et se propage de lui-même. — Le musicien forme le musicien, soit; mais lorsque l'élève n'a plus rien à apprendre, il quitte son maître et n'en dépend plus.

Toutes ces causes peuvent disparaître et leurs effets persister. Elles ne sont que des causes *in fieri*, et cela doit suffire pour nous convaincre de leur infériorité.

Donc, de quelque façon qu'on regarde ces causes, on les reconnaît imparfaites, inférieures, peu causes. Il est donc inutile de nous y arrêter davantage, et nous n'avons vraiment à étudier les causes univoques que dans les générations.

ARTICLE II

DES GÉNÉRATIONS

1. — Définition de la génération proprement dite.

Saint Thomas nous donne et nous explique la définition péripatéticienne de la génération :

Sciendum est quod nomine generationis dupliciter utimur. Uno modo, communiter ad omnia generabilia et corruptibilia, et sic generatio nihil aliud est quam mutatio de *non-esse* ad *esse*. Alio modo proprie in viventibus; et sic generatio significat originem alicujus viventis a principio vivente conjuncto, et hæc proprie dicitur nativitas. Non tamen omne hujusmodi dicitur *genitum*, sed proprie quod procedit secundum rationem similitudinis. Unde pilus vel capillus non habet rationem geniti et filii, sed solum quod procedit secundum rationem similitudinis.

Non cujuscumque : nam vermes qui generantur ex animalibus non habent rationem generationis et filiationis, licet sit similitudo secundum genus; sed requiritur ad rationem talis generationis quod procedat secundum rationem similitudinis in natura ejusdem speciei, sicut homo procedit ab homine et equus ab equo (1).

---

(1) S. Thomas, I, q. 27, art. 2.

La génération proprement dite est donc l'action par laquelle un être vivant tire de lui-même un être de même nature. C'est l'opération d'une cause parfaitement univoque, puisqu'il y a identité de perfection spécifique entre celui qui engendre et celui qui est engendré.

2. — Premier caractère de noblesse.

Engendrer son pareil est une opération qui apparaît grande et noble, lorsque l'on considère, soit le terme produit, soit le principe d'action.

Examinons d'abord le terme produit.

En général, toute cause tend à réaliser un effet qui lui soit semblable, *omne agens agit simile sibi*; et plus la similitude obtenue est grande dans son genre, plus l'action est parfaite.

Or la génération est une opération qui a pour terme formel une nature vivante; la ressemblance entre la cause et l'effet ne porte donc pas simplement sur quelque qualité accidentelle, mais bien sur le fond même de l'être. De là on doit conclure que la génération est la plus parfaite de toutes les opérations.

Manifestum est quod generatio accipit speciem a termino, qui est forma generati; et quanto hic fuerit propinquior formæ generantis, tanto verior et perfectior est generatio : sicut generatio univoca est perfectior quam non univoca. Nam de ratione generantis est, quod generet sibi simile secundum formam (1).

Oui, l'honneur du père est d'engendrer un fils de même nature que soi, et la noblesse du fils est d'être, en vertu même de sa naissance, de même nature que son père.

3. — Second caractère de noblesse.

Mais cette considération nous conduit à une autre non moins belle, tirée du principe d'action.

---

(1) S. Thomas, 1, q. 33, art. 2, ad 4um.

CHAPITRE V. — CAUSES UNIVOQUES.

La similitude entre l'effet et la cause est produite par l'action, et, par conséquent, elle dépend du principe d'action. Ceci posé, rappelons-nous cette formule d'Aristote : « La statue a pour cause autrement Polyclète et autrement le statuaire, car il est accidentel au statuaire d'être Polyclète (1). » De là cette formule scolastique : « Statuæ *causa per se* est statuarius; *causa per accidens* est Polycletes, vel homo, ve' animal, vel albus ». Ce qui veut dire : Celui qui produit la statue agit en tant qu'il est statuaire, et non en tant qu'il est tel individu, ni en tant qu'il est homme. Le principe d'action du statuaire est l'*art* et uniquement l'art; de là vient que la statue est uniquement semblable à l'idée, et n'a aucun rapport avec les qualités individuelles ou spécifiques de l'artiste.

Mais réciproquement, du genre de similitude entre l'effet et la cause, on peut juger du principe d'action. Or, dans la génération, l'effet est semblable à la cause, sous le rapport même de la nature et de la forme spécifique. Il faut donc conclure que le principe immédiat de la génération réside non dans quelque qualité accidentelle du père, mais dans le fond même de sa nature. C'est en tant qu'homme que l'homme agit, lorsqu'il engendre un homme.

Omne producens aliquid per suam actionem, producit sibi simile quantum ad formam qua agit. Sicut homo genitus est similis generanti in natura humana, cujus virtute pater potest generare hominem (2).

4. — La cause de la génération est simplement une cause « in fieri ».

Que l'on considère le principe d'action, ou le terme produit, on arrive donc à cette conclusion que la génération a des caractères qui révèlent une grande dignité ontologi-

---

(1) Aristote, *Métaphys.*, liv. V, ch. ɪɪ.
(2) S. Thomas, I, q. 41, art. 5.

que. La cause agit par le fond même de sa nature, et l'effet est semblable à sa cause par le fond même de son être.

Mais, à côté de cette noblesse, la cause prochaine de la génération présente d'autres caractères qui sont des signes d'infériorité.

Un ovule avait surgi sur un chêne, comme pousse une feuille ou une branche; il n'était encore qu'un développement de l'arbre qui le portait, destiné à périr avec la fleur. Mais un hasard apporte un grain de pollen d'un autre rameau ou d'un autre arbre, et voilà l'ovule fécondé. Il y a désormais un nouveau chêne en germe.

Il s'est produit un grand effet, je n'en disconviens pas. Mais voyez comme l'influence génératrice est faible, courte, passagère; voyez comme elle est indéterminée et vague dans les circonstances qui concourent. N'importe quel grain de pollen, pourvu qu'il provienne d'un chêne quelconque; n'importe quel accident, vent ou insecte, pour déposer ce grain sur la fleur, et la vie apparaît. Tout ce vague, toute cette indétermination, toute cette multiplicité de causes possibles, ne sont pas, vous l'avouerez, les marques d'une grande et prépondérante causalité. Le chêne est cause du chêne, c'est vrai; mais n'oubliez pas d'ajouter qu'il doit, pour ainsi dire, au hasard, d'exercer sa causalité.

En outre, une cause univoque, dans le sens strict du mot, serait une cause produisant, par elle-même et par elle seule, un effet de même perfection que sa cause. En est-il ainsi dans la génération? Sans doute, la fécondation a déposé dans l'ovule un principe vital, mais cette nouvelle vie se développe par sa propre vertu, et le petit être ne dépend plus de la branche qui le porte, sinon comme l'enfant fixé aux mamelles de sa nourrice. Puis la graine se détache; elle germe en terre sous l'influence du soleil, aspire autour d'elle sa nourriture, et parcourt par sa propre énergie les longues étapes qui séparent le gland du chêne rameux.

Le chêne produit un chêne, c'est vrai ; mais dès que le gland est tombé, on peut couper et brûler l'arbre qui l'a produit, sans nuire au développement du nouveau chêne qui germe dans la terre. Uniquement cause *in fieri,* uniquement cause du point de départ d'un lent devenir, la cause prochaine de la génération n'est qu'un flambeau qui, tour à tour, reçoit et transmet une flamme qui court sans se fixer nulle part.

Concluons donc que le père est une cause bien noble, puisqu'elle allume une nouvelle vie, mais cependant une cause de bien petite causalité : cause *in fieri,* cause guidée souvent par le hasard, cause n'agissant par elle-même qu'à l'instant initial d'un devenir, cause abandonnant son effet à lui-même lorsqu'il est encore bien loin du but où il doit parvenir.

5. — La cause de la génération a un caractère instrumental.

Toute cause qui ignore reçoit du dehors la détermination du but à atteindre, et par conséquent toute nature sans intelligence agit à la manière d'un instrument ; nous l'avons démontré dans un précédent chapitre.

De là nous pouvons conclure que toutes les générations, soit dans les plantes, soit dans les brutes, sont des opérations déterminées par un agent supérieur qui conçoit le terme, le décrète et le réalise par le moyen de causes aveugles. Il en est des générations comme de toutes les autres opérations auxquelles la nature pousse les êtres sans raison, suivant la belle définition de saint Thomas : « Natura nihil est aliud quam ratio cujusdam artis, scilicet Divinæ, indita rebus, qua ipsæ res moventur ad finem determinatum (1). »

D'ailleurs on doit dire de l'homme ce que nous avons dit du chêne. Il y a même alors incomparablement plus de

---

(1) S. Thomas, *Physic,* lib. II, lect. 14.

disproportion entre l'effet et la manière dont il a été produit : effet intelligent et libre, action aveugle et brutale. C'est le cas, ou jamais, de citer cette sentence d'Aristote :

« Ceux qui ne comprennent pas la raison de leur action sont comparables aux choses inanimées qui agissent, mais agissent sans savoir, de la même façon que le feu brûle (1). »

La cause prochaine de toute génération univoque est donc une cause *instrumentale,* et c'est là un second caractère d'infériorité ontologique.

6. — D'où provient la similitude dans la génération.

L'analyse précédente soulève une importante question : d'où provient que la cause prochaine de la génération soit une cause univoque?

Nous avons reconnu qu'uniquement cause *in fieri*, elle n'était même pas cause de tout le devenir; elle n'agit effectivement qu'en posant le principe de ce mouvement qui a pour terme un être semblable. En particulier, pour une génération humaine, l'action paternelle se borne à prédisposer l'ovule à l'infusion de l'âme (2).

Or une cause dont le rôle est préparatoire, et qui cesse d'agir avant que le devenir soit accompli, ne peut être cause de ce qui fait la perfection même de l'effet existant. Donc celui qui engendre n'est pas la véritable cause de l'identité de nature qu'on remarque entre lui et son fils.

Nous arrivons à la même conclusion par une autre voie. La cause prochaine de la génération est cause instrumentale, et elle ne produit son effet qu'en agissant instrumentalement. Or l'effet n'est pas semblable à la cause instrumentale, mais bien à la cause principale. « La table, dit saint Thomas, n'est pas semblable à la hache, mais bien

---

(1) Aristote, *Métaphys.*, liv. 1, ch. 1.
(2) Homo generat sibi simile, in quantum per virtutem seminis ejus disponitur materia ad susceptionem talis formæ. (Thomas, 1, q. 118, art. 2, ad 4um.)

à l'idée du charpentier (1). » Et nous parvenons à cette conséquence étrange, que les causes dites *univoques* ne sont pas univoques par elles-mêmes, mais par une influence supérieure. N'avions-nous donc pas bien raison de nous défier de ces causes aux apparences trompeuses?

Insistons encore sur l'analyse précédente.

Entre une cause univoque et son effet la similitude est réciproque. Le père, en tant qu'homme, est semblable à son fils, de la même manière que le fils, en tant qu'homme, est semblable à son père; ils se ressemblent mutuellement, parce qu'ils sont tous les deux de la même espèce. Dans cette similitude rien n'est spécial à la cause et rien à l'effet, rien ne rappelle la dépendance de l'effet par rapport à la cause, et j'en conclus que la raison de cette similitude ne provient pas de la cause prochaine, et qu'il faut aller chercher plus haut le principe de la ressemblance spécifique entre le père et le fils.

De quelque façon que nous envisagions cette question, nous parvenons donc toujours à la même conclusion : les causes dites univoques ne sont pas véritablement causes de l'identité spécifique qu'on rencontre entre elles et leurs effets. Dire d'une cause qu'elle est univoque, c'est dire uniquement qu'elle coopère par son action à produire un effet qui lui est semblable, mais ce n'est pas dire qu'elle produise cet effet en tant qu'il lui est semblable, car rien ne peut être identique dans la cause et l'effet.

C'est ce qu'affirme l'incomparable saint Denys dans un passage qui contient tout ce que nous venons de dire :

« L'homme n'est pas semblable à son image. Car, dans les choses de même ordre, il est possible que les unes soient semblables aux autres par une similitude réciproque, et qu'elles puissent également se comparer les unes aux autres en vertu de l'identité spécifique qui est raison de la similitude;

---

(1) Effectus non assimilatur securi, sed arti quæ est in mente artificis. (S. Thomas, III, q. 62, art. 1.)

mais nous n'admettons pas qu'il y ait une telle réciprocité entre une cause et son effet (1). »

Résumons-nous donc en disant : Il peut y avoir des causes *matériellement* univoques, c'est-à-dire des causes qui soient de même nature que leurs effets; mais il n'y a pas de causes *formellement* univoques, c'est-à-dire qui soient causes par elles-mêmes de cette identité de nature. La raison principale de cette identité doit aller se chercher plus haut que dans un instrument simplement cause *in fieri;* il faut remonter jusqu'à la cause « principalement principale », cause *in fieri* et *in esse* tant de l'instrument que de son effet.

Cette doctrine est tellement vraie, tellement au-dessus des systèmes, que toutes les écoles scolastiques l'ont professée. Écoutons l'explication de Scot :

Principalius agens communiter est æquivocum, et eminentius habet in se perfectionem effectus quam causa univoca. Et ideo non *magis assimilatur* sibi formaliter, quia hoc est imperfectionis in causa sic assimilari effectui; sed *assimilat magis*, hoc est, dat magis formam effectui per quam sibi assimilatur æquivoce, quam det agens particulare; et ista assimilatio activa est in perfectione causæ, licet non sit magis assimilatio formaliter.

Similiter causa perfectior magis assimilat effectum ei cui est assimilabilis, quam imperfectior. Magis enim causat effectum, qualis est causabilis et assimilabilis; assimilabilis autem est effectus causæ propinquæ; ideo ipsamet causa remotior magis assimilat effective ipsum effectum causæ proximæ, quam ipsamet causa proxima sibi. Quod enim formaliter filius est similis patri, hoc magis est a causa remota assimilante filium patri effective, quam ab ista causa propinqua : quia quæ plus dat formam qua assimilatur, plus dat effective assimilationem (2).

Pénétrons notre intelligence de cette haute métaphysique, bien digne du « Docteur subtil ». Tout effet est à la

---

(1) S. Denys, *Des noms divins*, ch. ix, § 6.
(2) Scot, *Sentent.*, lib. I, distinct. 3, q. 8, n° 4.

fois, et de la même manière, *causabilis et assimilabilis;* c'est-à-dire qu'il est aussi essentiel à un effet d'être semblable à sa cause efficiente qu'il lui est essentiel d'être produit par cette cause; cela résulte de l'adage : *Omne agens agit simile sibi.* Si donc l'effet provient de deux agents, dont l'un soit principalement principal, *principalius agens,* et dont l'autre agisse instrumentalement, il y a à distinguer dans l'effet deux similitudes, savoir, la similitude par rapport à la cause supérieure, et la similitude par rapport à la cause inférieure. A la vérité, ces deux similitudes, tout en étant distinctes, ne sont pas séparables. Car, d'une part, elles s'appuient sur l'essence même de l'effet, et toute essence est indivisible; d'autre part, elles résultent toutes les deux de l'opération unique à laquelle ont concouru les deux causes.

Mais il s'agit de savoir quel est le rôle de chacune des deux causes dans chacune de ces assimilations.

Je remarque d'abord que l'agent principal contient toute la réalité de l'effet, mais dans un degré supérieur et d'une manière éminente. Aussi, lorsqu'il produit l'effet, il ne se rend pas semblable à cet effet, *non assimilatur,* mais il se l'assimile, *assimilat,* et cette ressemblance, toujours éloignée et défaillante, laisse la copie bien au-dessous du modèle.

Quant à la ressemblance entre l'effet et sa cause prochaine, elle est complète et réciproque, si la cause est univoque. Le père, en engendrant un fils qui lui ressemble, lui devient lui-même ressemblant : *assimilat et assimilatur.* Or, je dis que, encore ici, c'est à la cause supérieure qu'il faut attribuer la plus grande part dans cette assimilation si parfaite; c'est elle surtout, c'est elle « plus principalement » qui fait le fils semblable au père. Pour le prouver, il suffit de considérer que cette ressemblance réciproque a sa raison dans une communauté d'espèce; c'est par le fond d'une même nature que le père et le fils se ressemblent. Donc la similitude provient d'où provient l'espèce; donc beaucoup plus de celui qui a fait la nature, que de celui qui l'a transmise. *Causa, quæ plus dat formam qua assimilatur, plus dat effective assimilationem.* Lorsque le forgeron se sert d'un marteau pour façonner un marteau semblable, cette similitude provient de l'ouvrier et non de l'outil.

Tel est le bel enseignement de Scot, et l'on en déduit immédiatement la réciproque suivante qui nous ramène à notre sujet : Aucune cause n'est vraiment univoque par elle-même, et c'est par une influence supérieure qu'un agent peut produire un effet aussi parfait que soi.

7. — Doctrine de saint Thomas.

Saint Thomas s'attache à cette dernière proposition, et voici comment il la démontre directement :

Manifestum est quod, si aliqua duo sunt ejusdem speciei, unum non potest esse *per se causa* formæ alterius, in quantum est talis forma (quia sic esset causa formæ propriæ, cum sit eadem ratio utriusque); sed potest esse causa hujusmodi formæ secundum quod est in materia, id est, quod hæc materia acquirat hanc formam; et hoc est esse causam secundum *fieri*, sicut cum homo generat hominem et ignis ignem (1).

Expliquons ce passage.

Une cause « de soi cause », *per se causa*, est une cause qui satisfait d'elle-même à l'idée de cause; en d'autres termes, c'est une cause, qui, *en elle-même* et *par elle-même*, contient la raison suffisante de son effet.

Or rappelons-nous que toute production d'effet requiert une causalité efficiente, une causalité exemplaire, une causalité finale. Pour obtenir la raison suffisante d'un effet quelconque individuel, il faut remonter jusqu'à un agent qui conçoive, projette, exécute.

D'autre part, concevoir, c'est former une idée. Or l'idée,

---

(1) S. Thomas, 1, q. 104, art. 1.

CHAPITRE V. — CAUSES UNIVOQUES.

par sa nature immatérielle, répond à l'universel, c'est-à-dire se rapporte, à la fois et par elle-même, à tous les individus de même forme spécifique, comme à autant de termes où elle peut être réalisée.

Force est de conclure que la cause vraiment suffisante, la cause « de soi cause », *per se causa,* est la cause capable de concevoir l'idée, et de la réaliser suivant l'étendue de son universalité. En un mot, c'est la cause de l'*espèce* et, par conséquent, la cause principale de la forme spécifique partout où cette forme existe.

Il en est ainsi (pour donner un exemple bien imparfait, mais facile à comprendre) des œuvres artistiques. Quelque nombreuses et dispersées que soient les reproductions du *Moïse,* on doit dire de toutes ces statues qu'elles sont l'œuvre de Michel-Ange. Tel copiste a bien pu introduire dans *ce marbre individuel* l'idée du maître ; il a pu faire que *ce marbre soit devenu un Moïse ;* mais Michel-Ange demeure la seule et véritable cause DU Moïse, et par conséquent il est cause principalement que CE marbre soit UN Moïse.

On peut donc traduire comme il suit le texte précédent de saint Thomas : Un agent univoque ne peut être la cause complète de son effet, car il n'est pas la cause vraie de la nature spécifique de cet effet. — Il n'est pas la cause de cette nature ; car il n'est pas la cause qu'elle existe partout où elle existe, puisqu'elle existe en soi et qu'il n'est pas sa propre cause.

Citons encore un autre passage où le saint docteur enseigne la même doctrine :

Quod est secundum aliquam naturam tantum, non potest esse *simpliciter* illius naturæ causa ; esset enim ipsiusmet causa. Potest autem esse causa illius naturæ *in hoc;* sicut Plato est causa humanæ naturæ *in Socrate,* non autem *simpliciter,* eo quod ipse est creatus in humana natura. Quod autem est causa alicujus *in hoc,* est attribuens naturam communem alicui per quod specificatur vel individuatur (1).

---

(1) S. Thomas, *Contr. gent.,* lib. II, cap. XXI, ration. 7.

Le rôle de la cause univoque se borne donc à placer dans un sujet individuel une nature dont elle n'est pas l'auteur, et c'est là une causalité d'ordre inférieur.

Ainsi un canal est cause à sa manière qu'une citerne soit pleine d'eau; il n'est pas cause *de l'eau,* mais il est cause *de l'eau dans cette citerne.* Ainsi, pour reprendre l'exemple de tout à l'heure, lorsqu'un statuaire reproduit le chef-d'œuvre de Michel-Ange, il n'est pas cause *du Moïse,* mais il est cause *du Moïse dans ce marbre.*

8. — Résumé de cet article.

Après cette longue et délicate discussion, il ne sera pas inutile d'en réunir les conclusions, et pour cela, il suffira de grouper quelques textes de saint Thomas.

— La cause univoque est uniquement une cause *in fieri;* elle est cause que l'effet *devienne;* elle n'est pas cause que l'effet *soit :*

Hoc est esse causam secundum *fieri,* sicut cum homo generat hominem et ignis ignem (1).

— La cause univoque relève nécessairement d'une cause supérieure :

Agens non univocum ex necessitate præcedit agens univocum (2).

— La cause univoque se comporte dans son opération comme un instrument :

Oportet quod generans univocum sit quasi agens instrumentale, respectu ejus quod est causa primaria totius speciei (3).

Le père, en engendrant son fils, n'est véritablement que l'instrument de celui qui est cause *in fieri* et *in esse* de toute l'humanité :

---

(1) S. Thomas, I, q. 104, art. 1.
(2) Id., I, q. 13, art. 5, ad 1um.
(3) Id., *Summ. contr. gent.,* lib. II, cap. xxi, ratio. 4ª.

Hoc ergo individuum agendo non potest constituere aliud in simili specie, nisi prout est instrumentum illius causæ quæ respicit totam speciem et ulterius totum esse naturæ inferioris (1).

9. — Retour sur la noblesse de la génération.

La cause prochaine de la génération présente des caractères incontestables d'infériorité au point de vue de la causalité. Je devais insister sur ce point; car, les causes univoques ayant souvent embarrassé notre étude des principes, il importait de réduire ces causes à leur exacte valeur, afin de faire évanouir les objections qu'on pouvait en tirer. Ce but étant obtenu, il convient d'ajouter quelques considérations; car il semble que la doctrine précédente enlève à la génération toute la noblesse que nous lui avions d'abord attribuée.

Nous avions reconnu que la cause prochaine de la génération présente deux caractères de grandeur : elle agit par le fond même de sa nature; elle pousse la ressemblance de l'effet à sa cause jusqu'à l'identité spécifique. Et maintenant, nous disons que cette cause agit comme un instrument aveugle, et que la similitude entre l'effet et la cause doit être attribuée principalement à la Cause Première. N'est-ce pas là détruire d'une main ce que nous avions établi de l'autre? Qu'on se rassure, cette antilogie disparait, grâce à un bel enseignement d'Aristote.

« Tout ce qu'il y a de plus naturel aux êtres vivants, à ceux qui ont la perfection de la vie, qui ne sont pas mutilés, et qui n'ont pas une naissance fortuite, est que chacun produise un autre tel que soi-même, l'animal un animal, la plante une plante, afin de participer, autant que possible, *au toujours et au divin*, ἵνα τοῦ ἀεὶ καὶ τοῦ θείου μετέχωσιν. Car, c'est le but vers lequel toutes les choses tendent, c'est pour cela qu'agit tout ce qui agit par nature. A la vérité, il est impossible à aucune vie d'atteindre *le toujours et le divin* par une permanence indi-

---

(1) S. Thomas, *De Potentia*, q. 3, art. 7.

viduelle; car aucune des natures corruptibles ne peut se conserver plus longtemps dans le même sujet, et chaque individu n'obtient qu'une part plus ou moins grande de durée. Mais, si la vie s'éteint dans un individu, elle demeure dans un autre tel que lui, il y a permanence d'un être, non pas un par le nombre, mais un par l'espèce (1). »

Voilà, certes, une haute leçon, qui proclame la noblesse de la génération, en lui assignant pour cause finale une tendance vers *le divin*. Mais par là même, si je ne me trompe, cette leçon nous apprend aussi qu'il faut remonter jusqu'à une cause divine pour avoir la raison formelle de la génération.

C'est l'Auteur des natures qui a déposé au fond de chacune d'elles cette destination à la perpétuité. L'individu ignore cette intention divine; aussi a-t-il fallu qu'un instinct de satisfaction personnelle lui fût donné, qui le poussât et l'appliquât à un acte dont il ne conçoit ni la grandeur ni le résultat.

L'être vivant agit donc instrumentalement; et cependant on peut le considérer à quelque titre comme cause principale, on peut lui attribuer son effet avec quelque raison. Car il n'est pas appliqué à une opération étrangère, comme le ciseau employé à sculpter une statue. C'est pour une fin conforme à sa nature que cette vie est émue; c'est pour un bien de nature que cette nature est appliquée à l'œuvre, comme si la Sagesse divine s'abaissait à remplacer un entendement qui fait défaut.

Mais, puisque aucun agent ne peut, par lui-même et lui seul, produire son égal, il faut bien qu'après avoir caché dans les natures cette destination à la survivance, l'Auteur des natures s'emploie lui-même à en procurer la réalisation. Il faut que, tout en laissant à chaque nature une certaine initiative et une certaine part d'action, Lui-même opère et *fasse le plus*, comme un maître ou-

---

(1) Aristote, *De l'âme*, liv. II, ch. IV.

CHAPITRE V. — CAUSES UNIVOQUES.

vrier transforme en chef-d'œuvre l'ébauche de son apprenti.

Cette intervention divine bien comprise, on ne s'étonnera plus que tant de mystères enveloppent le berceau de la vie. Les savants pourront éclaircir les phénomènes antécédents et conséquents; jamais ils ne pourront atteindre la transmission même de la vie; car jamais leurs instruments ne leur feront apercevoir le doigt divin.

L'opération divine ôte-elle sa noblesse au grand acte par lequel l'être vivant coopère à se reproduire lui-même dans un être semblable? Tout au contraire, ce secours d'en haut perfectionne la nature et ennoblit ses opérations suivant la maxime de saint Thomas :

In omnibus naturis ordinatis invenitur, quod ad perfectionem naturæ inferioris duo concurrunt, unum quidem quod est secundum proprium motum, aliud autem quod est secundum motum superioris naturæ (1).

L'ordre essentiel des choses ne contient pas de place pour ce sot orgueil de l'individu qui prétend se suffire à soi-même et ne dépendre d'aucun supérieur (2).

Je le sais, cette grande métaphysique n'est pas connue dans les écoles de la philosophie rationaliste; mais la Sagesse l'enseigne sans études aux moindres fidèles. C'est une simple femme, — il est vrai, c'était une Machabée, — qui, pour exhorter ses fils au martyre, leur disait :

« J'ignore comment vous avez apparu dans mon sein. Ce n'est pas moi qui vous ai donné le souffle, l'âme et la vie. Non, ce n'est pas moi-même qui ai joint les membres de chacun de vous.

« Mais c'est le Créateur du monde; c'est lui qui fait la naissance de l'homme; c'est lui qui préside à l'origine

---

(1) S. Thomas, II^a II^æ, q. 2, art. 3.
(2) Vasquez montre la grandeur de son génie, lorsque, soutenant que, même dans l'ordre naturel, l'homme aurait eu besoin d'un secours divin pour faire le bien, il assigne pour raison fondamentale de *cette indigence*, l'excellence même de la nature humaine. (I, disputat. 189, cap. xxi.)

de toutes choses. Sa miséricorde vous rendra donc de nouveau le souffle et la vie, puisque vous savez aujourd'hui vous dédaigner vous-mêmes pour l'honneur de ses lois (1). »

ARTICLE III

DIGRESSION SUR LE TRANSFORMISME

En nous occupant des générations, nous passons trop près de certaines questions qui agitent actuellement les esprits, pour que nous puissions nous dispenser d'en parler. Deux théories ont produit grand tapage depuis quelques années, la théorie des générations spontanées et la théorie de la transformation des espèces. Nous n'avons pas à en faire l'histoire et la discussion scientifique. Une seule chose nous importe, c'est le côté métaphysique de ces questions, et je crois qu'il est aisé d'asseoir son jugement à l'aide de quelques réflexions préliminaires.

1. — Rôle du physicien et du naturaliste.

Les sciences physiques et naturelles ayant pour point de départ l'observation des phénomènes sensibles et matériels, le premier devoir du savant est d'observer exactement les phénomènes. Mais, la science n'étant pas une simple énumération de faits individuels, le savant doit rechercher les lois des phénomènes et les causes des effets. Or, puisqu'il part du phénomène particulier et de l'effet individuel pour parvenir à la loi et à la cause générale, la méthode qui lui est imposée est de passer d'abord par la loi spéciale de ce phénomène et par la cause prochaine de cet effet. On peut donc dire que le rôle du physicien est

---

(1) II Machab., cap. VII, vers. 22.

de rechercher *les causes prochaines,* remontant ainsi des causes plus prochaines aux causes plus générales jusqu'à la cause universelle.

Il résulte de là que, tandis que la considération de la Cause Première domine toute la métaphysique, cette même Cause Première est le dernier terme vers lequel l'étude des causes prochaines conduit le physicien.

Il est vrai, l'idée de loi, de cause et d'ordre, préside à la science physique comme à toute autre science, et par conséquent, la métaphysique est la science des sciences, comme la Cause Première est la cause des causes ; mais encore une fois, c'est par les causes prochaines que le physicien doit passer pour atteindre les causes plus universelles.

C'est toujours ainsi qu'on a envisagé le rôle des sciences physiques et naturelles. Toujours on a considéré comme peu scientifique d'expliquer les effets particuliers par une intervention immédiate et unique de la Cause Première, lorsque la nature de cet effet ne dépassait pas la puissance des causes secondes.

Bien des gens s'imaginant que la méthode scientifique est d'invention toute moderne, et que le moyen âge se contentait de tout expliquer par les causes occultes ou par le recours à la volonté de Dieu, il ne sera pas, je crois, hors de propos, de faire connaître la doctrine de quelques grands scolastiques.

Répondant à des auteurs qui, pour expliquer je ne sais quelle loi physique, se contentaient de faire appel *à la nature intrinsèque des choses,* Suarez s'exprime ainsi :

Quæ ratio explicatione indiget, ne videatur tota res ad occultam rei naturam revocari; quod non tam est rationem reddere, quam ejus ignorantiam fateri (1).

— Ailleurs, pour réfuter je ne sais quelle autre théorie physique, il se contente de montrer qu'elle entraîne un

---

(1) Suarez, *Metaphys.,* disp. xvi, sect. 3, n° 14.

recours inutile à l'intervention *immédiate* de la Cause Première :

> Non potest ergo ex naturalibus causis ratio talis actionis reddi, sed oportebit recurrere ad primam causam... quod sane philosophicum non est, præsertim ubi nulla ratio vel experientia cogit (1).

Un autre grand métaphysicien de la fin du seizième siècle, Fonseca, dans un passage où précisément il soutient la nécessité, pour un certain effet, de l'intervention divine, remarque cependant qu'en général on ne doit pas recourir sans discrétion à la volonté de Dieu, et que le savant doit s'abstenir de cette réponse : « Il en est ainsi, parce que Dieu l'a voulu ainsi ». Car, dit Fonseca, le plus ignorant peut donner une telle raison pour toutes les choses naturelles. Bien plus, le même auteur nous apprend que, de son temps, lorsqu'un défendant aux abois recourait à la volonté de Dieu, on disait ironiquement qu'il mettait à profit le *droit d'asile* de l'Église (2).

Ces grands auteurs que je viens de citer ne faisaient d'ailleurs que maintenir l'antique tradition, telle que l'École l'avait reçue de saint Thomas lui-même. Car voici l'enseignement du saint Docteur :

> Sic ergo cum quæritur *propter quid* de aliquo effectu naturali, possumus reddere rationem ex aliqua proxima causa, dum tamen sicut in primam causam reducamus omnia in voluntatem divinam... Unde, si quis respondet quærenti quare lignum calefactum est : « quia Deus voluit », convenienter quidem respondet, si intendit reducere quæstionem in primam causam; inconvenienter vero, si intendit omnes alias excludere causas (3).

2. — Des faits et des hypothèses.

Établir les faits et découvrir les causes prochaines de ces

---

(1) Suarez, *Metaphys.*, disp. xlvi, sect. 3, n° 11.
(2) Fonseca, *Metaphys.*, lib. V, cap. ii, q. 14, sect. 3, ad finem.
(3) S. Thomas, *Summ. contr. Gent.*, lib. III, cap. xcvii.

faits, tel est donc l'objet de la science physique en tant que la physique embrasse toute la nature matérielle.

Encore une fois, lorsque je dis « établir les faits », je n'entends pas simplement par là observer les phénomènes individuels, mais bien découvrir les lois qui régissent ces phénomènes. Ainsi la loi de la chute des graves est un *fait* établi par une série d'expériences. De même, en chimie, les lois qui régissent les combinaisons sont autant de *faits* dûment observés.

Quant aux causes prochaines, ou bien elles tombent sous l'observation directe, comme le flux et le reflux des eaux rend compte de l'érosion des rivages ; ou bien elles se dérobent à l'observation directe comme la cause du mouvement planétaire. Dans ce dernier cas, le physicien a le droit d'imaginer des hypothèses qui lui permettent de pénétrer là où ses sens ne peuvent atteindre.

Ainsi l'hypothèse de l'attraction universelle explique tous les grands mouvements astronomiques. Ainsi l'hypothèse d'un fluide impondérable et élastique permet de prévoir les jeux les plus capricieux de la lumière. Ces hypothèses doivent satisfaire à deux conditions : ne pas être en opposition avec des vérités d'ordre supérieur, et rendre compte de tous les phénomènes qu'elles sont destinées à expliquer. Si, outre cela, elles sont simples et fécondes, il est probable qu'elles sont l'expression, au moins partielle, de la vérité.

Or, parmi les faits scientifiques, il faut ranger les *relations physiques* entre les phénomènes, et c'est en vertu d'un sentiment véritablement *métaphysique* que le savant soupçonne qu'il faut rapporter à une cause commune la communauté de relations.

3. — Hypothèse cosmogonique.

Je citerai un bel exemple.

Laplace, admirant que tous les astres de notre système solaire se meuvent à peu près dans un même plan, que toutes leurs translations et leurs rotations s'opèrent dans un même sens, a estimé que tant d'ordre et une telle unité devaient reconnaître une cause, et il a cru tout expliquer en supposant que tous ces astres étaient initialement confondus dans une seule et même nébuleuse soumise aux mêmes lois mécaniques et physiques qui régissent encore la matière. Certes, l'hypothèse, par sa grandeur et sa simplicité, a un grand air de vérité. C'est aux mathématiciens de décider si elle rend bien compte de tous les phénomènes, ou d'en proposer une autre plus conforme encore aux observations. Quant au métaphysicien et au théologien, ils n'ont rien contre. Car la révélation ne nous impose aucun dogme à cet égard, sinon le dogme métaphysique de la création. Pourvu que l'astronome n'aille pas, sortant de son domaine, faire profession d'athéisme à propos de cosmogonie, pourvu qu'il s'en tienne à l'étude des causes prochaines sans en tirer occasion de nier la Cause Première, son hypothèse ne vient pas se heurter contre des vérités d'ordre supérieur, et par conséquent on peut l'admettre.

Je dirai même que la métaphysique doit accueillir avec faveur une telle conception. Car il est digne de la majesté créatrice de conserver l'ordre des mondes par les mêmes forces physiques qu'elle a employées pour l'établir. C'est la doctrine de saint Thomas :

Per idem conservatur res per quod habet *esse;* sed Deus dat *esse* rebus, mediantibus aliquibus causis mediis. Ergo etiam res in *esse* conservat mediantibus aliquibus causis (1).

4. — Hypothèse géologique.

L'astronome raconte l'histoire de notre planète, jusqu'au moment où, devenue sphère en feu, elle occupe sa place définitive dans le cortège solaire. Mais le géologue s'est efforcé de poursuivre cette histoire. Il a ouvert notre globe

---

(1) S. Thomas, I, q. 104, art. 2. *Sed contra.*

comme un livre, et il s'est étudié à en interpréter tous les feuillets. Dans ce travail, la science a passé par bien des incertitudes, bien des difficultés. Longtemps les systèmes et les hypothèses se sont combattus mutuellement. Mais on peut dire qu'actuellement l'histoire géologique de notre globe est connue au moins dans ses traits généraux, et les forces connues de la physique et de la chimie suffisent pour expliquer nos continents et nos mers, nos montagnes et nos mines. Dans les circonstances initiales, l'action de ces forces se manifestait par des effets puissants qui ne se répètent plus, mais c'étaient cependant les mêmes forces; comme la même pesanteur de la goutte d'eau produit d'abord le tourbillon de la cataracte, puis le calme du lac où s'endorment les flots.

Ici encore, la puissance créatrice se sert des mêmes causes secondes pour établir et pour conserver.

5. — Hypothèse transformiste.

Mais voici que les dépouilles organisées dont sont remplies les couches géologiques invitent une nouvelle science à s'occuper de l'origine des êtres vivants. D'où proviennent tous ces fossiles? sont-il les restes de créations successives? ou bien la vie s'est-elle propagée à travers toutes ces formes diverses, comme elle se poursuit encore maintenant à travers tous les individus d'une même espèce? La dernière de ces hypothèses constitue la doctrine transformiste qu'il s'agit pour nous de juger au point de vue de la métaphysique.

Disons d'abord que, si une hypothèse scientifique doit être d'accord avec les faits observés, il y a contre le transformisme un préjugé bien défavorable. Toutes les expériences prouvent qu'*actuellement* tout être vivant naît d'un être de même espèce, et que dans une même espèce les variations sont du même ordre que les oscillations de la planète autour de son ellipse. S'il est un fait scientifiquement démontré, c'est donc que jamais aucune génération spontanée ni aucune transformation d'espèces n'ont été observées.

Mais, d'un autre côté, il existe un fait scientifique d'une immense valeur, qui, à lui seul, peut contre-balancer bien des expériences négatives. C'est le fait des corrélations anatomiques et physiologiques entre les espèces différentes. L'unité de plan dans tous les animaux à vertèbres est un fait reconnu et admis de tous; et beaucoup de naturalistes cherchent actuellement les passages d'un embranchement à un autre.

Je sais que, parmi les aventuriers de la science, beaucoup sont poussés dans cette voie par une fureur athée et matérialiste. Mais pourquoi m'en inquiéter, puisque Dieu a livré le monde aux disputes des bons et des méchants? Je sais encore que, malgré leur ton dogmatique et leurs affirmations outrecuidantes, ces diseurs de nouveautés n'ont aucun droit à se poser en représentants de la science; car ils en sont encore à se quereller, à s'injurier et à se démentir mutuellement. Mais, si la corrélation générale entre toutes les formes animales ou végétales reste encore à l'état de problème, on ne peut pas nier l'unité de plan dans l'embranchement des vertébrés. Or ce fait scientifique s'impose à la méditation du sage, et suffit pour que l'hypothèse du transformisme ait droit à un examen sérieux.

En effet, de cette similitude de structure on peut et l'on doit se demander quelle est la cause. Il est vrai, on peut répondre que, cette harmonie étant dans le plan divin, la main Créatrice a réalisé par elle-même ce plan dans ses moindres détails. Cette réponse est exacte, comme toute réponse qui remonte à la Cause Première. Mais pour qu'elle fût le dernier mot de la philosophie naturelle, il faudrait prouver que l'acte Créateur peut seul intervenir dans l'institution des espèces différentes. Et remarquez-le, cette démonstration relève de la métaphysique, et non de la science expérimentale. Car vous aurez beau montrer la fixité *ac-*

CHAPITRE V. — CAUSES UNIVOQUES.   541

tuelle des espèces par mille raisons tirées de la physiologie ou de l'embryologie expérimentales, on pourra toujours échapper à une conclusion absolue, en alléguant un épuisement d'énergie dans les causes actuelles.

Il y a donc lieu d'étudier l'hypothèse transformiste au point de vue de la métaphysique.

6. — En quel sens elle est absurde.

Tous les transformistes ne sont pas des athées; mais tous les athées, tous les matérialistes, tous les positivistes actuels sont transformistes; de là le tapage bruyant et de mauvais aloi qui se fait autour de ces questions.

On déclare donc qu'à l'origine il s'est fait une coagulation *spontanée* de quelques éléments minéraux en une matière albumineuse vivante. Cette première vie était aussi confuse, aussi diffuse, aussi inorganique, aussi minérale qu'il vous plaira (1). Sous l'influence des seules forces physiques et chimiques, cette vie s'est développée par un perfectionnement aussi lent que vous voudrez, car le temps vient à bout de tout. Et c'est ainsi que, le *hasard aidant*, toutes les forces animales sont peu à peu sorties les unes des autres, le progrès s'accomplissant par une lutte continuelle pour l'existence et par le droit du plus fort.

Telle est cette doctrine, si l'on peut bien appeler doctrine une affirmation qui contient toutes les absurdités de l'athéisme. Je ne demande pas d'où provient cette matière minérale dont ils font tout sortir. Est-elle éternelle, et alors comment n'est-elle pas organisée depuis l'éternité? est-elle sortie elle-même *spontanément* du néant, et alors quel est le principe de cette spontanéité?

Je passe par-dessus toutes ces questions; j'en viens du

---

(1) Tous ceux qui s'occupent de science connaissent les bévues des matérialistes au sujet de l'*Eozoon* et du *Bathybius*. Voir les spirituels et savants articles de M. de Lapparent dans la *Revue des questions scientifiques*, t. III, VII.

premier coup à l'origine de la vie, et je constate que tout physiologiste sérieux reconnaît dans la vie quelque chose d'irréductible aux forces minérales.

Prétendre que la matière minérale est la cause principale de la vie, c'est soutenir que l'effet peut être plus grand que la cause et que le moins contient le plus; et c'est là une absurdité. Prétendre que les formes animales rudimentaires peuvent par elles-mêmes, et uniquement par elles-mêmes, produire des organisations plus parfaites, c'est encore faire sortir le plus du moins; c'est encore l'absurdité.

Mais si l'on veut éviter les débats de la sophistique sur les différences de perfection absolue dans la série animale, et s'épargner l'ennui des chicanes contre la légitimité de nos classifications ascendantes, on peut trancher la question d'un seul coup, en invoquant le grand axiome qui domine toute la philosophie des causes : *La cause est plus parfaite que l'effet;* donc un être ne peut être cause principale d'un effet univoque. La grenouille non seulement ne peut pas être cause du lion, mais elle ne peut pas être, par elle-même et elle seule, cause de la grenouille. Et pourquoi? Parce que la cause rigoureusement principale d'un effet doit contenir la raison suffisante de tout ce qui existe dans cet effet; et par conséquent, la cause vraiment principale de l'individu doit contenir la raison suffisante de toutes les qualités génériques et spécifiques qui sont réunies dans cet individu. Mais comment celui qui est produit, et qui par conséquent n'est pas la raison suffisante de ses propres caractères spécifiques, pourrait-il contenir en soi la raison suffisante de son espèce?

Voilà le terrain vraiment solide sur lequel il faut placer la défense, ou plutôt, c'est ainsi qu'il faut prendre l'offensive : — Athées! vous partez de ce fait qu'un animal engendre son semblable, et vous en concluez qu'il peut, par sa propre vertu, engendrer un être plus parfait que soi. La conséquence est peu logique; mais c'est à vos prémisses que je m'attaque. Un animal produit son semblable, j'en conviens; mais j'en conclus à l'intervention de la Cause Première, car une cause univoque ne peut être qu'une cause instrumentale.

Sans doute, cette argumentation fera sourire nos athées, car ils professent le mépris de la métaphysique. Je me trompe, ils ont une métaphysique; leur devise est la formule Hégélienne : « Le devenir est la cause efficiente de l'existence ». Laissons-les donc à eux-mêmes. Qu'ils se louent et s'insultent, qu'ils se défendent et se combattent, qu'ils bâtissent et démolissent; chez eux, la contradiction n'est-elle pas la règle et la loi?

Nous l'avons souvent répété : il n'y a plus en philosophie que deux drapeaux. L'antique métaphysique porte sur le sien cette devise : « L'être prime le non-être ». C'est la métaphysique du bon sens, et elle convainc d'absurdité le transformisme des athées. Mais le drapeau Hégélien porte la devise : « Le non-être prime l'être ». Pour les athées, le transformisme est donc d'autant plus séduisant qu'il est plus contraire au bon sens.

7. — En quel sens elle est acceptable.

Mais l'hypothèse transformiste n'est pas la propriété exclusive des matérialistes. Elle compte parmi ses adhérents des savants dignes et sérieux. Ne peut-on pas lui donner une explication conforme à la saine métaphysique?

Étant donnée la Cause Première, répugne-t-il que, sous la direction et l'influence de cette Cause, la vie organique ait suivi certaines prédispositions de la matière? Répugne-t-il que toutes les diverses espèces vivantes proviennent de quelques germes primitifs?

Je l'avoue franchement : je ne vois en cela aucune répugnance. Sachant que, dans la propagation actuelle des espèces, il faut l'intervention de la Cause Première, pour que la vie passe d'un individu à un autre, et que le père n'est qu'une cause instrumentale dans la génération; sachant d'ailleurs que plus la cause principale est parfaite, plus elle peut obtenir des œuvres grandes et belles avec un outil grossier, et que la cause instrumentale peut être employée à produire un effet plus noble que soi (1); je me demande si Dieu, qui conserve actuellement les espèces par le moyen des générations, n'aurait pas pu produire cette admirable variété de formes par la voie qui lui sert à les maintenir.

Que si, dans les brutes, il n'y a que de la matière organisée, pourquoi le doigt de Dieu n'aurait-il pas pu diriger les forces matérielles de manière à ce que cette organisation eût lieu?

Que si, dans les animaux, il y a quelque principe qui ne sorte pas de la matière, pourquoi Dieu n'aurait-il pas pu conduire la vertu génératrice de façon qu'elle disposât la matière à recevoir cette nouvelle forme (2)?

Je sais bien qu'actuellement la vertu génératrice s'épuise à produire le semblable et qu'un être ne peut engendrer un être plus parfait que soi. Mais ne serait-ce pas parce que cette vertu a été fixée par Dieu pour n'avoir plus uniquement qu'à maintenir et conserver? En tout cas, par soi-même, une cause instrumentale ne contient pas même la raison de la similitude ou de la dissimilitude avec son effet; cette raison dépend de plus haut.

Les considérations précédentes sont moins téméraires et moins nouvelles qu'on ne le pense peut-être. Les anciens scolastiques ont tous admis que les grenouilles et les rats pouvaient naître spontanément de matières corrompues chauffées par le soleil. C'était une erreur provenant d'observations inexactes, je le veux bien. Mais il n'en reste pas moins que les docteurs catholiques n'ont reconnu dans une

---

(1) Nihil prohibet causam instrumentalem producere potiorem effectum. (S. Thomas, III, q. 79, art. 2, ad 3um.)
(2) Homo generat sibi simile, in quantum per virtutem seminis ejus disponitur materia ad susceptionem talis formæ. (S. Thomas, I, q. 118, art. 2, ad 4um.)

CHAPITRE V. — CAUSES UNIVOQUES.

telle opinion aucune contradiction métaphysique ni aucun danger pour la foi.

Ils savaient pourtant que la cause est plus parfaite que son effet, et que le plus ne peut pas sortir du moins. Mais ils savaient que la perfection de l'effet dépend de la cause principale beaucoup plus que de la cause instrumentale. Écoutons saint Thomas réfutant un argument qui concluait à la nature vivante des astres.

Voici l'objection :

Causa nobilior est effectu. Sed sol et luna et alia luminaria sunt causa vitæ, ut patet maxime in animalibus ex putrefactione generatis, quæ virtute solis et stellarum vitam consequuntur. Ergo multo magis corpora cœlestia vivunt et sunt animata.

Et voici la réponse :

Dicendum quod corpus cœleste, *cum sit movens motum, habet rationem instrumenti* quod agit in virtute principalis agentis. Et ideo, ex virtute sui motoris qui est substantia vivens, potest causare vitam (1).

C'est ainsi que le grand Docteur admettait et expliquait les générations spontanées.

Mais il y a plus. Dans la plénitude de vocation qui fut donnée à saint Augustin, il était contenu que, par ses audacieuses méditations sur la Genèse, il empêcherait l'exégèse biblique de se renfermer dans une enceinte trop étroite, et que son nom, à quinze cents ans de distance, suffirait à protéger les interprétations nouvelles. C'est bien à lui que l'on doit, en particulier, de pouvoir soutenir sans inquiétude la longue durée des intervalles désignés dans la Bible par le mot « jour » (2).

---

(1) S. Thomas, I, q. 70, art. 3, ad 3um.
(2) Salva reverentia Sanctissimo Patri (Augustino) debita, mihi persuasum habeo, hunc non esse litteralem sensum, sed textum Genesis ad litteram esse de die naturali, qui per spatium et durationem unius conversionis primi mobilis fit, esse intelligendum. Hæc est communior sententia Patrum, Basilii, Ambrosii, Chrysostomi, Bedæ, Ruperti, Nazianzeni, Gregorii et aliorum, quos

Or saint Augustin enseigne qu'à l'origine des choses, les êtres vivants étaient dans la terre et les eaux à l'état *potentiel*, c'est-à-dire que Dieu déposa dans ces éléments inertes une vertu féconde contenant les êtres vivants comme dans leur cause, *causaliter* (1). Aussi saint Thomas n'ose pas se prononcer contre une aussi grande autorité. De la création des poissons et des oiseaux il dit :

In prima rerum institutione, principium activum fuit verbum Dei, quod ex materia elementi produxit animalia, vel in actu secundum alios Sanctos, vel virtute secundum Augustinum.

Mais aussitôt il ajoute comme explication :

Non quod aqua aut terra habeat in se virtutem producendi omnia animalia, ut Avicenna posuit; sed quia hoc ipsum quod ex materia elementari virtute seminis vel stellarum possunt animalia produci, est ex virtute primitus elementis data (2).

Remarquez cette précision. Avicenne supposait que l'eau et la terre pouvaient *d'eux-mêmes* produire tous les animaux. Ainsi comprise, la génération spontanée répugne à la nature des choses. Mais on peut admettre, avec saint Augustin, qu'à l'origine Dieu avait donné aux éléments une vertu qui est actuellement épuisée.

De même, quand il s'agit de la production des animaux terrestres, saint Thomas propose le sentiment de saint Augustin conjointement au sentiment commun :

Hic etiam secundum Augustinum, animalia terrestria producuntur *potentialiter*; secundum vero alios Sanctos, in actu (3).

Ces textes suffisent pour montrer quel sens acceptable

---

capite præcedenti retuli, quibus Magister et Scholastici magis assentiuntur, *quamvis, propter Augustini auctoritatem, de illius sententia valde temperate ac modeste loquuntur.* (Suarez, *De opific. sex dier.*, lib. I, cap. xi, n° 33.)

(1) Causaliter ergo tunc dictum est produxisse terram herbam et lignum, id est, producendi accepisse virtutem. (S. August., *De Genesi ad litt.*, lib. V, n° 11.)

(2) S. Thomas, I, q. 71, art. unic. ad 1ᵘᵐ.

(3) Id., I, q. 72, art. unic.

peut présenter l'hypothèse d'une génération spontanée à l'origine du monde.

Les mêmes textes s'appliquent à la transformation des espèces. Pourquoi répugnerait-elle, du moment qu'on ne voit dans la génération qu'une action instrumentale? Serait-ce parce qu'il répugne qu'un être inférieur *coopère* à la génération d'un être supérieur? Mais pour montrer que cette répugnance n'est pas évidente, il suffit du texte suivant de saint Thomas :

Dicendum, quod cum generatio unius sit corruptio alterius, quod ex corruptione ignobiliorum generantur nobiliora non repugnat primæ rerum institutioni. Unde animalia, quæ generantur ex corruptione rerum inanimatarum, vel plantarum, potuerunt tunc generari. Non autem quæ generantur ex corruptione animalium tunc potuerunt produci, nisi potentialiter tantum (1).

Cette dernière réserve est une simple remarque de bon sens, car il faut des animaux vivants avant des cadavres où s'engendrent les vers. Mais il n'en reste pas moins qu'à l'origine des choses, sous l'influence divine, des animaux ont pu être engendrés de *la corruption* d'êtres inférieurs. Or, je le demande, si Dieu a pu faire servir à la production des formes vivantes les débris d'organismes, pourquoi n'aurait-il pas pu employer dans le même but les forces génératrices d'êtres déjà vivants?

8. — Conclusion.

Suit-il de cette longue discussion que j'adopte sans réserve l'hypothèse transformiste? Non, certes. Beaucoup des affirmations qui font tapage sont gratuites. D'ailleurs la plupart des travaux exécutés dans cette voie sont trop entachés d'un parti pris antireligieux pour inspirer la confiance. J'attends donc qu'il y ait dans ce système

---

(1) S. Thomas, I, q. 72, art. unic, ad 5ᵘᵐ.

moins de chaos, moins de querelles, une méthode plus calme et plus digne de la science.

Mais j'attends avec tranquillité; car aucun travail sérieux ne pourra jamais contredire les vérités fondamentales : Dieu a tout créé; Dieu a fait l'homme par une intervention immédiate, car aucune transformation ne peut produire une âme humaine.

J'attends avec confiance; car l'Église, seule authentique interprète de la révélation, me fera connaître, quand elle le jugera à propos, si Dieu a révélé quelque chose de plus précis sur les origines du monde.

Mais j'attends ses décisions et je ne les préviens pas, me rappelant que, dès le temps de saint Augustin, des imprudents nuisaient à la Bible en l'attachant à des opinions humaines.

En un mot, je m'en tiens à cette règle de prudence que nous devons à saint Thomas :

Mihi videtur tutius esse, ut hæc quæ philosophi communes senserunt et nostræ fidei non repugnant, neque sic esse asserenda ut dogmata fidei, licet aliquando sub nomine philosophorum introducantur; neque sic esse neganda tanquam fidei contraria, ne sapientibus hujus mundi contemnendi doctrinam fidei occasio præbeatur (1).

---

(1) Thomas, *Respons. ad 42 articul.*, Proœmium.

CHAPITRE VI

CAUSE PREMIÈRE. — CAUSES SECONDES

ARTICLE I

GÉNÉRALITÉS

1. — « Movens, — movens motum, — motum. »

Aristote, au livre VIIIᵉ de sa *Physique*, établit une belle distinction par rapport au mouvement. Il y a, d'abord, le sujet qui n'est que moteur, κινοῦν, puis le sujet à la fois actif et passif, moteur et mobile, κινοῦν κινούμενον, et enfin le sujet uniquement mis en mouvement, κινούμενον, uniquement patient, uniquement effet, au moins sous le rapport où on le considère. Après une subtile discussion, le Philosophe aboutit à la conclusion suivante :

« Il est donc évident, d'après ce qui précède, que le premier moteur est immobile. Car, soit que le mouvement du mobile provienne immédiatement du premier moteur, soit que le mouvement provienne d'un mobile qui soit en même temps moteur ; dans les deux cas, on trouve que le premier moteur dans tous les mouvements est immobile (1). »

On peut trouver un certain exemple de cette triple distinction dans le mouvement local. Le joueur, sans changer de place, lance une boule qui en chasse une autre. L'homme est moteur immobile, *movens :* la boule qu'il lance devient, par le mouvement reçu, capable de produire un mouve-

---

(1) Φανερὸν τοίνυν ἐκ τούτων ὅτι ἐστὶ τὸ πρώτως κινοῦν ἀκίνητον... (Aristote, *Physiq.*, liv. VIII, ch. v.

ment; c'est un sujet à la fois mû et moteur, *movens motum*. Quant à l'autre boule, elle est uniquement patiente, c'est un sujet simplement mû, *motum*. Si donc on considère l'homme comme la cause première du mouvement, on reconnaît que la cause seconde n'agit que parce qu'elle a d'abord pâti. D'où l'adage : *Causa secunda non agit nisi mota a causa prima.*

Mais cet exemple est bien défectueux. Car, laissant de côté l'effort et le changement qui ont lieu dans le joueur, je remarque que la bille choquante est une cause très imparfaite, puisque sa causalité est tout accidentelle.

J'aimerais mieux prendre une comparaison dans l'archer, l'arc et la flèche. L'archer bande son arme, et par cette action lui communique une puissance motrice qu'elle n'avait pas jusque-là. L'arc a été *patient* en subissant cette courbure, et, par là, il est devenu *actif*, capable de lancer au loin une flèche. La cause seconde ne se contente donc pas ici de transmettre un mouvement tel qu'elle l'a reçu, mais elle a vraiment une action propre, provenant d'une *vertu* qu'elle tient de la cause première; et on trouve ici la vérification de cet autre adage : *Causa secunda agit in virtute primæ causæ.*

Mais cet exemple ne nous fournit pas encore une influence bien profonde de la cause première sur la cause seconde; car l'homme, en ployant le bois, n'a fait que mettre en exercice une force élastique dont il n'est pas la cause.

Un exemple incomparablement plus beau se tire de l'homme lui-même lançant une pierre. On y trouve les trois sujets distincts; l'âme, agent immobile, *movens;* le corps, *movens motum;* la pierre, sujet patient, *motum*. Or, d'une part, tout le mouvement local de la pierre a sa source dans l'activité du corps humain ; on peut donc, dans un sens vrai, attribuer ce mouvement à l'énergie qu'ont déployée les muscles. D'autre part, cette énergie elle-même, bien qu'empruntée aux forces physiques et chimiques, doit être, dans un sens vrai, attribuée à l'âme; car la vigueur n'est qu'une qualité de l'organisme vivant, et l'âme est le principe de la vie, qu'elle donne au corps, qu'elle soutient, qu'elle règle, qu'elle dirige. Nous pouvons donc voir ici une cause première, cause *in fieri et in esse* d'une cause seconde, lui donnant d'exister et d'être cause à son tour.

Cependant, ici encore, il y a des défectuosités capitales. L'âme anime le corps, mais par une influence dont elle n'a ni la conscience ni la détermination libre. En soutenant l'activité corporelle, elle se comporte plutôt comme une cause formelle que comme une cause efficiente ; et même, lorsque par une volonté délibérée et libre elle commande au corps d'agir, elle ne sait ni comment son vouloir est efficace ni comment le corps lui obéit.

Nous ne devons pas être étonnés que tous ces exemples prêtent à la critique. Car toutes les causes que nous avons considérées sont imparfaites ; soit les causes jouant le rôle de cause première, puisqu'il n'y a en réalité qu'une seule Cause Première ; soit les causes jouant le rôle de cause seconde, puisque pour trouver des sujets subordonnés dans leur causalité à des causes créées, il a fallu descendre jusqu'aux natures matérielles.

Cependant ces exemples ne sont pas inutiles, parce qu'ils sont des images qui nous aident à méditer sur de plus belles influences, et parce qu'ils nous permettent d'exprimer dans des adages facilement concevables les grands principes de la causalité.

2. — Définition de la cause première.

On appelle en général « cause première » la cause qui, dans sa causalité et dans son action, ne relève que d'elle-même ; par opposition, on appelle « cause seconde » la cause qui dépend d'une cause supérieure.

Cette distinction fait comprendre pourquoi, dans nos longues études sur la cause considérée en elle-même, nous avons dû rappeler si souvent que nos conclusions étaient exactes *sans correctif*, pour la cause première, et seulement pour elle.

En effet, puisqu'il s'agissait d'expliquer les vérités contenues implicitement dans la notion de cause, nous devions constamment avoir pour objet de notre pensée la cause considérée en tant que cause, et par suite nos conclusions s'adressaient directement à la cause uniquement et purement cause, à la cause ne relevant d'aucune autre cause, c'est-à-dire à la cause première. Nous avons ainsi atteint, de prime abord, et par la conséquence même de notre méthode, la cause parfaite, cause intelligente et d'un vouloir efficace, cause se déterminant par elle-même à toutes ses opérations, ou, pour parler plus exactement, déterminant d'elle-même toutes ses actions, cause demeurant identique à elle-même, qu'elle agisse ou qu'elle n'agisse pas, moteur essentiellement immobile, principe et fin de tout ce qui est contenu dans ses œuvres.

Il n'y a qu'un nom qui réponde à une si haute et pure causalité, c'est le nom ineffable de Dieu. Et voilà pourquoi, bien que ce traité ne soit pas une théodicée, nous avons été sans cesse soulevés, par la considération de la cause pure, jusqu'aux pieds du trône où règne la Causalité Divine.

Au-dessous de cette adorable Cause Première, tout est fait, tout est un effet. Mais, puisqu'il est de l'essence de la cause de frapper son empreinte au plus intime de son effet, suivant l'adage : *Omne agens agit simile sibi*, la Cause Créatrice a fait participer ses créatures à l'honneur de la causalité. C'est ainsi que les effets de la Cause Première peuvent être causes à leur tour, mais elles sont *causes secondes*, participant, plus ou moins et suivant leur perfection d'être, à la perfection de l'activité. Et voilà pourquoi nous avons pu trouver dans les agents de la nature créée des exemples manifestant les grandes lois de la causalité : lois essentielles, qui peuvent bien perdre une partie de leur éclat dans les causes défaillantes, qui peuvent bien être masquées par des phénomènes de passivité dans les sujets à la fois actifs et passifs; mais qui, pourtant, doivent exister toujours dans toutes les causes, car il y aurait contradiction à supposer une cause dont l'action ne fût pas conforme aux lois de la causalité. La recherche de ces lois nécessaires est tout le dessein de cet ouvrage.

3. — Définition de la cause seconde.

Une cause seconde est, dans le sens le plus général du mot, une cause qui relève d'une cause supérieure. A ce titre, toutes les causes instrumentales sont des causes secondes; car elles subissent dans leur action l'influence de la cause qui les applique à l'œuvre.

Mais souvent cette dépendance n'est qu'accidentelle et transitoire. On jette une pierre dans le ruisseau pour pouvoir le traverser; on s'empare d'un rameau pour tuer le serpent qu'on rencontre.

D'ailleurs, même dans les instruments proprement dits, la nature et la vertu propre de l'outil sont fort souvent indépendantes de celui qui les met en œuvre; le bûcheron ne donne ni à l'acier sa dureté, ni à la hache son tranchant; il n'est donc pas de l'essence d'un instrument qu'il subisse une influence intrinsèque à son activité; aussi le nom de cause instrumentale s'oppose-t-il à celui de cause principale, et non à celui de cause première.

Quant à la dénomination de « cause seconde », elle est réservée, dans le sens strict et formel, à la cause qui mérite, il est vrai, le nom de principale, mais qui tient d'une cause supérieure son activité elle-même. C'est à l'influence de sa cause première que la cause seconde doit, non pas simplement de produire telle et telle action, mais d'agir, mais d'être cause. Et par là, on reconnaît qu'il n'y a que Dieu qui puisse être Cause Première dans toute la rigueur du mot. Car l'activité d'un être tient au plus intime de son être, et le Créateur seul peut pousser son influence jusqu'à une telle profondeur.

Saint Thomas nous explique comment cette dépendance propre à la cause seconde diffère de la dépendance instrumentale :

Considerandum est quod Deus, non solum movet res ad operandum, quasi applicando formas et virtutes rerum ad operationem, sicut etiam artifex applicat securim ad scindendum, qui tamen interdum formam securi non tribuit; sed etiam dat formas creaturis agentibus, et eas tenet in esse (1).

Ainsi le propre de la cause première est d'être cause *in fieri* et *in esse* de la cause seconde. Quant à celle-ci, qu'elle existe comme cause ou qu'elle agisse comme cause, elle le doit à l'influence permanente de la cause première, dont elle est et reste l'effet, soit dans son existence, soit dans sa causalité.

Expliquons avec soin cette dépendance.

4. — Dépendance intrinsèque de la cause seconde.

Lorsqu'on traite de l'influence de Dieu sur les causes secondes, il y a à craindre un double écueil. Il faut éviter, ou de réduire la causalité des créatures jusqu'à la détruire, ou de l'exalter jusqu'à l'indépendance.

J'ai dit plusieurs fois que l' « activité » prend sa source dans l' « actualité » même de la substance. La cause est une existence active, l'agent est une activité subsistante. En effet, un être agit en vertu de ce qu'il est, *unumquodque agit secundum quod actu est ;* les actes qu'il produit dans le patient sont contenus éminemment dans l'acte qui le constitue lui-même, *causatum est in causa per modum causæ.* Donc la causalité est liée intrinsèquement à l'essence même de la cause ; dans tout agent, l'activité procède du fond même de l'actualité.

De cette connexion résulte que le péril est le même, lorsqu'on parle des créatures, soit comme substances, soit

---

(1) S. Thomas, I, q. 105, art. 5.

comme causes ; car, dans les deux cas, on retrouve l'insondable mystère de la coexistence de l'Infini et du fini. Des créatures, considérées dans leur substance, il faut dire à la fois et qu'elles sont réellement hors de Dieu, puisqu'elles ne sont pas Dieu, et qu'elles sont réellement en Dieu, puisqu'elles dépendent intrinsèquement et essentiellement de Dieu. Des causes créées, il faut dire à la fois et qu'elles ont une causalité propre, réelle, différente de celle de Dieu, sous peine de tomber dans l'Occasionalisme, et que cette causalité relève intrinsèquement d'une causalité supérieure, puisqu'un être dépendant dans son actualité est nécessairement dépendant dans son activité.

Pour exprimer cette influence de la Cause Première, les scolastiques ont emprunté leurs expressions au mouvement local et aux actions matérielles, parce que nos concepts sont toujours incarnés dans des représentations corporelles. Ils disent : « La cause première meut la cause seconde; celle-ci n'agit qu'en vertu de la cause première. » Mais cette motion est une influence de même ordre que l'objet qui la reçoit : matérielle s'il s'agit d'un corps, spirituelle s'il s'agit d'un esprit; accidentelle si elle advient à une activité déjà existante, essentielle si elle constitue l'activité même.

Quelques philosophes, admettant que la substance est réellement identique à son activité, soutiennent que l'acte Créateur suffit sans une nouvelle influence à rendre la substance capable d'agir par elle-même. Je ne discute pas le point de départ de cette théorie; mais quelle que soit l'identité fondamentale, on doit bien reconnaître que les deux concepts de « substance » et de « cause » sont différents, et que les deux mots « exister » et « agir » ne sont pas synonymes. Donc il y a une raison objective qui oblige à distinguer l'actualité de l'activité, et cette même raison oblige à distinguer, dans l'influence divine, l'action créatrice qui a pour terme la substance finie, et la motion qui a pour terme la cause seconde. Distinction vraiment scientifique, puisqu'elle présente sous un jour nouveau cette vérité première que le fini dépend en mille manières de l'Infini. Et vraiment, à quoi se réduirait la théodicée elle-même, si, prétextant l'identité des perfections divines, nous nous refusions à les étudier successivement dans leurs concepts formels et distincts?

5. — Cause seconde intelligente.

Pour acquérir une notion bien claire de la relation métaphysique entre la cause première et la cause seconde, mettons en présence de la véritable Cause Première une des plus nobles causes créées.

L'homme, créé par Dieu, se compose d'une âme et d'un corps. Dieu, voici la cause première, *movens;* l'âme, voici la cause seconde, *movens motum*; le corps, voici le sujet qui subit l'action, *motum*.

L'âme est intelligente et voulante ; elle peut concevoir un dessein et le vouloir; grâce à son influence sur son corps, elle peut l'exécuter. Nous trouvons donc en elle la triple causalité requise pour une cause complète ; et je le rappelle, c'est dans l'étude de l'activité humaine que nous avons rencontré les plus beaux exemples de causalité. Une idée, une intention, une puissance exécutrice qui n'est elle-même que la vertu d'une volonté efficace : tels sont les caractères auxquels on reconnaît la noblesse de cette activité.

Mais, si l'âme humaine est une grande et noble cause, si elle a droit au titre de cause complète, elle n'est pas la cause parfaite, car elle n'est qu'une cause seconde. Elle est un effet de la Cause Première, avant d'être cause à son tour; son activité provient et dépend de plus haut; elle ne *meut* qu'autant qu'elle est *mue* ; elle ne peut agir qu'en vertu de l'influence qu'elle subit, suivant l'adage : *Causa secunda non agit nisi in virtute primæ causæ.*

Et remarquez-le bien, il ne s'agit plus ici d'une simple

application à l'œuvre, comme dans le cas des causes instrumentales; il ne s'agit pas d'une motion, pour ainsi dire, extrinsèque et accidentelle, mais bien d'une motion intime, essentielle, constituant l'activité même. C'est dans ce sens qu'il faut comprendre cet autre adage qui revient si souvent : *Causa secunda non agit nisi mota a Causa Prima.*

L'étude de cette motion que Dieu exerce sur l'âme humaine est une des plus belles et des plus graves questions de la philosophie. Elle ressortit à la théodicée, et elle exige toutes les ressources de la psychologie. Ce n'est donc pas ici le lieu de la traiter, car il ne s'agit dans ce livre que d'opérer une classification des causes.

Mais, sans embrasser dans tout son ensemble cette grande question, il nous est au moins permis d'aller y chercher quelque exemple réclamé par notre sujet.

6. — Motion de la Cause Première sur la volonté.

Bornons-nous donc à parler de la motion exercée sur la volonté humaine par la Cause Première, et cela sans détails, mais uniquement pour faire comprendre le genre de subordination qui relie la cause seconde à la Cause Première.

Saint Thomas nous explique, dans le passage suivant, le principe général de cette motion :

Voluntas movetur ab objecto quod est bonum, et ab eo qui causat virtutem volendi.
Potest autem voluntas moveri sicut ab objecto a quocumque bono, non tamen sufficienter et efficaciter nisi a Deo. Non enim sufficienter aliquid potest movere aliquod mobile, nisi virtus activa moventis excedat vel saltem adæquet virtutem passivam mobilis. Virtus autem passiva voluntatis se extendit ad bonum in universali. Est enim ejus objectum bonum universale; sicut et intellectus objectum est ens universale. Quodlibet autem bonum creatum est quoddam particulare bonum; solus autem Deus est bonum universale : unde ipse solus implet voluntatem, et sufficienter eam movet ut objectum.
Similiter autem et virtus volendi a solo Deo causatur. Velle enim nihil aliud est quam inclinatio quædam in objectum vo-

luntatis, quod est bonum universale. Inclinare autem in bonum universale est primi moventis, cui proportionatur ultimus finis; sicut in rebus humanis, dirigere ad bonum commune est ejus qui præest multitudini.

Unde utroque modo proprium est Dei movere voluntatem, sed maxime secundo modo interius eam inclinando (1).

Rendons-nous compte de cette belle doctrine.

Dieu, ayant donné à l'homme pour fin dernière la béatitude parfaite dans la possession du bien infini, a dû lui donner une volonté dont l'objet fût le bien universel, et de là résulte que la volonté est capable de vouloir les biens particuliers, puisqu'ils sont bons par une participation de la Bonté universelle et créatrice. Mais cette capacité de vouloir le bien dans toute son universalité n'est encore qu'une vertu *passive*, à laquelle doit correspondre une vertu *active*. Celle-ci est une inclination vivante et spontanée de la volonté vers le bien. C'est une tendance réelle et positive vers la fin dernière conçue comme béatifiante ; c'est un amour naturel et implicite du bien universel, et cet amour peut se porter partout où reluit quelque participation de la Bonté Infinie.

Ainsi correspondent l'une à l'autre la vertu passive et la vertu active de la volonté. Libre de vouloir ou de ne vouloir pas tout bien qui se présente comme bien particulier, parce qu'aucun bien particulier ne remplit sa capacité d'aimer, la volonté veut tout ce qu'elle veut en vertu de son appétence naturelle qui l'incline nécessairement vers le bien universel.

Ceci compris, faites attention à l'enseignement de saint Thomas : cause finale et cause efficiente sont corrélatives, à la fin dernière répond le premier moteur : *inclinare in bonum universale est primi moventi, cui proportionatur ultimus finis*. A la cause, qui donne à l'homme sa fin dernière, de l'y pousser, de l'y conduire. C'est donc la Cause

---

(1) S. Thomas, I, q. 105, art. 4.

Première qui produit et entretient dans la volonté cette inclination active vers le bien. Que l'homme adhère à un bien particulier, c'est en vertu d'une détermination propre ; mais qu'il soit incliné vers un bien quelconque, c'est en vertu d'une motion essentielle vers le bien.

Telle est cette motion que la Cause Première exerce sur la volonté humaine ; motion de même ordre ontologique que la fin vers laquelle elle pousse, c'est-à-dire motion naturelle si la fin est naturelle, motion surnaturelle si la fin est surnaturelle ; motion sans contrainte, car elle produit la spontanéité de l'activité volontaire ; motion qui laisse encore indéterminés les vouloirs particuliers, parce que son caractère est l'universalité, mais qui forme le fond de tout vouloir, parce qu'elle constitue la volonté voulante.

Tel est l'exemple que j'ai voulu proposer, pour faire comprendre les deux adages relatifs aux causes secondes : *Causa secunda non agit nisi mota a Causa Prima ;* — *causa secunda non agit nisi in virtute Primæ Causæ.*

Avant de quitter cet exemple, profitons des explications précédentes pour résoudre la seule difficulté qui nous reste, la seule de celles qui embarrassaient notre marche dans les premiers livres de cet ouvrage.

7. — Du motif.

En énumérant les causes d'une statue, nous avons rencontré le *motif*, motif de gain ou motif de gloire, et nous l'avons écarté comme n'étant pas cause prochaine de la statue. Plus tard, en traitant de la cause finale, nous avons distingué entre l'intention qui fixe un terme à atteindre, et le *motif* qui meut à agir ; mais c'était encore pour écarter le motif, et pour nous attacher à étudier la causalité de l'intention, ou plutôt de son terme.

Et pourtant nous remarquons, dans toutes les actions humaines, l'influence prépondérante du motif. L'homme raisonnable ne fait rien sans motif, et demander le *pourquoi* d'une action, c'est, dans le langage ordinaire, en demander le motif. Comment donc avons-nous fermé le circuit de la causalité, sans y faire entrer le motif?

Telle était la difficulté; actuellement la réponse est facile. Oui, partout dans les actions humaines on trouve l'influence du *motif ;* et c'est parce que la volonté humaine est une cause seconde, une cause *causée*, une cause mise en activité par la Cause Première, en un mot, un moteur mû, *movens motum*.

Or, pour établir la théorie des causes, nous ne devions considérer chaque cause qu'en tant qu'elle est cause, et non pas en tant qu'elle est effet; nous devions la considérer comme un *agent* et non comme un *patient ;* nous n'avions donc pas à parler du motif.

Saint Augustin a écrit :

Qui quærit quare voluerit Deus mundum facere, causam quærit voluntatis Dei. Sed omnis causa efficiens est; omne autem efficiens majus est quam id quod efficitur; nihil autem majus est voluntas Dei. Non ergo causa ejus quærenda est (1).

Et cependant, à cette question : Pourquoi Dieu a-t-il fait le monde, on doit répondre : Il l'a créé pour sa gloire, suivant la parole de Salomon : *Universa propter semetipsum operatus est Dominus* (2).

Y a-t-il opposition entre ces deux réponses? Non certes; car elles sont relatives à deux questions différentes. Lorsqu'on demande pourquoi Dieu *a créé* le monde, on demande quelle est l'*intention* de Dieu ; et Dieu, dans la création, a une intention digne de lui, puisque l'intention est l'acte même de la volonté en tant qu'elle veut un effet.

Mais, lorsqu'on demande pourquoi Dieu *a voulu* créer le monde, on demande quel *motif* a agi sur la volonté divine pour la pousser à poser cette intention. C'est donc

---

(1) S. August., *in libr. quæst.* 83, q. 28.
(2) Proverb., cap. xvi, vers. 4.

demander *ce qui met en acte* la volonté divine. Saint Augustin ne s'y est pas trompé. Il a vu que mettre en acte une volonté, la mouvoir réellement, était le rôle d'une cause efficiente. Or la volonté divine est Cause Première efficiente ; elle ne peut donc être poussée, mue, excitée ; elle ne peut avoir de motif proprement dit.

Le motif, en effet, contient deux éléments distincts et connexes. Considéré hors de la volonté, le motif est un bien à acquérir, et la bonté de ce bien en tant qu'elle est perçue par l'intelligence, se nomme la raison du motif, *ratio motiva*. Considéré dans la volonté, le motif est une force qui l'incline effectivement vers ce bien.

Or il n'est rien qui puisse être pour Dieu un bien à acquérir ; il n'est rien qui puisse modifier effectivement l'état de sa volonté. Donc, encore une fois, Dieu ne peut pas subir l'influence d'un motif ; toutes ses actions ont une fin déterminée par la sagesse, et par conséquent ont une *raison*, mais aucune ne dépend d'un *motif*.

Au contraire, l'homme ne veut rien sans motif. Car les deux éléments du motif correspondent aux vertus de sa volonté : à sa vertu passive, capacité de bonheur, qui s'ouvre pour acquérir ce qui lui apparaît bon ; à sa vertu active, inclination vivante, par laquelle il est poussé vers le bonheur.

Et ici apparaît l'influence hiérarchique de la Cause Première sur la cause seconde dans les deux ordres de la causalité efficiente et de la causalité finale. La bonté d'un objet particulier n'est raison du motif, que parce qu'elle est une participation du Bien Universel pour lequel a été creusée la capacité de l'âme ; et la volonté n'est excitée par le motif qu'en vertu de la motion par laquelle la Cause Première la pousse effectivement vers sa fin dernière. Saint Thomas enseigne la même doctrine sous une autre forme :

Necesse est quod omnia quæ homo appetit appetat propter ultimum finem. Et hoc apparet duplici ratione... Secundo, quia ultimus finis hoc modo se habet in movendo appetitum, sicut se habet in aliis motionibus primum movens. Manifestum est autem quod causæ secundæ moventes non movent, nisi secundum quod moventur a primo movente. Unde secunda appetibilia non movent appetitum, nisi in ordine ad primum appetibile, quod est ultimus finis (1).

On doit, je pense, comprendre la différence que j'avais indiquée entre l'intention et le motif. L'intention part de la volonté, le motif entre dans la volonté. Toute volonté agit *pour* une intention; toute volonté seconde agit *pour* une intention et *par* un motif. Ainsi la volonté humaine subit toujours le motif quand même elle n'y cède pas, et dans son intention la plus libre elle n'agit qu'en vertu du motif. Elle fait tout *pour* une intention, parce qu'elle est une cause complète, c'est-à-dire une cause intelligente; elle fait tout *par* un motif, parce qu'elle est une cause seconde mue par la Cause Première.

Le motif, en un mot, ne se rencontre que dans les agents à la fois actifs et passifs, *moventia mota*. Il n'est pas essentiel à toute cause; nous devions donc en écarter la considération, lorsque nous méditions sur l'essence de la causalité.

Jadis il y eut grande dispute dans les écoles au sujet de la question suivante : La fin meut-elle selon qu'elle est conçue ou selon qu'elle existe? *An finis moveat secundum esse intentionale, vel secundum esse reale?*

Les uns disaient : La pensée de la fin est vraiment la cause motrice de la volonté; car cette pensée est la seule réalité qui précède l'acte du vouloir, et l'on sait que la cause doit précéder l'effet. — Les autres disaient : C'est l'objet qui attire, c'est la réalité à obtenir qui met en acte la volonté; car la volonté est toujours attirée vers un bien réel. Et ces deux raisons sont si claires, dit un grand philosophe, qu'il faut bien qu'elles contiennent la vérité, et qu'il

---

(1) S. Thomas, I^a II^æ, q. 1, art. 6.

y ait, par conséquent, un moyen de concilier les deux opinions opposées (1).

Or la notion exacte du motif rend facile cette conciliation. La *raison* de vouloir est la bonté de l'objet réel, perçue par l'intelligence comme une participation du bien universel auquel correspond la capacité de la volonté ; et voilà pourquoi la pensée précède l'intention, bien que celle-ci ait pour terme la fin réalisée. Mais, par là même, cette *raison* devient un *motif*, en ce sens qu'elle dirige vers ce bien particulier l'influence de la force antécédente qui *meut* physiquement la faculté vers le bien universel.

ARTICLE II

QUESTION DU CONCOURS DIVIN

1. — Historique.

La marche naturelle de nos études nous amène en présence d'une des questions les plus célèbres dans l'histoire de la théologie. Comment le Créateur agit-il dans les créatures et avec les créatures? Y a-t-il prédétermination de la cause seconde par la Cause Première, conformément au système dit thomistique? Y a-t-il simplement concours simultané des deux causes dans une même action, suivant le système de Suarez et de beaucoup d'autres théologiens modernes?

Je recule devant cette discussion. Car, pour l'étreindre, il faudrait l'envelopper dans son entier, et ce serait une œuvre de grande proportion.

Il faudrait d'abord une étude historique qui retraçât la marche de la dispute.

---

(1) Adeo firmis rationibus confirmata est utraque pars propositæ quæstionis, ut ambæ videantur in aliquo sensu amplectendæ. (Fonseca, *Metaphys.*, lib. V, cap. II, q. 11, sect. 3.)

Les débats surgissent à propos de la question : « Dieu est-il l'auteur du péché? » Certains docteurs, inquiets de sauvegarder la sainteté divine, soutiennent que Dieu, auteur des natures, n'exerce aucune influence physique sur les actions mauvaises. Les autres, signalant la réalité qui existe dans tout acte pour coupable qu'il soit, affirment que la cause première doit en être recherchée dans la Cause de toute réalité. Telle est cette *fameuse* question (1) que le Maître des Sentences discute déjà, mais sur laquelle sa modestie l'empêche de se prononcer.

Plus tard la lumière s'est faite, et Albert le Grand nous fournit la solution dans le passage suivant :

Antiqui circa hanc quæstionem, ut patet in littera, duobus modis opinabantur.

Quidam enim dicebant voluntatem per se sufficere ad actum malum, sed non ad actum bonum vel indifferentem. Et dixerunt quod ex hoc non sequitur duo principia esse; quia voluntas per se agit actum malum, tamen ipsa non est a se; in eo autem quod est primum principium, exigitur quod sit a se et agat a se. Ratio autem potior ipsorum fuit, quod actus malus non agitur nisi secundum est. Sed in genere, vel sine malitia existens, non est nisi in potentia et secundum intellectum; ergo non agitur hoc modo. Est autem actus malus actualiter conjunctus malitiæ; ergo agitur secundum quod est malitiæ conjunctus; hoc autem modo non agitur a Deo; ergo actus malus non est a Deo. — Et hæc opinio obtinuerat plures antiquorum.

Quia vero moderni viderunt quod perfectius est agere quam esse, viderunt quod id quod non est a se nec potest a se manere in esse, multo minus potest agere a seipso. Et cum actus malus, secundum conversionem ad materiam, sit simpliciter actus egrediens a potentia activa perfecta secundum naturam, ideo concluserunt, quod non egreditur ab ea nisi secundum quod movetur a Causa Prima. Alioquin sequeretur duo principia esse; et hæc est causa quare alia opinio fere cessit ab aula, et a multis modernorum reputatur hæretica (2).

---

(1) Et hæc est famosa quæstio : utrum omnis actus sit a Deo. (Alb. Magn., *Sentent.*, lib. II, distinct. 35, art. 7.)

(2) Alb. Magn., *Sentent.*, lib. II, distinct. 35, art. 7.

Ainsi, déjà du temps d'Albert le Grand, il est universellement admis dans l'École que Dieu agit *effectivement* dans tout acte de la créature. A la suite de ce Docteur, saint Thomas, saint Bonaventure, Scot, tous les chefs d'école, accumulent les démonstrations de cette vérité, soit en partant de l'indigence de la cause seconde, soit en s'appuyant sur les exigences d'un effet quelconque. Durand seul résiste; mais, malgré les coups terribles qu'il porte aux arguments de ses devanciers, il ne peut empêcher cette grande conclusion d'envahir l'enseignement et de s'imposer presque à la foi.

2. — Suite.

Terminée sur le fond de la question, la lutte s'engage plus tard sur le mode de l'opération divine dans les créatures.

Les uns, considérant surtout l'indigence de la cause seconde, réclament une motion supérieure qui la complète et la mette en acte. Parmi les arguments de saint Thomas prouvant la coopération divine, ils choisissent donc ceux qui ont rapport à cette motion de la cause seconde. Ils ont, d'ailleurs, quelque raison de considérer saint Thomas comme leur chef; car dans sa *Somme* il énonce la question en ces termes : *Utrum Deus operetur in omni operante?* Il a donc en vue une opération tombant sur l'*agent* lui-même, c'est-à-dire une *motion*.

Les autres, considérant surtout ce que requiert un effet quelconque pour être produit *totalement*, exigent que la Cause Première *concoure* immédiatement à la production de cet effet. Saint Bonaventure et Scot s'attachent principalement à cette dernière considération, comme on en peut juger par les termes mêmes dans lesquels ils posent la question : *An Deus operetur in omni actione?* L'action, on s'en souvient, n'est pas dans l'agent, mais dans le patient. Il s'agit donc d'une opération tombant, non sur la cause seconde, mais immédiatement sur l'effet.

De cette double manière d'envisager la même question résulta dans la théorie un dédoublement inconnu des premiers Maîtres. Les deux courants d'enseignement, sortant de la même source, s'écartèrent sans cesse davantage, une école ne parlant que de motions et de prémotions, l'autre ne parlant que de concours simultané. Or il est arrivé ce fait curieux que chacune de ces voies est venue aboutir à une impasse. Les soutenants de la prémotion thomistique se heurtent contre une sorte de *déterminisme* qui semble étouffer la liberté humaine. Les partisans du concours simultané s'arrêtent en face d'une sorte de *dualisme*, sans réussir à y établir l'ordre de priorité qu'exige toute dualité. De chaque côté une difficulté tellement insoluble, que le système en périrait, s'il ne reprenait des forces dans ses attaques contre le système rival!

Et pourtant, chacune de ces théories a été soutenue par des penseurs de mérite; chacune forme un tout dont les conclusions sont liées aux principes par une rigoureuse logique. Chose plus étrange! chacune prétend autoriser ses principes par des textes des mêmes Maîtres.

Ce dernier paradoxe doit nécessairement inspirer un soupçon dans l'esprit de l'historien philosophe. L'interprétation des Maîtres est-elle exacte? N'aurait-on pas perdu la science de leur langage, par suite de la dégénérescence de l'antique Réalisme en un Formalisme de plus en plus pointilleux? Et voici qu'à la question de métaphysique vient se joindre la question de haute logique. Pour étudier chaque docteur et chaque théologien au sujet du concours, il faudra déterminer quelles sont ses théories au sujet des universaux et des catégories.

Un tel cadre embrasse l'histoire de toute la Scolastique. On comprend donc que je me dérobe à ce travail. Mais je veux donner au lecteur qui m'a suivi jusqu'ici une preuve de mon bon vouloir, en lui indiquant quelques points à étudier.

Le premier concerne le Réalisme des Maîtres de la Scolastique; le second concerne l'application de ce Réalisme à l'opération de la Cause Première dans la créature.

3. — Digression sur le Réalisme. — Exemple.

Pour être plus clair, je développerai d'abord une comparaison facile à comprendre.

Lorsqu'on lance un boulet, il décrit dans l'air une parabole. Cette ligne est, dans sa réalité existante, une, simple, indécomposable. Mais l'esprit du géomètre, s'exerçant sur cette ligne, peut la projeter sur deux directions *arbitraires*, et décomposer le mouvement *réellement* unique en deux mouvements suivant ces deux directions. Jusqu'ici il n'y a qu'un artifice de la raison, de même ordre que celui par lequel l'arithméticien dédouble un nombre en deux autres; artifice commode souvent, mais qui n'enrichit la question d'aucune vérité nouvelle. Ce dédoublement simplement logique répond à ce que les Scolastiques appellent « distinction de pure raison », — *distinctio rationis ratiocinantis*.

Tout autre est la distinction qu'introduit dans le mouvement parabolique du boulet le savant désireux d'étudier les causes *réelles* de ce mouvement. Il y discerne un éloignement du point de départ suivant la direction de l'impulsion primitive, et une chute verticale vers la terre suivant la direction de la pesanteur; et par là il décompose un mouvement unique en deux mouvements obéissant chacun aux lois de leurs causes réelles. C'est là ce que les Scolastiques appellent *distinctio rationis ratiocinatæ*, c'est-à-dire distinction que la raison forme avec *raison*, parce qu'elle a son fondement dans la *réalité* des choses; aussi conduit-elle à des résultats nouveaux pour la science mécanique de la nature.

Cette distinction, appelée souvent distinction *virtuelle*, est évidemment postérieure à la réalité, *distinctio post rem*, puisque l'esprit la tire de la réalité. Mais, pour qu'elle corresponde à la réalité, il faut que sa *raison* provienne des causes mêmes du mouvement, en ce sens que chacune des causes laisse dans l'effet l'empreinte de son influence. C'est l'impulsion primitive qui éloigne le boulet du canon; c'est la pesanteur qui le fait tomber vers la terre. Il faut donc une distinction des causes précédant, au moins logiquement, l'existence de l'effet, et c'est ce qu'on nomme *distinctio ante rem*. Tout le talent du physicien, qui remonte d'un effet complexe à ses causes multiples, consiste à établir une sage distinction *post rem*, pour en déduire la distinction *ante rem*.

4. — « Esse, — Esse tale. »

Laissons maintenant cet exemple pour exposer en quelques mots le Réalisme des grands scolastiques.

Un être, quel qu'il soit, est « un », d'après cet adage : *Unitas sequitur esse*. Il est ce qu'il est, tel qu'il est, comme il est. On ne peut pas le disloquer, de façon à mettre à part le « il est », le « ce qu'il est », le « tel qu'il est », le « comme il est ». Cependant la raison distingue dans tout être fini, l'« être » et l'« être tel », *esse* et *esse tale*. — « Être », *esse*, apparaît comme un caractère commun à tous les êtres; car la notion est la même, lorsqu'on dit d'un arbre, d'une pierre, d'un lion : C'est là un être. L'« être », *esse*, est donc un universel, c'est-à-dire un caractère qu'on retrouve le même dans plusieurs individus. C'est même le plus universel de tous les caractères, puisqu'il se retrouve dans tout ce qui est. — Quant à l'« être tel », c'est un caractère d'autant plus particularisant qu'il est plus déterminé.

Cette distinction dans un même être entre l'*esse* et l'*esse tale* est une distinction opérée par la raison par voie d'abstraction, et par conséquent elle est une distinction *post rem*. Mais elle n'est pas de pure convention, de simple artifice. Elle a son fondement dans la réalité même; c'est donc une distinction *virtuelle*, et il y a lieu de remonter jusqu'à la distinction *ante rem*.

La gloire de nos Maîtres est d'avoir su franchir ce passage, grâce à une méthode platonicienne sagement appliquée.

Platon distingue dans un même être des caractères auxquels il *participe* avec plusieurs autres êtres. Ces caractères sont des *participables* qui précèdent logiquement leurs *participants*. Mais il faut repousser avec Aristote les existences supramondaines de ces formes universelles. Que reste-t-il, sinon que ces participables, n'existant pas en eux-mêmes, préexistent dans les causes réelles de leurs participants ?

Toute la théorie scolastique est là. C'est ainsi que, dédoublant le concept d'un effet sans en dédoubler la réalité, nos Maîtres sont parvenus à dédoubler ses causes, et à distinguer le rôle de la Cause Première et le rôle de la cause seconde.

Parlons donc leur langage, en l'appliquant successivement, soit à l'étude de la cause seconde, soit à l'étude de son effet.

5. — Influence immédiate de la Cause Première sur la cause seconde.

Nous avons vu qu'Albert le Grand démontre la nécessité d'une influence divine sur les causes secondes, par cette proposition qu'*agir* est plus parfait qu'*exister*. Je l'ai dit plus haut, cette proposition doit être admise, sans qu'il soit nécessaire pour cela de considérer l'activité d'une cause comme une réalité surajoutée à sa substance. Quelle que soit la connexion essentielle qu'on supposera entre l'activité et l'actualité d'une cause, on doit reconnaître qu'il existe une distinction au moins *virtuelle* entre l' « exister » et l' « agir », suivant l'adage : *Prius est esse quam agere*. En effet, notre concept de substance existante est le même lorsque nous l'appliquons aux corps et aux esprits, aux êtres qui semblent inertes et à ceux qui nous apparaissent les plus actifs ; d'où il faut conclure que « agir » dit « exister » et quelque chose de plus.

Or cette distinction virtuelle suffit pour que, dans les relations d'une substance active au Principe Premier de toute réalité, nous distinguions sa dépendance comme substance, et sa dépendance comme activité. Comme substance, elle nous apparaît comme créée et conservée dans l'existence, au même titre que les substances les plus inertes. Comme cause active, elle nous apparaît comme mise en acte, comme mue par le premier moteur. Si donc nous voulons distinguer dans la créature ses dépendances essentielles, comme nous distinguons ses divers degrés d'être, nous sommes contraints de nous rendre au raisonnement d'Albert le Grand :

Quia moderni viderunt quod perfectius est *agere* quam *esse*, viderunt quod id quod non est a se nec potest a se manere in esse, multo minus potest agere a seipso (1).

Serez-vous contraints d'en conclure que Dieu prédétermine chaque action particulière, suivant le système formaliste du bas moyen âge? — Tout au contraire. Si vous voulez vous inspirer du Réalisme des grands Docteurs, après avoir distingué dans la cause seconde l'activité même et ses déterminations, vous ferez pénétrer l'influence de la Cause Universelle jusqu'au fond même de l'activité *considérée dans son universalité*.

La motion de la Cause Première, essentielle à tout « agir », a pour terme l' « agir » lui-même dans tous les « agirs » particuliers. C'est une motion *universelle* restant la même dans tel « agir » et tel autre « agir ». — Mais, par la même que cette motion est universelle, elle est indéterminée par rapport aux « agirs » particuliers, et c'est à la cause seconde qu'il revient de particulariser son « agir », et de déterminer qu'il soit tel ou tel.

En d'autres termes, chaque action d'une cause seconde est complètement déterminée, puisque rien d'indéterminé

---

(1) Vide supra, p. 564.

ne peut exister. Cependant dans chaque agir particulier, il y a lieu de distinguer l'« agir » et l'« agir de telle manière », *agere et agere tale*. « Agir » suppose une motion Divine qui pénètre le fond même de l'activité créée, en lui laissant toute sa sphère d'action. « Agir telle action » provient de la cause seconde qui possède toutes ses déterminations particulières dans l'éminence de son activité mise en acte.

Voilà comment les Maîtres entendaient l'influence de la Cause Première tombant proprement sur la cause seconde, la perfectionnant, la mettant en acte, opérant en elle pour la rendre opérante : *Deus operatur in omni operante*.

A cet enseignement reviennent tous les textes qui affirment la nécessité d'une motion Divine, le caractère universel de cette motion, et le rôle de la créature dans la détermination de chacune de ses actions particulières. Et tous ces textes sont résumés dans le texte suivant, où saint Thomas applique à la volonté humaine cette théorie générale :

Deus movet voluntatem hominis, sicut universalis motor ad universale objectum voluntatis quod est bonum, et sine hac universali motione homo non potest aliquid velle. Sed homo per rationem determinat se ad volendum hoc vel illud, quod est vere bonum vel apparens bonum (1).

Vouloir *le bien* est dû à la motion divine ; — vouloir *tel bien* à la détermination humaine.

6. — Influence immédiate de la Cause Première sur l'effet.

Suivant ce qui précède, la Cause Première agit immédiatement sur la cause seconde et dans la cause seconde, pour lui faire produire un effet quelconque. En outre, la Cause Première contribue immédiatement à la production de cet effet ; et cette nouvelle proposition se démontre par la même voie que la précédente.

---

(1) S. Thomas, 1ª IIæ, q. 9, art. 6, ad 3ᵘᵐ.

L'effet « est », et il est « tel qu'il est ». Sans séparer ce qui est inséparable, on doit donc distinguer en lui l'*esse* et l'*esse tale*. Le premier caractère, l'*esse*, lui, est commun à tous les êtres de la nature. C'est même le caractère le plus universel qui soit. Donc il ne peut procéder d'une cause particulière (1); il ne peut provenir que de la source même de l'être, c'est-à-dire de la cause la plus universelle, de la Cause Première. Cette grandeur de l' « être », son universalité extensive et intensive, sont précisément les raisons fondamentales qu'invoquent les Maîtres pour démontrer que Dieu seul peut créer. La création, disent-ils, est une opération qui a pour terme formel l'*esse* lui-même. Donc il n'y a que celui qui est au-dessus de l' « être » qui puisse créer.

Mais si la cause seconde est incapable de produire l'*esse* de son effet, elle est capable de produire l'*esse tale*, c'est-à-dire de déterminer l'effet à être « tel qu'il est ».

Donc, bien que l'effet soit un, bien que l'action dont il résulte soit une, cette action se rapporte à deux causes subordonnées, à la Cause Première qui fait qu'il *soit*, à la cause seconde qui fait qu'il *soit tel*.

On peut résumer cette doctrine dans un langage moins scolastique. Puisqu'il est de nécessité que la cause soit ontologiquement supérieure à son effet, pour produire une substance il faut une cause supra-substance, il faut Dieu lui-même. Les substances créées ne peuvent proprement produire que des réalités inférieures à la substance, c'est-à-dire des modes de la substance. Dieu crée les substances, les causes secondes ne peuvent qu'opérer des modifications dans les substances créées; et c'est ainsi que l'on doit comprendre cet adage de la chimie moderne : « Rien ne se crée, rien ne se perd (2). »

---

(1) Particularis causa non dat inclinationem universalem. (S. Thomas, I, 1ᵃ IIᵉ, q. 9, art. 6).

(2) Il y aurait lieu à un beau rapprochement, qui montrerait que la Scolastique est arrivée par la métaphysique à des conclusions que la physique moderne vient à peine d'atteindre par la méthode expérimentale.

A cette doctrine d'un concours Divin tombant immédiatement sur l'effet se rapporte toute une série de textes des Maîtres, et tous ces textes sont résumés dans les deux passages suivants de saint Thomas :

Secundum ordinem causarum est ordo effectuum. Primum autem in omnibus effectibus est *esse*. Nam omnia alia sunt determinationes ejus. Igitur *esse* est proprius effectus primi agentis, et omnia alia agunt ipsum in virtute primi agentis. Secunda autem agentia, quæ sunt quasi particulantia et determinantia actionem primi agentis, agunt sicut proprios effectus alias perfectiones quæ determinant *esse* (1).

Licet Causa Prima maxime influat in effectum, tamen ejus influentia per causam proximam determinatur et specificatur, et ideo ejus similitudinem imitatur effectus (2).

7. — Enseignement d'un ancien maître.

Cette explication, sous sa forme précédente, n'est pas une nouveauté ; elle remonte à l'époque même où la Scolastique brillait encore de tout l'éclat jeté par saint Thomas et saint Bonaventure. Un grand témoin de l'enseignement primitif est le célèbre Ægidius Romanus, *Doctor fundatissimus*, assez puissant génie pour recevoir l'héritage immédiat laissé par ces deux grands Docteurs (3). On comprend combien est intéressante la doctrine de ce maître au point de vue de la grande tradition scolastique, et combien Ægidius l'emporte à cet égard sur Cajétan, né en 1469, après des querelles intestines qui ont pu troubler dans l'ordre de saint Thomas la limpidité de la tradition doctrinale.

Or Ægidius a soigneusement étudié dans ses divers ou-

---

(1) S. Thomas, *Contr. Gent.*, lib. III, cap. LXVI, 5°.
(2) Id., *De Potentia*, q. 1, art. 4, ad 3um.
(3) Ægidius Romanus (Gilles Colonna), né en 1247, entré chez les religieux Augustiniens, vint à Paris pour ses études théologiques en 1271, et put s'asseoir sous la chaire de saint Thomas, qui ne quitta cette ville qu'en 1272. Grand admirateur du Docteur Angélique, il le défendit contre quelques détracteurs franciscains avec une science qui prouve combien il était versé dans sa doctrine. Cependant ses œuvres dénotent qu'il s'était surtout formé à l'école de saint Bonaventure, bien qu'il ne l'eût pas connu personnellement.

vrages la question de l'opération divine dans les créatures. Je ne résumerai que ce qu'il expose longuement à ce sujet dans son chef-d'œuvre, savoir, dans son livre *De esse et essentia*.

Après avoir montré qu'il faut admettre l'opération divine dans toutes les actions des créatures, après avoir expliqué que cette opération est *immédiate*, soit dans ce sens que Dieu est la cause principale vis-à-vis de laquelle les créatures sont comme des instruments dont l'action *s'appuie* sur l'action divine, soit surtout dans ce sens que l'opération divine atteint d'une certaine manière l'effet sans aucun intermédiaire, il se demande quelle est la part de Dieu et celle de la créature dans l'effet auquel ces deux causes concourent :

Habito quod Deus operatur omnia immediate, et ostenso quod non sunt substrahendæ propriæ operationes a secundis agentibus, et ostenso quot modis dicitur *immediatum*, restat ultimo declarare quomodo esse possit quod idem effectus sit immediate a Deo et immediate a natura, et quomodo aliter sit a Deo, aliter a natura (1).

Pour préparer la solution, Ægidius, empruntant à saint Denys une belle image, compare Dieu au Soleil dont la chaleur, toujours identique à elle-même, toujours uniforme dans son opération, ici fond la cire, là durcit l'argile, suivant les natures diverses sur lesquelles tombe son uniforme action.

His itaque prælibatis, facile est videre quomodo operatur Deus et quomodo natura. Nam idem effectus est a Deo et a natura, et totus a Deo et totus a natura, aliter tamen a Deo et aliter a natura. Imaginabimur quidem quod omnes effectus naturales conveniunt et differunt. Conveniunt in eo quod sunt *ens* et in eo quod habent *esse*, et differunt in eo quod sunt *tale ens*, utputa ignis vel aqua, et in eo quod habent *tale esse*, utputa esse calidum vel esse frigidum. Quia ergo causæ universales et particulares sunt multæ et diversæ, Deus autem est

---

(1) Ægidius Romanus, *De esse et essentia*, q. 4ª.

Causa Universalis et Una, omnes effectus sunt immediate a Deo, ut uniuntur et ut conveniunt in *esse*, et omnes isti effectus naturales sunt a natura ut differunt et ut habent *tale esse*.

Totum ergo facit immediate Deus, sed non facit immediate *totaliter*, nisi æquivocaremur de immediato; sed sicut facit Deus immediate totum, ita, si vellet, posset facere immediate totaliter, et in prima productione rerum ad nihil cooperata sunt secunda agentia, Deus quemlibet effectum produxit et immediate et totaliter. Nunc autem, quia vult dignitatem suam communicare creaturis et vult quod creaturæ ipsæ sint causa et habeant operationes proprias, quemlibet effectum naturalem producit Deus immediate totum, sed non immediate totaliter, et illum eumdem effectum facit natura immediate totum, sed non immediate totaliter, ut istum effectum, qui est comburere, et est *esse* et est *esse tale*, scilicet calidum. Ut est *esse* et ut convenit cum quolibet alio effectu, sic est immediate a Deo; sed ut est *tale esse* et ut differt ab aliis effectibus, sic est immediate a natura. Unde Dionysius 5° De divin. nominib., vult quod Deus potissime laudatur ab hoc effectu quod est *esse*, quia est prius et omnibus communis. Comburere ergo est immediate a Deo, sed non totaliter, videlicet secundum omnem sui actionis acceptionem; sed immediate est a Deo ut est *ens* et est *esse*, immediate autem est a creatura ut est *tale ens* (1).

Telle est la belle solution qu'Ægidius donne au problème de l'opération de la Cause Première dans toutes les opérations des causes secondes. On doit admirer ici l'habile parti que la grande Scolastique tirait de la théorie réaliste. Mais ces illustres Maîtres savaient analyser les réalités sans les diviser, comparer sans séparer. Ægidius, après avoir distingué dans un effet quelconque l'*esse* et l'*esse tale*, les réunit au moyen d'une synthèse qui complète son analyse.

Non est quæstio de re causata, sed de modo causandi. Concedimus enim eamdem rem esse causatam a Deo et a natura, sed non eodem modo ; ut si Deus, mediante igne, causat ignem, ignis causatus, *ut est ignis*, est ab igne, ut est *ens*, est a Deo. Ignis ergo causat ignem et ens, et Deus causat ens et ignem. Sed ignis causat ens quia causat ignem; Deus autem e converso causat ignem quia causat ens.

---

(1) Ead. quæst.

Intelligimus enim, ut supra tetigimus, quod Deus ut operatur in istis effectibus naturalibus se habet uniformiter, et quod effectus conveniunt et differunt. Ut differunt, sunt a secundis agentibus quæ se habent difformiter; ut conveniunt, sunt a Primo Agente quod se habet uniformiter. Posset tamen Deus, sicut producit omnes effectus ut conveniunt, ita posset eos producere ut differunt. Nec est hoc ex insufficientia Dei, sed ex bonitate ipsius quam communicat creaturis. Cum ergo effectus communicant ut sunt *entia,* differunt ut sunt *talia entia,* ut sæpe diximus, effectus ut est *ens* erit a Deo, ut est *tale ens* esse poterit ab agente alio.

Verumtamen, licet sit ita diversitas rationum et modorum, tamen una est res quæ causatur secundum has rationes et hos modos. Ignis enim est ens et ens in igne non est nisi ignis, et ideo si ignis causat ignem causat ens, et si Deus causat ens in tali materia causat ignem. Uterque ergo causat ignem et ens, sed non eodem modo, ut est per habita manifestum (1).

J'ai rapporté ce long développement, parce qu'il présente sous une forme très didactique la doctrine de la haute Scolastique. A dire toute ma pensée, je crois que la philosophie serait capable, grâce aux progrès modernes de la physique, de la physiologie et de la psychologie, de faire un pas de plus dans la voie que nous ont tracée nos Docteurs. On pourrait rendre plus claires, sans les altérer, les grandes notions du Réalisme, et les conséquences qui en découlent par rapport à l'influence de la Cause Première sur les causes secondes. Mais, dans l'Introduction de cet ouvrage, j'ai prévenu que, m'abstenant de toute idée personnelle, je m'efforcerais uniquement d'expliquer la pensée de la grande Scolastique.

---

(1) Quæst. 5ª.

LIVRE IX

COORDINATION DES CAUSES

RAISON DE CE LIVRE

Les livres précédents contiennent tous les principes qui constituent la théorie des causes. Je pourrais donc terminer ici ce traité déjà bien long. Mais, mon but étant de disposer le lecteur à l'étude de la Cause Première, je crois utile de préparer la solution de certaines questions très graves de la théodicée.

Pour cela, il ne suffit pas de considérer, comme nous l'avons fait, les causalités essentielles à un seul et unique effet; car la nature se présente comme un résultat complexe de causes et d'effets. Il faut, dans un dernier livre, analyser ces compositions de causes et ces assemblages d'effets, pour les ramener aux principes simples que nous avons appris à connaître.

Je traiterai donc deux questions générales. La première, relative à la composition des causes, regarde la coordination de plusieurs causes collaborant à la production d'un même effet. La seconde, relative à l'assemblage des effets, considère l'influence d'une même cause sur toute une série d'effets subordonnés, et son étude nous fournira l'occasion de recueillir certains éléments métaphysiques, relatifs au grand problème de la liberté.

Mais on ne peut pas parler de coordination et de subordination, sans avoir des idées claires sur l'ordre en général. Commençons par acquérir ces notions nécessaires.

CHAPITRE I

DE L'ORDRE

1. — Deux manières de concevoir l'ordre.

L'ordre et la confusion sont deux choses contradictoires, qui ont trait à une réunion de plusieurs objets distincts. Il y a confusion, lorsque rien ne rend compte du mode de réunion; il y a ordre, lorsqu'une *raison* établit l'unité dans cette multiplicité.

L'ordre n'est donc pas un être existant en soi-même; c'est une relation légitime entre les existences d'êtres distincts, et cette relation est légitime, parce qu'elle a une *raison*, c'est-à-dire, parce qu'elle répond à un concept qu'une intelligence peut former.

D'ailleurs, l'ordre peut être accidentel ou essentiel. Il est accidentel, lorsqu'on peut concevoir les choses en amas confus avant qu'elles ne soient ordonnées. Il est essentiel, si les choses sont en ordre par là même qu'elles existent, ou, en d'autres termes, si le concept de ces choses contient implicitement le concept de l'ordre entre elles.

Nos concepts étant toujours liés à une image sensible, nous avons deux manières de concevoir les relations d'existence entre des êtres différents, suivant que nous les comparons dans le temps ou dans l'espace.

Dans un cas, nous disons que l'ordre est la *succession* légitime des objets ordonnés, suivant une relation de priorité et de postériorité; dans l'autre cas, nous disons que l'ordre est la *disposition* convenable de chaque chose, suivant une relation de situation locale.

D'après la première formule, l'ordre s'établit par là

même qu'il se déroule. D'après la seconde, l'ordre se maintient par là même qu'il est établi.

La première manière de concevoir l'ordre nous est enseignée par saint Thomas, dans ce principe dont il fait un fréquent usage : *Ordo includit in se aliquem modum prioris et posterioris* (1). La seconde manière nous est fournie par saint Augustin, dans sa célèbre définition : *Ordo est parium dispariumque rerum, sua cuique loca tribuens, dispositio* (2).

Ainsi, pour fournir quelque exemple, le mot *Dieu* résulte de quatre lettres, pourvu qu'elles soient en ordre. Or nous pouvons exprimer cet ordre, soit en disant que ces lettres se *suivent* dans une succession convenable, soit en disant que chacune *occupe la place* qui lui revient.

Nous concevons donc l'ordre sous deux images. Ou bien, il nous apparaît comme un fleuve dont les eaux, jaillissant d'une même source, passent successivement sous notre regard par la loi d'une même pente. Ou bien, c'est un réseau qui s'étend suivant toutes les dimensions de l'espace, et qu'on reconnaît par un simple coup d'œil jeté sur l'ensemble.

2. — De l'ordre considéré comme une succession.

Il est naturel de concevoir l'ordre comme une relation analogue à la relation de succession (3). Mais il y a lieu de distinguer entre la succession réelle et la succession virtuelle ou logique.

Partout où existent mouvement et changement, il y a succession réelle dans le temps, et par conséquent il y a

---

(1) S. Thomas, II^a II^æ, q. 26, art. 1.
(2) S. Augustin., *De civitate Dei*, lib. XIX, cap. XIII.
(3) Dicendum... veram esse illam propositionem : ubicumque datur ordo, dari prioritatem aliquam unius respectu alterius ; imo vero si proprie loquamur, nihil esse aliud duo quælibet esse ordinata inter sese, quod unum esse prius altero, sive loco, sive tempore, sive natura, etc. Hoc enim et communis loquendi modus approbat et ratio ostendit. (Fonseca, *Metaphys.*, lib. V, cap. I, q. 3, sect. 3.)

commencement, origine, *principe,* suivant la première signification de ce mot.

« On appelle principe, ἀρχή, dit Aristote, le point de départ du mouvement, par exemple, de la longueur ou du chemin... ou encore, ce qui existe d'abord dans la production d'une chose, par exemple, la quille d'un navire et les fondements d'une maison... ou encore, ce qui est à la fois origine et cause; ainsi l'enfant vient du père et de la mère; ainsi des injures on passe aux coups (1). »

Mais à côté des choses qui se suivent réellement dans le temps, il en est d'autres entre lesquelles il n'y a pas de véritable succession; ainsi les facultés de l'âme existent simultanément. Bien plus, il est des choses qui sont en dehors du temps, par exemple, les nombres, les vérités. Et cependant, entre ces choses, il y a des relations, et par conséquent, il y a lieu à la considération de l'ordre.

Or, bien que ces choses ne se succèdent pas dans le temps, notre esprit entraîné par le temps ne peut les concevoir que successivement. Il s'efforce donc de ranger ses concepts suivant un ordre successif qui réponde aux relations perçues dans les objets; puis, par une métaphore naturelle, il transporte dans les objets eux-mêmes cet ordre de priorité et de postériorité.

Par exemple, si l'on compare entre elles les opérations de l'âme, on reconnaît que l'intelligence s'exerce d'ordinaire sur les vérités contenues dans la mémoire, et que la volonté ne peut jamais tendre que vers un objet connu d'avance, suivant l'adage : *Nil volitum, nisi præcognitum.* Par là on est conduit à admettre, entre les facultés de l'âme, un ordre *virtuel,* qui part de la mémoire, passe par l'intelligence et se termine à la volonté.

De même encore, dans les sciences de déduction, il y a des vérités évidentes, et d'autres vérités qu'on peut tirer des premières par voie de conclusion. Entre ces deux sortes

---

(1) Aristote, *Métaphys.,* liv. V, ch. I.

de vérités, il y a des relations, et par conséquent il y a lieu de considérer l'ordre. Dans cet ordre *logique*, les vérités sont les *principes* dont sortent les conséquences. « D'où procède la connaissance d'une chose, on dit que là est son principe. Ainsi les données premières sont les principes des démonstrations (1). »

Par ces explications, on voit ce qu'il faut entendre par l'ordre ou réel ou virtuel ou logique, et en même temps on apprend à distinguer les diverses significations du mot *principe*.

« Dans tous les principes, dit Aristote, il y a quelque chose de commun, c'est d'être le *premier*, point de départ d'un être, d'une production ou d'une connaissance (2). »

3. — Du principe de l'ordre.

Puisque nous considérons l'ordre comme une sorte de succession, il est bien clair que partout où il y a ordre, il y a un principe, en temps que principe signifie commencement.

Mais saint Thomas procède par la voie contraire; du principe, il conclut à l'ordre.

Dicendum quod, sicut Philosophus dicit in quinto Metaphy., *prius* et *posterius* dicitur secundum relationem ad aliquod principium. Ordo autem includit in se aliquem modum prioris et posterioris. Unde oportet quod ubicumque est aliquod principium, sit etiam aliquis ordo (3).

Voilà un de ces raisonnements comme on en trouve un grand nombre dans saint Thomas, arguments qui étonnent et laissent en suspens, parce qu'on ne voit pas de prime abord le lien entre les prémisses et la conclusion. Une succession part d'un principe et l'ordre est une succession; la

---

(1) Aristote, *Métaphys.*, l. V, ch. I.
(2) Πασῶν μὲν οὖν κοινὸν τῶν ἀρχῶν, τὸ πρῶτον εἶναι, ὅθεν ἢ ἔστιν, ἢ γίγνεται, ἢ γιγνώσκεται. (Aristote, *ibid*.)
(3) S. Thomas, II² II², q. 26, art. 1.

conséquence naturelle est que tout ordre part d'un principe. Mais pourquoi conclure que partout où il y a principe, il y a ordre? Nous allons le comprendre.

Par définition, un principe est un *premier*, πρῶτον; or le concept de premier ne se referme pas sur l'unité; le « premier » est en relation formelle avec le deuxième, le troisième et toute la suite; la *priorité* appelle la *postériorité*. En un mot, du premier part une suite, πρῶτον ὅθεν; et c'est ce qu'exprime plus explicitement cette autre définition d'Aristote : « Le principe est une chose telle qu'elle-même n'est pas nécessairement après une autre, mais qu'une autre puisse s'ensuivre (1). »

Remarquez la double signification des mêmes mots. « PREMIER, Qui précède, — le plus excellent. PRIMER, Tenir la première place, — surpasser (2). » L'idée de *primauté* se rattache donc à l'idée de *priorité;* et la raison de cette relation doit être cherchée dans les profondeurs de la métaphysique, puisque ce double emploi des mêmes mots se retrouve chez tous les peuples et dans toutes les langues.

En effet, ne reconnaissez-vous pas là, sous une autre forme, le double axiome qui domine et éclaire toute la saine philosophie : « L'existence précède le devenir; l'acte prime la puissance »? — L'existence précède le devenir; c'est-à-dire, avant qu'une chose devienne, il faut qu'une autre soit déjà, qui contienne le pouvoir de faire exister ce qui n'existe pas encore. — L'acte prime la puissance; c'est-à-dire la réalité existante est la source et la raison de ce qui n'est encore que possible.

Et que signifient, en dernière analyse, ces propositions, sinon que toute réalité est un principe, ou dérive d'un principe. C'est, dans une autre formule, l'expression de la vérité *première*, du *principe premier* de la métaphysique

---

(1) Ἀρχὴ δ'ἐστὶν ὃ αὐτὸ μὲν μὴ ἐξ ἀνάγκης μετ' ἄλλο ἐστι, μετ' ἐκεῖνο δ' ἕτερον πέφυκεν εἶναι ἢ γίνεσθαι. *Poétiq.*, ch. VII.)
(2) Dictionnaire de l'Académie.

traditionnelle. C'est toujours notre même cri de guerre contre la horde confuse des Hégéliens : « L'être prime le non-être. »

Dans cette lumière, nous devons maintenant comprendre sans difficulté le bel argument de saint Thomas. Le principe est la réalité féconde qui peut se communiquer, et par conséquent, là où il y a principe, il y a suite réelle ou possible. De plus, le principe est à la fois une source d'existence et une raison d'être ; donc le principe met l'ordre dans tout ce qui dérive de lui, car l'ordre est la raison qui règle les rapports de succession ; donc enfin, partout où il y a principe, il y a ordre.

Ainsi, principe et ordre sont essentiellement connexes. Dans le sens matériel, l'ordre est une succession, et le principe un commencement. Dans le sens formel, l'ordre est une chaîne dont les anneaux se déroulent suivant une loi, et le principe est une raison qui se propage d'un bout à l'autre pour déterminer l'enchaînure.

Ce dernier sens est plus beau et plus élevé, car il nous montre le principe comme une source éminente d'où découle l'ordre avec sa raison et sa loi.

4. — Des diverses sortes d'ordres.

Puisque tout ordre dérive d'un principe, il en résulte que la nature de l'ordre dépend de son principe.

Ordo semper dicitur per comparationem ad aliquod principium. Unde, sicut dicitur principium multipliciter, scilicet secundum situm ut punctus, secundum intellectum ut principium demonstrationis, et secundum singulas causas, ita etiam dicitur ordo (1).

En effet, il en est ainsi dans toute classification et dans toute ordonnance. Pour dérouler un ordre quelconque, il faut posséder la clef du système, c'est-à-dire, connaître le

---

(1) S. Thomas, I, q. 42, art. 3.

principe de l'ordre : ordre historique descendant le cours des temps, ordre pédagogique partant du plus facile pour aller au plus compliqué, ordre synthétique procédant du général au particulier. En un mot, la science qu'on appelle *taxonomie* consiste à développer un ordre suivant un principe. Il est d'ailleurs évident que ce principe donne à l'ordre toute sa dignité ontologique. Il y a un certain ordre dans une bibliothèque rangée par un ignorant suivant la grandeur des volumes et la richesse des reliures. Mais, pour l'érudit, cette ordonnance n'est qu'un désordre qu'il remplace par un classement plus scientifique.

On peut aussi, nous dit saint Thomas, établir un ordre, suivant chacune des causes, *secundum singulas causas*. « Car toutes les causes sont des principes (1). » Dans une collection artistique, on peut choisir pour principe de l'ordre la cause matérielle : tous les marbres ensemble, puis les bronzes, puis les plâtres; ou bien, la cause formelle : les statues, les bas-reliefs, les gravures; ou bien, la cause efficiente ; les Michel-Ange, les Raphaël; ou bien, la cause exemplaire : les Apollon, les Minerve.

Mais, ce qui est plus intéressant, c'est l'ordre essentiel qui règne entre les causes. Nous avons consacré tout un livre à montrer comment il existe un ordre d'antériorité et de postériorité entre les cinq causes essentielles d'un même effet, et dans un autre livre, nous avons étudié la subordination de la cause instrumentale à la cause principale, et de la cause seconde à la cause première. Plus on se rapproche de l'essence des choses, plus on découvre le règne paisible de l'ordre ; la confusion ne peut jamais être qu'accidentelle.

5. — De l'ordre considéré comme une disposition.

Méditons maintenant l'autre définition de l'ordre, telle que nous la fournit saint Augustin : *Ordo est parium dispa-*

---

(1) Πάντα γὰρ τὰ αἴτια ἀρχαί. (Aristote, *Métaphys.*, liv. V, ch. I.)

riumque rerum, sua cuique loca tribuens, dispositio. Son analyse confirmera la théorie précédente en l'établissant sous une autre forme.

Parium dispariumque rerum. La parité et la disparité sont des relations. Donc l'ordre a pour sujets les choses en tant qu'elles sont les termes de ces relations, et déjà nous concluons que l'ordre lui-même est une relation.

Sua cuique loca tribuens. L'ordre consiste en ce que chaque chose soit à sa place. Ce mot : *place*, dont le premier sens est matériel, désigne une relation de présence et de distance, et par là encore nous reconnaissons que l'ordre est une relation. Mais ce mot *place* doit se prendre dans un sens large, et rendu général par l'abstraction ; car l'ordre doit mettre à leur place aussi bien les choses immatérielles que les objets contenus dans l'espace. Que si nous réunissons ensemble les deux premières parties de la définition, nous voyons que la place de chaque chose, par rapport aux autres, doit être déterminée suivant les relations de parité ou de disparité. C'est bien là, en effet, la loi de toutes les classifications naturelles ou artificielles, et de toutes les coordinations hiérarchiques.

Dispositio. Ce mot peut être entendu de deux manières également vraies. Considéré comme signifiant *une situation, un état*, il répond au concept de l'ordre « établi » dans son ensemble ; l'ordre existe, lorsque tout est à sa place. Si l'on donne au terme *disposition* une signification active, il répond à « l'établissement » de l'ordre ; il exprime que tout ordre dérive d'un principe qui attribue à chaque chose sa place convenable : *sua cuique loca tribuens.* Insistons sur cette dernière considération.

6. — Nouvelle manière de considérer le principe de l'ordre.

Tous les grands philosophes, quelles que soient d'ailleurs leurs divergences d'opinions, s'accordent à affirmer que l'être est un, par là même et au même degré qu'il est être. « On appelle *un*, dit Aristote, ce qu'on appelle *être*, Τὸ ἓν λέγεται ὥσπερ καὶ τὸ ὄν (1), » et ailleurs : « L'*un* et l'*être* sont chose identique et même réalité, car ils s'accompagnent toujours et ne se distinguent que par la raison, Τὸ ὂν καὶ τὸ ἓν ταὐτὸν καὶ μία φύσις, τῷ ἀκολουθεῖν ἀλλήλοις (2). » L'unité est donc une perfection intrinsèque et essentielle à l'être en tant qu'il est en acte, c'est-à-dire en tant qu'il est véritablement être; et réciproquement par là même qu'un être est en acte d'une manière quelconque, il est *un* de la même manière. Car, d'une part, « l'acte isole, ἡ γὰρ ἐντελέχεια χωρίζει (3) »; d'autre part, l'un est ce qui est indivis en soi et divisé de tout le reste, *unum est indivisum a se et divisum ab alio*.

De là résulte une profonde conséquence. Partout où nous trouvons la pluralité dans l'unité, nous devons conclure que la pluralité n'y est pas formellement *en acte*, mais seulement *en puissance*. « Deux choses en acte ne font pas une seule chose *en acte;* mais deux choses en puissance peuvent constituer une seule chose en acte. Ainsi le double est constitué par deux moitiés en puissance (4). » Deux règles longues chacune d'un mètre ne font pas, par cela même, une règle de deux mètres, celle-ci n'étant pas simplement le résultat d'une juxtaposition. Mais d'une règle unique, on *peut* faire deux règles moitié moins longues.

De même, dans un ensemble quelconque, le *tout* est un, et les parties sont multiples. L'unité, l'être, l'acte répondent au tout; et, en pénétrant dans le tout, les parties sont dépouillées en quelque manière de leur unité, puisqu'elles cessent d'être indivises en soi, et divisées des autres. En un mot, la raison de totalité est l'unité formelle, et les parties jouent le rôle de matière (5).

---

(1) Aristote, *Métaphys.*, liv. VII, ch. xvi.
(2) Id., ibid., liv. III, ch. ii.
(3) Id., ibid., liv. VII, ch. xiii.
(4) Id., ibid., liv. VII, ch. xiii.
(5) Partes se habent in ratione materiæ... totum se habet in ratione formæ. (S. Thomas, I, q. 7, art. 3, ad 3um.)

CHAPITRE I. — DE L'ORDRE.

Mais ici, nous retrouvons les deux camps d'Aristote et d'Héraclite, la doctrine scolastique et les absurdités Hégélienne ou matérialiste.

Pour les positivistes, le tout suit des parties ; les parties sont la raison du tout ; aussi, pour eux, le tout n'est qu'un amas sans ordre et sans autre unité qu'une aggrégation fortuite. Pour nous, le tout est le parfait (1), l'être en acte ; les parties sont l'imparfait, la matière, la puissance. Pour nous, par conséquent, le tout prime les parties, et c'est l'unité du tout qui est le lien entre toutes les parties.

Voici que ces considérations nous ramènent à notre sujet, c'est-à-dire à l'étude de l'ordre.

En effet, le concept de l'ordre renferme les deux éléments d'unité et de pluralité ; l'ordre suppose plusieurs objets que l'on compare, et il ne peut y avoir d'ordre là où l'unité est solitaire ; en un mot, l'ordre réunit plusieurs choses diverses dans un même ensemble qui est une sorte d'unité. Mais, encore une fois, la pluralité ne peut par elle-même se donner l'unité, car elle joue le rôle de matière, et l'unité se tient du côté de la forme. Donc, pour réduire la pluralité à l'unité, pour que la raison d'unité pénètre la multitude, il faut un principe qui range chaque chose à sa place. De là cet adage : *Ex diversis formaliter non fit unum, nisi ad invicem ordinentur* (2) ; c'est-à-dire il n'y a pas d'ordre sans principe d'ordre, et l'ordre n'est que la participation de la pluralité au principe d'unité.

En quoi consiste l'ordre établi entre les différentes pièces d'une horloge ? Dans la juxtaposition convenable des rouages. Mais pourquoi tel rouage est-il convenablement à telle place ? Parce qu'il est telle partie de l'horloge. C'est donc l'idée de l'horloge, telle que l'a conçue l'artiste, qui détermine les relations entre les pièces différentes.

---

(1) « Le *tout* et le *parfait* sont complètement identiques, ou sont bien voisins de nature. » (Aristote, *Phys.*, liv. III, ch. vii.)

(2) Quæ diversa sunt, in unum ordinem non convenirent, nisi ab aliquo uno ordinarentur. (S. Thomas, I, q. 11, art. 3.)

Cette idée est une; c'est une unité qui relie la multiplicité; et toutes les parties sont coordonnées entre elles, parce qu'elles sont individuellement subordonnées au tout qui est un.

En quoi consiste l'ordre légal dans une société? Dans les relations légales entre les citoyens, et ces relations sont établies par la loi.

En quoi consiste l'ordre dans la famille? Dans les relations convenables entre ses membres. Et d'où proviennent les relations entre frères? Elles proviennent de ce que chacun d'eux est le fils d'un père commun. Ils doivent rester unis, parce qu'ils sont unis à un même père qui les unit entre eux. Le père, principe de la famille, est le principe de l'ordre dans la famille.

7. — De l'ordre universel.

Pour résumer cette analyse, et pour réunir toute la doctrine sur l'ordre dans un coup d'œil d'ensemble, mettons-nous dans une grande lumière. Considérons une cause purement cause, une cause parfaitement et totalement cause de ses effets, en un mot, la Cause Première, et voyons comment l'ordre en dérive dans l'universalité de la création.

Nous savons qu'une telle cause contient éminemment chaque effet, c'est-à-dire qu'elle renferme toute la perfection de cet effet dans son incomparable perfection, et que tout ce qui dans l'effet est véritable réalité, provient de cette cause.

Il y a donc des relations de dépendance, de similitude et d'origine qui rattachent l'effet à sa cause; relations essentielles et nécessaires, relations qui sont ce qu'elles doivent être, puisqu'elles ne peuvent être autres qu'elles ne sont. Or l'idée d'ordre n'est pas autre chose que l'idée de relations convenables. Donc il y a, entre la cause et chaque effet, ordre essentiel et nécessaire. Ou plutôt, puisque entre la cause et l'effet les relations ne sont pas réciproques, et que par conséquent la cause et l'effet ne sont pas les parties d'un même ordre, disons que chaque effet est essentiellement *subordonné* à la cause.

De plus, si plusieurs effets sont produits par la cause, je dis qu'ils sont tous *ordonnés* entre eux pour constituer un même ordre; et voici la démonstration de cette belle proposition, telle qu'elle m'est inspirée par saint Thomas :

D'abord, chaque effet est semblable à sa cause; donc tous les effets sont semblables entre eux par cette propriété commune de similitude à la cause commune : voici l'élément de *parité*. En outre, aucun effet n'égale sa cause ; donc aucun ne possède une similitude complète de la cause; donc plusieurs effets peuvent être semblables à la cause, sans être identiques entre eux : voici l'élément de *disparité* (1).

Nous trouvons donc déjà, entre les effets de la même cause, les deux éléments de parité et de disparité, c'est-à-dire matière à arrangement, à disposition, à ordre.

Et comment trouver la forme de l'ordre? Pour cela, reportons encore nos regards vers la cause. Dans l'unité de son être, elle contient tous et chacun de ses effets, d'une manière éminente qui les unit sans les confondre (2). Il y a donc dans la cause comme un ordre suréminent, en vertu duquel la pluralité résulte de l'unité et reste contenue dans l'unité. Or rappelons-nous le grand adage : *Causa est in causato per modum causati;* l'effet est comme un reflet de la cause. Il ne peut donc pas se faire qu'il n'existe entre les effets différents de la Cause Première un ordre formel

---

(1) Nulla creatura repræsentat perfecte Exemplar Primum quod est Divina Essentia; et ideo potest per multa repræsentari. (S. Thomas, I, q. 47, art. 1, ad 2um.)

(2) In Divina Sapientia sunt rationes omnium rerum, quas supra diximus ideas, id est formas exemplares, in mente Divina existentes. Quæ quidem, licet multiplicentur secundum respectum ad res, tamen non sunt realiter aliud a Divina Essentia, prout ejus similitudo a diversis participari potest diversimode. (S. Thomas, I, q. 44, art. 3.)

qui reflète l'ordre suréminent de la cause. En d'autres termes, chaque effet, étant en relation nécessaire avec la cause, est en relation avec l'éminence de cette cause, et par là même en relation avec tous les effets contenus et coordonnés dans cette éminence.

Ainsi est démontré l'ordre essentiel de la création.

8. — Élévation.

La raison humaine, quel que soit son génie, ne saurait s'élever plus haut dans la contemplation de l'ineffable Cause Première. Mais, pénétrée par une lumière surnaturelle, elle peut monter encore et entrevoir, sous le voile du mystère, les secrets intimes de l'Éminence Divine et de l'ordre essentiel des choses. Les saints docteurs de l'Église ont eu pour mission de tracer des voies scientifiques jusque dans les cieux de la foi, et saint Thomas s'offre à nous comme guide. Pourrions-nous résister au désir de monter jusqu'aux pieds du trône pour adorer un instant ?

En Dieu, nous confessons trois Personnes. « Or, dit saint Thomas, partout où il y a pluralité sans ordre, il y a confusion. Mais il ne peut y avoir confusion entre les Personnes Divines. Donc il y a ordre (1). » Voilà ce que nous enseigne la foi. — Mais voici le travail scientifique. En comparant les attributs de l'Essence Divine aux propriétés caractéristiques des Personnes, la raison perçoit des convenances entre les concepts de certains attributs et les concepts des Personnes, et elle est par là même conduite à unir les uns et les autres par une opération que la théologie appelle *appropriation*.

C'est ainsi que saint Augustin compare aux trois Personnes les trois attributs d'unité, d'égalité et de concorde. *In Patre est unitas, in Filio æqualitas, in Spiritu Sancto unitatis æqualitatisque concordia* (2). Cette appropriation, nous dit

---

(1) S. Thomas, I, q. 42, art. 3, *Sed contra*.
(2) August., *De doctr. Christ.*, lib. I, cap. v.

saint Thomas, est légitime. Car, lorsque nous pensons d'abord au Père, nous pensons à l'*Unité* prise en elle-même ; lorsque nous pensons ensuite au Fils, parfaite image du Père, nous pensons à l'*Égalité;* lorsque enfin nous pensons au Saint-Esprit, nous pensons au *Lien* d'amour entre l'Unité et l'Égalité (1). Ainsi, dans nos méditations sur la très sainte Trinité, nous devons donc concevoir l'unité même de l'Être divin, comme un ordre virtuel et suréminent, suivant la belle sentence d'un docteur : « Dieu est un, au-dessus de l'un, au-dessus de l'unité (2). »

Mais cet ordre se reflète-t-il dans la création ? A la vérité, si nous considérons Dieu sous son titre de Cause Première, nous devons affirmer que la création ne contient rien qui nous permette de connaître ou même de soupçonner le Mystère de la Trinité. Car, dit saint Thomas, créer c'est donner l'être ; et, puisque c'est par la similitude entre l'effet et la cause qu'on peut remonter de l'action au principe d'action, la création nous conduit jusqu'à l'existence infinie du Créateur et aux attributs de la nature divine, c'est-à-dire, à l'Unité parfaite sans distinction de Personnes (3).

Et cependant, continue le saint docteur, étant donnée la révélation, nous pouvons reconnaître dans les créatures quelque empreinte du Mystère ; car l'*appropriation* des attributs aux personnes nous fait entrevoir comme une influence distincte de chaque Personne dans la même et identique action créatrice (4).

L'UNITÉ substantielle est la cause d'où proviennent tous les êtres et toutes les unités, et chaque être est un, parce qu'il est produit par l'Être qui est sa propre Unité.

---

(1) S. Thomas, I, q. 39, art. 8.
(2) Ἐν ὁ Θεὸς, καὶ ἐπέκεινα τοῦ ἑνὸς, καὶ ὑπὲρ αὐτὴν μονάδα. (Clément d'Alexandrie, *Pédagog.*, livr. 1, chap. VIII, vers la fin.)
(3) S. Thomas, I, q. 45, art. 6.
(4) Processiones Personarum sunt rationes productionis creaturarum, in quantum includunt essentialia attributa quæ sunt scientia et voluntas. (S. Thomas, I, q. 45, art. 6.)

L'ÉGALITÉ est la raison qui procède immédiatement de l'Unité; et cette raison, par sa parfaite égalité avec son principe, est la raison de toute égalité et de toute inégalité (1), de toute forme, de toute distinction, de toute parité, de toute disparité, de tout degré spécifique.

Enfin la CONNEXION dans laquelle s'unissent l'Unité et l'Égalité est le Lien de toute connexion, de toute convenance, de toute disposition, de tout ordre.

Oh! que l'ordre est une belle chose, vu dans ces lumières surnaturelles! Quelle grandeur! Quelle splendeur! Quelle harmonie!

L'ordre part de l'UNITÉ, *Pater ex quo;* il s'épanouit par l'ÉGALITÉ, *Filius per quem;* il se consomme dans la CONCORDE, *Spiritus in quo.*

La PUISSANCE produit les êtres; la SAGESSE les distingue et leur assigne leur place; la BONTÉ les y dispose et les y maintient.

Et tout cet ordre créé, si beau qu'il soit, n'est que le vestige du pas divin. Qu'est-ce donc que l'ordre de la Vie Divine? O mon Dieu! Vous qui avez placé dans l'homme non pas seulement votre empreinte, mais encore votre image, mettez-y l'ordre par votre grâce; car vous l'avez créé, racheté, sanctifié, pour le rendre participant de votre Vie et de cet Ordre qui est Vous-même.

---

(1) Primum quod procedit ab *Unitate* est *Æqualitas* et deinde procedit multiplicitas. Et ideo a Patre, cui secundum Augustinum appropriatur *Unitas*, processit Filius, cui appropriatur *Æqualitas*, et deinde creatura cui competit *inæqualitas;* sed tamen a creaturis participatur quædam æqualitas, scilicet proportionis. (S. Thomas, I, q. 47, art. 2, ad 2um.)

CHAPITRE II

CAUSES MULTIPLES D'UN MÊME EFFET

1. — Exemples expliquant le sujet de ce chapitre.

Deux hommes portent ensemble une pierre qu'aucun d'eux ne pourrait soulever à lui tout seul.

Deux chevaux, tirant de chaque côté d'un canal, font mouvoir un bateau suivant la direction du canal, effet qu'aucun d'eux ne pourrait produire seul.

Deux ouvriers s'emploient à la production d'une gravure, savoir, un graveur et un imprimeur.

Au jeu d'un orgue concourent un organiste et un souffleur.

Pour une photographie, il faut à la fois un objet, une plaque, le soleil et un photographe; et chacun de ces êtres exerce une causalité dans la production de l'image qui se présente, pourtant, comme un effet parfaitement un.

En tous ces exemples, je vois un même effet dépendant de plusieurs causes efficientes. Considérées en elles-mêmes, ces causes sont indépendantes les unes des autres; mais dans leur influence sur l'effet produit, l'efficacité de chacune est *subordonnée* au concours des autres causes.

C'est cette coordination de plusieurs causes qu'il nous faut étudier, et je vais le faire avec quelque développement dans l'exemple le plus simple.

2. — Exemple de la gravure.

J'ai sous les yeux une gravure éditée avec soin. Cette œuvre d'art, malgré la multiplicité des détails, doit être considérée comme une seule et même chose, et d'ailleurs, ce que je dirai de l'ensemble pourra se répéter pour chaque trait.

Or deux hommes ont concouru à produire cette gravure. Sans l'imprimeur, les lignes du graveur ne seraient pas fixées sur le papier ; sans le graveur, l'imprimeur n'aurait pu obtenir que des taches d'encre.

Il y a donc ici concours de deux causes, et ces deux causes sont subordonnées mutuellement, puisque, l'une venant à manquer, l'effet n'a plus lieu.

De plus, j'observe que l'effet tout entier dépend de chaque cause. Pas un trait sur le papier qui ne soit dû et à la main du graveur et au bras de l'imprimeur.

Ici intervient une distinction scolastique déjà signalée. La gravure provient « toute », — *tota*, du graveur, mais non « totalement », — *non totaliter*. De même elle provient de l'imprimeur, « toute mais non totalement », — *tota sed non totaliter*.

En effet, nous avons deux choses à considérer dans cette œuvre d'art : d'un côté, l'heureuse composition du dessin ; de l'autre, la netteté de l'impression. La gravure provient toute du graveur, puisque tout est dessin ; mais elle ne provient pas totalement du graveur, car il y a là autre chose que du dessin. La gravure provient toute de l'imprimeur, puisque tout est marqué par l'encre ; mais elle ne provient pas totalement de l'imprimeur, car il y a là autre chose que de l'encre. L'effet, quoiqu'il soit une seule et même chose, est composé de deux éléments distincts, et c'est pour cela qu'il peut provenir à la fois de deux causes.

Poussons plus avant cette analyse.

Le dessin peut être beau mais mal imprimé ; l'impression peut être excellente mais le dessin grossier. Donc, dans cette gravure, il y a deux qualités indépendantes l'une de l'autre, sans influence l'une sur l'autre ; par conséquent leur union dans un même sujet est *accidentelle*.

Or les effets dépendent des actions dont ils sont les termes. Donc nous avons ici deux actions indépendantes l'une de l'autre, et, pour chaque cause, sa rencontre avec l'autre est extrinsèque, contingente, accidentelle.

Et pourtant cette œuvre n'est pas due au hasard; du concours de ces deux causes intrinsèquement indépendantes, résulte comme une cause unique bien déterminée et corrélative de l'effet produit. C'est vrai, mais pourquoi cela? sinon parce qu'il y a une coordination introduite entre les deux actions. *Ex diversis formaliter non fit unum nisi ad invicem ordinentur.*

Et quel est ici le principe de subordination? Comment réduire à une réalité essentielle des réalités accidentelles l'une à l'autre?

Il faut pour cela remonter jusqu'à la cause ordonnatrice, c'est-à-dire, jusqu'à la cause capable de connaître et de décréter l'ordre. En d'autres termes, il faut recourir à la cause *principalement principale* de la gravure, à l'éditeur. Son intelligence a conçu cette gravure, sa volonté en a décrété l'exécution, et a appliqué au travail le graveur et l'imprimeur.

Ces deux derniers agents se comportent comme des causes instrumentales; l'intention propre du graveur est de faire un dessin, rien de plus; l'intention de l'imprimeur est de fixer sur le papier l'empreinte des traits, quels qu'ils soient. Aucune de ces deux intentions ne s'élève jusqu'à l'ensemble de l'œuvre. Ce sont là, encore une fois, deux causes instrumentales appliquées à une même œuvre par une cause principale, dont l'intention a pour terme formel l'œuvre tout entière. *Causa principalis applicat causam instrumentalem ad agendum.*

3. — Continuation du même sujet.

Passons maintenant aux causes intrinsèques de la gravure.

Elle est belle parce qu'elle est semblable à l'idée ; elle est bonne, parce qu'elle est conforme à l'intention. Mais comment est-elle une ? Quelle est sa cause formelle ? Quelle est sa cause matérielle ?

Nous savons que la matière reçoit la forme, et que la forme est introduite par la cause efficiente. Or il y a ici deux causes efficientes. Donc nous devons nous attendre à trouver deux formes et deux matières. Pour l'imprimeur, le trait est la matière qui reçoit l'encre, puisque le terme de son action est de déposer de l'encre ; ce trait est capable de recevoir de l'encre noire, rouge ou bleue ; elle est en puissance par rapport à la couleur. En un mot, pour l'imprimeur, le dessin est matière et la couleur est forme.

Pour le graveur, le dessin est forme et la couleur est matière.

Nous avons donc ici deux éléments qui sont mutuellement forme et matière l'un par rapport à l'autre, suivant le point de vue où l'on se place. Singulier résultat à la vérité ; mais résultat que l'on rencontre souvent et qu'il faut signaler ; résultat qui étonne moins, si l'on réfléchit que ces relations mutuelles sont accidentelles et proviennent d'actions juxtaposées.

D'ailleurs si on s'élève plus haut, le paradoxe disparaît. L'idée, qui est une, donne l'unité à la gravure. Car c'est elle qui lui donne sa véritable forme ; et cette forme est composée de deux formes accidentelles l'une à l'autre, mais subordonnées l'une à l'autre en vertu de l'idée de l'éditeur.

4. — Exemple des forces mécaniques.

Je laisse au lecteur le plaisir d'analyser par lui-même les autres exemples indiqués plus haut.

Dans chacun il reconnaîtra les mêmes caractères : action de chaque cause atteignant « tout » l'effet mais non « totalement », — « contiguïté accidentelle » des actions propres à chaque cause dans un même effet, — distinction multiple de la forme et de la matière suivant le nombre des causes concourantes, — enfin cause dominant les autres et déterminant l'unité de l'effet.

Un seul exemple demande quelques explications spéciales, c'est celui du concours des forces mécaniques. Deux hommes concourent à porter une pierre; deux chevaux tirant dans des directions obliques concourent à faire avancer un bateau suivant une direction intermédiaire. Que penser de ces concours? Comment expliquer cette coordination?

Avouons-le sans fausse honte : la nature intime de la matière et de son activité, l'essence de l'espace et du mouvement nous sont encore bien imparfaitement connues; on ne peut donc expliquer philosophiquement les actions mécaniques qu'en s'appuyant sur des systèmes plus ou moins énigmatiques, et je ne me sens nul désir d'entrer dans ces subtilités.

Mais pour l'objet qui nous occupe, il ne sera pas besoin d'hypothèses. Nous nous abandonnerons au courant général de la raison humaine, car nous savons qu'il nous mène naturellement à la vérité.

Eh bien! demandons aux savants qui s'occupent de la mécanique ce qu'il faut penser des forces concourantes.

Ils nous répondront comme il suit : « Nous ne savons pas comment les choses se passent réellement; mais ce que nous savons, c'est qu'il est une science appelée *mécanique rationnelle*. Cette science est fondée sur quelques postulata d'où tout le reste dérive par voie rigoureuse de déduction. Tous les phénomènes prédits par cette théorie se retrouvent exactement dans le monde des réalités, et cette vérification est la preuve que les principes de la science sont légitimes. Nous pouvons donc, aux lois intimes qui nous sont inconnues, substituer ces lois rationnelles, certains que celles-ci sont des images fidèles de celles-là. Or la loi rationnelle qui régit les forces concourantes, s'énonce ainsi :
« Les forces qui concourent agissent, chacune comme si elle

« était seule, et leurs actions se superposent, sans s'altérer,
« dans un même effet. »

Telle est la réponse des mathématiciens, et l'on peut traduire, comme il suit, leur théorème dans le langage scolastique : Lorsque plusieurs corps agissent simultanément sur un même sujet, leurs actions restent sans influence l'une sur l'autre ; il y a juxtaposition accidentelle des causes et des actions, et l'effet total n'est point autre chose que la superposition des effets partiels qui affectent le même sujet.

Chaque homme porte toute la pierre, mais ne la porte pas totalement. Chaque cheval contribue à tout le mouvement du bateau, mais aucun des deux ne le produit totalement.

Lorsque, entraîné dans la fuite rapide d'un wagon, je lance une boule suivant la verticale, elle décrit dans l'espace une parabole. Cette ligne, considérée en elle-même, est aussi simple, aussi une, que la ligne droite. Et cependant trois causes indépendantes concourent à cet effet, et l'action de chacune produit l'effet tout entier, mais sans le produire totalement. Si la boule s'avance, la cause en est initialement la force qui entraîne le wagon et tout ce qu'il contient ; si elle monte, la cause en est l'impulsion de mon bras ; si elle descend, la cause en est la pesanteur.

5. — Première conclusion : Les actions concourantes sont indépendantes, l'une par rapport à l'autre.

Celui qui comparera entre eux les exemples précédents, reconnaîtra en tous certains caractères communs.

Le premier est que, dans le concours simultané de plusieurs causes, chacune exerce une action propre conforme à sa nature. Par conséquent, si les différentes causes sont indépendantes l'une de l'autre dans leur activité propre, leurs actions sur le sujet patient seront, elles aussi, indépendantes les unes des autres. En d'autres termes, lorsque plusieurs causes, indépendantes dans leur nature, concourent *immédiatement* à la production d'un même effet, il y a autant d'actions différentes que de causes concourantes.

Il faut tenir fermement à cette proposition, qui, d'ailleurs peut se démontrer comme il suit :

L'action n'est pas une réalité distincte, sorte de flux intermédiaire entre la cause et l'effet. C'est par un véritable abus d'imagination qu'on se figure deux courants sortant de deux causes séparées et venant confluer avant d'atteindre le sujet patient. Nous le savons, l'action est dans le patient, et ne diffère de la modification subie que par une relation formelle à la cause. Donc autant d'actions que de causes immédiates.

A la vérité, l'effet peut avoir une certaine unité dont nous allons parler tout à l'heure. Mais dire que cet effet unique est produit par plusieurs causes concourantes, c'est dire que cet effet dépend de plusieurs causes ; c'est dire que cet effet est le terme commun de plusieurs influences distinctes ; c'est dire enfin que cet effet résulte de plusieurs actions.

Par exemple, le fils est le terme unique à la production duquel concourent le père et la mère, mais par deux actions différentes, bien qu'immédiates. Le père engendre, la mère conçoit. Aussi le rapport de fils à père, et le rapport de fils à mère sont deux relations différentes, bien qu'ayant un même terme commun.

6. — Deuxième conclusion : L'effet de ces causes multiples est complexe.

Puisque à chaque cause correspond une action propre, les actions subies par le sujet patient, et, par conséquent, ses *passions* sont en nombre égal aux causes qui agissent. Or nous savons, d'une manière générale, que la modification effectuée, l'action subie et la passion éprouvée, sont une même réalité ; d'où résulte qu'à la multiplicité d'actions subies par un même sujet correspond la multiplicité de modifications. Nous sommes donc nécessairement amenés à cette conclusion, que l'effet produit par plusieurs causes concourantes est un effet complexe, décomposable en plusieurs éléments distincts.

Si les actions concourantes sont de même nature, l'effet total sera un ensemble d'effets semblables superposés ; ainsi en est-il pour les actions simultanées d'ordre mécanique. Si les actions concourantes sont de diverses natures, les effets élémentaires offriront la même diversité ; ainsi en est-il dans les autres exemples que nous avons cités.

Mais, dans tous les cas, l'effet total présente un caractère de réelle complexité. Toujours la multiplicité de causes, indépendantes les unes des autres et immédiates, introduit la multiplicité dans l'effet, à la production duquel elles concourent ensemble.

Et pourtant cet effet possède une unité propre qui le détermine et le distingue. D'où provient cette unité ?

Je sais bien que les différentes actions sont unies entre elles par l'unité même du sujet patient dans lequel elles se rencontrent. Mais cette juxtaposition ne fournit tout au plus qu'une unité matérielle, et c'est l'unité formelle qui nous intéresse.

Je sais encore que, dans cet effet complexe, on peut regarder l'influence de chaque cause comme déterminant une forme dont la matière est fournie par le concours des autres causes. Ainsi, dans l'effet musical qui sort d'un orgue, on peut considérer le son comme une matière fournie par le souffleur, et la mélodie comme une forme venant de l'artiste. C'est là, je ne le conteste pas, un caractère d'unité ; mais il reste à savoir d'où provient la convenance entre cette forme et cette matière, et d'où provient leur rencontre.

En résumé, à ne regarder que la multiplicité des causes concourantes et leur indépendance naturelle réciproque, on peut bien obtenir la raison de la complexité offerte par l'effet, mais on ne peut obtenir la raison de son unité formelle, et cependant cette raison est la plus importante.

7. — Troisième conséquence : Caractère instrumental des causes concourantes.

C'est ici le lieu de rappeler l'axiome : *Ex diversis formaliter non fit unum, nisi ad unum ordinentur.* Pour réduire la multiplicité à l'unité, il faut un principe d'unité. Pour que les variations multiples subies par un sujet patient constituent une seule et même opération, il faut un principe d'union. Or qui dit opération dit action ; qui dit opération une, dit action une. Donc, pour donner à l'effet cette unité formelle qui nous occupe, il faut unir ensemble les actions elles-mêmes dont il résulte.

Mais, ici, prenez bien garde. L'action, avons-nous dit et redit, n'est rien de réel en dehors de la cause et de l'effet. Bien plus, à une action une, nous l'avons dit naguère, correspond une cause une. Donc nous sommes obligés de conclure que l'union entre les divers éléments d'une action ne peut s'obtenir que par l'union entre les diverses causes concourantes à cette action. L'ordre dans un effet complexe présuppose l'ordre dans les causes. Pour rendre compte de l'unité formelle qu'on remarque dans l'effet, il faut remonter jusqu'à un principe qui relie en un même faisceau toutes les causes concourantes. En d'autres termes, il faut une cause supérieure, qui unisse toutes ces causes indépendantes les unes des autres, qui les ordonne pour les appliquer à l'opération commune.

Par là, nous arrivons enfin à ce théorème général :

« Lorsque plusieurs causes, indépendantes l'une de l'autre dans leur nature, concourent immédiatement à la production d'un même effet, elles agissent toutes comme autant d'instruments d'une seule et même cause principale. »

Cette conclusion résume toute la discussion qui fait le sujet de ce chapitre, et l'éclaire par la théorie déjà étudiée des causes instrumentales.

Considéré matériellement, l'effet est composé d'éléments divers et multiples ; car chaque cause instrumentale a son action propre. Considéré formellement, l'effet est un, produit par une seule opération qui procède d'une seule cause principale.

Indépendantes les unes des autres, les diverses causes concourantes ont des actions propres qui ne s'altèrent pas mutuellement. Dépendantes de la cause principale, elles coopèrent toutes ensemble à une seule et même opération de la cause supérieure, parce que la vertu de celle-ci passe à la fois à travers tous ces instruments pour les mouvoir et les appliquer à son œuvre (1).

8.—Retour sur les exemples précédents.

Cette théorie, déduite de principes métaphysiques, est par là même complètement générale, et ne supporte pas d'exceptions. Mais sa simplicité peut se dérober sous les voiles de combinaisons complexes.

Tantôt la cause principale sera bien distincte de ses instruments. Ainsi le photographe dispose l'objet, la lentille, et conduit la lumière à son gré, mais n'agit sur l'effet à obtenir qu'en appliquant à leurs actions propres toutes ces causes partielles. Ainsi encore l'éditeur applique au travail le graveur et l'imprimeur. Ainsi le batelier guide et excite les deux chevaux qui tirent sur les deux rives.

Tantôt la cause principale sera en même temps cause particulière. Ainsi l'organiste, tout en appliquant le souffleur à son travail, se réserve de déterminer la succession des sons à produire.

D'autres fois, une même intention commune réunira

---

(1) Le célèbre Durand combat la théorie du concours par l'argument suivant : Actiones videntur esse idem realiter cum suis terminis, unde et ab illis sumunt denominationem. Impossibile est ergo ad acquirendam unam formam numero esse diversas actiones. (Lib. II, dist. 1, q. 5, n° 14.) — Cette objection me semble insoluble pour ceux qui soutiennent le concours simultané à la manière de Suarez. Mais on en trouve la solution dans saint Thomas : Dicendum quod una actio non procedit a duobus agentibus unius ordinis, sed nihil prohibet quin una et eadem actio procedat a primo et secundo agente (I, q. 105, art. 5, ad 2um.)

deux volontés dans une même cause principale, et coordonnera leurs actions en les faisant tendre vers une même et unique fin. Ainsi deux hommes conviennent de joindre leurs efforts pour soulever une pierre. Et c'est l'exemple le plus élémentaire d'une société formée par la subordination d'actions individuelles à une intention commune.

Et qu'est donc la vie organique, sinon la coordination de mille forces élémentaires sous l'influence du principe vital? Cause principale, l'âme est le principe de l'unité dans cette poussière agglutinée. Causes instrumentales, les organes, les fibres, les cellules opèrent suivant leur nature, mais pour le bien commun. Au physiologiste de distinguer ces actions partielles et les effets matériels que peuvent atteindre son microscope et ses réactifs chimiques. Mais au philosophe de proclamer l'existence du principe qui réduit la pluralité à l'unité; car son instrument de recherches est la raison, et la raison seule peut connaître de l'ordre et de la loi.

9. — Ordre du Monde.

Les causes concourantes relèvent d'une cause principale qui les coordonne. Mais l'ordre est une raison qui ne peut être connue que par une intelligence. Dans le concours d'actions multiples, brille donc, d'un nouvel éclat, la nécessité de remonter jusqu'à une cause *principalement* principale, c'est-à-dire jusqu'à une intelligence concevant la loi, la décrétant et la faisant exécuter.

Et voilà pourquoi l'ordre qui règne entre toutes les forces physiques de la nature démontre manifestement l'existence d'un Ordonnateur suprême.

Un philosophe grec (1) a développé cette preuve avec une abondance qui nous fournit plusieurs beaux exemples

---

(1) Ce passage est tiré du chapitre sixième du Livre *du Monde*, autrefois attribué à Aristote. J'ai traduit exactement, mais en omettant ce qui revenait moins à mon sujet.

d'ordres particuliers, et avec un art qui les fait tous concourir à démontrer l'ordre suprême. Je ne puis donc mieux résumer ce chapitre, qu'en citant ce païen à la honte de nos modernes athées.

« Il reste à parler sommairement de la Cause Conservatrice de toutes choses. Car ce serait un crime à ceux qui dissertent sur le Monde, d'oublier ce qu'il y a de principal dans le Monde.

« Donc c'est une antique vérité, tradition de famille pour tous les hommes, que toutes choses proviennent de Dieu et nous sont conservées par Dieu, et qu'aucune nature ne se suffit assez à elle-même pour se passer de sa protection salutaire.

. . . .

« Tous les mouvements des astres ne forment qu'une même harmonie partant de l'unité et se consommant dans l'unité. Aussi doit-on appeler l'univers un ordre et non un désordre. Comme dans un chœur, sous la présidence du coryphée, hommes et femmes s'unissant dans une même danse, toutes les voix, les plus hautes et les plus basses, se fondent dans un harmonieux mélange, ainsi en est-il de l'univers, Dieu dirigeant! Lorsque Celui qu'on peut bien appeler le coryphée suprême donne l'accord du haut de son trône, le ciel tout entier s'ébranle, et les astres décrivent leurs courbes. Le brillant soleil est animé d'un double mouvement; par le premier d'orient en occident, il divise le jour et la nuit; par le second du nord au sud, il serpente à travers les heures du zodiaque, pour produire la diversité des saisons. Alors arrivent à leur temps et les pluies, et les vents, et les rosées, et toutes les variations de l'atmosphère, sous la direction de la Cause Première et Primordiale. De là résultent, à leur tour, les courants des fleuves, les gonflements de la mer, les bourgeons des arbres, les sucs des fruits, les naissances, les croissances et les déclins des êtres suivant leur nature propre.

« Lors donc que le Roi et le Père de toutes choses, invisible à tout autre œil qu'à celui de la raison, donne le signal à toutes les natures depuis le ciel jusqu'à la terre, alors chacune commence à se mouvoir dans le cycle et la voie qui lui a été tracée, voie qui tantôt reste cachée, tantôt se montre sous mille formes différentes pour se cacher de nouveau, mais qui toujours est tracée par la même main.

« On peut encore comparer cet ordre à ce qui se passe à l'approche d'un combat. Aussitôt que la trompette donne le signal à l'armée, l'un saisit le bouclier, l'autre endosse la cuirasse, celui-ci adapte le casque, celui-là le baudrier. On en voit brider leurs chevaux, ou monter dans les chars, ou se passer le mot d'ordre. Tous s'empressent vers leur poste de combat; chaque chef vient se placer à la tête de ses hommes, le cavalier court à l'aile de bataille, le fantassin à son rang. Et tous ces mouvements s'exécutent à un même signal suivant l'ordre établi par le général en chef. Voilà comment il faut se représenter l'univers. Sous une même impulsion, tout accomplit son œuvre. La Cause Première, à la vérité, reste invisible et cachée ; mais cela ne l'empêche pas d'agir, et ne doit pas nous empêcher de l'affirmer. Car l'âme, par laquelle nous vivons et par laquelle nous menons une existence civilisée, est, elle aussi, invisible; et cependant on la voit dans ses opérations, puisque c'est elle qui produit, dispose et conserve tout l'honneur de l'humanité, la culture de la terre, les inventions artistiques, l'usage des lois, la science de la politique, l'administration civile, la guerre au delà des frontières et la paix intérieure. Il faut donc appliquer ces mêmes pensées à Dieu, qui par sa puissance est le plus fort, par sa beauté le plus glorieux, par sa vie l'éternel, et par sa vertu le dominateur. Invisible à toute nature mortelle, il se fait voir par ses œuvres; car tout dans les airs, sur la terre et dans les eaux, tout est l'œuvre de ce Dieu qui met l'ordre partout.

. . . .

« Et pour tout dire à la fois : ce qu'est le pilote dans le navire, le conducteur dans le char, le coryphée dans le chœur, la loi dans la ville, le général dans l'armée ; Dieu est tout cela dans le Monde, avec cette différence pourtant que, dans tous les autres commandements, il y a fatigue, agitation et souci. Mais Lui, sans inquiétude, sans effort, sans aucune de ces lassitudes qui accablent les natures corporelles, trônant dans son immobilité, il meut toutes les choses, et il les conduit toutes où et comme il veut suivant leurs propres natures.

« Et voyez : La loi qui régit la ville n'est pas tourmentée de soucis; elle est immobile, et cependant elle règle tout dans les âmes qui lui sont soumises. C'est par elle que les citoyens vont à leurs fonctions, les archontes au palais, les juges au tribunal, les conseillers à l'assemblée. Celui-ci se rend au prytanée prendre son repas, celui-là est conduit à la justice pour répondre à une accusation, cet autre est traîné au cachot pour y attendre la mort. Pendant ce temps, la ville célèbre les festins civiques, les assemblées annuelles, les sacrifices religieux, les fêtes des héros et les funérailles des morts; et toute cette diversité procède d'un même ordre et d'une même Loi, salut pour ceux qui leur obéissent.

« Nous devons penser que cet ordre existe dans la plus excellente des cités, je veux dire dans le Monde. Notre Loi, à nous, c'est Dieu, loi qui ne peut ni fléchir ni changer, balance toujours juste et stable, loi meilleure, je pense, et plus inaltérable que toutes celles qu'on écrit sur des tables. »

Dans ce brillant développement, tous les exemples, considérés en eux-mêmes, sont autant d'ordres où l'on retrouve les principes que nous avons étudiés dans ce chapitre. Mais quelle beauté plus grande encore dans l'ensemble même de ces exemples, véritable reflet de l'ordre essentiel des choses!

CHAPITRE III

SUBORDINATION DES EFFETS SUCCESSIFS ET DE LEURS CAUSES

1. — Exemple sur lequel on raisonnera.

Pour faire sauter un bloc de rocher dans une carrière, on a placé un fourneau de mine. Pour déterminer l'explosion de la cartouche, on a disposé une traînée de poudre. Enfin, pour enflammer la poudre, on approche un tison.

Voici tout un système qui satisfait aux définitions de l'ordre. Chaque chose est à sa place, chaque effet entraîne le suivant. D'ailleurs, il n'y a pas entre les effets une simple relation d'antériorité et de postériorité ; il y a en outre succession de causalités, chaque effet déterminant la production de l'effet subséquent. Il y a donc ordre dans les effets, parce qu'il y a subordination dans les causes, et nous avons à étudier cet ordre et cette subordination.

2. — L'intellect « pratique » établit l'ordre.

Un curieux, visitant la carrière, admire le système d'exploitation que nous venons de décrire. Il remarque comme tout est bien disposé, comme chaque chose est bien à sa place ; en un mot, son intelligence voit et comprend l'ordre établi. Ce n'est là qu'une considération spéculative ; l'intellect *spéculatif* voit l'ordre, mais ne le fait pas.

Bien autre a été l'opération intellectuelle de l'ingénieur qui a conçu et organisé tout ce système d'effets successifs, toute cette combinaison de causes subordonnées. L'intellect *pratique* établit l'ordre.

L'intellect « spéculatif » et l'intellect « pratique » sont donc la même puissance intellectuelle, mais considérée dans deux actes différenciés par leurs fins (1).

Le but de l'intellect spéculatif est uniquement de connaître le vrai. Le but de l'intellect pratique est de concevoir les moyens pour atteindre un résultat.

> Intellectus speculativus est qui, quod apprehendit non ordinat ad opus, sed ad solam veritatis considerationem. Practicus vero intellectus dicitur qui hoc quod apprehendit ordinat ad opus. Et hoc est quod Philosophus dicit in 3° de anima, quod *speculativus differt a practico fine*. Unde et a fine denominatur uterque; hic *speculativus*, ille vero *practicus*, id est, *operativus* (2).

Aristote définit l'intellect pratique : *celui qui raisonne pour une fin*, ὁ τοῦ ἕνεκα λογιζόμενος.

E neffet, le « point de départ » des méditations auxquelles s'est livré notre ingénieur est un « but » à obtenir, savoir, faire sauter le rocher. La première question qu'il s'est posée à lui-même est celle-ci : Quel est le « moyen » d'atteindre cette « fin » ? Et la première réponse de l'intellect pratique a été celle-ci : Enflammer sous le rocher un fourneau de mine. — Cette inflammation considérée, à son tour, comme une fin à obtenir, invite à rechercher le moyen qui conduit à ce but, et l'intellect pratique trouve ce moyen dans l'inflammation d'une traînée de poudre. — Enfin l'approche d'un tison est déclarée par le même intellect pratique moyen propre à enflammer la traînée.

On voit que l'ordre conçu par l'ingénieur est comme une chaîne suspendue à une fin dernière; chaque anneau intermédiaire, « moyen » par rapport à l'anneau supérieur, est « fin » par rapport à l'anneau inférieur; et sauf l'anneau premier, qui suspend toute la chaîne et qui présente un

---

(1) Νοῦς δ' ὁ ἕνεκά του λογιζόμενος καὶ ὁ πρακτικός· διαφέρει δὲ τοῦ θεωρητικοῦ τῷ τέλει. (Aristote, *De l'âme*, liv. III, ch. x.)

(2) S. Thomas, I, q. 79, art. 11. — Le saint Docteur donne une distinction plus subtile, I, q. 14, art. 16. Consulter le commentaire de Cajétan.

caractère de finalité pure, tout anneau soutient ceux qui le suivent, parce qu'il est soutenu par ceux qui le précèdent.

De même, lorsqu'on suspend à un aimant une série de petits barreaux de fer, chacun d'eux est attiré par le précédent, et par là même attire le suivant. Il se forme ainsi une chaîne magnétique qui est maintenue tout entière par la force de l'aimant, et qui se sépare à la fois dans toutes ses parties dès que du premier barreau on éloigne l'aimant.

3. — Comment cet ordre est idéal.

L'ordre précédent est une chaîne de fins et de moyens. Mais il peut être médité et disposé par l'intelligence, sans qu'il se mêle à cette conception aucune intention de l'exécuter ensuite. Et, cependant, fins et moyens appartiennent à l'ordre de l'intention.

Pour résoudre cette apparente contradiction, saint Thomas rappelle que l'objet de l'intelligence comprend la volonté elle-même. L'intelligence connaît la nature et les propriétés de la volonté. Elle sait ce qu'est une fin et ce qu'est un moyen, et, par conséquent, elle peut comparer entre eux la fin et le moyen.

Verum et bonum se invicem includunt. Nam verum est quoddam bonum : alioqui non esset appetibile. Et bonum est quoddam verum : alioqui non esset intelligibile. Sicut igitur objectum appetitus potest esse verum, in quantum habet rationem boni, sicut cum aliquis appetit veritatem cognoscere; ita objectum intellectus practici est bonum ordinabile ad opus, ratione veri. Intellectus enim practicus veritatem cognoscit, sicut speculativus, sed veritatem cognitam ordinat ad opus (1).

La coordination de fins et de moyens dans un même

---

(1) S. Thomas, I, q. 79, art. 11, ad 2um.

ensemble peut être conçue à l'état purement idéal. Un plan n'est encore qu'une idée.

4. — Comment dans cet ordre la fin est une raison.

Partout où il y a ordre, il y a raison de l'ordre, et cette raison pénètre l'ordre tout entier. Ici la raison est la connexion des moyens à la fin.

Saint Thomas démontre en effet que la volonté se porte par un même acte à vouloir la fin et les moyens :

> Motus voluntatis in finem et in id quod est ad finem potest considerari dupliciter.
> Uno modo, secundum quod voluntas in utrumque fertur absolute et secundum se, et sic sunt simpliciter duo motus voluntatis in utrumque.
> Alio modo, potest considerari secundum quod voluntas fertur in id quod est ad finem propter finem, et sic unus et idem subjecto motus voluntatis est tendere ad finem et in id quod est ad finem. Cum enim dico : *volo medicinam propter sanitatem*, non designo nisi unum motum voluntatis. Cujus ratio est, quia finis ratio est volendi ea quæ sunt ad finem; idem autem actus cadit super objectum et super rationem objecti; sicut eadem visio est coloris et luminis, sicut supra dictum est (I^a II^æ, q. 8, art. 3, ad 2um).
> Et est simile de intellectu : Quia si absolute principium et conclusionem consideret, diversa est consideratio utriusque. In hoc autem quod conclusioni propter principia assentit, est unus actus intellectus tantum (1).

Ce que saint Thomas dit touchant la volonté doit se dire de l'intellect pratique. L'intelligence, dans tout l'établissement de l'ordre, est dirigée par une seule et même *raison* qui concerne la relation de fin à moyen.

S'il n'y a qu'une seule manière d'obtenir la fin, celui qui se propose la fin se propose nécessairement le moyen qui en est inséparable. Dans ce cas, la fin est *raison nécessaire* du moyen, et l'intention de la fin entraîne nécessaire-

---

(1) S. Thomas, I^a II^æ, q. 12, art. 4.

ment l'intention du moyen. A la vérité, ce n'est là qu'une nécessité de conséquence qui n'altère en rien la liberté de la volonté; car si la fin est voulue librement, le moyen est voulu tout aussi librement. Mais en voulant librement la fin telle qu'elle est, il faut bien la vouloir avec ses connexions nécessaires.

5. — Ordre d'intention et ordre d'exécution.

Nous venons d'étudier, par notre intellect « spéculatif », l'ordre établi par l'intellect « pratique » de l'ingénieur, et nous avons vu que le principe de cet ordre est précisément le but à obtenir.

Mais nous pouvons aussi considérer « spéculativement » comment ce but s'obtiendrait « effectivement », et alors nous voyons se dérouler un ordre successif d'opérations dont la dernière est à sa fin lorsque le but est atteint.

De ces deux ordres, le premier se nomme ordre d'*intention*, parce que son principe est une fin à obtenir, et que par suite toute sa raison est une causalité finale. Le second se nomme ordre d'*exécution*, parce qu'il consiste dans une série d'actions effectives, et qu'il dépend de la causalité efficiente.

Or il est facile de voir que ces deux ordres sont identiques comme « disposition », et ne diffèrent que par un renversement dans les relations « d'antériorité et de postériorité ». Dans l'ordre d'intention, d'abord l'éclat du rocher, puis l'explosion du fourneau, puis l'inflammation de la mèche, puis l'approche du tison. Dans l'ordre d'exécution, d'abord l'approche du tison, puis l'inflammation de la mèche, puis l'explosion du fourneau, et en dernier lieu l'éclat du rocher.

De là ce principe scolastique : *Ordo intentionis et ordo executionis ad invicem opponuntur.*

Ces deux ordres s'opposent symétriquement, comme dans un miroir se regardent un objet et son image, tellement qu'il suffit de considérer l'un pour connaître l'autre.

6. — L'unité d'intention détermine l'unité d'action.

Voici que nous retrouvons plus visible et mieux développé le double courant qui descend de la fin au moyen, et qui remonte du moyen à la fin.

Considérons le premier courant, et réduisons tout le système à trois termes. Pour atteindre la fin A, il faut le moyen B ; et pour obtenir B, il faut le moyen C. A est uniquement fin, C uniquement moyen, B à la fois moyen et fin.

Or « qui veut la fin veut le moyen ». L'intention qui a pour terme A est encore une intention incomplète, tant qu'elle ne s'étend pas jusqu'à B. Elle est poussée par ce qu'elle est déjà, vers un nouveau terme où elle cherchera sa perfection et par conséquent son repos. Il y a donc là une sorte de mouvement dans l'intention, suivant la définition d'Aristote : *Motus est actus entis in potentia, in quantum est in potentia.*

Mais, à son tour, B est une fin dont C est le moyen. Donc l'intention, qui parvient à B, ne peut s'y arrêter, et elle doit passer jusqu'à C.

On le voit : la volition d'une fin, qu'on ne peut obtenir que par une série de moyens, part de cette fin, et est entraînée dans une sorte de courant, à travers toutes les fins intermédiaires, jusqu'au dernier terme qui n'est que moyen. La volonté qui décrète l'établissement du système, guidée par l'intellect pratique, descend de la fin qui n'est que fin, jusqu'au moyen qui n'est que moyen. Ou plutôt, car la volonté reste immobile dans l'intention de la fin dernière, l'acte qui veut cette fin s'étend à des termes successifs, dans un ordre qui descend toujours de la fin au moyen et se termine à ce qui n'est que moyen. On peut donc appliquer ici ce que saint Thomas dit dans un sens un peu différent :

Intentio respicit finem secundum quod est terminus motus voluntatis. In motu potest accipi terminus dupliciter. Uno modo, ipse terminus ultimus in quo quiescitur, qui est terminus totius motus. Alio modo, aliquod bonum quod est principium unius partis motus, et finis vel terminus alterius. Sicut in motu quo itur de A in C per B, C est terminus ultimus, B autem terminus, sed non ultimus; et utriusque potest esse intentio (1).

Voici tout le système établi et prêt à fonctionner. Alors l'action commence, partant du terme où s'est arrêté le courant intentionnel. La première action en détermine une seconde, la seconde une troisième. D'ailleurs, ces actions successives sont liées entre elles; car elles ne sont que l'exécution d'une même intention totale, et par conséquent elles ne sont que les parties d'une même action.

Cette action unique, corrélative de l'intention finale, remonte donc, en se perfectionnant, dans toutes les actions intermédiaires. Mais elle ne peut s'arrêter à aucune; car elle est l'action de la cause principale, passant à travers toutes les causes instrumentales, pour atteindre son repos là où l'intention a son principe.

7. — Des deux sortes de réalisation.

Ce qui précède est simple et connu de tous. Mais il ne faut pas oublier une remarque sur laquelle je suis revenu souvent.

L'intention de la fin pénètre tout le système et l'ordonne ; mais, dans cette opération de l'intellect pratique, le système est encore idéal. Pour qu'il passe à l'état réel, il faut l'intervention d'une volonté efficace. Or, dans cette réalisation, on doit distinguer deux étapes. Par un premier acte de volonté, le système des causes est réalisé; les causes existent, et, par là même, leurs effets sont *prochainement* possibles, la fin peut être actuée. Par un second acte de volonté, la cause extrême est mise en action, le

---

(1) S. Thomas, 1ª IIæ, q. 12, art. 2.

mouvement court à travers les moyens pour parvenir à la fin, et le système des effets est réalisé.

Ces deux décrets sont séparables. Sans doute, on ne peut pas vouloir absolument la fin sans vouloir les moyens; mais on peut vouloir absolument les moyens sans décréter la fin. L'ingénieur, en réalisant tout le système qui a pour but l'éclat d'un rocher, veut que ce système *puisse* effectuer ce résultat; mais sa volonté peut s'arrêter là, et laisser à un autre l'acte qui décrète l'opération définitive.

L'équation des causes nous fournit la même conclusion. En effet, l'ordre établi entre les engins partiels nous fait juger qu'on a voulu le résultat *possible;* mais, puisque la cause peut exister sans son action, l'actualité des causes ne peut nous faire conclure à l'intention absolue d'une action réelle. Si j'admire dans un royaume des routes, des fontaines, des hospices, j'en conclus que le prince a voulu que le commerçant *pût* voyager, que l'ouvrier *pût* se désaltérer, que le malade *pût* se faire soigner. Je n'en conclus pas qu'il y a une loi pour voyager, pour boire, ou pour entrer à l'hôpital.

8. — Des cas d'indétermination.

Nous avons supposé jusqu'ici qu'à chaque fin particulière du système correspondait un seul et unique moyen. Par suite, la détermination d'un terme quelconque de la série impliquait la détermination du terme suivant; tout le système était entièrement défini par sa fin dernière, et l'intention de cette fin était entraînée par une route nécessaire jusqu'au dernier anneau du système.

Mais il peut en être autrement. Pour un même but à obtenir, l'intellect pratique peut fournir plusieurs moyens efficaces. Il en est alors comme d'un même anneau qui peut soutenir plusieurs chaînons à chacun desquels est suspendue toute une suite, ou bien encore comme d'un tronc auquel aboutit un ensemble de racines ramifiées.

Dans le mouvement ascendant de l'*action* qui monte vers la fin dernière, comme la sève monte vers le tronc, il n'y a aucun arrêt, aucune hésitation, aucune indétermination.

Mais il y a un mouvement qui a précédé. C'est le mouvement de l'*intention* décrétant de proche en proche les moyens successifs qui conduiront l'action jusqu'à la fin dernière. Or, dans ce mouvement descendant, il y a un point d'indétermination à chaque bifurcation. Car, le moyen n'étant voulu que pour la fin, il en résulte que, si plusieurs moyens de même ordre conduisent efficacement à la même fin, l'intention peut se porter sur chacun à l'exclusion de tous les autres, ou sur plusieurs, ou sur tous à la fois.

Et qui lèvera cette indétermination? Qui désignera le chemin que l'intention doit continuer à suivre? Qui fera le choix entre deux moyens efficaces? Telle est la question à résoudre; question immense et capitale, car elle n'est autre chose que la question de la liberté.

Mais ce sujet est si important que je ne prétends ici que l'indiquer, le réservant pour un chapitre spécial.

9. — Des ordres complexes.

Il y a encore une autre généralisation à opérer dans notre théorie; car nous n'avons supposé qu'un seul but, qu'une seule intention première, soutenant par un seul anneau tout le système des intentions subordonnées. Mais on peut admettre simultanément dans la volonté plusieurs intentions indépendantes. Par exemple, le même homme peut vouloir à la fois et les honneurs et les plaisirs. Ce sont là comme deux fins dernières, comme deux anneaux à chacun desquels est suspendue toute une chaîne plus ou moins ramifiée; puisqu'il y a bien des voies pour parvenir aux honneurs, et bien des routes pour courir à la jouissance.

Or ces deux chaînes peuvent se rencontrer dans des anneaux communs, pour former un réseau complexe, une sorte de filet dont les mailles se rattachent entre elles de plusieurs manières. Un même moyen pourra donc être le sujet de deux intentions différentes; il pourra être voulu pour deux fins. C'est en suivant les mailles de ce filet, que les intentions premières descendront pour déterminer l'ordre d'exécution. Un moyen satisfaisant à la fois à plusieurs fins sera donc voulu de préférence; et c'est même par ces préférences que saint Thomas démontre la pluralité des intentions simultanées : « Potest aliquid præeligi alteri ex hoc quod ad plura valet, et sic manifeste homo simul plura intendit (1). »

On voit par là combien le jeu de la volonté devient complexe, combien il est pratiquement difficile de distinguer et de mesurer les diverses intentions qui concourent. Mais si compliquée que soit la formule générale, elle n'est jamais que le résultat des principes simples et clairs que nous avons exposés (2).

---

(1) S. Thomas, 1ª IIæ, q. 12, art. 3.
(2) S. Thomas, pour écarter la célèbre objection contre la liberté humaine, se contente de rappeler cette pluralité d'intentions simultanées. Comment, dit-on, la volonté humaine, qui ne se décide jamais qu'en vertu d'un motif, pourra-t-elle se déterminer en présence de deux motifs égaux? Et le saint Docteur répond : Nihil probibet, si aliqua duo æqualia proponuntur secundum unam considerationem, quin circa alterum consideretur aliqua conditio per quam emineat et magis flectatur voluntas in ipsum quam in aliud. (1ª IIæ, q. 13, art. 6, ad 3ᵘᵐ).

CHAPITRE IV

DU CHOIX

1. — Position de la question.

Nous venons de rencontrer la question du *choix*, en parlant de la subordination des moyens à la fin. C'est là, ai-je dit, une grave question, puisqu'elle n'est autre que la question même de la liberté.

« L'acte propre du libre arbitre, dit saint Thomas, est le choix », *proprium liberi arbitrii est electio* (1). Or, un peu plus loin, distinguant entre *vouloir* et *choisir*, il enseigne que *vouloir* a proprement pour objet une fin, et *choisir* a proprement pour objet un moyen.

Velle importat simplicem appetitum alicujus rei, unde voluntas dicitur esse de fine qui propter se appetitur. Eligere autem est appetere aliquid propter alterum consequendum, unde proprie est eorum quæ sunt ad finem (2).

Ces principes de l'Ange de l'École vont nous guider dans l'étude délicate que nous entreprenons, et nous permettre de simplifier une question si complexe.

Puisque le choix concerne uniquement les moyens, nous écarterons l'étude des procédés par lesquels la volonté se porte vers la fin. Que cette fin soit voulue nécessairement ou librement, sous l'influence d'un motif ou sans motif, peu nous importe actuellement.

Nous écarterons aussi l'influence du motif en tant qu'il émeut la volonté ; car nous étudions d'abord la cause, en

---

(1) S. Thomas, I, q. 83, art. 3.
(2) S. Thomas, *Ibid.*, art. 4.

tant qu'elle agit et non en tant qu'elle pâtit. Une fois la théorie du choix établie pour une cause qui n'est pas mue, nous aurons ensuite à rechercher si le motif altère notre solution. Mais, je le répète, nous devons d'abord faire abstraction du motif et ne considérer que l'intention.

Enfin nous n'avons pas à revenir sur le cas où un seul moyen s'offre pour conduire à la fin. Car, alors, l'intention de la fin se portant nécessairement sur le moyen par une nécessité de conséquence, il n'y a pas lieu à choisir.

La question du choix se pose donc dans les termes suivants :

Soit une fin que je désigne par F, et deux moyens propres à conduire à la fin mais s'excluant mutuellement, que je désigne par A et B, la volonté qui veut F doit, par une nécessité de conséquence, vouloir A ou B. Mais comment choisira-t-elle ?

2. — D'une solution incomplète.

On croit avoir répondu à la question précédente, en disant qu'entre les deux moyens, la volonté choisira le meilleur; mais cette réponse demande explication.

En effet, deux cas bien différents peuvent se présenter :

Il peut se faire que les moyens A et B soient insuffisants pour obtenir complètement la fin F. Ainsi, quelle que soit la somme d'argent gagnée par un homme cupide, jamais elle n'éteindra en lui la soif insatiable de richesses. Les gains divers ne sont que des étapes vers un but qu'il ne peut atteindre. Son désir le pousse toujours au delà. Par conséquent entre les moyens A et B, s'il y en a un meilleur que l'autre, c'est parce qu'il *approche* davantage de F, et ce moyen sera *nécessairement* choisi par la cupidité. La volonté de l'avare n'est donc libre dans le choix du moyen, que parce qu'elle est libre de secouer une passion dont il s'est rendu esclave

Mais nous devons écarter ce cas si intéressant au point

CHAPITRE IV. — DU CHOIX. 619

de vue de la morale et de la psychologie; car c'est le cas d'une cause impuissante à réaliser son intention, et actuellement nous ne nous occupons pas de ces défaillances.

Supposons donc que chacun des deux moyens A et B soit suffisant pour atteindre complètement la fin F. Alors, si la volonté n'a qu'une seule intention, savoir l'intention de cette fin, je dis que A et B sont également bons, et qu'on ne peut les distinguer par la considération du mieux. En effet, en tant qu'ils atteignent la même fin, ils sont égaux, et toutes leurs autres propriétés sont accidentelles à leur rôle de moyen. Or la volonté ne les veut qu'en tant qu'ils sont moyens. Donc ils se présentent à l'intention exactement avec les mêmes titres et les mêmes recommandations.

Ainsi, pour donner un exemple, lorsqu'un homme veut faire à un pauvre l'aumône de cinq francs, la pièce d'or et la pièce d'argent sont dans sa main deux moyens rigoureusement de même valeur.

Soient donc deux moyens A et B égaux par rapport à une même fin F, et soit la volonté choisissant A :

Il faut distinguer deux questions :

1° Pourquoi la volonté veut-elle A?
2° Pourquoi veut-elle A *plutôt* que B?

3. — Première question : Pourquoi vouloir A?

Puisque la réalisation de A entraîne la réalisation de F, il y a entre A et F une relation réelle que l'intelligence peut connaître, et par suite il y a une *raison* qui rattache l'intention de A à l'intention de F. Mais puisque F peut être aussi bien réalisé par le moyen de B que par le moyen de A, la réalisation de F n'entraîne pas la réalisation de A. La relation entre A et F n'est pas réciproque.

Ainsi il y a, à la vérité, connexion entre la fin et chacun des moyens; mais cette connexion est une suffisance et non une nécessité. Chaque moyen est suffisant, mais il n'est pas nécessaire. Pour vouloir A en vue de F, il y a *raison suffisante*, bien qu'il n'y ait pas *raison nécessaire*.

La réponse à la question posée est donc bien simple. — Pourquoi vouloir A? c'est-à-dire, pour quelle raison l'intention de F descend-elle jusqu'à A? — Par la raison que A est un moyen efficace. C'est une raison suffisante, et par conséquent la réponse est suffisante.

Nous parvenons ainsi à cette conclusion très importante : « Qu'il y ait pour parvenir à une fin un seul ou plusieurs moyens, la raison qui fait vouloir le moyen en vue de la fin, est toujours identiquement la même, et dépend des mêmes principes métaphysiques. »

La seconde question semble plus difficile à résoudre.

4. — Deuxième question : Pourquoi vouloir A plutôt que B?

Pourquoi l'intention, qui pouvait également tomber sur A et sur B, est-elle tombée sur A et n'est-elle pas tombée sur B? Quelle est la raison de cette préférence, de ce choix ?

On le voit, c'est maintenant la raison d'un *plutôt* que l'on demande. Mais, avouez-le d'avance, s'il se trouvait que ce *plutôt* n'eût pas de raison, la question serait par là même déraisonnable. Cherchons donc ce qu'il en est.

« Plutôt A que B » désigne un choix entre A et B, par suite, une comparaison entre A et B. Donc ce *plutôt* est une relation entre A et B. Or, tandis qu'entre A et F d'une part, B et F de l'autre, il y a des relations essentielles, des relations *per se*, il n'y a entre A et B qu'une relation accidentelle, une relation *per accidens*.

En effet, l'efficacité de B comme moyen ne diminue ni n'augmente en rien l'efficacité de A comme moyen. Leur communauté d'efficacité est donc une pure contiguïté. C'est une entité *per accidens*, ou, comme disent les scolastiques, *ens diminutum*. C'est uniquement cet accident qu'Aristote appelle « voisin du non-être » et qu'il enseigne « n'avoir de l'être que le nom (1) ».

---

(1) Aristote, *Métaphys.*, liv. VI, ch. II.

Or, à un être *per accidens* correspond une raison *per accidens*; car tel être, telle raison. Pour un effet accidentel, il suffit d'une cause accidentelle; car il y a proportion entre la cause et l'effet (1).

Donc à ce « plutôt » il n'y a pas de raison véritable, il n'y a pas de cause proprement dite. En rechercher la cause est peine perdue; en demander la raison est une déraison.

Voulez-vous poser une question raisonnable? Commencez par reconnaître que ce « plutôt », être accidentel, n'a qu'une raison accidentelle et qu'une cause accidentelle; puis ajoutez que cette cause accidentelle doit se *réduire* à une cause véritable *per se*, comme tout accident suppose une essence et une substance; et alors demandez à quoi se réduit ce « plutôt A que B ».

Votre question ainsi posée devient légitime; mais aussi la réponse devient facile. Cet embarrassant « plutôt » se réduit à la volition actuelle de A comparée à la volition possible de B. La volonté, pouvant vouloir A ou B, a voulu A, et par là même, elle a préféré A à B. En un mot, ce « plutôt » est une relation qui s'adjoint à la volition de A, mais cette adjonction est accidentelle et extrinsèque à l'acte de la volonté qui décrète.

Et c'est ainsi que s'évanouit ce « plutôt », fantôme trompeur, aiguillon de la curiosité et de la jalousie!

5. — De la contingence du choix.

Résumons cette discussion.

Lorsque deux moyens A et B sont, individuellement et indépendamment l'un de l'autre, capables de procurer une fin F, chacun d'eux contient une raison de finalité, et par suite de bonté; par conséquent il peut être compris dans l'intention qui a pour terme la réalisation de la fin F. Pour chacun de ces deux moyens, cette raison d'être voulu est

---

(1) Cum proportio sit inter causam et effectum, erit effectus *per accidens* causa legitima causa *per accidens*, effectus *per se* erit causa legitima causa *per se*. (Alb. Magn., *Physic.*, lib. II, tr. 2, cap. XXI.)

une raison suffisante, mais elle n'est pas une raison nécessaire. Chacun d'eux peut être voulu ou non-voulu.

A peut être voulu; cette volition est un acte positif, qui a une raison positive, à savoir, la relation positive entre A et F. — A peut être non-voulu, mais ce n'est là qu'un acte négatif, c'est-à-dire une simple négation d'acte. Pour cet acte négatif, il suffit donc d'une raison négative, et cette raison n'est autre chose que la relation de B à F qui, par là même qu'elle est affirmée de B, est niée de A.

Quant à l'exclusion de B par le choix de A, elle n'a pas de raison propre, ni positive ni négative; elle se *réduit* à la volition de A.

Pour mieux comprendre encore cette importante considération, exposons-la sous une autre forme.

On sait que la question : *Pourquoi?* correspond à la cause finale et à l'intention de la volonté. Épuisons les « pourquoi » relativement aux moyens A et B.

D'abord, pourquoi A peut-il être voulu ou non-voulu? — Parce que A est un moyen suffisant et non-nécessaire pour atteindre la fin F. — Pourquoi A est-il voulu? — Pour sa relation à F, car il y a là une raison suffisante de le vouloir. — Mais pourquoi A est-il voulu plutôt que non-voulu? — Parce qu'il est voulu. On ne peut pousser plus loin les pourquoi.

Et maintenant, pourquoi B pouvait-il, lui aussi, être voulu ou non-voulu? — Parce que B est, lui aussi, moyen suffisant et non-nécessaire pour atteindre F. — Et pourquoi B n'est-il pas voulu? — Parce que A est voulu. On ne peut pousser plus loin les pourquoi.

Donc, de quelque manière que l'on s'y prenne, tout se résout dans la volition actuelle de A par l'intention de F. Il n'y a hors de là aucune raison à donner, aucune raison à chercher, et l'on devait s'y attendre. Car dire que le moyen A peut être voulu ou non-voulu, c'est dire qu'il est le terme d'une volition contingente, et cette contingence n'ajoute aucune réalité positive à la possibilité pour A d'être voulu, puisque la contingence n'est, en définitive, qu'une *déficience*.

Tout ce qui précède est le développement d'un remarquable enseignement de saint Thomas.

Il se pose la question : *Utrum voluntas moveatur de necessitate a suo objecto?* et il répond :

> Bonum est objectum voluntatis. Unde si proponatur aliquod objectum voluntati, quod sit universaliter bonum et *secundum omnem considerationem*, ex necessitate voluntas in illud tendit, si aliquid velit; non enim poterit velle oppositum. Si autem proponatur sibi aliquod objectum quod non *secundum omnem considerationem* sit bonum, non ex necessitate voluntas fertur in illud. Et quia defectus cujuscumque boni habet rationem non-boni, ideo illud solum bonum quod est perfectum et cui nil deficit est tale bonum quod voluntas non potest non velle (1).

N'est-ce pas le raisonnement que j'ai employé à propos du choix entre A et B? — A peut être considéré comme très utile, puisqu'il conduit à F; donc il peut être voulu. — A peut être considéré comme inutile, puisque B conduit à F; donc il peut n'être pas voulu.

Cet enseignement ne saurait être trop médité; car il nous conduit à la véritable notion de la liberté.

En effet, toute puissance passive a son fondement dans une puissance active. Dire que le moyen A peut être voulu ou non-voulu, c'est dire que la volonté attachée à F peut vouloir A ou ne le pas vouloir, c'est dire que la volonté, tout en voulant F, est libre vis-à-vis de A.

La liberté est donc la faculté de vouloir ou de ne vouloir pas. Et puisque la possibilité pour A de n'être pas voulu n'ajoute aucune réalité positive à la possibilité d'être voulu, la liberté de vouloir n'ajoute aucune réalité positive au vouloir lui-même. Vouloir librement n'est pas autre chose que vouloir avec la possibilité de ne pas

---

(1) S. Thomas, 1ª IIæ, q. 10, art. 2.

vouloir, et c'est pour cela que la dernière raison du choix est le vouloir lui-même. Tant que la volonté balance entre A et B, l'indétermination demeure; lorsque la volonté s'arrête à vouloir A, aussitôt, par cela même et par cela seul, l'indétermination est levée, et la contingence de A est comblée.

Mais remarquons-le bien. Tandis que dans son terme A cette indétermination est une contingence et une déficience, dans son principe F elle est une éminence et une perfection; car elle provient de ce que la fin F étend ses relations en dehors de A, et qu'elle est, par là même, indépendante de A.

6. — Du choix en présence du motif.

Dans l'exposé précédent, nous avons étudié la liberté du choix, en la rapportant à *l'intention* de la fin, et en écartant de propos délibéré la considération du *motif*. C'était étudier la liberté dans la volonté en tant qu'elle active, sans tenir compte de sa passivité. Et cependant toute volonté créée est une cause seconde, mue et mouvante, agissant à la fois *pour* une intention et *par* un motif. Il y a donc lieu de rechercher si notre théorie du choix, établie sur la seule considération de l'intention, reste applicable en présence d'un motif. En d'autres termes, la volonté est poussée physiquement, réellement, effectivement, vers un objet déterminé; reste-t-elle libre de vouloir ce bien ou de ne le vouloir pas?

Remarquez le point précis de la difficulté :

La liberté ne peut se rencontrer que dans une puissance active; c'est une des noblesses de l'acte. Quant à la puissance passive, elle ne tient rien d'elle-même et, par conséquent, elle est essentiellement esclave; elle obéit toujours et ne commande jamais.

Or la volonté humaine est à la fois active et passive, active par rapport à son intention, passive par rapport à son motif. Peut-elle donc être à la fois libre et nécessitée?

CHAPITRE IV. — DU CHOIX.

et s'il y a en cela répugnance, qui l'emporte en elle de la liberté ou de la nécessité?

Il semble à première vue que ce soit cette dernière. Car dans toute cause seconde, la passivité vis-à-vis de la Cause Première précède l'activité et la constitue. D'ailleurs, l'expérience constate qu'il faut toujours un motif pour mettre en acte l'activité de la volonté humaine, et cette nécessité d'être mue par le motif doit, semble-t-il, absorber dans la volonté toute liberté d'agir.

Telle est cette difficulté célèbre, qui a donné lieu à des débats passionnés. Mais je ne veux pas embrasser la question théologique, et je m'en tiens ici à l'objet de ce chapitre, qui est d'étudier le choix du moyen en vue d'une fin voulue librement ou nécessairement, peu importe.

Or je soutiens que la passivité de la volonté vis-à-vis du motif n'altère en rien la liberté du choix. Je soutiens que rien n'est à changer dans la théorie établie en faisant abstraction du motif, sauf que partout où l'on rencontre le terme « raison », il faut ajouter le terme « motif ». Mais les arguments précédents ne sont pas modifiés par cette addition, et la conclusion reste identiquement la même.

Pour prouver cette thèse importante, il me suffira de rappeler la liaison qui unit la « raison » et le « motif ».

Lorsque la volonté veut une fin dont l'acquisition dépend d'un moyen, par là même elle est portée à vouloir le moyen, et si elle est mue physiquement vers la fin, la même motion la pousse vers le moyen. Mais la volonté est, pour ainsi parler, une faculté aveugle, et c'est l'intelligence qui voit les relations des choses, et en particulier la relation entre la fin et les moyens. Donc la volonté, qui veut une fin, ne peut se porter vers un moyen, que lorsque l'intelligence lui a montré dans ce moyen la *raison de finalité*. C'est dans ce sens qu'il faut entendre cette proposition que l'intelligence meut la volonté (1). Car l'in-

---

(1) Intellectus movet voluntatem, sicut præsentans ei objectum suum. (S. Thomas, I* II*, q. 9, art. 1.)

telligence n'exerce pas sur la volonté une action proprement dite, comme celle d'un agent sur un patient; mais son rôle consiste à projeter sur l'objet une raison de bonté, et l'objet, vu dans cette raison, devient un terme vers lequel la volonté est poussée par la force motrice qui la meut vers le bien et tout ce qui participe du bien.

De là il faut conclure que la volonté, mue vers une fin, n'est mue vers un moyen, *qu'en tant et qu'autant* que l'intelligence lui montre dans ce moyen la raison d'être voulu, c'est-à-dire, la raison de finalité; et voilà pourquoi motif et raison de vouloir, *motivum* et *ratio motiva*, sont des expressions presque synonymes, comme je l'ai déjà expliqué au livre précédent (1).

Ainsi se trouve démontré que, si l'on veut dans la théorie du choix tenir compte de cette motion physique subie par toute volonté créée, il suffit d'ajouter le mot « motif » au mot « raison »; car le motif, *motivum*, en tant qu'il émeut la volonté, suit la raison perçue, *ratio motiva*, et participe à tous ses caractères.

Si la « raison » est *suffisante*, c'est-à-dire, si l'intelligence montre que le moyen suffit pour conduire à la fin, il y a « motif » suffisant, c'est-à-dire, il y a ce qui suffit pour que la force qui pousse la volonté vers la fin la pousse vers le moyen. Si la « raison » n'est pas *nécessaire*, c'est-à-dire, si l'intelligence ne montre pas le moyen comme nécessaire, il n'y aura pas « motif » nécessaire, c'est-à-dire la volonté pourra être poussée vers la fin aussi éner-

---

(1) Cette synonymie, admise dans le langage habituel, peut engendrer quelque confusion dans le langage philosophique. À la question : Quel était le motif d'Alexandre dans ses guerres? l'historien répond indifféremment : « Son motif était la gloire », ou bien : « Son motif était l'excellence de la gloire », ou bien : « Son motif était sa passion pour la gloire ». Mais le philosophe distingue ces trois réponses, la première désignant la chose voulue, la seconde exprimant la raison de vouloir, et la troisième manifestant l'excitation même de la volonté.

C'est dans ce dernier sens que je prends ici l'expression *motif*, en tant qu'elle répond à une mise en acte de la volonté et à une modification de son état. C'est le sens que saint Thomas donne au mot latin *motivum* dans l'étude des motions que subit la volonté. (*De motivo voluntatis*, Iª IIᵉ, q. 9.)

giquement que ce soit, sans être aucunement poussée vers le moyen.

Éclaircissons cette doctrine par un exemple.

Supposons un homme aussi affamé que l'on voudra en présence de deux pains identiques. L'appétit qui le dévore l'excite physiquement et réellement à se jeter sur un de ces pains comme un moyen de calmer sa douleur. Mais lequel choisira-t-il? Encore une fois, chacun de ces objets l'attire avec une force qu'il n'est pas libre de subir ou de ne pas subir. Restera-t-il donc en équilibre entre ces deux forces égales, comme le fameux âne de Buridan? — Non; car ces forces sont des motifs, dont les *motions* dépendent de *raisons*. Or, dans le cas actuel, chacune de ces raisons est suffisante et non nécessaire; chacun de ces pains contient une raison d'être voulu et une raison de n'être pas voulu; l'intention formelle de manger peut s'étendre à manger ou à ne manger pas chacun d'eux, et la faim la plus irrésistible laisse parfaitement libre la résolution de l'affamé. Pas de raison de choisir, pas de motif du choix, la liberté seule décide. — Si vous demandez à cet homme pourquoi il a mangé un pain, il vous répondra par une *raison* positive et un *motif* positif : à savoir, pour assouvir la faim qui le pousse. — Si vous lui demandez pourquoi il a choisi le pain qu'il a mangé, il vous répondra encore par une *raison* positive et un *motif* positif, à savoir, parce que, sa faim l'excitant à saisir ce pain capable de le rassasier, il a cédé à son appétit. — Si vous lui demandez pourquoi il ne se jette pas sur l'autre pain, il vous répondra par une *raison* négative et un *motif* négatif, à savoir que, pouvant se rassasier sans ce pain, il n'a ni raison de le vouloir, ni motif qui l'excite à le prendre. — Mais si vous lui demandez enfin ce qui l'a décidé entre les deux pains, il ne pourra vous donner ni *raison*, ni *motif;* car ce choix n'en a pas, et n'est qu'un résultat de la liberté.

La nécessité pour une cause seconde de subir un motif

n'altère donc pas la liberté du choix entre les moyens suffisants pour atteindre une fin. Le motif qui pousse la volonté vers cette fin la pousse vers chaque moyen en tant et autant qu'il est moyen, et la liberté consiste dans le pouvoir de *céder* ou de *ne pas céder* à cette impulsion : de céder, parce que ce moyen contient une raison suffisante d'être voulu; de ne pas céder, parce que cette raison n'est pas une raison nécessaire.

C'est ce qu'enseigne saint Thomas dans le texte suivant :

Non oportet quod semper ex fine insit homini necessitas ad eligendum ea quæ sunt ad finem; quia non omne quod est ad finem tale est quod sine eo finis haberi non possit, aut, si tale est, non semper sub tali ratione consideratur (1).

---

(1) S. Thomas, Iª IIæ, q. 13, art. 6, ad 1um.

CHAPITRE V

DE LA LIBERTÉ

1. — De la liberté dans la Cause Première.

L'étude précédente nous fournit trop d'éléments sur la difficile question de la liberté, pour que nous n'essayons pas d'en profiter.

Considérons d'abord une cause qui ne soit que cause, c'est-à-dire la Cause Première.

Elle est première ; donc elle n'a pas de cause ; donc elle est immobile, *immotum movens;* donc elle reste identique à elle-même, que son action ait lieu ou qu'elle n'ait pas lieu, et cette action n'est déterminée à exister par aucune influence étrangère.

D'autre part, cette cause contient la *raison* de son effet, dans l'éminence même de son activité. Or cette raison, qui est la relation entre l'effet et la cause, se présente sous plusieurs aspects différents.

Comme « raison de possibilité », elle est essentielle et nécessaire dans ses deux termes. L'effet n'est possible qu'en vertu de sa cause, et la cause contient essentiellement le pouvoir de produire son effet.

Comme « raison d'existence », cette relation est raison *nécessaire* d'une part, et raison *suffisante* de l'autre. L'existence de l'effet suppose nécessairement l'action de la cause. Mais si l'effet est terme suffisant de l'action, il n'est pas terme nécessaire de l'activité de la cause ; et tandis que l'existence de la cause est nécessaire, l'existence de l'effet est *contingente*, c'est-à-dire que, par lui-même, l'effet peut ou exister ou n'exister pas.

Ainsi l'effet ne détermine ni l'action ni la cause, puisque l'indéterminé ne peut déterminer. A parler exactement, la cause ne se détermine pas elle-même. Car, parfaitement en acte, elle ne contient pas de puissance déterminable; parfaitement immuable, elle n'est pas susceptible de modification contingente. Que reste-t-il, sinon que la cause trouve en elle-même la raison *suffisante*, qui lève l'indétermination propre à l'effet en lui donnant l'existence.

Si donc on vous interroge sur la possibilité et l'existence des créatures, à cette première question : Par quoi cet être est-il possible et simplement possible? — vous répondrez : Parce qu'il a sa raison dans sa cause efficiente, et que cette raison est suffisante sans être nécessaire.

A cette seconde question : Par quoi cet être est-il actuellement existant? — vous répondrez : Par l'action de sa cause, c'est-à-dire parce que sa cause l'a produit.

A cette troisième question : Mais d'où vient qu'il existe, bien que pouvant ne pas exister? d'où vient qu'il est produit, *plutôt* que non-produit? — vous répondrez encore : Parce que sa cause l'a produit.

Aux deux dernières questions, vous donnez identiquement la même réponse, et on pouvait le prévoir. Car, puisque l'acte détermine par lui-même la puissance passive, et puisque l'existence actuelle résout par elle-même l'indifférence à exister ou n'exister pas, il faut conclure que l'action qui produit l'existence lève du même coup l'indétermination d'existence.

Ainsi, la Cause Première est une volonté essentiellement libre dans tous ses décrets de création, et cette liberté n'est rien autre que la suréminence, par laquelle une activité essentiellement en acte domine sur tous ses effets en puissance.

2. — De la liberté dans une cause seconde.

La liberté est un caractère de la causalité parfaite. Mais ne semble-t-il pas qu'elle soit l'apanage exclusif de la

Cause Première? Comment une cause seconde, essentiellement dépendante de la Cause Première, pourrait-elle être libre? Nous le savons : Une cause seconde est mue avant de mouvoir ; elle est passive avant d'être active. Donc elle est nécessitée avant que d'être libre.

— En quoi est-elle nécessitée ? — En quoi demeure-t-elle libre?

La réponse est facile : cause et fin sont corrélatifs ; la Cause Première meut vers la fin dernière. Donc la cause seconde est mue nécessairement vers sa fin dernière ; elle ne peut pas ne pas y tendre, et cette appétence nécessaire de la fin est naturelle à la cause seconde, puisqu'elle entre dans la constitution de son activité.

C'est ce qu'enseigne saint Thomas au sujet de la volonté humaine :

Nec necessitas naturalis repugnat voluntati ; quinimo necesse est quod, sicut intellectus ex necessitate inhæret primis principiis, ita voluntas ex necessitate inhæreat ultimo fini, qui est beatitudo. Finis enim se habet in operativis sicut principium in speculativis, ut dicitur in 2° Phys. Oportet enim quod illud, quod alicui convenit et immobiliter, sit principium et fundamentum omnium aliorum; quia natura rei est primum in unoquoque, et omnis motus procedit ab aliquo immobili (1).

Cette motion vers la fin dernière est donc la mise en acte de la cause seconde, et par conséquent elle pénètre son activité dans toutes ses actions particulières.

Necesse est quod omnia quæ homo appetit, appetat propter ultimum finem... quia ultimus finis hoc modo se habet in movendo appetitum, sicut se habet in aliis motionibus primum movens. Manifestum est autem quod causæ secundæ moventes non movent, nisi secundum quod moventur a primo movente. Unde secunda appetibilia non movent appetitum, nisi in ordine ad primum appetibile quod est ultimus finis (2).

Bien plus : c'est par la même et identique motion que la

---

(1) S. Thomas, 1, q. 82, art. 1.
(2) S. Thomas, 1ª IIæ, q. 1, art. 6.

Cause Première meut la cause seconde vers sa fin dernière et dans toutes les actions particulières. Car la cause seconde n'agit que pour parvenir vers une fin qui est l'objet de son motif universel.

> Manifestum est quod unus et idem motus voluntatis est quo fertur ad finem, secundum quod est ratio volendi ea quæ sunt ad finem, et in ipsa quæ sunt ad finem (1).

La passivité de la cause seconde a donc un double caractère : 1° La cause seconde est poussée nécessairement, quoique naturellement, par la Cause Première vers sa fin dernière. 2° Cette motion la pousse dans les chemins qui s'ouvrent vers ce but.

C'est ainsi que la volonté humaine veut nécessairement et naturellement la béatitude, et qu'elle subit une impulsion nécessaire et naturelle vers tous les biens qui l'acheminent ou semblent l'acheminer vers le bonheur.

Telle est la part de nécessité dans la cause seconde.

— Où donc commence la liberté? au choix des moyens pour atteindre la fin. Car le propre du libre arbitre est le choix, « proprium liberi arbitrii est electio (2) », et le choix concerne les moyens : « eligere est appetere aliquid propter alterum consequendum, unde proprie est eorum quæ sunt ad finem (3) ».

— Et en quoi consiste la liberté? Dans le pouvoir d'étendre ou de n'étendre pas à tel moyen l'intention qui a pour objet la fin dernière; c'est-à-dire dans le pouvoir de céder ou ne pas céder au motif qui pousse vers ce moyen.

— Et quelle est la raison de ce pouvoir? Je l'ai donnée plus haut : la raison est que, si le moyen en question est un chemin vers la fin, il n'est pas le chemin nécessaire.

C'est l'enseignement de saint Thomas :

---

(1) S. Thomas, Iª IIæ, q. 8, art. 3.
(2) S. Thomas, I, q. 83, art. 3.
(3) S. Thomas, *Ibid.*, art. 4.

Sunt enim quædam particularia bona quæ non habent necessariam connexionem ad beatitudinem, quia sine his potest aliquis esse beatus; et hujusmodi bonis voluntas non de necessitate inhæret. Sunt autem quædam habentia necessariam connexionem ad beatitudinem, quibus scilicet homo Deo inhæret in quo solo vera beatitudo consistit; sed tamen, antequam per certitudinem divinæ visionis necessitas hujusmodi connexionis demonstretur, voluntas non ex necessitate Deo inhæret, nec his quæ Dei sunt. Sed voluntas videntis Deum per essentiam de necessitate inhæret Deo, sicut nunc ex necessitate volumus esse beati. Patet ergo quod voluntas non ex necessitate vult quæcumque vult (1).

3. — Concept métaphysique de la liberté.

Repassez dans un esprit d'ensemble toutes les considérations précédentes, et vous reconnaîtrez, si je ne me trompe, que le rôle de la liberté est, partout et toujours, de combler une contingence.

Nécessaire et contingent s'opposent d'une part; nécessaire et libre s'opposent d'autre part. Donc libre et contingent se correspondent, la liberté se tenant du côté de la cause et la contingence du côté de l'effet.

Expliquons cette considération :

Pour qu'un effet existe, il est nécessaire que sa cause existe, mais l'existence de la cause n'entraîne pas nécessairement l'existence de l'effet. A la vérité, il y a des causes qui produisent nécessairement leur effet, mais ce sont des causes dont le mode d'agir a un caractère instrumental, et nous savons que, pour avoir la raison de l'effet, il faut remonter jusqu'à une cause principalement principale.

Or, une telle cause existant, son effet, par là même, est « possible », mais il reste encore qu'il peut ou exister ou n'exister pas. Car, puisque la cause ne change pas en posant son effet, puisqu'elle reste identique à elle-même, soit qu'elle agisse, soit qu'elle n'agisse pas, son existence actuelle ne lève pas la contingence d'existence dans l'effet.

---

(1) S. Thomas, I, q. 82, art. 2.

Et que faut-il pour que cet effet existe enfin? — Une cause de plus? Non, puisque la cause existante contient éminemment toute la réalité de l'effet, toute la raison d'existence de l'effet. — Une détermination de plus dans la cause? Non, puisque nous supposons la cause totalement *en acte*.

Cherchez autant que vous voudrez; vous ne trouverez ni dans la cause prise séparément, ni dans l'effet pris séparément, rien qui lève la contingence de celui-ci. Car, d'une part, vous aurez une cause pouvant produire et ne pas produire, et, de l'autre, un effet, pouvant être produit et n'être pas produit.

Ce qui dans l'effet lève la contingence, c'est l'existence actuelle; car elle entraîne avec elle-même cette sorte de nécessité qu'Aristote a exprimée dans cette phrase : *Necesse est id quod est quando est esse* (1). Or l'existence de l'effet procède de l'action actuelle de la cause. Donc c'est dans l'action qu'il faut aller chercher la liberté.

Mais voyez où nous conduit cette analyse. L'action est dans le patient; elle n'est autre chose que la production même de l'effet avec une relation à sa cause; elle modifie le patient sans modifier l'agent. Donc elle comble la contingence de l'effet, sans produire dans la cause aucune nouvelle détermination. Donc enfin l'action *libre* n'est pas autre chose que l'action *actuelle*, provenant d'une cause qui peut la poser ou ne la poser pas.

De là une conséquence métaphysique de la plus haute importance. La liberté n'est donc pas quelque puissance physique spéciale; elle n'est pas dans la cause quelque réalité distincte de la faculté d'agir. Donc elle n'introduit dans l'action aucune réalité nouvelle, aucune modalité réelle. Donc, enfin, la liberté d'une action n'est que la relation entre cette action et le pouvoir qu'a sa cause d'agir ou de ne pas agir (2).

---

(1) Aristote, *De interpret.*, lib. 1, cap. ix.
(2) Dicendum est actum liberum, præter voluntarium perfectum, solum addere habitudinem seu denominationem a potentia efficiente actum, et habente po-

CHAPITRE V. — DE LA LIBERTÉ.

Je ne prétends pas faire ici la théorie complète de la liberté ; c'est une question qui demande un ouvrage à part. Je me contente de faire observer que toute théorie de la liberté devra respecter les notions métaphysiques que je viens d'exposer.

Mettez donc dans la cause seconde toutes les motions et prémotions que vous jugerez nécessaires pour sauvegarder les droits de la Cause Première. Mais rappelez-vous bien ceci : Pour qu'après toutes ces influences subies, la cause seconde reste libre, il faut qu'elle demeure telle, qu'elle puisse poser ou ne poser pas son action. Si une force quelconque extérieure l'a fait sortir de son indifférence, si elle est déjà *déterminée* à agir, par là même elle a cessé d'être une cause libre.

Ainsi, la liberté n'est jamais autre chose que l'éminence de la cause qui domine tellement ses actions que, sans cesser d'être identique à elle-même, elle puisse agir ou ne pas agir. Quant à l'effet : il est contingent parce qu'il dépend essentiellement d'une telle cause ; il est existant parce qu'il est produit ; et la dernière raison pour laquelle il est existant plutôt que non existant est l'action même qui le rend existant.

4. — De la liberté humaine.

Pour mieux inculquer les vérités précédentes, je veux montrer leur application à la liberté humaine. Aussi bien, les disputes portent principalement sur la liberté de notre volonté. Or on peut affirmer qu'en général les discussions spéculatives, lorsqu'elles se prolongent, proviennent de malentendus, et, si je ne m'abuse, il est aisé de découvrir celui qui sépare les écoles catholiques au sujet du libre arbitre.

Tous les théologiens s'accordent à reconnaître avec saint

---

testatem ad suspendendum seu efficiendum contrarium. (Suarez, *Act. hum.*, tr. 2, disp. 1, sect. 3, n° 13.)

Thomas que le libre arbitre n'est pas une faculté distincte de la volonté, et tous confessent que la volonté est une cause seconde dépendant de la Cause Première, et par conséquent une nature à la fois passive et active. Mais les uns considèrent surtout sa passivité et les autres son activité; les premiers doivent donc enseigner qu'elle est mue et déterminée puisqu'elle est passive, les seconds qu'elle se meut et qu'elle se détermine puisqu'elle est active.

Or cette contradiction provient d'un malentendu qu'on fait disparaître, en distinguant dans l'acte du vouloir deux choses que l'on confond trop souvent, je veux dire, le motif et l'intention, et c'est pour cela que j'ai si souvent insisté sur la différence et la séparabilité de ces deux éléments.

Revenons donc une dernière fois sur toute cette doctrine; mais, de peur d'équivoque, disons d'abord ce qu'il faut entendre par la passivité et l'activité de la volonté.

Le caractère de la vie est d'être le principe actif de ses opérations, suivant cette parole de saint Thomas : « Ut sic viventia dicantur quæcumque se agunt ad motum vel operationem aliquam (1) ». L'activité intrinsèque étant le propre de la vie, il y aurait autant de répugnance à dire une vie passive qu'à dire une vie inerte. Or la volonté est une faculté vivante. Elle est donc essentiellement active; elle ne reçoit pas du dehors ses actes, ses états, ses modifications comme autant d'appliques sur sa substance. Tout ce qui est en elle procède d'elle, comme tout dans une plante, feuilles, fleurs et fruits, procède du dedans par voie d'épanouissement. Si donc on oppose la passivité à l'activité dans le même sens qu'on oppose l'inertie à la vitalité, on doit affirmer que, dans la volonté, rien n'est passivité, tout est activité.

Mais il est un autre sens suivant lequel on peut et on doit parler de la passivité de la volonté. Toute créature est essentiellement dépendante de la Cause Première, et cette

---

(1) S. Thomas, I, q. 18, art. 1.

dépendance se multiplie suivant les diverses réalités que l'on distingue dans la créature, comme l'influence du soleil, unique dans son principe, se distingue dans ses termes, et prend les noms de chaleur ou de lumière suivant les organes qui la subissent. Par conséquent, si la raison veut distinguer dans un être vivant la substance même et l'activité, comme le faisait la Scolastique, l'influence de la Cause Première se présentera sous deux aspects : — Influence tombant sur la substance même, et puisque son effet est de maintenir la substance hors du néant, cette influence s'appellera *conservation*; — influence tombant sur l'activité vitale, et puisque la vie est une sorte de mouvement (1), cette influence s'appellera *motion*. Sous ce dernier rapport, l'activité même d'une vie créée revêt un certain caractère de passivité, non pas, encore une fois, en ce sens matériel et mécanique qu'elle ait besoin de recevoir un choc extérieur qui ébranle son inertie, mais en ce sens que, tout ce qu'elle est et tout ce qu'elle peut, elle le doit à l'influence supérieure qui la pénètre intimement.

La vie de la volonté présente donc deux caractères : — Elle reçoit une influence supérieure, et puisque recevoir est le propre du patient, on doit sous ce rapport la considérer comme passive; — une fois mise en acte par cette influence qu'on appelle une motion, elle exerce l'activité qui est le propre de sa nature.

A ces deux caractères de passivité et d'activité correspondent le motif et l'intention. J'ai déjà dit ce qu'il fallait entendre formellement par l'*intention*. C'est un acte par lequel la volonté pose un terme, c'est-à-dire décide l'existence d'un effet, et j'ai ajouté et prouvé que l'intention ne modifie en rien son principe et sa source, suivant l'adage : *Non necesse est movens moveri*. Quant au *motif*, si on le considère, non dans son objet qui est un bien à acquérir, non dans l'intelligence où il est la bonté perçue, mais dans la

---

(1) Conf. S. Thomas, I, q. 18, art. 3, ad 1ᵘᵐ.

volonté qui est proprement son siège, le motif est une influence qui incline physiquement la volonté, ou mieux, la pousse vers un bien, de telle sorte que la volonté est dans deux états physiques différents, lorsqu'elle subit ou lorsqu'elle ne subit pas l'excitation du motif.

Ainsi le motif meut la faculté qu'il atteint; l'intention pose un terme dont elle décide l'existence. Le motif est subi par la volonté en tant qu'elle est un patient, l'intention est l'acte de la volonté en tant qu'elle est un agent. Or nous savons que le propre du patient est d'être déterminé par autrui, et que le propre de l'agent est de déterminer autrui. D'où la conclusion suivante : La volonté est modifiée d'une manière « déterminée » par le motif, mais la volonté « détermine » elle-même le terme de son intention ; et cette distinction, ce me semble, fait évanouir l'antinomie, sujet de si grands débats.

Pour mieux le comprendre, exprimons cette même distinction sous une forme plus familière aux théologiens.

Le motif produit une motion dans la volonté et, par conséquent, la met en acte. Cet acte, résultat nécessaire du motif, est ce qu'on appelle *acte indélibéré* de volonté; c'est un vouloir, un amour existant réellement dans la volonté, sans qu'elle soit libre de subir ou de ne pas subir l'attraction du bien qui lui est présenté, *in nobis sine nobis*. Mais si l'intention se porte sur cet acte et décide qu'il soit, cet acte devient par là même ce qu'on appelle *acte délibéré* de volonté. L'acte indélibéré est donc un acte surgissant vitalement de la volonté, mais subi par elle en tant qu'elle est passive; l'acte délibéré procède de la volonté en tant qu'elle est active.

D'où les conclusions suivantes :

1° *Causa secunda non agit nisi mota.* Donc l'intention de notre volonté suppose un motif; nous ne pouvons rien vouloir sans motif; un acte indélibéré précède toujours, au moins logiquement, l'acte délibéré, et celui-ci n'est que celui-là qui, d'abord simple résultat d'une motion, est

CHAPITRE V. — DE LA LIBERTÉ.   639

devenu terme formel d'une intention. En un mot, l'acte délibéré n'est que l'acte indélibéré *activement consenti*.

2° Le patient est modifié par la passion qu'il subit, mais l'agent reste le même, qu'il agisse ou n'agisse pas. Donc le motif reçu modifie l'état de la volonté, mais cet état reste le même, que la volonté pose son intention ou ne la pose pas. En d'autres termes, l'acte indélibéré est une nouvelle réalité physique surgissant dans la volonté, mais l'acte délibéré n'est pas, en lui-même, une nouvelle modification de la volonté, et le consentement n'est pas, en lui-même, une réalité particulière.

3° De là résulte que, si l'on considère les deux actes au point de vue de la réalité physique, ils ne diffèrent pas; ils ne forment qu'une seule et même réalité physique, mais ils se distinguent l'un de l'autre, comme dans la volonté on distingue la passivité et l'activité. L'acte délibéré est l'acte indélibéré consenti, c'est-à-dire un acte qui, sans altération, passe de la volonté passive dans la volonté active.

Ces conclusions peuvent paraître étranges et paradoxales. Il peut sembler, au premier abord que la conscience des états de l'âme ne les confirme pas. Mais ici je ne m'occupe pas de psychologie; je poursuis uniquement des déductions métaphysiques. J'ajoute cependant que j'en appelle à une analyse plus délicate des faits de conscience, tant je suis certain que les lois psychologiques sont subordonnées aux lois métaphysiques.

5. — Suite du même sujet.

La distinction entre le motif et l'intention permet de poser la question de la liberté sous une autre forme : Le motif et l'intention sont-ils toujours unis ensemble, ou sont-ils séparables? Si l'intention suit toujours le motif, la volonté n'est pas libre dans ses intentions, puisqu'elle n'est pas libre de subir ou de ne pas subir les motions des motifs. Si l'intention est séparable du motif, la volonté peut subir ces motions sans y consentir, et par conséquent elle est libre.

Saint Thomas décide cette question en employant une belle métaphore. La volonté, dit-il, est passive, car tout bien la meut; mais elle est de telle masse que, si les biens particuliers peuvent l'ébranler, seul le Bien Absolu peut l'entraîner.

Potest voluntas moveri, sicut ab objecto, a quocumque bono, non tamen sufficienter et efficaciter nisi a Deo. Non enim sufficienter aliquid potest movere aliquid mobile, nisi virtus activa moventis excedat vel saltem adæquet virtutem passivam mobilis. Virtus autem passiva voluntatis se extendit ad bonum in universali; est enim ejus objectum bonum universale, sicut et intellectus objectum est ens universale. Quodlibet autem bonum creatum est quoddam particulare bonum. Solus autem Deus est bonum universale; unde ipse solus implet voluntatem et sufficienter eam movet ut objectum (1).

Voici donc comment la Sagesse infinie, voulant élever l'homme à la dignité d'image de Dieu (2), a exécuté ce grand dessein.

Elle a mis en lui une capacité mesurée sur le Bien Absolu, et elle entretient en lui par une motion universelle une activité qui tend à combler ce vide. En vertu de cette motion, le bien et tout ce qui participe au bien attirent sa faculté, mais sans contraindre son intention. Car son amour du bien universel domine tous ces attraits particuliers, bornés et finis, par une éminence qui est l'image de la Suréminence Divine sur toutes les créatures. Les biens finis l'émeuvent à la vérité, parce qu'elle-même est finie; mais ils ne déterminent pas son *intention*, parce que cette *intention* se porte vers l'infini.

Telle est la grandeur de la volonté humaine; telle est

---

(1) S. Thomas, I, q. 105, art. 4.
(2) « Toute âme raisonnable possède un libre arbitre, et c'est là être à l'image de Dieu. » (S. Jean Damasc., *sur l'Isagogue*, ch. x.)

CHAPITRE IV. — DE LA LIBERTÉ.

l'indépendance de l'âme à l'égard de tout ce qui n'est pas sa fin dernière.

Disons plus. Telle est cette participation de l'homme à la royauté divine sur la création. Car, si le propre de toute liberté est de combler une contingence, il en résulte que l'homme participe dans ses intentions libres à l'acte créateur par lequel les choses contingentes deviennent existantes. O mystérieuse responsabilité de l'homme, — qui fait sa gloire s'il coopère aux desseins de la Providence, — qui fait sa honte s'il amène à l'existence ce que Dieu permet par respect de la liberté, mais ne veut pas d'une volonté de bon plaisir!

Que reste-t-il maintenant du problème de la liberté? Il faut que la cause seconde soit mue dans tous ses actes par la Cause Première, et il nous semblait que cette motion essentielle exclut la liberté. Eh bien! tout au contraire; l'art divin résout la difficulté par la difficulté elle-même; c'est précisément la motion divine qui produit et entretient la liberté.

Dicendum quod, sicut Dionysius dicit 4° cap. de Divinis nominibus, ad Providentiam Divinam non pertinet naturam rerum corrumpere, sed servare. Unde omnia movet secundum eorum conditionem, ita quod ex causis necessariis per motionem Divinam sequuntur effectus ex necessitate, ex causis autem contingentibus sequuntur effectus contingenter.

Quia igitur voluntas est activum principium non determinatum ad unum, sed indifferenter se habens ad multa, sic Deus ipsam movet, quod non ex necessitate ad unum determinat; sed remanet motus ejus contingens et non necessarius, nisi in his ad quæ naturaliter movetur (1).

Remarquez cette phrase : *Voluntas est activum principium non determinatum ad unum, sed indifferenter se habens ad multa.* Le propre de l'activité est de n'être pas déterminée en elle-même, mais d'être un principe de déterminations multiples. Le raisonnement de saint Thomas

---

(1) S. Thomas, 1ª IIæ, q. 10, art. 4.

revient donc à ceci : Dieu meut la volonté en tant qu'elle est passive mais respecte son activité; il la meut par un motif mais laisse libre son intention.

En outre, répétons-le une dernière fois, la motion divine, par son universalité et son but infini, est la raison même de la liberté humaine, car elle affranchit la volonté de toute attache nécessaire aux biens particuliers.

Deus movet voluntatem hominis, sicut universalis motor ad universale objectum voluntatis quod est bonum, et sine hac universali motione homo non potest aliquid velle. Sed homo per rationem determinat se ad volendum hoc vel illud quod est vere bonum vel apparens bonum (1).

6. — La liberté en présence de la grâce.

Saint Thomas ajoute une phrase que je ne puis passer sous silence :

Sed tamen interdum specialiter Deus movet aliquos ad aliquid determinate volendum quod est bonum, sicut in his quos movet per gratiam (2).

Qu'est-ce à dire? cette motion divine, en perdant son caractère d'universalité et en devenant déterminée et particulière, va-t-elle nuire à la liberté? Tout au contraire. Car en respectant dans l'homme cette liberté qu'on appelle *libertas a necessitate*, cette motion déterminée lui apportera cette autre liberté que les Saints Pères appellent *libertas a peccato*.

Expliquons cette belle vérité.

Lorsque le pécheur place sa fin dernière dans les richesses, il enferme sa volonté dans le cercle de l'avarice. Il n'aime plus que l'argent, et ne peut plus rien aimer que pour l'argent. Emprisonné dans ce cercle étroit, il ne peut plus se porter sur ce qui est en dehors; il n'est plus libre de vouloir ce qui n'est pas un moyen pour s'enrichir.

---

(1) S. Thomas, 1ª IIæ, q. 9, art. 6, ad 3um.
(2) S. Thomas, Eod. loco.

Voilà déjà sa liberté *captivée*. Est-ce tout? Hélas! non; il n'est pas seulement enchaîné, il est esclave, assujetti au travail le plus *servile*.

En effet, en choisissant pour sa fin dernière un bien particulier, il n'a pas pour cela détruit la tendance naturelle de sa volonté vers le bien universel. Il faut qu'il comble avec des biens finis une capacité infinie. Il est contraint à cette entreprise absurde de substituer, dans l'objet de son amour, à l'universalité d'être l'universalité de nombre, et d'obtenir le bien infini par l'addition de biens finis. Sa passion ne lui laisse aucun relâche, et le courbant au travail lui crie sans cesse : *Affer! affer!* Il n'a donc plus même le choix de ses mouvements dans le triste cercle qui enclôt son activité. Car toujours il lui faut courir au plus gros gain.

C'est ainsi que le pécheur a abdiqué toute liberté; il est captif de sa passion, esclave de son péché, *servus peccati*, et, pour surcroît d'infortune, il reste coupable et responsable, parce que c'est librement qu'il a fait choix de son tyran.

Mais voici que Dieu, dans sa miséricorde, s'approche de ce malheureux. Il le pousse par sa grâce à vouloir un bien *déterminé*. Quel est ce bien, sinon Dieu lui-même? car l'objet répond à la motion. Dieu se présente comme un bien déterminé, et par conséquent sous une forme qui laisse entière la liberté humaine. Il est vrai que ce bien a une connexion nécessaire avec la béatitude, « mais avant que par la vision béatifique cette connexion soit évidente, la volonté n'adhère pas nécessairement à Dieu et aux choses de Dieu (1) ». L'homme reste donc libre de consentir à cette motion divine.

O ruse vraiment divine! ô artifice d'une miséricorde infinie! les autres biens particuliers flattent d'abord la liberté, pour la rendre ensuite captive. Ce bien déterminé offert

---

(1) S. Thomas, 1, q. 82, art. 2.

par la grâce sollicite la liberté, mais pour briser ses liens et la rendre à elle-même. Car ce bien, tout particulier, tout déterminé qu'il semble, n'en est pas moins en réalité le Bien Universel, le Bien Absolu, Dieu lui-même. Or la volonté humaine est libre vis-à-vis de tous les biens finis, à proportion de son amour du Bien. Donc il devient absolument libre, par là même qu'il choisit Dieu comme son bien déterminé parmi tous les autres biens. *Pars mea Dominus, dixit anima mea, propterea exspectabo eum* (1).

---

(1) Thren., III, 24.

ÉPILOGUE

Il est temps de m'arrêter, car déjà j'ai été entraîné dans l'étude de la liberté plus loin que je ne voulais aller. Et cependant les explications précédentes sont loin d'être complètes et suffisantes. Ce n'est que dans une théodicée qu'on peut envisager, dans leur ensemble, toutes les admirables voies par lesquelles la Cause Première atteint, dirige, accompagne la cause seconde, et les procédés à la fois « suaves et puissants » par lesquels Dieu reste toujours maître, en laissant l'homme toujours libre. Mais, si les quelques considérations précédentes ont été rigoureusement démontrées, elles demeurent et doivent être respectées dans tout système. Et voilà précisément pourquoi je me suis étendu à les expliquer, mon désir dans tout ce travail sur les causes étant uniquement de préparer le lecteur à comprendre la théodicée de saint Thomas.

Et d'ailleurs pouvais-je mieux résumer toute la doctrine de ce traité? Pouvais-je mieux établir la dignité et la grandeur de la causalité, qu'en montrant la relation entre la plus pure des causes et son chef-d'œuvre?

Une Cause qui n'est que cause, acte pur et immuable, contenant dans l'éminence de son être toutes les réalités de ses effets, dans l'éminence de son idée toutes les raisons de ses images, dans l'éminence de sa volonté toutes les intentions de ses libres décrets!

Et son chef-d'œuvre sur la terre, ne rappelant pas seulement le Créateur par quelque trait de similitude comme les autres créatures, mais constitué formelle image de sa Cause dans son intelligence et sa volonté, cause à son tour et cause complète, — cause d'autant plus active qu'elle subit davantage la motion de sa Cause, cause libre précisément parce que son objet et sa fin sont l'Infini lui-même, et cause d'autant plus libre que son moteur lui montre mieux son objet et la pousse vers sa fin par un plus énergique amour!

TABLE DES MATIÈRES

	Pages.
Préface	V

INTRODUCTION

1. — Du retour à la philosophie de saint Thomas	1
2. — De l'étude de saint Thomas	2
3. — De la philosophie scolastique	3
4. — Aristote et ses interprètes scolastiques	4
5. — De l'influence platonicienne sur la Scolastique	5
6. — Comment étudier la Scolastique	6
7. — Le bienheureux Albert le Grand et saint Thomas	7
8. — De l'autorité en philosophie	10
9. — De la liberté en philosophie	12
10. — Dessein de cet ouvrage	14
11. — Forme de cet ouvrage	15

LIVRE PREMIER

PRINCIPES DE LOGIQUE

Objet de ce livre	17

CHAPITRE PREMIER
NATURE DE LA SCIENCE MÉTAPHYSIQUE

1. — Du savoir scientifique	18
2. — L'objet de la science est nécessaire	19
3. — L'objet de la science est l'universel	21
4. — La véritable science est déductive	23
5. — La science déductive part de principes	24
6. — Comment les principes sont causes	25
7. — Comment les principes sont plus notoires	27
8. — Application de cette doctrine à la métaphysique	28

CHAPITRE II
FORMATION DE LA MÉTAPHYSIQUE

Position de la question	31

ARTICLE I. — *Connaissance de l'universel.*

	Pages.
1. — L'universel n'est pas l'objet de la sensation................	32
2. — Nécessité de la sensation pour acquérir l'universel.........	34
3. — De l'induction..	35
4. — Comment on obtient l'universel par l'induction. — Premier texte d'Aristote..	37
5. — Cette première solution est incomplète....................	39
6. — Explication plus complète. — Second texte d'Aristote......	41
7. — Résumé..	43

ARTICLE II. — *Connaissance des principes premiers.*

1. — Ces principes ne s'acquièrent pas par démonstration.......	45
2. — Les principes se connaissent dans leurs propres termes....	46
3. — Des axiomes : de leur vérité ; — comment on les connaît..	48
4. — Principes de la métaphysique. — Comment on les connaît..	50
5. — Leçon pratique...	52
6. — Rôle de l'induction......................................	54
7. — Des exemples en métaphysique............................	56

CHAPITRE III

RÉALITÉ DE LA MÉTAPHYSIQUE

1. — Réalisme et nominalisme.................................	59
2. — Texte d'Aristote...	61
3. — Interprétation du mot : Ἕξις — *Habitus*.................	62
4. — Interprétation du mot : Νοῦς ; — *Intellectus*...........	64
5. — La vérité de la science procède de la vérité de l'intellect....	65
6. — Comment Aristote répond aux Pyrrhoniens.................	66
7. — Première réponse de saint Thomas........................	68
8. — Seconde réponse de saint Thomas.........................	70
9. — Notre raison a sa raison en Dieu..........................	73

CHAPITRE IV

DU SENS COMMUN

1. — La vraie philosophie toujours conforme au sens commun...	76
2. — Définition du sens commun...............................	76
3. — Comment le sens commun est naturel.....................	78
4. — De la valeur du sens commun.............................	79
5. — De la dignité du sens commun............................	80
6. — Digression sur la connaissance confuse...................	81
7. — De la profondeur du sens commun........................	87

CHAPITRE V

DU PREMIER PRINCIPE

1. — Ce qu'on entend par premier principe.....................	89
2. — Des caractères du premier principe.......................	90

	Pages.
3. — Le premier principe est le principe de contradiction.......	92
4. — Fondement du principe de contradiction.................	93
5. — L'être prime le non-être...............................	96
6. — Vraie formule de l'Hégélianisme........................	99
7. — Résumé	100
8. — Conclusion de ce livre................................	103

LIVRE II

NOTIONS MÉTAPHYSIQUES

Objet de ce livre... 105

CHAPITRE PREMIER

PREMIÈRES NOTIONS SUR LES CAUSES

1. — Des causes d'une statue................................	106
2. — Relation entre la statue et sa forme.....................	107
3. — Relation entre la statue et sa matière...................	108
4. — Relation entre la statue et son modèle...................	108
5. — Relation entre la statue et son auteur...................	109
6. — Relation entre la statue et sa fin.......................	110
7. — Définition générale de la cause..........................	111
8. — Analogie des causes.....................................	111
9. — De la cause proprement dite.............................	112
10. — Distinction entre la cause et la condition *sine qua non*...	113
11. — Conclusion de ce chapitre..............................	114

CHAPITRE II

DÉFINITION DE L'ACTE ET DE LA PUISSANCE..................... 116

CHAPITRE III

DE L'ÊTRE ACCIDENTEL

1. — Nécessité de ce chapitre................................	118
2. — De l'expression « de soi »...............................	119
3. — De l'expression « accident ».............................	121
4. — L'être par accident n'est pas l'objet de la science........	122
5. — Autre caractère de l'accident............................	124
6. — Des diverses sortes d'êtres réels.........................	125
7. — De la substance...	126
8. — Des autres catégories...................................	128
9. — Pourquoi ces réalités portent le nom d'accidents..........	120
10. — Résumé de ce chapitre..................................	132

LIVRE III

CAUSE EFFICIENTE

CHAPITRE PREMIER

GÉNÉRALITÉS

1. — Définition de la cause efficiente................................	135
2. — Première définition de l'effet......................................	135
3. — Seconde définition de l'effet.......................................	136
4. — Comment on parvient à la connaissance des causes........	137
5. — Des deux principes relatifs à la cause et à l'effet............	138

CHAPITRE II

PRINCIPE D'OPPOSITION

ARTICLE I. — **Première conséquence.** — *L'agent et le patient sont différents.*

1. — « Omne quod movetur ab alio movetur. »...................	139
2. — Bien des apparences vont contre ce principe...............	140
3. — Démonstration de ce principe..................................	142
4. — Réduction de ce principe à sa raison dernière..............	144
5. — Première objection : mouvements des graves...............	145
6. — Deuxième objection : mouvements matériels des animaux.	145
7. — Troisième objection : sensations, émotions.................	147
8. — Quatrième objection : pensée, volition......................	148
9. — « Simile non agit in simile. »...................................	150

ARTICLE II. — **Deuxième conséquence.** — *La cause ne change pas en agissant.*

1. — Démonstration de cette proposition..........................	152
2. — Beau texte de saint Irénée......................................	154
3. — Des apparences contraires à ce principe....................	155
4. — Première objection : mouvements matériels................	157
5. — Deuxième objection : phénomènes vitaux...................	158
6. — Importance de distinguer dans la cause ce qui est essentiel et ce qui est accidentel..	160
7. — Le changement est accidentel dans la cause................	161
8. — Continuation de la même discussion.........................	163

ARTICLE III. — **Troisième conséquence.** — *L'action est dans le patient.*

1. — « Actio transiens. — Actio immanens. ».....................	164
2. — Opposition de l'action et de la passion......................	165
3. — De la passion...	165
4. — L'action n'est pas dans la cause...............................	166

	Pages.
5. — L'action n'est pas une réalité intermédiaire entre la cause et l'effet..	167
6. — L'action est dans le sujet passif............................	168
7. — Notion exacte de l'action...................................	169
8. — Des actions immanentes....................................	170
9. — Résumé de ce chapitre......................................	173

CHAPITRE III

PRINCIPE D'UNION

ARTICLE I. — *Classement des causes.*

1. — Importance du principe d'union........................	176
2. — De diverses sortes de causes.............................	177
3. — Causes « déterminantes ». — Causes « effectives ».....	178
4. — Les causes effectives sont les seules causes proprement dites...	178
5. — Cause « in fieri ». — Cause « in esse ».................	180
6. — Cause totale...	181

ARTICLE II. — *Comment la cause contient l'effet.*

1. — Texte important de saint Thomas.......................	182
2. — Première proposition : « Effectus praeexistit virtute in causa agente »..	183
3. — Raison dernière de cette proposition...................	185
4. — Deuxième proposition : « Effectus praeexistit in causa modo perfectiori »...	186
5. — De l'éminence de la cause.................................	187
6. — La cause possède un caractère d'universalité.........	188
7. — Objection tirée des causes univoques..................	189
8. — Les causes univoques ne sont pas causes totales....	190
9. — Remarque sur ce qui précède............................	192

ARTICLE III. — *Agens agit simile sibi.*

1. — Signification et importance de ce principe............	194
2. — Démonstration par Aristote..............................	195
3. — Démonstration par saint Thomas.......................	196
4. — Similitude de l'effet à la cause...........................	198

CHAPITRE IV

DE L'ACTE ET DE LA PUISSANCE

ARTICLE I. — *Relations entre l'acte et la puissance.*

1. — Retour sur les notions déjà données....................	200
2. — Un même acte correspond aux deux puissances.....	201
3. — « Ens in potentia. — Ens in actu. ».....................	202
4. — Comparaison de l'acte et de l'action...................	203

		Pages.
5.	— Significations précises du mot « acte »....................	205
6.	— Définition de la puissance active et de la puissance passive.	206
7.	— La puissance et l'acte sont séparables,....................	208
8.	— Relation entre les deux puissances........................	209
9.	— Réduction de la puissance passive à la puissance active....	211

ARTICLE II. — *L'acte prime la puissance.*

1.	— Raison fondamentale de cet adage........................	214
2.	— « Actus est ratione prior potentia. »......................	215
3.	— « Actus natura prior est potentia. »......................	216
4.	— « Actus tempore prior est potentia. ».....................	219
5.	— « Actus est melior potentia. »............................	222

LIVRE IV

DE LA CAUSE FORMELLE ET DE LA CAUSE MATÉRIELLE

Avertissement... 225

PREMIÈRE PARTIE

LA STATUE

CHAPITRE PREMIER

PREMIÈRES NOTIONS

1.	— Premières notions de matière et de forme.................	227
2.	— Indépendance de la matière et de la forme................	228
3.	— De leur dépendance......................................	228
4.	— Du composé...	229

CHAPITRE II

ÉPURATION DES CONCEPTS DE FORME ET DE MATIÈRE

1.	— Des propriétés essentielles et accidentelles.................	231
2.	— Des accidents séparables et inséparables..................	232
3.	— Des accidents matériels d'une statue......................	233
4.	— Caractères essentiels de la matière........................	234
5.	— Séparation de ces deux caractères........................	234
6.	— Caractère primordial de la matière........................	236
7.	— Réduction des deux caractères de la matière...............	237
8.	— Résumé. Définition de la matière.........................	239
9.	— Retour sur la forme......................................	240

CHAPITRE III

RELATIONS ENTRE LA FORME, LA MATIÈRE ET LE COMPOSÉ

	Pages.
1. — Relation entre la forme et la matière............................	241
2. — Connexion entre la matière et la forme.......................	242
3. — Union des constituants dans une seule existence............	243
4. — L'unité de l'être provient de la forme...........................	244
5. — Comment la matière est une et comment elle n'est pas une.	245
6. — Un composé, une forme, une matière, une existence.........	246

DEUXIÈME PARTIE

THÉORIE GÉNÉRALE

CHAPITRE IV

RÉALITÉS MÉTAPHYSIQUES DE LA MATIÈRE ET DE LA FORME

1. — But de ce chapitre..	248
2. — Les changements sont des réalités.............................	249
3. — Dans tout changement, il y a deux termes contraires.......	249
4. — Dans tout changement, il y a quelque chose qui demeure..	250
5. — Application aux diverses sortes de changement.............	251
6. — Réalité de la matière et de la forme...........................	253
7. — Digression sur la physique des anciens.......................	253

CHAPITRE V

CORRÉLATION DE CES DEUX CAUSES

ARTICLE I. — *Discussion des concepts de forme et de matière.*

1. — Remarque sur l'incorrection des termes......................	255
2. — De notre manière de concevoir la matière et la forme.....	256
3. — Définitions exactes de la matière et de la forme............	257

ARTICLE II. — *Corrélation de la forme et de la matière.*

1. — Texte d'Aristote..	258
2. — Interprétation de saint Thomas.................................	259
3. — La matière est l'être en puissance.............................	261
4. — Dépendance de la matière..	262
5. — « Forma est actus. »...	263
6. — C'est par la forme qu'on connaît la matière..................	265
7. — C'est la forme qui donne l'unité.................................	265

CHAPITRE VI

CLASSIFICATION DES FORMES

ARTICLE I. — *Diverses formes.*

	Pages.
1. — Principe de classification.............................	267
2. — Formes naturelles, formes artificielles.....................	268
3. — Formes substantielles, formes accidentelles..................	268
4. — Première sorte de formes accidentelles......................	269
5. — Ces formes proviennent de la matière......................	270
6. — Deuxième sorte de formes accidentelles.....................	272
7. — De la forme substantielle................................	273

ARTICLE II. — *Suprématie de la forme substantielle.*

1. — Il ne peut exister de matière sans forme...................	275
2. — Il peut exister des formes sans matière.....................	275
3. — La forme est unie à la matière sans intermédiaire............	276
4. — Tout être agit par sa forme..............................	276
5. — La forme substantielle précède toutes les autres..............	276
6. — La forme substantielle est le principe des formes accidentelles qui lui sont propres..	277
7. — Développement du raisonnement précédent..................	277
8. — Conclusion de ce livre...................................	279

LIVRE V

CAUSE EXEMPLAIRE

CHAPITRE PREMIER

PASSAGE DE LA CAUSE FORMELLE A LA CAUSE EXEMPLAIRE

1. — Primauté de la forme par rapport à la matière...............	283
2. — D'une primauté de la forme sur le composé..................	284
3. — Réfutation de l'erreur platonicienne.......................	285
4. — Discussion sur la primauté de la forme.....................	287
5. — Comment on démontre la cause exemplaire..................	289
6. — Cette démonstration est tirée de l'enseignement péripatéticien.	291
7. — Retour sur ce qui précède................................	292

CHAPITRE II

NOTION EXACTE DE LA CAUSE EXEMPLAIRE

1. — Cause exemplaire d'une maison...........................	294
2. — Texte d'Aristote..	295

TABLE DES MATIÈRES.

	Pages.
3. — La cause exemplaire est une idée...........................	296
4. — Toute cause efficiente complète est intelligente...............	297
5. — Objection tirée d'Aristote.................................	298
6. — Réponse de saint Thomas à la difficulté précédente...........	300
7. — La nécessité de l'idée a toujours été reconnue................	300
8. — De l'emploi des exemples tirés des arts......................	302

CHAPITRE III

ÉMINENCE DE L'IDÉE

1. — L'idée est le véritable modèle.............................	304
2. — Rapport de l'idée à la forme..............................	305
3. — Première prééminence de l'idée : priorité d'existence........	305
4. — Deuxième prééminence : indépendance à l'égard de la matière.	306
5. — Troisième prééminence : indépendance du lieu et du temps..	306
6. — Quatrième prééminence : l'idée est principe d'unité..........	307
7. — Cinquième prééminence : l'idée est indéfiniment communicable.	307
8. — Sixième prééminence : son unité hors du nombre est principe du nombre..	308

CHAPITRE IV

CAUSALITÉ DE L'IDÉE

1. — Remarque sur le chapitre précédent........................	309
2. — L'idée est véritablement cause.............................	310
3. — L'idée est cause principale.................................	312
4. — Union essentielle de la cause exemplaire et de la cause efficiente..	312
5. — Concept exact de la causalité exemplaire...................	313
6. — Grandeur de la cause exemplaire..........................	314
7. — L'idée dans la Cause Première............................	316

CHAPITRE V

DE LA VÉRITÉ

1. — De la vérité d'une œuvre.................................	318
2. — D'une autre sorte de vérité................................	319
3. — La cause exemplaire est principe de cette seconde vérité.....	320
4. — Explication de cette doctrine par saint Thomas.............	320
5. — « Ens et verum convertuntur. »...........................	321
6. — Élévation vers la Cause Première..........................	323

CHAPITRE VI

DES DÉTRACTEURS DE LA CAUSE EXEMPLAIRE

ARTICLE I. — *Matérialisme.*

1. — Les matérialistes repoussent l'idée.........................	325
2. — De la manière dont les matérialistes raisonnent.............	325

3. — Examen de cette objection.................................... 326
4. — Méthode pour combattre le matérialisme..................... 327

Article II. — *Du positivisme.*

1. — Culte, science, philosophie.................................. 328
2. — De la science vraiment positive.............................. 329
3. — Du principe de la science expérimentale..................... 332
4. — De la science moderne....................................... 333
5. — Du déterminisme.. 334
6. — De la philosophie positiviste................................ 336
7. — Stérilité de cette philosophie............................... 337

LIVRE VI

CAUSE FINALE

CHAPITRE PREMIER

EXPLICATION DES TERMES

1. — De trois réponses à un même pourquoi...................... 341
2. — De l'intention et de la fin.................................. 342
3. — Fin. — Cause finale.. 343
4. — « Finis operationis. — Finis operis. »...................... 344
5. — Distinction et corrélation de ces deux fins................. 345
6. — « Finis operantis. » — Motif................................ 346
7. — On renvoie à plus tard l'étude du motif..................... 348

CHAPITRE II

NÉCESSITÉ MÉTAPHYSIQUE DE L'INTENTION

Préliminaires.. 350

Article I. — *Première démonstration.*

1. — Tout effet provient d'une volonté........................... 351
2. — Tout effet répond à une intention........................... 352

Article II. — *Deuxième démonstration.*

1. — Où l'on retrouve le positivisme.............................. 353
2. — D'une opinion juste-milieu................................... 354
3. — Réfutation de cette opinion.................................. 355
4. — Il n'y a que deux solutions possibles....................... 358
5. — Démonstration de saint Thomas............................... 360
6. — Autre façon de présenter le même argument.................. 362
7. — Conclusion de ce chapitre.................................... 363

CHAPITRE III

NATURE DE LA CAUSE FINALE

	Pages.
1. — Tout effet a une cause finale..................................	367
2. — Synonymie des mots « cause finale, fin ».....................	367
3. — Définition exacte de la cause finale...........................	368
4. — Causalité de la fin..	370
5. — Retour sur la distinction des fins..............................	371
6. — Connexion de la fin de l'« œuvre » et de la fin de l'« opération ».	371
7. — Indépendance de ces deux fins.................................	373

CHAPITRE IV

DE LA BONTÉ

1. — Définition du bien...	376
2. — Le bien est dans les choses..................................	377
3. — De la bonté relative...	377
4. — La bonté peut-elle être absolue?.............................	378
5. — Généralisation du concept d'appétence.....................	379
6. — Bonté absolue de l'effet......................................	381
7. — Cette bonté consiste dans une relation à la cause.........	382
8. — La cause est bonne à l'effet..................................	383
9. — Relation de la bonté à la cause finale.......................	384
10. — Bonté absolue de la cause...................................	385

LIVRE VII

CORRÉLATION DES CAUSALITÉS

But de ce livre... 387

CHAPITRE PREMIER

SYNTHÈSE DES CAUSES

1. — Causes extrinsèques et causes intrinsèques.................	388
2. — Les trois causes extrinsèques procèdent d'une même substance.	389
3. — Réduction dernière des causes extrinsèques................	390
4. — Du même sujet...	391
5. — Union dans l'effet des deux causes intrinsèques...........	393
6. — Ces deux causes n'ont qu'une seule existence..............	395
7. — Rapport synthétique entre les deux groupes de causes.....	397

CHAPITRE II

CORRESPONDANCE DES CAUSES

		Pages
1.	— Les causes se correspondent...	398
2.	— Correspondance de la cause efficiente et de la cause finale....	398
3.	— Correspondance de la cause matérielle et de la cause formelle.	399
4.	— Correspondance de la forme à l'ensemble des causes extrinsèques...	400
5.	— Correspondance de la forme et de l'idée................................	401
6.	— Correspondance de la forme et de la fin...............................	403
7.	— Équation des causes..	403
8.	— Des passions de l'être...	404
9.	— Résumé par Albert le Grand...	407

CHAPITRE III

DE L'INFLUENCE DE LA CAUSE

1.	— Nous concevons tout changement comme un mouvement....	409
2.	— Le mouvement tient de l'acte et de la puissance..............	410
3.	— Définition du mouvement par Aristote................................	411
4.	— Le mouvement est un acte imparfait...................................	413
5.	— Le mouvement est principalement spécifié par son but.......	413
6.	— Du mouvement par rapport au moteur et au mobile...........	414
7.	— Application à la causalité..	415
8.	— Courant métaphorique de la cause à l'effet........................	417
9.	— Motion métaphorique de la cause.......................................	419
10.	— Circuit total..	421

CHAPITRE IV

DE LA PERFECTION

Article I. — *Généralités.*

1.	— « Achevé : Fini : Parfait. »..	423
2.	— De la perfection, suivant Aristote.......................................	424
3.	— Des diverses significations du mot « parfait ».....................	426

Article II. — *Perfection formelle.*

1.	— Principe de la perfection formelle..	427
2.	— En quoi consiste la perfection formelle...............................	427
3.	— Comment la perfection est un maximum............................	429
4.	— Perfection des causes...	430

Article III. — *Perfection finale.*

1.	— Toute perfection consiste dans un acte..............................	432
2.	— L'imperfection correspond à une puissance passive............	433

3. — Distinction de la perfection formelle et de la perfection finale. 433
4. — De la virtualité.. 434
5. — Causes de la virtualité... 437
6. — La perfection finale est un don de la cause.................. 438
7. — La perfection finale dépend essentiellement de l'activité qui y tend.. 440
8. — Élévation à la Cause Première................................. 442

LIVRE VIII

CLASSIFICATION DES CAUSES

CHAPITRE PREMIER

GÉNÉRALITÉS

1. — Retour sur tout ce qui précède............................... 447
2. — Cause première et causes secondes......................... 448
3. — Il existe des causes secondes.................................. 449
4. — Principe de classification...................................... 451

CHAPITRE II

CAUSES ACCIDENTELLES

ARTICLE I. — *Généralités.*

1. — Ce qu'on doit entendre par cause accidentelle............. 452
2. — Des diverses sortes de causes accidentelles................ 453
3. — Caractère d'indétermination des causes accidentelles.... 454

ARTICLE II. — *Du hasard.*

1. — Pourquoi il y a lieu de parler de hasard..................... 456
2. — Opinion des anciens philosophes sur le hasard............ 457
3. — Des faits dus au hasard, suivant Aristote................... 458
4. — En quoi consiste le hasard..................................... 459
5. — La causalité du hasard est nulle.............................. 461
6. — Des jeux de hasard... 462
7. — Résumé de ce qui précède..................................... 464
8. — Réduction dernière du hasard................................. 466

CHAPITRE III

CAUSES PRINCIPALES ET CAUSES INSTRUMENTALES

ARTICLE I. — *Principes.*

1. — Premières notions.. 468
2. — Premier caractère de l'instrument : détermination de forme.. 469

	Pages.
3. — Comment juger de cette détermination	470
4. — Deuxième caractère d'un instrument : indétermination d'opération	471
5. — L'instrument a besoin d'une motion	471
6. — Cette motion est une application à l'œuvre	472
7. — Résumé de ce qui précède	474

Article II. — *Discussion.*

1. — Place de l'instrument dans le cycle des causes	476
2. — Influence de la cause principale	477
3. — Que faut-il entendre par « la vertu de la cause principale »?	480
4. — L'action est commune à l'agent principal et à l'instrument	482
5. — Relation de l'effet à ses deux causes	484
6. — Définition de la cause instrumentale	485
7. — Comment un être intelligent peut être un instrument	487
8. — Définition de la cause principale	488
9. — Une même cause peut être à la fois instrumentale et principale	491
10. — Deux causes peuvent être mutuellement causes principales et instrumentales	492

Article III. — *Conséquences.*

1. — Des causes principalement principales	493
2. — Les causes aveugles sont comparables à des causes instrumentales	494
3. — Ces causes ont un double caractère instrumental	495
4. — Toute cause, sauf la volonté, a un caractère instrumental	497
5. — Servage de la cause instrumentale	498
6. — L'homme libre demeure l'instrument de Dieu	500
7. — Élévation	502

CHAPITRE IV

CAUSE DU DEVENIR ET CAUSE DE L'EXISTENCE

1. — « Causa in fieri, — causa in esse. »	505
2. — Objection contre cette distinction	506
3. — Signe auquel on peut distinguer ces deux causes	507
4. — Étude de deux exemples	508
5. — Généralisation	510
6. — Infériorité de la cause « in fieri »	511
7. — Infériorité de la cause « in esse »	512

CHAPITRE V

DES CAUSES UNIVOQUES

Article I. — *Étude générale.*

1. — Ce qu'on entend par ce mot	514
2. — Énumération des causes univoques	515

TABLE DES MATIÈRES. 661

		Pages.
3.	— Étude de ces causes	515
4.	— Infériorité des causes précédentes	518

Article II. — *Des générations.*

1.	— Définition de la génération proprement dite	519
2.	— Premier caractère de noblesse	520
3.	— Second caractère de noblesse	520
4.	— La cause de la génération est simplement une cause « in fieri ».	521
5.	— La cause de la génération a un caractère instrumental	523
6.	— D'où provient la similitude dans la génération	524
7.	— Doctrine de saint Thomas	528
8.	— Résumé de cet article	530
9.	— Retour sur la noblesse de la génération	531

Article III. — *Digression sur le transformisme.*

1.	— Rôle du physicien et du naturaliste	534
2.	— Des faits et des hypothèses	536
3.	— Hypothèse cosmogonique	537
4.	— Hypothèse géologique	538
5.	— Hypothèse transformiste	539
6.	— En quel sens elle est absurde	541
7.	— En quel sens elle est acceptable	543
8.	— Conclusion	547

CHAPITRE VI

CAUSE PREMIÈRE. — CAUSES SECONDES

Article I. — *Généralités.*

1.	— « Movens, — movens motum, — motum. »	549
2.	— Définition de la cause première	551
3.	— Définition de la cause seconde	553
4.	— Dépendance intrinsèque de la cause seconde	554
5.	— Cause seconde intelligente	556
6.	— Motion de la Cause Première sur la volonté	557
7.	— Du motif	559

Article II. — *Question du concours divin.*

1.	— Historique	563
2.	— Suite	565
3.	— Digression sur le Réalisme. — Exemple	567
4.	— « Esse, — Esse tale. »	568
5.	— Influence immédiate de la Cause Première sur la cause seconde	569
6.	— Influence immédiate de la Cause Première sur l'effet	571
7.	— Enseignement d'un ancien maître	573

LIVRE IX

COORDINATION DES CAUSES

Raison de ce livre.. 577

CHAPITRE PREMIER

DE L'ORDRE

1. — Deux manières de concevoir l'ordre........................ 578
2. — De l'ordre considéré comme une succession................ 579
3. — Du principe de l'ordre..................................... 581
4. — Des diverses sortes d'ordres............................... 583
5. — De l'ordre considéré comme une disposition................ 584
6. — Nouvelle manière de considérer le principe de l'ordre...... 585
7. — De l'ordre universel....................................... 588
8. — Élévation.. 590

CHAPITRE II

CAUSES MULTIPLES D'UN MÊME EFFET

1. — Exemples expliquant le sujet de ce chapitre............... 593
2. — Exemple de la gravure...................................... 593
3. — Continuation du même sujet................................. 595
4. — Exemple des forces mécaniques.............................. 596
5. — Première conclusion : Les actions concourantes sont indépendantes, l'une par rapport à l'autre....................... 598
6. — Deuxième conclusion : L'effet de ces causes multiples est complexe.. 599
7. — Troisième conséquence : Caractère instrumental des causes concourantes... 601
8. — Retour sur les exemples précédents......................... 602
9. — Ordre du Monde... 603

CHAPITRE III

SUBORDINATION DES EFFETS SUCCESSIFS ET DE LEURS CAUSES

1. — Exemple sur lequel on raisonnera........................... 607
2. — L'intellect « pratique » établit l'ordre................... 607
3. — Comment cet ordre est idéal................................ 609
4. — Comment dans cet ordre la fin est une raison............... 610
5. — Ordre d'intention et ordre d'exécution..................... 611
6. — L'unité d'intention détermine l'unité d'action............. 612
7. — Des deux sortes de réalisation............................. 613
8. — Des cas d'indétermination.................................. 614
9. — Des ordres complexes....................................... 615

CHAPITRE IV

DU CHOIX

	Pages.
1. — Position de la question.	617
2. — D'une solution incomplète.	618
3. — Première question : Pourquoi vouloir A ?	619
4. — Deuxième question : Pourquoi vouloir A plutôt que B ?	620
5. — De la contingence du choix.	621
6. — Du choix en présence du motif.	624

CHAPITRE V

DE LA LIBERTÉ

1. — De la liberté dans la Cause Première.	629
2. — De la liberté dans une cause seconde.	630
3. — Concept métaphysique de la liberté.	633
4. — De la liberté humaine.	635
5. — Suite du même sujet.	639
6. — La liberté en présence de la grâce.	642
ÉPILOGUE.	645

FIN DE LA TABLE DES MATIÈRES

Librairie de Victor RETAUX, 82, rue Bonaparte, à Paris.

Au pays des systèmes. Examen de divers projets de régénératic intellectuelle et sociale, par H. Tivier, doyen honoraire de la fa culté des lettres de l'Université de Besançon. 1 vol. in-8.. 6 fr

Doctrines et problèmes, par le R. P. Lucien Roure, S. J. 1 vol in-8.. 7 fr.

Le Conflit. Les mots, les idées, les faits, par l'abbé E. Julien, cha noine honoraire, agrégé de l'Université, supérieur de l'Institutioi Saint-Joseph, au Havre. 1 vol. in-18 jésus............ 3 fr. 5C

Quinze années d'apostolat près des hommes qui désertent les Églises, par Ch. Lacouture. 1 vol. in-8.......... 4 fr. 5C

Divine (la) constitution de l'Univers, par Pierre Pradié, avec une préface d'Arthur Loth. 1 vol. in-8............... 6 fr.

Miracle (le) et ses Contrefaçons, par le R. P. J. de Bonniot, S. J. *Prodiges. — Magie. — Spiritisme. — Hypnotisme. — Hystérie. — Possessions.* 5ᵉ édition considérablement augmentée. 1 vol. in-18 jésus... 3 fr. 50

Problème (le) du mal. *La douleur chez l'animal, chez l'homme, chez l'enfant, le mal moral, l'enfer,* par le R. P. J. de Bonniot, S. J. 2ᵉ édition, 1 vol. in-18 jésus....................... 5 fr.

Bête (la) comparée à l'homme, par le R. P. J. de Bonniot, S. J. 2ᵉ édition considérablement augmentée. 1 vol in-8.. 6 fr.

Malheurs (les) de la philosophie. *Études critiques de philosophie contemporaine,* par le R. P. J. de Bonniot, de la Compagnie de Jésus. 2ᵉ édition. 1 vol. in-18 jésus................... 3 fr. 50

Philosophie fondamentale, par Jacques Balmès, traduite par Ed Manec, vicaire général d'Agen, précédée d'une lettre au traducteur par Mgr Dupanloup, évêque d'Orléans. 5ᵉ édition, 3 volumes in 18 jésus.. 10 fr. 50

Art (l') d'arriver au vrai. Philosophie pratique, par Jacques Bal mès, traduit de l'espagnol par Ed. Manec, avec une préface de A. de Blanche-Raffin. 12ᵉ édition, 1 vol. in-18 jésus.... 3 fr.

Doctrines (les) positivistes en France, par l'abbé Guthlin, pro fesseur de philosophie au gymnase catholique de Colmar. Nou velle édition, revue et considérablement augmentée. 1 volume in-8.. 6 fr.

— Le même ouvrage. 1 vol. in-18 jésus................. 3 fr 50

TYPOGRAPHIE FIRMIN-DIDOT ET Cⁱᵉ. — MESNIL (EURE).

www.ingramcontent.com/pod-product-compliance
Lightning Source LLC
Chambersburg PA
CBHW050056230426
43664CB00010B/1337